Catalogo Delle Monete Italiane Medioevali E Moderne, Monete Estere, Monete Romane Consolari Ed Imperiali, Monete Greche, Medaglie...

Achille Cantoni

Anno X. N. 4.

IMPRESA DI VENDITE IN ITALIA

DI GIULIO SAMBON

FIRENZE
Via de' Martelli, 4

ROMA
Via Condotti, 44

SEDE DI MILANO
37, Corso Vittorio Emanuele

NAPOLI
Via Genn. Serra, 24.

MILANO
Corso Vitt. Emanuele, 37

CATALOGO

DELLA

COLLEZIONE A. CANTONI

DI MILANO

MONETE ITALIANE MEDIOEVALI E MODERNE
MONETE ESTERE
MONETE ROMANE, CONSOLARI ED IMPERIALI
MONETE GRECHE - MEDAGLIE

MILANO
TIPOGRAFIA LUIGI DI GIACOMO PIROLA
1887.

COLLEZIONE

DEL SIGNOR

ACHILLE CANTONI

DI MILANO

CATALOGO

DELLE

MONETE ITALIANE MEDIOEVALI E MODERNE
MONETE ESTERE
MONETE ROMANE CONSOLARI ED IMPERIALI
MONETE GRECHE, MEDAGLIE

COMPONENTI LA COLLEZIONE

DEL SIGNOR

ACHILLE CANTONI

DI MILANO

DI CUI

LA VENDITA AL PUBBLICO INCANTO

AVRÀ LUOGO IN MILANO

nelle Sale dell'Impresa, Corso Vittorio Emanuele, 37

PER CURA

del signor Cav. GIULIO SAMBON, Numismatico

Lunedì 25 Aprile 1887 e giorni successivi
alla 1 pom. precisa

ESPOSIZIONE PUBBLICA
Venerdì 22 e Sabato 23 Aprile 1887

MILANO
TIPOGRAFIA LUIGI DI GIACOMO PIROLA
1887.

CONDIZIONI DELLA VENDITA

estratte dal regolamento per le vendite al pubblico incanto

La vendita è fatta a pronti contanti ed al miglior offerente.

Il compratore pagherà all'Impresa il 5 per 100 (cinque per cento) in più del prezzo di aggiudicazione.

Non si ammettono offerte di aumento inferiori ad una lira pei lotti sino a lire 100; pei lotti superiori a questo valore, l'aumento minimo è di lire 5 per ogni centinajo di lire.

Non si tengono in custodia gli oggetti deliberati. Il compratore dovrà ritirarli non oltre il mezzogiorno del dì successivo, e decorso inutilmente questo termine, sarà in facoltà del proprietario venditore, sia di annullare e risolvere la seguita delibera, sia di tenerla ferma ed operativa, onde ottenere dal compratore l'adempimento del contratto di delibera, ed ogni conseguente indennità; fermo in ambo i casi i diritti dell'Impresa.

Nel caso di dubbio a chi sia rimasto aggiudicato un lotto, se ne ripeterà l'incanto.

Non si ammette reclamo di sorta dopo l'aggiudicazione, avendo gli amatori avuto campo di ben esaminare gli oggetti in vendita, mediante l'esposizione.

La consegna dei lotti venduti si fa nel giorno successivo alla vendita, dalle 9 antimeridiane alle 12 meridiane.

Le persone che non possono assistere alla Vendita, potranno dirigere le commissioni, che saranno esattamente adempiute, alla Direzione della Impresa Vendite in Milano, Corso Vittorio Emanuele, 37.

I CATALOGHI SONO DEPOSITATI:

Roma . . . IMPRESA DI VENDITE, 44, Via Condotti.
BOCCA e C., 216-217, Via del Corso.
Firenze . . IMPRESA DI VENDITE, 4, Via Martelli.
Napoli . . SAMBON (Giulio), 24, Via Gennaro Serra.
Milano . . IMPRESA DI VENDITE, 37, Corso Vitt. Emanuele.
BASLINI (Giuseppe), 11, Via Monte Napoleone.
ARRIGONI, 6, Corso Porta Venezia.
Londra . . JOSEPH (Cav. Edward), 158, New Bond Street.
Parigi. . . PILLET (Carlo), 10, Rue Grange-Batelière.
JOURNAL DES ARTS, 47, Rue Le Pèletier.
Berlino . . AMSLER et RUTHARDT, W. Behrenster, 29.
Vienna . . EGGER FRÈRES, 7, Opernring.
Buda-Pest . EGGER FRÈRES, 18, Landstrasse.
Monaco . . DREY (A. S.), 39, Maximilian Strasse.
MERZBACKER (Eugenio), 16, Residenz Strasse.
Bruxelles . STROOBANTS (Teodoro), 9, Boulevard d'Anvers.
Stuttgard . GUTEKUNST (H. G.), 1, Olga Strasse.
Francoforte . HESS (Adolfo), 7, Westendstrasse.
(sul Meno) LOWENSTEIN FRÈRES.
Losanna . . BAUD (Eug.), Avenue du Théâtre.
Atene . . . LAMBROS (Jean P.), 2, Rue d'Arsakion.
Nuova-York **(U. S. A.)** BATES (J. H.), 41, Park Row.

Spiegazioni delle Abbreviazioni

℟	— rovescio.
esempl.	— esemplari.
a d.	— a destra.
a s.	— a sinistra.
pag.	— pagina.
M.	— Modulo.
Tav.	— Tavola.
N.	— numero.
R.	— Raro.
R^2, R^3, R^4, ecc.	— Raro due volte, tre volte, ecc.
ARG.	— Argento.
MIST.	— Mistura.
BR.	— Bronzo.
PL.	— Piombo.
F. D. C.	— Fior di conio.
C^1	— di buona conservazione.
C^2	— di mediocre conservazione.
C^3	— di cattiva conservazione.

La collezione di Monete e Medaglie, di cui abbiamo assunto l'incarico della vendita al pubblico incanto, per estensione e per varietà di zecche, presenta agli amatori di ogni paese il modo di poter riempire quelle lacune che tuttora esistessero, nelle loro raccolte. Essa abbonda di belle conservazioni e di non poche rarità, e fra queste citeremo, fra le monete italiane: lo zecchino di Giulio II che ricorda la cacciata del Bentivoglio; il doblone da tre zecchini di Clemente VII per Bologna; l'ossidionale di Cuneo in argento; il doppio ducato di Galeazzo Maria Sforza per Milano; lo scudo della Repubblica italiana; la doppia di Giovan Francesco Pico per Mirandola; il tremisse di Cuniperto; cinque

ANTIQUIORES *papali; lo scudo del Vasto, ecc. Non meno comuni sono: lo scudo di Siro da Correggio; lo scudo di Alessandro Pico e quello di Scipione Gonzaga per Bozzolo; il grosso di Giovanni da Vignate per Lodi e Piacenza; il mezzo scudo di Vincenzo II di Mantova, ecc. Nella serie delle monete romane sonvi parecchi aurei, pregevoli per rarità e conservazione, nonchè molti bronzi di buona conservazione e con bella patina. Fra le greche notansi delle monete d'oro e d'argento assai rare, e segnatamente due rarissimi ottodrammi di Siracusa.*

Dalla lettura del Catalogo, redatto con diligente cura dal signor prof. cav. Costantino Luppi, ognuno potrà facilmente rilevare l'importanza della collezione. Si ha fiducia quindi che il pubblico numismatico ne saprà approfittare, o coll'intervenire alla vendita, o coll'inviare delle commissioni che saranno scrupolosamente eseguite.

Il direttore
A. GENOLINI.

PARTE PRIMA

MONETE ITALIANE
MEDIOEVALI E MODERNE
ESTERE
ROMANE, CONSOLARI, IMPERIALI, GRECHE

MEDAGLIE

ZECCHE ITALIANE

ZECCHE ITALIANE.

ANCONA.

REPUBBLICA. Secolo XIII–XV.

1. DENARO. + ∘ DE ∘ AN ∘ CONA ∘ Guerriero a cavallo in corsa a d. ℟ + ∘ PP ∘ S ∘ QI ∘ RIACVS. Nel campo A con tre trifogli; *n. 2 esempl.* ARG. C[1]
2. DENARO. Guerriero a cavallo a d. DE AN ∘ CON ∘ Nel campo A fra tre globetti. ℟ S. QUI ∘ RI ∘ Nel campo ACVS intorno ad un globetto. ARG. C[1]
3. DENARO. + DE ANCONA. Croce. ℟ + • SCS ∘ QVIRIA, e nel campo CVS. MIST. C[1]
4. DENARO. ANCON. CIVITAS. FI. in tre righe; sopra chiavi decussate. ℟ PP. S. QVIRIACVS. Il Santo in piedi di prospetto colla croce in atto di benedire. *Bucata.* ARG. C[2]
5. GROSSO. ANCO D ∘ CIVITAS ∘ FI. Guerriero in corsa a s. ℟ S. KIRIACVS. ESP. Il Santo in piedi colla croce nella sinistra e in atto di benedire colla destra; *n. 2 esempl.* ARG. C[1]
6. GROSSO. P P S. QVIRIACVS. Il Santo in piedi. ℟ + DE ANCONA. Croce; *n. 4 esempl. vari.* ARG. C[1]
7. GROSSETTO. + DE ANCON. Nel campo A. ℟ + PP. S. QVIRI. Nel campo ACVS; *n. 5 esempl. vari.* ARG. C[1]
8. MEZZO GROSSETTO. + PS. + S. + QVIRIACVS. Nel campo F. I. D. S. ℟. D. + ANCONA. Cavaliere a d.; *n. 2 esempl.* C[3]
9. SESINO. + PP. S. QVIRIA. Nel campo C. V. S. ℟ + DE ANCONA. Croce; *n. 2 esempl.* MIST. C[1] e C[2]

10. QUATTRINO. + DE. ANCON ✳ ∘ Nel campo A fra tre punti. ℞ + ∘ PP. S ✳ QVIRIACVS ✳. Croce; *n. 2 esempl.* MIST. C[2]

PAOLO II. PAPA. (1464-1471).

11. GROSSETTO. PAVLVS. II. PAPA. Stemma. ℞ MARCHIA. ANCON. Il Santo seduto; *n. 2 esempl.* R[2] ARG. C[2]

ALESSANDRO VI. (1492-1503).

12. GIULIO. ALEXANDER. VI. PONT. MAX. Stemma. ℞ S. PETRVS. S. PAVLVS. I due Santi in piedi di prospetto; in mezzo piccolo stemma; nell'esergo MARC. - CINAGLI, 9. R[3] ARG. C[2]

GIULIO II. (1503-1513).

13. GROSSETTO. IVLIVS. PAPA. II. Stemma. ℞ DE. MACERATA. ANCONA. Nel campo un A; *n. 2 esempl. diversi* R[2] ARG. C[2]
14. GIULIO. IVLIVS. II. PONT. MAX. Stemma. ℞ S. PETRVS. S. PAVLVS. MARCI. I due Santi in piedi e piccolo stemma; *n. 3 esempl.* ARG. C[1]

LEONE X. (1513-1521).

15. GIULIO. LEO. DECIMVS. PONTI. MAX. Prospetto della Basilica di S. Pietro. ℞. PETRE. ECCE. TEMPLVM. TVVM. Il Papa genuflesso che presenta il tempio a S. Pietro; *n. 2 esempl.* R[3] ARG. C[1]
16. MEZZO GIULIO. LEO. PAPA. DECIMVS. Stemma. ℞ S. PETRVS. APOSTOLVS. Il Santo in piedi; nell'esergo MARC frammezzato da un'armetta; *n. 3 esempl.* R[3] ARG. C[1]
17. GROSSO. ANCON. DORICA. CIVITAS. FI. Guerriero a cavallo in corsa a d.; in alto le chiavi decussate. ℞ PP. S. QVIRIACVS. Il Santo in piedi. R[3] ARG. C[2]

SEDE VACANTE. (1550).

18. GIULIO. SEDE. VACANTE. Stemma, chiavi e padiglione. ℞ S. PAVLVS. ANCONA. S. Paolo stante; nel campo armetta e cavaliere. R[3] ARG. C[1]

GIULIO III. (1550-1555)

19. GIULIO. IVLIVS. III. PONT. MAX. Stemma. ℟ S. PETRVS. ANCONA. Il Santo in piedi; *n. 2 esempl.* R. ARG. C¹ e C²

MARCELLO II. (1555).

20. GIULIO. MARCEL. II. PONT. MAX. Stemma. ℟ S. PETRVS. ANCONA. S. Pietro stante. R³ ARG. C³

PAOLO IV. (1555–1559).

21. TESTONE. PAVLVS ∘ IIII ∘ PONT ∘ MAX. Stemma sormontato dalla tiara e dalle chiavi. ℟ S. PETRVS. APOSTOLVS. Il Santo seduto in atto di benedire; nell'esergo ANCO frammezzato da un fiore, e sotto 1557; *n. 2 esempl.* ARG. C²

22. GIULIO. PAVLVS. IIII. PONT. MAX. Stemma. ℟ S. PAVLVS. ANCONA. Il Santo in piedi colla spada sguainata e con un libro. - CINAGLI, 32; *n. 2 esempl.* R. ARG. C¹

PIO IV. (1559–1565).

23. TESTONE. PIVS ∘ IIII. PONT. MAX. Stemma sormontato dalla tiara e dalle chiavi. ℟ S. PETRVS ∘ APOSTOLVS. Il Santo seduto in atto di benedire; nell'esergo ANCO; *n. 2 esempl.* R. ARG. C¹.

PIO V. (1556-1572).

24. TESTONE. ∘ PIVS ∘ V ∘ PONT ∘ MAX. Stemma sormontato dalla tiara colle chiavi decussate. ℟ S. PETRVS APOSTOLVS. Il Santo seduto in atto di benedire; nell'esergo ANCO; *n. 2 esempl. diversi.* R. ARG. C¹

GREGORIO XIII. (1572–1585).

25. TESTONE. GREGORIVS ∘ XIII ∘ PON ∘ M. Busto a d., sotto ANCO. ℟ SVSPICE ∘ ET ∘ VALEBIS. Stemma sormontato dalla tiara e dalle chiavi. R² ARG. C¹

26. TESTONE. GREGORIVS. XIII ∘ PON ∘ M. Stemma colla tiara e le chiavi. ℟ S. PETRVS. APOSTOLVS. Il Santo seduto in atto di benedire; nell'esergo ANCONA; *n. 2 esempl.* R[a] ARG. C[1]

27. TESTONE. GREGORIVS. XIII. PON ∘ M ∘ Stemma colla tiara e le chiavi. ℟ PATET ∘ IVSTIS. La Porta santa colla leggenda MD — LX XV in tre righe. Sotto ANCONA. R[a] ARG. C[1]

28. TESTONE. GREGORIV XIII ∘ P. MA. Stemma colla tiara e le chiavi. ℟ S. PETRVS. ANCONA. Il Santo in piedi colle chiavi. R[a] ARG. C[1]

29. QUATTRINO. GREGO. XIII ∘ P. M. Arme. ℟ S. PETRVS ∘ ANCON. Il Santo in piedi; *n. 3 esempl.* R. MIST. C[2]

SISTO V. (1585-1590).

30. TESTONE. SIXTVS. V. PM. 1588. Stemma. ℟ NOLI. ME. TANGERE. ANCO. La Maddalena ai piedi di N. S. R[a] ARG. C[1]

31. QUATTRINO. SIXTVS. V. P. M. Stemma. ℟ S. QVIRIACVS. ANC. Il Santo in piedi. R. MIST. C[2]

ANTIVARI.

REPUBBLICA VENETA. Secolo XVI.

32. BAGATTINO. S.. GEORG. . ANTIVARI. Il Santo a cavallo che ferisce il drago. ℟ +. S. MARCVS. VENETI. S. Marco in soldo. R. RAME. C[2]

AOSTA.

CARLO II. (1504-1553).

33. GROSSO. CAROLVS. II. DUX. SABAVDIE. Scudo accostato da due nodi. ℟ + ET. AVGVSTE. PRETORIE. Croce trifogliata entro cornice formata da quattro archi di cerchio. - PROMIS. *Tav.* XXI, 66. R[3] MIST. C[2]

EMANUELE FILIBERTO. (1553-1580).

34. QUARTO. + E. PHILIBER. DVX SABA. Nel campo fra due parallele FERT in caratteri gotici. ℟ + ET. AVG. PRETORIE: N : V. Croce trifogliata - PROMIS 18. R³ MIST. C²

AQUILA.

LODOVICO I D'ANGIÒ. (1382-1384).

35. BOLOGNINO. + LVDOVICVS. REX. Nel campo A. Q. L. A. ℟ S. PETRVS. PP. IO. Busto mitrato del Santo. R² ARG. C²

GIOVANNA II. (1414-1435).

36. BOLOGNINO. + IVHANNA. REGINA. Nell'area A. Q. L. A. ℟ S. PETRVS. PP. ARG. C³

37. BOLOGNINO. + IVHANNA REGINA. Aquila. ℟ S. PETRVS. P. Il Santo seduto di prospetto; *n. 6 esempl.* R. ARG. C² e C³

FERDINANDO I D'ARAGONA. (1458-1494).

38. CORONATO. FERRANDVS: D: G: R. SICILIE: IERV. Semibusto coronato del re a d.; nel campo a s. T; nell'esergo una aquiletta. ℟ ✱ TVENDA. IVSTA. S. Michele in piedi che uccide il drago; *n. 3 esempl. vari.* ARG. C¹

39. CAVALLO. *N. 13 esempl. svariati.* BR. C¹ e C²

INNOCENZO VIII. (1485-1486).

40. CAVALLO. *N. 2 esempl.* BR. C²

CARLO VIII, RE DI FRANCIA. (1495).

41. CAVALLO. *N. 7 esempl. variati.* BR. C¹

AQUILEIA

PATRIARCA INCERTO, Secolo XII.

42. DANARO. Mezza figura del patriarca di prospetto. ℟ Veduta delle mura, e porta della città. R. ARG. C[1]

BERTOLDO DI MERANO, PATRIARCA. (1218-1251).

43. DENARO. BERTOLDVS. P. Il Patriarca seduto colla croce nella destra ed un libro nella sinistra. ℟ + CIVITAS. AQVILEGIA. Ponte sormontato da un'aquila colle ali spiegate; *n. 2 esempl.* R[2] ARG. F. D. C.

44. DANARO. BERTOLDVS. P. Il Patriarca seduto di prospetto colla croce nella destra e un libro nella sinistra. ℟ + CIVITAS. AQVILEGIA. Busto della Vergine di prospetto .- SCHWEITZER. I.; *n. 4 esempl.* R[2] ARG. C[1]

RAIMONDO DELLA TORRE, PATRIARCA. (1273-1298).

45. DANARO. RAIMVNDV PA. Il Patriarca mitrato seduto di prospetto colla croce nella destra ed un libro nella sinistra. ℟ + AQVILEGENSIS. Due gigli decussati. - SCHWEITZER. I.; *n. 2 esempl.* ARG. C[1]

46. DANARO. RAIMVNDV. PA. Figura sedente. ℟ AQVILEGENSIS. Castello. R. ARG. C[1]

47. DANARO. RAIMVNDV. PA. Figura del Patriarca seduto di prospetto, ℟. AQVILEGENSIS. Stemma. ARG. C[1]

PIETRO GERRA, PATRIARCA. (1299-1301).

48. DANARO. PETRVS. PATRA. Figura sedente. ℟. AQVILEGENSIS. Aquila; *n. 2 esempl.* R. ARG. C[2]

OTTOBONO DE' RAZZI, PATRIARCA. (1302-1315).

49. DANARO. OTTOBONVS. PA. Figura sedente. ℟ AQVILEGENSIS. Stemma. R. ARG. C[1]

NICOLO' DI LUCEMBURGO. (1350-1358).

50. DANARO. MONETA. NICOLAI. Leone rampante. ℟ AQVILEGE' PATRE. Croce fiorita. ARG. C[1]

LUDOVICO I DELLA TORRE. (1359–1365).

51. DANARO. LVDVVICVS. PA. Figura del Patriarca seduto di prospetto. ℟ LV. AQVILEGIA. Torre. ARG. C[2]

MARQUARDO DI RANDECK. (1365–1387).

52. DANARO. *N. 2 esempl.* ARG. C[2]

53. DANARO. MAQV. PATRĒ. Stemma. ℟ AQVILEGENSIS. Croce bicrociata; *n. 2 esempl.* ARG. C[1]

GIOVANNI DI MORAVIA. (1388-1394).

54. DANARO. IOANES. PATRIAR. Stemma sormontato da cimiero. ℟ SANTVS. HERMACORAS. Busto del Santo. *Mancante d'un pezzetto.* R. ARG. C[3]

ANTONIO I GAETANI. (1395–1402).

55. DANARO. ANTONIVS. PATRHA. Stemma sormontato da cimiero. ℟. AQVILEGENSIS. Aquila. ARG. C[1]

ANTONIO II PANCIERA, PATRIARCA. (1402-1411).

56. DANARO. ANTONIVS. PATRIARCA. Stemma. ℟ AQVILEGENSIS. Croce accantonata da quattro rose. ARG. C[1]

57. DANARO. + ANTONIVS. PATRIARCA. Stemma. ℟ ✱ AQV ✱ ILE ✱ GEN ✱ SIS. Aquila. - SCHWEITZER. I.; *n. 3 esempl.* ARG. C.

LUDOVICO DI TECH, PATRIARCA. (1412-1423).

58. DANARO. LVDOVICVS. DVX. D. TECH. Stemma. ℟ PATHA. AQVILE. La Madonna col Bambino. SCHWEITZER. I.; *n. 6 esempl.* ARG. C[1]

AREZZO.

REPUBBLICA. (Secolo XIII e XIV).

59. GROSSO. PP. S. DONATVS. Figura del Santo seduto di prospetto. ℟ DE ARITIO. Croce; *n. 3 esempl.* R. ARG. C[1]
60. GROSSO. PP. S. DONATVS. Il Santo in piedi. ℟ + DE ARITIO. Croce. ARG. C.
61. MEZZO GROSSO. + : DE ARITIO : Croce formata da quattro I e accantonata da quattro globetti. ℟ + S. DONATVS : Mezzo busto mitrato del Santo col pastorale nella sinistra e colla destra in atto di benedire; *n. 4 esempl.* ARG. C[1]
62. MEZZO GROSSO. SA. DONATVS. Busto del Santo. ℟ DE ARITIO. Croce; *n. 2 esempl.* ARG. C[1]
63. QUATTRINO. S. DONATVS. Busto del Santo. ℟ DE ARRETI. Croce; *n. 3 esempl.* R[2] BR. C[2]

ASCOLI.

REPUBBLICA. (Secolo XIII e XIV).

64. GROSSO. PP. S. EMIDIVS. Figura in piedi del vescovo. ℟ + DE. ASCVLO. Croce. R. ARG. C[1]

PAPI INCERTI. (Secolo XV).

65. QUATTRINO. DE. ASCVLO. Castello; sopra: chiavi decussate. ℟ S.. EMIDIVS. Croce. R. BR. C[1]

CONTE DI CARRARA. (1410-1420).

66. MEZZO GROSSO. C. D. CARAR. Nel campo: A. e piccolo carro. ℞ S. EMID. D. S. Nel campo: C. V. L. O. R. ARG. C[1]

REPUBBLICA ROMANA. (1798-1799).

67. BAJOCCHI 5, BR. C[1]

ASTI.

REPUBBLICA. CORRADO II, IMPERATORE. (Secolo XII e XIV).

68. GROSSO. . + . ASTENSIS. Croce. ℞ CVNRADVS. II. e nel mezzo REX colle lettere disposte a triangolo. - D. PROMIS, I, 8. R. ARG. C[1]
69. DENARO. *N. 5 esempl. diversi.* R[2] MIST. C[2]
70. OBOLO. + ASTENSIS. Croce. ℞ CVNRADVS. Nel campo: REX.; *n. 2 esempl.* R. MIST. C[3]

LUDOVICO XII, RE DI FRANCIA. (1498-1515).

71. PARPAJOLA. LVDOVIC. D. G. REX. FRANC. IHL. Stemma. ℞ MLI. DVX. ASTENSIS QVE DOMINVS. Croce. R[3] ARG. C[1]
72. SOLDINO. LVDOVICVS.... Istrice coronato a sinistra. ℞ DVX.... DNS. Croce; *n. 3 esempl. diversi.* R[3] MIST. C[3]
73. SOLDINO. *N. 3 esempl. diversi.* R[3] MIST. C[3]

FRANCESCO I, RE DI FRANCIA. (1515-1529).

74. SOLDINO. + FRAN. FRAN. AC. AST. DNS. Tre gigli. ℞ SANCTA. INTERCEDE P. N. Croce. R[3] MIST. C[2]

AVIGNONE.

AUTONOME.

75. PICCIOLO. AVINIO. Nel campo una chiave. ℞ NENSIS. Croce. R[6] MIST. C[1]

INNOCENZO VI. (1352-1362).

76. GROSSO. INNOCEN. PP. SEXTVS. Il Pontefice seduto di prospetto. ℟ + SANTVS. PETRVS. Larga croce che divide la leggenda, e chiavette decussate negli spazî. R4 ARG. C1

URBANO V. (1362-1370).

77. GROSSO. VRBANVS. QVNTVS. Mitra e sotto PP. ℟ SANCTVS. PETRVS. Croce, e negli spazî chiavette decussate. R3 ARG. C3
78. PICCIOLO. VRB. P. P. QNTS. Mitra. ℟ SANT. PET. ET PAVL. Croce e chiavette decussate. R2 ARG. C2

GREGORIO XI. (1370-1378).

79. GIULIO. GREGORV PP. VNDEC. Il Pontefice seduto di prospetto. ℟ SANCTVS. PETRVS. Chiavi decussate. R3 ARG. C.

CLEMENTE VII, ANTIPAPA. (1378-1394).

80. GIULIO. CLEMENS. PP. SEPTMVS. Il Pontefice seduto di prospetto. ℟ + SANCTVS. PETRVS. Chiavi decussate. R3 ARG. C3

MARTINO V. (1417-1431).

81. GIULIO. MARTINVS. PP. QVINTVS. Il Pontefice seduto di prospetto. ℟ + SANTVS. PETRVS. ET. PAVLVS. Chiavi decussate e colonna; *n. 3 esempl.* R3 ARG. C1
82. GIULIO. MARTINVS PP. V. Il Pontefice seduto. ℟ + SANTVS. PETRVS..... Chiavi decussate. R3 ARG. C2

EUGENIO IV. (1431-1437).

83. GIULIO. EVGENIVS. QVARTVS. Il Pontefice seduto di prospetto. ℟ SANTVS. PETRVS. ET. PAVLVS. Chiavi decussate e piccolo stemma; *n. 2 esempl.* R3 ARG. C1 e C2

GREGORIO XIII. (1572-1585).

84. MISTURA. GREGORIVS. XIII. PONTIF. MAX. Nel campo C e triregno. ℞ + CARO. CA. GEORG. CA. CO. LE. AVEN. Croce gigliata; *n. 2 esempl.* R. MIST. C[2]

SISTO V. (1585-1590).

85. MISTURA. SIXTVS. V. PONTIF. MAX. 1587. Nel campo S e triregno. ℞ KA. DE. BOVRBON. CARLEG. AVEN. Croce gigliata. R. MIST. C[2]

CLEMENTE VIII. (1592-1605).

86. MISTURA. CLEMENS. VIII. PONTI. MAX. — A. A. Stemma. ℞ SIL. SABELLVS. VICELEG. AVEN. 1595. Croce, e negli spazî due lioncini e due rose; *n. 3 esempl.* R[3] MIST. C[2]
87. QUATTRINO. BR. C[2]

URBANO VIII. (1623-1644).

88. GIULIO. R[2] ARG. C[2]
89. QUATTRINO. *N. 4 esempl. vari.* BR. C[2] e C[3]

ALESSANDRO VII. (1665-1667).

90. CARLINO. FLAVIVS. CARD. CHISIVS. LEGA. AVE. Ritratto a d. del cardinale. ℞ PAX. ORIETVR. EX. MONDIBVS. 1662. Stemma. R. ARG. C[1]

INNOCENZO XII. (1691-1700).

91. CARLINO. *N. 4 esempl. vari.* R[2] ARG. C[1]
92. CARLINO. INNOCEN. XII. P. M. A. II. Ritratto a d.; sotto, piccolo stemma. ℞ PETRVS. CARD. OTTHOBONVS. LEGAT. 1682. Stemma. R. ARG. C[2]
93. LOTTO di 7 monete diverse. ARG. C[3]

BARDI.

FEDERICO LANDI, PRINCIPE. (1589-1626).

94. SCUDO. D. FED. LAN. S. R. I. AC. VAL. I. TARI. PRIN. IV. ETC. Ritratto a d. ℞ S. FRANCIS. PROTECT. NOSTER - MDC. XXII - N. G. S. Francesco genuflesso a s. R6 ARG. C3

95. QUATTRINO. *N. 4 esempl. diversi.* R2 BR. C3

BARLETTA.

CARLO I D'ANGIÒ. (1266-1278).

96. TARÌ TRIPLO. K fra due gigli; al disopra una croce. ℞ IE. XS. Croce. R6 ORO C1

BELGIOJOSO.

ANTONIO DA BARBIANO, PRINCIPE. (1769).

97. SCUDO. ANTONIUS. I. BARBIANI. BELGIOJOSII ET. S. R. I. PRINCEPS. Busto a d. ℞ COMES CUNII ET LUGI MARCH. GRUMELLI. 1769. Stemma. R2 ARG. F. D. C.

BELLINZONA.

98. TESTONE. Corona VRANIE. SVIT. ET. VNDERVALD. Gli scudetti dei tre cantoni; e al disopra un'aquila bicipite coronata. ℞ S. MARTINVS. EPISCOPVS. Il Santo in piedi col vessillo. R2 ARG. C3

99. MEZZO TESTONE. S. MARTINVS. EPISCOPVS. Il Santo a cavallo a d. che dona il mantello ad un mendico. ℞ VRANIE. ET VNDERVALDI. Stemmi appajati dei due cantoni, al disopra l'aquila bicipite coronata. R2 MIST. C2

100. QUARTO DI TESTONE. + S. MARTINVS. EPISCOPVS. Busto del Santo col pastorale nella s. ed in atto di benedire. ℞ + VRANIE. SVVIT. ET. VNDERVALDI. Croce fiorata. R^2 MIST. C^1

101. SOLDINO. VNDERVAL ✳ VRANIE. ET. Scudo bipartito cogli stemmi di Uri ed Unterwald. ℞ ✳ MONETA. NOVA. BELLIZONE. Croce fiorata. R^2 ARG. C^2

102. QUATTRINO. Leggenda scomparsa. - Biscia viscontea. - ℞ Croce fiorata. R^3 BR. C^2

BENEVENTO.

GODESCALCO?

103. SOLDO D'ORO. DNI — INVS PP. Busto di prospetto col globo crocigero nella destra. ℞ VICTOR. GVSTO. Croce sopra quattro gradini, a s. una sigla, e a d. un G. Nell'esergo CONOB. R^3 ORO. F. D. C.

104. SOLDO D'ORO. Simile al precedente. R^3 ORO. F. D. C.

ARICHI II. (758-787).

105. TREMISSE. DN — VNPP. Busto di prospetto con un globo crocigero nella destra. ℞ VITIR GVT. Croce sopra un gradino, a s. A. Nell'esergo CONOB. R^3 ORO. F. D. C.

106. TREMISSE. DNS VI — CTORIA. Busto di prospetto col globo crocigero nella destra. ℞ VITIRV — PRINPI. Croce sopra un gradino, nell'area a s. A e nell'esergo CONOB. R^3 ORO. C^1

BERGAMO.

107. DENARO. *N. 12 esempl. variati.* ARG. C^2 e C^3

108. MEZZO GROSSO. *N. 4 esempl. variati.* ARG. C^1

BOLOGNA.

REPUBBLICA. ENRICO VI, IMPERATORE. (1191-1237).

109. BOLOGNINO. ENRICVS. Nel campo: I. P. R. T. ℞ BONONI. Nel campo: A.; *n. 4 esempl.* R. ARG. C^1

110. OBOLO. ENRICVS. Nel campo: I. P. R. T. ℟ BONONI. Nel campo: A.; *n. 2 esempl.* R. ARG. C[2]

111. OBOLO. ENRICVS. Nel campo: I. P. R. T. ℟ BONONI. Nel campo: A. R. ARG. C[2]

REPUBBLICA. (1325).

112. ZECCHINO. BONONIA. DOCET. Leone rampante con vessillo. ℟ S. PETRVS. APOSTOLVS. S. Pietro di prospetto in piedi. R. ORO C[1]

REPUBBLICA. (1376-1401).

113. SCUDO D'ORO. S. PETRONIVS. Il Santo seduto di prospetto. ℟ BONONIA. DOCET. Leone con bandiera. R[3] ORO C[1]

114. GROSSO. S. PETRONIVS. Il Santo seduto di prospetto. ℟ BONONIA. DOCET. Leone con vessillo; *n. 2 esempl.* ARG. C[1]

115. GROSSO. S. PETRONIVS. Il Santo seduto di prospetto. ℟ BONONIA. DOCET. Leone rampante con vessillo; *n. 2 esempl.* ARG. C[1]

116. BOLOGNINO. BO. NO. NI. Nel campo A fra quattro anelletti; in alto chiavette decussate. ℟ MATER. STVDI. Nel campo ORVM disposto in croce intorno a un anelletto in alto, chiavette decussate. *bucata* R. ARG. C[2]

ALESSANDRO VI. (1492-1503).

117. ZECCHINO. ALEXANDER. PP. VI. Stemma. ℟ BONONIA. DOCET. Figura di S. Pietro fra due stemmi. R[4] ORO C[1]

GIULIO II. (1503-1515).

118. ZECCHINO. IVLIVS. II. PONT. MAX. Stemma. ℟ BON. P. IVL. A. TIRANO. LIBERAT. S. Pietro stante. R[6] ORO C[1]

119. ZECCHINO. IVLIVS. II. PONT. MAX. Stemma. ℟ S. PETRVS DE BONONIA. Il Santo in piedi. R. ORO F. D. C

120. ZECCHINO. Simile al precedente. ℟ DOCET BONON. Il Santo in piedi fra due armette. R. ORO. C[1]

121. GIULIO. IVLIVS. II. PONTIFEX. MAXIMVS. Ritratto a destra. ℟ S. P. BONONIA DOCET. Il Santo seduto. Sotto: Armetta del cardinale Giovanni Medici, indi Leone X; *n. 2 esempl.* R[2] ARG. C[1]

LEONE X. (1513–1521).

122. ZECCHINO. LEO. PAPA. DECIMVS. Stemma. ℞ BONONIA. DOCET. S. Pietro stante. Nel campo: Armette della città e del cardinale Giulio Medici. R² ORO. C²

123. ZECCHINO. BONONIA. DOCET. Leone rampante con vessillo. ℞ S. P. DE. BONONIA. S. Pietro stante, nel campo, armette della città e del cardinale Giulio Medici. R² ORO. C⁴

124. GIULIO. BONONIA. MATER. STVDIORVM. Leone rampante col vessillo e scudetto Mediceo. ℞ S. PETRON. DE BONON. Il Santo seduto di prospetto. R. ARG. C⁴

CLEMENTE VII. (1523–1534).

125. DOBLONE DA TRE ZECCHINI. EX. COLLATO. AERE DE. REBVS — SACRIS. ET. PROPHANIS. IN. EGENO — RVM. SVBSIDIVM. M. D. XXIX. — BONONIA. Scritto nel campo in sette linee. Sopra, cane con torcia in bocca (impresa dei PP. Domenicani). ℞ CO. GENTE. INOPIA. REI. FRVMENTARIÆ. Mezza figura di S. Petronio e sotto, armetta inquartata di Bologna. R⁸ ORO. C⁴

Moneta coniata al tempo della fame, da' Domenicani di Bologna, con una parte degli arredi sacri.

126. SCUDO D'ORO. CLEM. VII. PONT. MAX. Stemma. ℞ DOCET. BONONIA. Croce e due piccoli stemmi. R² ORO. C⁴

127. MEZZO SCUDO. EXCOLLATO — ÆERE. DE. REBVS. SACRIS. ET. PROPHANIS. IN. EGENO. RVM. SVBSIDIVM. M. D. XXIX. BONONIA. Scritto nel campo in sette linee; sopra, cane accovacciato; nell'esergo, stella. ℞ COGENTE. INOPIA. REI. FRVMENTARIE. Stemma e busto di S. Petronio. R⁴ ARG. C⁴

CARLO V IMPERATORE. (1530).

128. TESTONE. IMP. CAES. CAROLVS. V. AVG. Ritratto laureato a d. ℞ Due colonne sopra flutti, unite da una benda. R³ ARG. C⁴

PAOLO III. (1534–1549).

129. SCUDO D'ORO. PAVLVS. III. PONT. MAX. Stemma. ℞ BONONIA. DOCET. Croce e due piccoli stemmi; *n. 2 esempl.* R. ORO. C⁴

130. DUE GIULII. PAVLVS. III. PONT. MAX. Ritratto a d. ℟ BONONIA. MATER. STVDIORVM. Leone rampante; *n. 2 esempl.* R. ARG. C[1]

131. DUE GIULII. PAVLVS. III. PONT. MAX. Ritratto a d. ℟ BONONIA. MATER. STVDIORVM. Leone rampante; *n. 2 esempl.* R. ARG. C.

SISTO V. (1585-1590).

132. SCUDO D'ORO. SIXTVS. V. PONT. MAX. Stemma. ℟ BONONIA. DOCET. Croce. Armetta della città e del cardinale Salviati. R[3] ORO C[1]

133. LIRA. SIXTVS. V. PONT. MAX. Ritratto a d. ℟ BONONIA. MATER. STVDIORVM. Leone rampante col vessillo. R[2] ARG. C[2]

134. SESINO. Tipo solito; *n. 3 esempl. vari.* BR. C[1]

ALESSANDRO VII. (1655-1667).

135. QUATTRO SCUDI D'ORO. ALEXANDER. VII. PON. MAX. Stemma. ℟ BONONIA. DOCET. B. ✳ P. Croce gigliata e negli spazî 16≡60 e l'armetta della città e del card. Lomellino. R[3] ORO C[1]

CLEMENTE X. (1670-1676).

136. DOPPIO GIULIO. CLEMENS. X. PONT. MAX. Stemma. ℟ BONONIA. DOCET. 1673. Leone rampante con vessillo; nell'esergo . 20 . ARG. C[1]

INNOCENZO XI. (1676-1688).

136 *bis*. DOPPIO GIULIO. INNOCENTIVS. XI. PONT. MAX. Stemma. ℟ BONONIA. DOCET. 1682. Leone rampante con vessillo. ARG. C[1]

137. GROSSO. ARG. C[3]

INNOCENZO XIII. (1721-1724).

137 *bis*. DOPPIO GIULIO. INNOCEN. XIII. P. Stemma. ℟ BONONIA. DOCET. 1722. Leone rampante. R. ARG. C[1]

PIO VI. (1775-1799).

138. SCUDO. PRAESIDIVM ✱ ✱ ET ✱ DECVS ✱ Busto della Vergine col Bambino in mezzo alle nubi. Sotto: veduta della città di Bologna. ℞ COMVNITAS. ET. SENATVS. BONON. ✱ MDCCXCVI ✱ Stemma. ARG. F. D. C.

PIO VII. (1800-1823).

139. DOPPIA. PIVS. VII. PONT. M. A. X.; nell'esergo B. ℞ APOSTOLORVM. PRINCEPS. S. Pietro fra le nubi. ORO C[1]
140. PAPETTO. ARG. C[1]
141. BAIOCCO. BR. C[1]

NAPOLEONE I, IMPERATORE E RE. (1808-1814).

142. LIRA. ARG. C[1]
143. SOLDO E UN CENTESIMO. BR. C[1]
144. GROSSO. *N. 3 esempl. vari.* ARG. C[1]
145. GROSSO. *N. 2 esempl* ARG. C[1]
146. OBOLI. *N. 8 esempl. vari.* MIST. C[1] C[2]

MONETE VARIE.

147. CINQUE BAIOCCHI E QUATTRINO. *N. 7 esempl.* ARG. MIST. e BR. C[1] e C[2]
148. DUE BAIOCCHI, UN BAIOCCO, MEZZO BAIOCCO e QUATTRINO. *N. 5 esempl.* BR. C[1]
149. QUATTRINO. BR. C[2]

BOSA.

GIOVANNI I D'ARAGONA. (1387-1395).

150. OBOLO. R[4] MIST. C[3]

BOZZOLO.

SCIPIONE GONZAGA (1609-1671).

151. SCUDO. SCIP. GONZ. S. R. I. E. BOZ. PRIN. II. EC. Busto a s. ℟ TV ES PETRVS PRAESIDIVM NOSTRVM. Il Redentore che dà le chiavi a S. Pietro; nell'esergo MDCXVI. R⁴ ARG. C²
152. LIRA. SCIP. GON. S. R. I. GON. E. BOZ. PRIN. II. EC. Stemma. ℟ PRAESIDIVM. NOSTRVM. G. G. S. Pietro stante, nel giro, un astro. R³ ARG. C²
152 *bis*. DA SOLDI 10. SCIP. GON. DVX. SAB. S. R. I. E. BOZ. P. Ritratto a d. ℟ MONETA. — NOVA. DA. SOLDI. X. Scritto in quattro linee entro una ghirlanda. R² MIST. C²
153. DA SOLDI 3. SCIP. D. G. SAB. S. R. I. BOZ. Busto a d. ℟ SVB. PENNIS EIVS. Aquila bicipite. R² MIST. C²
154. QUATTRINO. *N. 4 esempl. vari.* BR. C² e C³

BRESCIA.

REPUBBLICA (Federico I Imperatore). (1186-1251).

155. OBOLO. FRIDERICVS. Nel campo PRI. ℟ BRISIA. Croce; *n. 10 esempl.* ARG. C¹, C² e C³

PANDOLFO MALATESTA, SIGNORE. (1404-1421).

156. MEZZO GROSSO. DE. MALATESTIS. Nel campo D. P. ℟ DOMINVS. BRIXIE. Stemma; *n. 2 esempl.* R³ ARG. C² e C³

BRINDISI.

GUGLIELMO I E RUGGERI, DUCA. (1154-1166).

157. DUCATO. Il re Guglielmo che con una mano tiene la croce e con l'altra il globo. A s. il figlio Ruggeri tenente colla mano la stessa croce e coll'altra la spada in giro VREX. ℟ Effigie del Salvatore; *n. 4 esempl.* R² ARG. C²

GUGLIELMO II. (1166-1189).

158. FOLLARO. *N. 2 esempl.* BR. C[3]

ENRICO VI — FEDERICO II. (1196-1197).

159. DENARO. + E. IMPERATOR. Entro un circolo, aquila sveva, volta a s. ℞ + FREDERIC. REX. Testa coronata di prospetto; *n. 4 esempl.* R[4] LEGA. C[2]

ENRICO VI, IMPERATORE E COSTANZA. (1197).

160. DENARO. HE (in nesso) IMPERATOR. Tra due circoli concentrici, nell'area una croce ed in due angoli opposti, due astri. ℞ C (Costantia) IMPERATRIX, tra due circoli; nel mezzo A P. R. LEGA. C[1]

FEDERICO II, IMPERATORE. (1198-1250).

161. AUGUSTALE. CESAR. AVG. IMP. ROM. Ritratto laureato a d. ℞ + FRIDERICVS. Aquila di prospetto colle ali aperte, guardante a d. R[2] ORO. C[1]
162. DENARO. + F. ROMANORVM tra due circoli. ℞ + IERSL' ET SICIL'. R. Croce accantonata da 4 lune falcate. LEGA. C[1]

CORRADO I, IMPERATORE. (1250-1253).

163. DENARO. + IERVSALEM tra due circoli; nel mezzo COR. disposto a triangolo; nel centro un globetto e sopra una linea. ℞ + ET. SICILIE. Entro un circolo, croce. LEGA. C[1]

CAGLIARI.

CARLO II, RE DI SPAGNA. (1665-1700).

164. DUE REALI. CAROL. II. HISPAN. E. SARD. REX. 1694. Busto coronato a d. ℞ INIMIC. EIVS. INDVM. CONFVS. Croce. R. ARG. C[1]

165. MEZZO REALE. CAROLVS. II. R. SPARVM. Ritratto a d. — C. I. ℟ INIMICOS. EIVS. DESTRVAT. 1600; *n. 4 esempl.* R^4 ARG. C^1 e C^2

166. TRE CAGLIARESI. *N. 4 esempl. vari.* R^3 BR. C^1 e C^2

CARLO VI D'AUSTRIA, IMPERATORE. (1708-1717).

167. TRE CAGLIARESI. *N. 2 esempl.* R. BR. C^2

168. CAGLIARESE. *N. 5 esempl. vari.* R. BR. C^2

VITTORIO AMEDEO II. (1721-1730).

169. TRE CAGLIARESI e UN CAGLIARESE. *N. 2 esempl.* BR. C^2

CARLO EMANUELE III. (1730-1773).

170. QUARTO DI SCUDO. ARG. C^1

VITTORIO AMEDEO III, RE DI SARDEGNA. (1773-1796).

171. REALE. VIC. AM. D. G. REX. SAR. CYP. ET. IER. Testa a d. ℟ + — INIM .:. EI. IND .:. CONF. .:. 1793 .:. R. ARG. C^1

172. MEZZO REALE. VIC. AM. D. G. REX. SAR. CYP. ET. IE. Busto a d. ℟ VICTORIA. CRVCIS. Stemma sovrapposto alla croce di Savoja. ARG. C^1

VITTORIO EMANUELE I. (1802-1821).

173. TRE CAGLIARESI. *N. 2 esempl.* R. BR. C^1

CARLO ALBERTO. (1831-1849)

174. PEZZO DA 5 E DA 3 CENTESIMI. *N. 5 esempl.* BR. C^2

CAMERINO.

AUTONOME. (1190–1259).

175. DENARO. Scudetto colle tre camere VB. CAMMERI nel campo un A ornato. ℞ Marca dello zecchiere SANTVS. VENAN e nel mezzo TIVS colle lettere disposte in croce intorno ad una rosetta; *n. 3 esempl.* R² ARG. C¹ e C²

176. QUATTRINO. ✳ VRBS ✳ CAME e nel campo RINA colle lettere disposte in croce intorno ad una rosa. ℞ S. ANSOVINVS. Il Santo in piedi colla croce e in atto di benedire; *n. 3 esempl.* R² BR. C¹ e C²

GOVERNO POPOLARE. (1434–1444).

177. GROSSO. DE ✳ CAMMARENO. Croce; in alto scudetto coll'arme della città. ℞ S. ✳ ANSOVINVS. Il Santo in piedi con una croce nella sinistra e in atto di benedire; *n. 2 esempl.* R³ ARG. C²

178. MEZZO GROSSO. VB ∘ CAME ∘ RIN. e nel campo A attorniato da quattro piccoli anelli. ℞ SAN ∘ TVS ∘ VENA e nel mezzo TIVS intorno ad un globetto; *n. 3 esempl.* R² ARG. C¹

GIULIA VARANO, DUCHESSA. (1527–1534).

179. SCUDO D'ORO. + IVLIA + VARANA + CAMERTIVM + DVX. Stemma coronato. ℞ + PTEGE. ME. A. CONVENTV. MALIGNANTIVM. L. Croce ornata e gigliata. R⁵ ORO. C¹

180. SCUDO D'ORO. Simile al precedente. R⁵ ORO. C²

181. GROSSO. + IVLIA + D ∘ VARANO + CAM + DVX + G. Stemma coronato. ℞ . S . VENANTIVS D CAMERINI. Il Santo in piedi col vessillo nella destra e la città nella sinistra. R⁴ ARG. C¹

CLEMENTE X, PAPA. (1670–1676).

182. GIULIO. CLEMENS. X. PONT. MAX. A. IIII. MDCLXXIII. Busto a d. ℞ SANTVS. VENANTIVS. M. CAMERS. Il Santo col vessillo nella destra e la città nella sinistra. *Bucato.* R. ARG. C²

CAMPOBASSO.

NICOLA II DI MONFORTE. (1450-1462).

183. TORNESE. NICOLA. COM. Castello. ℟ CAMPIBASSI. Croce; *n. 2 esempl.* R. MIST. C[2]

CANDIA.

REPUBBLICA VENETA. (1632).

184. SOLDINI DUE E MEZZO. R. BR. C[1]

CARMAGNOLA.

LUDOVICO II, MARCHESE DI SALUZZO. (1475-1504).

185. CORNABÒ. LVDOVICVS. M. SALVTIARVM. Ritratto a s. ℟ SANCT. CONSTANTIVS. Il Santo a cavallo; *n. 2 esempl.* R[2] ARG. C[1] e C[2]
186. SOLDINO. LVDOVICVS. M. SALVTIAR. Stemma sormontato da mezza figura di aquila. ℟ SANCTVS. CONSTANTIVS. Croce; *n. 2 esempl.* R[2] ARG. C[2] e C[3]
187. QUATTRINO. R[2] BR. C[1]

MICHELE ANTONIO, MARCHESE DI SALUZZO. (1504-1528).

188. TESTONE. MICHAEL. ANT. MAR. SALVTIARVM. Aquila coronata. ℟ SANCTVS. COSTANTIVS. Il Santo in piedi. R[2] ARG. C[1]
189. DOPPIO GROSSO. MICHAEL. ANT. MARCHIO. SALVTIARVM. Aquila. ℟ XPS. REX. VENIT. IN. PACE. HOMO. FACTVS. Croce gigliata; *n. 3 esempl.* R[2] ARG. C[1] C[2] e C[3]
190. CAVALLOTTO. MICHAEL. ANT. M. SALVTIARVM. Stemma sormontato da cimiero. ℟ SANCTVS. CONSTANTIVS. Il Santo a cavallo. R[2] ARG. C[1]

FRANCESCO, MARCHESE DI SALUZZO. (1529-1537).

191. CORNABÒ. FRANCISCVS. MAR. SALVTIAR. Stemma sormon tato da corona e fiancheggiato dalle lettere F. S. ℟ SANCTVS. CONSTANTI. Il Santo a cavallo a d. R[4] ARG. C[1]

192. SOLDINO. FRANCISCVS. M. SALVTIAR. Stemma coronato e fiancheggiato dalle iniziali F. S. ℟ SANCTVS. CONSTANTIVS. Croce; *n. 4 esempl.* R[4] ARG. C[2] e C[3]

GABRIELE, MARCHESE DI SALUZZO. (1537-1548).

193. SESINO. GABRIEL. SALVCIAR. M. Nel campo: G. coronata. ℟ DATVM. OP. DESVR.... Croce. R[4] ARG. C[3]

CARPENTRASSO.

GIOVANNI XXII, PAPA. (1316-1334).

194. GROSSO. + PP. IOHANNES. Il Pontefice seduto di prospetto colla croce e in atto di benedire. ℟ + SALVE. SCA. CRVX. Croce; *n. 2 esempl.* R[2] ARG. C[1]

195. PICCIOLO. PP. IOHANNES. Croce. ℟ VIGESIMV. SEC. Nel campo DVS. R[4] MIST. C[1]

CASALE.

GIOVANNI I PALEOLOGO. (1306-1338).

196. FORTE BIANCO. IOHANES. MARCHIO. Stemma fra le lettere I. O. ℟ MONTISFERRATI. Croce. R. ARG. C[2]

TEODORO II PALEOLOGO. (1381-1418).

197. QUARTO DI GROSSO. THEODORVS. MARCHIO. Nel campo: Stemma. ℟ MONTIS. FERRATI. Croce; *n. 4 esempl.* R[4] MIST.

GIOVANNI III. (1445-1464).

198. MAGLIA DI BIANCHETTO. IOH... MARCHIO. Stemma. ℟ MONTIS. FERRATI. Croce. R^4 BR. C^2

GUGLIELMO II PALEOLOGO, MARCHESE. (1494-1518).

199. TESTONE. GULIELMVS. MAR. MON. FER. ETC. Busto col berretto a s. ℟ + SACRI. RO. IMP. PRINC. VICA. PP. Stemma. - PROMIS. IV, 6. R^2 ARG. C^1
200. GROSSO ✳ GVLIELMVS. MARCHIO. MONTISFERATI. Scudo sormontato da aquila con due teste coronate. ℟ ✳ PRIN. VICA. PP. SACRI. RO. IMP. Croce entro cornice formata da segmenti di circolo. - PROMIS. 11. R^4 ARG. C^1
201. Tipo simile al precedente. R. bass.ª LEGA.
202. ROLABASSO. ✳ GVLELMVS. MAR. MON. FER. EC. Aquila con due teste coronate, con in petto l'arme di Monferrato. ℟ ✳ PRINC. VICA. PP. SACR. RO. IM. Croce gigliata. - PROMIS. - *Monete inedite del Piemonte.* - *Tav.* V, 51. ARG. C^2
203. ROLABASSO. + GV. MAR. MONFER. Scudo sormontato da elmo coronato col cimiero dalle corna di cervo e dal braccio armato. ℟ PRINC: VICA: PP: SACRI: RO: IMP: Semprevivo in mezzo a fiammelle, in alto, un vaso rovesciato; *n. 2 esempl.* - PROMIS. 10. R. ARG. C^2
204. CORNABÒ. GVLI. MA. MO.. FE.. Scudo sotto un padiglione coronato col cimiero dalle corna di cervo e col braccio armato di spada. ℟ ..S.. TEODORVS.. CVSTOS ∴ Il Santo a cavallo in atto di uccidere il drago. R^3 ARG. C^1
205. MISTURA. + GVL. MAR. MONT. FERA. Nel campo G. V. coronati e sotto una rosetta. ℟ + TVAM. ADORAMVS. Croce fiorata. - PROMIS. 18. R^3 MIST. C^2
206. BIANCHETTO. GV. MAR. MONT. FE. Scudo coronato, sormontato dalle corna di cervo e dal braccio armato di spada. ℟ SVB. TVM. PRESIDIVM. Croce fiorata. - PROMIS. 22. R^3 LEGA. C^1

CASALE MONFERRATO.

GUGLIELMO II. (1494-1518).

206 bis. QUATTRINO. GVL. MAR. MONTFERA +. Nel campo G V. sotto, stelletta. ℟ + TVAM. ADORAMVS. Croce; *n. 3 esempl.* R^3 BR. C^2

BONIFACIO II. (1518–1530).

207. TESTONE. + BONIFACIVS. MAR MONTIS. FERRA. Stemma. ℞ * PRINC. VICRIVS. PP. SACRI. RO. IMP. Croce in doppio circolo. R^3 ARG. C^1

GIOVANNI GIORGIO. (1530–1533).

208. CAVALLOTTO. Testina. IO. GEORGIVS. M. MONTIS. FERRATI. Busto con berretto a s. ℞ VICARIVS. ROMANI. IMPERII. Stemma. *n. 2 esempl.* - PROMIS. VII, 6. R. ARG. C^1 e C^2

MARGHERITA E GUGLIELMO, DUCA. (1550–1556).

209. SCUTO D'ORO. MAR. ET. GVL. DVCES. MANT. MAR. MONT. F. Stemma. ℞ IN. HOC. SIGNO. EIGIAS. DEMONIA. 1566. Croce e GG. MM. R^2 ORO. C^1

210. BIANCO. MAR. ET. GVL. DVCES. MANT. MAR. MONT. FE. Stemma. ℞ CRVX. CHRISTI. SALVS. NOSTRA. 1565. Croce. R^2 ARG. F. D. C.

211. Simile alla precedente, ma dell'anno 1566. R^2 ARG. C^2

212. GROSSETTO. *N. 3 esempl. vari.* R. ARG. C^3

GUGLIELMO, DUCA DI MANTOVA. (1566–1587).

213. TESTONE. GVLIEL. DVX. MAN. III. ET. MAR. MONT. FER. + Ritratto a s. ℞ QVIQVE. SVVM * * 1573. La Giustizia in piedi. R^5 ARG. C^1

214. GROSSETTO. GVLI. DVX. MANT. III. E. M. M. F. Ritratto a s. ℞ Il monte Olimpo: sopra FIDES — sotto ΟΛΥΜΠΟΣ. R^2 ARG. C^1

215. BIANCO. ARG. G^1

216. BIANCO. ARG. C^3

VINCENZO I, DUCA DI MANTOVA. (1587–1612).

217. SCUDO. VINC. D. G. DVX. MANT. IIII. ET. MONFER. II. Ritratto a d. ℞ PROTECTOR. NOSTER. ASPICE — 1603 — CASAL. S. Giorgio a cavallo che uccide il drago, a d. R^2 ARG. C^2

FERDINANDO DUCA DI MANTOVA. (1613-1626).

218. SCUDO. FERDIN. DG. DVX. MAN. VI. E. MON. FER. IIII. Ritratto a d. ℟ PROTECTOR. NOSTER. ASPICE — CASALE. S. Giorgio a cavallo a d. che uccide il drago. R² ARG. C¹

219. SEI GROSSI. FERDIN. D. G. DVX. MANT. VI. ET. MON. F. IIII. In cinque righe in un cartello; sotto 6. ℟ DIVAE: VIRGINIS: CRETAE. Busto di prospetto della Vergine col Bambino; nell'esergo: CASALE. - PROMIS. *Zecche italiane.* III, 34. ARG. C²

LODOVICO XIII, RE DI FRANCIA? (1630).

219 *bis.* QUATTRINO. MONTIS..... Nel campo un' M coronata circondata da tre gigli. ℟...... CVST. Croce patente ornata di piccole foglie. R⁶ BR. C¹

CARLO II GONZAGA, DUCA DI MANTOVA. (1637-1665).

220. QUATTRO REALI. CAROLI - D G DVX - MANT - ET MON - FERR. - E. C. In sei righe in un cartello coronato, circondato da una corona di lauro. ℟ DIVÆ. VIRGINIS. CRETAE. Busto di prospetto della Vergine col Bambino; nell'esergo CASALE frammezzato da uno scudetto con FIDES. ARG. C³

221. MONETE 5 varie dei Paleologi. MIST. C³

CASTEL DURANTE.

GUIDOBALDO I DA MONTEFELTRO, DUCA (1482-1508).

221 *bis.* GVIDVS. VB. VRB. DVX. Testa a s. ℟ C. DVRANT. CO. MON. FE. Stemma coronato; *n. 4 esempl.* R. BR. C¹ e C²

CASTIGLIONE DELLE STIVIERE.

FRANCESCO GONZAGA. (1593-1616).

222. QUATTRINO. GON. MAR. CAST. ET. S. R. I. PRI. Nel campo F. coronata. ℟ SOLA. SALVS ET GLORIA. Stemma; *n. 2 esempl.* R² BR. C²

223. QUATTRINO. R² BR. C¹ e C²

FERDINANDO I GONZAGA. (1616–1678).

224. LIRA. FERDINANDVS. D. G. PRIN. CAST. Stemma ℞ TV. ES. VAS. ELECTIONIS. S. Paolo in piedi. R² ARG. C¹
225. SOLDO. FERD. D. G. CAST. PRINC. Stemma coronato ℞ TVRRIS. FORTITVDINIS. Pisside. R. MIST. C²
226. QUATTRINO. *N. 5 esempl. vari.* BR. C² e C³

CARLO GONZAGA, PRINCIPE. (1678-1680).

227. SOLDO. *N. 4 esempl.* BR. C²

FERDINANDO II, PRINCIPE. (1680–1723).

228. DA SOLDI 25. FERDINAN. II. S. ROM — IMP. E. C. PRIN ✳. Ritratto a d.; nell'esergo (XXV). ℞ MANT. ET. MED. S. M. D. HISP. MAGN. 1682. Stemma coronato. R² MIST. C²
229. BAIOCCHELLE. *N. 4 esempl. vari.* BR. C²

CASTRO.

PIER LUIGI FARNESE, DUCA. (1545–1547).

230. PAOLO. P. LOYSIVS. F. DVX. CAST. I. Scudo gentilizio coronato. ℞ VIRTVS. SECVRITATEM. PARIT. Unicorno a sinistra. – ZANETTI, *vol. 5.°, Tav.* XVI, 4. R⁵ ARG. C¹
231. GROSSO. P. ALOYSIVS. F. DVC. CASTRII. Stemma. ℞ S. SAVINVS. VR. CASTRI. CVSTO. Il Santo in piedi. R² ARG. C²
232. MEZZO GROSSO. P. LOYSIVS. FAR. Ritratto a S. ℞ DVX. CASTRI. I. Scritto nel campo in tre linee; *n. 2 esempl.* R² ARG. C²
233. QUARTINO. *N. 7 esempl.* R² ARG. C²
234. QUATTRINO. *N. 14 esempl. vari.* R. BR. C² e C³

CATTARO.

REPUBBLICA DI VENEZIA. (1420–1638).

235. QUATTRINO. *N. 5 esempl. vari.* BR. C^2 e C^3

CHAMBERY.

AMEDEO V DI SAVOJA, CONTE. (1285–1323).

235 *bis*. GROSSO. + AMEDS ⁑ COMES ⁑ SAB. Aquila bicipite. ℟ SAB – AVD – IEN – SIS. Croce accantonata dalle lettere AMED. (Simile a quella di PROMIS, II, 1). R^4 ARG. C^1

CHIARENZA.

GOFFREDO II DI VILLEHARDOUIN. (1218–1246).

236. DENARO TORNESE. + : C. PRINCEPS : Croce. ℟ Castello. R. ARG. C^1

CARLO D'ANGIÒ (1285–1291).

237. DENARO TORNESE. + K. R. PRINC. ACHE. Croce. ℟ CLARENTIA. Castello. ARG. C^2

ISABELLA DI VILLEHARDOUIN, PRINCIPESSA. (1297-1301).

238. DENARO TORNESE. + YSABELLA P. ACI. Croce. ℟ DE CLARENCIA. Castello. ARG. C^1

GUIDO II DÈ LA ROCHE, DUCA D'ATENE (1304–1308).

239. DENARO. + GVI. DVX ATEN.... Croce. ℟ THEBANI CIVIS. Castello; *n. 4 esempl. vari.* LEGA. C^1

FILIPPO DI TARANTO. (1308-1311 e 1324-1332).

240. DENARO TORNESE. + Giglio; PH. D. TAR. DESP. Croce. ℟ CLARENCIA. CIVIS. Castello. LEGA. C[1]

LODOVICO DI BORGOGNA. (1313-1316).

241. DENARO TORNESE. + L. R. PRINC. ACHE. Croce. ℟ + * DE CLARENTIA * Castello. R[a] ARG. C[1]
242. DENARO. *N. 14 esempl. diversi.* MIST. C[1] e C[2]

CHIETI.

CARLO VIII, RE DI FRANCIA. (1495).

243. CAVALLO. KROLVS. D. G. R. F. SI·.· Stemma. ℟ CIVITAS. TEATINA. Croce; *n. 2 esempl.* R. BR. C[2]
244. Simile alla precedente; ma la croce è accantonata da 4 rosette.

CIVITAVECCHIA.

PIO VI. (1775-1798).

245. MADONNINA. PIVS PAPA SEXTVS. ANNO XXIII. e nel campo: BAJOC. CINQVE CIVITA VECCHIA in 4 righe. ℟ SANCTA DEI GENITRIX. Busto della Vergine a s.; *n. 2 esempl. uno bucato.* R. BR. C[2]
246. BAIOCCHI 2 ½ B. C[1]

COCONATO.

RADICATI. (1581-1598).

247. IMITAZIONE DEL BIANCO FRANCESE. (douzain.) IIII. D. C. PR. ET. COCONA. Stemma coronato fiancheggiato da due H. ℟ SIT. NOMEN. ecc. Croce, e negli spazî, due corone e due delfini; *n. 5 esempl. vari.* R[a] BR. C[2]

248. QUATTRINO. ... COM. RADICATE. C. Nel campo: COCO; sopra e sotto una stella. ℞ + IN. DEO. VIRTVS. P. 185. R. Croce; *n. 2 esempl.* - PROMIS I. 5. R. BR. C[3]

COMO.

REPUBBLICA. (Federico I, Imperatore) (Secolo XII).

249. DANARO. FEDERICVS. IMPERT. Busto dell'imperatore a d. ℞ CVMANVS. Aquila. R[2] ARG. C[4]
250. DANARO. Simile al precedente. R. ARG. C[2]

REPUBBLICA FEDERALE.

251. OBOLI. *N. 2 esempl.* R. MIST. C[3]

REPUBBLICA. (Enrico VI, Imperatore). (1186-1209)

252. MEZZO DANARO. HENRICVS. ER. Aquila. ℞ CVMANVS. Croce. R[2] ARG. C[2]

FRANCHINO I RUSCA, SIGNORE E LODOVICO IL BAVARO. (1327-1335).

253. GROSSO. S. ABONDIO. D. CVMIS. Il Santo seduto di prospetto. Nel campo: F. R. ℞ LVDOVIC. IMPERATOR. Aquila. R. ARG. C[4]

AZZO VISCONTI, SIGNORE. (1335-1339)

254. SESINO. AZO-VICE-COM. Scritto nel campo in tre linee. ℞. CVMANVS. Croce; *n. 2 esempl.* R[2] MIST. C[2]

REPUBBLICA AUTONOMA. (1447-1448).

255. GROSSONE. S. ABONDIVS. Il Santo seduto di prospetto. ℞ CVMANVS. Croce; *n. 2 esempl.* R[4] ARG. C[4]

COMPIANO.

FEDERICO LANDI, PRINCIPE (1589-1626)

256. QUATTRINO. D. FED. LANDVS. AC. VAL. Busto a d. ℞ T. ET. C. PRIN. IIII. B. M. C. C. P. D. Un ramo di palma e uno d'alloro decussati; *n. 3 esempl.* R³ BR. C²

257. QUATTRINO. DE. FED. LAND. PRIN. V. TAR. Busto del principe. ℞ A. PEZAR. VVESTRO. Scoglio battuto dai venti e dalle onde. R. BR. C³

CORREGGIO.

CAMILLO E FABRIZIO, PRINCIPI. (1580–1597).

258. CAVALLOTTO. S. QVIRINVS. E PO. CORRIGII. Testa del Santo di prospetto. ℞ HIS. PETAM. SIDERA. PENNIS. PEGASO; *n. 2 esempl. diversi.* ARG. C¹ e C²

259. PARPAJOLA DA SOLDI TRE. MONETA. COMITVM. CORRIGII. Tre scudi fra i quali tre foglie di vite. ℞ SVB VMBRA. ALARVM. TVARVM. Un'aquila a due teste coronata con uno scudo in petto, nel quale vi è ¹/₃, cogli artigli sostiene una correggia. R. MIST. C¹

260. SOLDO. OPPORT. ISTO. PROT. CLIP. Stemma. ℞ S. QVIRINVS. EPS. PROT. CORR. Il Santo in piedi. R. MIST. C¹

261. SESINO. CORRIGII COMITES. La correggia. ℞ SANCTA REPARAT. La Santa seduta a s. colla destra tiene la palma del martirio, colla sinistra sostiene lo scudetto coll'arma dei conti di Correggio. R. MIST. C¹

262. SESINO. SVB. VMBRA. ALARVM. TVARVM. Aquila colle ali e le gambe aperte. S. QVIR. PRO. CIVIT. CORRIGIAE. Busto a d.; *n. 2 esempl.* R. MIST. C¹ e C²

263. SESINO. + MONE COM. CORRIG. Tre scudetti in forma di triangolo. ℞ SOLI. DEO. GLORIA. Due croci decussate. R. MIST. C¹

SIRO D'AUSTRIA, PRINCIPE. (1615–1630).

264. SCUDO. SYRVS. AVSTRI. S. R. IMP. PRIN. ET. CO. FAB. COM. ✻ Ritratto a d. ℞ ANTIQVISS ✻ FAM ✻ AVS ✻ INSIGN ✻ Stemma coronato. R⁵ ARG. C¹

265. TESTONE. MO. NOVA. SYRI. AVSTRI. Arma inquartata la cui corona porta nel mezzo un giglio, ai quattro lati dello scudo due piccoli leoni e due aquilette, negli ultimi due lati una correggia ed il sole. Di sopra della corona COR. PRI. ℞ SVB. VMBRA. ALARVM. TVARVM. Aquila a due teste con corona soprastante. R^2 ARG. C^2

266. DA SOLDI 8. SYRVS. AVSTR. CORR. PRIN. Ritratto a destra. ℞ VBERV. TVOR. MEMORES. La Vergine col Bambino. MIST. C^2

267. SOLDO. SYRVS AVSTRIAC. CORR. DONS. Testa nuda. ℞ SIGNAT. GRATIOSA. NOM. Un cuore trafitto da 4 freccie. R. BR. C.

268. MEZZO SOLDO. SIRVS. AVSTRIACVS. SACRI. ROMAN. Busto del Prin. ℞ IMP. ET. CORRIGGI. PRIN. ETC. Arma; *n. 3 esempl. diversi.* R. BR. C^1 e C^2

269. SESINO. SIRVS. AVSTR. CORR. PRIN. Busto a d. ℞ SVB VMBRA. ALARVM. TVARVM. Aquila colle ali aperte coronata; *n. 3 esempl. diversi.* R. MIST. C^1 e C^2

270. SESINO. *N. 3 esempl. vari.* MIST. e BR. C^2 e C^3

CORTE

REPUBBLICA (P. Paoli generale). (1755-1769).

271. DA SOLDI 4. Stemma. ℞ 4 SOLDI; *n. 6 esempl. vari.* R.^{2} BR. C.^{1} e C^2

272. DA SOLDI 2. Stemma. ℞ 2 SOLDI. R^2 BR. C^2

CREMONA.

REPUBBLICA (Federico I). (1151-1330).

273. GROSSO. S. IMERIVS. Il Santo seduto di prospetto. ℞ + CREMONA. Croce entro un cerchio. Negli spazî di essa: due fiordalisi e due globetti. R^8 ARG. C^1

274. GROSSO. IMPATOR. Nell'area un' F fra due globetti. ℞ CREMONA. Gran croce con due globetti; *n. 2 esempl.* R. ARG. C^1

275. GROSSO. + CREMONA. Croce con due stellette. ℞ + FREDERICVS. IPR. nel campo. - TONINI, *Zecca di Cremona.* VI, 3. ARG. C^1

276. DANARO. Tipo simile al precedente; *n. 8 esempl.* ARG. C^1 e C^2

277. DANARO. Tipo simile al precedente, ma ha globetti invece di stellette. ARG. C^2 e C^3

278. DANARO. Simile al precedente; *n. 3 esempl. vari.* ARG. C^1 e C^2

279. MEZZO DENARO. Simile al grosso. R. ARG. C^1

280. PICCOLO. Simile ai precedenti, ma colle stellette; *n. 2 esempl.* ARG. C^1 e C^2

AZZO VISCONTI. (1335-1339).

281. SESINO. AZO. VICECOMES. Croce; sopra piccola croce. ℞ CR. EMO.NA; sopra e sotto la biscia. R. MIST. C^1

CABRINO FONDULO, SIGNORE. (1413–1420).

282. DANARO. CABRINVS. FONDVLVS. Leone rampante. ℞ DOMINVS CREMONE. Croce; *n. 2 esempl.* R.^{3} ARG. C^1 e C^2

GALEAZZO MARIA SFORZA E BIANCA MARIA VISCONTI. (1466–1468).

283. TRILLINA. + DVX. MLI. AC. IANVE. D. ET. C.; nel campo le iniziali G. M. con corona sovrapposta. ℞ DVCISA. MLI. AC. CRE. DE. ET. C.; nel campo le iniziali B. M. con corona sovrapposta. R. MIST. C^1

FRANCESCO II SFORZA, DUCA DI MILANO. (1522–1535).

284. GROSSO. FR. II. SF. MEDIOLA. DVCE. 1527. Biscia. ℞ S. HOMOBONO PAVPERTA TI. CREMONEN. Il Santo che tiene per mano un bambino; *n. 2 esempl.* R. ARG. C^1 e C^2

285. Tipo simile al precedente. RAME

CREVACUORE.

BESSO FERRERO. (1578).

286. QUARTO DI SOLDO. Ritratto a d. ℞ Biscia viscontea. R. BR. C^2

CUNEO.

OSSIDIONALE. (1641).

287. SCUDO. + CIVITAS. CVNEI. S: OBSESSA. Scudo. ℟ FIDE. ET + FERRO. Una colonna alla quale è legata una bandiera colla croce di S. Maurizio. Sotto 1641. D. PROMIS, I, 1. R7 ARG. C1

DESANA.

GIOVANNI BARTOLOMEO TIZZONE, CONTE. (1529-1533).

288. TESTONE. IO. BART. TICIO. CO. DE CIVIC. IMP. Aquila coronata. ℟ SACTVS. ALEXANDER. Il Santo in piedi. R3 ARG. C1

289. CAVALLOTTO. BART. TICI: CO DE CIVIC IMP. Aquila coronata. ℟ SANCTVS. ALEXANDER. Il Santo a cavallo. R. ARG. C1

DELFINO TIZZONE, CONTE. (1583-1598).

290. QUATTRINO. *N. 3 esempl. vari.* BR. C2

ANTONIO MARIA TIZZONE. (1598-1641).

291. DA SOLDI 12. ANT. MAR. TIT. BLA. COM. DE VIC. IMP. Stemma coronato. ℟ SVB. VMBRA. ALAR. TVAR. PROTEGOR. Aquila bicipite coronata. *Con due piccoli fori.* R2 ARG. C2

292. SOLDINO. MON. NOV. COM. DEC. Aquila bicipite coronata. ℟ SANCTVS. LEONARD. Busto del Santo di prospetto; *n. 3 esempl.* R2 BR. C1

293. QUATTRINO. *N. 2 esempl.* BR. C2

FABRIANO.

GIULIO DE' MEDICI, CARD. GOVERN. PER LEONE X. (1520-1523).

294. QUATTRINO. IVL. CAR. MEDICES. Stemma de' Medici. ℟ FABRIANVM. *Incudine e martello.* R8 BR. C1

FAMAGOSTA.

REPUBBLICA DI VENEZIA, OSSIDIONALE. (1570).

295. BISANTE. PRO. REGNI. CYPRI. PRESSIDIO. 1570. Leone di S. Marco. ℞ VENETORV FIDES. INVI — OLABILIS — BISANTE. I. P. Scritto nel campo in 5 righe. R. BR. C^1

FANO.

PAOLO III, PAPA. (1534–1539).

296. QUATTRINO. *N. 2 esempl. diversi.* R. BR. C^1 e C^2

PIO IV, PAPA. (1559–1566).

297. QUATTRINO. PIVS. PP. IIII. Stemma, ℞. S. PATERN. FANVM. Il Santo in piedi. R^3 BR. C^2

PIO V, PAPA. (1566–1572).

298. GIULIO. PIVS. V. PONT. MAX. Stemma. ℞ IN. TE. DOMINE. SPERAVI. Il Papa genuflesso a s. Sotto: FANO. *Bucata.* R. ARG. C^1

GREGORIO XIII, PAPA. (1572–1585).

299. TESTONE. GREGORIVS. XIII. PON. M.. Stemma. ℞ S. PETRVS. FANVM. FORTUNÆ. S. Pietro stante. Nel campo: piccolo stemma. R^4 ARG. C^1

300. GIULIO. GREGORIVS. XIII. PON. M. Stemma. ℞ ET. TIBI. DABO. CLA. Gesù che dà le chiavi a S. Pietro. Sotto: FANO. R^3 ARG. C^2

301. GIULIO. GREGORI. XIII. PON. M. Stemma. ℞ PRVDENTIS. SOCIA — FANVM. La fortuna in piedi. *Due piccoli fori.* R^2 ARG. C^2

302. QUATTRINO. *N. 9 esempl. diversi.* R. BR. C^2 e C^3

303. QUATTRINO. *N. 2 esempl. vari.* R. BR. C^2

SISTO V. (1585–1590).

304. BAIOCCHELLA. MIST. C^2

305. BAIOCCHELLA. *N. 4 esempl. vari.* MIST. C^1 e C^2

306. QUATTRINO. R. BR. C^3
307. QUATTRINO. *N. 2 esempl. vari.* R. BR. C^2

URBANO VII. (1590).

308. MISTURA. VRBANVS VII. P. M. FA. Stemma. ℞ ITER. PARA. TVTVM. La Concezione. R^2 MIST. C^3

FERMO.

REPUBBLICA. (1220–1356).

309. SESINO. ANTA. MAR. Stella e triangolo. Nel campo le lettere: A. I. Sormontate da corona. ℞ DE. FIRMO. Croce. R^2 BR. C^2

FRANCESCO SFORZA. (1434–1446).

310. DENARO. Biscia CO. F. VICEC. e nell'area le lettere OMES disposte in croce. ℞ Cifra VB. FIRMAN e nell'area A fra quattro perline. - ZANETTI XVIII, 13; *n. 2 esempl. vari.* R. ARG. C^1 e C^2

EUGENIO IV. (1446–1447).

311. MEZZO GROSSO. EVG. PP. QVA. e nell'area RTVS. colle lettere disposte intorno ad un globetto. ℞ VB. FIRMAN, e nell'area A fra quattro cerchietti. CINAGLI 35. R^3 ARG. C^1

PIO VI. (1775–1798).

312. DA BAIOCCHI 5. *N. 4 esempl.* BR. C^2
313. SAMPIETRINO. S. P. APOSTOLORVM PRINCEPS. Busto del Santo a s. ℞ BAIOCCHI — DVE E MEZZO — FERMO. 1797. In 4 righe. BR. C^2
314. MEZZO BAIOCCO. PIVS PAPA VI AN. XXIII. in quattro righe entro corona d'alloro. ℞ ✻ ✻ ✻ MEZZO BAIOCCO FERMO in quattro righe. - CINAGLI, 613. R. BR. C^4

FERRARA.

NICOLÒ III D'ESTE, MARCHESE. (1393-1441).

315. MEZZO DANARO. NICHOL. MAR. Nel campo CHIO. ℟ DE FERARIA. Nel campo A; *n. 2 esempl.* MIST. C^1

316. PICCIOLO. R. BR. C^2

ERCOLE I D'ESTE. (1471-1505).

317. MEZZO TESTONE. HERCVLES. DVX. FERRARIE. Ritratto a s. ℟ ✠ † ✠ DEVS. FORTITVDO MEA. S. Giorgio a cavallo a d. R. ARG. C^1

318. MEZZO GROSSO. HERCVLES. DVX. FERRARIAE. Ritratto a s. ℟ S. MAVRELIVS. EPISCOP. Il Santo seduto. R^3 ARG. C^1

319. MEZZO GROSSETTO. *Bucata.* R. ARG. C^2

320. QUATTRINO. R. ARG. C^2

ALFONSO I D'ESTE, DUCA. (1505-1534).

321. QUATTRINO. *N. 3 esempl. vari.* R. ARG. C.

ERCOLE II D'ESTE, DUCA. (1534-1559).

322. SCUDO D'ORO. HERCVLES. II. DVX. FERRARIAE. Croce fiorata. ℟ S. GEMINIANVS. MVTINENSIS. PONT. Il Santo seduto a s. R. ORO. C^1

323. BIANCO. HERCVLES. II. DVX. FERRARIAE. IIII. Ritratto a s. ℟ QVI. INDICATIS. TERRAM. DILIGITE. IVST. La giustizia seduta a destra. R. ARG. C^1

324. MEZZO GROSSO. HER. II. DVX. FERRAR. IIII. Ritratto a s. ℟ PERFICIT. ET. FICIT. Figura in piedi a s. ARG. C^1

325. MEZZO GROSSO. Simile al precedente. ARG. C^1

326. QUATTRINO. BR. C^1

ALFONSO II D'ESTE, DUCA. (1559-1597).

327. TESTONE. ALFONSVS II FERRARIAE DVX. Ritratto a s. ℟ ANIMI SVPER OMNIA. Guerriero seduto a d. avendo davanti una donna genuflessa che gli presenta un cornucopia. R^4 ARG. C^2

328. PAOLO. SANTVS. MAVRELIVS. Il Santo in piedi col pastorale. ℟ EXALTAVIT. ME. DEXTERA DNI. Stemma; *n. 2 esempl. 1 Bucato.* ARG. C[1]

329. PAOLO. ALFON. II. FER. MVT. REG. DVX. Ritratto. ℟ SANCTVS. GEORGIVS. Il Santo a cavallo; *n. 2 esempl. degli anni 1596-1597.* R. ARG. C[2]

330. PAOLO. Tipo simile al precedente. ℟ S. Giorgio a piedi. R. ARG. C[2]

PAOLO V, PAPA. (1605–1621).

331. MEZZO GROSSO. *N. 3 esempl.* ARG. C[1] e C[2]

332. QUATTRINO. BR. C[2]

GREGORIO XV. (1621–1623).

333. MEZZO GROSSO. ARG. C[2]

INNOCENZO X. (1644–1655).

334. GIULIO. INNOCENTIVS. X. PONT. MAX. Stemma. ℟ S. ✻ GEORGIVS ✻ FERRARIÆ ✻ PROTECTOR. S. Giorgio a cavallo che uccide il drago. R. ARG. C[2]

CLEMENTE XI. (1700–1721).

335. MURAJOLA DA 4. MIST. C[2]

BENEDETTO XIV. (1740–1754).

336. MEZZO BAJOCCO. R. BR. C[2]

FIRENZE.

REPUBBLICA. (1189–1315).

337. FIORINO D'ORO. S. IOHANNES. Figura del Santo in piedi. ℟ FLORENTIA. Giglio. R. ORO. C[1]

338. FIORINO D'ARGENTO. + S. IOHANNE. B. Busto nimbato del Santo, di prospetto colla croce in atto di predicare. + FLORENTIA. Nell' area il giglio; *n. 2 esempl. vari.* ARG. C¹ e ²

339. GROSSO DA SEI. +. S. IOHANNES ✱ Busto del Santo di prospetto. ℞ DE. FLORENTIA. Giglio. ARG. C¹

340. BARILE. S. IOHANNES B. Il battesimo di N. S. ℞ FLORENTIA. Giglio; *n. 2 esempl.* ARG. C²

341. CARLINO. + S. IO BAPTIZANS. Battesimo di N. S. ℞ FLORENTIA. Giglio. R. ARG. C¹

342. POPOLINO. *N. 10 esempl. diversi.* R. ARG. C¹

343. POPOLINO. S. IOHANNES. Il Santo in piedi fra due alberetti. ℞ FLORENTIA. Giglio. R. ARG. C¹

344. PICCOLO D'ARGENTO. S. IOHANNES. Il Santo in piedi. ℞ FLORENTIA. Giglio. ARG. C¹

ALESSANDRO I. DE' MEDICI (1533-1536).

345. SCUDO D'ORO. ALEXANDER. MED. R. P. FLOREN. DVX. Stemma. ℞ DEI. VIRTVS. EST. NOBIS. Croce *(Conio del Cellini)*. - ORSINI, *Tav.* I. 2. R. ORO. C¹

346. MEZZO GIULIO. ALEXANDER. MED. R. P. FLOREN. DVX. Stemma. ✠ S ✠ IOANNES. BAPTISTA. Testa del Santo *(Conio del Cellini)*. - ORSINI, *Tav.* I. 6. R³ ARG. C²

COSIMO I. (1536-1574).

347. SCUDO D'ORO. COSMVS. MED. PR. FLOR. DVX. II. Stemma ℞ VIRTVS. EST. NOBIS. DEI. Croce. R. ORO. C¹

348. Simile al precedente. R. ORO. C¹

349. TESTONE. COSMVS. MED. FLORENT. ET. SENAR. DVXII. 1566. Ritratto a d. ℞ S. IOANNES BAPTISTA. Il Santo seduto. ARG. C²

350. TESTONE. Simile al precedente del 1565. ARG. C¹

351. TESTONE. COSMVS MEDICES. R. P. FLOREN. DVX. II. Ritratto a d. ℞ S. IOANNES BAPTISTA. Il Santo seduto. ARG. C¹

352. TESTONE. COSMVS. I. MED. FLORENT. ET. SENARVM DVX. II. Ritratto a d. ℞ S. IOANNES BAPTISTA. R. ARG. C¹

353. Simile al precedente. R. ARG. C¹

354. LIRA. COSMVS. MED. R. P. FLOREN. DVX. II. Ritratto a d. ℞ IN VIRTVTE TVA IVDICA ME. Il giudizio universale; *n. 2 esempl.* R² ARG. C²

355. GIULIO. COSMVS MED. FLOREN ET SENAR. DVX. II. Stemma ℞ SENA VETVS CIVITAS VIRGINIS. La SS. Vergine e la veduta della città di Siena. ARG. C³

356. GIULIO. COSMVS MED. FLOREN. ET SENAR. DVX. II. Stemma ℞ DIVIS IOA. B. PROT. E. COS. CONSVL. S. Giovanni Battista e S. Cosimo in piedi. ARG. C³

FERDINANDO I. MEDICI. (1587-1608).

357. MEZZO GIULIO. FERD. M. MAGN. DVX. ETRVR III. Stemma. ℞ S. IOANNES BAPTISTA. Il Santo in piedi. ARG. C.

358. MEZZO GIULIO. Varietà del precedente. ARG. C³

359. QUARTO DI GIULIO. ARG. C³

COSIMO III. DE'MEDICI, GRANDUCA. (1670-1723).

360. GIULIO. COSMVS III. D. G. MAG. DVX. ETRVRIAE VI. Stemma. ℞ ECCE ANCILLA DOMINI. L'Annunciazione. 1677. ARG. C¹

GIO' GASTONE DE' MEDICI. (1723-1737).

361. FIORINO D'ORO. IO. GASTO I. D. G. M. DVX. ETR. Il giglio di Firenze. ℞ S. IOANNES BAPTISTA. Il Santo seduto colla croce nella sinistra. - 1726. ORO. F. D. C.

CARLO LODOVICO E MARIA LUISA, REGGENTE. (1803-1807).

361 *bis*. SOLDI 2 DELL'ANNO 1804. MIST. C¹

362. MEZZO SOLDO. BR. C²

FERDINANDO III DI LORENA. (1815-1824).

363. QUATTRINO. 1819-1820. *N. 2 esempl.* BR. C¹ e C³

LEOPOLDO II DI LORENA, GRANDUCA. (1824-1859).

364. PIASTRA. LEOPOLDVS. II. D. G. P. I. A. P. R. H. ET. B. A. A. MAGN. DVX. ETR. Testa nuda a d. ℞ SVSCEPTOR NOSTER DEVS. Stemma; nell'esergo PISIS. 1827.

365. FIORINO D'ARGENTO. LEOPOLDO II A. D. A. GRANDUCA DI TOSCANA. Testa nuda a d. ℟ QUATTRINI CENTO 1826. Giglio e sotto FIORINO. ARG. C[1]

VITTORIO EMANUELE II, RE D'ITALIA. (1859-1861).

366. PEZZO DA DUE CENTESIMI. BR. C[1]

FOGLIAVECCHIA.

POSSEDIMENTO GENOVESE, DORINA GATTILUSIO.

(1440-1449).

367. .... DORINVS. GATTEL. Nel campo D; (gotico) ai lati, due puntini. ℟ DO FOGLIE. Stemma dei Paleologi. (Schlumberger. *Tav.* XVII, 7). R[5] MIST. C[2]

FOSDINOVO.

MARIA MADDALENA, MALASPINA CENTURIONI.

(1667-1669).

368. LUIGINO. M. MAD. MAL. MAR. SOVV. DI. FOSD. Testa a d. ℟ ✻ DNS ✻ ADIVTOR. ET. REDEM. MEVS. Stemma coronato; nel campo 1667. *Bucato.* R[6] ARG. C[2]

369. LUIGINO. Simile al precedente. R[6] ARG. C[2]

FRINCO.

MAZZETTI, CONTI. (1581?-1601).

370. BIANCO DA SOLDI 4. Consortili; *n. 3 esempl. Mistura.* C[2] e C[3]

371. QUATTRINI di conio diverso; *n. 2 esempl.* R. BR. C[2] e C[3]

FULIGNO.

PIO II. (1458-1464).

372. QUATTRINO. R^4 BR. C^1

LEONE X. (1513-1521).

573. QUATTRINO. *N. 2 esempl. vari.* R^1 e R^3 BR. C^3

PIO IV, PAPA. (1775-1798).

374. BAIOCCHI 2 ½. BR. C^1
375. DUE BAIOCCHI. R. BR. C^1

GAETA.

AUTONOMA. (Sec. XII).

376. FOLLARO. CIVITAS. GAIETA. Pianta della cittadella. ℞ S. ERASMVS. Croce. R^3 BR. C^2

GUGLIELMO I, RE DI SICILIA. (1154-1189).

377. FOLLARO. + W. DEI. GRA. REX. Nel campo, croce. ℞ CIVITAS. GAIETA. Pianta della fortezza. R^3 BR. C^1

TANCREDI RE. (1189-1191).

378. FOLLARO. BR. C^2

GAZZOLDO.

IPPOLITI, CONTI. (1591-1663).

379. BAIOCCHELLE. *N. 2 esempl. vari.* R.

GENOVA.

REPUBBLICA. CORRADO II, IMPERATORE (1149–1251).

380. GENOVINO. + I. A. N. V. A. Una rosetta. Nel campo, castello genovese. ℞. + CVNRADI. REX. Croce R. ORO. C[1]

381. DENARO. I. A. N. V. A. Castello genovese. ℞. CVNRADVS. REX. Croce; *n. 4 esempl.* ARG. C[1] e C[2]

382. MEZZO GROSSO. + IA. NV. A. Castello genovese. ℞ + CVNRADI. REX. Croce; *n. 3 esempl.* ARG. C[1] e C[2]

383. Spezzati del medesimo tipo del denaro; *n. 15 esempl.* ARG. C[2] e C[3]

384. MEZZO GROSSO. CIVITAS. IANVE. P. Castello genovese. ℞. CONRADVS REX. S. Croce. R. ARG. C[1]

DOGE I, SIMON BOCCANEGRA (1339–1345).

385. GROSSO. DVX. IANVENSIVM. PRIMV. Castello genovese. C. ℞. CONRADVS REX. R. Croce; *n. 7 esempl. vari.* ARG. C[1]

DOGE IV, SIMON BOCCANEGRA (1356–1663).

386. GENOVINO. + DVX. IANVENSIVM. QVARTV. X. Castello genovese entro un circolo ornato di rosette. ℞. CONRADV. REX. ROMANORVM. Croce entro circolo ornato di rosette. ORO. C[1]

DOGE V, GABRIELE ADORNO (1363–1370).

387. GENOVINO. + DVX. IANVENSIVM. QVINT. H. Castello genovese entro circolo ornato di rosette, ecc. ℞. CONRADV. REX. ROMANORVM. I. Croce entro un circolo, ecc. ORO. C[1]

DOGE VIII, NICOLA GUARCO (1378–1384).

388. GROSSO. DVX. IANVENSIVM. OTAVVS. Castello ℞. CONRADVS. REX. Croce. GANDOLFI, *Tav.* I, 6. R. ARG. C[1]

DOGE XIX, TOMMASO CAMPOFREGOSO. (1415).

389. GROSSO. T. D. C. DVX. IANVENS. XVIIII. Castello fiancheggiato dalle lettere T. C. Sotto V. Circolo ornato di trifoglio. ℞. CONRADVS. REX. ROMANO. A. Croce entro circolo ornato di trifoglio. R. ARG. C[1]

FILIPPO M. VISCONTI, DUCA DI MILANO. (1421-1436).

390. GENOVINO. — F: M: DVX. MEDIOLANI: D: IA: Castello sormontato dalla biscia. Circolo doppio ornato di rosette. ℞. CONRADVS. REX: ROMA. S. Croce entro doppio circolo ornato di rosette. R[4] ORO. F. D. C.

391. GENOVINO. Simile al precedente R[4] ORO. F. D. C.

392. MEZZO GROSSO. F. M. DVX. MEDIOLANI. D. IA. Castello entro circolo semplice, sormontato dalla biscia. ℞. CONRADVS. REX. ROMA A. Croce entro circolo. R[2] ARG. C[3]

DOGE XXI, TOMMASO CAMPOFREGOSO. (1436-1443).

393. T. C. DVX ● IANVENS ● XXI ● Castello. Circolo semplice e sei puntini. ℞. CONRADVS. REX. RO. V. Croce entro circolo semplice e sei puntini. R. ARG. C[3]

FRANCESCO I SFORZA, DUCA DI MILANO. (1464-1466).

394. GENOVINO. — F. S. DVX. MEDIOLANI. D. IAN. Castello genovese sormontato dalla biscia. Circolo doppio ornato di trifoglio. ℞ CONRADVS. REX. RO. MANOR: B: Croce entro doppio circolo ornato di trifoglio. R[4] ORO. F. D. C.

DOGE XXX, BATTISTA CAMPOFREGOSO. (1478-1483).

395. B. C. DVX. IANVEN. XXX. Castello sormontato da un compasso. ℞ CONRAD. REX: ROMANO I. I. Croce. - GANDOLFI, *Tav.* III, 34. R[3] ARG. C[1]

GIO. G. M. SFORZA, DUCA DI MILANO. (1488-1494).

396. GROSSO. IO. GZ. M. SF: DVX: M. VI. AC. IA. D. Castello sormontato dalla biscia e fiancheggiato da due stelle. ℟ CONRAD: REX. ROMNOR. MP. Croce e una stella. R³ ARG. C¹

LODOVICO XII, RE DI FRANCIA. (1500-1512).

397. SCUTO D'ORO DEL SOLE. LVD': DEI: GRACIA. FRANCOR. REX: Z: IANVE: D: Scudo coi tre gigli, coronato e sormontato dal sole. ℟ ✠. XPS: VINCIT XPS. REGNAT. XPS. IMPERAT: A. C. Nel campo croce gigliata. R⁴ ORO. C¹

ANTONIOTTO II. ADORNO. (1522-1527).

398. TESTONE. ✠ ANTONIOTVS. ADVR. GENVE. DVX. Castello fiancheggiato da due A. ℟ ✠ CONRADVS. REX. ROMANOR. B. C. Croce. R³ ARG. C¹

DOGI BIENNALI. (1528-1797).

399. TESTONE. ✠ DUX. ET. GVBER. REIPV. GENV. Castello. ℟ ✠ CONRADVS. REX. ROMAN. BR. Croce. ARG. C¹
400. MEZZO TESTONE. ✠ DVX. ET. GVBER. REIPV. GEN. Castello fiancheggiato da due cerchietti. ℟ CONRADVS. REX. ROMA. AS. Croce e una rosetta. ARG. C²
401. GROSSO. ✠ DVX. ET. GVBER. REIPV. GENVE. Castello. ℟ CONRADVS. REX. ROMA'. A. B. ✠. Croce; *n. 2 esempl.* ARG. C¹
402. SCUTO. ✠. DVX. ET. GVBER. REIPVB. GENVENS. 1541. Castello. ✠ CONRADVS. REX. ROMANORV. CC. Croce. ORO. C¹
403. SCUTO. ✠ DVX. ET. GVBER. REIPVB. GENV. Castello 1553. ℟ ✠ CONRADVS. REX. ROMA. A. S. Croce. ORO. C¹
404. SCUTO. Simile al precedente. ORO. C¹
405. MEZZO SCUTO. ✠ DVX. ET. GVB. REIP. GEN. Castello. ℟ ✠ CONRADVS. REX. ROM. B. A. Croce. ORO. C¹
406. GROSSO. ARG. C¹
407. GROSSO. GVBERNATOR. IANVENSIVM. Castello. ℟ CONRADVS ● REX ● R ● S ● Croce in doppio cerchio ornato di foglie di trifoglio. ARG. C¹

408. GROSSI VARII. *N. 2 esempl.* ARG. C[1] e C[2]
409. OBOLI. *N. 5 esempl.* MIST. C[2] e C[3]
410. CROSAZZO. DVX ✱ ET ✱ GVB'✱ REIP ✱ GEN ✱ Castello coronato e fiancheggiato da due croci. 1614. ℞ ✠ CONRADVS ✱ II ✱ RO ✱ REX ✱ M ✱ C ✱ Croce accantonata da stelle. ARG. C[1]
411. CROSAZZO DOPPIO. Diametro (0,055), DVX ✱ ET ✱ GVB ✱ REIP ✱ GENVENSIS 1633. Castello sormontato da corona e sostenuto da due grifoni. Sotto: Testa di cherubino. ℞ + CONRADVS ✱ II ✱ ROMANORVM ✱ REX. Croce, e negli angoli: quattro teste d'angioli. R. ARG. C[1]
412. CROSAZZO DOPPIO, Diametro (0,055). Simile al precedente dell'anno 1637 dopo REX ✱ B✱ S ✱. R. ARG. C[1]
413. CROSAZZO DOPPIO. Diametro (0,055). Simile ai precedenti: dell'anno 1697 dopo REX ✱ H ✱ P ✱. R. ARG. C[1]
414. CROSAZZO DOPPIO. Diametro (0,056). + DVX ✱ ET ✱ GVBERNATORES ✱ REIP ✱ GEN ✱ ✠ Croce accantonata da quattro teste di cherubini. ℞ ✱ ET ✱ REGE ✱ EOS ✱ 1653 ✱ I ✱ A ✱ B ✱ La Vergine seduta col bambino, tiene uno scettro nella destra ed è coronata da due angeli. R. ARG. C[1]
415. CROSAZZO DOPPIO. Diametro (0,060). Simile al precedente, ma dell'anno 1692. + DVX ✱ ET ✱ GVBERNATORES ✱ REIP ✱ GENVE. ℞ Simile al precedente I ✱ T ✱ C ✱. R. ARG. C[1]
416. CROSAZZO. Diametro (0,050). ✱ DVX ✱ ET ✱ CVBERNATORES ✱ REIP · GEN + Croce accantonata da quattro teste di cherubini. ℞ ET ✱ REGE ✱ EOS ✱ 1649. La Vergine seduta col bambino, tiene uno scettro nella destra. R. ARG. C[1]
417. CROSAZZO. ✱ A ✱ B ✱ ✱ ✱ ET ✱ REGE ✱ EOS ✱ 1666. La Vergine col bambino seduta su delle nuvole tiene lo scettro con la destra. Sopra, una corona di stelle. ℞ DVX ✱ ET ✱ GVB ✱ REIP ✱ GEN ✠. Croce accantonata da quattro stelle. ARG. C[1]
418. CROSAZZO. Simile al precedente, 1667. ARG. C[2]
419. CROSAZZO, 1670. ARG. C[2]
420. CROSAZZO. Simile ai precedenti, 1671. ARG. G[1]
421. CROSAZZO. Simile ai precedenti, 1673. ARG. C[2]
422. CROSAZZO. Simile ai precedenti, 1680. ARG. C[2]
423. CROSAZZO. Simile ai precedenti, 1680. ARG. C[1]
424. CROSAZZO. Simile ai precedenti, 1693. ARG. C[1]

425. CROSAZZO. Simile ai precedenti, 1697. ARG. C[1]
426. CROSAZZO. Simile ai precedenti, 1700. ARG. C[1]
427. MEZZO CROSAZZO. Simile ai tipi precedenti, 1668. ARG. C[1]
428. MEZZO CROSAZZO. Simile al precedente, 1682. ARG. C.
429. MEZZO CROSAZZO. Simile ai precedenti, 1684. ARG. C[1]
430. SCUDO DA LIRE OTTO. (Grammi 33). DUX. ET. GUB. REIP. GENV. Stemma coronato sostenuto da due grifoni, poggiati su di una mensola adorna da testa di leone. Nell'esergo L. 8. ℟ NON. SURREXIT. MAIOR. 1796. S. Gio. Battista in piedi a s. ARG. C[1]
431. SCUDO DA LIRE OTTO. Simile al precedente. ARG. C[1]
432. SCUDO DA LIRE OTTO. Simile ai precedenti, 1797. ARG. C[1]
433. MEZZO SCUDO DA LIRE QUATTRO. DVX. ET. GVBER. REIPV. Stemma coronato, sostenuto da due grifoni. ℟ NON ✳ SVRREXIT ✳ MAIOR ✳ 1677. S. Giovanni in piedi a s. in atto di predicare. ARG. C[1]
434. MEZZO SCUDO DA LIRE QUATTRO. Simile al precedente, 1792. ARG. C[1]
435. MEZZO SCUDO DA LIRE QUATTRO. Simile al n. 436. ℟ Simile ai precedenti, 1795. ARG. C[1]
436. MEZZO GENOVINO. + DVX. ET. GVB. REIP. GENV. 1567. Castello fiancheggiato da due stelle. ℟ ✠ CONRADVS. II. ROMANOR. REX. Croce accantonata da quattro stelle. ARG. C[2]
437. GIORGINO. + DVX ✳ ET ✳ GVB ✳ REIP ✳ GENV ✳ 1723. Due scudi accostati e sormontati da corona, ai lati S 24. ℟ EX ✳ PROBITATE ✳ ROBVR. S. Giorgio a cavallo in corsa a s. che calpesta il drago. ARG. C[3]
438. MEZZO GIORGINO. Tipo eguale al precedente; ai lati degli scudi S. 12. 1722. ARG. C[2]
439. DA SOLDI 10, dell'anno 1792. MIST. C[2]
440. GROSSO. DVX. ET. GVB. REIP. GENVE. Castello sormontato da corona e fiancheggiato da due stelle. ℟ ✠ CONRADVS. II. RO. REX. Croce accantonata da quattro stelle. ARG. C[2]
441. DA SOLDI 5, 1672. ARG. C[1]
442. DA SOLDI 5, 1675. ARG. C[1]
443. MONETA DI MISTURA. MIST. C[1]
444. DA SOLDI 4. MIST. C[2]
445. DA SOLDI 2. *N. 2 esempl. vari.* BR. C[2]

446. Lotto di 8 monete da soldi 10, varie. BR. e MIST. C¹ e C²
447. DA SOLDI 4. *N. 2 esempl.* BR. C¹
448. DA DENARI 10. *N. 2 esempl.* BR. C²
449. DENARI QUATTRO. Varietà dei precedenti degli anni 1768, 1793 e 1795; *n. 4 esempl. vari.* BR. C² e C³
450. DENARO. . . . . DVX. GVBER. RP. GENV. 1556. ℟ CONRA. II. RO. REX. P. G. Croce. ARG. C²
451. DENARO. DVX. GVB. REIP. GEN. 1551. Castello. ℟ CONRADVS. II. RO. REX. L. V. ✠ Croce. ARG. C²
452. QUATTRINO. *N. 3 esempl.* BR. C¹ e C²

GUARDIAGRELE.

LADISLAO RE. (1391–1405).

453. BOLOGNINO. LADISLAVS. II. Nel campo: G — V — A — R. ℟ S. LEO. PAPA. Busto del Pontefice; *n. 2 esempl.* R. ARG. C²

GORIZIA.

LEONARDO, CONTE. (1454-1500).

454. MONETA NOVA. + LEONH. COM. GORICI. Lo scudo di Gorizia entro un circolo. ℟ MONETA-NOVA-LVON. Una croce che divide la moneta in quattro parti, sulla quale è posta una piccola croce di S. Andrea. R. ARG. C¹
455. DA SOLDI 3. 1734. BR. C²
456. DA SOLDI 2. 1734. BR. C²
457. DA 1 SOLDO. *N. 4 esempl. vari.* BR. C¹

GUASTALLA.

FERRANTE II GONZAGA, DUCA. (1595–1630).

458. SCUDO. FERDINANDVS: GONZAG: CAESARIS. FILIVS. ● Busto del principe a d. 1620. ℟ MELFICTI. PRINCE. GVASTALLAE. COMES. Stemma. R⁴ ARG. C¹

459. GIULIO. ANTIQVA. B. MATE. INSIGN. Stemma coronato. ℟ FERD. GON. ME. E. PRI. GVASTAL. Aquila bicipite coronata; nell'esergo, 1619. R. ARG. C[1]
460. GIULIO. FERDIN. GONZ. GVAST. DNS. Stemma coronato. ℟. EC + CE. ANCILLA. DOMINI. L'Annunciazione; nell'esergo XIIII. AR. C[2]
461. MEZZO GIULIO. Stemma. ℟ La Vergine sulle nubi circondata dagli angeli. ARG. C[2]
462. MEZZO GIULIO. Stemma. ℟ L'Annunciazione; *n. 2 esempl.* ARG. C[2]

FERRANTE III GONZAGA, DUCA. (1658-1678).

463. SCUDO. FERD. D. G. GVAST. LVZ. REG. DVX. III. Ritratto a d.; nell'esergo 1664. GGE. ℟ SIMVLACRVM. AVITAE. VIRTVTIS. Statua di D. Ferrante I. ZANETTI, IV, 47. R[3] ARG. C[2]
464. SESINO. FERDINANDVS GONZAGA. Stemma della comunità di Guastalla. ℟ DVX III GVASTALLA. Cifra coronata del duca. ZANETTI IV, 55. MIST. C[2]
465. SESINO. ✳ SESINO — DI GVAS — TALLA, in tre righe. ℟ S. CATARINA PROTECTRIX. La Santa di prospetto colla palma e la ruota. ZANETTI VI, 56, *n. 2 esempl.* BR. C[1] e C[2]

GUBBIO.

FEDERICO II DA MONTEFELTRO. (1444-1482).

466. BOLOGNINO. COMES. FEDER. Aquiletta nel giro. Nel campo I-C-V-S disposte in croce. ℟ DE. EVGVBI. Nel campo A fra quattro globetti; *n. 3 esempl.* AR. C[1] e C[2]

GUIDOBALDO DA MONTEFELTRO, DUCA D'URBINO. (1482-1508).

467. PICCIOLO. G. BALDVS ✳ DVX. Arme feltresca ed un'aquiletta. ℟ EV ✳ GV ✳ BI ✳ VM ✳ . Semibusto di S. Ubaldo fiancheggiato dalle lettere S. V. REPOSATI. *Vol.* I, *pag. 385, 1.* MIST. C[2]

FRANCESCO MARIA I DA MONTEFELTRO, DUCA D'URBINO. (1508-1527).

468. MEZZO GROSSO. ARG. C^2

469. PICCIOLO. F. MARIA DVX. Stemma. ℟ S. V. VGVBIO. S. Ubaldo seduto di prospetto. REPOSATI. *Vol.* II, *pag.* *142, 13.* R^2 MIST. C^2

470. PICCIOLO. FRAN. MA. DVX. Arme di casa Feltria. ℟. EV. GV. BI. VM. Il busto di S. Ubaldo. REPOSATI. *Vol.* II, *pag.* *142, 2.* R. MIST. C^2

471. PICCIOLO. F. MARIA. DVX. III. La rovere. ℟ S. VB ✶ D ✶ VGVBIO Il Santo. REPOSATI. *Vol.* II, *pag.* *142, 14.* R. MIST. C^2

BENEDETTO XIII. (1724-1730).

472. UN BAIOCCO. Anno 1727. BR. C^1

473. MEZZO BAIOCCO. Anno del giubileo 1725. BR. C^2

BENEDETTO XIV. (1740-1758).

474. UN BAIOCCO. Anno 1749. BR. C^1

475. QUATTRINO. *N. 2 esempl.* BR. C^1

PIO VI. (1775-1798).

476. UN BAIOCCO. Anno XVIII. BR. C^1

477. BAIOCCHI VARII. *N. 4 esempl.* BR. C^1 e C^2

IVREA.

AUTONOME - FEDERICO I, IMPERATORE. (Secolo XIV).

478. GROSSO. + FREDERICVS. IMP. Aquila ad una testa. ℟ YP — OR — EG — IA. Due croci sovrapposte, la maggiore delle quali interseca la leggenda. - PROMIS, *tav.* II, n. 1. R^3 ARG. C^1

LODI.

REPUBBLICA. (Federico II Imperatore). (1240-1250).

479. DANARO. + IMPERATOR. F. Nel centro S C S — · B · ℞ LAVDENSIS. Croce. R[6] ARG. C[1]

GIOVANNI DA VIGNATE. (1410-1413).

480. GROSSO. + IOHANNES. D. VIGNATE. PLAC. LAVDE, ecc. Entro cornice, formato da quattro archi di cerchio, lo scudo gentilizio fiancheggiato dalle lettere P — D. ℞ S. BASIAN. S. ANTONINVS. I due santi in piedi di prospetto. R.[6] ARG. C[1]

481. DENARETTO. ✠ IOHANNE. DE. VIGNATE. Nel mezzo le lettere P. D. ℞ ✶ LAVDE...... Croce. - BELLINI. *Altera. Diss. 1; n. 4 esempl.* R. ARG. C[2] e C[3]

LUCCA.

OTTONE III, IMPERATORE. (1001-1004).

482. DENARO. OTTO. PIVS. RE. Nell'area LVCA. ℞ IMPERATOR; nell'area TT. unite con una traversa. - S. QUINTINO, *vol.* 10, *Varietà; n. 4 esempl.* ARG. C[2] e C[3]

SECOLO XIII. RIFORMA DELLA MONETA.

483. DENARO. + S. VVL. DE. LVCA. Il Santo Volto coronato di prospetto. ℞ + OTTO REX; nell'area H legate insieme da una traversa. - S. QUINTINO VII, 4; *n. 3 esempl.* R[3] ARG. C[1]

SIGNORIA DEI PISANI. (1342-1369).

484. GROSSO. MONETA. DI. LVCA. Nel campo due T legate da una traversa sormontate da un'aquila fiancheggiata da due O. e sotto REX. ℞ S. VVLT. D. LVCA. Il S. volto coronato, di prospetto. - S. QUINTINO, *tav.* X, *n.* 2. R[4] ARG. C[1]

485. GROSSO. OTTO. REX. Monogramma composto da due TT legati da una traversa; sopra, aquila. ℟ S. VVLT. D. LVCA. Il Santo volto coronato di prospetto. - S. QUINTINO IX, 10.
R. ARG. C[1]

486. QUATTRINO. OTTO. REX. Aquila pisana. ℟ IMPERIALIS. Nel campo L; *n. 7 esempl.* R. MIST. C[2] e C[3]

LIBERTÀ RICUPERATA. (1369-1805).

487. SCUDO. RESPUBLICA LUCENSIS. Stemma con LIBERTAS. 1754. ℟ SANCTUS. MARTINUS. Il Santo che dona il suo mantello ad un povero ignudo. ARG. C[1]

488. MEZZO SCUDO. Tipo simile al precedente 1736. ARG. C[2]

489. QUARTO DI SCUDO. CAROLVS. IMPERATOR. Stemma con LIBERTAS. ℟ DIVI. MARTINI. Il Santo che dona il suo mantello ad un povero ignudo. Nell'esergo 1605. ARG. C[3]

490. GROSSO. Il Volto Santo; *n. 8 esempl. vari.* ARG. C[1] e C[2]

491. GROSSONE. + SANCTVS. VVLTVS. Il Santo volto. ℟ CAROLVS. IMPERATOR. Nel campo LVCA. R. ARG. C[1]

492. ALBULO DA S. PIETRO. OTTO. IMPERATOR. Nell'area LVCA colle lettere disposte in croce intorno ad una rosa. ℟ SANCTVS PETRVS. Il Santo in piedi di prospetto colle chiavi. - MASSAGLIA, *Catalogo*, 133 e segg. MIST. C[1]

493. QUATTRINO. + IMPERATOR QVARTVS. Nell'area K coronata. ℟ COMVNI. E. POPVLI. Nell'area LVCA colle lettere disposte in croce intorno ad un punto. MIST. C[2]

Secolo XVI.

494. SCUDO D'ORO. S. VVLTVS DE LVCA. Busto coronato del Volto Santo; nel campo a d. piccolo stemma. ℟ S. MARTINVS. Il Santo a cavallo dona il mantello ad un povero ignudo. - S. QUINTINO, XII, 9. R. ORO. C[1]

495. SCUDO D'ORO DEL SOLE. CAROLVS IMPERATOR. Stemma con LIBERTAS; in alto 1552. ℟ + S. VVLTVS DE LVCA. Busto coronato del Volto Santo. - S. Quintino, XIII, 7.
R[3] ORO. C[1]

496. DELLA GIUSTIZIA. RESPVBLICA LVCENSIS. Stemma coronato, sostenuto da due pantere; sotto 1757. ℟ ✱ IVSTITIA. ET. PAX. La giustizia seduta di prospetto colla spada e colla bilancia. - S. QUINTINO, XXI, 1; *n. 2 esempl.* ARG. C[1]

497. BOLOGNINO dell'anno 1790; *n. 6 esempl. vari.* BR. C^1 e C^2

FELICE BACIOCCHI ED ELISA BONAPARTE, PRINCIPI. (1805–1814).

498. FELICE ED ELISA PP. DI LUCCA E PIOMBINO. I due busti accollati. ℞ PRINCIPATO DI LUCCA E PIOMBINO. Nel campo 5 CENTESIMI — 1806 in tre righe; *n. 3 esempl.* BR. C^1 e C^2

499. DA CENTESIMI TRE. *N. 3 esempl.* BR. C^1

CARLO LODOVICO I DI BORBONE, DUCA. (1815–1847).

500. LIRA del 1838. ARG. C^1

501. SOLDO dell'anno 1826. BR. C^1

502. MISTURA. *N. 6 esempl. vari.* C^2 e C^3

503. QUATTRINI VARII. *N. 6 esempl.* BR. C^2 e C^3

504. QUATTRINI VARII. *N. 24 esempl.* BR. C^2 e C^3

MACCAGNO.

GIACOMO III MANDELLI, CONTE. (1622-1645).

505. QUATTRINO. ...BVS MANDELI. C. Ritratto a. d. ℞ Stemma. *N. 2 esempl. vari.* BR. C^2

MACERATA.

AUTONOMA. (1404–14..?).

506. BOLOGNINO. DE MACERAT. Nel campo A. ℞ SANCTVS IVLIA. Nel campo A. N. V. S. ARG. C^1

507. Varietà di conio del precedente. ARG. C^1

ALESSANDRO VI. (1492–1503).

508. GIULIO. ALEXANDER VI ° PONT ° MAX ° Stemma. ℞ S. PAVLVS. S. PETRVS. I due Santi in piedi. R. ARG. C[2]

PAOLO III. (1534–1539).

509. PAVLVS. III. P. MAX. A. XIII. Stemma. ℞ MACER. S. PAVLVS. Il Santo in piedi di prospetto fiancheggiato da due armette. R. ARG. C[1]

PIO IV. (1559-1565).

510. PIVS. IIII. PONT. MAX. Stemma. ℞ S. PETRVS APOSTOLVS. MACER. Il Santo seduto di prospetto. R. ARG. C[2]

GREGORIO XIII. (1572–1583).

511. QUATTRINO. *N. 4 esempl. vari.* R. BR. C[2]

REPUBBLICA ROMANA. (1798-1799).

512. MEZZO BAIOCCO. *N. 3 esempl.* BR. C[1] e C[2]
513. DA BAIOCCHI 5. *N. 5 esempl.* BR. C[1] e C[2]
514. QUATTRINO. *N. 2 esempl.* BR. C[1]

MALTA.

GIOVANNI DE LA VALLETTE. (1557–1568).

515. TARÌ 4. F' IOANNES. DE. VALLETTE. M. HOSP ✠ Stemma. ℞ PROPTER. VERITATEM. ET. IVSTICIA. Testa di S. Giovanni Battista entro un bacino; *n. 2 esempl.* R[4] ARG. C[1]
516. TARÌ 4. IOANNES DE VALETA. M. HOSP. HIER. Stemma. ℞ ECCE QVI TOLLIT PECCATA MVNDI. S. Giovanni in piedi e l'agnello pasquale; *n. 2 esempl.* R[5] ARG. C[1]

517. TARÌ. F. IOANNES. DE VALETA. M. HOSP. H. Stemma. ℟ ECCE QUI TOLLIT PECCATA. Agnello pasquale. R3 ARG. C3

PIETRO DEL MONTE, GRAN MAESTRO. (1568-1572).

518. ZECCHINO. F. PETRVS. DE. MONTE. M. P. Il G. M. inginocchiato davanti a S. Pietro. ℟ DA MICHI VIRTVTEM CONTRA HOSTES TVO; Il Redentore R2 ORO C1

UGO DE LOUBENS VERDALA, GRAN MAESTRO. (1582-1595).

519. ZECCHINO. F. H. DE. LOVBEN X VERDALA M. H. ℟ DA MICHI VIRTVTE CONTRA HOSTES TVO. Il Redentore. R. ORO C1

ALOF DE WIGNACOURT. (1601-1622).

520. TARÌ. *N.* 3 *esempl. vari.* R. BR. C.2 e C3

GIOVANNI PAOLO LASCARIS, GRAN MAESTRO. (1636-1657).

521. TARÌ 4. IO: PAVLVS. LASCARIS. M. M. H. H. 1645. Stemma. ℟ S. IOAN. BAP. ORA. PRO. NOBIS. Testa di S. G. B.; *n.* 2 *esempl.* R2 ARG. C1
522. TARÌ 4. Simile ai precedenti; *n.* 2 *esempl.* R2 ARG. C2
523. TARÌ 4 DI RAME. F. IO. PAVLVS LASCARIS. CASTELLAR. M. M. H. H. Stemma. ℟ NON. AES. SED. FIDES. 1641. *Tav.* IV. Due mani giunte; *n.* 3 *esempl. contromarcati.* R2 BR. C2

RAIMONDO PERELLOS G. M. (1697-1720).

524. CARLINO. F. D. RAYMVND. PERELLOS. M. N. H. H. Stemma coronato. ℟ ERIT. EGENOS. SPES. IO. B: S. Scudo coronato colla croce. R2 ARG. C1 e C2
525. GRANO. *N.* 2 *esempl.* R.2 BR. C1 e C2

EMANUELE PINTO. (1741-1773).

526. TARÌ. *N.* 2 *esempl. vari.* BR. C1

EMANUELE DI ROHAN, GRAN MAESTRO. (1775-1797).

527. SCUDO. F. EMMANVEL DE ROHAN. Busto a d. ℞ HOSPITA. ET S. SEP. HIERVS, 1789. Stemma coronato; ai lati T. 30. ARG. C^1

528. MONETE VARIE DI RAME. *N. 7 esempl.* BR. C^1 e C^2

MANFREDONIA.

MANFREDI DI SVEVIA, RE. (1256-1266).

529. OBOLO. YNFRIDVS. REX. Nel campo: MA. ℞ SICILIE. Croce. R. BR. C^2

CORRADO II E CORRADINO DI SVEVIA, RE. (1266-1268).

530. DANARO. C. SECVNDVS. Aquila. ℞ IER. ET. SICILIA. Croce. R^2 MIST. C^1

MANTOVA.

REPUBBLICA. (1200-1329).

531. DENARO. † MANTVE. Nel campo E. P. S. ℞ † VIRGILIVS. Croce con due globetti. R. ARG. C^1

532. DENARO. VIRGILIVS. Nel campo E. P. S. ℞ MANTVE. Croce; *n. 12 esempl. vari.* R. ARG. C^1, C^2 e C^3

GIOVANNI FRANCESCO GONZAGA, MARCHESE. (1407-1444).

533. GROSSO. IOHS. FRACISC. MARCHIO MANTVE. C. Stemma. ℞ MANTVA. FVLGISTI. PCIOSO. SAGVINE. Castello. R^4 ARG. C^1

534. MISTURA. IO. D. GONZAGA. Stemma. ℞ V. D. MANTV. Busto di prospetto; *n. 5 esempl. vari.* R^3 MIST. C^1 e C^2

FRANCESCO II GONZAGA, MARCHESE. (1484-1519).

535. QUATTRINO. FRAN. MAR. MAN. IIII. Stemma. ℟ IN AETERNVM. Due mani giunte. R4 BR. C1

536. QUATTRINO. FRANCISCVS. M. MANTV. IIII. Busto a s.℟ D. PROBASTI. ME. ET· COGNO. ME. Crogiuolo. BELLINI. *Novissima Diss. 2; n. 5 esempl.* BR. C1 e C2

537. QUATTRINO. Busto col berretto. ℟ La pisside. BELLINI. *Altera Diss. 17. a; n. 2 esempl.* BR. C1

538. QUATTRINO. FRANC. M. MANTVAE. IIII. Testa a s. ℟ SANGVINIS. XPI. IHESV. Una santa seduta a s. colla pisside. BELLINI. *Diss. I, 18.* BR. C2

FEDERICO II GONZAGA, DUCA. (1519-1540).

539. SCUDO D'ORO. FEDERICVS.. II. MANTVAE. DVX. I ✳ Stemma. ℟ SI. LABORATIS. EGO. REFICIAM. ✝ Mezza figura del Redentore e croce. R4 ORO. C1

540. QUATTRINO. FEDERICVS. II. M. MANTV. V. Ritratto a s. ℟ SANGVINIS. XPI. IHES. V. S. Caterina seduta a s. colla pisside nella d. e la s. appoggiata sulla ruota. BR. C1

FRANCESCO III GONZAGA, DUCA. (1540-1550).

541. QUATTRINO. *N. 2 esempl.* BR. C1

GUGLIELMO GONZAGA, DUCA. (1550-1587).

542. SCUDO D'ORO. GVLIELMVS. DVX. MAN. III. ET. MAR. MO. F. Stemma. ℟ TRISTE. RECEPTO — NIHIL. ISTO — MANTVA. Figura di santo seduto, avendo la pisside nella d. con ai piedi il fiume Mincio coricato. R6 ORO. C1

543. GIULIO. GVLLIEL. DVX. MANT. MAR. MONT.... Stemma. ℟ ✝ CRVX. CHRISTI· SALVS. NOSTRA. 1568. Croce fiorata. R. ARG. C2

544. GIULIO. GVLI. GON. DVX. MAN. MR. MO. F. Stemma coronato. ℟ Stemma. R. ARG. C1

545. GIULIO. GVL. D. G. DVX. MAN. III. ET. MO. F. I. FIDES. Stemma. ℟ SANCTA. BARBARA. La Santa in piedi. R. ARG. C2

546. GVL. D. G. DVX. III. ET. MO. FRI. Stemma coronato. ℞ † CRVX. CHRISTI. SAL. NOSTRA. Croce accantonata da quattro fiori.
R. ARG. C^1

547. GROSSO. GVL. D. G. DVX. MA. III. ET. MO. F. I. Busto a d. ℞ MARTIRIV... NON. FVGI. S. Adriano in piedi di prospetto.
ARG. C^2

548. MEZZO GROSSO. R^2 ARG. C^2

VINCENZO I GONZAGA, DUCA. (1587-1612).

549. SCUDO. VINCENTIVS. D. G. DVX. MANTVAE. IIII. Mezza figura del Duca a d. con corazza e scettro. ℞ ET. MONTIS........ FERRATI. II. Stemma coronato. R^6 ARG. C^1

550. DOPPIO GIULIO. VIN. D. G. DVX. MAN. IIII. E. M. F. II. Stemma coronato. SANCTVS. ANSELMVS. EP. Il Santo in piedi. *n. 2 esempl.* R. ARG. C^1

551. MEZZO GIULIO. VIC. D. G. DVX: M: III. ET. M. F. II. Stemma coronato. ℞ TABERN: SANGVINIS: XRI. HIESV + Pisside. R^2 ARG. C^2

552. SOLDINO. *N. 3 esempl.* MIST. C^2 e C^3

FRANCESCO IV, DUCA (1612).

553. TESSERA. FRANCISCVS. MR. MANTV. IIII. Ara cui è sovrapposto un corvo — VIVO. F —— MORT. ℞ VIRGO. DEI GENITRIX. La Madonna allattante il Divin Figlio. *(Bucata)*.
BR. C^1

FERDINANDO GONZAGA, DUCA. (1612-1626).

554. DA ZECCHINI 4. FER. CAR. D. G. DVX. M. VI. T. M. F. IIII. Busto del Duca in abito cardinalizio. ℞ NIHIL . ISTO TRISTE RECEPTO. Due angioli genuflessi che sostengono la pisside. Sotto MDCXIIII . B. R^3 ORO C^1

555. SCUDO. FER. S. R. E. D. CAR. D. G. DVX. MAN. VI. E. M. F. IIII. Stemma sormontato dal cappello cardinalizio. ℞ NICHIL - ISTO - TRISTE - RECEPTO. 1615. S. Andrea che presenta la pisside ad un Santo genuflesso. R^4 ARG. C^1

556. SCUDO. FERD. D. G. DVX. MANT. VI. E. MONFER. IV ✱ ✱ 1617. Busto corazzato a d. ℞ NON MVTVATA LVCE. Sole raggiante. R. ARG. C^1

557. DOPPIO GIULIO. FER. D. G. DVX. MAN. VI. E. M. F. IV, Stemma coronato. ℟ NIHIL . ISTO . TRISTE . RECEPTO. S. Andrea colla croce e la pisside a d.; *n.* 2 *esempl.* R. ARG. C[1] e C[2]
558. DOPPIO GIULIO. FERD. D. G. DVX. MAN. VI. E. M. F. I. Sremma coronato. ℟ SANCTVS. ANSELM. M. EP. Il Santo in piedi di prospetto. R. ARG. C[1]
559. MEZZO GIULIO. ● 8 ● — FERDIN. — D. G. DVX. — MANTVI . ET . MONT — . F . IIII . in sei linee. ℟ . ● . NON . MVTVATA . LUCE . Sole raggiante; *n.* 2 *esempl.* R. ARG. C[1]
560. GROSSO. FERD. D. G. DVX. MAN. VI. ET M. F. IV. Stemma. ℟ NON. MVTVAT. LVCE. Sole raggiante; *n.* 2 *esempl.* ARG. C[1]
561. GROSSO. Tipo solito col sole raggiante nel ℟. ARG. C[1]
562. MEZZO GROSSO. Aquila. ℟ FER — D. G — DVX — MAN — VI, in cinque righe entro corona d'alloro. ARG. C[1]
563. SOLDO. *N.* 2 *esempl.* BR. C[1]

VINCENZO II GONZAGA, DUCA. (1626-1627).

564. MEZZO SCUDO. VINC. II. D. G. DVX. MAN. VII. E. M. F. V. Busto a s. Sotto MDCXXVII. ℟ FERIS ✳ TANTVM ✳ INFENSVS. Cane a s. R[6] ARG. C[1]

CARLO I GONZAGA. (1627-1637).

565. MEZZO SCUDO. CAROLVS. I. D. G. MAN. M. F. NIV. MAY. RET. DVX. E. ℟ FID... Stemma coronato (olimpo) in lettere greche. ℟ B : ALOIIS. GONZ : PROT : MAN : 80..... Il Santo genuflesso a s. R[2] ARG. C[2]
566. GIULIO. CAR. I. D. G. D. M. E. M. F. ET C. Stemma. ℟ SANCTA LVCIA. - 16 - 33. La Santa in piedi; *n.* 2 *esempl.* R. ARG. C[1] e C[2]
567. GROSSO. *N.* 2 *esempl.* ARG. C[1]
568. SOLDO. R. BR. C[1]

OSSIDIONALE (Carlo I, Duca). (1629-1630).

569. SCUDO. DOMINE. PROBASTI ME. ET. COGNOVISTI. ME. Crogiuolo ardente. ℟ NIHIL. ISTO. TRISTE. RECEPTO — MANTVAE. S. Andrea che sostiene la croce colla destra e tiene nella sinistra la pisside. R[6] ARG. C[2]

OSSIDIONALE.

570. MEZZO SCUDO. Simile al precedente. R^7 ARG. C^2

OSSIDIONALE.

571. PIOMBO improntato colle palle di moschetto. SANCTVS. Il Santo seduto a s. Iscrizione illeggibile. ℞ Nel campo M coronata. PL. C^2

572. Ossidionale come la precedente, improntata colle palle di moschetto. Stemma. Iscrizione illeggibile. ℞ Iscrizione illeggibile: nel campo 6 in un circolo ornato. PL. C^2

CARLO II GONZAGA E SUA MADRE MARIA. (1637–1647).

573. MISTURA. MAR. M. CAR. II. DE. M. ET. M. F. Stemma. ℞ DE ✳ SANG ✳ CHRIST ✳ IESV. Pisside. R^2 MIST.

CARLO II GONZAGA, DUCA. (1647–1665).

574. TESTONE. CAR. II. D. G .. MAN. E. M. FE. E. C. Stemma coronato. ℞ PROTECTOR. NOSTER. ASPICE. 1664. S. Giorgio a cavallo a d. R. ARG. C^2

575. SOLDO. BR. C^2

FERDINANDO CARLO GONZAGA E ISABELLA CLARA D'AUSTRIA (1665–1668).

576. DA SOLDI 30. ISABELLA. CLARA. FERD. CAR: D. G. D: MAN. E. M. F. 1666. I due busti accollati a d. ℞ ALTA. A. LONGE. CONOSCIT. Il Sole sopra le onde. R. ARG. C^2

FERDINANDO CARLO GONZAGA, DUCA. (1668–1707).

577. LIRA. FERDINAND. CAR. D. G. DVX. Busto a d. ℞ MANTVAE. MONFER. CAR. VII. GVAS. ECC. Il monte Olimpo sormontato da: FIDES. 1689. ARG. C^2

578. SOLDI DIECI. FER. CAR. D. G. DVX. MANTVAE. M. FER. CAR GVAST. in cinque righe entro una laurea. ℞ QVI LEGES IVRAQVE. SERVAT. Cavallo in corsa a s.; *n. 3 esempl.* ARG. C²

579. SOLDI DIECI. DOMINE PROBASTI. Crogiuolo; nell'esergo MANTVAE 1703. ℞ QVI. LEGES. IVRAQVE. SERVAT. Cavallo in corsa a d. Sotto: soldi 10. ARG. C¹

CARLO VI, IMPERATORE. (1711-1741).

580. SOLDI DIECI. CAR. VI. R. I. S. A. Busto a d. Sotto: S. 10. ℞ G. H. H. B. R. A. A. DVX. MAN. 1739. Aquila imperiale. - PORTIOLI, *Parte sesta*, I, 5. ARG. C¹

LEOPOLDO II, IMPERATORE (1790-1792).

581. MEZZA LIRA. LEOP. II. D. G. R. I. S. A. C. H. B. R. A. A. D. M. E. MANT. Stemma. ℞ MEZZA LIRA DI MANTOVA, 1791 in cinque righe entro una ghirlanda. ARG. C¹

FRANCESCO II, IMPERATORE. (1792-1797).

582 SOLDI 20 dell'anno 1796. ARG. C¹
583. MEZZO SOLDO. *N. 2 esempl.* BR. C¹

REPUBBLICA. (1799).

584. OSSIDIONALE soldi cinque. ASSEDIO DI MANT. AN. VII. R. Fascio repubblicano col berretto e la scure. ℞ SOLDI — DI — MILANO — V in quattro righe entro una laurea; *n. 2 esempl.* MIST. C¹

585. SOLDO. Moneta ossidionale; *n. 4 esempl.* BR. C¹

FRANCESCO GIUSEPPE, IMPERATORE D'AUSTRIA. (1848).

586. SVANZICA. Ossidionale, nell'esergo il cigno; *n. 2 esempl.* R. ARG. C¹

587. MISTURA. *N. 4 esempl.* MIST. C²

ANONIME.

588. RAME E MISTURA. *N. 7 esempl.* BR. e MIST. C² e C³

MASSA LOMBARDA.

FRANCESCO D'ESTE, MARCHESE. (1564-1578).

589. GROSSO. FRAN. EST. MAR. MASSE. Scudo con aquila. ℟ S. PAVLVS. MASSE. LONBARDOR. ET. C. Il Santo in piedi. R⁵ ARG. C²
590. BOLOGNINO. LONBARDORVM. Nel campo F. E. coronate. ℟ NOBILITAS. EST. Aquila. ARG. C²

MASSA DI LUNIGIANA.

ALBERICO CIBO MALASPINA. (1559-1623).

591. DA QUATTRO CERVIE. ALB. CIBO. MAL. MASSAE. P. 1618. Ritratto a d. ℟ PETRVS. IANITOR. COELI. CER. 4. S. Pietro stante. R³ ARG. C²
592. Simile al precedente. R³ ARG. C²
593. CERVIA. ALB. CYBO. MAL. MASS. P. I. Ritratto a d. ℟ VELOCIVS. AD. COELVM 1618. Cerva a s.; *n. 4 esempl. di vari anni.* ARG. C²
594. TERZO DI LIRA. ALB. CYBO. M. S. R. I. ET. M. P. I. Arme ai lati dello scudo, 8, 7. ℟ + IN. HAC. GLORIARI. OPORTET. Croce. *Bucata.* . R. ARG. C²
595. CRAZIA. AL. CIB. MAL. M. MAS. Stemma. ℟ Spino fiorito entro una corona. - VIANI, VIII, 7. R³ ARG. C²
596. QUATTRINO. BR. C¹
597. MONETE VARIE. *N. 9 esempl.* ARG. e MIST. C² e C²

MARIA BEATRICE D'AUSTRIA, DUCHESSA. (1792).

598. SOLDI DIECI. MAR. BEATRIX. ARCHID. AVSTRIAE. Arme. ℟ DVX MASSAE; nell'area: X — SOLDI — 1792, in tre righe. - VIANI, VIII, 1. MIST. C¹
599. DUE SOLDI. *N. 5 esempl.* BR. C¹

MASSA DI MAREMMA.

REPUBBLICA. (Secolo XIV).

600. GROSSO. DE. MASSA. M.M. Croce. ℟ S. CERBON. Il Santo in piedi. R6 ARG. C1

MATELICA.

PIO VI, PAPA. (1775–1798).

601. MADONNINA DA BAIOCCHI CINQUE. PIVS. PAPA. SEXTVS. ANNO. XIII. 1797; nell'area: ✳ BAIOC. CINQVE. MATELICA. ℟ SANCTA. DEI. GENITRIX. Busto nimbato della Vergine a s. - CINAGLI 407. R. BR. C1

602. QUATTRINO. PIVX. SEX. M. A. XXIII. Stemma. ℟ VN — QVATRINO — MATELICA in 4 righe e scritto nel campo. R3 BR. C1

603. QUATTRINO. Simile al precedente. R3 BR. C1

MERANO.

MAINARDO I, CONTE. (1253–1255).

604. GROSSO. MEINARDVS. Croce doppia che divide la leggenda in quattro parti. ℟ COMES. TIROL. Aquila di prospetto colle ali aperte. - B. GIOVANELLI, *zecca trentina, pag.* 105, 6; *n.* 2 *esempl.* ARG. C1 e C2

MAINARDO II, CONTE. (1274–1295).

605. GROSSO. ▼ DE. ME. RA. NO. Croce che divide in quattro parti la leggenda. ℟ + COMES. TIROL. Aquila colle ali aperte. B. GIOVANELLI, *Zecca trentina, pag.* 105. I. ARG. C2

606. Simile alla precedente. ARG. C1

607. Simile alle precedenti. ARG. C1

608. Simile alle precedenti. ARG. C^{2}
609. Simile alle precedenti. ARG. C^{1}
610. Simile alle precedenti. ARG. C^{2}

SIGISMONDO D'AUSTRIA CONTE DI TIROLO. (1439-1480).

611. GROSSO. SIGISMVNDVS. Croce doppia; la croce maggiore divide la leggenda colle sue braccia in quattro parti. ℟ COMES. TIROL. Aquila. B. GIOVANELLI, *Zecca trentina, pag.* 118, 1. ARG. C^{1}

MESSERANO.

ANONIME DEI FIESCHI. (Secolo XV-XVI).

612. BIANCHETTO. ∘ MONETA. FLISCA. AR. M. Aquila bicipite coronata. ℟ AVE. CRVX. SANCTA. ET. B. Croce ornata. - PROMIS, I, 7. R. ARG. C^{1}

LODOVICO II FIESCHI, SIGNORE (1528-1532).

613. TESTONE. LVDOVIC. FLISC. LAVANIE. 7. C. DO. Ritratto a d. ℟ S. THEONEST. MARTIRI. ✠ Il Santo seduto di prospetto. Sotto: aquila. R^{2} ARG. C^{1}
614. ROLABASSO. + LVDOVIC. FLISC. LAVANIE. MESSERANI. DO. Aquila bicipite coronata, con in petto lo scudetto de' Fieschi. ℟ + SALVE. CRVX. SANCTA. ET. BENEDICTA. Croce gigliata. R^{2} ARG. C^{1}

PIER LUCA FIESCHI, SIGNORE, (1528-1548).

615. TESTONE. P. LVCAS. FLISCVS. LAVANIE. COM. D. Ritratto a d. ℟ S. TEONES MARTIR. Il Santo seduto di prospetto. Sotto: aquiletta. *N. 2 esempl.* R^{2} ARG. C^{1} e C^{2}
616. TESTONE. PETRVS. LVCAS. FLISCVS. LA. M. C. Aquila. ℟ SANTVS. TEONESTVS. MAR. Il Santo in piedi. R^{2} ARG. C^{1}
617. CAVALLOTTO. PETRVS. LVCAS. FLISCVS. M. C. Stemma sormontato da mezza figura di aquila. ℟ SANTVS. TEONESTVS. MAR. Il Santo a cavallo. *Bucata.* R^{4} ARG. C^{2}

PAOLO BESSO FERRERO. (1629-1667).

618. SCUDO. P. FER. MES. P. ET. MAR. CREP. III. M. XXXIII. Busto a d. Sotto: L. I. ℟ PROTECTOR. NOSTER. ASPICE. S. Giorgio a cavallo che ferisce il drago; nell'esergo S. G. CAS^{N}_{II} PROMIS, XII, I. R6 ARG. C3

MESSINA.

NORMANNI ANONIME.

619. TARÌ. Monete cufiche. *N. 3 esempl. vari.* ORO. C1

FEDERICO, IMPERATORE. (1198-1250).

620. + ROM. IMPERATOR. IMP. in nesso; tra due circoli e nell'area F fra le stelle. ℟ + R. IERSL. ET. SCIL. tra due circoli; nell'area croce accantonata da quattro stelle; *n. 3 esempl.* LEGA. C1

GIACOMO D'ARAGONA, RE. (1296-1337).

621. TARÌ. IA. DEI. GRA. ARAGON. SICIL. REX. Aquila. ℟ AC. BARCHINONE. COMES. Stemma. R2 ARG. C1

FEDERICO II D'ARAGONA, RE. (1337-1342).

622. TARÌ. FRIDERICVS. DEI. GRA. REX. SICILIE. Aquila. ℟ ACATENARV. NEOPA. DV. Stemma; *n. 2 esempl.* ARG. C1
623. Simile al precedente. ARG. C1

FEDERICO III D'ARAGONA, RE. (1355-1377).

624. TARÌ. FRIDERIC. T. DE. GRA. REX. SICIL. Aquila. ℟ DVC. APVL. PRINCIPAT. CAPVE. Stemma. R. ARG. C1

CARLO V, IMPERATORE (1516-1555).

625. CARLINI 4. CAROLVS. IIII (sic) IM. RO. Testa coronata a d. dietro R. ℞ F — X — ARAGO — VTRIVS — ∘ SI ∘ BT. in una ghirlanda. R. ARG. C[2]

626. DUE TARÌ. CAROLVS. IMPERATOR. Ritratto a s. ℞ REX. SICILIAE (1546). Aquila coronata. *N. 2 esempl. vari.* R. ARG. C[2]

627. TARÌ. Simile al precedente. R. ARG. C[2]

FILIPPO II D'AUSTRIA, RE DI SPAGNA. (1554-1598).

628. QUARTO DI SCUDO. . . . . IPPVS. Ritratto a d. ℞ REX. SICILIAE. Aquila fiancheggiata dalle lettere T. P. *Tagliata negli orli.* R. ARG. C[2]

FILIPPO III D'AUSTRIA, RE DI SPAGNA. (1598-1621).

629. QUARTO DI SCUDO. PHILIP ... III ... ARA. Ritratto a d. ℞ + FIDE. 16. Aquila coronata. *Tagliata negli orli.* R. ARG. C[2]

630. DA TARÌ 4. PHILIPP. III. D. G. Ritratto a s. ℞ REX. SICILIAE. 1612. Croce e 4 corone. ARG. C[2]

FILIPPO IV D'AUSTRIA. (1621-1665).

631. DA TARÌ 8. PHILIPP. IIII. DEI.... ✱ Ritratto a d. ℞ REX. SICILIA. 1648. Aquila coronata colle ali aperte. I. P. R[2] ARG. C[1]

632. DA TARÌ 6. PHILIPP. IIII. DEI.... G. M. P. — N. Ritratto coronato. ℞ Una corona reale entro ghirlanda; *n. 3 esempl. vari.* R[2] ARG. C[2]

633. DA TARÌ 6. PHILIPP. IIII. DEI. 1622. G. M. P — N. Ritratto coronato a d. ℞ Una corona reale entro ghirlanda. R[2] ARG. C[1]

634. Simile al precedente dell'anno 1623. R[2] ARG. C[2]

MILANO.

LODOVICO I IL PIO, IMPERATORE E RE. (814-840).

635. DENARO. + HLVDOVVICVS. IMP. Croce. ℞ MEDIO — LANVM in due righe. - GNECCHI 3. R4 ARG. C1

636. DENARO. + HLVDOVVICVS. IMP. Croce accantonata da quattro punti. ℞ + XPISTIANA RELIGIO. Tempio tetrastilo con croce nel mezzo. - GNECCHI 12; *n. 3 esempl.* R. ARG. C1

637. DENARO. Varietà del precedente. R. ARG. C1

638. DENARO. Simile al precedente, colla croce accantonata da quattro globetti; *n. 2 esempl.* R. ARG. C1 e C2

639. DENARO. Simile al precedente, colla croce senza i globetti. R. ARG. C1

LOTARIO I, IMPERATORE E RE. (840-855).

640. DENARO. HLOTHARIVS. IMP. Croce. ℞ MEDIOLA in una riga. - GNECCHI 2. *Rotta.* R. ARG. C2

CARLO IL GROSSO, IMPERATORE. (884-887).

641. DENARO LARGO. + HCAROLVS. IMPER. Croce accantonata da quattro globetti. ℞ + XPISTIANA RELIGIO. Tempietto tetrastilo con piccola croce nel mezzo. R5 ARG. F. D. C.

BERENGARIO I, RE D'ITALIA. (888-924).

642. DENARO (*scodellato*). + BERENCARIVS IMP. Monogramma di Cristo. ℞ + XPIANA RELIO. Nel campo MEDI-C-OLA in tre righe. - GNECCHI 1; *n. 2 esempl. con qualche varietà.* R3 ARG. C1

643. DENARO (*scodellato*). + BERENCARIVS. Croce accantonata da quattro globetti. ℞ XPISTIANA REIO. Tempietto. - GNECCHI 3. R4 ARG, C1

GUIDO DA SPOLETO, IMPERATORE. (889–892).

644. DENARO LARGO. + VVIDO, GRACIA. DI. REX. Croce accantonata da quattro globetti. ℟ XPISTIANA. RELIGIO. Tempietto. R[5] ARG. F. D. C.

LAMBERTO, IMPERATORE. (892–898).

645. DENARO LARGO. + LAMBERTVS. IMP. Croce accantonata da quattro globetti. ℟ + XPISTIANA RELIGIO. Tempietto tetrastilo con piccola croce nel mezzo. R[6] ARG. C[1]

OTTONE I, IMPERATORE E RE. (962-973)

646. DENARO (*scodellato*). IMPERATOR. Nel campo OTTO colle lettere disposte in croce. ℟ AVG — + MED — IOLA — NIV in quattro righe. - GNECCHI I. R[2] ARG. C[1]

OTTONE II O III, IMPERATORE E RE. (973-1002).

647. DENARO (*scodellato*). Tipo del precedente. R. ARG. C[1]

ENRICO II, IMPERATORE E RE D'ITALIA. (1013-1025).

648. DENARO (*scodellato*). IMPERATOR. Nel campo in tre righe HE RIC N. ℟ AVG MED IOLA NIV in quattro righe. - GNECCHI I; *n. 5 esempl. diversi.* ARG. C[1] e C[2]

649. DENARO (*scodellato*). IMPERATOR. Nel campo HE-RIC-N in tre righe. ℟ MEDIOLANV. Croce; *n. 2 esempl.* ARG. C[1]

ENRICO III, IV O V IMPERATORE E RE. (1039-1125).

650. DENARO (*scodellato*). IMPERATOR. Nel campo HE-RIC-N in tre righe. ℟ MEDIOLANV. Croce; *n. 15 esempl. svariati.* ARG. C[2]

651. MEZZO DENARO. Simili ai precedenti, con qualche varietà e più sottili; *n. 2 esempl.* ARG. C[2]

FEDERICO I DI SVEVIA, IMPERATORE E RE D'ITALIA.

(1152-1190).

652. DENARO (*scodellato*). FREDERICVS. Nel campo le lettere IPRT disposte in croce intorno ad un globetto. ℟ AVG — + MED — IOLA — NIV. ARG. C[1]

653. DENARO. *N. 4 esempl.* ARG. C[1] e C[2]

654. DENARO. Simile al precedente. ℟ + ME-DIOLA-NVM in tre righe, sopra e sotto trifoglio fra due punti; *n. 6 esempl.* ARG. C[1] e C[3]

ENRICO VI DI SVEVIA, IMPERATORE E RE D'ITALIA.

(1190-1197).

655. GROSSO. + IMPERATOR. Nel campo HE — RIC — ∘N∘ in tre righe. ℟ MEDIOLANV. Croce con due cunei negli angoli superiori. - GNECCHI 1; *n. 3 esempl.* R. ARG. C[1]

PRIMA REPUBBLICA. (1250-1310).

656. AMBROSINO. MEDIOLANV. Croce. ℟ ∘SCS∘ AMBR. Il Santo seduto col pastorale e in atto di benedire. - GNECCHI 2; *n. 2 esempl.* R. ARG. C[1]

657. AMBROSINO. Simile al precedente, ma la croce ha una luna falcata in due angoli opposti; *n. 2 esempl.* R. ARG. C[1]

658. AMBROSINO. Simile al precedente, ma colla croce accantonata da quattro lune falcate; *n. 2 esempl.* R. ARG. C[1]

659. AMBROSINO. Simile al precedente, ma colla croce accantonata da quattro lune falcate e da quattro punti; *n. 2 esempl.* R. ARG. C[1]

660. AMBROSINO. Simile al precedente, ma colla croce accantonata da quattro trifogli; *n. 6 esempl.* R. ARG. C[1] e C[2]

ENRICO VII DI LUSSEMBURGO, IMPERATORE E RE D'ITALIA. (1310–1313).

661. GROSSO. + HENRICVS: REX: Croce accantonata da quattro trifogli. ℞ MEDIO LANVM. S. Ambrogio seduto, col pastorale e in atto di benedire - GNECCHI 5; *n. 2 esempl.*
R² ARG. C¹

662. MEZZO GROSSO. Simile al precedente. R⁶ ARG. C¹

663. GROSSO. HNRIC IPAT verticalmente in mezzo ai santi Gervaso e Protaso; in giro S. PROTASI S. GERVASI. ℞ S. AMBROSI. MEDIOLANVM. Il Santo seduto, col pastorale ed in atto di benedire. - GNECCHI 2; *n. 2 esempl.* R² ARG. C¹

664. SOLDO. Tipo simile al precedente. - GNECCHI 3.
R² ARG. C¹

665. DENARO. HENRICVS, REX. Croce. ℞ + ME DIOLA NVM in tre righe. - GNECCHI 9; *n. 6 esempl.* R. ARG. C²

AZZONE VISCONTI, SIGNORE. (1329-1339).

666. GROSSO. AZO. VICECOMES MEDIOLANVM. Croce fiorata e contornata. ℞ S. AMBROSIVS e la biscia, Il Santo seduto col pastorale ed in atto di benedire. - GNECCHI 1; *n. 6 esempl.*
R. ARG. C¹

667. GROSSO. Simile al precedente; *n. 9 esempl.*
R. ARG. C¹ e C²

668. GROSSO. Simile ai precedenti; *n. 5 esempl.* R. ARG. C¹

669. SOLDO. + AZO. VICECOMES. Croce fiorata. ℞ S: AMBROSI. e la biscia. Il Santo seduto col pastorale, in atto di benedire. - GNECCHI 2; *n. 4 esempl.* R² ARG. C¹ e C²

670. SOLDO. Simile al precedente; *n. 4 esempl.* R² ARG. C¹

671. OTTAVO DI SOLDO + S. AMBROSIVS. Busto del Santo tra le lettere A — Z. ℞ + MEDIOLANVM. Croce. - GNECCHI 6; *n. 4 esempl.* R² ARG. C²

672. DENARO. + AZO. VICECOMES. Croce gigliata. ℞ + ME DIOLA NVM in tre righe. - GNECCHI 7; *n. 7 esempl.*
R. ARG. C¹ e C²

LUCHINO E GIOVANNI VISCONTI, SIGNORI. (1339-1349).

673. GROSSO. + LVCHINVS. VICECOES. MEDIOLANVM. Cimiero in forma di drago con l'ali spiegate terminante in un padiglione; al disotto scudo con la biscia. ℞ IOHS. VICECOS. S. AMBROSI. Il Santo seduto col pastorale, in atto di benedire. - GNECCHI 2; *n. 3 esempl.* R² ARG. C¹

674. GROSSO. + IOHES. ET. LVCHINVS. VICECOMITE. Croce fiorita e contornata. ℞ S. AMBROSI. MEDIOLANVM. Il Santo seduto col pastorale, e in atto di benedire - GNECCHI 3; *n. 5 esempl.* R. ARG. C¹

GIOVANNI VISCONTI, ARCIVESCOVO E SIGNORE. (1349-1354).

675. GROSSO. IOHS. VICECOES verticalmente fra i due santi Gervaso e Protaso: in giro S. GERVASI S. PROTASI. ℞ S. AMBROSI MEDIOLANVM. S. Ambrogio seduto, col pastorale e in atto di benedire. - GNECCHI I. R³ ARG. C¹

676. GROSSO. Simile al precedente. R¹ ARG. C¹

677. SESINO. + IOHS. VICECOES. Croce. ℞ + MEDIOLANVM nel campo M. - GNECCHI 5; *n. 2 esempl.* R³ ARG. C²

678. + IOHS. VICECOES. Croce gigliata. ℞ + ME DIOLA NVM in tre righe. - GNECCHI 7. R. ARG. C²

GALEAZZO II E BARNABÒ VISCONTI, SIGNORI. (1354-1378).

679. GROSSO. + BERNABOS. ET. GALEAZ. VICECOMITES. Nel campo incorniciato la biscia tra le lettere B-G. ℞ S. AMBBOSI MEDIOLANVM. S. Ambrogio seduto col pastorale e lo staffile; *esemplari 7.* R. ARG. C¹

680. PEGIONE. + BRNABOS. ET. GALEAZ. VICECOMITES. Nel campo incorniciato la biscia tra le iniziali B-G: al disopra un'aquila colle ali spiegate. ℞ Simile al precedente; *esempl. 4.* R. ARG. C¹

681. SESINO. + B. G. VICECOMITES. Biscia. ℞ + MEDIOLANVM. Croce; *esempl. 4.* R. ARG. C¹ e C²

GALEAZZO II VISCONTI, SIGNORE. (1354–1378).

682. FIORINO D'ORO. + GALEAZ. VICECOMES. Il Duca a cavallo a d. con gualdrappa e corazza ornate della biscia. ℟ + DOMINVS. MEDIOLANI. ET. C. Nel campo incorniciato cimiero coronato sormontato dal drago alato e fiancheggiato dalle lettere G-Z; al disotto scudo con la biscia. - GNECCHI, 1.
R³ ORO. F. D. C.

683. FIORINO D'ORO. + GALEAZ. VICECOMES. Il Duca a cavallo a d. armato di spada, con gualdrappa e corazza ornate della biscia. Nel campo due tizzoni coi secchi. ℟ + DNS. MEDIOLANI. PAPIE. ET. C. Nel campo incorniciato cimiero come sopra. - GNECCHI, 2. R⁵ ORO. C¹

684. PEGIONE. + GALEAZ. VICECOMES. D. MEDIOLANI. Nel campo incorniciato biscia tra le lettere G-Z. ℟ S. AMBROSIV MEDIOLAN. Sant'Ambrogio seduto col pastorale e lo staffile; *esempl. 5.*
R. ARG. C¹

685. PEGIONE. + GALEAZ. VICECOMES. D. MEDIOLANI. PP.ZC. Entro una cornice lo scudo colla biscia col cimiero sormontato dal drago cristato; ai lati due tizzoni colle secchie. ℟ S. AMBRVS. MEDIOLAN. Il Santo seduto col pastorale e lo staffile. - GNECCHI, 3. R² ARG. C¹

686. SESINO. + GALEAZ. VICECOES. Cimiero sormontato dal drago cristato tra le lettere G-Z, sotto scudo colla biscia. ℟ + DNS. MEDIOLANI. PAPIE. ET. C. Tizzone coi secchi. - GNECCHI, 7. *Esempl. 2.* R. ARG. C¹

BERNABÒ VISCONTI, SIGNORE. (1354–1385).

687. FIORINO D'ORO. + CIMERIV. DNI. BNABOVIS. VICECOMTIS. Nel campo incorniciato cimiero sormontato dal drago tra le iniziali D-B; sotto scudo colla biscia. ℟ MDLI. ET. C. DNI. GENERALIS. Nel campo incorniciato la biscia tra le iniziali D-B; al disopra un'aquila colle ali spiegate. - GNECCHI, 1.
R⁴ ORO. C¹

688. FIORINO D'ORO. Simile al precedente. R⁴ ORO. C¹

689. PEGIONE. DOMIN. BNABOS. Cimiero sormontato dal drago cristato. ℟ DOMIN. MEDIOLI. Biscia. - GNECCHI, 6; *n. 2 esempl.*
R³ ARG. C¹

690. PEGIONE. + Simile al precedente, con tre piccoli anelli sotto al cimiero. R³ ARG. C¹

691. PEGIONE. + D. BNABOS. VICECOMES. MEDIOLANI. ET. C. Nel campo incorniciato tra le iniziali D-B lo scudo colla biscia sormontato dal cimiero col drago cristato. ℟ S. AMBROSI. MEDIOLANVM. Il Santo seduto col pastorale e lo staffile. - GNECCHI, 10; *n. 2 esempl.* R² ARG. C²

692. SOLDO O TESSERA. Nel campo in un cerchio punteggiato l'iniziale D. ℟ Nel campo come sopra l'iniziale B. - GNECCHI, 13. R³ ARG. C¹

693. SESINO. + DOMINVS ∘ BERNABOS. Biscia. ℟ VICECOMES. MLI. ETC. Nel campo in cornice le iniziali D°. GNECCHI, 14; *n. 3 esempl.* R. ARG. C¹ e C²

694. IMPERIALE. + DOMINVS. BNABOS. Croce fiorata. ℟ + IMP ERIA LIS in tre righe; sopra e sotto la biscia. - GNECCHI, 18; *n. 4 esempl.* R. ARG. C²

GIAN GALEAZZO VISCONTI, CONTE DI VIRTÙ. 1° DUCA. (1385-1402).

695. PEGIONE. COMES. VIRTVTVM. D. MEDIOLANI. ETC. Croce fiorita e contornata. ℟ S. AMBROS MEDIOLAN. Il Santo seduto come sopra. — GNECCHI, 6; *n. 5 esempl.* R. ARG. C¹ e C²

696. SOLDO. COMES. VIRTVTVM. D. MDLI. ETC. Croce fiorata accantonata da quattro punti. ℟ S. AMBROSI. MEDIOLAN. Mezza figura del Santo col pastorale e lo staffile. - GNECCHI, 10; *n. 2 esempl.* R. ARG. C¹ e C²

697. SOLDO. Varietà del precedente, colla croce accantonata da quattro fiori. R. ARG. C²

698. SESINO. COMES VIRTVTVM. Cimiero coronato e sormontato dal drago alato. ℟ + D. MEDIOLANI ETC. Croce gigliata. - GNECCHI, 19; *n. 3 esempl.* R. ARG. C¹

699. SESINO. GALEAZ. COMES. VIRTVTVM. Croce. ℟ D. MEDIOLANI. VERONE ETC. Biscia tra le lettere G-Z. - GNECCHI, 14; *n. 5 esempl.* R. ARG. C¹ e C²

700. SESINO. + GALEAZ. COMES. VIRTVTVM. Croce accantonata da quattro fiori. ℟ DOMINVS MEDIOLANI ETC. Biscia fiancheggiata dalle lettere G-Z. - GNECCHI, 13; *n. 4 esempl.* R. ARG. C¹

701. SESINO. Altra varietà, colla croce accantonata da quattro trifogli. - GNECCHI, 16; *n. 3 esempl.* R. ARG. C¹ e C²

702. DENARO. COMES. VIRTVTVM. Croce gigliata. ℞ D. MEDIOLANI. Nel campo G-Z. - GNECCHI, 21; *n. 12 esempl. svariati.* R. ARG. C[1] e C[2]

703. DENARO. Simili ai precedenti; *n. 7 esempl. vari.* R. ARG. C[1] e C[2]

GIOVANNI MARIA VISCONTI. (1402-1412).

704. GROSSO. + IOHANES. MARIA. DVX. MEDIOLANI. ETC. Entro cornice ornata da quattro fiori, la biscia coronata fiancheggiata dalle iniziali I-M. ℞ S. AMBROSI. MEDIOLAN. Il Santo seduto col pastorale e lo staffile. - GNECCHI, 2; *n. 5 esempl.* R. ARG. C[1]

705. SOLDO. + IOHANES. MARIA. Croce incorniciata e accantonata da quattro fiori. ℞ + DVX. MEDIOLANI. ETC. Biscia coronata fra le iniziali I-M. - GNECCHI, 6. R[2] ARG. C[1]

706. TRILLINA. + IOHANES. MARIA. Nel campo le lettere D. X. ℞ DVX. MEDIOLANI. ETC. Croce gigliata. - GNECCHI, 7; *n. 2 esempl.* R[2] ARG. C[1]

707. TRILLINA. + IOHANES. MARIA. Nel campo DX. ℞ DVX. MEDIOLANI. ETC. Croce gigliata. - GNECCHI, 7; *n. 3 esempl.* R[2] ARG. C[1]

708. BISSOLO. - GNECCHI, 9; *n. 2 esempl.* R[2] ARG. C[2]

709. BISSOLO. + IOHANNES. MARIA. Biscia coronata. ℞ + DVX MEDIOLANI. ETC. Croce gigliata. - GNECCHI, 9. R[2] ARG. C[1]

ESTORE VISCONTI, SIGNORE. (1412).

710. SESINO. + D. HESTOR. VICECOMES. Croce. ℞ + SANCTVS. AMBROSIVS. Busto del Santo fra le lettere H-E. - GNECCHI, 12. R[4] ARG. C[1]

711. TRILLINA. + HESTOR. VICECOMES. Nel campo le lettere H-E. ℞ + DOMINVS. MODOETIE. Croce gigliata. - GNECCHI, 13. R[4] ARG. C[2]

ESTORE E GIANCARLO VISCONTI, SIGNORI. (1412).

712. BISSOLO. *N. 4 esempl.* R[3] ARG. C[2]

FILIPPO MARIA VISCONTI III, DUCA. (1412–1447).

713. FIORINO D'ORO. + FILIPV. MARIA. ANGLV. Il Duca a cavallo a d. ℟ + DVX. MEDIOLANI. ETC. Entro cornice, il cimiero sormontato dal drago e sovrapposto allo scudo colla biscia. - GNECCHI, 1. R. ORO. C[1]

714. FIORINO D'ORO. Simile al precedente. R. ORO. C[1]

715. SOLDO. FILIPV. MARIA. DVX. MEDIOLANI. Cimiero coronato e sormontato dal drago; al disotto stemma colla biscia. ℟ S. AMBROSI. MEDIOLANI. Il Santo seduto. - GNECCHI, 31. R[2] ARG. C[2]

716. SESINO. + FILIPVS. MARIA. Biscia. ℟ + DVX. MEDIOLANI. Croce fiorita. - GNECCHI, 32; *n. 5 esempl.* R. ARG. C[1] e C[2]

717. SESINO. FILIPVS. MARIA. DVX. MLI. ETC. Croce ornata da quattro gigli negli angoli. ℟ S. AMBROSIV. MEDIOLANI. Busto del Santo. - GNECCHI, 33; *n. 4 esempl.* R. ARG. C[2]

718. GROSSO. FILIPVS. MARIA. DVX. MEDIOLANI. ETC. Stemma inquartato con l'aquila e la biscia. ℟ S. AMBROSIV. MEDIOLANI. Il Santo seduto. - GNECCHI, 13; *n. 5 esempl.* R. ARG. C[1]

719. GROSSO. Simile al precedente, con un punto al disopra dello scudo; *n. 3 esempl.* R. ARG. C[1]

720. GROSSO. FILIPV. MARIA. ANGLV. D. M. Stemma inquartato con l'aquila e la biscia, al disotto corona da cui escono due rami. ℟ S. AMBROSIV. MEDIOLAN. Sant'Ambrogio seduto. - GNECCHI, 23; *n. 3 esempl.* R. ARG. C[1]

721. GROSSO. Simile al precedente; *n. 6 esempl.* R. ARG. C[2]

722. TRILLINA. - GNECCHI, 40. R. ARG. C[2]

723. BISSOLO. *N. 11 esempl. variati.* ARG. C[3]

SECONDA REPUBBLICA. (1447–1450).

724. MEZZO AMBROSINO. + MEDIOLANVM. Nel campo incorniciato M. ℟ + S. AMBROSIVS. Busto del Santo. - GNECCHI, 4. R[2] ORO. F. D. C.

725. MEZZO AMBROSINO. Simile al precedente. R[2] ORO. C[1]

726. GROSSO. + COMVNITAS MEDIOLANI. Croce gigliata. ℟ S. AMBROSIV MEDIOLAN. Il Santo seduto. - GNECCHI, 5; *n. 2 esempl.* R[3] ARG. C[1] e C[2]

727. DENARO. COMVNITAS. MLI. Croce gigliata. ℟ S. AMBROSIVS MI. Testa del Santo. - GNECCHI, 7. R. ARG. C[2]

728. SESINO. + COMVNITAS MEDIOLANI. Nel campo incorniciato stemma della città. ℞ S. AMBRORIV. MEDIOLANI. Mezza figura del Santo. - GNECCHI, 6. R² ARG. C²

FRANCESCO I SFORZA IV DUCA DI MILANO. (1450–1466).

729. GROSSO. FR. SF. DVX. MLI. AC. IANVE. ETC. Scudo inquartato coll'aquila e la biscia. ℞ S. AMBROSIVS. MEDIOLANI. Mezza figura del Santo. - GNECCHI, 23; *n. 3 esempl.* R. ARG. C¹ e C²

730. GROSSO. DVX. MEDIOLANI. PPIE. ANGLERIE. Q. COMES. Stemma inquartato coll'aquila e colla biscia, ai cui lati F-S. ℞ S. AMBROSIV. MEDIOLANI. Il Santo seduto. - GNECCHI, 25. R² ARG. C²

731. SOLDO. F. S. DVX. MLI. AC. IAE. D. ETC. Nel campo incorniciato la biscia coronata. ℞ S. AMBROSIV MEDIOLANI. Busto del Santo. - GNECCHI, 28; *n. 3 esempl.* R² ARG. C¹

732. SESINO. DVX. MLI. PAPIE. AGLERIE. Biscia fra le iniziali F-S. ℞ QUE. COMES. AC. CREMONE. D. ETC. Croce gigliata accantonata da quattro punti. - GNECCHI, 36: *n. 4 esempl.* R² ARG. C²

733. SESINO. FRANCISC. SFO. DUC. MLI. Biscia coronata. ℞ + AC. IANVE, ET. CREMONE. ETC. Croce. - GNECCHI, 38. R² ARG. C¹

734. SESINO. - GNECCHI, 34. R. ARG. C²

735. TRILLINA. FR. SF. DVX. MLI. ETC. Cimiero sormontato dal drago. ℞ PPIE. ANGLE. Q. CO. Le iniziali F. S. sormontate da corona. - GNECCHI, 40; *n. 6 esempl.* R. ARG. C¹ e C²

736. DENARO. - GNECCHI, 42. R² ARG. C²

737. DANARO. - GNECCHI, 43; *n. 5 esempl.* R. ARG. C²

GALEAZZO MARIA SFORZA E BIANCA MARIA VISCONTI. (1446–1468).

738. SOLDO. BL. M. GZ. M. DVCES. MLI. Nel campo incorniciato la biscia coronata. ℞ + S. AMBROSIVS. MEDIOLANI. Busto del Santo. - GNECCHI, 3. R² ARG. C¹

739. SOLDO. + BLANCA. MARIA. VICE. CO. Scudo inquartato coll' aquila e colla biscia. ℞ GZ. M. DVCES. MEDIOLANI. ETC. Croce fiorata. R⁴ ARG. C²

740. TRILLINA. + DVX. MLI. AC. IANVE. D. ETC. Le iniziali G-M. coronate. ℟ + DVCISA. MLI. AC. CRE. D. EUC. - GNECCHI, 5; *n. 2 esempl.* R. ARG. C[1]

741. SESINO. + GZ. M. DVX. MLI. IAC. IANVE. D. ETC. Croce gigliata accantonata da quattro punti. ℟ + BLANCA. M. DVCISA. MLI. ETC. La biscia coronata fra le iniziali B-G. - GNECCHI, 4; *n. 2 esempl.* R[3] ARG. C[2]

742. TRILLINA. DVX. MLI. AC. IANVE. D. Nel campo G-M. coronata. ℟ DVCISA. MLI. AC. CRE. D. ETC. Nel campo B. M. coronata - GNECCHI, 5; *n. 6 esempl.* R. ARG. C[1] e C[2]

GALEAZZO MARIA SFORZA, V DUCA. (1466-1476).

743. DOPPIO DUCATO. GALEAZ. MA. SF. VICECOMES. DVX. MLI. V. Busto coronato a d. ℟ PAPIE. ANGLE. Q. CO. AC. IANVE. DNS. ETC. Leone a s. col capo chiuso in un cimiero e accovacciato in mezzo alla fiamma, sostiene colla zampa destra il tizzone colla secchia; in alto, nel campo, GZ-M. - GNECCHI, 3. R[6] ORO. C[1]

744. DUCATO. GZ. MA. SF. VICECOS. DVX. MLI. V. Testa a d. ℟ + PP. ANGLE. Q. Z. CO. AC. IANVE. D. Cimiero sormontata dal drago; al disotto scudo colla biscia e ai lati i tizzoni colle secchie: sopra le iniziali GZ-M. - GNECCHI, 6. R[2] ORO. C[1]

745. TESTONE. GALEAZ. M. SF. VICECOS. DVX. MLI. QIT. Busto a d.; nel campo a s. un globetto. ℟ PP. ANGLE Q. CO. AC. IANVE. D. Cimiero sormontato dal drago; sotto lo scudo colla biscia; ai lati CZ-M sovrapposta ai tizzoni colle secchie. GNECCHI, 16; *n. 3 esempl.* R. ARG. C[1]

746. TESTONE. Simile al precedente. R. ARG. C[2]

747. MEZZO TESTONE. GALEAZ. M. SF. VICECOS. DVX. MLI. QIT. Busto a d. ℟ PP. ANGLE. Q. CO. AC. IANVE. D. ETC. Scudo coronato ed inquartato coll'aquila e la biscia; ai lati G-M coronate; dalla corona escono due rami. - GNECCHI, 22; *n. 3 esempl.* R. ARG. C[1]

748. TESTONE. Simile al precedente, con VICECO. - GNECCHI, 24; *n. 2 esempl.* R[3] ARG. C[1]

749. TESTONE. Altra varietà. R. ARG. C[1]

750. GROSSO. GALEAZ. MA. SF. VICECOS. DVX. MELI. V. ETC. Busto a d. ℟ S. AMBROSI. MELI. Il Santo a cavallo galoppante

a d. collo staffile insegue tre guerrieri, dei quali uno giace sotto il cavallo. - GNECCHI, 26; *n. 2 esempl.*
R4 ARG. C1 e C2

751. GROSSO. GZ. MA. SF. VICECOMES. DVX. MELI. V. Busto a d. fiancheggiato da GZ-M. ℟ S. AMBROSI. Il Santo in piedi in atto di percuotere collo staffile un guerriero. - GNECCHI, 27.
R3 ARG. C1

752. GROSSO. GZ. M. SF. VICECOS. DVX. MLI. V. I tre tizzoni colle secchie. ℟ PP. ANGLE. Q. CO. AC. IANVE. D. La biscia fiancheggiata da G-M coronati. - GNECCHI, 28; *n. 3 esempl.*
R2 ARG. C1

753. GROSSO. Simile al precedente; *n. 2 esempl.* R2 ARG. C2

754. GROSSO. GZ. M. SF. VICECOS. DVX. MLI. V. Colomba in mezzo alla fiamma. ℟ PP. ANGLE. Q. CO. AC. IANVE. D. Fascia annodata. - GNECCHI, 30. R. ARG. C2

755. SOLDINO. Simile al precedente. - GNECCHI, 34.
R. ARG. C2

756. SOLDINO. GZ. M. SF. VICECO. DVX. MLI. V. Scudo inquartato coll'aquila e colla biscia. ℟ PP. Q. CO. AC. IANVE. D. Scudo bipartito; a d. tre aquile; a s. la biscia coronata. - GNECCHI, 32; *n. 8 esempl.* R. ARG. C1 e C2

757. TRILLINA. GZ. M. DVX. MELI. V. Le iniziali G-M. coronate. ℟ AC. IANVE. D. ETC. Cimiero sormontato dal drago. - GNECCHI, 37; *n. 13 esempl.* R. ARG. C1 e C2

BONA DI SAVOIA E GIOVANNI GALEAZZO MARIA SFORZA, DUCHI DI MILANO. (1476-1481).

758. TESTONE. BONA. ET. IO. GZ. M. DVCES. MELI. VI. Busto a d. ℟ SOLA. FACTA. SOLVM. DEVM. SEQVOR. Fenice sul rogo. - GNECCHI, 6. R5 ARG. C1

GIOVANNI GALEAZZO MARIA SFORZA, VI DUCA DI MILANO. (1481).

759. DOPPIO TESTONE D'ORO. IO. GZ. M. SF. VICECOS. DVX. MLI. SXT. Busto a d. col berretto. ℟ + PP. ANGLE. Q. COS. ETC. Stemma inquartato coll'aquila e la biscia sormontata da due cimieri. - GNECCHI, 4. R4 ORO. C1

GIOVANNI GALEAZZO MARIA SFORZA E LODOVICO MARIA SFORZA, DUCHI DI MILANO. (1481–1494).

760. TESTONE. IO. GZ. SF. VICECO. DVX. MLI. SX. Busto a d. ℟ LVDOVICVS. PATRVVS. GVBERNANS. Busto a d. – GNECCHI, 5. R² ARG. C¹

761. TESTONE. Simile al precedente. ARG. C¹

762. GROSSO. IO. GZ. M. SF. VICECO. DVX. MLI. SX. Cimiero. ℟ + LVDOVICO. PATRVO. GVBERNANTE. Mezzo busto di S. Ambrogio fra le lettere S.—A. – GNECCHI, 13; *n. 3 esempl.* R² ARG. C¹

763. GROSSO. Varietà del precedente. – GNECCHI, 13; *n. 2 esempl.* R² ARG. C¹

764. GROSSO. IO. GZ. M. SF. VICO. DVX. MLI. SX. Scudo colla biscia sormontato dal cimiero col drago. ℟ LVDOVICO PATRVO; GVBNANTE. Morso attorniato da un nastro. – GNECCHI, 17. *n. 2 esempl.* R² ARG. C¹

765. TRILLINA. + IO. GZ. M. SF. VI. DVX. MLI. SX. Fascia annodata e sormontata da corona. ℟ + LV. PATRVO. GVBNANTE. Croce gigliata. – GNECCHI, 18; *n. 6 esempl.* R. ARG. C¹

766. DENARO. + IO. GZ. M. SF. VICO. DVX. MLI. SX. Biscia coronata. ℟ + LV. PATRVO. GVBNANTE. Le iniziali I-G. coronate. – GNECCHI, 19; *n. 4 esempl.* R. ARG. C¹

LODOVICO MARIA SFORZA (detto il Moro), VII DUCA DI MILANO. (1494–1500).

767. DOPPIO TESTONE D'ORO. LVDOVICVS. M. SF. ANGLVS. DVX. MLI. Busto a d. ℟ + PP. ANGLE. Q. CO. CC. IANVE. D. ETC. Il duca a cavallo galoppante a d. – GNECCHI, 1. R⁵ ORO. C¹

768. TESTONE. LVDOVICVS. M. SF. ANGLVS. DVX. MLI. Busto a d. ℟ PP. ANGLE. Q. CO. AC. IANVE. D. ETC. Stemma fiancheggiato dai tizzoni colle secchie e sormontato da corona da cui escono due rami. – GNECCHI, 7; *n. 2 esempl.* R² ARG. C¹

769. TESTONE. Simile al precedente. R² ARG. C²

770. TRILLINA. + LV. M. SF. ANGLVS. DVX. MLI. Le lettere LV coronate. ℞ PP. ET. CO. AC. IANVE. D. Cimiero. - GNECCHI, 9; *n. 3 esempl.* R² ARG. C¹

LODOVICO XII RE DI FRANCIA, DUCA DI MILANO. (1500-1512).

771. TESTONE. LVDOVIC. D. G. FRANCOR. REX. Scudo coronato coi tre gigli di Francia, ed accostato da altri due gigli. ℞ MEDIOLANI. DVX. S. Ambrogio seduto col pastorale e lo staffile. - GNECCHI, 15. R⁴ ARG. C¹

772. GROSSO. LVDOVICVS. D. G. FRANCOR. REX. Scudo coronato, fiancheggiato da due gigli. ℞ MEDIOLANI. DVX. ETC. Sant'Ambrogio seduto c. s. - GNECCHI, 19. R² ARG. C¹

773. BISSONA. LVDOVICVS. D. G. FRANCOR. REX. Scudo coronato fiancheggiato da due bisce coronate. ℞ MEDIOLANI. DVX. ET. CET. Fascia annodata sormontata da una corona. - GNECCHI, 25; *n. 5 esempl.* R. ARG. C¹

774. BISSONA. LVDOVIC. D. G. FRANCOR. REX. Biscia coronata, fiancheggiata da due gigli. ℞ Simile al precedente. - GNECCHI, 27. R² ARG. C¹

775. SOLDINO. LVDOVIC. DG. FRANCOR. REX. Scudo coronato. ℞ MEDIOLANI. DUX. ETC. Croce gigliata. - GNECCHI, 29; *n. 7 esempl.* R² ARG. C¹ e C²

776. SOLDINO. LV. DG. FRANCOR. REX. Scudo coronato e inquartato coi gigli e la biscia. ℞ MEDIOLANI. DVX. ET. C. Scudo coronato e bipartito con tre gigli, e la biscia coronata. - GNECCHI. 32; *n. 4 esempl.* R² ARG. C¹

777. SOLDINO. LVDOVICVS. DG. FRANCOR. REX. Scudo coronato e inquartato coi gigli e la biscia. ℞ DVX. MEDIOLANI. ET. C. Busto di S. Ambrogio. - GNECCHI, 33. R³ ARG. C²

778. SESINO. LVDOVIC. DG. FRANCOR. REX. L'iniziale L in mezzo ad una corona. ℞ MEDIOLANI. DVX. ET. C. Biscia coronata. - GNECCHI, 34. R² ARG. C¹

779. TRILLINA. LV. DG. FRANCOR. REX. L'iniziale L in mezzo ad una corona. ℞ MEDIOLANI. DVX. ET. C. Busto di S. Ambrogio fra le lettere S. — A. - GNECCHI, 35. R² ARG. C²

780. TRILLINA. LV. DG. FRANCOR. REX. Tra gigli. ℞ MEDIOLANI. DVX. ET. C. Croce fiorata. - GNECCHI, 36; *n. 5 esempl.* R. ARG. C¹

781. DENARO. LV. DG. FRANCOR. REX. Giglio. ℟ DVX. MEDIOLANI. Croce gigliata. - GNECCHI, 40. R² ARG. C²

MASSIMILIANO MARIA SFORZA VIII, DUCA DI MILANO.

(1512-1515).

782. SESINO. MAXIMILIANVS. Scudo inquartato coll'aquila e colla biscia. ℟ + DVX. MEDIOLANI. ETC. Croce gigliata. - GNECCHI, 4; *n. 2 esempl.* R⁴ ARG. C¹

783. TRILLINA. + MAXIMILIANVS. L'iniziale M gotica. ℟ DVX. MEDIOLANI. Cimiero. - GNECCHI, 5; *n. 3 esempl.* R² ARG. C¹ e C²

784. TRILLINA. + MAXIM. SF. DVX. MELI. Le lettere M A in nesso. ℟ + PP. ANGLIE. ET. COMES. Croce gigliata. - GNECCHI, 6. R² ARG. C²

FRANCESCO I RE DI FRANCIA, DUCA DI MILANO.

(1515-1522).

785. TESTONE. FR. D. G. FRANCOR. R. Sant'Ambrogio seduto col pastorale e lo staffile. ℟ MEDIOLANI. DVX. ET. C. Stemma coronato ed inquartato coi gigli e la biscia. - GNECCHI, 5. R⁵ ARG. C¹

786. GROSSO. + FRANCISC. D. G. FRANCOR. REX. Salamandra a d. tra la fiamma; al disopra una corona. ℟ MEDIOLANI. DVX. ETC. Stemma coronato ed inquartato coi gigli e la biscia. Dietro lo stemma Sant'Ambrogio seduto col pastorale e lo staffile. - GNECCHI, 7. R⁵ ARG. C¹

787. GROSSO. FRANCIS. D. G. FRANCO. REX. Salamandra a s. nella fiamma; al disopra una corona. ℟. MEDIOLANI. DVX. ET. CE. L'iniziale F coronata e fiancheggiata da due piccoli triangoli. - GNECCHI, 8. R⁴ ARG. C¹

788. TRILLINA. FR. DG. FRANCOR. REX. L'iniziale F coronata e fra due punti. ℟ MEDIOLANI. DVX. ET. C. Croce fiorata. - GNECCHI, 9; *n. 8 esempl.* R. ARG. C¹

789. DENARO. FRANCIS. REX. Giglio. ℟ MEDIOLANI. DVX. ET. C. Croce gigliata. - GNECCHI, 11. R³ ARG. C²

FRANCESCO II SFORZA, IX DUCA DI MILANO. (1522-1535).

790. SCUDO D'ORO DEL SOLE. DVX. MEDIOLANI. ETC. Stemma coronato e inquartato coll'aquila e la biscia, fiancheggiato da FR — II. Dalla corona escono due rami; al disopra il sole. - GNECCHI, 4. R5 ORO. C1

791. TESTONE. FRANC. SF. VICECO. DVX. MLI. Stemma coronato e inquartato coll'aquila e colla biscia; dalla corona escono due rami. ℟ SA. AMBROSIVS. Il santo seduto col pastorale e lo staffile. - GNECCHI, 9. R5 ARG. C1

792. SEMPREVIVO DA SOLDI 10. FRANCISCVS. SECVNDVS. Tre monticelli con tre alberetti. ℟ DVX. MEDIOLANI. ETC. Stemma sormontato da corona da cui escono due rami. - GNECCHI, 11; *n. 2 esempl.* R2 ARG. C1

793. SEMPREVIVO DA SOLDI 5. + FRANCISCVS. SECVNDVS. Tre monticelli posti sopra una base quadrata; da ciascuno di essi s'innalza una pianticella. ℟ DVX. MEDIOLANI. ETC. Stemma c. s. - GNECCHI, 12. R5 ARG. C1

794. GROSSO. FRANCIS. SECVNDVS. Corona da cui escono due rami. ℟ DVX. MEDIOLANI. ETC. Stemma coronato e fiancheggiato da F. — II. - GNECCHI, 13; *n. 5 esempl.* R2 ARG. C1 e C2

795. GROSSO. FRANC. SECVNDVS. DVX. MLI. Corona da cui escono due rami, e sotto un nastro con F. R. V. C. ℟ SANCTVS. AMBROSIVS. Mezza figura del santo. - GNECCHI, 14; *n. 5 esempl.* R2 ARG. C1

796. GROSSO. FRANCISCVS. II. SF. VICECOMES. Spazzola allacciata da un nastro svolazzante col motto MERITO ET TEMPORE. ℟ DVX. MEDIOLANI. ETC. Cimiero sormontato dal drago; sotto lo scudo colla biscia. - GNECCHI, 15; *n. 3 esempl.* R2 ARG. C1

797. TRILLINA. Coi tre monticelli. - GNECCHI, 16; *n. 5 esempl.* R. ARG. C1 e C2

798. TRILLINA. - GNECCHI, 17; *n. 7 esempl.* R. ARG. C1 e C2

CARLO V IMPERATORE, DUCA DI MILANO. (1535-1556).

799. TESTONE. IMP. CAES. CAROLVS. V. AVG. Busto laureato, a d. ℟ SALVS. AVGVSTA. La salute in piedi con asta nella s., e nella d. una patera, colla quale nutre un serpente, che sorge

da un'ara. Dall'altra parte il Fiume Po sdraiato; nell'esergo PADVS. MLI. - GNECCHI, 15. R3 ARG. C1

800. TESTONE. Simile al precedente. R2 ARG. C1

801. DA SOLDI 8. CAROLVS. V. IMP. Due colonne cinte da un nastro svolazzante col motto PLVS. VLTRA. Al disopra mitra imperiale. ℞ S. AMBROSIVS. Il santo in piedi. - GNECCHI, 24; *n. 3 esempl.* R. ARG. C1 e C2

802. MEZZO BIANCO. CAROLVS. V. ROMAN. IMP. Stemma d'Austria coronato, coll'aquila bicipite. ℞ S. AMBROSIVS. Il santo sulle nubi in atto di percuotere collo staffile un guerriero caduto da cavallo. - GNECCHI, 26; *n. 4 esempl.* R2 ARG. C1 e C2

803. MEZZO BIANCO. KROLVS. ROMANOR. IMPERATOR. Croce ornata. ℞ Stemma di Carlo V coll'aquila bicipite coronata. - GNECCHI, 27; *n. 2 esempl.* R5 ARG. C1

804. GROSSO. CAROLVS. V. IMPERATOR. Globo sormontato dalla croce e dalla corona imperiale. ℞ SANCTVS. V.... Un santo a cavallo a d. ARG. C2

805. PARPAGLIOLA. CAROLVS. DI. FA. CLE. Aquila bicipite coronata. ℞ ROMANOR. IMPERATOR. Nel campo incorniciato K sormontata dalla corona imperiale. - GNECCHI, 28; *n. 2 esempl.* R3 ARG. C1

806. QUINDICINO. CAROLVS. V. Vaso ornato da ghirlande e da due teste di montone; al disopra mitra imperiale. ℞. RO. IMPERATOR. Croce gigliata. - GNECCHI, 29; *n. 7 esempl.* R2 ARG. C1 e C2

807. SESINO. CAROLVS. DI. FA. CLE. Aquila bicipite coronata. ℞ ROMANOR. IMPERATOR. Croce gigliata. - GNECCHI, 31. R. ARG. C1

808. TRILLINA. CAROLVS. V. IMP. Busto di S. Ambrogio fra le iniziali S — A. ℞ Aquila bicipite coronata. - GNECCHI, 32; *n. 4 esempl.* R. ARG. C1

809. TRILLINA. KROLVS. ROMANOR. Croce gigliata. ℞ IMPERATOR. L'iniziale K. - GNECCHI, 36; *n. 2 esempl.* R. ARG. C1

FILIPPO II RE DI SPAGNA, DUCA DI MILANO. (1556-1598).

810. SCUDO D'ORO. PHI. REX. ET. C. MLI. DVX. Stemma coronato. ℞ MVNDI. SALVS. VNICA. Croce ornata con corona all'estremità d'ogni braccio. In alto, un sole. - GNECCHI, 23. R5 ORO. C1

811. SCUDO D'ORO. PHILIPPVS. REX. ET. C. Testa radiata a d. ℟ MEDIOLANI. D. Stemma ovale inquartato coll'aquila e la biscia. Al disopra corona coi due rami. - GNECCHI, 24.
R4 ORO. F. D. C.

812. MEZZO DUCATONE. PHILIPPVS. REX. HISPANIARVM. Busto corazzato e coronato a d. ℟ DVX. MEDIOLANI. Stemma coronato colle armi di Spagna e di Milano. - GNECCHI, 52.
R3 ARG. C1

813. MEZZO DUCATONE. Simile al precedente. R3 ARG. C1

814. MEZZO DUCATONE. Simile al precedente. R3 ARG. C1

815. MEZZO DUCATONE. PHILIPPVS. REX. HISPANIARVM. Busto a d. col capo scoperto; ai lati 15 — 82. ℟ MEDIOLANI. DVX. ET. C. Stemma coronato ed inquartato coll'aquila e colla biscia. - GNECCHI, 63. R2 ARG. C2

816. Simile al precedente, coll'anno 1588. - GNECCHI, 65.
R2 ARG. C1

817. QUARTO DI DUCATONE. + PHI. REX. HISPANIARVM. Busto radiato a d. ℟ MEDIOLANI. DVX. Scudo coronato ed inquartato colle armi di Milano, Leone e Castiglia. - GNECCHI, 71. R2 ARG. C1

818. QUARTO DI DUCATONE. Simile al precedente.
R2 ARG. C1

819. QUARTO DI DUCATONE. PHILIPPVS. REX. HISPANIAR. Busto a d. col capo nudo. ℟ DVX. MEDIOLANI. Stemma coronato per Spagna e Milano. R2 ARG. C1

820. QUARTO DI DUCATONE. PHILIPPVS. REX. ETC. Busto a s. col capo nudo. ℟ DVX. MEDIOLANI. Stemma inquartato coll'aquila e colla biscia e sormontato dalla corona coi due rami. R2 ARG. C1

821. DA SOLDI QUARANTA. PHILIPPVS. REX. ET. C. Busto radiato a s. ℟ SANCTVS. AMBROSIVS. Il santo seduto col pastorale di traverso e lo staffile alzato; nell'esergo MLI. - GNECCHI, 79. R5 ARG. C2

822. LIRA. PHILIPPVS. REX. ET. Busto a s. col capo nudo; al disopra piccola corona fra due rosette. ℟ DVX. MEDIOLANI. Stemma coronato colle armi di Leone, Castiglia, Aragona, Sicilia, ecc. e Milano. - GNECCHI, 82. R2 ARG. C1

823. MEZZA LIRA. PHILIPPVS. MEDIOL. DVX. Stemma coronato ed inquartato coll'aquila e colla biscia. ℟ S. AMB. ARCHIEP. MED. Busto del santo di prospetto col pastorale e lo staffile. - GNECCHI, 87. R4 ARG. C2

824\. DA SOLDI CINQUE. MEDIOLANI. DVX. ETC. Nel campo PHI e al disopra corona coi due rami. ℞ S. AMBROSIVS. Il santo in piedi col pastorale e lo staffile. - GNECCHI 90; *n. 4 esempl.* R^2 ARG. C^1

825\. DA SOLDI CINQUE. Simile al precedente; *n. 4 esempl.* R^2 ARG. C^2

826\. DA SOLDI CINQUE. DVX. MEDIOLANI. Stemma inquartato coll'aquila e colla biscia; al disopra corona coi due rami. ℞ S. AMBROSIVS. Il santo seduto col pastorale di traverso e collo staffile alzato. - GNECCHI, 88; *n. 2 esempl.* R^2 ARG. C^1 e C^2

827\. GROSSO DA SOLDI DUE E MEZZO. Simile al precedente. - GNECCHI, 92; *n. 2 esempl.* R^2 ARG. C^1

828\. SOLDINO. - GNECCHI, 94; *n. 5 esempl.* R. ARG. C^2

829\. PARPAGLIOLA. PHI. REX. HISP. MED. DVX. Busto a d. ℞ DONVM. DEI. 1593. Fascio di spighe; nell'esergo MED. - GNECCHI, 97; *n. 2 esempl.* R^4 ARG. C^1

830\. PARPAGLIOLA. AMBOS. VNA. REFERT. Busti accollati di Filippo e della regina Anna, a s. ℞ DONVM. DEI. 1593. L'abbondanza seduta a s. con una cornucopia; nell'esergo MED. - GNECCHI, 99. R^4 ARG. C^2

831\. SESINO. - GNECCHI, 100. R. MIST. C^2

832\. TRILLINA. PHI. REX. MED. DVX. Le armi di Milano inquartate. ℞ DONVM. DEI. 1593. L'Abbondanza seduta a s. con una cornucopia. - GNECCHI, 101. R^2 MIST. C^2

833\. TRILLINA. REX. ANGLIAE. Nel campo PHI. ℞ MEDIOLANI. DVX. Busto di S. Ambrogio fra S — A. - GNECCHI, 103; *n. 6 esempl.* R. MIST. C^1 e C^2

834\. TRILLINA. Varietà della precedente. R^2 MIST. C^1

835\. TRILLINA. - GNECCHI, 105; *n. 7 esempl.* R. MIST. C e C^2

836\. TRILLINA. *N. 3 esempl. diversi.* MIST. C^2

FILIPPO III RE DI SPAGNA, DUCA DI MILANO. (1598-1621).

837\. DUCATONE. PHILPVS. III. REX. HISPA. Busto radiato a d.; nell'esergo 1608. ℞ MEDIOLANI, DVX. ETC. Scudo coronato ed inquartato coll'aquila e la biscia. - GNECCHI, 24. R^2 ARG. C^1

838\. DUCATONE. PHILIPPVS. III. REX. HISPN. Busto radiato a d.; nell'esergo 1608. ℞ Simile al precedente. R^2 ARG. C^1

839. DUCATONE. PHILIPPVS ✳ III. REX ✳ HISPAN. Busto radiato a d. ℞. Simile al precedente. R^2 ARG. C^1

840. DUCATONE. Simile al precedente, coll'anno 1608. - GNECCHI, 18. R^2 ARG. C^1

841. MEZZO FILIPPO. PHILIPPVS. III. REX. HISPANI. Busto a d.; testa nuda e sotto 1604. ℞ MEDIOLANI. DVX. ET. C. Stemma coronato colle armi di Spagna e di Milano; nell'esergo 50. - GNECCHI, 38. R^3 ARG. C^1

842. DA SOLDI 80. PHILIPPVS. III. REX. HISPAN. Busto a d.; testa nuda. ℞ MEDIO — LANI — ✳ DVX ✳ — ✳ ET. C ✳ — ✳ 80 ✳ in cinque righe; al disopra, corona coi due rami. - GNECCHI, 40. R^4 ARG. C^2

843. LIRA. PHILIPPVS. III. REX. HISPAN. Busto a d.; testa nuda; sotto 1608. ℞ MEDIO — LANI — ✳ DVX ✳ — ✳ ET. C ✳ — ✳ 20 ✳ in cinque righe entro cornice ornata; al disopra corona in due rami. - GNECCHI, 42. R^3 ARG. C^1

844. DA SOLDI 5. PHILIPP. III. REX. HISP. Busto a d.; testa nuda: all'esergo 5 —1604. ℞ MEDIOLANI. DVX. ET. C. Stemma. - GNECCHI, 46; *n. 6 esempl. vari.* R^2 ARG. C^1 e C^2

845. DA SOLDI 10. PHILIPPVS. III. REX. HISPAN. Busto a d.; testa nuda, e sotto 1614. ℞ DE. CAELO FORTITVDO. S. Ambrogio a cavallo a d. in atto di percuotere un guerriero giacente; all'esergo 10. - GNECCHI, 48; *n. 2 esempl.* R^4 ARG. C^2

846. DA SOLDI 4. HISPAN. REX. ET. C. Nel campo in due righe PHI. III.; nell'esergo 1608. ℞ MLI. DVX. Stemma inquartato coll'aquila e la biscia e sormontato dalla corona coi due rami. - GNECCHI. 49; *n. 3 esempl.* R. ARG. C^1

847. PARPAGLIOLA. MEDIOLANI. D. Stemma inquartato coll'aquila e la biscia; al disopra corona coi rami. ℞ PROVIDENTIA. La Provvidenza in piedi tocca con una verga un globo posto a terra; nell'esergo 1602. - GNECCHI, 50; *n. 6 esempl. vari.* R. ARG. C^1 e C^2

848. SESINO. - GNECCHI, 54; *n. 3 esempl.* R. MIST. C^1 e C^2

849. DENARO. HISPANIAR. REX. Nel campo monogramma di PHILIPPVS coronato e sotto III. ℞ S. AMBROSIVS. Busto del santo. - GNECCHI, 59. R^2 MIST. C^1

850. PARPAGLIOLA. Simile al precedente; *n. 6 esempl. vari.* R. ARG. C^1 e C^2

851. Quattrino. - GNECCHI, 61 *n. 4 esempl* BR. C^1

FILIPPO IV RE DI SPAGNA E DUCA DI MILANO.
(1621-1665).

852. DOPPIA DA DUE. PHILIPPVS. IIII. REX. HIS. Busto radiato a d. ℞ MEDIOLANI. DVX. ET. C. Stemma inquartato coll'aquila e la biscia, sormontato dalla corona coi rami. - GNECCHI, 4. R³ ORO. C¹

853. DOPPIA DA DUE. Simile alla precedente; sotto al busto 1630. - GNECCHI, 8. R³ ORO. C¹

854. DUCATONE. PHILIPPVS. IIII. REX. HISPA. Busto radiato a d.; sotto 1622. ℞ MEDIOLANI. DVX. ET. C. Stemma coronato e inquartato coll'aquila e colla biscia. - GNECCHI, 25. R. ARG. C¹

855. FILIPPO. PHILIPPVS ✳ IIII ✳ REX ✳ HISPANIARVM. Busto a d.; testa nuda; sotto 1657. ℞ MEDIOLANI ✳ DVX ✳ ET ✳ C. Stemma coronato di Spagna e Milano. - GNECCHI, 42. R. ARG. C¹

856. FILIPPO. del 1657. - GNECCHI, 42. R. ARG. C¹

857. FILIPPO. Simile al precedente. R. ARG. C¹

858. FILIPPO. Simile al precedente. R. ARG. C¹

859. FILIPPO. Simile al precedente. R. ARG. C¹

860. MEZZO FILIPPO. Simile al precedente. - GNECCHI, 46. R² ARG. C¹

861. QUARTO DI FILIPPO. Simile al precedente. - GNECCHI, 49. R³ ARG. C¹

862. QUATTRINO. *N. 7. esempl. diversi.* BR. C¹ e C²

CARLO II RE DI SPAGNA E DUCA DI MILANO
con MARIA ANNA D'AUSTRIA. (1665-1676).

863. FILIPPO. ✳ CAROLVS. II. HISP. REX. ET. MARIA. ANNA. TVT. ET. G. Busti accollati a d.; sotto 1666. ℞ MEDIOLANI. DVX. ET. C. Stemma di Spagna e Milano. - GNECCHI, 3. R² ARG. C¹

864. FILIPPO. Simile al precedente. R² ARG. C¹

865. FILIPPO. Altro esemplare. R² ARG. C²

866. QUARTO DI FILIPPO. - GNECCHI, 6. R³ ARG. C¹

867. QUARTO DI FILIPPO. Simile al precedente. R³ ARG. C²

868. OTTAVO DI FILIPPO. - GNECCHI, 8. R3 ARG. C1
869. OTTAVO DI FILIPPO. Simile al precedente. R3 ARG. C1

CARLO II RE DI SPAGNA E DUCA DI MILANO. (1676-1700).

870. FILIPPO. CAROLVS. II. REX. HISPANIARVM. Busto a d. col capo nudo; sotto 1676. ℞ MEDIOLANI. DVX. ET. C. Stemma coronato per Spagna e Milano. - GNECCHI, 5. R. ARG. C1
871. FILIPPO. Simile al precedente. R. ARG. C1
872. FILIPPO. Simile al precedente. R. ARG. C1
873. FILIPPO. Simile al precedente, dell'anno 1694. - GNECCHI, 7. R. ARG. C1
874. FILIPPO. Simile al precedente. R. ARG. C1
875. FILIPPO. Simile ai precedenti. R. ARG. C1
876. MEZZO FILIPPO (*tipo largo*). CAROLVS. II. REX. HISPANIARVM. 1694. Busto a d. ℞ MEDIOLANI. DVX. ET. C. Stemma. - GNECCHI, 10. R2 ARG. C1
877. MEZZO FILIPPO. CAROLVS. II. REX. HISPANIARVM. Busto a d.; sotto 1676. ℞. MEDIOLANI. DVX. ET. C. Stemma coronato di Spagna e Milano. - GNECCHI, 9. *Bucato.* R2 ARG. C1
878. MEZZO FILIPPO. Simile al precedente. R2 ARG. C1
879. MEZZO FILIPPO. Simile al precedente. R2 ARG. C1
880. QUARTO DI FILIPPO. GNECCHI, 14. R2 ARG. C1
881. QUARTO DI FILIPPO. Simile al precedente, ma dell'anno 1694. GNECCHI, 17. R2 ARG. C1
882. OTTAVO DI FILIPPO del 1676. - GNECCHI, 19. R. ARG. C2
883. OTTAVO DI FILIPPO dell'anno 1694. - GNECCHI, 21; *n. 2 esempl.* R. ARG. C1
884. SOLDINO. - GNECCHI, 23; *n. 3 esempl.* R. MIST. C1
885. QUATTRINO. - GNECCHI, 28; *n. 4 esempl.* BR. C1 e C2

FILIPPO V DI BORBONE RE DI SPAGNA E DUCA DI MILANO. (1700-1713).

886. FILIPPO. PHILIPPVS. V. REX. HISPANIAR. 1702. Busto a d. col capo nudo. ℞ MEDIOLANI. DVX. ET. C. Stemma coronato di Spagna e Milano. - GNECCHI, 1. R2 ARG. C1
887. MEZZO FILIPPO del 1702. - GNECCHI, 4. R5 ARG. C2

888. OTTAVO DI FILIPPO, dell'anno 1701. - GNECCHI, 7. R^2 ARG. C^2
889. QUATTRINO. - GNECCHI, 9; *n. 4 esempl.* BR. C^1 e C^2

CARLO III RE DI SPAGNA E VI IMPERATORE D'AUSTRIA, DUCA DI MILANO. (1702-1740).

890. FILIPPO. CAROLVS. III. REX. HISPANIAR. Busto a d. col capo nudo; sotto 1707. ℞ MEDIOLANI. DVX. ET. C. Stemma coronato di Spagna e Milano. - GNECCHI, 6. R^2 ARG. C^1
891. FILIPPO. CAROLVS. VI. D. G. IMP. ET. HIS. REX. 1728. Busto laureato a d. ℞ MEDIOLANI. DVX. ET C. Stemma coronato di Spagna e Milano. - GNECCHI, 8. R^2 ARG. C^1
892. FILIPPO. Simile al precedente. R^2 ARG. F. D. C.
893. OTTAVO DI FILIPPO. CAROLVS. III. REX. HISP. Busto a d.; sotto 1707. ℞ MEDIOLANI. DVX. ET. C. Stemma coronato. - GNECCHI, 21; *n. 2 esempl.* R^2 ARG. C^1
894. OTTAVO DI FILIPPO del 1736. - GNECCHI, 23; *n. 3 esempl.* R^2 ARG. C^1
895. VENTI SOLDI del 1721 e 1722. *N. 2 esempl.* R. ARG. C^1
896. VENTI SOLDI del 1725. - GNECCHI, 29. R. ARG. C^1
897. DIECI SOLDI. Degli anni 1723, 24, 26 e 27; *n. 8 esempl.* R. ARG. C^1
898. DIECI SOLDI. Degli anni 1712 e 1713; *n. 2 esempl.* R. ARG. C^1
899. CINQUE SOLDI. Col busto di S. Ambrogio; *n. 2 esempl.* R. ARG. C^1
900. QUATTRINO. *N. 5 esempl.* BR. C^1 e C^2

MARIA TERESA, IMPERATRICE. (1740-1780).

901. SCUDO. M. THERESIA. D. G. R. IMP. HU. BO. REG. A. A. Busto velato e diademato a d. ℞ MEDIOLANI DUX. 1779. Stemma ovale inquartato coll'aquila e la biscia, e collo scudetto d'Austria. - GNECCHI, 57. R. ARG. F. D. C.
902. SCUDO. Simile al precedente. R. ARG. C^1
903. MEZZO SCUDO del 1780. - GNECCHI, 61. R. ARG. C^1
904. FILIPPO. ✳ MARIA. TERESIA. D. G. REG. HUN. BOH. ARCH. AUST. Busto a d. ℞ MEDIOLANI. DVX. ET. C. Stemma d'Austria e Milano; nell'esergo 1744. R^2 ARG. C^1

905. LIRA DEL GIURAMENTO. MARIAE. THERESIAE — HVNG. BOH. REGINAE — ARCHID. AVST. DVC. ET. C. — HOMAGIVM. PRAEST. — MEDIOLANI — 21. IAN. 1721 nel campo in 7 righe. ℟ IVSTITIA. ET CLEMENTIA. Leone a s. appoggiato allo stemma di Milano. - GNECCHI, 16. R. ARG. C1

906. MEZZA LIRA DEL GIURAMENTO. Simile alla precedente. - GNECCHI, 17; *n. 3 esempl.* R. ARG. C1 e C2

907. VENTI SOLDI del 1762. - GNECCHI, 18; *n. 2 esempl.* R. ARG. C1

908. VENTI SOLDI del 1771. - GNECCHI, 20; *n. 2 esempl.* R. ARG. C1 e C2

909. VENTI SOLDI del 1774. - GNECCHI, 22. R. ARG. C1

910. SOLDI DIECI del 1771; *n. 3 esempl.* R. ARG. C1

911. DIECI SOLDI del 1762. - GNECCHI, 23; *n. 3 esempl.* R. ARG. C1

912. DIECI SOLDI del 1771. - GNECCHI, 25; *n. 2 esempl.* R. ARG. C1

913. DIECI SOLDI. M. THERES. D. G. R. IMP. H. ET. B. REG. A. A. Busto velato a d.; sotto 1777. ℟ MEDIOL. DVX. Biscia viscontea entro ghirlanda formata da due rami di palma; nell'esergo X. *Prova di zecca.* R4 BR. F. D. C.

914. CINQUE SOLDI di anni diversi. - GNECCHI. 27; *n. 7 esempl.* R. MIST. C1

915. PARPAGLIOLA. - GNECCHI, 33. R. MIST. C2

916. MEZZA LIRA del 1779. - GNECCHI, 66. R. ARG. C1

917. CINQUE SOLDI del 1780. - GNECCHI, 70; *n. 5 esempl.* R. ARG. C1

918. SOLDO del 1777. - GNECCHI, 71; *n. 2 esempl.* R. BR. C1

919. MEZZO SOLDO d'anni diversi. - GNECCHI, 74; *n. 5 esempl.* R. BR. C1

920. QUATTRINO. M. TH. D. G. I. R. H. ET. D. Busto diademato a d. ℟ MEDIO. DVX. ET. Stemma inquartato coll'aquila e la biscia, sormontato dalla corona coi due rami. - GNECCHI, 40. R3 BR. C1

921. QUATTRINO del 1777; *n. 3 esempl.* BR. C1

GIUSEPPE II D'ABSBURGO-LORENA, IMPERATORE D'AUSTRIA E DUCA DI MILANO. (1780-1790).

922. DOPPIA. IOSEPH. II. D. G. R. IMP. AVG. G. H. ET. B. REX. A. A. Mezzo busto laureato a d. ℟ MEDIOLANI. ET. MANT. DVX. 1784. Stemma d'Austria e Milano. - GNECCHI, 5. R. ORO. C1

923. SCUDO dell'anno 1781. - GNECCHI, 11. R. ARG. C¹
924. SCUDO del 1783. - GNECCHI, 13. R. ARG. C¹
925. SCUDO del 1784. - GNECCHI, 14. R. ARG. C¹
926. MEZZO SCUDO del 1785. - GNECCHI, 21. R. ARG. C¹
927. UNA LIRA del 1787. - GNECCHI, 30. R² ARG. C¹
928. MEZZA LIRA del 1787. - GNECCHI, 36. R² ARG. C¹
929. CINQUE SOLDI di anni diversi; *n. 6 esempl.* R. ARG. C¹ e C²

FRANCESCO II D'ABSBURGO-LORENA. (1792-1797).

930. CROCIONE. - GNECCHI, 15. R² ARG. F. D. C.
931. LIRA DEL GIURAMENTO. - GNECCHI, 3; *n. 2 esempl.* R. ARG. F. D. C.
932. LIRA DEL GIURAMENTO. *N. 2 esempl.* R. ARG. C¹
933. SOLDI TRENTA del 1796. - GNECCHI, 7 R. ARG. C¹
934. SOLDI TRENTA dell'anno 1796; *n. 2 esempl.* ARG. C¹
935. SOLDI TRENTA del 1799. - GNECCHI, 8. R. ARG. C¹
936. SOLDI TRENTA degli anni 1799 e 1800; *n. 2 esempl.* ARG. C¹
937. MEZZA LIRA DEL GIURAMENTO. R. ARG. F. D. C.

REPUBBLICA CISALPINA. (1797-1802).

938. SCUDO. ALLA NAZ. FRANC. LA REP. CISAL. RICONOSCENTE. La Repubblica Cisalpina ringrazia la nazione francese della libertà ottenuta. ℞ SCUDO — DI LIRE SEI — 17 PRATILE — ANNO VIII in quattro righe. - GNECCHI, 1. R. ARG. F. D. C.
939. SCUDO. Simile al precedente. R. ARG. F. D. C.
940. SOLDI 30. REPVBLICA CISALPINA. Busto galeato a d. con serto di spiche. ℞ PACE — CELEBRATA — FORO BONAPARTE — FONDATO — ANNO IX. - GNECCHI, 2; *n. 2 esempl.* R. ARG. C¹

REPUBBLICA ITALIANA. (1802-1805).

941. SCUDO. REPUBBLICA ITALIANA. Nel campo in una corona di spiche, in quattro righe. SCUDO DA LIRE 5. All'esergo D. 19,275. ℞ AGRICOLTURA E COMMERCIO. Il caduceo, ai lati del quale, a s. un grappolo, a d. una stella. All'esergo ANNO II. e al disotto M. - GNECCHI, 3. R⁷ ARG. F. D. C.

942. SOLDO. REPUBBLICA ITALIANA. Fascio di cinque spighe; sotto AN. II. ℞ SOLDO — DA — DENARI — 5 — M in cinque righe. - GNECCHI, 8. R[4] RAME. F. D. C.

943. DENARI DUE. REPUBBLICA ITALIANA. Due spiche; sotto AN. II. ℞ DENARI — 2 M. - GNECCHI, 9. R[3] RAME. F. D. C.

944. DENARI DUE. Simile al precedente. R[3] RAME. F. D. C.

945. DENARO. REPUBBLICA ITALIANA. Una spica: sotto AN. II. ℞ DENARO e sotto M. - GNECCHI, 10. R[3] RAME. F. D. C.

946. SOLDO. REPUBBLICA ITALIANA. Le bilancie, una spada e un ramo di palma legato da un nastro. All'esergo 1804. III. ℞ SOLDO entro corona di quercia. All'esergo DENARI 10 e sotto M. - GNECCHI, 19. R[3] RAME. F. D. C.

947. MEZZO SOLDO. REPUBBLICA ITALIANA. Simile al precedente; nell'esergo 1804. III. ℞ MEZZO — SOLDO in due righe entro corona di quercia; all'esergo DENARI 5 e sotto M. - GNECCHI, 20. R[3] RAME. F. D. C.

948. MEZZO SOLDO. Simile al precedente. ℞ 1/2 SOLDO in due righe entro corona di quercia; all'esergo DENARI 5 e sotto M. - GNECCHI, 21. R[3] RAME. F. D. C.

949. CENTESIMO. Simile al precedente. ℞ CEN — TESIMO in due righe entro corona di quercia; all'esergo DENARI 2 e sotto M. - GNECCHI, 22. R[3] RAME. F. D. C.

950. CENTESIMO. Simile al precedente. ℞ 1/100 entro corona di quercia; all'esergo DENARI 2 e sotto M. - GNECCHI, 23. R[3] RAME. F. D. C.

NAPOLEONE I BONAPARTE, IMPERATORE DI FRANCIA E RE D'ITALIA. (1805-1814).

951. LIRA del 1810 e 14. *N. 2 esempl.* ARG. C[1] e C[2]

952. SOLDI QUINDICI. *N. 2 esempl. del 1808.* ARG. F. D. C.

953. DIECI SOLDI. *N. 7 esempl. degli anni 1810. 11 e 14;* uno in incavo. ARG. C[1] e C[2]

954. CINQUE SOLDI. *N. 4 esempl. degli anni 1810 e 13.* ARG. C[1]

955. SOLDO. *N. 10 esempl. degli anni 1807, 08, 09, 11, 12 e 13.* RAME C[1]

956. SOLDO. *N. 9 esempl. degli anni 1807, 08, 10, 11 e 12.* RAME C[1] e C[2]

957. PEZZO DA 3 CENTESIMI. *N. 10 esempl. degli anni 1807, 08, 09, 10, 11, 12 e 13.* RAME. C[1] e C[2]

958. CENTESIMO. *N. 13 esempl. degli anni 1807, 08, 09, 10, 12 e 13.* RAME. F. D. C. e C[1]

FRANCESCO I D'ABSBURGO-LORENA, IMPERATORE D'AUSTRIA E RE DI LOMBARDIA E VENEZIA. (1815-1835).

959. SOVRANO. FRANCISCVS. I. D. G. AVSTRIAE. IMPERATOR. Testa laureata a d.; al disotto M e nell'esergo due rami di palma e d'alloro. ℞ HVN. BOH. LOMB. ET VEN. GAL. LOD. IL. REX. A. A. 1831. Aquila bicipite coronata. - GNECCHI, 26. R. ORO. C[1]

960. TALLERO del 1820. ARG. C[1]

961. TALLERO del 1831. ARG. C[1]

962. FIORINO del 1824. ARG. C[1]

963. LIRA AUSTRIACA DEL GIURAMENTO. FRANCISCVS AVSTR. IMP. HVN. BOH. LONGOB. VENET. GAL. ET LOD. REX. A. A. I due stemmi di Lombardia e Venezia sormontati dalla corona ferrea. ℞ FIDES NOVI REGNI — SACRAMENTO FIRMATA — MEDIOLANI XV MAII — MDCCCXV. in quattro righe; disopra la corona imperiale. ARG. C[1]

964. LIRA AUSTRIACA del 1822. ARG. F. D. C.

965. QUARTO DI LIRA AUSTRIACA del 1823; *n. 2 esempl.* ARG. C[1]

966. MEZZA LIRA DELL'INCORONAZIONE. *N. 2 esempl.* ARG. C[1]

GOVERNO PROVVISORIO DI LOMBARDIA. (1848).

967. SCUDO DA 5 LIRE ITALIANE. ARG. F. D. C.

968. PROVA DEL PEZZO DA UNA LIRA. METALLO BIANCO. C[3]

FRANCESCO GIUSEPPE, IMPERATORE D'AUSTRIA. (1848-1859).

969. PEZZI DA 10, 5, 3 ED 1 CENTESIMI. *N. 11 esempl.* RAME. C[1]

VITTORIO EMANUELE II, PRIMO RE D'ITALIA.

970 REGIA ZECCA DI MILANO e nel campo in cinque righe: SAGGIO — DI — BRONZO — NICHELIFERO — CU 95 NI 5. ℞ Lo stemma di Savoja; nell'esergo 1860.

MILETO.

RUGGERO I, CONTE. (1072-1101).

971. FOLLARO. ROGE.... RVS.... Il conte a cavallo a s. portante un vessillo sulla spalla d. ℞ MATER DIVIN.... RATIE. La Madonna seduta col divino infante; *n. 2 esempl.* R. BR. C[1] e C[2]

MIRANDOLA.

GIANFRANCESCO PICO, SIGNORE. (1515-1533).

972. DOPPIO ZECCHINO. Aquila. I. F. PICVS MIRAND. D. C. C. Ritratto con berretto a s. ℞ AMORIS MIRACVLVM. S. Francesco genuflesso a s. R.[8] ORO C[1]

973. QUATTRINO. IO. FR. PI. MIRAND. D. CO. Testa a s. ℞ OM — NIN — O in tre righe. R[3] BR. C[2]

LODOVICO II PICO, SIGNORE. (1550-1568).

974. SCUDO D'ORO DEL SOLE. LVD. PICVS. II. MIR. CON. Q. DNS. Stemma; in alto sole. ℞ IN. TE. DOMINE. CONFIDO. Croce ornata. R[2] ORO. C[1]

975. PAOLO. + LVDOVICVS. P. II. MIR. CON Q. DNS. Stemma. ℞ SIC. FECIT. ME. QVI. POTENS. EST. Donna in piedi con cornucopia. R[3] ARG. C[1]

976. PAOLO. LVDOVICVS. P. II. MIR. CON. Q. DNS. Stemma. ℞ ELIGITE. Trofeo d'armi. R[2] ARG. C[1]

977. GROSSETTO. LVD. P. II. MIR. CON. Q. DNS. Testa a s. ℞ LVMEN. CLARIVS. RVMORE. La fama in piedi. R² MIST. C¹
978. QUATTRINO. LVD. PIC. II. D. MIR. CON. Q. DNS. Stemma. ℞ ELIGITE. Trofeo. R. MIST. C¹

ALESSANDRO I PICO, PRINCIPE. (1602-1637).

979. SCUDO. ALEX. DVX. MIR. CON. MAR. III. S. MAR. III. S. MART. INSPI. DOM. Busto a d. ℞ INSIGNIA. ANTIQVISSIMA. ET. MATERNA. Stemma coronato adorno del toson d'oro. R⁸ ARG. C²
980. PAOLO. ALEX. PI. DVX. II. MIRA. Stemma coronato. ℞ SANCTA. AGATA. La Santa in piedi; ai lati 16-49. R³ ARG. C¹
981. MEZZO PAOLO. ALEXAN. PICVS. DVX. MIR. II. Busto a d. ℞ INSCEND — VOLVAM. Cavallo sfrenato; *n. 2 esempl.* R² MIST. C² e C³
982. SOLDO E QUATTRINO. *N. 5 esempl. diversi.* R² BR. C²

MODENA.

REPUBBLICA (Federico II, Imperatore). (1226-1293).

983. GROSSO. + IMPERATOR. Nel campo F. D. C. ℞ + DE. MVTINA. Nel campo M. *n. 4 esempl. variati.* R. ARG. C¹

REPUBBLICA. (1306-1336).

984. GROSSO. COMVNITAS. MVTINE. Stemma. ℞ S. GEMINIANVS. Il Santo seduto; *n. 4 esempl.* ARG. C¹ e C²

ERCOLE II D'ESTE, DUCA. (1534-1559).

985. SCUDO D'ORO. HERCVLES. II. DVX. FERRARIAE. IIII. Croce ornata. V S. GEMINIANVS. MVTINAE. PONT. Il Santo seduto. R³ ORO. C¹

CESARE D'ESTE, DUCA. (1597-1628).

986. TESTONE. CAESAR. DVX. MVTINAE. Testa a S. ℞ ADDIT. SE. SOCIAM. Figura di donna in piedi. ARG. C¹

987. GIULIO. CAESAR. DVX. MVT. REG. C. Stemma. ℞ OMNIA. VINCIT. La Pazienza in piedi; all'esergo 1615. ARG. C²
988. GROSSO E QUATTRINO. *N. 3 esempl.* MIST. e BR. C³

FRANCESCO I D'ESTE, DUCA. (1629–1658).

989. MEZZO DOBLONE. FRAN. I. ESTENSIS. Busto a s. ℞ NON. ALIO. SIDERE. Nave. INEDITO. ORO. C¹

RINALDO D'ESTE, DUCA. (1694–1737).

990. MEZZO SCUDO. RAYNALDVS. I. MVT. R. M. EC. DVX. Busto a d. ℞ NOBILITAS. ESTENSIS. Aquila coronata. R. ARG. C²

ERCOLE RINALDO III D'ESTE, DUCA. (1780–1796).

991. HERCVLES. III. D. G. MVT. REG. MIR. EC. DVX. Busto a s. ℞ DEXTERA. DOMINI. EXALTAVIT. ME. 1796. Stemma. ARG. C¹
992. MONETE DIVERSE. *N. 20 esempl.* MIST. e BR. C² e C³

MONACO.

ONORATO II GRIMALDI, PRINCIPE. (1640-1662).

993. SCUDO. ✠ HONORATVS. II. D. G. PRINCEPS. MONOECI. Busto a d. ℞ ✠ DVX. VALENT. PAR. FRANCIAE. ET. C. 1649. Stemma coronato col motto DEO IVVANTE. R³ ARG. C¹
994. SCUDO. Simile al precedente dell'anno 1650. R³ ARG. C¹
995. SCUDO. HONO. II. D: G: PRIN: MONOECI. Busto a d. ℞ Simile al precedente dell'anno 1653. R³ ARG. C¹

LODOVICO I GRIMALDI, PRINCIPE. (1662-1701).

996. SCUDO. LVD. I. D. G. PRIN. MONOECI. Busto a d. ℞ DVX. VALENT. PAR. FRANCIAE. ET. C. 1673. Scudo coronato a s. R³ ARG. C¹
997. MEZZO SCUDO. Simile al precedente dell'anno 1665. R³ ARG. C²

ANTONIO I GRIMALDI, PRINCIPE. (1701-1731).

998. MEZZA PEZZETTA del 1720. R³ MIST. C²
999. DA DENARI 8. R² BR. C²

ONORATO III DE GOYON MATIGNON GRIMALDI, PRINCIPE. (1731-1793).

1000. DA DENARI 8. HONORATOS. III. PRIN. MONOECI. Nel campo H coronata e fra tre losanghe. ℞ TV NOS AB HOSTE PRO. Santa Devota stante; ai lati 17-69. Nell'esergo S. DEV. R² BR. C¹

1001. PEZZETTA. HONORATVS. III. D. G. PR. MONOECI. Busto a d. ℞ AUXILIVM. MEVM. A DOMINO. 1734 e 1735. Quattro H coronate disposte in croce accantonata da quattro losanghe; *n. 3 esempl.* R.² MIST. C¹ e C²

1002. MEZZA PEZZETTA. R² MIST. C²

ONORATO V DE GOYON MATIGNON GRIMALDI, PRINCIPE. (1819-1849).

1003. CENTESIMI 10 e 5. *N. 4 esempl.* BR. C¹

MONTALCINO.

REPUBBLICA (Enrico II re di Francia). (1555-1559).

1004. PARPAGLIOLA. HENRICO II. AVSPICE. Croce gigliata. ℞ P. SEN. IN. MONTE. ILICINO. La lupa che allatta Romolo e Remo; sotto 1556 e 1557; *n. 2 esempl. Uno bucato.* R² ARG. C¹ e C²

MONTALTO.

SEDE VACANTE. (1500).

1005. QUATTRINO. SEDE VACANTE. Chiavi decussate e padiglione. ℟ MON — TAL — TO in tre righe entro ghirlanda; *n. 2 esempl.* R⁴ BR. C¹

SISTO V, PAPA. (1585-1590).

1006. BAIOCCHELLE E QUATTRINO. *N. 6 esempl.* R. MIST. C²

PIO VI, PAPA. (1775-1798).

1007. BAIOCCHI DUE E MEZZO. R. BR. C¹

MONTANARO.

FERDINANDO FERRERO, ABATE. (1547-1580).

1008. QUATTRINO. ABBA. S. BENI. M. Nel campo F. F. ℟ FER. FER. EPS. IPP. Leone rampante; *n. 2 esempl.* R³ BR. C¹ e C²

GIOV. BATTISTA DI SAVOIA. (1581-1582).

1009. QUATTRINO. R⁴ BR. C²

MUSOCCO.

GIO. GIACOMO TRIVULZIO, MARCHESE. (1487-1518).

1010. GROSSO DA SEI. + IO. IA. TRIVL. MAR. VIGLE. ET. F. MARE. Stemma. ℟ SANCTVS. GEORGIVS. Il Santo in piedi nell'atto di trafiggere il drago; *n. 4 esempl.* R. ARG. F. D. C.

1011. GROSSO DA SOLDI 2. + IO. IA. TRIVL. MAR. VIGLE. ET. F. M. Stemma. ℞ S. GEORGIVS. Il Santo in piedi che trafigge il drago; *n. 4 esempl.* R. ARG. C¹ e C²

1012. SOLDINO. + IO. IA. TRIVL. MAR. VIGLE. Stemma. ℞ ET. FRANCIE. MARESCALCVS. Croce gigliata; *n. 6 esempl.* R. ARG. C¹ e C²

1013. QUATTRINO. *N. 6 esempl. diversi.* R. BR. C¹ e C²

MUSSO.

GIAN GIACOMO DE' MEDICI, MARCHESE. (1528–1532).

1014. QUATTRINO. IO. IA. D. MEDICIS. M. MVSSI. Testa a s. ℞ Fiume seduto; in lontananza una nave; *n. 2 esempl.* R. BR. C¹ e C³

1015. QUATTRINO. + IO. IA. DE. MEDICIS. Busto a s. ℞ Globetto. MAR. MVSSI. CO. LEVCI. Croce fiorata; *esemplare bellissimo.* R⁵ BR. C¹

NAPOLI.

STEFANO I, DUCA. (758–789).

1016. FRAZIONE DI FOLLARO. Croce potenzata; ai lati le lettere S-T. ℞ SCS. IAN. lateralmente al busto del Santo. R² BR. C²

CARLO I D'ANGIÒ, RE. (1266–1285).

1017. SALUTO D'ORO. + KAROL. DEI. GRA. IERL. ET. SICILIE. REX. Stemma adorno in giro di rose e di stelle e sormontato da luna falcata. ℞ + AVE. GRACIA. PLENA. DOMINVS. TECVM. L'Annunziata. R. ORO. F. D. C.

CARLO II D'ANGIÒ, RE. (1285–1309).

1018. SALUTO D'ARGENTO. Simile al precedente; *n. 4 esempl.* ARG. C¹

1019. TORNESI. *N. 8 esempl. diversi.* MIST. C¹ e C³

ROBERTO D'ANGIÒ, RE. (1309-1343).

1020. GIGLIATO. + ROBERT. DEI. GRA. IERL. ET. SICIL. REX. Il re seduto di prospetto. ℞ HONOR. REGIS. IVDICIV. DILIGIT. Croce ornata ed accantonata da gigli; *n. 3 esempl.* ARG. C[1]

ALFONSO D'ARAGONA, RE. (1435-1458).

1021. ALFONSINO. + ALFONSVS: D: G: R: ARA: S: C. Stemma. ℞ +: DNS: M: ADIVT: ET: EGO: D: IN. M. Il re seduto di prospetto; *n. 3 esempl.* ARG. C[1]

1022. ALFONSINO. Simile al precedente: nel campo del rovescio la sigla S; *n. 2 esempl.* ARG. C[1]

1023. ALFONSINO. *N. 3 esempl.* ARG. C[1]

1024. ALFONSINO. + ALFONSVS. D. G. REX. Busto coronato di prospetto. ℞ CICILIA. CITRA. ET. VLTRA. Stemma. ARG. C[1]

FERDINANDO I D'ARAGONA, RE. (1458-1494).

1025. CORONATO. + FERRANDVS. ARAGO. REX. SI. HIE. Busto coronato a d. ℞ IVSTA. TVENDA. S. Michele che sta per uccidere il drago; *n. 2 esempl.* ARG. C[1]

1026. CORONATO. Simile al precedente; colla sigla G nel campo del diritto. ARG. C[1]

1027. CORONATO. Simile al precedente, colla sigla I; *n. 3 esempl.* ARG. C[1]

1028. CORONATO. Simile al precedente, colla sigla T; *n. 4 esempl.* ARG. C[1]

1029. CORONATO. CORONATV. QA. LEGITIME. CERT. Mezzo busto coronato a d. ℞ + FERDINANDVS. D. G. R. SICI. IE. V. N. Croce potenzata; *n. 3 esempl. diversi.* ARG. C[1]

1030. CORONATO. Simile al precedente, colla sigla C nel campo del diritto; *n. 4 esempl.* ARG. C[1]

1031. CARLINO. + DNS: MI: AIVT: ET: EGO: DES: IN: M. Il re seduto di prospetto; nel campo a s. la sigla M. ℞ + FERDINANDVS: D: G: R: SI: I: V. Stemma; *n. 7 esempl. diversi.* ARG. C[1]

1032. CORONATO. + FERDINANDVS: D: G: R: SI: IER: VN. Croce potenzata. ℞ + CORONATVS: Q: LEGITIME: CERT. Il re incoronato da un cardinale e assistito dal vescovo; *n. 2 esempl.* ARG. C[1]

1033. MEZZO CARLINO. FERRANDVS. D. G. R. SIC. Stemma coronato. ℞ SERENA. OMNIA. Armelllino a s.; al disopra un nastro col motto DECORVM; *n. 2 esempl. diversi. Uno bucato.* ARG. C[1]

1034. CAVALLO. *N. 6 esempl. diversi.* BR. C[1]

1035. CAVALLO. *N. 10 esempl. svariati.* BR. C[1] e C[2]

ALFONSO II D'ARAGONA, RE. (1494-1495).

1036. CORONATO. ALFONSVS. II. D. G. R. SIC. IE. V. S. Michele col drago a' suoi piedi; la sigla T a s. ℞ CORONAVIT. ET. VXIT. ME. MANVS. T. D. Il re incoronato da un cardinale ed assistito dal vescovo. R. ARG. C[1]

CARLO VIII, RE DI FRANCIA. (1495).

1037. CAVALLO. + KAROLVS. D. G. R. FRA. SI IE. Corona reale e tre fiordalisi. ℞ + PS. VINCIT. XPS. RE. XPS. IM. Croce. BR. C[2]

FEDERICO III D'ARAGONA, RE. (1496-1501).

1038. CARLINO. + FEDERICVS. DEI. G. REX. SI. HIERV. Busto coronato a d. ℞ + RECEDANT. VETERA. Libro in fiamme. R[2] ARG. C[1]

1039. CAVALLO. *N. 3 esempl. diversi.* BR. C[1] e C[2]

LODOVICO XII, RE DI FRANCIA. (1501-1504).

1040. CARLINO. LVDO. FRAN. REGNQ. NEAP. R. Il re seduto di prospetto. ℞ EXVLTENT ET. LETENTVR. OMNES. Croce gigliata. R[3] ARG. C[1]

FERDINANDO IL CATTOLICO ED ELISABETTA. (1504).

1041. CARLINO. FERANDVS. ET. HELISABET. D. G: REX. Stemma. ℞ ET. REGINA..... ARAGO: SICI: SA. Un arco e un fascio di dardi; *n. 3 esempl. diversi.* R. ARG. C[1]
1042. MEZZO CARLINO. Simile al precedente. R. ARG. C[2]

FERDINANDO IL CATTOLICO. (1504-1516).

1043. CINQUINA. IVSTVS. REX. Croce potenzata accantonata da quattro piccole croci. ℞ PAX. REGVM. Trofeo. R. BR. C[1]
1044. TORNESE. + FERDIN. D. G. R. ARA. ET. V. SIC. Fascio di freccie legate con un nastro. ℞ TANTO. MONTA. Emblema legato da nastri: *n. 2 esempl.* BR. C[1]

GIOVANNA LA PAZZA E CARLO D'AUSTRIA. (1516-1519).

1045. DUCATO. IOANA. ET KAROLVS. Stemma. ℞ SICILI. HISPANIARVM. REGES. Croce. R. ORO. C[2]
1046. GRANO. LETICIA. POPVLI. Nel campo I C coronati. ℞ REX. IVSTVS. Croce potenzata. BR. C[1]

CARLO V IMPERATORE. (1519-1554).

1047. DUCATO D'ORO. CAROLVS. V. RO. IM. Stemma con aquila bicipite coronata. ℞ AISPARVM. VTRIVSQ. SICI. R. Croce accantonata da fiamme. R. ORO. C[2]
1048. CINQUINA. R. ARAGO. VTRIVS. Il vello sospeso a due rami. ℞ PLVS. VLTRA. Le due colonne col nastro. ARG. C[1]
1049. CARLINO. CAROLVS. V. ROMANOR. REX. Busto coronato a s. ℞ AR... GO: VTRIVSQ.... Stemma. ARG. C[2]
1050. CARLINO. CAROLVS. V. ROM. IM. Testa laureata a d. ℞ REX. ARAGO. VTRIVS. Il vello appeso a due rami d'alloro. ARG. C[1]
1051. DUE CAVALLI. CAROLVS. V. ROM. IMP. Testa a d. ℞ R. ARAGO. VTRIVS. S. Corona reale. BR. C[1]
1052. CAVALLO. IVSTVS. REX. Croce potenzata accantonata da quattro globetti. ℞ PLVS. VLTRA. Due colonne col nastro e la corona. BR. C[1]

FILIPPO II RE DI SPAGNA. (1554–1598).

1053. DUCATO D'ORO. PHILIPP. D. G. REX. ARA. VTR. Testa coronata a d.; nell'esergo 1582. ℞. Stemma coronato. R^2 ORO. C^1
1054. TESTONE. PHILIPP. REX. ARAGV. VTR.... Busto ignudo, in armatura a d. ℞ SICIL. ET. HIERVSAL... Stemma. ARG. C^3
1055. TESTONE. PHILIPP. DEI. GR. REX. AR. VTR... Busto ignudo a d. ℞. SICILIA. ET. HIERVSAL. Stemma. R. C^2
1056. CINQUINA. PHILIP. REX. ARA. VTRI. Testa a d. ℞ SICILIAE. HIERVSA. Globo in fiamme sormontato da una corona reale. *n. 3 esempl. vari.* ARG. C^1 e C^2
1057. CINQUINA. *N. 6 esempl. vari.* ARG. C^1 e C^2
1058. GROSSO. PHILIPP. D. G. REX. ARA. VTR. Testa coronata a s. 1577. ℞ FIDEI — DEFEN.. SOR. entro corona di quercia in tre righe; *n. 3 esempl.* ARG. C^1 e C^2
1059. CAVALLO. *N. 2 esempl.* BR. C^2
1060. OBOLO. PHILIP. REX. ARA. VTRI... Testa a s. BR. C^2

FILIPPO III. (1598–1621).

1061. CARLINO. PHILIP. III. REX. Busto cor. a d. ℞ IN HOC SIGNO. VINCES. Croce. — 1621. ARG. C^2
1062. CARLINO. — PHIL. — III. D. G. R. — HISP. entro corona d'alloro. ℞ PAX ET VBERTAS ai lati di uno scettro sormontato da corona reale e adorno di rami d'alloro; il tutto circondato da corona di lauro; *n. 2 esempl.* ARG. C^1
1063. CARLINO. ARG. C^2

FILIPPO IV. (1621-1665).

1064. TESTONE. PHILIPP. IIII. D. G. 1622. Ritratto a d. ℞ HISP. VTRIV. SICILIE. REX. Stemma coronato. ARG. C^1

REPUBBLICA. ENRICO DI LORENA. (1648).

1065. GRANA QUINDICI. HEN. DE. LOREN. DVX.... Targa con S. P. Q. N. ℞ Mezza figura di S. Gennaro, iscrizione illeg. R^3 ARG. C^2

1066. TORNESE dell'anno 1648. *N. 3 esempl. vari.* BR. C¹ e C²

CARLO II D'AUSTRIA, RE DI SPAGNA. (1665–1700).

1067. GRANA DIECI. CAR. II. REX. HISP. ET. NEAP. Busto coronato a d. ℞ Tosone entro un ornato; 1691-1694; *n. 2 esempl.* ARG. C¹

FILIPPO V BORBONE, RE DI SPAGNA. (1700–1708).

1068. GRANA VENTI. PHILIP. V. D. G. REX. HISP. ET. NEAP. Busto nudo a d. ℞ VNIVERSA. HILARITAS. Il sole che irradia il globo. 1701. ARG. C²

CARLO VI IMPERATORE E III DI SPAGNA. (1708–1734).

1069. GRANA VENTIQUATTRO. CAROLVS. III. DEI. GRATIA. Busto laureato a d. ℞. REX. SICILIAE. ET HIER. 1731. Croce. ARG. C¹

CARLO III DI BORBONE, RE. (1734–1759).

1070. GRANA TRE. RAME C¹

FERDINANDO II BORBONE. (1834–1858).

1071. GRANA CINQUE del 1844. ARG. C¹
1072. TORNESI DIECI. *N. 2 esempl.* BR. C¹
1073. TORNESI DUE, TORNESE UNO E MEZZO TORNESE degli anni 1851-53-54-58. *N. 4 esempl.* BR. C¹
1074. GRANO CAVALLI E CAVALLI QUATTRO. Anni 1789 e 1790; *n. 2 esempl.* BR. C²

REPUBBLICA PARTENOPEA. (1799).

1075. CARLINI DODICI. REPUBBLICA . NAPOLITANA. Figura della libertà. ℞ ANNO SETTIMO DELLA LIBERTÀ; ed entro una corona di quercia: CARLINI — DODI — CI. ARG. C¹

GIUSEPPE NAPOLEONE BONAPARTE, RE. (1806–1808).

1076. PIASTRA. IOSEPH NAPOL. D. G. VTR. SICIL. REX. Testa ignuda a s. ℞ PRINC. GALLIC. MAGN. ELECT. IMP — G. 120–1808. Stemma coronato. ARG. C¹

GIOACCHINO MURAT. (1805-1815).

1077. GRANA TRE. GIOACCHINO NAP. RE DELLE DVE SIC. Testa ignuda a s. ℞ PRINC. E. GRAND'AMMI. DI FRAN. Entro corona 3. GRANA. 1810. BR. C²

NIZZA.

EMANUELE FILIBERTO, DUCA. (1553–1580).

1078. SCUTO D'ORO. .... FILIB. D. G. DVX. SAB. C. NICIE. Stemma coronato. ℞ IN. TE. DOMINE. CONFIDO. 1574. Croce e fra gli spazi F. E. R. T. R. ORO C¹

NOVARA.

REPUBBLICA. (Enrico IV, imperatore. Sec. XII e XIV).

1079. DANARO PICCOLO. + NOVARIA. Croce. ℞ IMPERATOR. — S. T. G. ARG. C.

PIER LUIGI FARNESE, MARCHESE. (1545–1547).

1080. GROSSO. P. LOY. DVX. P. Z. P. Stemma. ℞ S. GAVDENTIVS. EPISCOPVS. Il santo in piedi di prospetto. R⁵ ARG. C²

1081. QUATTRINO. P. LOY. F. DVX. P. ET. P. Stemma. ℞ NOVARIAE. MARCHIO. Busto di S. Gaudenzio fiancheggiato da S. G.; *n. 2 esempl.* R² BR. C¹ e C²

NOVELLARA.

ALFONSO II GONZAGA.

1082. SOLDI DIECI. ALPHONSVS ✻ II ✻ GONZAGA. Testa a s. sotto IO. ℞ ✻ NOVEL ✻ ET ✻ BAGNOLI ✻ COMES ✻ ET ✻ C. Stemma. R. MIST. C^1

ORBETELLO.

FERDINANDO IV. (1759-1806).

1083. QUATTRINI QUATTRO, DUE E UNO. Anni 1782, 1791 e 1798; *n. 5 esempl.* BR. C^1 e C^2

ORTONA.

GIOVANNA II, REGINA DI NAPOLI. (1414-1435).

1084. BOLOGNINO. + IOHANA. REGINA. Nel campo O. R. T. O. ℞. S. THOMAS. A. Busto del santo. R^5 ARG. C^2

PADOVA.

REPUBBLICA. (1200-1348).

1085. AQUILINO. + PADVA. REGIA. Aquila. ℞ CI — VI — TA — S. Croce. ARG. C^1

JACOPINO DA CARRARA, SIGNORE. (1350-1355).

1086. CARRARINO. CI — VI — T. P — AD. Croce accantonata da due carri e dalle lettere T - A. ℞ S. PRODOCIMVS. Il Santo seduto di prospetto. ARG. C^1

FRANCESCO I DI CARRARA, SIGNORE. (1355–1388).

1087. GROSSO. F. D. KRARIA. DN. E. CETERA. Carro. ℟ S. DANIEL. MARTIR. Il Santo in piedi; nel campo la sigla N.
Bucato. R[a] ARG. C[a]

GIAN GALEAZZO VISCONTI, DUCA DI MILANO, SIGNORE.
(1385–1402).

1088. DENARO. - GNECCHI, 23. R[a] ARG. C[a]

PALERMO.

VITTORIO AMEDEO II, DUCA DI SAVOJA, RE DI SICILIA.
(1713–1718).

1089. GRANO. VICT. AME. D. G. SIC. IER. ET. CIP. REX. Aquila coronata. ℟ PVBLICA — COMMO — DITAS — 1717 in quattro righe entro uno scudo. BR. C[i]

PALMANOVA.

OSSIDIONALE. (Napoleone I, imperatore). (1814).

1090. CENTESIMI CINQUANTA. NAPOLEONE IMP.[e] E RE. Nel campo: CENT. 50. ℟ MONT.[TA] D'ASSE.[o] PALMA. Corona radiata e sotto 1814. R. BR. C[i]

PARMA.

REPUBBLICA. (Filippo di Svevia). (1207-1208).

1091. DENARO. R. ARG. C[a]

REPUBBLICA. (Ottone IV, re). (1208–1209).

1092. DENARO. OTTVS. Nel campo: REX. ℞ PARMA. Castello *n. 2 esempl.* R. ARG. C[1]

REPUBBLICA. (Federico II, imperatore). (1320–1350).

1093. GROSSO. + FRI. D. RI. C. Nel campo IP. ℞ + PAR. MA. Castello. R. ARG. F. D. C.

REPUBBLICA. (Autonomia). (1260–1326).

1094. PICCOLO. + PARME. Croce. ℞ CIVITAS. Bove a s. R[3] BR. C[1]

BERNABÒ VISCONTI (1355–1385).

1095. QUATTRINO. R[6] MIST. C[3]

ADRIANO VI, PAPA. (1522–1523).

1096. MEZZO GROSSO. SANCTO. THOME. Busto a d. ℞ PARMEN. SERVATI. Ara accesa; *n. 2 esempl.* R[2] ARG. C[1]

CLEMENTE VII, PAPA. (1523–1534).

1097. GIULIO. CLEM. VII. PONT. MAX. Busto a d. ℞ DOMVS. PARME. Scudo sormontato dalla tiara e dalle chiavi; ai lati due scudetti. R[6] ARG. C[1]

PAOLO III, PAPA. (1534–1545).

1098. SCUDO D'ORO. PAVLVS. III. PONT. MAX. Stemma sormontato dalla tiara e dalle chiavi. ℞ Un sole. SVB. VMBRA. MATRIS. ECCLESIE. Pallade seduta a s.; sotto PARMA. R[2] ORO. C[1]
1099. SCUDO D'ORO. Simile al precedente. R[2] ORO. C[1]
1100. QUATTRINO. BR. C[1]

OTTAVIO FARNESE, DUCA. (1547-1587).

1101. GROSSO. OCT. FAR. PAR. ET. PLA. D. II. Busto a d. ℞ PAR. INTER. LILIA. Bue fra due gigli. ARG. C[1]

ALESSANDRO FARNESE, DUCA. (1586-1592).

1102. PARPAGLIUOLA. *N. 2 esempl.* MIST. C[2]

ODOARDO FARNESE, DUCA. (1622-1646).

1103. SCUDO. ODOARDVS. FAR. PAR. ET. PLA. DVX. Busto a d. ℞ S. VITALIS. PARME. PROTECTOR. Busto corazzato a d.; nell'esergo SCVDO. R[2] ARG. C[1]

RANUCCIO II FARNESE, DUCA. (1646-1694).

1104. MEZZO SCUDO. RAN. FAR. PAR. ET. PLA. DVX. VI. Busto a d. ℞ S. VITALIS. PARMAE. PROT. Mezza figura a d. R. ARG. C[1]

1105. QUARANTANO. RAN. FAR. PAR. ET. PL. DVX. VI. Stemma. ℞ MONSTRA. TE. ESSE. MATREM. La Vergine col Bambino; due angeli tengono sospeso sopra il suo capo una corona. R. ARG. C[2]

1106. LIRA. *N. 11 esempl. diversi.* ARG. C[2] e C[3]

FRANCESCO FARNESE, DUCA. (1694-1727).

1107. MISTURA. MIST. C[1]

FERDINANDO BORBONE, DUCA. (1785-1802).

1108. SOLDI XX e SOLDI X. *N. 2 esempl.* MIST. C[1]

1109. SESINO. BR. F. D. C.

MARIA LUISA D'AUSTRIA, DUCHESSA. (1815-1847).

1110. DA 5 SOLDI e DA 5 CENTESIMI. *N. 4 esempl.* ARG. e BR. C¹

PASSERANO.

RADICATI CONTI DI COCCONATO. (1581-1598).

1111. PARPAJOLA. MONETA. PASE. CO. Stemma. ℟ S. PRODENCIANV. Donna in piedi, che tocca colla verga un globo; *n. 4 esempl.* R² BR. C¹ e C²

PAVIA.

PERTARIDO, RE DEI LONGOBARDI. (671-686).

1112. SILIQUE (Bracteate). PER. ℟ Incuso; *n. 5 esempl. vari.* R. ARG. C¹

CUNIPERTO, RE DEI LONGOBARDI. (686-700).

1113. TREMISSE DI STAMPO LARGO. DN. CVNINCPERT. Busto a d. ℟. SCS. MIHAIL. Il Santo a s. R⁶ ORO. C¹

OTTONE I E II, IMPERATORI. (962-967).

1114. MEZZO DENARO. IMPERATOR. Nel campo OTTO. ℟ OTTO. RIVS. RE. Nel campo PA - PIA.; *n. 7 esempl.* R² ARG. C²

1115. MEZZO DENARO. Simile al precedente; *n. 3 esempl.* R² ARG. C³

OTTONE III, IMPERATORE. (983-1002).

1116. MEZZO DENARO. *N. 4 esempl.* R. ARG. C²

ENRICO I, IMPERATORE. (1014–1024).

1117. DENARO. + HENRICVS. IMP. Croce accantonata da quattro globetti. ℞ PAPIA in una sola riga e croce che traversa l'iscrizione. R^3 ARG. C^1

ENRICO III, IMPERATORE. (1039–1056).

1118. MEZZO DENARO. *N. 5 esempl. vari.* ARG. C^2

FEDERICO II, IMPERATORE. (1220–1250).

1119. GROSSO. + AVGVSTVS. CE. Nell'area FE - RIC - N in tre righe. ℞ + IMPERATOR. Nel mezzo PAPIA colle lettere disposte intorno ad una stella; *n. 4 esempl.* ARG. C^1

REPUBBLICA. (1250–1259?)

1120. GROSSO. SANT. SIRVS. Il Santo in piedi sotto un arco gotico. ℞ IMPERATOR. Nel campo PAPIA.; *n. 3 esempl.* R^3 ARG. C^1 e C^2

GALEAZZO II VISCONTI, SIGNORE. (1359–1378).

1121. GROSSO. GALEAZ. VICECOMES. D. MEDIOLANI. PP. Scudo colla biscia sormontato dal cimiero del drago; ai lati i tizzoni colle secchie; il tutto entro cornice. ℞ S. SIRVS. PAPIA. Il Santo seduto di prospetto; *n. 5 esempl.* R. ARG. C^1 e C^2

1122. GROSSO. + GALEAZ. VICOES. DNS. MLI. PP. Scudo colla biscia sormontato dal cimiero col drago; ai lati GZ. ℞ Simile al precedente. R^2 ARG. C^1

1123. MEZZO GROSSO col tizzone e le due secchie. *Bucato.* R^2 ARG. C^1

FILIPPO MARIA VISCONTI, DUCA. (1412–1447).

1124. GROSSO. R^4 ARG. C^2

PERGOLA.

PIO VI, PAPA. (1775-1798).

1125. BAIOCCHI CINQUE. BR. C[1]

PERUGIA.

REPUBBLICA. (1260?-1506).

1126. GROSSO. + DE: PERVSIA — P. ℞ +: S: ERCVLANVS. Croce; *n. 2 esempl.* ARG. C[1] e C[2]
1127. BOLOGNINO. *N. 6 esempl. vari.* ARG. C[1] e C[2]
1128. MEZZO BOLOGNINO. ARG. C[2]
1129. MEZZO BOLOGNINO. ARG. C[2]

GIULIO II. (1506-1513).

1130. QUARTINO. S. HERCVL. Nel campo: A. N. V. S. Sopra, chiavi decussate. ℞ DE PERVSIA. Grifo; *n. 2 esempl.* R. ARG. C[2]

PIO VI, PAPA. (1775-1798).

1131. BAIOCCHI CINQUE. *N. 3 esempl.* BR. C[1] e C[2]
1132. BAIOCCHI DUE E MEZZO. Anno 1786. *N. 4 esempl.* BR. C[1] e C[2]

PESARO.

ALESSANDRO SFORZA, SIGNORE. (1445-1473).

1133. SOLDINO. ALEX. • SFORTI • D — A e cinque perline disposte in croce. ℞ DOMINVS. PIS — A. V. R. I. disposte in croce. R. ARG. C[1]

GIOVANNI SFORZA, SIGNORE. (1489-1500 e 1503-1510).

1134. MEZZO GIULIO. IO. SF. CO. DE. ARA. COTI. PISAVR ∘ D ∘ Stemma. ℞ ORA ∘ P — RO ∘ N ∘ P ∘ La Madonna col bambino seduta di prospetto; *n. 2 esempl.* R. ARG. C[1] e C[2]

1135. QUATTRINO. IOANNES. SFORTIA. PISAVRI. D... Busto a d. ℞ ✳ PV — BLICAE — COMMO — DITATI in quattro righe; *n. 4 esempl. vari.* BR. C[1] e C[2]

1136. QUATTRINO. BR. C[2]

COSTANZO I SFORZA, SIGNORE. (1473-1483).

1137. BOLOGNINO. CONSTANCIVS. S. F. Morso. ℞ DOMINVS + PIS. Nel campo A. V. R. I. in croce. ARG. C[1]

CESARE BORGIA, SIGNORE. (1500-1503).

1138. QUATTRINO. S. DECENTIVS. Testa mitrata di prospetto. ℞ DOMINVS. PISAVR. Croce. R[3] BR. C[2]

GUIDOBALDO DELLA ROVERE, DUCA. (1538-1574).

1139. GIULIO. ERIT. IVSTV. IN. MEM. ÆTE. Stemma. G. V. D. ℞ S. IOANN. S. IACOB. PI. SAV. I due Santi in piedi di prospetto; *n. 3 esempl* R. ARG. C[1]

1140. MEZZO GIULIO. GVI. VBAL. II. VRB. D... Stemma coronato. ℞ S. IOAN. S. IACOB. PISAV. I due Santi in piedi di prospetto. ARG. C[2]

1141. SOLDINO. GVI. VB. II. VRBI. DVX. IIII. La rovere. ℞ PI — SAV — R — in tre righe entro una ghirlanda; *n. 2 esempl.* R. ARG. C[2]

1142. QUATTRINO. S. TERENTI. PISAVR. Il Santo in piedi di prospetto; *n. 3 esempl.* BR. C[2]

FRANCESCO MARIA II. (1574–1622).

1143. GIULIO. S. Francesco. *N. 2 esempl.* ARG. C[1]

PIACENZA.

REPUBBLICA (Corrado II, re). (1140–1313).

1144. MEZZO GROSSO. + REGIS. SECVNDI. Nel campo CON — RA — DI. ℞ DE. PLACEN. Nel campo CIA; *n. 6 esempl.* ARG. C[1]

SEDE VACANTE. (1523).

1145. GROSSO. FIRMVM. PLAC. PRAESIDIVM. Chiavi decussate e padiglione. ℞ PLAC. ROMANOR. COLONIA. Lupa a s.; *n. 9 esempl.* R. ARG. C[1]

PAOLO III, PAPA. (1534–1545).

1146. SCUDO D'ORO. PAV. III. P. M. PLAC. D. Stemma. ℞ + NON. ALIVNDE. SALVS. Croce gigliata e fra gli spazî P. L. A. C. R. ORO. C[1]

1147. SCUDO D'ORO. PAV. III. P. M. PLAC. D. Stemma. ℞ NON. ALIVNDE. SALVS. Croce gigliata e fra gli spazî. P. L. A. C. R. ORO. C[1]

1148. GROSSO. PAV. III. P. M. PLAC. D. Stemma. ℞ S. IVSTINA. PROTECTRIX. La Santa in piedi; *n. 2 esempl.* R. ARG. C[1]

OTTAVIO FARNESE, DUCA. (1556–1586).

1149. GROSSETTO. OCT. FAR. PAR. ET. P. DVX. II. Stemma. ℞ S. THOMA. PROTEC. Il busto del Santo. R. ARG. C[2]

OTTAVIO FARNESE ED ALESSANDRO SUO FIGLIO. (1575).

1150. PARPAIOLA. OCT. F. ET. ALE. F. P. P. V. Busti accollati a s. ℟ FEL. SVB. HIS. PLAC. 1577. Minerva seduta a s.
R. ARG. C[2]

ALESSANDRO FARNESE, DUCA (1586-1592).

1151. DOPPIA DA DUE. ALEX. FAR. PLAC. ET. DVX. III. ETC. Testa a s. ℟ PLACENTIA. FLORET. 1590. La lupa a s. e tre piante di gigli sormontate da corona. R[2] ORO. C[1]
1152. SCUDO TRIPLO. Diam. 0,051. ALEXANDER. FARN. DVX. III. PLAC. PAR. ET. C. ✱ Busto a d. ℟ PLACENTIA. ROMANOR. COLONIA. Pallade in piedi con giglio e cornucopia. A d. il Fiume coricato. A s. la lupa sostenendo lo stemma della città. All'esergo 1590. A. C. R[6] ARG. C[1]
1153. SCUDO. ALEX. FARN. DVX. III. PL. P. ETC. Busto a d. ℟ PLAC. ROMAN. COLON. Pallade in piedi con giglio e cornucopia. Fiume coricato a s. Stemma a d. A. 1598 (sic) P.
R[3] ARG. C[1]
1154. GROSSO. ARG. C[3]
1155. QUATTRINO. *N. 2 esempl.* BR. C[3]
1156 QUATTRINO. BR. C[3]

RANUCCIO I FARNESE, DUCA. (1592-1622).

1157. DOPPIA DA DUE. RANVT. FAR. P. DVX. IV. S. R. F. Testa a s. ℟ PELLIT. ET. ATTRAHIT. 1613. Un vento che fuga le nubi. R[5] ORO. C[2]
1158. DOPPIA. RANVT. PAR. PLA. P. DVX. IV. R. S. E. CON. P. Ritratto a s. ℟ PELLIT. ET. ATRHAIT. 1617. Un vento che fuga le nubi. R[5] ORO. C[1]
1159. QUATTRINO. *N. 4 esempl.* BR. C[1]

RANUCCIO II FARNESE, DUCA. (1646-1694).

1160. DA SOLDI 40. RANVT. FAR. PLA ·· E. PAR. DVX. VI. C. P. Stemma. ℟ MONSTRA. TE. ESSE. MATREM. 1673. soldi XXXX. R. E. R. La Vergine stante col bambino. R. ARG. C[1]
1161. DA SOLDI 20. *N. 7 esempl. vari.* R. ARG. C[2]

FRANCESCO FARNESE, DUCA. (1694-1727).

1162. DA SOLDI 10 o BUTALÀ. MIST. C[1]

FERDINANDO I BORBONE. (1665-1702).

1163. DA 10 E DA 5 SOLDI. *N. 2 esempl. vari.* MIST. C[1]
1164. QUATTRINO. *N. 8 esempl. vari.* BR. C[1] e C[2]

PIOMBINO.

GIACOMO VII APPIANI, SIGNORE. (1594-1603).

1165. GROSSO. IAC. VII. AR... D. A. P. P. PRINC. PLVMB. Stemma ℞ FLECTE. RAMOS. ARBOR. ALTA. Croce. R. ARG. C[2]

NICOLÒ LUDOVISI, PRINCIPE. (1634-1665).

1166. QUATTRINO. R. BR. C[2]

GIOVANNI BATTISTA LUDOVISI, PRINCIPE. (1665-1699).

1167. SOLDO. D. IO. BAT. LVD. D. G. Stemma. ℞ PRINC — PLUMP 16.. Scritto nel campo in tre righe. R. BR. C[2]

FELICE ED ELISA, PRINCIPI. (1805-1814).

1168. LIRA E DA 5 CENTESIMI. *N. 2 esempl.* ARG. e BR. C[1]

PISA.

REPUBBLICA (Federico I, imp.) (1150-1312 e 1313-1509).

1169. GROSSO. ✝ IMPERATOR. In mezzo F fra quattro stelle. ℞ ✝ S. MAR. D. PISIS. Mezza figura della Madonna col Bambino. R. ARG. C[1]

1170. GROSSO. + FREDERICVS: IMPERATOR. ✱ Aquila a s. sopra un capitello. ℞ MONETA. PISANI. COMVNIS. Nel campo P. I. S. A. disposte in croce. R[a] ARG. C[1]

1171. GROSSO. FR. IMPATOR. Aquila coronata a s. sopra un capitello. ℞ MP. NV - PI - SE. La Vergine seduta col Bambino; *n. 3 esempl.* ARG. C[1]

1172. MEZZO GROSSO. *N. 6 esempl.* ARG. C[1] e C[2]

1173. QUATTRINO. *N. 8 esempl.* MIST. C[1] e C[2]

REPUBBLICA. (1495-1509).

1174. DOPPIO GROSSO. POPVLI. PISANI. Croce. ℞ PROTEGE. VIRGO. PISA. La Vergine seduta col Bambino. *Bucata.* R[a] ARG. C[2]

COSIMO III DE' MEDICI, GRANDUCA. (1670-1723).

1175. MEZZO PAOLO. SVB. OMNES. SPECIOSA. Busto della Vergine a d. ℞ ASPICE. PISA. Croce; *n. 4 esempl. degli anni 1714, 19 e 21.* ARG. C[1]

POMPONESCO.

GIULIO CESARE GONZAGA. (1583-1593).

1176. BIANCO. ECCLESIA. SANCTORVM. SEPTEM. Stemma ai cui lati FE — RA. ℞ + ICCMSRIP. IN. DIVE. CONFIDO. Croce trifogliata entro cornice formata da 3 semicerchi; *n. 2 esempl.* R. MIST. C[1]

1177. QUATTRINO. IVL. CAES. GON. S. R. IMP. Ritratto a s. ℞ IVL - CAE. MA - DE - GON - SA. ROM. PRIN. Scritto nel campo in cinque linee. R[a] BR. C[2]

RAGUSA.

Secolo XVIII.

1178. TALLERO. RECTOR. REI. RHAGVSIN. Busto a s. ℞ DVCAT. ET. SEM: REIP. RAG. 1767. Stemma. ARG. C[1]

1179. Simile al precedente dell'anno 1777. ARG. C[1]
1180. TALLERO. RESPVBL. RHAGVS. Busto muliebre a d. ℟ DVCE. DEO. FIDE. ET IVST. Scudo coronato sul quale è scritto LIBERTAS. 1794. ARG. C[1]
1181. TALLERO. Simile al precedente. ARG. C[1]
1182. TALLERO. Simile ai precedenti. ARG. C[1]
1183. MONETE VARIE. *N. 13 esempl.* MIST. e BR. C[3] e C[2]

RAVENNA.

ARCIVESCOVO ANONIMO. Secolo XIII-XIV.

1184. PICCOLO. + ARCHIEPISCO e nel campo PVS. ℟ + DE. RAVENA. Croce con due fiori; *n. 5 esempl.* ARG. C[3]

BENEDETTO XIV, PAPA. (1740-1758).

1185. QUATTRINO. *N. 3 esempl.* BR. C[3]

RECANATI.

AUTONOME. (1393-1600).

1186. BOLOGNINO. DE RACA e nel campo NETO. ℟ S. MARI e nel campo A fra quattro circoletti; *n. 3 esempl.* R. ARG. C[1]
1187. QUATTRINO. ✳ RECAN ✳ nel campo ETI. ℟ S. FLAVIAN. Croce; *n. 3 esempl.* R[2] BR. C[1]

REGGIO.

NICOLÒ MALTRAVERSI, VESCOVO. (1233-1293).

1188. BOLOGNINO. + EPISCOPVS e nel campo N fra quattro globetti. ℟ + DE. REGIO. Giglio; *n. 2 esempl.* ARG. C[1]

ERCOLE I D'ESTE, DUCA. (1471-1505).

1189. MEZZO GROSSO. HERCVLES. DVX. Altare ardente. ℞ S. PRO SPER. EPS. REGII. Busto di prospetto. ARG. C[2]
1190. QUATTRINO. *N. 2 esempl.* BR. C[1]

ALFONSO I D'ESTE, DUCA. (1505-1534).

1191. QUATTRINO. BR. C[1]

ERCOLE II D'ESTE, DUCA. (1534-1559).

1192. MEZZO TESTONE. HER. II. DVX. REGII. IIII. Busto a d. ℞ REGII. LOMBARDIAE. Stemma. R. ARG. C[1]
1193. GROSSO. HERCVLES. II. DVX. REGII. IIII. Busto a d. ℞ S. GRISANT. MARTIR. Il Santo in piedi. R. ARG. C[2]
1194. MEZZO GROSSO. HER. II. DVX. FER. REG. IIII. Busto a s. ℞. PERFICIT. ET. CONFICIT. Figura in piedi. ARG. C[2]

ALFONSO II D'ESTE, DUCA. (1559-1597).

1195. GROSSO. ALFONSVS. II. DVX. REGII. V. Busto a s. ℞ CALCABITVR. ASPER. PRASIS. EQVO. Tre cavalli galoppanti a d. *n. 3 esempl. svariati.* R. ARG. C[1] e C[2]

RETEGNO.

ANTONIO TEODORO TRIVULZIO, PRINCIPE. (1664-1678).

1196. DUCATONE DOPPIO. THEODORVS. TRIVLTIVS. S. R. I. ET. VAL. MISOL. PRI. 1676. Busto a d. ℞ COMES. MVSOCHI. X BARO. RET. IMPE. XIIII. ET. C. Scudo con testa coronata e tre faccie col motto VNICA MENS. R[3] ARG. C[1]
1197. DUCATONE DOPPIO. Simile al precedente. R[3] ARG. C[1]
1198. DUCATONE DOPPIO. Simile ai precedenti. R[3] ARG. C[1]

1199. DUCATONE. THEOD. TRVL. R. I. ET. VAL. MISOL. PRIN. Busto a d. e sotto 1676. ℞ CO. MVSOCHI. X. BAR. RET. IMP. XIIII. ET. C. Scudo c. s. R³ ARG. C¹
1200. MEZZO DUCATONE. THEODORVS. TRIVVL. S. S. R. I. ET. V. MISOL. PRIN. 1676. Busto a d. ℞ C. MVSOCHI. X. BARO. RETENY. IMPER.... Scudo c. s. R⁴ ARG. C²

ANTONIO TOLOMEO TRIVULZIO, BARONE. (1708-1726).

1201. TALLERO. ANT. PTOLOM. TRIVULTIUS. Busto a d. ℞ S. R. I. PRINC. ET. BARO. RETENY. IMP. 1726. Stemma. R³ ARG. F. D. C.
1202. MEZZO TALLERO. Simile al precedente. R⁴ ARG. C¹

RIMINI.

REPUBBLICA. (1250-1355).

1203. GROSSO. DE. ARIMINO. Croce ℞ PP. S. GAVDENCIVS. Il Santo in piedi; *n. 3 esempl.* ARG. C¹
1204. DENARETTO. + DE. ARIMINO. Croce. ℞ + SANT. IVLIA. nel mezzo NVS.; *n. 2 esempl.* R. ARG. C¹

SIGISMONDO PANDOLFO MALATESTA, SIGNORE. (1432-1463).

1205. PICCIOLO. G. P. D. ARIMINI. Sole raggiante. ℞ S. IVLIANVS. Il Santo in piedi: *n. 3 esempl.* R² MIST. C²

ROGOREDO.

FRANCESCO TRIVULZIO, MARCHESE DI VIGEVANO. (1526-1549).

1206. QUATTRINO. FRANCISCVS. TRIVVLTIVS. Nel campo F. ℞ MAR. VI. ET. CAST. NOCM. Croce; *n. 2 esempl.* R. BR. C¹

RODI.

ELION DE VILLENEUVE. (1319-1346).

1207. ASPRO. + FR. ELION. D. WILANOVA. DI. GRA. MR. Il Gran Maestro in ginocchio davanti alla casa patriarcale. ℞ + OSPTAL. S. IOHIS. IRLNI. QT. RODI. Croce ornata. - FURSE, I. 2; *n.* 2 *esempl.* R³ ARG. C¹

ANONIME.

1208. MISTURA. *N.* 2 *esempl.* MIST. C²

ROMA - ANTIQUIORES.

LEONE IV, PAPA con LOTARIO, IMPERATORE. (847-855).

1209. DENARO. + HLOTARIVS e nel campo in monogramma IMP. ℞ + SCS. PETRVS e nel campo LO PA per LEO PAPA. - PROMIS, III. 8. R.⁷ ARG. C¹

GIOVANNI VIII, PAPA con CARLO III, IMPERATORE. (872-882).

1210. DENARO. + KAROLVS. IMP. e nel mezzo il monogramma di IOHANS. ℞ SCS. PETRVS. Busto del santo colla croce. - PROMIS, IV. 11. R⁷ ARG. C¹

STEFANO V, PAPA con CARLO IL GROSSO IMPERATORE. (885-891).

1211. DENARO. + CAROLVS IMP. Nel mezzo ROMA colle lettere disposte in croce. ℞ + SCS. PETRVS. e nel mezzo le lettere SPEN disposte in croce (STEPHANVS). - PROMIS, V. 3. R⁷ ARG. C¹

STEFANO VI, PAPA con ARNOLFO, IMPERATORE. (896-897).

1212. DENARO. + ARNOLFVS IMP. e nel mezzo il monogramma di ROMA con sopra un globetto. ℟ + SCS. PETRVS e nel mezzo il monogramma di STEPHANVS con sotto un globetto. - PROMIS, V. 10. R7 ARG. C1

ROMANO I, PAPA con LAMBERTO, IMPERATORE. (897).

1213. DENARO. + LAMVERTO IMP. e nel campo ROMA colle lettere disposte in croce. ℟ + S. CS. PETRVS e nel campo il monogramma di ROMANVS. - PROMIS, V. 12. R8 ARG. C1

SENATO ROMANO. (1188-1252).

1214. ZECCHINO. S. PETRVS — SEN — ATOR. VRB. S. Pietro con libro e chiavi consegna il vessillo al senatore genuflesso. ℟ ROMA. CAPVT. MVNDI. S. P. Q. R. Il Salvatore in piedi contornato di stelle; uno scudetto. R3 ORO. C1

1215. ZECCHINO. Simile al precedente, con una rosa in luogo dello scudetto. R3 ORO. C1

SENATORI ANONIMI. (1285-1347).

1216. GROSSO E MEZZO GROSSO. *N. 7 esempl. svariati.* R. ARG. C1 e C2

URBANO V, PAPA. (1350-1367).

1217. MEZZO GROSSO. VRB. PP. QNTS. Busto del pontefice di prospetto. ℟ S. PET. E. PA. Nel campo V. R. B. I.; *n. 3 esempl.* R. ARG. C1

LADISLAO, RE DI NAPOLI. (1413-1414).

1218. DENARETTO. + LADISLAVS. REX. Croce con un giglio. ℟ Leggenda difficile a rilevarsi. Leone gradiente a s. MIST. C2

1219. MEZZO GROSSO. *N. 4 esempl. di Papi diversi.* ARG. C^2 e C^3

EUGENIO IV, PAPA. (1431-1447).

1220. ZECCHINO. + EVGENIVS. P. . QVARTVS. Stemma sormontato da chiavi e triregno. ℞ + S. PETRVS. ALMA. ROMA. Il Santo in piedi. R^4 ORO. F. D. C.

1221. ZECCHINO. Simile al precedente. R^4 ORO. C^1

NICOLÒ V, PAPA. (1447-1455).

1222. ZECCHINO. + NICOLAVS. PP. QVINTVS. Stemma, chiavi e triregno. ℞ + S. PETRVS. ALMA. ROMA. Il Santo in piedi. R^2 ORO. C^1

1223. ZECCHINO. Simile al precedente. R^2 ORO. C^1

CALLISTO III, PAPA. (1455-1458).

1224. GIULIO. + CALLISTVS. PP. TERTIVS. Stemma. ℞ MODICE. FIDEI. QVARE. DVBITATIS. S. Pietro nella navicella. *Bucato.* R^2 ARG. C^1

1225. GIULIO. + CALLISTVS. PP. TERTIVS. Stemma. ℞ S. PETRVS. S. PAVLVS. I due Santi in piedi. *Bucato.* R^4 ARG. C^2

PIO II, PAPA, (1458-1464).

1226. GIULIO. + PIVS. PAPA. SECVNDVS. Stemma. ℞ S. PETRVS. S. PAVLVS. I due Santi in piedi. R^2 ARG. C^2

1227. MEZZO GROSSO. PIVS. PP. SECV ✱ Busto di prospetto. ℞ ✱ S. PETRVS. S. PAVLVS. Nel campo V. R. B. I. R. ARG. C^1

PAOLO II, PAPA. (1464-1471).

1228. GIULIO. + PAVLVS. PP. SECVNDVS. Stemma. ℞ S. PAVLVS. S. PETRVS. ALMA. RO. I due Santi in piedi; *n. 2 esempl.* R^2 ARG. C^1 e C^2

1229. MEZZO GIULIO. PAVLVS. PP. SECVNDVS. Stemma. ℞ S. PAVLVS. S. PETRVS. I due Santi in piedi. R² ARG. C²

SISTO IV, PAPA. (1471-1484).

1230. ZECCHINO. SIXTVS. PP * * QVARTVS. Stemma. ℞ SANCTVS. PETRVS. ALMA. ROMA. S. Pietro nella navicella. R² ORO. C¹
1231. ZECCHINO. Simile al precedente, ma d'altro conio. R² ORO. C¹
1232. GIULIO. SIXTVS. IIII. PONT. MAX. VRBE. REST. Busto a d. ℞ PVBLICAE *. .* VTILITATI. Stemma. R³ ARG. C¹
1233. GIULIO. SIXTVS. PP. .* .* QVARTVS. Stemma. ℞ S. PETRVS. S. PAVLVS. I due Santi in piedi; nell'esergo ROMA; *n. 3 esempl.* R. ARG. C¹ e C²

INNOCENZO VIII, PAPA. (1484-1492).

1234. ZECCHINO. INNOCENTIVS. PP. VIII. Stemma. ℞ SANCTVS. PETRVS. ALMA. ROMA. S. Pietro nella navicella. R² ORO. C²
1235. GROSSO. INNOCENTIVS. PP. VIII. Stemma. ℞ S. PETRVS. S. PAVLVS. ALM. ROM. Busti di S. Pietro e S. Paolo. R³ ARG. C¹

ALESSANDRO VI, PAPA. (1493-1503).

1236. ZECCHINO. ALEXANDER. PP. SEXTVS. Stemma. ℞ SANCTVS. PETRVS. ALMA. ROMA. Il Santo nella navicella. R² ORO. C¹

GIULIO II, PAPA. (1503-1513).

1237. DOPPIO ZECCHINO. IVLIVS. II. PONT. MAX. Stemma. ℞ SANCTVS. PETRVS. ALMA. ROMA. Il Santo nella navicella. R⁴ ORO. C¹
1238. ZECCHINO. IVLIVS. II. PONT. MAX. Stemma. ℞ Simile al precedente con S. Pietro e S. Paolo nella navicella. R² ORO. C¹
1239. GIULIO. IVLIVS. II. PONT. MAX. Stemma. ℞. ALMA. ROMA. S. Pietro e S. Paolo in piedi. R² ARG. C¹
1240. GROSSO. IVLIVS — LIGVR. II. — PONT. — M. in quattro righe. ℞ FVNDATORES. RO. ECCL. Teste accollate di S. Pietro e S. Paolo; *n. 2 esempl.* R² ARG.C¹

LEONE X, PAPA. (1513-1521).

1241. ZECCHINO. LEO. PAPA. DECIMVS. Stemma. ℟. SANCTVS. PETRVS. ALMA. ROMA. Il Santo nella navicella. R² ORO. C²

1242. MEZZO GROSSO. LEO. PAPA. DECIMVS. Stemma. ℟ S. PETRVS. ALMA. ROMA. Mezza figura del Santo. R. ARG. C¹

SEDE VACANTE. (1521).

1243. GIULIO. SEDE VACANTE. Chiavi, padiglione e stemma del Card. Armellini. ℟ S. PETRVS. S. PAVLVS. I due Santi in piedi.

ADRIANO VI, PAPA. (1522-1523).

1244. ZECCHINO. ADRIANVS. VI. PONT. MAX. Stemma. ℟ S. PETRVS. ALMA. ROMA. Il Santo nella navicella.
R⁶ ORO. F. D. C.

1245. GIULIO. ADRIANVS. VI. PON. MAX. Stemma. ℟ S. PETRVS. S. PAVLVS. I due Santi in piedi; nell'esergo ROMA.
R⁵ ARG. F. D. C.

1246. GIULIO. Simile al precedente. R⁵ ARG. C¹

CLEMENTE VII, PAPA. (1523-1534).

1247. ZECCHINO. CLEMENS. VII. PONT. MAX. Stemma. ℟ + SANC. PETRVS. ALMA. ROMA. Il Santo nella navicella. R² ORO. C¹

1248. TESTONE. CLEMENS. VII. PONT. MAX. Busto a s. ℟ QVARE. DVBITASTI. Cristo che solleva S. Pietro che sta per immergersi nelle acque. *Conio del Cellini.* R⁴ ARG. C¹

1249. GIULIO. CLEMENS. VII. PONT. MAX. Stemma. ℟ S. PETRVS. S. PAVLVS. I due Santi in piedi; nell'esergo ROMA. Con diversa sigla. R. ARG. F. D. C.

1250. GIULIO. CLEMEN. VII. PONT. MAX. Stemma. ℟ S. PETRVS. S. PAVLVS. I due Santi in piedi; *n. 4 esempl.* R. ARG. C¹

OSSIDIONALE. (1527).

1251. QUARTO DI DUCATO. CLEMENS. VII. PONTIF. MA. Stemma. ℟ S. PA. + S. PE. ALMA. ROMA. Teste affrontate de' due Santi. *Battuto in Castel Sant'Angelo.* R⁶ ARG. C¹

PAOLO III. (1534-1549).

1252. SCUDO D'ORO. PAVLVS. III. PONT. MAX. Stemma. ℞ S. PAVLVS. VAS. ELECTIONIS. Il Santo in piedi. R. ORO. C¹

1253. SCUDO D'ORO. PAVLVS. III. PO. M. Stemma. ℞ S. PETRVS. ALMA. ROMA. S. Pietro nella navicella. R⁴ ORO. C¹

1254. SCUDO D'ORO. Simile al precedente. ℞ SAN. PAVLVS. ALMA ROMA. S. Pietro nella navicella. R⁴ ORO. C¹

1255. GIULIO. PAVLVS. III. PONT. MAX. Stemma. ℞ S. PAVLVS. ALMA. RO. Il Santo in piedi di prospetto. ARG. C²

GIULIO III. (1550-1555).

1256. SCUDO D'ORO. IVLIVS. III. PONT. MAX. Stemma. ℞ VIA. VERITAS ET. VIRT. R⁴ ORO. C¹

1257. GIULIO. IVLIVS. P. M. AN. V. Stemma. ℞ S. PETRVS. AL. ROMA. S. Pietro stante di prospetto. ARG. C¹

1258. GIULIO. IVLIVS. III. PONT. MAX. Stemma. ℞ S. PETRVS. ANCONA. Il Santo in piedi. ARG. C¹

1259. GROSSO. IVLIVS. III. P. M. A. II. Stemma. ℞ PROVIDENTIA. ROMA. Ara. ARG. C²

1260. Simile al precedente. ℞ VIRGO. TVA. GLORIA. PARTVS. La Vergine seduta col Bambino. *Bucata.* ARG. C¹

PAOLO IV. (1555-1559).

1261. TESTONE. PAVLVS. IIII. PONT. MAX. Stemma. ℞ S. PETRVS. APOSTOLVS RO — MA. Il Santo seduto di prospetto; *n. 5 esempl.* ARG. C¹ e C²

SEDE VACANTE. (1555).

1262. GIULIO. SEDE. VACANTE. Stemma con padiglione. 1555. ℞ S. PETRVS. ALMA. ROMA. Il Santo in piedi; *n. 2 esempl.* R² ARG. C¹ e C²

MARCELLO II. (1555).

1263. GIULIO. MARCELLVS. II. PONT. MAX. Stemma. ℞. S. PETRVS. ALMA. ROMA. Il Santo in piedi. R³ ARG. C²

PAOLO IV. (1555-1559).

1264. GIULIO. PAVLVS. IIII. PONT. MAX. Stemma. ℟ S. PAVLVS. ALMA. ROMA. Il Santo in piedi; *n. 2 esempl.* R. ARG. C¹

SEDE VACANTE. (1559).

1265. TESTONE. SEDE. VACANTE 1559. Stemma con padiglione. ℟ S. PETRVS. APOSTOLVS. ROMA. Il Santo seduto. R² ARG. C¹

1266. GIULIO. SEDE. VACANTE. 1559. Stemma con padiglione. ℟ S. PAVLVS. ALMA. ROMA. Il Santo in piedi. *Bucata.* R² ARG. C¹

1267. GIULIO. Simile al precedente. ℟ S. PETRVS. ALMA. ROMA. Il Santo in piedi. ARG. C²

PIO IV. (1559-1565).

1268. TESTONE. PIVS. IIII. PONT. MAX. Stemma. ℟ S. PETRVS. APOSTOLVS. ROMA. Il Pontefice seduto di prospetto. R² ARG. C¹

1269. GIULIO. PIVS. IIII. PONT. MAX. Stemma. ℟ S. PETRVS. ALMA. ROMA. Il Santo in piedi. ARG. C²

PIO V. (1565-1572).

1270. TESTONE. PIVS. V. PONT. MAX. Stemma. ℟ ABSIT. NIS. IN. TE. GLORIARI. ROMA. Il Papa genuflesso davanti ad una croce. R² ARG. C¹

1271. DOPPIO GIULIO. PIVS. V. PONT. MAX. ALMA. ROMA. Stemma. ℟ PORTE. INFERI. NON. PREVALEBVNT. Il Salvatore che dà le chiavi a S. Pietro. ARG. C¹

SEDE VACANTE. (1572).

1272. GIULIO. MIST. C³

GREGORIO XIII. (1572-1585).

1273. TESTONE. GREGORIVS. XIII. PONT. M. Busto a d. ℞ NON. APPARENTIVM. EST. FIDES. ROMA. La Religione seduta di prospetto. R[2] ARG. C[1]

1274. TESTONE. GREGORIVS. XIII. PONT. M. Busto a d. ℞ IVSTI. INTRABVNT. PER. EAM. ROMA. Porta sulla quale è scritto: AN. 1575. ARG. C[1]

SISTO V. (1585-1590).

1275. SCUDO. SIXTVS. V. PONT. MAX. ANN. IIII. 1588. Busto a d. ℞ IN. TE. SIGNVM. NOSTRAE. REDEMPTIONIS. S. Francesco genuflesso che riceve le stimmate. R[8] ARG. C[1]

CLEMENTE VIII. (1592-1605).

1276. TESTONE. CLEMENS. VIII. PONT. MAX. Stemma. ℞ NON. PREVALEBVNT — ROMA. S. Pietro nella navicella. R[2] ARG. C[1]

PAOLO V. (1605-1621).

1277. SCUDO D'ORO. PAVLVS. V. P. MAX. A. VIII. Stemma. ℞ S. PAVLVS. RO. Testa di S. Paolo a d. R[3] ORO C[1]

1278. SCUDO D'ORO. Simile al precedente dell'anno XI. R[2] ORO. C[1]

1279. TESTONE. PAVLVS. V. MAX. A. VII. Stemma. ℞ S. PAVLVS. ALMA. ROMA. S. Paolo seduto 1614-1617; *n. 2 esempl.* R. ARG. C[1]

1280. TESTONE. Simile ai precedenti, dell'anno 1611. ARG. C[1]

1281. TESTONE. PAVLVS. V. P. MAX. A. IIII. Stemma. ℞ S. PETRVS. S. PAVLVS. I due Santi in piedi. ARG. C[2]

1282. TESTONE. PAVLVS. V. P. MAX. A. V. A. VI. Stemma. ℞ S. PAVLVS. ALMA. ROMA. Il Santo in piedi; *n. 2 esempl.* ARG. C[1] e C[2]

1283. GROSSO. *N. 2 esempl. vari.* ARG. C[1]

1284. MEZZO GROSSO. *N. 2 esempl.* ARG. C[1] e C[2]

1285. QUATTRINO. BR. C[2]

URBANO VIII, PAPA. (1623-1644).

1286. SCUDO D'ORO. VRBANVS VIII. P. MAX. Stemma. ℟ QVI. INGREDITVR. SINE. MACVLA. Porta in cui il volto santo. 1625. R³ ORO C²

1287. SCUDO D'ORO. Simile al precedente, ma d'altro conio. R³ ORO. C²

1288. TESTONE. VRBANVS. VIII. PONT. M. A. VII. Stemma. ℟ S. PETRVS. S. PAVLVS. I due santi in piedi; in alto lo Spirito Santo; all'esergo ROMA; *n. 2 esempl.* R. ARG. C¹ e C²

1289. TESTONE. VRBANVS. VIII. PON. MAX. A. II. Stemma. ℟ QVI. INGREDITVR. SINE MACVLA. La Porta Santa. ARG. C¹

1290. GIULIO. ARG. C²

1291. MEZZO GROSSO. *N. 3 esempl.* ARG. C¹ e C²

INNOCENZO X. PAPA. (1644-1655).

1292. MEZZO GROSSO. *N. 3 esempl. di conio diverso.* R. ARG. C²

ALESSANDRO VII, PAPA. (1655-1667).

1293. TESTONE. ALEX. VII. PONT. MAX. Stemma. ℟ NEC CITRA NEC VLTRA. Una mano sostenente una bilancia; *n. 3 esempl.* ARG. F. D. C.

1294. GIULIO. ALEX. VII. PONT. MAX. Stemma. ℟ CRESCENTEM. SEQVITVR. CVRA. PECVNIAM. Tavolino con sopra monete. *Bucato.* ARG. C¹

1295. MEZZO GROSSO. BR. C¹

SEDE VACANTE. (1669-1670).

1296. TESTONE. SEDE. VACANTE. MDCLXIX. Stemma. ℟ ILLVXIT. ILLVCESCAT. ADHVC. Lo Spirito Santo con lingue di fuoco; nell'esergo ROMA. *Bucato.* R² ARG. C¹

1297. GROSSO E MEZZO GROSSO, *n. 2 esempl., uno bucato.* ARG. C¹

CLEMENTE X, PAPA. (1670–1676).

1298. TESTONE. CLEMENS X. PONT. MAX. Stemma. ℞ NE PROIICIAS ME IN TEMPORE SENECTVTIS. Il Re Davide seduto coll'arpa. R. ARG. C[1]

1299. GIULIO. CLEMENS X. PONT. MAX. A. I. MDCLXX. Busto a d. con camauro. ℞ COLLES. FLVENT. MEL. DE. PETRA. S. Pietro martire in piedi. R. ARG. C[1]

1300. GIULIO. CLEMENS. X. PONT. MAX. A. IIII. MDCLXXIII. Busto a d. con camauro. ℞ SANCTVS. VENANTIVS. M. CAMERS. Il Santo in piedi. *Bucato.* R. ARG. C[1]

SEDE VACANTE. (1676).

1301. GIULIO. SEDE ✳ VACANTE ✳ MDCLXXVI. Stemma con padiglione e le chiavi. ℞ DOCEBIT. NOS. OMNIA. La colomba volante tra le fiammelle; nell'esergo ROMA. *Bucato.* R[2] ARG. C[1]

1302. GROSSO E MEZZO GROSSO. *N. 3 esempl.* R. ARG. C[1]

INNOCENZO XI, PAPA. (1676–1689).

1303. SCUDO. INNOCEN. XI. PONT. MAX. AN. I. Ritratto a d. con camauro. ℞ SANCTVS. MATHÆVS. APOST. Il Santo sulle nubi con un angelo. ARG. C[1]

1304. SCUDO. Simile al precedente, ma dell'anno VIII. ℞ Entro ghirlanda DEXTERA — TVA DOMINE — PERCVSSIT — INIMICVM in quattro righe. ARG. C[1]

1305. SCUDO. Simile al precedente, dell'anno IX. ℞ La stessa leggenda e sotto 1684. ARG. C[1]

1306. TESTONE. INNOCENTIVS XI. PONT. MAX. Stemma. ℞ MELIVS — EST. DARE. — QVAM — ACCIPERE in quattro righe entro cornice. ARG. C[1]

1307. TESTONE. Simile al precedente, ma d'altro conio. ARG. C[1]

1308. TESTONE. Simile al precedente, ma coll'anno 1686. ARG. C[1]

1309. TESTONE. Altro di conio diverso coll'anno 1686. ARG. F. D. C.

1310. GIULIO. INNOCEN. XI. PONT. M. A. X. Stemma. ℟ QVI. DAT. — PAVPERI — NON — INDIGEBIT — 1685 in cinque righe entro cornice. ARG. C[1]

1311. MEZZO GROSSO. *N. 2 esempl.* ARG. C[1]

SEDE VACANTE. (1689).

1312. GIULIO. SEDE. VACANTE. MDCLXXXIX. Stemma col padiglione. ℟ VBI VVLT SPIRAT. Lo Spirito Santo raggiante; nell'esergo ROMA. *Bucato.* R. ARG. C[1]

ALESSANDRO VIII, PAPA. (1689–1691).

1313. TESTONE. ALEXAN : VIII. PONT : M . A : I : Busto col camauro a d. ℟ RE. FRVMENTARIA. RESTITVTA. Due buoi aggiogati all'aratro; sotto MDCXC.; *n. 3 esempl.* ARG. C[1]

SEDE VACANTE. (1691).

1314. TESTONE. SEDE. VACANTE. MDCLXXXXI. Stemma col padiglione. ℟ DOCEBIT. ET. SVGGERET. Lo Spirito Santo raggiante tra le nuvole; nell'esergo ROMA. ARG. C[1]

1315. TESTONE. Simile al precedente, ma di conio diverso. ARG. C[1]

INNOCENZO XII, PAPA. (1691–1700).

1316. QUATTRO SCUDI D'ORO. INNOCEN. XII. PONT. M. A. IIII. Busto a d. con camauro; all'esergo PP. BORNER. ℟ DAT. OMNIBVS. AFFLVENTER. Una fontana; all'esergo 1694. R[4] ORO. F. D. C.

1317. MEZZO SCUDO. INNOCEN. XII. PONT. M. A. II. Busto a d. con camauro (PP. BORNER). ℟ OPVS. IVSTITIAE. PAX. La Pace in piedi 1692. ARG. C[1]

1318. MEZZO SCUDO. INNO. XII. P. M. AN. VII. Busto a d. col capo nudo. ℟ FACTVS. EST. IN. PACE. LOCVS. EIVS. L'arca di Noè. R. ARG. C[1]

1319. MEZZO SCUDO. INNOCEX. XII. PONT. M. A. IX. Busto a d. col camauro. ℟ PARATE. VIAM. DOMINI. Il Battista che predica alla moltitudine. ARG. C[1]
1320. GIULIO. Dell'anno 1695. ARG. C[1]
1321. GIULIO. Del 1696. ARG. F. D. C.
1322. GIULIO. Del 1697. ARG. F. D. C.
1323. GIULIO. Giubileo del 1700. ARG. C[1]
1324. MEZZO GROSSO. *N. 5 esempl. diversi.* ARG. C[1]

SEDE VACANTE. (1700).

1325. TESTONE. SEDE. VACANTE. MDCC. Stemma col padiglione. ℟ VADO ET VENIO AD VOS. Lo Spirito Santo raggiante fra le nubi. —; nell'esergo ANNO IVBIL. R. ARG. C[1]

CLEMENTE XI, PAPA. (1700-1721).

1326. MEZZO SCUDO D'ORO. CLEM. XI. P. M. A. XVII. Busto a d. col camauro. ℟ S. PETRVS. APOST. Busto del Santo. R[a] ORO. F. D. C.
1327. TESTONE. CLEMENS. XI. PONT. M. A. IV. Stemma. ℟ FOENERATVR — DOMINO. QVI. — MISERETVR — PAVPERIS 1704 in cinque righe entro una cornice. R. ARG. C[1]
1328. TESTONE. Simile al precedente, dell'anno VIII. ℟ A. DEO. ET. PRO. DEO. La Carità. R. ARG. C[1]
1329. GIULIO. Dell'anno II. ℟ SI — AFFLVANT — NOLITE — COR — APPONERE — 1702 in 6 righe entro una cornice. R. ARG. C[1]
1330. GIULIO. Dell'anno V. ℟ S. Francesco in estasi. *Bucato.* R. ARG. C[1]
1331. GIULIO. Degli anni VIII e IX. ℟ NON — CONCVPI — SCES — ARGENTVM in quattro righe entro una cornice; *n. 2 esempl.* R. ARG. C[1]
1332. GIULIO. Dell'anno X. ℟ DELICTA — OPERIT — CHARITAS in tre righe entro cornice ARG. C[1]

INNOCENZO XIII, PAPA, (1721-1724).

1333. GROSSO del 1723 e MEZZO GROSSO del 1721; *n. 2 esempl.* ARG. C[1]

SEDE VACANTE. (1730).

334. GIULIO. SEDE. VACANTE. MDCCXXX. Stemma col padiglione. ℞ LVMEN. SEMITIS. MEIS. Lo Spirito Santo raggiante; sotto un'armetta; *n. 2 esempl. bucati.* R. ARG. C[1]

CLEMENTE XII, PAPA. (1730-1740).

335. SCUDO D'ORO. CLEM: XII: P: M: A: VIII. Busto a d. col camauro. ℞ DE. LVTO — FÆCIS — 1738 in tre righe entro ghirlanda. R[2] ORO. C[1]

336. GIULIO. CLEMENS. XII. PONT. M. A. V. Stemma. ℞ A. A. A. — F. F. — RESTITVTVM — COMMERC in quattro righe entro ghirlanda; sotto scudetto. ARG. C[1]

337. QUATTRINO del 1738. BR. C[1]

SEDE VACANTE. (1740).

338. BAJOCCO. R. BR. F. D. C.

BENEDETTO XIV, PAPA. (1740-1758).

339. QUARTINO D'ORO. BEN. XIV. in due righe, colla tiara e le chiavi. ℞ S. PETRVS. Busto a d.; *n. 2 esempl.* R[3] ORO. C[1]

340. GROSSO. Giubileo del 1750. *Bucato.* ARG. C[2]

SEDE VACANTE. (1758).

341. MEZZO SCUDO. SEDE. VACANTE. MDCCLVIII. Stemma col padiglione. ℞ VBI. VVLT. SPIRAT. Lo Spirito Santo raggiante fra le nuvole; MEZ. SCV. e un'armetta. ARG. C[1]

342. QUINTO DI SCUDO. Simile al precedente. ARG. C[1]

CLEMENTE XIV, PAPA. (1769-1774).

343. TESTONE. CLEMENS. XIV. PONT. MAX. A. II. Stemma. ℞ S. PETRVS. S. PAVLVS. I due Santi in piedi; in alto lo Spirito Santo; nell'esergo MDCCLXX e un'armetta. ARG. C[1]

PIO VI, PAPA. (1775-1799).

1344. DOPPIO GIULIO. PIVS. PONT. M. A. II. Busto a d. ℞ AVXILIVM DE SANCTO. 1776. — La Chiesa sedente sulle nubi. ARG. C[2]
1345. GROSSO. ARG. F. D. C.
1346. BAJOCCHI SESSANTA. R. MIST. C[1]
1347. BAJOCCHI VENTICINQUE. R. MIST. C[1]
1348. MADONNINA DA CINQUE BAJOCCHI. *N.* 4 *esempl. vari.* BR. C[1]
1349. BAJOCCHI QUATTRO E UN BAJOCCO. *N.* 2 *esempl.* R. MIST. C[1]
1350. SAN PIETRINO DA BAJOCCHI DUE E MEZZO. *N.* 4 *esempl. vari.* BR. C[1]
1351. DUE BAJOCCHI. BR. C[1]
1352. UN BAJOCCO. *N.* 2 *esempl. diversi.* BR. C[1]
1353. UN BAJOCCO E MEZZO BAJOCCO. *N.* 2 *esempl.* BR. C[1]

REPUBBLICA ROMANA. (1798-1799).

1354. SCUDO. REPVBBLICA ROMANA. La Libertà in piedi a s. col berretto frigio sopra un'asta nella sinistra, e colla destra appoggiata sul fascio consolare. ℞ SCVDO — ROMANO in due righe entro una ghirlanda di quercia. R. ARG. C[1]
1355. DUE BAJOCCHI. BR. C[1]

PIO VII, PAPA. (1800-1823).

1356. BAJOCCO. *N.* 2 *esempl.* BR. C[1]
1357. MEZZO BAJOCCO E QUATTRINO. *N.* 6 *esempl.* BR. C[1]

SEDE VACANTE. (1823).

1358. MEZZO SCUDO. SEDE. VACANTE. MDCCCXXIII. Stemma col padiglione. ℞ AVXILIVM. DE. SANCTO. La Chiesa seduta sopra le nubi; *n.* 2 *esempl.* ARG. C[1]

LEONE XII, PAPA. (1823-1829).

1359. MEZZO BAJOCCO E QUATTRINO. *N. 4 esempl.* BR. C¹

SEDE VACANTE. (1829).

1360. SCUDO. SEDE. VACANTE. MDCCCXXIX. Stemma col padiglione. ℞ AVXILIVM DE SANCTO. La Religione seduta sulle nubi. ARG. F. D. C.

GREGORIO XVI, PAPA. (1831-1846).

1361. BAIOCCO. *N. 3 esempl.* BR. C¹
1362. MEZZO BAJOCCO E QUATTRINO. *N. 5 esempl.* BR. C¹

PIO IX, PAPA. (1846-1878).

1363. SCUDO. PIVS. IX. PONT. MAX. AN. VIII. Busto a s. ℞ SCVDO. 1853. Entro corona d'alloro. ARG. C¹
1364. DA LIRE 5. PIVS. IX. PONT. MAX. A. XXIV. Busto a s. ℞ STATO PONTIFICIO. Nel campo 5 LIRE — 1870 entro corona di alloro e di quercia. ARG. C¹
1365. DA SOLDI 4. *N. 5 esempl.* BR. C¹
1366. DA 5 BAIOCCHI. 1862. ARG. C¹
1367. DA BAIOCCHI 2 degli anni 1848 e 1851. *N. 2 esempl.*
1368. DA UN BAIOCCO degli anni 1849-50 e 51; *n. 4 esempl.* BR. C¹
1369. DA MEZZO BAIOCCO E QUATTRINO. *N. 7 esempl.* BR. C¹
1370. DA SOLDI 2. 1866 e 1867; *n. 2 esempl.* BR. C¹
1371. DA UN SOLDO, MEZZO SOLDO E QUATTRINO di anni diversi; *n. 17 esempl. vari.* BR. C¹

REPUBBLICA ROMANA. (1848).

1372. DA BAIOCCHI 40. REPUBBLICA ROMANA 1849. Nel campo 40 BAIOCCHI. ℟ DIO E POPOLO. Aquila entro ghirlanda di quercia tenente fra gli artigli il fascio consolare.
R. MIST. C[1]

1373. DA BAIOCCHI 16. 8 e 4. *N. 5 esempl.* MIST. C[1]

1374. DA BAIOCCHI 3 e 5 dell'anno 1849; *n. 3 esempl.*
BR. C[1]

1375. MEZZO BAIOCCO. *N. 5 esempl.* BR. C[1]

RONCIGLIONE.

SEDE VACANTE. (1799-1800).

1376. MADONNINA. FEDELTÀ. RELIGIONE. Busto della Vergine a s. ℟ ✶ L'INCENDIO DI RONCIGLIONE. Anno 1799. Veduta dell'incendio. R[2] BR. C[1]

1377. BAIOCCHI 3. *N. 4 esempl.* BR. C[2]

SABBIONETTA.

VESPASIANO GONZAGA, DUCA. (1559-1591).

1378. CAVALLOTTO. + VESPASIAN. G. C. PRIN. DVX. M. CO. Stemma coronato. ℟ AVE. SACRA. CRVX. CHRISTI. Croce trifogliata entro quattro archi di cerchio; *n. 2 esempl. vari.*
R. MIST. C[1]

1379. QUATTRINO. VESPA - GON. CO. M. ET. C. in tre righe. ℟ Fulmine alato. R. BR. C[2]

SALERNO.

NORMANNI. (1085-1190).

1380 FOLLARO. *N. 4 esempl. vari.* BR. C[2]

S. MARINO.

REPUBBLICA. (1864).

1381. DA 10 E DA 5 CENTESIMI. *N. 3 esempl.* BR. C[1]

S. SEVERINO.

PIO VI, PAPA. (1796).

1382. MADONNINA DA BAIOCCHI 5. *N. 6 esempl.* R. BR. C[1]
1383. SAMPIETRINO DA BAIOCCHI 2 E MEZZO. R[2] BR. C[1]
1384. MEZZO BAIOCCO. *N. 2 esempl.* R. BR. C[1]

SAVOIA.

AMEDEO VIII, CONTE. (1391-1439).

1385. QUARTO. AMEDEVS. DVX. SAB. Nel campo: un nodo tra le lettere: FE — RT. ℟ IN. ITALIA. MARCHIO. Croce; *n. 3 esempl.* ARG. C[1] e C[2]

LODOVICO, DUCA. (1439-1465).

1386. PARPAIOLA. LVDOVICVS. DVX. SABAVDIE. P. R. Stemma. ℟ MARCHIO. IN. ITALIA. PRINCEPS. Croce e quattro nodi. — PROMIS. VIII, 6. ARG. C[1]
1387. MEZZO GROSSO. ARG. C[1]

CARLO I, DUCA. (1482-1490).

1388. TESTONE. ✝ KAROLVS. D. SABAVDIE. MAR. I. ITA. G. G. Busto a d. in armatura colla spada. ℟ ✝ XPS. VINCIT. XPS. REGNAT. XPS. IMPER. Stemma sormontato dal nodo d'amore e fiancheggiato dalle lettere FE — RT. R. ARG. C[1]

FILIBERTO II, DUCA. (1497–1504).

1389. MEZZO TESTONE. ·✝· PHILIBTVS. D. SABAVDIE. VIII. Testa a d. ℞ IN. TE. DNE. CONFIDO. Stemma sormontato da cimiero alato e fiancheggiato da un nodo. R. ARG. C^1

CARLO II, DUCA. (1504–1553).

1390. SCUDO D'ORO. CAROLVS. DVX. SABAVDIE. II. Il duca a cavallo a d. ℞ ✝ NILDE. EST. TIMENTIBVS. DEVM. V. I. P. P. Stemma. FE — RT. R. ORO. C^2

1391. PARPAGLIUOLA. - PROMIS. XIV, 5. ARG. C^2

1392. DOPPIO GROSSO. - PROMIS. XVII, 31; *n. 3 esempl.* MIST. C^2 e C^3

1393. CAVALLOTTO. CAROLVS. DVX. SABAVDIE. II. Stemma sormontato da cimiero. ℞ S. MAVRICIVS. T. BRVNAS. Il Santo a cavallo a d. R. ARG. C^2

1394. Simile al precedente. R. ARG. C^3

EMANUELE FILIBERTO, DUCA. (1553-1580).

1395. TALLERO. EM. PHILIB. D. G. DVX. SABAVDIE ✝ Cavaliere armato galoppante a d. Sotto 15 T 77. ℞ ✝ CHABIASI. ET. AVG. SAC. ROM. IMP. PRINCEP. Doppia croce, negli spazî quattro stemmi. R^3 ARG. C^2

1396. MEZZO SCUTO. ✝ EM. FILIB. D. G. DVX. SAB. P. PED. 1563. Busto corazzato a d. ℞ INSTAR . OMNIVM entro una ghirlanda. Nell'esergo la sigla V. - PROMIS. XXV, 36. R. ARG. C^1

1397. MEZZO SCUTO. Simile al precedente, colla sigla T. R. ARG. C^2

1398. MEZZO SCUTO. Simile ai precedenti, colla sigla P. R. ARG. C^1

1399. MEZZO SCUTO. Simile ai precedenti, colla sigla P. R. ARG. C^2

1400. DA GROSSI 4. A. 1556. - PROMIS. XXIII, 21. ARG. C^2

1401. DA GROSSI 3. - PROMIS. XXIII, 22. R. ARG. C^1 e C^2

1402. CAVALLOTTO. - PROMIS. XXIV, 30. ARG. C^3

1403. PEZZO DA 4 SOLDI. - PROMIS. XXV, 39; *n. 2 esempl.* ARG. C^1 e C^1

1404. MONETE DIVERSE. *N. 7 esempl.* MIST. C^2

CARLO EMANUELE I, DUCA. (1580-1630).

1405. SCUTO DI S. CARLO. CAROLVS. EM. D. G. DVX. SAB. 1614. Busto corazzato a d. ℞ DISCERNE. CAVSAM. MEAM. S. Carlo in piedi colla croce nella d. Nell'esergo: S. CAROLVS. - PROMIS, 49. R³ ARG. C²

1406. SCUTO. CAROLVS. EM. D. G. DVX. SAB. Busto corazzato a d. ℞ BENEDIC. HÆREDITATI. TVAE — FF. 9. Figura in piedi del Beato Amedeo poggiato su di uno scudo. R³ ARG. C¹

1407. SCUTO. Simile al precedente. R³ ARG. C²

1408. DUCATONE. CAROLVS. M. D. G. DVX. SAB. P. P. ETC. Busto a d. ℞ OMNIA. DAT. QVI. IVSTA. NEGAT. Braccio armato di spada. - PROMIS. 68. R² ARG. C¹

1409. DUCATONE. CAROLVS. EM. D. G. DVX. SABAVDIAE. Busto in armatura a d. ℞ DEVENTRE. MARIA. DEVX. PROTECTOR. MEVS. stemma, ai lati FE — RT. - PROMIS. 39. R³ ARG. C¹

1410. TESTONE. CAR. EM. D. G. DVX. SAB. P. P. Busto a d. ℞ IN. HOC. EGO. SPERABO. Stemma coronato; *n. 3 esempl. vari.* R. ARG. C²

1411. TESTONE. CAROLVS. EMANVEL. DEI. GRATIA. Stemma e due nodi. ℞ DVX. SABAVDIAE. PED. PR. EC — VI. S. Nel campo FERT. e due nodi. - PROMIS. XXX, 19. R. ARG. C²

1412. CAVALLOTTO. *Tav.* XXXI, 24; *n.* 2 *esempl.* ARG. C¹ e C²

VITTORIO AMEDEO I. (1630-1637).

1413. DA SOLDI 5. - PROMIS. XXXX, 6. MIST. C²

CARLO EMANUELE II, DUCA e CRISTINA DI FRANCIA. (1638-1648).

1414. DOPPIONE. CHR. FRAN. CAR. EMAN. DVCES. SAB. Busti accollati a d. 1642. ℞ P. P. PEDEMON. REGES. CYPRI. Stemma coronato. - PROMIS. 9. R⁴ ORO. C¹

CARLO EMANUELE II, DUCA. (1648-1675).

1415. TESTONE. CAR. EM. II. D. G. DVX. SABAVDI. Busto a d. ℟ PRIN. PEDEMON. REX. CYPRI. EC — S. X. Stemma; *n. 2 esempl.* ARG. C¹ e C²
1416. DA 20 SOLDI. ARG. C¹
1417. DA 20 SOLDI. Varietà del precedente. ARG. C²

CARLO EMANUELE III. (1730-1773).

1418. SCUTO DA LIRE 6. CAR. EM. D. G. REX. SAR. CYP. ET. IER. 1757. Ritratto a s. DVX. SABAVD. ET. MONTISFER. PRINC. PEDEM. &. Stemma. ARG. C¹
1419. SCUTO DA LIRE 6. Simile al precedente. ARG. C¹
1420. OTTAVO DI SCUTO. - PROMIS. 19. ARG. C¹
1421. DA SOLDI 5. - PROMIS. LXIV. 15; *n. 2 esempl.* MIST. C¹
1422. MONETE VARIE DA DUE SOLDI E MEZZO. - PROMIS. LXIV, 20; *n. 4 esempl.* MIST. C¹ e C²
1423. TRE CAGLIARESI del 1732. BR. C¹
1424. SOLDO. MIST. C¹

VITTORIO AMEDEO III. (1773-1796).

1425. QUARTO DI SCUTO. VIC. AM. D. G. REX. SAR. CYP. ET. IER. Busto a s. 1790. ℟ DVX. SABAVD. ET. MONTISFER. PRINC. PEDEM. &. Stemma coronato. - PROMIS. LXXII, 6. ARG. C¹
1426. DA SOLDI 20. *N. 2 esempl.* MIST. C²
1427. DA SOLDI 15. *N. 3 esempl.* MIST. C¹ e C²
1428. DA SOLDI 7. 6. *N. 2 esempl.* MIST. C¹ e C²
1429. DA SOLDI 5. 1794. BR. C¹

VITTORIO EMANUELE I, RE. (1814-1821).

1430. DA SOLDI 2. 6. - PROMIS. 4. R. MIST. C¹
1431. PROVA DI ZECCA. VITTORIO EMANUELE. Testa nuda a d. ℟ · VISITA — LA SVA ZECCA — DI TORINO — OGGI 2 OTT. — 1816 in cinque righe. BR. F. D. C.
1432. MONETE VARIE. *N. 8 esempl.* ARG. e MIST. C² e C³

SAVONA.

ANONIME. (1350-1396).

1433. MEZZA PATACCHINA. + COMVNIS ✱ SAONE. Aquila ad una testa coronata, colle ali aperte. ℞ † MONETA ✱ SAONE. Croce. - PROMIS, 13. R5 MIST. C2

LODOVICO XI RE DI FRANCIA, SIGNORE. (1461-1464).

1434. OTTENNE. Giglio. CIVITATIS. SAON. Aquila coronata. ℞ Giglio. COMVNIS. SAONE. Croce accantonata da un giglio. - PROMIS, 25. R5 MIST. C2

SCIO.

MARTINO ZACCARIA, SIGNORE. (1315-1329).

1435. GROSSO (matapane). M. Z. S. IMPA. S. ISIDOR. SYI. Il Santo consegna il vessillo ad un personaggio che sta dinanzi; lungo l'asta del vessillo DVX. ℞ IC. XC. Il Redentore seduto di prospetto. - PROMIS, 4. R5 ARG. C1

BATTISTA GIUSTINIANI CAMPI. (Sec. XVI).

1436. BRONZO. + CIV... II... Campo spaccato in due; nel primo, castello e l'aquila coronata; nel secondo il tempietto tornese. ℞ ....ADVS. REX. RO.... Croce. - PROMIS, 43. R4 BR. C1

SEBENICO.

REPUBBLICA VENETA. (1485).

1437. BAGATTINO. S. MICAEL. SIBNIC. L'Arcangelo col drago a' suoi piedi. ℞ + SANCTVS. MARCVS. VENETI. San Marco in gazzetta; *n. 2 esempl.* BR. C2

SIENA.

REPUBBLICA. (Sec. XI e XIV).

1438. GROSSO E MEZZO GROSSO. + SENA ✶ VETVS ✶ CIVITAS ✶ VIRG. S nel campo. ℟ ALPHA ✶ ET ω ∘ PRINCI ∘ ET ∘ FI. Uno scudetto. Nel campo: Croce; *n. 3 esempl.* ARG. C1

1439. DANARO. SENA. VETVS. Nel campo : S : ℟ ALFA. ET. ω. Croce. *Bucata.* ARG. C1

1440. MONETE VARIE. *N. 13 esempl.* ARG. e BR. C2

GIOVANNI GALEAZZO VISCONTI. (1390-1404).

1441. SANESE D' ORO. SENA. VETVS. CIVITAS. VIRGINIS. Biscia viscontea. Nel campo una grande S circondata da otto archi di cerchio. ℟ ALFA. ET. O. PRINCIPIV. ET. FINE. Una croce in una cornice come sopra. - PROMIS, III, 35. ORO. C1

1442. Simile al precedente. ORO. C1

REPUBBLICA. (1404-1555).

1443. SANESE D'ORO. + SENA. VETVS. CIVITAS. VIRGINS. Nel campo una grande S. ℟ ALPHA. ET. ω. PRINCIP. ET. FIN. Croce ornata. ORO. C1

1444. SANESE D'ORO. SENA. VETVS. CIVITAS. VIRGINI. La lupa che allatta Romolo e Remo. 1553. ℟ + ALPHA. ET. ω. PRINCIPIVM. ET. FINIS. Croce ornata. ORO. C1

1445. GIULIO. SENA. VETVS. CIVITAS. VIRGINIS. La Vergine circondata da teste dei cherubini. ℟ ALPHA. ET. ω. PRINCIPIVM. ET. FINIS. Croce ornata. 1550. - PROMIS. VII, 79. R3 ARG. C2

COSIMO I DE' MEDICI, GRANDUCA. (1557-1574).

1446. TESTONE. COSMVS. MED. FLOREN. ET. SENARM. DVX. II. Busto a d. ℟ SENAVETVS CIVITAS VIRGINIS. La Madonna sulle nubi. Sotto, veduta della città di Siena. - ORSINI. IV, 15. R. ARG. C1

1447. TESTONE. Simile al precedente. ℞ S. IOANNES. BAPTISTA. Il Santo seduto. ARG. C[2]

SINIGAGLIA.

FRANCESCO MARIA DELLA ROVERE, DUCA. (1501–1538).

1448. QUATTRINO. CIVITAS. SINIGALI. Rovere. ℞ S. PAVLINVS. Il Santo in piedi. R[2] BR. C[4]

SOLFERINO.

CARLO GONZAGA, MARCHESE. (1640?–1678).

1449. SOLDO. PRO. DEO. ET. CAESARE. Figura di guerriero con stendardo. ℞ CARO. D. G. S. R. I. PRI. DE. SO. Stemma; *n. 2 esempl. vari.* R[2] MIST. C[4] e C[2]

SORA.

CARLO VIII, RE DI FRANCIA. (1495).

1450. CAVALLO . CAROLVS. REX .... Stemma. ℞ PE I. PA . CA. SO .... Croce. R[3] BR. C[1]

SPOLETO.

PAOLO II, PAPA. (1464–1471).

1451. MEZZO GROSSO. PAVLVS. PAPA. II. Stemma. ℞ SPOLETANI. DVCAT: S. Pietro nella navicella. R[2] ARG. C[1]

SULMONA.

CARLO III DI DURAZZO, RE. (1382-1386).

1452. BOLOGNINO. R. KROLVS. T. Nel campo: S. M. P. E. ℞ S. PETRVS. P. Busto del Santo; *n. 2 esempl.* R. ARG. C[1]

CARLO VIII, RE DI FRANCIA. (1495).

1453. CAVALLO. KARLVS. D. G. R. SI. IE. Nell'esergo S. M. P. E. Tre gigli e corona. ℞ XPS. RE.... Croce; *n. 2 esempl.* R. BR. C[3]

SUSA.

AMEDEO III, CONTE. (1103-1148).

1454. DENARO. AMEDEVS. Croce e globetto. ℞ SECVSIA. Tre globetti; *n. 7 esempl.* R. ARG. C[1]

1455. Simile al precedente. *N. 6 esempl.* R. ARG. C[1]

TASSAROLO.

AGOSTINO SPINOLA, CONTE. (1604-1616).

1456. QUARTO DI TALLERO. AVGVSTINVS. SPIN. COMES. TASS. Busto a d. ℞ VIRTVTE. CAESAREA. DVCE. Aquila bicipite coronata. R[3] ARG. C[1]

1457. OTTAVO DI TALLERO. AVGVSTINVS. SPIN. COM. TASS. Busto a d. ℞ VIRTVTE. CAESAREA. DVCE. Aquila bicipite coronata. R[3] ARG. C[1]

FILIPPO SPINOLA, CONTE. (1616-1688).

1458. SCUDO. PHILIPPVS ✳ SPIN ✳ COMES ✳ TASS. Busto a d. ℞ SPES ✳ NON CONFVNDIT ✳ 1640. S. Giorgio a cavallo e figura distesa al suolo. R[6] ARG. C[2]

TERNI.

PIO VI, PAPA. (1775-1798).

1459. DA BAIOCCHI 8. PIVS. SEXTVS. P. M. A. XXIII. Nel campo TER — NI — 1797 in tre righe. ℟ OTTO — BAIOCCHI scritto in tre righe. R. MIST. C¹

1460. DA BAIOCCHI 6. Tipo simile al precedente; *n. 2 esempl.* MIST. C¹

TICINO.

REPUBBLICA.

1461. DA 4 LIRE. CONFEDERAZ. SVIZZERA. Figura da uomo armato in piedi; tiene colla d. una lancia e si appoggia ad uno scudo, su cui sta scritto: XIX CANT. Nell'esergo 4 FRANCHI. ℟ CANTONE. TICINO. 1814. Scudo in corona d'alloro. ARG. C¹

1462. FRANCO. Tipo simile al precedente, 1813. ARG. C¹

1463. MEZZO FRANCO. MIST. C¹

1464. UN QUARTO FRANCO. 1835. *N. 2 esempl.* MIST. C¹

1465. SOLDI 3 degli anni 1813-35-38 e 41. *N. 13 esempl.* MIST. C¹ e C²

1466. QUATTRINO. *N. 3 esempl. vari.* BR. C¹

TIVOLI.

PIO VI, PAPA. (1775-1798).

1467. MADONNINA. PIVS. PAPA. SEXTVS. ANNO XXIII 1797. Nel campo: BAIOC — CINQVE. TIVOLI. in tre righe. ℟ SANCTA. DEI. GENITRIX. Busto della Vergine; *n. 5 esempl.* R² BR. C¹ e C²

TORINO.

REPUBBLICA PIEMONTESE. (1798-1799).

1468. MEZZO SCUDO. LIBERTÀ. VIRTÙ. EGUAGLIANZA. Figura in piedi della libertà. ℟ ✶ ANNO. VII. REP. I. DELLA. LIBERTÀ. PIEMONTESE. Nel campo MEZZO — SCUDO entro ghirlanda di quercia. R. ARG. C[1]

1469. Simile al precedente. R. ARG. C[1]

1470. QUARTO DI SCUDO. Simile ai precedenti.

1471. SOLDI DUE. *N. 2 esempl.* BR. C[1] e C[2]

TORTONA.

REPUBBLICA (Federico II, imp.). (1249-1322).

1472. GROSSO. + IMRATOR. Nel campo FR. ℟ TERDONA. Croce e due stelle; *n. 2 esempl.* R. ARG. C[1]

1473. MEZZO GROSSO. Simile al precedente. *N. 2 esempl.* R. ARG. C[1]

1474. PICCOLO. + T. DONA. Croce. ℟ IMPERATOR. Nel campo F. R. R[3] ARG. C[1]

TRENTO.

FEDERICO DI WANGA, VESCOVO. (1207-1218).

1475. GROSSO. + EPS. TRIDENTI. Mezza figura del vescovo a s. ℟ INPERATOR. Nel campo F e croce, due globetti. R. ARG. C[1]

ANONIME.

1476. PICCOLO. *N. 2 esempl.* R. ARG. C[1]

TRESANA.

GUGLIELMO I MALASPINA, MARCHESE. (1571-1578).

1477. SESINO. Leggenda poco visibile. R. MIST. C[2]

TREVISO.

REPUBBLICA DI VENEZIA. (1492).

1478. BAGATTINO. S. LIBERALIS. TARVIXI. Il Santo in piedi. N. M. ℟ S. MARCVS. VENETI. Protome del leone di S. Marco; *n. 2 esempl.* R. BR. C[1] e C[2]

TRIESTE.

VOLRICO VESCOVO. (1241).

1479. DENARO. VOLRICVS. EP. Il vescovo seduto col pastorale in una mano, e nell'altra, innalzata, un libro. ℟ CIVITAS TERGES. S. Giusto nimbato in piedi fra due torricelle. Nell'area una stella. - LUSANIO, n. 6; *n. 2 esempl.* R. ARG. C[1]

1480. DENARO. Simile al precedente. ℟ CIVITAS TERGESTVM. Il circondario delle mura della città con tre punte. - LUSANIO, n. 5. R. ARG. C[1]

ARLONGO, VESCOVO. (1254-1282).

1481. DENARO. ARLONGVS. EP. Il Santo seduto di prospetto. ℟ CIVITAS. TERGESTVM. Aquila. R. ARG. C[1]

1482. DENARO. ARLONGVS. EP. Figura seduta di prospetto. ℟ Simile al precedente. Nel campo mezzaluna sormontata da una stella. R. ARG. C[1]

URBINO.

FRANCESCO MARIA I. (1508-1513).

1483. GROSSO. FRANC. MA. VRBIN. DVX. Stemma. ℞ S. CRIS. ORA. PRO. Il Santo a cavallo che uccide il drago; *n. 2 esempl.* R[2] ARG. C[1] e C[2]

1484. QUATTRINO. BR. C[2]

LORENZO DE' MEDICI, DUCA. (1516-1519).

1485. QUATTRINO. .✝. LAVRENT. DE. MEDICES. DVX. Stemma. ℞ VR — BIN — I entro una ghirlanda. R. BR. C[4]

GUIDOBALDO II, DUCA. (1538-1574).

1486. ARMELLINO. GVI. VBAL. II. VRB. DVX. IIII. Armellino a d. Sotto: R. ℞ S. CRESCENTIVS. Il Santo a cavallo a d. in atto di trafiggere un drago; *n. 2 esempl.* ARG. C[1]

1487. Simile ai precedenti con qualche varietà nella leggenda. ARG. C[1]

1488. GROSSO E QUATTRINO. *N. 4 esempl.* ARG. C[1] e C[2]

1489. QUATTRINO. ✝ ✳ GVIDVS ✳ VB ✳ VRBIN ✳ DVX ✳ ✳ Busto a s. ℞ ✝ FIDES ✳ ✳ SPES ✳ ✳ CARITAS ✳ ✳ Stemma. BR. C[1]

1490. QUATTRINO. *N. 2 esempl.* BR. C[2]

FRANCESCO MARIA II DELLA ROVERE, DUCA. (1605-1606).

1491. SCUDO DA GROSSI 20. FRANCISCVS. MARIA. II. VRBINI. DVX. VI. ET. C. Stemma. ℞ GROSSI — X · X · in due righe entro un ornato. Sotto: · L ·.X. R[3] ARG. C[1]

1492. TESTONE. FRANC. MARIA. II. VRB. DVX. VI. E. Busto a d. ℞ FERETRIA. La Rovere e paesaggio. R[2] ARG. C[4]

1493. GROSSO. *N. 2 esempl.* ARG. C[1]

1494. GIULIO. FRANC. M. II. VRB. DVX. VI. ET. C. Stemma. ℞ DE. SANCTO. AVXILIVM. S. Francesco genuflesso. ARG. C[2]

1495. GROSSO. *N. 3 esempl.* ARG. C[1]

CLEMENTE XI, PAPA. (1700-1721).

1496. TESTONE. CLEMENS ✳ XI ✳ PONT ✳ MAX ✳ A ✳ V ✳ Stemma. ℟ RESTITVISTI. MAGNIFICENTIAM. Veduta della città. ARG. C¹

VASTO.

CESARE D'AVALOS, MARCHESE. (1706).

1497. SCUDO. ✳ CAES. D'AVALOS DE AQVINO.... RAG. MAR. PIS ET VASTI D. G. S. R. I. PR. Busto a d. ℟ DOMINVS REGIT ME ✳ ANNO 1706. Stemma. R⁶ ARG. C¹

VENEZIA.

DOGI. - PIETRO ZIANI. (1205-1229).

1498. GROSSO o MATAPANE. ARG. C¹

JACOPO TIEPOLO. (1229-1249).

1499. MATAPANE. *N. 2 esempl.* ARG. C¹

RANIERI ZEN. (1253-1268).

1500. MATAPANE. ARG. C²

JACOPO CONTARINI. (1275-1280).

1501. MATAPANE. ARG. C¹

GIOVANNI DANDOLO. (1280-1289).

1502. MATAPANE. ARG. C¹

PIETRO GRADENIGO. (1289–1311).

1503. ZECCHINO. R. ORO. F. D. C.
1504. MATAPANE. *N. 2 esempl.* ARG. C¹

FRANCESCO DANDOLO. (1329–1339).

1505. ZECCHINO. R. ORO. C¹
1506. SOLDO CENOGLELO. + FRA. DANDVLO. DVX. Il Doge in ginocchio a s. collo stendardo. ℞ S. MARCVS. VENETI. Leone nimbato, vessillifero, aptero, rampante a s. R. ARG. C¹
1507. MEZZANINO. FRA. DANDVLO. DVX. Il doge in piedi a s. stringe con ambe le mani il vessillo della Repubblica. ℞ S. MARCVS. VENETI. Mezza figura del Santo; *n. 3 esempl.* R. ARG. C¹
1508. MATAPANE. *Bucato.* ARG. C¹

BARTOLOMEO GRADENIGO. (1339–1342).

1509. ZECCHINO. R. ORO. C¹

ANDREA DANDOLO. (1343–1354).

1510. MATAPANE. R. ARG. C¹

GIOVANNI GRADENIGO. (1355–1356).

1511. SOLDO CENOGLELO. R. ARG. C¹

GIOVANNI DOLFIN. (1356–1361).

1512. SOLDO CENOGLELO. *N. 3 esempl.* ARG. C¹

LORENZO CELSO. (1361–1365).

1513. SOLDO CENOGLELO. ARG. C¹

ANDREA CONTARINI. (1368–1382).

1514. ZECCHINO. ORO. C[1]

ANTONIO VENIER. (1382–1400).

1515. ZECCHINO. *N. 2 esempl.* R. ORO. C[1]

TOMMASO MOCENIGO. (1414–1423).

1516. ZECCHINO. R. ORO. C[1]

MICHELE STENO. (1400–1413).

1517. SOLDINO (RESVREXIT). *N. 2 esempl.* ARG. C[2]

FRANCESCO FOSCARI. (1423–1457).

1518. GROSSONE. FRANCISCVS. FOSCARI. DVX. Il Doge in piedi a s. col vessillo. ℞ + SANCTVS. MARCVS. VENETI. Mezza figura del Santo di prospetto. ARG. C[1]
1519. GROSSO. ARG. C[2]

PASQUALE MALIPIERO. (1457–1462).

1520. ZECCHINO. R[2] ORO. C[1]
1521. ZECCHINO. Simile al precedente. R[2] ORO. C[1]

NICOLÒ TRON. (1471–1473).

1522. LIRA NICOLAVS. TRONVS. DVX. Busto del Doge a s. col corno ducale. ℞ ● SANCTVS. MARCVS. In una corona il Leone alato e nimbato, col libro, in molecca. R. ARG. C[1]
1523. SOLDINO. NI. TRONVS. DVX. Il Doge vessillifero a s. ℞ Leone in soldo fra quattro lobi. ARG. C[1]
1524. SESINO. *N. 2 esempl.* BR. C[1]

NICOLÒ MARCELLO. (1473-1474).

1525. DA DIECI o MARCELLO. NI. MARCEL. S. M. VENET. S. Marco a d. dà il vessillo al Doge inginocchiato; lungo l'asta del vessillo DVX. ℞ TIBI. LAVS. ET. GLORIA. Il Salvatore seduto di prospetto; *n. 2 esempl.* ARG. C^1

PIETRO MOCENIGO. (1474-1476).

1526. MOCENIGO. PE. MOCENIGO. S. MARCVS. V. S. Marco in piedi dà il vessillo al Doge inginocchiato; lungo l'asta DVX. ℞ GLORIA. TIBI. SOLI. Il Salvatore in piedi di prospetto, benedicendo. R. ARG. C^1

1527. MARCELLO. PE. MOCENIGO. Il Doge inginocchiato riceve da S. Marco il vessillo; dietro al Santo S. M. VENETI. colle lettere disposte verticalmente; lungo l'asta del vessillo DVX. ℞ GLORIA. TIBI. SOLI. Il Redentore seduto di prospetto; in atto di benedire. R. ARG. C^1

ANDREA VENDRAMIN. (1476-1478).

1528. ZECCHINO. R^4 ORO. C^1

1529. MARCELLO. Simile al precedente di Pietro Mocenigo. R. ARG. C^1

GIOVANNI MOCENIGO. (1478-1485).

1530. ZECCHINO. R^2 ORO. C^2

1531. MOCENIGO. Simile al n. 1526. ARG. C^1

AGOSTINO BARBARIGO. (1486-1501).

1532. MOCENIGO. AVG. BARBADICO. ARG. C^1

1533. MARCELLO. Simile al n. 1529; *n. 2 esempl.: uno bucato.* R. ARG. C^1

1534. GROSSO. ARG. C^2

1535. SOLDO. + . AVG. BABADIC. DVX. Croce pomata. ℟ SANCTVS. MARCVS. VENETI. Leone vessilifero andante a d.; *n. 2 esempl.* BR. C¹

1536. SOLDINO. R. ARG. C¹

1537. BAGATTINO. BR. C¹

LEONARDO LOREDAN. (1501-1521).

1538. MOCENIGO. ARG. C¹

1539. SOLDINO. *N. 3 esempl.* ARG. C¹

ANTONIO GRIMANI. (1521-1523).

1540. DA SEDICI. R² ARG. C¹

ANDREA GRITTI. (1523-1538).

1541. SCUDO D'ORO. + ANDREAS. GRITI. DVX. VENETIAR. Croce gigliata. + ℟ SANCTVS. MARCVS. VENETVS. Leone in soldo entro uno scudo. ORO. C.

1542. MOCENIGO. *N. 2 esempl.* ARG. C.

PIETRO LOREDAN. (1567-1570).

1543. QUARTO DI ZECCHINO. PET. LAV. DVX. S. M. VEN. S. Marco in piedi dà il vessillo al Doge inginocchiato. ℟ EGO. SVM. LVX. MVN. Il Salvatore fra le stelle entro una cornice elittica. ORO. C¹

SEBASTIANO VENIER. (1577-1578).

1544. DA VENTI SOLDI. R² ARG. C¹

NICOLÒ DA PONTE. (1578-1585).

1545. ZECCHINO. R. ORO. C¹

1546. MEZZA GIUSTINA MAGGIORE. S. M. VENE. NIC. DE. PONTE. DVX. S. Marco seduto dà il vessillo al Doge inginocchiato. ℟ MEMOR. ERO. TVI. IVSTINA. VIRGO. La Santa in piedi; nell'esergo 80. ARG. C¹

PASQUALE CICOGNA. (1585–1595).

1547. GIUSTINA MINORE (secondo tipo) o DUCATO DELLE GALERE. S. M. VENETVS. PASC. CICON. DVX. Il Doge inginocchiato dinanzi al Leone regge il vessillo della Repubblica. ℞ MEMOR. ERO. TVI. IVSTINA. VIRGO. La Santa in piedi; nell'esergo 124. ARG. C[1]

MARINO GRIMANI. (1595–1605).

1548. ZECCHINO. R. ORO. C[1]

LEONARDO DONÀ. (1606–1612).

1549. ZECCHINO. ORO. C[1]

MARC'ANTONIO MEMMO. (1612–1615).

1550. SOLDO. ARG. C[1]

ANTONIO PRIULI. (1618–1623).

1551. ZECCHINO. R. ORO. C[1]
1552. MEZZO ZECCHINO. R. ORO. C[1]
1553. QUARTO DI SCUDO DELLA CROCE. ANTON. PRIOL. DVX. VEN. Croce ornata. ℞ SANCTVS. MARC. VENET. Leone in gazzetta entro uno scudo; all'esergo 35. ARG. C[1]

GIOVANNI I CORNER. (1625–1629).

1554. SCUDO DELLA CROCE. Simile al precedente di Antonio Priuli; all'esergo 140. ARG. C[1]
1555. QUARTO DI SCUDO. Simile al precedente. ARG. C[1]
1556. OTTAVO DI SCUDO. Nell'esergo 17 $^1/_2$. ARG. C[1]

FRANCESCO ERIZZO. (1631-1646).

1557. SCUDO DELLA CROCE. ARG. C[1]

FRANCESCO MOLIN. (1646-1655).

1558. ZECCHINO. *Bucato.* R. ORO C[2]

BERTUCCI VALIER. (1656-1658).

1559. DA DODICI. ARG. C[1]

GIOVANNI PESARO. (1658-1659).

1560. ZECCHINO. R[2] ORO. C[4]

NICOLÒ SAGREDO. (1675-1676).

1561. MARCHETTO. R. BR. C[4]

FRANCESCO MOROSINI. (1688-1694).

1562. DUCATO. ARG. C[1]

SILVESTRO VALIER. (1694-1700).

1563. OSELLA. S. M. V. SILVESTER. VALERIO. D. S. Marco seduto dà il vessillo al Doge inginocchiato. All'esergo ✱ ANNO ✱ I ✱. ℞ TERRA. MARIQ. Il mare, due isole con alberi, in alto, aquila volante e sotto un nastro con BONI. EVENTVS. all'esergo CHIOS. NAR ✱. Dorata. ARG. C[1]

1564. MARCHETTO. BR. C[1]

ALVISE II MOCENIGO. (1700-1709).

1565. MEZZO DUCATO (secondo tipo). ARG. C[1]

GIOVANNI II CORNER. (1709-1722).

1566. QUARTO DI DUCATO. ARG. C[1]

ALVISE III MOCENIGO. (1722-1732).

1567. DA DIECI. Dell'anno 1722. ARG. C[1]
1568. DA DIECI. ARG. C[1]
1569. MARCHETTO. BR. C[1]
1570. MARCHETTO. Simile al precedente. BR. C[1]

ALVISE PISANI. (1735-1741).

1571. OSELLA. SANCTVS MARCVS VENETVS. Il leone a s. col corno ducale ed il libro de' vangeli. ℞ ALOYSIJ — PISANI — PRINCIPIS. MVNVS. ANNO ✳I✳ in sei righe entro ghirlanda. ARG. C[1]

PIETRO GRIMANI. (1741-1752).

1572. DA DIECI, degli anni 1749 e 1751; *n. 2 esempl.* ARG. C[1]

FRANCESCO LOREDAN. (1752-1762).

1573. MEZZO ZECCHINO. R. ORO. C[1]

ALVISE IV MOCENIGO. (1763-1778).

1574. DA DIECI. Dell'anno 1763. ARG. C[1]

PAOLO RENIER. (1779-1789).

1575. DUCATO. ARG. C[2]
1576. MARCHETTO. BR. C[1]

LODOVICO MANIN. (1789-1797).

1577. MEZZO SCUDO. ARG. C[1]

ANONIME.

1578. LIRAZZA DA DIECI GAZZETTE del 1767. ARG. C[1]
1579. DA QUATTRO. ARG. C[1]
1580. GAZZETTA O DA DUE SOLDI del 1722. ARG. C[1]
1581. MONETE DIVERSE. *N. 13 esempl.* MIST. e BR. C[2] e C[3]

NAPOLEONE, IMPERATORE. (1812).

1582. PEZZO DA 2 LIRE E DA 3 CENTESIMI. *N. 2 esempl.* ARG. e BR. C[1]

GOVERNO PROVVISORIO. (1848-1849).

1583. PEZZI DA 5, DA 3 E DA 1 CENTESIMO. *N. 5 esempl.* BR. C[1]
1584. PEZZO DA 15 CENTESIMI. *N. 2 esempl.* MIST. C[1]

GOVERNO AUSTRIACO. (1852).

1585. PEZZO DA 10 CENTESIMI. BR. C[1]

VERONA.

REPUBBLICA. (1154-1259).

1586. GROSSO. + CI + IV + CI + FV nel primo cerchio; nel secondo VE-RO-N-A iscrizione intersecata dalle braccia di una croce; nel centro altro circoletto. ℞ + ∘ VE ∘ RO ∘ NA ∘ e nel secondo cerchio CI-VI-CI-VF e croce col circoletto c. s. R. ARG. F. D. C.
1587. DENARO. *N. 4 esempl. variati.* ARG. e MIST. C[2] e C[3]

ALBERTO II E MASTINO II DELLA SCALA, SIGNORI. (1329-1351).

1588. GROSSO AQUILINO. . ✱. CIVITAS . ✱ . Aquila in piedi di prospetto colle ali aperte. ℞ A. M. e una scala ∘ VE-RO-NE. Croce che interseca la leggenda. R. ARG. C[1]

BARTOLOMEO E ANTONIO DELLA SCALA, SIGNORI. (1375-1381).

1589. QUATTRINO. ✱ BTOLOMEVS. Una scala. ℞ ✱ ANTONIVS. Croce. - ZANETTI. V, 34. MIST. C[1]

GALEAZZO VISCONTI, SIGNORE. (1387-1402).

1590. TRILLINA. *N. 3 esempl.* MIST. C[1] e C[2]

1591. SOLDO. + GALEAZ. COMES. VIRTVTVM. Croce accantonata da quattro trifogli. ℞ D. MEDIOLANI. VERONE. ETC. La biscia accostata dalle lettere G-Z. R. MIST. C[1]

VICENZA.

REPUBBLICA. (Secolo XIII).

1592. GROSSO AQUILINO. VICENCIE. Croce che colle sue braccia interseca l'iscrizione. ℞ + CIVITAS ✱ Aquila di prospetto colle ali aperte. *Macc.* R. ARG. C[2]

VILLA DI CHIESA.

GIACOMO II, RE D'ARAGONA E SARDEGNA. (1323-1327).

1593. PICCOLO. + IACOBVS. ARAGON. Stemma. ℞ + ET. SARDINIE. REX. Croce accantonata da quattro rosette; *n. 2 esempl.* R[6] MIST. C[4]

PIETRO VI D'ARAGONA. (1336-1387).

1594. GROSSO. + : PETRVS. ARAGONVM. ET. SARDINIE. REX. Stemma in cornice formata da archi di cerchio e da rosette. ℟ + FORTITVDO. ET. LAVS. MEA. DOMINVS. Croce accantonata da quattro rose. R6 ARG. C4

VITERBO.

SISTO IV, PAPA. (1474-1476).

1595. SIXTVS. PP. IIII. Stemma. ℟ S. LAVREN. D. VITERB. Il Santo in piedi. - CINAGLI, 49. R3 MIST. C1

PIO VI, PAPA. (1775-1798).

1596. MADONNINA. R2 BR. C1
1597. SAMPIETRINO del 1796. *N. 3 esempl.* R. BR. C1
1598. SAMPIETRINO del 1797. R. BR. C1

VOLTERRA.

RANUCCIO, VESCOVO. (1320).

1599. GROSSO. + : R. EPS. DE. VVLT. Il Vescovo in piedi di prospetto. ℟ + C. E. VITORIA. IMPA. Croce con due stelle.

ZANTE.

DOMINIO VENETO. (1730).

1600. GAZZETTA DA DUE. *N. 3 esempl.* BR. C4

ZARA.

DOMINIO VENETO.

1601. GAZZETTA DA 2 E DA 1 SOLDO. *N. 3 esempl.* BR. C[1]

NAPOLEONE I, IMPERATORE. (1813).

1602. DOPPIO SCUDO OSSIDIONALE. ZARA. 1813. Scritto ai lati dell'aquila coronata in piedi colle ali aperte, sopra il fulmine entro una cornice romboidale. ℞ Quadrato diviso orizzontalmente; nella parte superiore 2. O. e nell'inferiore 9.ᶠ 20.ᶜ R[3] ARG. F. D. C.
1603. SCUDO OSSIDIONALE. Simile al precedente. ℞ Nel quadrato 1. O. e sotto 4.ᶠ 60.ᶜ R. ARG. C[1]

LEVANTE VENETO

GIOVANNI CORNER I. (1625).

1604. DA 60 TORNESI. In caratteri greci. BR. C[1]

APPENDICE

BOZZOLO.

SCIPIONE GONZAGA, PRINCIPE. (1609-1671).

1605. DA SOLDI 3. SCIP. D. G. DV. SABL. S. R. I. BOZ. Busto a d. ℞ SVB. PENNI. EIVS. Aquila bicipite coronata. R3 MIST. C1

1606. DA SOLDI 3. Altro tipo diverso dal precedente, coi tre stemmi e la leggenda HAVD. SECVS. ANIMI. R2 MIST. C1

BRINDISI.

RUGGERO II, CONTE DI SICILIA. (1127-1154).

1607. FOLLARO. R. II. Figura in piedi del re. ℞ Il Salvatore seduto in trono. BR. C1

FIRENZE.

COSIMO III DE'MEDICI, GRANDUCA. (1670-1723).

1608. TALLERO. COSMVS. III. D. G. MAG. DVX. ETRVR. VI. 1692. Busto radiato a d. ℞ PATET. ET. FAVET. Il porto di Livorno. - ORSINI, XXIII. 17. R. ARG. C1

MANTOVA.

CARLO I GONZAGA, DUCA. (1627-1637).

1609. QUARTO DI SCUDO. CAROL. I. D. G. MAN. M. F. NIV. MAI. RET. DVX. ETC. Stemma; in alto FIDES. ℟ B. ALOIS. GONZ: PROT. MAN. Il Santo calca col piede scettro e corona e volge il suo sguardo al cielo; nell'esergo 40. R² ARG. C¹

MESSINA.

FEDERICO II, IMPERATORE. (1198-1250).

1610. DENARO. + IMPERATOR e nel campo F̂R. ℟ + REX. SICILIE. Croce; *n. 3 esempl.* R. ARG. C¹

MILANO.

FILIPPO II, RE DI SPAGNA E DUCA DI MILANO. (1556-1598).

1611. DOPPIA. PHILI. REX. HISPANI. ETC. Busto radiato a d.; all'esergo 1578. ℟ MEDIOLANI. DVX. Scudo inquartato coll'aquila e la biscia, sormontato da corona, da cui escono due rami. - GNECCHI, 10. R² ORO. C¹

CARLO II D'AUSTRIA, RE DI SPAGNA E DUCA DI MILANO. (1666-1700).

1612. FILIPPO. CAROLVS. II. REX. HISPANIARVM. Busto a d.; all'esergo 1694. ℟ MEDIOLANI. DVX. ET. C. Stemma coronato coll'arme di Spagna e di Milano. ARG. C¹

MUSOCCO.

GIO. GIACOMO TRIVULZIO, MARCHESE. (1487-1518).

1613. TRILLINA. IOANNIS ✳ IACOBI. Nel campo M coronata. ℟ TRIVVLTI. COMITIS. Croce gigliata. R. MIST. C[1]

PIACENZA.

RANUCCIO I FARNESE, DUCA. (1592-1622).

1614. DOPPIA DA DUE. RANVT. FAR. PLA. P. DVX. IV. S. R. E. CONF. PER. Testa nuda a d. ℟ PLACENTIA. FLORET. 1617. Lupa e tre piante di gigli coronate. R[3] ORO. C[1]

1615. DOPPIA DA DUE. Simile alla precedente. R[3] ORO. C[2]

PERUGIA.

LEONE X, PAPA. (1513-1521).

1616. GROSSO. ✳ LEO ✳ PP ✳ ✳. DECIMVS ✳. Stemma colla tiara e le chiavi ℟ + AVGVSTA ✳ PERVSIA. Grifone coronato rampante a s.; nel campo scudetto. R[4] ARG. C[1]

RAVENNA.

GOTI.

1617. FELIXR AVEN. Busto muliebre coronato. ℟ Monogramma composto colle lettere RAVENA entro ghirlanda. - SABATIER, XIX. 31. R[4] BR. C[1]

SABBIONETTA.

LUIGI ED ISABELLA GONZAGA. (1609-1614).

1618. SESINO. + ALOI. G. ISAB. G. SAB. DVCES. Nell'area una grande S. ℞ SANCTVS. NICOLAVS. Il Santo in piedi di prospetto. - ZANETTI, VII. 22; *n. 2 esempl.* R[2] MIST. C[1]

1619. Lotto di n. 202 monete italiane. BR.
1620. Lotto di n. 180 monete italiane. BR.
1621. Lotto di n. 160 monete italiane. BR.
1622. Lotto di n. 148 monete di bronzo e di mistura. MIST. BR. C[2] e C[3]
1623. Lotto di n. 136 monete di zecche italiane. ARG. C[1], C[2] e C[3]
1624. Lotto di n. 60 tra madonnine e sampietrini. BR.
1625. Lotto di n. 47 monete di zecche italiane. ARG. C[2] e C[3]
1626. Lotto di n. 52 monete di zecche italiane. ARG. e MIST. C[2] e C[3]
1627. Lotto di n. 12 monete diverse. ARG. e BR. C[2]
1628. Lotto di n. 43 tessere antiche. BR.
1629. Lotto di n. 30 tessere antiche e moderne. BR.
1630. Lotto di n. 44 pesi antichi. OTTONE.
1631. Lotto di 19 pesi antichi. BR.
1632. Lotto di n. 21 piombi papali, veneti, ecc. PL.

MONETE ESTERE

MONETE ESTERE

STATI EUROPEI.

AUSTRIA.

RODOLFO II, IMPERATORE. (1576-1612).

1633. UNGARO. RVDOL. II. D. G. R. I. S. A. G. H. B. REX. L'imperatore coronato in piedi a d. collo scettro nella destra e il globo crocigero nella sinistra. ℞ ARCHID. AVS. DV. BVR. MA. MO. 1586. Stemma coronato. R. ORO. C[1]

LEOPOLDO I, IMPERATORE. (1658-1705).

1634. UNGARO. LEOPOLDVS. D: G: ARCDVX. AVS. L'imperatore coronato, in piedi a d. collo scettro nella destra e colla sinistra sull'elsa della spada. ℞ DIVVS. LEOPOLDVS. Il Santo cinto di corona, in piedi collo stendardo nella destra e con un edificio nella sinistra. R[3] ORO. C[1]

1635. TALLERO. LEOPOLDVS. D. G. ROM. IMP. S. A. GE. HV. BO. REX. Busto laureato ed in armatura a d. ℞ ARCHIDVX. AVSTRIE. DVX. BVR. COM. TYROL. 1702. Stemma. R. ARG. C[1]

1636. MONETE DIVERSE degli anni 1682, 85, 91 e 98; *n. 4 esempl.* ARG. C[1]

CARLO VI, IMPERATORE. (1711–1742).

1637. PEZZO DA 3 SOLDI del 1712. ARG. C[1]

FRANCESCO I DI LORENA, IMPERATORE. (1745–1765).

1638. TALLERO. FRANCISCUS. I. D. G. ROM. IMP. SEM. AUG. Busto laureato a d. ℟ AUGUSTA VINDELICOR. AD NORM. CONVENT. 1765. Stemma col pinocchio sopra un capitello, sormontato da corona murale; ai lati un ramo d'alloro e uno di palma; sotto A; nell'esergo X. EINE. FEINE. MARK. R. ARG. F. D. C.

MARIA TERESA, IMPERATRICE. (1745-1780).

1639. TALLERO del 1780. ARG. F. D. C.
1640. MONETE VARIE. *N. 6 esempl.* MIST. e BR. C[1]

GIUSEPPE II, IMPERATORE. (1765–1790).

1641. UN QUARTO DI KREUZER del 1784. BR. C[1]

LEOPOLDO II, IMPERATORE. (1790–1792).

1642. MEZZO CROCIONE del 1791. ARG. C[1]

FRANCESCO II D'AUSTRIA E I IMPERATORE. (1792–1835).

1643. QUARTO DI CROCIONE del 1797. ARG. C[1]
1644. PEZZO DA 30 CARANTANI del 1807; *n. 3 esempl.* BR. C[1]
1645. PEZZO DA 15 CARANTANI del 1807; *n. 4 esempl.* BR. C[1]
1646. LIRA AUSTRIACA O SVANZICA del 1808, 29 e 32; *n. 3 esempl.* ARG. C[1]
1647. PEZZO DA 3 KREUZER del 1812. BR. C[1]
1648. KREUZER E MEZZO KREUZER del 1800 e 1812; *n. 3 esempl.* BR. F. D. C. e C[1]

1649. KREUZER, MEZZO KREUZER E 1/4 DI KREUZER del 1816; *n. 5 esempl.* BR. C1
1650. MONETE DIVERSE. *N. 7 esempl.* MIST. e BR. C1 e C2

FERDINANDO I, IMPERATORE. (1835–1848).

1651. TALLERO. FERD. I. D. G. AVSTR. IMP. HVNG. BOH. R. H. N. V. Testa laureata a d.; sotto A. ℞ REX. LOMB. ET. VEN. DALM. GAL. LOD. ILL. A. A. 1843. Stemma coll'aquila bicipite. ARG. C1
1652. MEZZO TALLERO del 1847. ARG. F. D. C.
1653. LIRA AUSTRIACA O SVANZICA del 1836. ARG. F. D. C.
1654. LIRA AUSTRIACA di conio ungherese, *n. 2 esempl.* ARG. F. D. C.
1655. MEZZA E QUARTO DI LIRA degli anni 1836, 37, 42, 47 e 54; *n. 5 esempl.* ARG. F. D. C. e C1
1656. PEZZO DA 3 CARANTANI. *N. 2 esempl. del 1846.* ARG. F. D. C.

FRANCESCO GIUSEPPE, IMPERATORE. (1848)

1657. TALLERO. FRANCISC. IOS. I. D. G. AVSTRIAE IMP. ET ELISABETHA MAX. IN. BAVAR. DVCIS. FIL. Teste accollate a d.; sotto A. ℞ MATRIMONIO CONIVNCTI. Il metropolita che unisce la destra dei due sposi: all'esergo DIE XXIV APRILIS MDCCCLIV; *n. 2 esempl.* ARG. F. D. C.
1658. FIORINO. Simile al precedente. ARG. C1
1659. TALLERO del 1853. ARG. C1
1660. DOPPIO FIORINO. ARG. C1
1661. DOPPIO FIORINO del 1858. Simile al precedente, ma di modulo minore. ARG. F. D. C.
1662. FIORINO del 1858. ARG. F. D. C.
1663. FIORINO del 1868. Conio ungherese. ARG. C1
1664. LIRA AUSTRIACA O ZVANZICA del 1852. ARG. F. D. C.
1665. LIRA AUSTRIACA O ZVANZICA. Simile alla precedente, ma di modulo minore; *n. 5 esempl. degli anni 1852, 53 e 54.* ARG. F. D. C.
1666. QUARTO DI FIORINO del 1864. ARG. C1

1667. MEZZA LIRA AUSTRIACA del 1855. ARG. F. D. C.

1668. PEZZI DA 20, DA 10 E DA 5 SOLDI. *N. 6 esempl.* ARG. C[1]

1669. PEZZO DA 4 KREUZER del 1861; *n. 3 esempl.* BR. C[1]

1670. PEZZO DA 3 CARANTANI del 1800; *n. 3 esempl.* BR. C[1]

1671. PEZZO DA 3 KREUZER del 1848; *n. 4 esempl.* BR. F. D. C. e C[1]

1672. PEZZO DA 10 CENTESIMI del 1852 e MEZZO KREUZER del 1851; *n. 2 esempl.* BR. C[1]

1673. PEZZI DA 3, DA 2 E DA 1 KREUZER del 1851; *n. 6 esempl.* BR. C[1]

1674. SOLDO E MEZZO SOLDO degli anni 1858, 59, 60, 61 63 e 68; *n. 9 esempl.* BR. F. D. C.

IMPERO AUSTRO-UNGARICO

STATI E CITTÀ.

BOEMIA.

WLADISLAO II, RE. (1140–1173).

1675. GROSSO. ARG. C^2

GIOVANNI I DI LUSSEMBURGO. (1310–1346).

1676. GROSSO. ARG. C^1

FEDERICO, RE. (1620).

1677. MEZZO TALLERO. FRIDERICVS. D. G. BOHE. REX. CO. PAR. RH. Busto coronato a d., nell'esergo 48. ℞ DVX. BA. MAR. MO. DVX. SIL. MAR. LVSA. 1620. Stemma. ARG. C^2

BRAUNAU.

OSSIDIONALE. (1743).

1678. OTTAGONA. BRAVNAV 9 MAY 17-43. Stemma. - MAILLIET, XVI, 2. R^4 PL. C^1

OLMÜTZ.

CARLO, VESCOVO. (1705).

1679. TALLERO. DEI GRATIA CAROLUS EPISCOPUS OLOMUCENSIS. Busto a d. ℞ DUX. LOTHAR : ET BAR : S : R : I : PCPS : RE : CA : BO : CO : 1705. Stemma. ARG. C[a]

SALISBUBGO.

MICHELE, ARCIVESCOVO. (1555).

1680. DUCATO. MICHAEL. D. G. AR. EPS. SALZ. A. S. L. Stemma sormontato dalla mitra, e colla croce e il pastorale decussati; ai lati 15-55. ℞ S. RVDERTVS. EPVS. Il Santo in piedi. R[2] ORO. C[a]

GUERRA CONTRO I TURCHI. (1593).

1681. TALLERO DI FORMA QUADRATA. SANCTVS. RVDBERTVS. EPS. SALISBV. Il Santo seduto con un vaso ed il pastorale. La metà inferiore della figura è coperta da uno scudo. ℞ RESISTIT ✱ M. D : XCIII. ✱ IMMOTA. Torre sorgente dalle acque che resiste ai venti ed alle folgori. - MAILLIET. C. I. *Bucata.* R. ARG. C[a]

PARIS, ARCIVESCOVO. (1619-1653).

1682. MEZZO SCUDO DI FORMA QUADRATA. SANCTVS. RVDBERTVS. EPS. SALISBV : Il Santo seduto, col pastorale e con un vaso; la metà inferiore della figura è coperta da uno scudo. ℞ IN. DNO. SPERANS. NON. INFIRMABOR. Torre sorgente dalle onde percossa dai venti e dai fulmini. R. ARG. F. D. C.

1683. ECCLES. METROP. SALISB. DEDICATVR. 25 SEPT. A PARIDE. ARCHIEP. Tempio sostenuto sopra le nuvole da due vescovi; all'esergo, stemma; e nell'area in alto 16-28. ℞ SS. RVPERTVS.

ET. VIRGILIVS. PATRONI. TRANSFERVNTVR. 24 SEP. Un'arca portata da otto vescovi; sotto due chierici col turibolo.
R² ARG. C¹

1684. QUARTO DI SCUDO DI FORMA QUADRATA. MAXIM. GAND. D. G : AR. EP. SAL : SE : AP. L. Due stemmi sormontati da una croce e da un cappello cardinalizio. ℟ S. RVDBERTVS. EPS. SALISB. : 1684. Il Santo seduto di prospetto col pastorale nella sinistra e colla destra posata sopra un vaso. Nell'esergo $\frac{1}{4}$. R. ARG. F. D. C.

GIOVANNI ERNESTO, ARCIVESCOVO.

1685. PEZZO DA TRÈ CARANTANI degli anni 1690, 91 e 98; *n. 3 esempl.* ARG. C¹

GIAN GIACOMO, ARCIVESCOVO. (1658).

1686. DOPPIO DUCATO. IOA. IA. D. G. EPS. SALZ. A. S. L. Stemma sormontato dalla mitra, colla croce e il pastorale decussati. ℟ MAXIMILIA. IMPE. AVGVS. P. F. DECR. Aquila bicipite coronata. R² ORO. C¹

GIOVANNI ERNESTO, ARCIVESCOVO. (1704).

1687. CARANTANO. MIST. C¹

SIGISMONDO, ARCIVESCOVO. (1760).

1688. PEZZO DA 4 E DA 1 CARANTANO. *N. 2 esempl.*
MIST. C¹

SERBIA E RASCIA.

UROSIO, RE.

1689. MATAPANE. VROSIVS.... Un Santo in piedi a d. dà al re in piedi a s. il vessillo; lungo l'asta di questo REX. ℟ IC XC. Il Redentore seduto di prospetto. ARG. C²

GIORGIO, LODOVICO E CRISTINA, DUCHI. (1659)

1690. DUCATO. D. G. GEORGIVS. LVDOVIC. ET. CHRISTIA. FRA. Tre busti di prospetto; in alto globo crocigero. ℞ DVCES. SILESIAE. LIGN. BREG. ET WOLAV. 1659. Stemmi. R. ORO. Ci

STIRIA.

MASSIMILIANO, ARCIDUCA D'AUSTRIA. (1616).

1691. TALLERO. + MAXIMILIANVS : D : G : ARCH : AV : DV : BV : STIR : CARIN. Busto a d. ℞ ET. CARN : MAG : PRVSS : ADM : LAND : ALS : CO : FETR. Stemma coronato accostato da due scudetti pure coronati. R. ARG. Ci

FERDINANDO II, ARCIDUCA D'AUSTRIA E DUCA DI STIRIA. (1619-1637).

1692. DA TRE CARANTANI. MIST. Ci

TIROLO.

FERDINANDO, ARCIDUCA D'AUSTRIA. (1521-1564).

1693. TALLERO. FERDINANDVS : D : G. ARCHID : AVSTRIAE. Mezza figura coronata, a d. collo scettro. ℞ DVX. BVRGVNDIAE. COMES. TIROLI. Stemma coronato e circondato dal toson d'oro. ARG. Ci

1694. GROSSO. ARG. Ci

LEOPOLDO, ARCIDUCA. (1625).

1695. TALLERO. + LEOPOLDVS. D. C. ARCHIDVX. AVST. DVX. BVR. ET. SAC. CAES. M^TIS^. Busto a d.; nell'area 16-25. ℞ RELIQ : ARCHID : GVBERNAT. PLEN : ET. COM. TIR. LA. A. Stemma. ARG. Ci

1696. QUARTO DI TALLERO. : LEOPOLDVS. D. G. ARCHIDVX. AVST. Busto a d. ℟ COMES. TIROLIS : . DVX. BVRGVNDIÆ. Aquila colle ali aperte, tiene tra gli artigli il Toson d'oro. 1632.
ARG. F. D. C.

FERDINANDO CARLO, ARCIDUCA D'AUSTRIA. (1632-1662).

1697. DA 3 CARANTANI del 1659. MIST. C[1]

SIGISMONDO, ARCIDUCA D'AUSTRIA. (1664).

1698. PEZZO DA 15 CARANTANI. MIST. C[1]

UNGHERIA.

SIGISMONDO, RE. (1388-1437).

1699. FIORINO D'ORO. + SIGISMVNDI. D. G. R. VNGARIE. Stemma. ℟ S. LADISLAVS. REX. Il Santo coronato, col manto, in piedi di prospetto colla scure nella destra e col globo crocigero nella sinistra; ai lati due gigli. R[3] ORO. C[1]

MATTIA CORVINO, RE. (1458-1490).

1700. ONGARO. ✠ MATHIAS. D. G. R. VNGARIE. Stemma. ℟ S. LADISLAVS. REX. Il Santo c. s.; a s. uno scudetto. R[3] ORO. C[1]

1701. ONGARO. MATHIAS. D. G. R. VNGARIE. La Madonna col divino infante in grembo. Sotto, un corvo con un pane nel becco. ℟ S. LADISLAVS. REX. Il Santo coronato e nimbato in piedi di prospetto, collo scettro nella destra e il globo crocigero nella sinistra; ai lati N-T. R[2] ORO. C[1]

GIOVANNI II ZAPOLZKY.

1702. MEZZO GROSSO. IOHAN. SECVN. D. G. R. VNG. 1557. Stemma. ℟ PATRONA VNGARIE. La Madonna seduta col bambino.
R. ARG. C[1]

MARIA TERESA, REGINA ED IMPERATRICE. (1745-1780).

1703. DUCATO. M. THER. D. G. R. I. G. H. B. R. A. A. B. C. T. L'Imperatrice coronata in piedi a d. collo scettro nella destra e il globo crocigero nella sinistra; ai lati K - B. ℞ HVNGARIÆ. PATRONA. 1765. La Madonna col Bambino sulle nubi, raggiante, e colla luna falcata; all'esergo scudetto. R. ORO. F. D. C.

1704. CARANTANO. *N. 2 esempl. degli anni 1761 e 65.* BR. C[1]

RIVOLUZIONE. (1848–1849).

1705. PEZZO DA 6 CARANTANI. *N. 4 esempl.* ARG. F. D. C.

1706. CARANTANO. *N. 2 esempl. del 1848 e 49.* BR. C[1]

FRANCESCO GIUSEPPE, IMPERATORE. (1848).

1707. PEZZO DA 20 KREUZER. *N. 2 esempl. degli anni 1868 e 69.* ARG. F. D. C.

1708. MONETE DIVERSE. *N. 4 esempl.* ARG. e BR. C[2]

VIENNA

(assediata dai Turchi).

OSSIDIONALE. (1529).

1709 MONETA QUADRATA. TVRK BLEGERT WIEN 1529 in quattro righe fra quattro fiori. ℞ Croce accantonata da quattro stemmi: Austria, Ungheria, Castiglia e Leone. - MAILLIET, CXXI, 10. - DUBY, I. 6. *Già dorata, bucata.* ARG. C[3]

ALBERTO ED ELISABETTA. (1618).

1710. TALLERO con una contromarca. ARG. C[3]

LEOPOLDO I, IMPERATORE. (1658-1705).

711. TALLERO. LEOPOLDVS. D. G. RO. I. S. AVG. CER. HV. BOH. REX. Busto laureato a d. ℞ ARCHIDVX. AVS. DVX. BVR. MAR. MOR. CO. TY. 1661. Stemma. ARG. C[illegible]

712. TALLERO. Simile al precedente, dell'anno 1700. ARG. C[illegible]

713. TALLERO. Simile al precedente, dell'anno 1695. ARG. C[illegible]

714. TALLERO. LEOPOLDVS. D. G. RO. I. S. AVG. GER. HV. BO. REX. Busto laureato ed in armatura a d. ℞ ARCHIDVX. AVS. DVX. BVR. MAR. MOR. CO. TY. 1693. Stemma. ARG. C[illegible]

IMPERO GERMANICO

STATI E CITTÀ.

ANNOVER.

GIORGIO IV, RE D'INGHILTERRA E PRINCIPE ELETTORE.

1715. DA 16 GROSSI degli anni 1820-33. *N. 2 esempl.* ARG. F. D. C.

ERNESTO AUGUSTO, RE. (1837-1851).

1716. DODICESIMO DI TALLERO. ARG. C[1]

GIORGIO V, RE. (1851-1866).

1717. DOPPIO TALLERO del 1855. ARG. C[1]

AUGUSTA (Augsburg).

1718. TALLERO INCAVATO A SCATOLA. 1642. ARG. C[1]

BADEN.

LUIGI GRANDUCA. (1818–1830).

1719. TRE CARANTANI del 1830. MIST. C[1]

CARLO LEOPOLDO, GRANDUCA. (1830-1852),

1720. DA 6, 3 ED 1 CARANTANO. *N. 6 esempl.* ARG. e BR.

FEDERICO GRANDUCA. (1852).

1721. CARANTANO. *N. 5 esempl. diversi.* BR. C[1]

BAMBERGA

FRANCESCO LODOVICO, PRINCIPE E DUCA. (1795).

1722. TALLERO del 1795. R. ARG. C[1]

CRISTOFORO FRANCESCO, PRINCIPE E VESCOVO. (1800).

1723. PEZZO DA 20 CARANTANI del 1800. R. ARG. C[1]

BAVIERA.

MASSIMILIANO III GIUSEPPE, PRINCIPE ELETTORE. (1745–1777).

1724. PEZZO DA 12 CARANTANI. ARG. C[1]

MASSIMILIANO GIUSEPPE, RE. (1799-1825).

1725. TALLERO. MAXIMILIANUS IOSEPHUS BAVARIÆ REX. Busto laureato a d. ℞ MAGNUS AB INTEGRO SÆCULORUM NASCITUR ORDO. Un cubo portante l'iscrizione CHARTA MAGNA BAVARIAE. All'esergo. XXVI MAII MDCCCXVIII. ARG. F. D. C.

1726. TALLERO. Simile al precedente. ARG. C[1]

1727. DA 6, 3 ED 1 CARANTANO. *N. 4 esempl.* MIST. e BR. C[1]

LODOVICO I, RE. (1825-1848).

1728. TALLERO del 1828 coi ritratti della moglie e dei figli. ARG. C[1]

1729. TALLERO del 1830 colla *Fedeltà.* ARG. F. D. C.

1730. MEZZO FIORINO del 1838. ARG. C[1]

1731. DA 3 E DA 1 CARANTANO. *N. 6 esempl.* ARG. e MIST. C[1]

MASSIMILIANO II, RE. (1848-1864).

1732. DOPPIO FIORINO del 1851. ARG. F. D. C.

BRANDEBURGO.

FEDERICO GUGLIELMO. (1688).

1733. DUE TERZI DI TALLERO. FRID: WILH: D: G: M. B. S. R. I. ARC. ET EL. Busto in armatura a d. ℞ CHVRF. BRAND. LAND: MVNZ. 1688. Stemma coronato. ARG. C[1]

GIORGIO GUGLIELMO, MARCHESE. (1726).

1734. PEZZO DA 12 CARANTANI. + GEORGIVS. GVILELMVS. D. G. MARCHIO. BRANDENB. ecc. Nell'esergo 12. ℞ TOUIOURS. LE. MEME. Vaso con una pianta. *Bucato.* R. ARG. C[1]

ALESSANDRO MARCHESE.

1735. TALLERO del 1775. ARG. C[1]

BRUNSWICK E LÜNEBURG.

CARLO I, DUCA. (1735-1780).

1736. TALLERO DELLA TOMBA. R. ARG. C[1]

COBURGO - GOTHA.

FEDERICO GIOSIA, PRINCIPE. (1754).

1737. DUCATO. CONIUNCTIO FELIX. Due stemmi uniti con un nodo da due amorini. ℟ NVPTIARVM — SOLENNIA CELEBR. — COBVRGI — MDCCLIV. in quattro righe; R[a] ORO. C[1]

ERNESTO I. (1816-1844).

1738. PEZZO DA 3 CARANTANI dell'anno 1833. *N. 2 esempl.* MIST. C[1]

DANZICA.

DOMINIO DEI POLACCHI. (1458-1693).

1739. QUINTO DI TALLERO. del 1721. ARG. C[1]

FRANCOFORTE s/M

FEDERICO IMPERATORE. (1152-1191).

1740. DUCATO. + FRIDRICVS. ROMOR. IMPAT. Globo crocigero entro cornice formata da quattro archi di cerchio. ℞ MONETA. NO. C. FRANCFOR. Figura nimbata in piedi. ORO C[t]

1741. TALLERO del 1779. ARG. C[t]

1742. TALLERO del 1796. - MILLIN, n. 776. R. ARG. C[t]

1743. FIORINO del 1844. ARG. F. D. C.

1744. CARANTANO. *N. 4 esempl.* MIST. C[t]

FRANCOFORTE DI PRUSSIA.

MASSIMILIANO, RE. (1493-1519).

1745. FIORINO D'ORO. + MAXIMILIANVS. ROMA. REX. Globo crocigero entro cornice formata da quattro archi di cerchio. ℞ MON. FRANCF. 1508. Figura in piedi; al basso uno scudetto. R. ORO.

LUBECCA

(1752).

1746. PEZZO DA TRE MARCHI O TALLERO. ARG. C[t]

1747. QUARTO DI MARCO del 1728. ARG. C[t]

NASSAU (Ducato).

1748. DA 20, 3, 1 E 1/4 DI CARANTANO. *N. 5 esempl.* ARG. e BR. C[t]

NORIMBERGA.

REPUBBLICA.

1749. TALLERO del 1680. ARG. C¹

GIUSEPPE II, IMPERATORE. (1765–1780).

1750. TALLERO del 1765. ARG. C¹

PRUSSIA.

ALBERTO, MARCHESE DI BRANDEBURGO, PRIMO DUCA. (1511-).

1751. TRE GROSSI. ALBER. D. G. MAR. BRAN. DVX. PRVS. Busto a d. ℞ III — GROSS: AR: — TRIPLEX. — ALBER: DVC. — PRVSSIE — 15315 in sei righe. R. ARG. C¹

FEDERICO GUGLIELMO II, RE. (1786–1797).

1752. QUARTO DI TALLERO del 1790. ARG. C¹

FEDERICO GUGLIELMO IV, RE. (1840).

1753. TALLERO del 1855. ARG. F. D. C.
1754. TALLERO del 1860. ARG. F. D. C.
1755. GROSSO E MEZZO GROSSO degli anni 1840, 46 e 49. *N. 3 esempl.* MIST. C¹
1756. GROSSI 2 ½, UN GROSSO E MEZZO GROSSO degli anni 1869, 71, 73 e 75. *N. 6 esempl.* MIST. F. D. C.
1757. DA 20, 10, 5, 3 e 2 CENTESIMI. *N. 9 esempl.* BR. C¹

RATISBONA.

GIUSEPPE II, IMPERATORE. (1765-1790).

1758. TALLERO del 1775. ARG. C[1]
1759. DA 20 CARANTANI del 1774. ARG. C[1]
1760. DA 10 CARANTANI del 1781. ARG. C[1]

SASSONIA.

FEDERICO E GIAN GIORGIO. (1500-1525).

1761. TESTONE. + FRIDERI. IHOA. GEORG. Scudo sormontato da cimiero. Nel giro due scudetti. ℟ MONE. ARGEN. DVCVM. SAXO. San Giovanni in piedi di prospetto. R[3] ARG. C[1]

ENRICO IL PIO, DUCA. (1539-1541).

1762. TALLERO. HEINRI. ELEC. DVX. SAX. FIE. F. 1540. Busto a d.; nel contorno quattro scudetti. ℟.... NF. RI. ELEC. DVX. SAX. FIF. Busto a d.; nel giro quattro scudetti. ARG. C[1]

GIAN FILIPPO E SUOI FRATELLI. (1609).

1763. DUCATO. MONETA. NOVA. AVREA. 8. FRAT. DVC. SAX. Quattro busti. Nel giro 9 scudetti; in alto globo crocigero: all'esergo un ornato. ℟ ET. MONTI. LINEAE. VINARI. IVL. CLIVI. Quattro busti. Nel giro 9 scudetti; all'esergo 1614. R[4] ORO. C[1]

GIOVANNI GIORGIO, DUCA. (1611-1656).

1764. TALLERO. IOHAN: GEORG: D: G: SA: RO: IMP. ARCHIM. ET. ELE. Busto a d. colla spada in pugno; nel campo 16-13 e all'esergo uno scudetto. ℟ E. AVGVST. F. E. D. S. I. C. E. M. Busto a d. Nel giro 18 scudetti. R. ARG. C[1]

1765. MEZZO TALLERO. IOHAN: GEORG: D: G: DVX: SAX: IVL: CLIV: ET: MO. Busto a d. colla spada in pugno. ℞. SACRI. ROMANI. IMP: ARCHIM: ET. EL. 1616. Stemma. R² ARG. C¹

1766. DUCATO. SECVLVM. LVTHERANVM. Nel campo FRID. III. Busto a d. colla spada in pugno; all'esergo uno scudetto e l'anno 1517. ℞ VERBVM. DNI. MANET. IN AETERNVM. Nel campo IOH. GEOR. Busto a d. armato di spada. All'esergo uno scudetto coll'anno 1617. - VAN LOON, II, *pag.* 100. R² ORO. C¹

FEDERICO SENIORE. (1622).

1767. TALLERO. D: G: IOH: PHIL. FRID: IOH. WILH: ET. FR. Busto a d.. con elmo dinanzi. In giro 5 scudetti; nel campo 16-24. ℞ DVC: SAXON. IVL. CLIVI. ET. MONT. LIN: ALDEN. Tre busti corazzati a d. Nel giro 5 scudetti. R² ARG. C¹

GIAN FEDERICO ERNESTO E FRATELLI. (1637).

1768. TALLERO. IO. FRIDERI. ERNESTVS. FRID. WIL. HERNANDVS. Nel giro 9 scudetti. Quattro busti di prospetto. Nel campo in alto 8. FRAT: DVC: SAXON: IVL: CLI: MONT. e sotto LINEAE VINARIENSIS WA. 1637. ℞ ALBERTVS. D: G: IO: FRIDER. FRIDERICVS. WILHELMVS. Nel giro 9 scudetti. Quattro busti; in alto globo crocigero; sotto un ornato. R³ ARG. C¹

ANTONIO V, RE. (1827-1836).

1769. TALLERO del 1832. ARG. C¹

FEDERICO AUGUSTO, RE. (1828).

1770. TALLERO DOPPIO del 1842. ARG. C¹

GIOVANNI, RE. (1867).

1771. UN GROSSO, 5 ED 1 CENTESIMO. *N. 3 esempl.* MIST. e BR. C¹

STRASBURGO.

GUERRA CONTRO CARLO DI LORENA, VESCOVO. (1592).

1772. OSSIDIONALE. Scudo di Gian Giorgio di Brandeburgo tra la data 1592; sotto, le armi del Capitolo e della Città; nell'esergo 80, di forma quadrata e senza rovescio. - MAILLIET. CII, 1. R[4] ARG. C[1]

TREVERI.

(Trier Prussia Renana).

WERNER, ARCIVESCOVO. (1406).

1773. FIORINO D'ORO. MONETA. NOVA. WESAL. Stemma. ℞ WERNER. AREP. TRE. S. Giovanni in piedi di prospetto. *Il fiorino d'oro illustrato, pag. 98.* R[3] ORO. C[1]

WESTFALIA.

GEROLAMO NAPOLEONE, RE.

1773 *bis*. TALLERO del 1813. - MILLIN, 361. ARG. C[1]

WÜRTEMBERG.

CARLO I, RE. (1744-1793).

1774. TALLERO del 1769. ARG. C[1]

GUGLIELMO, RE. (1816-1864).

1775. TALLERO del 1857. ARG. F. D. C.
1776. FIORINO E MEZZO FIORINO del 1841. *N. 2 esempl.* ARG. C[t]
1777. DA 20 CARANTANI del 1818. ARG. C[t]
1778. DA 6, 3 e 1 CARANTANO. *N. 3 esempl.* MIST. C[t]

WURTZBOURG.

GIORGIO CARLO, VESCOVO, (1795).

1779. TALLERO. (PRO PATRIA). - MILLIN, 712. R. ARG. C[t]
1780. PEZZI DA 20 CARANTANI. (PRO PATRIA). - MILLIN, 713, 714; *n. 5 esempl. diversi.* R. ARG. C[t]

FRANCIA

MELLE.

CARLO MAGNO. (774-814).

1781. DENARO. † CARLVS REX FR. Croce. ℟ † METVLLO. Monogramma. R⁴ ARG. C¹

1782. DENARO. Con tipo differente. *N. 2 esempl.* ARG. C²

PROVENZA.

ALFONSO D'ARAGONA. (1196).

1783. DENARO. REX. ARAGONVM. Testa coronata a s. ℟ PO-VI-NC-IA. Croce; *n. 2 esempl.* R² ARG. C¹

CARLO I D'ANGIÒ (1266-1285).

1784. GROSSO TORNESE. + BENEDICT. NOMEN. DNI. NRI. DEI. HEV. Nel secondo giro: + KAROLVS. SCL. REX. Croce. ℟ COMES. PVINCIE. Castello sormontato da un giglio. R³ ARG. C¹

1785. DENARO E MEZZO DENARO. *N. 3 esempl.* ARG. C²

TOURS.

LODOVICO IX. (1226-1270).

1786. GROSSO TORNESE. *N. 2 esempl.* R. ARG. F. D. C.

FILIPPO IL BELLO. (1285-1314).

1787. GROSSO TORNESE. *N. 4 esempl.* R. ARG. C[1]
1788. GROSSO TORNESE. R. ARG. C[1]

LUIGI X. (1314-1316).

1789. DENARO E MEZZO DENARO. *N. 3 esempl.* ARG. C[2] e C[3]

CARLO VII. (1422-1461).

1790. GROSSO E MEZZO GROSSO. *N. 3 esempl.* MIST. C[2] e C[3]

LUIGI XI. (1461-1483).

1791. GROSSO E MISTURA. *N. 3 esempl.* MIST. C[2] e C[3]

CARLO VIII, RE. (1483-1498).

1792. SCUDO D'ORO DEL SOLE. Giglio. KAROLVS : DEI : GRACIA : FRANCORVM. REX. Scudo coronato coi tre gigli; in alto un sole. ℞ Giglio. XPS : VINCIT : XPS : REGNAT : XPS : IMPERAT. Croce gigliata. R[2] ORO C[1]
1793. SCUDO D'ORO. Simile al precedente. R[2] ORO. C[1]
1794. SCUDO D'ORO. Simile al precedente. R[2] ORO. C[1]
1795. GROSSO E GRAN BIANCO, ECC. *N. 13 esempl. svariati.* ARG. C[2]

LUIGI XII. (1497-1514).

1796. SCUDO D'ORO DEL SOLE. LVDOVICVS: DEI: GRACIA: FRANCORV: REX. Scudo coronato sormontato da un sole. ℟ XPS: VICIT, ecc. Croce gigliata: *n. 4 esempl.* R. ORO. C[1]
1797. SCUDO D'ORO dell'Istrice. Simile al precedente, collo scudo accostato da due istrici. ℟ Simile al precedente, colla croce accantonata da due istrici e da due L; *n. 3 esempl.* R[2] ORO. C[1]
1798. SCUDO D'ORO di Bretagna. Simile al precedente; con BRITONVM. DVX e lo scudo accostato da due corone, e sotto un' istrice. ℟ DEVS. IN. ADIVTORIVM. MEVM. INTENDE. Croce gigliata accantonata da quattro corone. R[3] ORO. C[1]
1799. GROSSO (Douzain). *N. 8 esempl. svariati.* ARG. C[2]

FRANCESCO I. (1514-1546).

1800. SCUDO D'ORO DEL SOLE di Bretagna. FRANCISCVS: D: G: FRANCOR: REX: BRITANIE. D. Scudo coronato, sormontato da un sole ed accostato da un'F e da un giglio coronato. ℟ DEVS: IN: ADIVTORIVM: MEVM: INTENDE. Croce gigliata ed accantonata da due F e da due gigli coronati. R. ORO. C[1]
1801. SCUDO D'ORO DEL SOLE. FRANCISCVS: DEI: GRACIA: FRANCOR. Scudo coronato. ℟ + XPS: VINCIT, ecc. Croce gigliata accantonata da due F e da due gigli. R. ORO. C[1]
1802. SCUDO D'ORO. Simile al precedente. ℟ XPS: VINCIT, ecc. Croce gigliata ed ornata entro cornice, formata da quattro archi di cerchio. R[2] ORO. C[1]
1803. TESTONE. FRANCISCVS: I: D: GRA: FRANCOR. REX. Busto coronato a d. ℟ XPS. VINCIT, ecc. Scudo coronato entro cornice formata da piccoli archi di cerchio; *n. 2 esempl. di diverso conio.* R. ARG. C[1]
1804. TESTONE. Simile al precedente. ℟ + SIT. NOMEN. DNI. BENEDICTVM. Il campo inquartato coi gigli e con tre delfini; *n. 2 esempl.* R. ARG. C[1]
1805. TESTONE. Simile al precedente. ℟ + NON. NOBIS. DNE + NON. NOBIS. SET. (sic) N. T. Scudo coronato. R. ARG. C[1]

1806. TESTONE. Simile al precedente. ℞ NONOBIS (sic) DESED NOI TVO DA GLORIA. Scudo coronato accostato da due F coronate. R. ARG. C[1]
1807. MONETE DIVERSE. *N. 6 esempl.* R. ARG. C[1] e C[2]

ENRICO II. (1547–1559).

1808. TESTONE. + HENRICVS. II. D. GRACIA. FRAN. REX. Busto coronato a d. ℞ + XPS. VINCIT. ecc. Stemma accostato da due H coronate. ARG. C[1]
1809. TESTONE. Simile al precedente, ma col busto senza corona; *n. 2 esempl.* ARG. C[1] e C[2]
1810. DOPPIO TESTONE. HENRICVS. II. D. G. REX. NAVARRE. D. Busto laureato a d. ℞ GRATIA. DEI. SVM. ID. QVD. SVM. Croce gigliata accantonata da quattro H coronate. R. ARG. C[1]
1811. TESTONE. + HENRICVS 2 DEI GRA. ecc. Busto coronato a d. ℞ XPS. VINCIT, ecc. Scudo accostato da due H coronate; all'esergo D (conio di Lyon). R. ARG. C[1]
1812. MEZZO TESTONE. ARG. C[2]

CARLO IX. (1560–1574).

1813. SCUDO D'ORO DEL SOLE. CAROLVS. VIIII. D. G. FRANC. REX. MDLXVI. Stemma di Francia coronato. ℞ CHRISTVS. REGNAT. VINCIT. ET. IMPERAT. Croce gigliata ed ornata; nel CENTRO K. R. ORO. C[1]
1814. TESTONE. CAROLVS. VIIII. D. G. FRAN. REX. Busto giovanile laureato a d. ℞ SIT. NOMEN. ecc. Scudo accostato da due C coronati; *n. 2 esempl.* R. ARG. C[1]
1815. TESTONE. CAROLVS. VIIII. D. G. FRAN. REX. Busto giovanile a s. ℞ SIT. NOMEN, ecc. Scudo accostato da due C co ronati. R. ARG. C[1]

ENRICO III. (1574–1589).

1816. TESTONE DOPPIO. + HENRICVS. III. D. G. FRANCOR. REX. Busto laureato a d.; sotto A. ℞ SIT. BENEDICTVM, ecc. Croce gigliata ed ornata; nel centro H. R. ARG. C[1]

ENRICO IV. (1589-1610).

1817. QUARTO DI SCUDO. + HENRICVS. IIII. D. G. FRANC. ET. NAV. REX. 1602. Croce gigliata. ℟ SIT. NOMEN ecc. Scudo di Francia accostato da due H. ARG. C¹

1818. QUARTO DI SCUDO. HENRICVS. 4. D. G. FRANC. ET. NAVAR. REX. Croce gigliata. ℟ GRATIA. DEI. SVM. ID. Q. SVM. 1606. Scudo bipartito di Francia e di Navarra. ARG. C¹

LUIGI XIII. (1610-1643).

1819. TESTONE. + LVDOVIC. XIII. D. G. FRAN. ET NAVA. REX. Busto laureato a d. ℟ SIT. ecc. Croce fiorita, nel centro L. ARG. C¹

1820. QUARTO DI SCUDO collo stemma bipartito di Francia e Navarra. ARG. C¹

1821. DOPPIO TORNESE. *N. 5 esempl.* BR. C²

LUIGI XIV. (1643-1715).

1822. SCUDO. LVD. XIIII. D. G. FR. ET. NAV. REX. Busto a d. ℟ SIT. ecc. Tre corone frammezzate da 3 gigli; nel centro D. ARG. C¹

1823. MEZZO SCUDO dell'anno 1644. ARG. C¹

1824. TESTONE del 1644. ARG. C¹

1825. DA 4 SOLDI del 1662, 92 e 95; *n. 4 esempl.* ARG. C¹

1826. MONETE DI RAME. *N. 3 esempl. diversi.* BR. C¹

LUIGI XV. (1715-1774).

1827. TESTONE. LUD. XV. D. G. FR. ET. NAV. REX. Busto laureato a d. ℟ SIT. ecc. Scudo coronato. ARG. C¹

1828. MONETE DI RAME. *N. 3 esempl. variati.* BR. C¹

LUIGI XVI. (1774-1793).

1829. SCUDO del 1785. LUD. XVI. D. G. FR. ET. NAV. REX. Busto a s. ℟ SIT. ecc. Scudo coronato tra due rami d'alloro. ARG. C¹

1830. SCUDO del 1792. R̸ REGE DE LA LOI. Un genio sta scrivendo sopra una tavola la nuova legge; nel campo il fascio col berretto frigio e il gallo. Nell'esergo L'AN 4 DE LA LIBERTÉ. R. ARG. C[1]
1831. DA 12 SOLDI del 1775. ARG. C[1]
1832. DA 15 SOLDI del 1791. ARG. C[1]
1833. DA 15 SOLDI dell'anno 4 della libertà; *n. 2 esempl.* R. ARG. F. D. C. e C[1]
1834. DA 2 SOLDI. *N. 4 esempl.* BR. C[1] e C[2]
1835. SOLDO E SPEZZATI. *N. 15 esempl. vari.* BR. C[1]

REPUBBLICA. (1793–1799).

1836. DUE DECIMI dell'anno 4. BR. C[1]
1837. UN DECIMO degli anni 5, 8 e 9; *n. 4 esempl.* BR. C[1]
1838. CINQUE CENTESIMI E CENTESIMO. *N. 9 esemplari svariati.* BR. C[1]
1839. ASSEGNATI. *N. 9 esempl. svariati.* BR. C[1]

NAPOLEONE I, IMPERATORE. (1804-1815).

1840. FRANCO, MEZZO FRANCO E DIECI CENTESIMI degli anni 1808 e 12; *n. 3 esempl.* ARG. C[1]

LUIGI XVIII. (1815-1824).

1841. DUE FRANCHI del 1822. ARG. C[1]

CARLO X. (1824-1830).

1842. UN QUARTO DI FRANCO del 1830. ARG. C[1]

LUIGI FILIPPO. (1830–1848).

1843. DIECI CENTESIMI per le colonie dell'anno 1841. BR. C[1]

REPUBBLICA. (1848–1852).

1844. DA VENTI CENTESINI E CENTESIMO. *N. 7 esempl.* ARG. e BR. C[1]

NAPOLEONE III. (1852–1870).

1845. DA VENTI, DA DUE E DA UN CENTESIMO e due medagliette satiriche; *n. 5 esempl.* BR. F. D. C. e C[1]

REPUBBLICA. (1870).

1846. DA DIECI CENTESIMI, prova di zecca. BR. F. D. C.

ISOLE DI FRANCIA. (1810).

1847. PEZZO DA 10 LIRE. ILES DE FRANCE ET BONAPARTE. Aquila coronata col fulmine fra gli artigli. Sotto: AVELINE. ℞ DIX LIVRES. Entro corona d'alloro — 1810. R[3] ARG. C[2]

INGHILTERRA

ENRICO III? (1216-1227).

1848. DENARO. ARG. C[1]

ENRICO VIII. (1509-1547).

1849. MEZZA CORONA. HENRIC. 8. D. G. ANGLIE ⁑ FRANC. DNS. HIBERNI. Stemma coronato, fiancheggiato dalle lettere H - E. ℟. HENRIC. VIII. RVTILANS. ROSA. SINE. SPINA. Rosa sormontata da corona, fiancheggiata dalle lettere H. E. ORO C[1]

CARLO II. (1660-1685).

1850. HALF PENNY (soldo) dell'anno 1673. BR. C[1]

GIACOMO II. (1685-1689).

1851. PENNY (doppio soldo) dell'anno 1689. BR. C[2]

GUGLIELMO III. (1690-1702).

1852. FARTHING dell'anno 1699. BR. C[1]

GIORGIO II. (1729-1760).

1853. SIXPENCES (60 centesimi). GEORGIVS. II. DEI. GRATIA. Busto laureato a s. ℞ M. B. F. ET. H. REX. F. D. B. ET. LD. SRI. A. T. ET. E. 1757. Quattro stemmi disposti in croce. ARG. C¹

1854. HALF PENNY (soldo) dell'anno 1731.
1855. FARTHING dell'anno 1730. BR. C¹

GIORGIO III. (1760-1820).

1856. CORONA. GEORGIUS III. D: G: BRITANNIARUM REX. F. D. 1818. Testa laureata a d. ℞. HONI SOIT QUI MAL Y PENSE in giro sulla *giarrettiera*. Nel campo S. Giorgio a cavallo a d. che uccide il drago. ARG. F. D. C.
1857. MEZZA CORONA. GEORGIUS. III. DEI GRATIA. Testa laureata a d. 1818. ℞ REX FID: DEF: BRITANNIARUM. Stemma coronato. ARG. C¹
1858. UN TERZO DI CORONA. GEORGIUS. III. D. G. BRITANNIARUM. REX. F. D. Busto laureato a d. ℞ BRUNS. ET. LUN. DUX. S. R. I. A. TH. ET. ELECT. 1804. Stemma. ARG. C¹
1859. DOPPIO PENNY (4 soldi), PENNY (2 soldi), HALF PENNY (1 soldo), 1797, 1806, 1799, ecc. *N. 6 esempl.* BR. C¹

GIORGIO IV. (1820-1830).

1860. SCELLINO. ARG. C¹
1861. SCELLINO, MEZZO SCELLINO, DA QUATTRO PENCE. *N. 4 esempl.* ARG. C¹
1862. PENNY, HALFPENNY e FARTHING. *N. 8 esempl.* BR. C¹

VITTORIA REGINA. (1837).

1863. MEZZO SOVRANO. VICTORIA DEI GRATIA. Testa nuda a s. ℞ BRITANNIARVM REGINA. Stemma. ORO. F. D. C.

1864. FIORINO. VICTORIA D. G. REG: F: D: MDCCCLIII (*in caratteri gotici*). Busto coronato a s. ℞ ONE FLORIN — ONE TENTH OF A POUND (*in caratteri gotici*). Quattro stemmi coronati disposti in croce. ARG. F. D. C.

1865. SCELLINO, DA SEI PENCE. *N. 4 esempl.* ARG. C[1]

1866. DA QUATTRO, DA TRE PENCE, DA UN PENNY E MEZZO. *N. 8 esempl.* ARG. C[1]

1867. PENNY, HALF PENNY, FARTHING E HALF FARTHING. *N. 8 esempl.* BR. C[1]

1868. PENNY E HALF PENNY. *N. 6 esempl. vari.* BR. C[1]

1869. FARTHING E HALF FARTHING. *N. 6 esempl. vari.* BR. C[1]

1870. UN CENTESIMO DI DOLLARO. (Compagnia delle Indie). BR. C[1]

1871. UN QUARTO DI PENNY. (Gibilterra). BR. C[1]

1872. TESSERE MERCANTILI. *N. 11 esempl. vari.* BR. C[1]

ISOLE JONIE.

(Protettorato inglese).

1873. MONETE VARIE. *N. 7 esempl.* BR. C[1]

BELGIO

LEYDA. (1574).

1874. MONETA DI NECESSITÀ DA VENTI SOLDI (sols). HAEC. LIBERTATIS. ERGO. Il leone d'Olanda rampante, colle zampe anteriori sostiene una lancia, sulla cui punta havvi il cappello della libertà. ℞ GODT. ✳ ● ✳ BEHOEDE ✳ ● ✳ LEYDEN ✳ ● ✳ (Dio conservi Leyda). Arma della città contornata dalle lettere N + O + V + L + S + G + I + P + A + C (Nummus Obsessae Urbis Lugduni Sub Gubernatione Illustrissimi Principis Auraici Cusus). - VAN LOON, *Vol.* I, *pag.* 179, 180. ARG. C¹

AUTONOMA. (1599).

1875. DUCATO. CONCORDIA RES. PAR. CRES. TR.... Bragone in piedi colla spada nella destra ed un fascio di dardi nella sinistra. Nel campo 15-99. ℞. MO: ORDI — PROVIN — F... B. DER — BELG'AD — LEG. IMP. nel campo in cinque righe entro cornice quadrata. ORO. C¹

LEOPOLDO I, RE. (1831-1850).

1876. DA LIRE 2 1/2. ARG. C¹

ANVERSA.

OSSIDIONALI. (1814).

1877. DA 10 E DA 5 CENTESIMI. *N. 2 esempl.* BR. C[1]
1878. DA 1 FRANCO, 1844 e 1861. *N. 2 esempl. vari.* ARG. C[1]
1879. DA 10 CENTESIMI. *N. 3 esempl.* MIST. C[1]
1880. DA 5, DA 2 E DA 1 CENTESIMO. *N. 8 esempl.* BR. C[1]

LEOPOLDO II. (1865).

1881. DA DUE CENTESIMI. *N. 4 esempl.* BR. C[1]
1882. MEDAGLIA. LEOPOLD. PREMIER ROI DES BELGES. Testa nuda a s. 1853. ℞ L. L. PH. M. V. DUC DE BRABANT M. H. A. DUCHESSE DE BRABANT. Le due teste accollate; sotto 21 22 AOUT; *n. 2 esempl.* BR. C[1]

OLANDA

FILIPPO II, RE DI SPAGNA. (1555-1598).

1883. PIASTRA degli anni 1773-75. *N. 2 esempl. vari.* ARG. C[3]

MASTRICHT

assediata dagli spagnuoli.

(1579).

1884. OSSIDIONALE. TRA - IEC AB ✳ HIS - PA - NIS * OB. SES in cinque righe tagliate da una spada in palo; sotto VIII. ℞ PROTE. DE. POPVTV PROP NOTW. GLO. Scudo con una stella o arme della città. 7-9. BR. C[2]

HASSEL

(Provincia di Limburg).

GUGLIELMO V. (1766-1795).

1885. TALLERO del 1784. ARG. F. D. C.

1886. OSSIDIONALE. HOLLANDIA. 1766 scritto nel campo in quattro righe. ℞ Leone rampante nel mezzo di un recinto; si appoggia ad un'asta colle zampe anteriori. BR. C[4]

LUIGI BONAPARTE. (1806–1810).

1887. DA 50 S.' dell'anno 1808. ARG. C[1]

GUGLIELMO II. (1840-1849).

1888. MEZZO FIORINO. ARG. C[1]

GUGLIELNO III, RE. (1849).

1889. FIORINI 2 $^{1}/_{2}$. ARG. F. D. C.
1890. DA 20 CENTESIMI. *N. 2 esempl.* ARG. F. D. C.
1891. CENTESIMO. *N. 3 esempl.* BR. C[1]

SVIZZERA

CANTONI.

AARGAU (Argovia).

1892. CINQUE BATZEN. CANTON + ARGAV. Scudo con un ramo di palma ed uno d'alloro. ℞ Entro ghirlanda di quercia 5 — BATZEN — 1810. ARG. C[1]

1893. UN BATZEN. CANTÓN AARGAV 1826. Stemma tra un ramo di palma ed uno d'alloro; nell'esergo I. BATZ. ℞ DIE. CONCORDIER. CANTONE. DER. SCHWEIZ. Croce entro cornice formata da quattro archi di cerchio; nel centro C.; *n. 3 esempl.* MIST. C[1]

1894. UN BATZEN. Simile al precedente; nell'esergo · IO. RAP. ℞ entro ghirlanda I — BATZEN — ✳ 1811 ✳. MIST. C[1]

1895. MEZZO BATZEN del 1815. MIST. C[1]

1896. DUE RAPPEN del 1812, 13 e 14. *N. 3 esempl.* MIST. C[1]

APPENZELL.

1897. DENARI DUE (senz'anno). *N. 2 esempl. scifati.* MIST. C[1]

1898. DENARI DUE (senz'anno). *N. 2 esempl.* MIST. C[1]

1899. BATZEN. CANTON APPENZELL. Scudo tra un ramo di quercia ed uno di palma, coll'orso rampante a s.; ai lati V — R e nell'esergo 1808. ℞ IEDEM DAS SEINIGE. Entro una ghirlanda I — BATZEN — 10 in tre righe; *n. 4 esempl.* MIST. C[1]
1900. BATZEN. Simile al precedente, dell'anno 1816. *N. 3 esempl.* MIST. C[1]
1901. MEZZO BATZEN. CANTON APPENZEL. Entro una ghirlanda l'orso rampante a s. fra le lettere V - R. All'esergo 1808. ℞ IEDEM DAS SEINIGE e tra ghirlanda formata da un ramo di quercia e da un ramo di palma, 1/2 - BATZEN - 5 in tre righe; *n. 4 esempl. degli anni 1808, 09, 16.* MIST. C[1]
1902. KREUZER (senz'anno). *N. 4 esempl.* MIST.
1903. UN KREUZER. *N. 2 esempl. del 1813.* MIST. C[1]
1904. MEZZO KREUZER del 1737. MIST. C[1]

BASILEA.

1905. DUCATO D'ORO (senz'anno). MONETA. NO. BASILIEN. La Madonna col divino infante. ℞ + SIGISMVD. ROMORVM. IMPATOR. Globo crocigero in una cornice trilobata. R[4] ORO. C[1]
1906. UN QUARTO DI DUCATO (senz'anno). ORO. F. D. C.
1907. BRACTEATA. Testa mitrata entro un tempietto sormontato dalla croce. R[5] ARG. C[1]
1908. BRACTEATE. VESCOVILI. Testa mitrata a d. o a s., col pastorale; *n. 2 esempl.* R[4] ARG. C[1]
1909. BRACTEATE. Stemma antico della città; *n. 8 esempl.* R[4] ARG. C[1]
1910. TALLERO. MONETA. NOVA. VRBIS. BASILIENSIS. 1621. Stemma entro cornice ornata di quattro fiori. ℞ ● DOMINE. CONSERVA. NOS. IN. PACE. Aquila ad una testa, colle ali aperte. ARG. C[1]
1911. TALLERO. Simile al precedente, dell'anno 1622. ARG. C[1]
1912. TALLERO. Simile al precedente, dell'anno 1624. ARG. C[2]
1913. MEZZO TALLERO. BASILEA. Veduta della città; nell'esergo 1757. ℞ DOMINE. CONSERVA. NOS. IN. PACE. Mostro alato, collo stemma della città. ARG. C[1]
1914. UN TERZO DI FIORINO. MONETA. REIPUB. BASILEENSIS. Entro ghirlanda 1/3; nell'esergo 1766. ℞ Simile al precedente. ARG. C[1]

1915. DODICI KREUZER. MONETA. NOVA. BASILE. Stemma; all'esergo 1623. ℟ DOMINE. CONSER. NOS. IN. PACE. Aquila bicipite; all'esergo * 12 *. ARG. C[1]

GIOVANNI CORRADO, VESCOVO.

1916. DOPPIO GROSSO. + MONETA. NOVA. IOAN. CONR. D. G. Stemma; nell'esergo 1718. ℟ * EPIS. BASILEENSIS. S. R. I. PRINCEPS. Aquila bicipite. R. ARG. C[1]

1916 *bis*. VENTI KREUZER. IOANNES. CONRADVS. D.... Busto a d. ℟ .... S. BASILENSIS. S. R. I. PRIN. 17.... Aquila bicipite coronata, con in petto uno scudetto col num. 20. R. ARG. C[1]

1917. GROSSO (senz'anno). + MONETA: NO: BASILIENSIS. Stemma in cornice trilobata. ℟ AVE. MARIA. GRACIA. P. La Madonna col Bambino in mezzo a splendori; *n. 4 esempl.* R. ARG. C[1]

1918. MEZZO GROSSO (senz'anno). + MONETA. NO. BASILIEN. Stemma. ℟ + SALVE. REGINA. MISE. Croce gigliata. R. ARG. C[1]

1919. MEZZO GROSSO. Altro tipo. ARG. C[2]

GIUSEPPE, VESCOVO.

1920. SEI BATZEN. IOSEPHUS. D. G. EPISCOP. BASILEENSIS. Busto a s. ℟ SAC. ROMAN. IMPER. PRINCEPS 1788. Aquila bicipite coronata, con in petto un circoletto col num. 24. R. ARG. C[1]

1921. CINQUE BATZEN del 1810. ARG. C[1]

1922. ASSE DOPPIO (senz'anno). MONETA. NOVA. BASILEENSIS. Stemma. ℟ DOMINE. CONSERVA. NOS. IN. PACE. Nel campo ASSIS - DVPLEX in due righe; *n. 2 esempl.* MIST. C[1]

1923. ASSE DOPPIO. Simile al precedente; *n. 2 esempl. degli anni 1623 e 34.* MIST. C[1]

1924. ASSE. *N. 5 esempl. degli anni 1627, 63 e 1708.* MIST. C[1] e C[2]

1925. TRE BATZEN. *N. 5 esempl. degli anni 1809 e 10.* MIST. C[1]

1926. UN BATZEN. CANTON. BASEL. Stemma in una ghirlanda; nell'esergo I. BATZ. ℟ CONCORD. CANTONE. DER. SCHWEIZ. 1826. Croce accantonata da due fiori e dalle sigle I-BZ, nel centro C.; *n. 4 esempl.* MIST. C[1]

1927. UN BATZEN. *N. 3 esempl. degli anni 1809 e 10.* MIST. C¹

1928. UN BATZEN. *N. 4 esempl. degli anni 1763, 65 e 1806.* MIST. C¹

1929. BATZEN. *N. 13 esempl. svariati.* MIST. C¹ e C²

1930. MEZZO BATZEN. *N. 2 esempl. degli anni 1724 e 1809.* MIST. C¹

1931. MONETINE DIVERSE. *N. 6 esempl.* ARG. e BR. C¹

BERNA.

1932. DOBLONE. RESPUBLICA BERNENSIS. Stemma coronato coll'orso gradiente. ℟ DEUS - PROVIDEBIT - 1794 in tre righe entro ghirlanda. R. ORO. F. D. C.

1933. DUCATO D'ORO. MON. AUR. REIP. BERNENSIS. 1741. Stemma coronato. ℟ BENE - DICTVS - SIT IEHOVA - DEUS - I - DUC. in sei righe entro cornice. R. ORO. F. D. C.

1934. PEZZO DA 40 BATZEN. Scudo di Luigi XV di Francia colla contromarca dell'orso gradiente e da uno scudetto con 40 BZ. R. ARG. C¹

1935. MEZZO TALLERO. MONETA. REIPVBLICAE. BERNENSIS. Stemma. ℟ BENEDICTVS ✱ SIT ✱ IEHOVA ✱ DEVS. 1679. Croce formata con otto B. ARG. C¹

1936. GROSSO. MONETA ● BERNENSIS. Scudo sormontato da un'aquila. ℟ + SANCTVS. VINCENCIVS. Croce in cornice ornata; *n. 8 esempl. variati.* ARG. C¹ e C²

1937. VENTI KREUZER. *N. 2 esempl. degli anni 1755, 58.* ARG. C²

1938. VENTI KREUZER. BERNENSIS. REIPVBLICAE. Stemma. ℟ Un orso spiega un cartello sul quale è scritto DOMINVS PROVIDEBIT; *n. 2 esempl.* R. ARG. C¹ e C²

1939. CINQUE BATZEN. CANTON. BERN. 1826. Stemma coronato; all'esergo 5. BAZ. ℟ DIE CONCORDIER CANTONE DER. SCHWEIZ. Croce chiusa in quattro archi di cerchio; nel centro C. ARG. C¹

1940. UN BATZEN. Simile al precedente; *n. 6 esempl. d'anni diversi.* MIST. C¹

1941. DUE BATZEN E MEZZO del 1826. MIST. C¹
1942. BRACTEATA. Orso gradiente a s. ARG. C²
1943. MONETE VARIE. *N. 4 esempl.* ARG. C¹
1944. MISTURA. *N. 9 esempl. svariati.* MIST. C² e C³
1945. MEDAGLIA. SENATVS ET SEDECEMVIRI REIP. BERN. Orso gradiente a s. ℞ LIBERIS CVRAE LIBERTAS. Due braccia sporgenti da nuvole che intrecciano le mani decussando lo scettro colla spada; in alto una ghirlanda tra raggi.
R³ ARG. F. D. C.

BERTOLDO, DUCA DI ZAEHRINGEN. (1620).

1946. DODICI BATZEN. + BERCHT: DVX: ZERIN: FVN. Croce; nel centro un circoletto colla cifra 12. ℞ MONE: BERNENSIS. L'orso gradiente a s. sormontato da un'aquila bicipite; *n. 2 esempl.* R. ARG. C¹ e C²
1947. DIECI BATZEN (senza data). BERCH: D: ZERING. CONDI. Croce. ℞ MONETA. BERNENSIS. Scudo sormontato dall'aquila bicipite. ARG. C¹

FRIBURGO.

1948. DA 42 KREUTZER. CANTON DE SARINE ET BROYE. Il fascio repubblicano sormontato dal cappello e colla scure. ℞ LIBERTE EGALITE. Nel campo: VALEUR - DE - 42 CR. 1798.
ARG. C¹
1949. PIÈCETTE DOPPIA del 1787. ARG. C¹
1950. PIÈCETTE O DA SETTE CARANTANI. *N. 2 esempl. degli anni 1787 e 88.* ARG. C¹
1951. CINQUE BATZEN del 1827 (L. O. 50). CONCORDIER, ecc.
ARG. C¹
1952. DENARO. MO. NO. FRIBVRCENSIS. Castello. ℞ SANCTVS. NICOLAVS. Croce. MIST. C¹
1953. BATZEN E MEZZO BATZEN degli anni 1799 e 1800. *N. 2 esempl.* MIST. C¹
NB. Il *batzen* vale ¹/₁₀ di franco svizzero.
1954. UN BATZEN. CANTON. FREYBVRG. 1829. Stemma; all'esergo 1. BATZ. ℞ DIE CONCORDIER, ecc. Croce; nel centro C.; *n. 9 esempl. degli anni 1806, 11, 27, 28, 29 e 30.* MIST C¹
1956. CINQUE RAPPEN del 1806. R. MIST. C¹

1957. CINQUE RAPPEN. CANTON FREYBVRG. Stemma; all'esergo 5. RAP. ℞ CONCOR., ecc. Croce c. s.; *n. esempl. degli anni 1827, 30 e 31.* MIST. C[1]

1958. MISTURA E RAME. *N. 6 esempl. svariati.* MIST. e BR. C[1]

GINEVRA.

1959. SEI FIORINI. POST ✱ TENEBRAS ✱ LUX. In un circolo raggiante VI - FLORINS. - IV'VI - W in quattro righe; all'esergo 1795. ℞ GENEVE ✱ REPUBLIQUE. Stemma entro una ghirlanda di quercia; all'esergo L'AN ✱ IV ✱ DE ✱ L'EGALITÉ. R. ARG. C[1]

1960. QUINDICI SOLDI. POST. TENEBRAS. LVX. Aquila entro una ghirlanda e poggiata sopra una chiave; all'esergo 1794. ℞ EGALITÉ. LIBERTÉ. INDEPENDANCE. Circolo raggiante; nel mezzo 15 SOLS.; *n. 2 esempl.* R. ARG. C[1]

1961. GROSSO. GENEVA. CIVITAS. 1567. Stemma. ℞ C: POST. TENEBRAS. LVX. Croce. R. ARG. C[1]

1962. DECIMO. APRÈS LES TÈNÈBRES LA LUMIÈRE. Aquila entro una ghirlanda poggiata sopra una chiave. ℞ ÉGALITÉ. LIBERTÉ. INDÉPENDANCE. Un'ape. DECIME - L'OISIVETÉ - EST UN - VOL due api ed un fiore. R. ARG. C[1]

1963. DA DIECI SOLDI E MEZZO dell'anno 1715. ARG. C[1]

1964. DA SOLDI SEI. *N. 4 esempl. degli anni 1791, 93, 96 e 97.* MIST. C[1] e C[2]

1965. DA 25 CENTESIMI. *N. 2 esempl. degli anni 1844, 47.* MIST. C[1]

1966. UN SOL. *N. 11 esempl. degli anni 1798, 1819, 25 e 33.* MIST. C[1]

1967. MEZZO SOLDO. *N. 3 esempl. degli anni 1725 e 29.* BR. C[1]

1968. DA 4, DA 5 E DA 1 CENTESIMO. *N. 8 esempl. degli anni 1839, 40, 46, 47 e 59.* BR. C[1]

1969. MONETE VARIE. *N. 4 esempl.* MIST. C[2]

1970. DENARI 6 O MEZZO SOLDO. *N. 2 esempl. degli anni 1819 e 25.* BR. C[1]

GLARUS.

1971. TRE SCHILLING O 9 RAPPEN. *N. 2 esempl. del 1806.* MIST. C. 1 e C2

1972. UN SCHILLING O TRE RAPPEN. *N. 5 esempl.* MIST. C1 e C2

GRIGIONI (Graubündten).

1973. BATZEN. *N. 5 esempl. degli anni 1807, 20 e 26.* MIST. C1

1974. BATZEN d'altro conio. *N. 5 esempl. degli anni 1836. 1842.* MIST. C1

1975. MEZZO BATZEN. *N. 6 esempl. degli anni 1812, 36, 62.* MIST. C1

1976. UN SESTO DI BATZEN. *N. 7 esempl.* MIST. C1

COIRA (Stadt Chur).

1977. DIECI KREUZER. MONETA. NOVA. CVRIAE. RETH. Mezza figura in armatura, con corona imperiale, nimbata, collo scettro nella destra ed il globo crocigero nella sinistra. nell'esergo uno scudetto. ℞ DOMI: CONSER. NOS. IN. PACE. Aquila bicipite coronata; nel petto un circoletto colla cifra 10, all'esergo 1632; *n. 5 esempl.* ARG. C1 e C2

GIUSEPPE, VESCOVO.

1978. DODICI KREUZER del 1744. MIST. C1

1979. DIECI KREUZER. IOSEPHVS. D. G. EPISCOPVS. CVRIEN. Stemma sormontato dalla mitra e dal pastorale. ℞ FERD. II. DEI. G. ROM. IM. S. A. V. Aquila bicipite coronata con in petto un circolo col numero 10. ARG. C1

1980. MISTURA. *N. 13 esempl. svariati.* MIST. C1 e C2

1981. MISTURA. *N. 52 esempl.* MIST. C1, C2 e C3

BARONIA DI HALDESTEIN.

GIORGIO FILIPPO, BARONE. (1690).

1982. TALLERO del 1623. R[4] ARG. C[2]
1983. DUE TERZI DI TALLERO. + GEORG. PHIL. L. BA. ABEHRN. F. DO. I. H. Busto a d. ℟ + VERBVM. DOMINI. MANET. I. AETER. 1690. Stemma; all'esergo $^2/_3$. ARG. C[1]
1984. DA QUINDICI CARANTANI del 1690. Con appiccagnolo. ARG. C[2]
1985. MISTURA. *N. 3 esempl. svariati.* MIST. C[1]

LUCERNA.

1986. BRACTEATA. Stemma. ARG. C[1]
1987. GROSSO. + MONETA. LVCERNENSIS. 1601. Stemma. ℟ SIT. NOM. DNI. BENEDICTVM. Aquila bicipite. ARG. C[1]
1988. VENTI KREUZER del 1713. ARG. C[1]
1989. CINQUE BATZEN. *N. 2 esempl. del 1815.* ARG. C[1]
1990. DUE BATZEN E MEZZO. ARG. C[1]
1991. BATZEN. *N. 10 esempl. degli anni 1806, 08, 09, 10, 11 e 13.* MIST. C[1]
1992. MEZZO BATZEN. *N. 5 esempl. degli anni 1796 e 1813.* MIST. C[1]
1993. MISTURA con S. Leodegario. *N. 10 esempl. di anni diversi.* MIST. C[1] e C[2]
1994. MONETE DIVERSE. *N. 17 esempl.* MIST. e BR. C[1] e C[2]

NEUFCHÂTEL (Neuenburg).

F. GUGLIELMO III, RE DI PRUSSIA. (1797-1840).

1995. DA 21 BATZEN. F. W. III. REX. BOR. PR. SUP. NOVIC. ET. VAL. Busto a s.; sotto 1799. ℟ CUIQUE SUUM. Scudo coronato sostenuto da due atleti; all'esergo 21. BZ. R. ARG. C[1]

1996. DA 21 BATZEN. Colla croce e lo stemma; *n. 2 esempl. del 1796.* ARG. C[2]
1997. PIÉCETTE DA 28 KREUZER. ARG. C[2]
1998. BATZEN, MEZZO BATZEN E KREUZER. *N. 3 esempl.* MIST. C[1]

MARIA DI PRUSSIA. (1691). FEDERICO III. (1688-1713).

1999. DA 20 KREUZER. MARIA. D. G. PR. SVP. NOVICASTRI. Busto a d. ℟ OCVLI. DOMINI. SVPER. IVSTOS. 1695. Stemma coronato. R. ARG. C[2]

ALESSANDRO BERTHIER, PRINCIPE. (1807-1815).

Maresciallo dell'Impero (nato 1753 + 1815). Nel castello di Bamberga, dove si era ritirato, colpito da improvvisa mania si gettò da una finestra il 1.° giugno 1815.

2000. DUE FRANCHI. ALEXANDRE PRINCE DE NEUCHATEL. Testa a d. ℟ PRINCIPAUTÉ DE NEUCHATEL. Ghirlanda d'alloro in alto corona; nel mezzo 2 FRANCS in due righe e nell'esergo 1814. R[5] ARG. F. D. C.
2001. UN BATZEN. PRINCIPAUTÉ DE NEUCHATEL. Entro ghirlanda formata da un ramo di quercia ed uno d'alloro 1 BATZ. All'esergo 1807. ℟ ALEXANDRE P: DUC DE NEUCHAT. Stemma; *n. 7 esempl. degli anni 1806, 07 e 08.* MIST. C[1]
2002. MEZZO BATZEN E KREUZER. *N. 3 esempl.* MIST. C[1]

SAN GALLO.

2003. TALLERO. MO: NO: CIVITATIS. SANGALLENSIS; 1622. Orso gradiente a s. ℟ SOLI ✱ DEO ✱ OPT ✱ MAX ✱ LAVS ✱ ET ✱ GLORIA. Aquila bicipite coronata. ARG. C[1]
2004. TESTONE. + MONETA. NOVA. SANCTI. GALI. L'orso rampante a s. ℟ + SANCTVS + OTHMARVS. 1504. Aquila ed una testa, colle ali aperte; *n. 3 esempl. degli anni 1504 e 1511.* R. ARG. C[1] e C[2]
2005. DA 30 KREUZER O MEZZO FIORINO con LIBERTAS CARIOR AVRO dell'anno 1778. ARG. C[1]

2006. DA 30 KREUZER del 1781. ARG. C^2

2007. DA 15 KREUZER O QUARTO DI FIORINO con SOLI DEO GLORIA. *N. 3 esempl. degli anni 1730 e 38.* ARG. C^1 e C^2

2008. GROSSO. *N. 11 esempl. di anni diversi.* ARG. C^1 e C^2

2009. MEZZO DICKEN (mezzo grosso). MONETA. NOVA. SANCTI. GALLI. L'orso in piedi gradiente a s. ℞ SANCTVS + OTHMARVS. Scudo coll'aquila sovrapposta alla croce; *n. 2 esempl., uno bucato.* R. ARG. C^1 e C^2

2010. DA 5 E DA 3 BATZEN. *N. 2 esempl. degli anni 1624 e 1813.* ARG. C^1

2011. BATZEN, MEZZO BATZEN E KREUZER. *N. 6 esempl.* MIST. C^1 e C^2

2012. BATZEN. *N. 12 esempl. d'anni diversi.* MIST. C^1

SAN GALLO (Città).

2013. MEZZO BATZEN. *N. 2 esempl. del 1766.* R. MIST. C^1

ABAZIA DI S. GALLO (Benedettini).

BEDA, ABATE.

2014. TALLERO. BEDA. D. G. S. R. I. P. Stemma sormontato della mitra e sovrapposto a due pastorali. ℞ ABB. S. G. E. S. A. V. E. Stemma della città; all'esergo 1777. R. ARG. C^1

NB. Quest'abazia fu fondata nel 614, durò fino al 1805.

2015. TALLERO. BEDA. D. G. S. R. I. P. Stemma sormontato da corona baronale, dalla mitra e sovrapposto alla spada e al pastorale decussati. ℞ Simile al precedente, coll'anno 1780. R. ARG. C^1

2016. PEZZO DA 20 KREUZER del 1780. *N. 2 esempl.* R. ARG. C^1

2017. DA 20 KREUZER. BEDA. D. G. S. R. I. P. S. GES. I. LV. TH. AV. A. E. Stemma colla mitra. ℞ S. GALLVS. ABBAS. Il Santo seduto a s. con dinanzi l'orso colla trave; all'esergo 1774. R. ARG. C^1

2018. DA 10 KREUTZER. Simile al precedente. R. ARG. C^1

SCIAFFUSA.

2019. TALLERO. + MONETA + NOVA + SCAFVSENSIS. Stemma; in alto 1620. ℟ DEVS: SPES: NOSTRA: EST. Aquila ad una testa coronata. ARG. C^{1}

2020. TALLERO. Simile al precedente, dell'anno 1623. ARG. C^{1}

2021. DA 15 KREUZER del 1657. Contromarcato. ARG. C^{3}

2022. DOPPIO GROSSO. + MONETA. NOVA. SCAFVSENSIS. 1657. Montone a s. ℟ + DEVS. SPES. NOSTRA. EST. Aquila bicipite. ARG. C^{1}

2023. GROSSO. *N. 6 esempl.* ARG. C^{1}

2024. GROSSO. *N. 14 esempl.* ARG. C^{2}

2025. BATZEN del 1809. MIST. C^{1}

SOLETTA (Solothurn).

2026 TESTONE. MONETA. SOLODORENS. Stemma sormontato dall'aquila ad una testa e accostato dalle lettere S—O. ℟ SANCTVS. VRSVS. MAR. Busto del Santo a d. R^{2} ARG. C^{1}

2027. GROSSONE. MONETA ✠ SOLODOREN. Stemma sormontato dall'aquila e accostato dalle lettere S—O. ℟ + SANCTVS ✠ VRSVS ✠ MARTI. Croce in cornice ornata. R. ARG. C^{1}

2028. GROSSO. MONETA ✶ SOLODORN. Stemma c. s. ℟ SANCTVS ✶ VRSVS. 1561. Busto del Santo a d. R. ARG. C^{1}

2029. GROSSO. ARG. C^{2}

2030. VENTI KREUZER. ARG. C^{1}

2031. BRACTEATE. *N. 2 esempl.* ARG. C^{1}

2032. BATZEN. *N. 7 esempl. di conii e di anni diversi.* MIST. C^{1}

2033. MEZZO BATZEN. *N. 4 esempl. diversi.* MIST. C^{1}

2034. RAPPEN. *N. 5 esempl. diversi.* BR. C^{1}

SVITTO (Schwyz).

2035. DIECI SCHILLING. *N. 2 esempl. diversi. Uno bucato.* ARG. C^{1}

2036. GROSSO. *N. 4 esempl. diversi.* MIST. C^{1}

2037. DUE TERZI DI BATZEN del 1811. MIST. C^1

2038. RAPPEN E DOPPI RAPPEN. *N. 4 esempl. di anni diversi* BR. C^1

TICINO.

2039. PEZZO DA 4 FRANCHI dell'anno 1814. ARG. C^1

2040. DA 2 FRANCHI dell'anno 1813. ARG. C^1

2041. DA SOLDI 3. *N. 13 esempl. di anni diversi.* MIST. C^1

2042. MEZZO FRANCO del 1835. ARG. C^1

2043. DENARI 3 E DENARI 6. *N. 6 esempl. di anni diversi.* BR. C^1

BELLINZONA.

2044. CAVALLOTTO. + VRANIE : ET. VNDERVALD. Due stemmi sormontati dall'aquila bicipite coronata. ℞ S. MARTINVS. EPISCOPVS. Il Santo a cavallo che copre col suo mantello un povero ignudo. *Falsificazione antica.* MIST. C^1

TURGOVIA (Turgau).

2045. BATZEN del 1809. MIST. C^2

UNTERWALDEN (Superiore).

2046. BATZEN E MEZZO BATZEN. *N. 4 esempl. diversi.* MIST. C^1

UNTERWALDEN (Inferiore).

2047. VENTI KREUZER dell'anno 1726. ARG. C^2

2048. CINQUE BATZEN del 1811. ARG. C^1

URI.

2049. VENTI KREUZER. MONETA. REIP. VRANIAE. SVPERIORIS. Stemma ℞ DILEXIT. DOMINVS. DECOREM. IVSTI. Aquila bicipite coronata. ARG. C[1]

2050. BRACTEATA. ARG. C[2]

2051. MISTURA. *N. 5 esempl. diversi.* MIST. C[2]

URI, SVITTO E UNTERWALDEN.

2052. MISTURA. *N. 2 esempl. diversi.* MIST. C[2]

VALLESE (Wallis).

MONETE VESCOVILI DI SION. F. I. UEBERSTEIN.

2053. BATZEN. *N. 12 esempl. degli anni 1708, 09, 10, 21 e 22.* MIST. C[1]

2054. MEZZO BATZEN. *N. 9 esempl. degli anni 1708, 10, 21 e 22.* MIST. C[1]

F. FEDERICO AM. BUEL.

2055. DODICI KREUZER del 1777. *N. 2 esempl.* MIST. C[1]

2056. SEI KREUZER del 1777. MIST. C[1]

2057. BATZEN del 1778.

2058. KREUZER. *N. 4 esempl.* MIST. C[1]

ADRIANO DE RIEDMATTEN.

2059. MONETE DIVERSE. *N. 6 esempl.* MIST. C[1]

IODOCO.

2060. MEZZO BATZEN. MIST. C^1

REPUBBLICA.

2061. GROSSO del 1628. MIST. C^1

LODOVICO di SAVOIA.

2062. DENARO, OBOLO. *N. 3 esempl.* MIST. C^2 e C^3

VAUD.

2063. BATZEN colla croce. *N. 5 esempl. degli anni 1827, 29 e 31.* MIST. C^1
2064. MEZZO BATZEN. *N. 8 esempl. degli anni 1805, 06, 10, 11, 13 e 16.* MIST. C^1
2065. BATZEN d'altro tipo. *N. 5 esempl. degli anni 1804, 05 e 17.* MIST. C^1
2066. RAPPEN DUE E MEZZO dell'anno 1816. MIST. C^1

ZUG.

2067. UN DICKEN O PEZZO DA 24 KREUZER. MON. NO. TVGI. SAN. OSW. 1616. Sant'Osvaldo in mezza figura a d.; all'esergo uno scudetto. ℟ ✠ CVM. HIS. QVI. OD. PACE. ERAM. PACI. Aquila bicipite sormontata dalla croce. R. ARG. C^1

ZURIGO.

2068. CINQUE FRANCHI. EIDGENOSSISCHES. SCHUTZENFEST. IN. ZURICH. 1872. Stemma sovrapposto a due carabine decussate e chiuse in una ghirlanda formata da un ramo d'alloro e da uno di quercia; all'esergo 5 FR. ℟ FUR FREIHEIT UND VATERLAND. Donna coronata in piedi colla destra appoggiata ad uno scudo, con la ghirlanda nella sinistra. ARG. C[1]

2069. TALLERO. MONETA. NOVA. REIPUBLICAE. TIGURINAE. Stemma. ℟ IUSTITIA — ET — CONCORDIA — 1861 — in quattro righe, entro cornice. R[3] ARG. C[1]

2070. TALLERO. Simile al precedente. ℟ DOMINE CONSERVA NOS IN PACE. Veduta della città; all'esergo 1748. ARG. C[1]

2071. DUE TERZI DI TALLERO. MONETA REIPUBLICAE TURICENSIS. Stemma. ℟ DOMINE CONSERVA NOS IN PACE. Veduta della città; all'esergo 1790. R. ARG. C[1]

2072. MEZZO TALLERO del 1758 colla veduta della città. ARG. C[1]

2073. MEZZO TALLERO. Simile al precedente dell'anno 1768. ARG. C[1]

2074. VENTI SCHILLING O MEZZO FIORINO del 1776. ARG. C[1]

2075. GROSSONE. ✳ MONETA THVRICENSIS ✳ Stemma sormontato dall'aquila. ℟ + ✳ SANCTVS ✳ ✠ ✳ KAROLVS ✳ Croce in cornice ornata; *n. 2 esempl.* ARG. C[1] e C[2]

2076. GROSSO. + MONETA. THVRICENSIS: 63. Stemma in cornice formata da cinque archi di cerchio. ℟ +: CIVITATIS. IMPERIALIS: Aquila bicipite. R. ARG. C[1]

2077. GROSSO. *N. 6 esempl. vari.* ARG. C[2]

2078. CINQUE SCHILLING. MONETA. NOVA. THVRICENSIS. Stemma. ℟ PRO — DEO — ET — PATRIA — 1700 in quattro righe entro un ornato. ARG. C[1]

2079. CINQUE SCHILLING. Stemma. ℟ Entro ghirlanda S. P. Q. T. — 1697 in due righe; all'esergo 5. ARG. C[1]

2080. DIECI BATZEN O FRANCO. *N. 3 esempl. degli anni 1730, 47, 51.* ARG. C[1]

2081. BRACTEATE. *N. 7 esempl. svariati.* ARG. C[1] e C[2]

2082. CINQUE BATZEN. *N. 8 esempl. degli anni 1623, 39 e 40.* MIST. C[1]

2083. CINQUE BATZEN. *N. 2 esempl. d'altro conio.* MIST. C[1]

2084. BATZEN E SCHILLING. *N. 10 esempl.* MIST. C[1]

2085. MISTURA. *N. 5 esempl. diversi.* MIST. C[1]

SVIZZERA.

2086. MEZZO FRANCO del 1851. ARG. C[1]

2087. DA 20, 10. 5, 2 E 1 CENTESIMI di anni diversi; *n. 15 esempl.* BR. C[1]

2088. MEDAGLIA in memoria dell'espulsione de' Gesuiti nel 1847. F. D. C.

REPUBBLICA ELVETICA.

2089. DIECI E CINQUE BATZEN del 1799. *N. 3 esempl.* ARG. C[1]

2090. LOTTO di n. 137 monete svariate. MIST e BR. C[2] e C[3]

SPAGNA

FERDINANDO II IL CATTOLICO. (1479–1516).

2091. QUARTO DI COLONNATO. ARG. C[2]

FERDINANDO ED ISABELLA. (1479–1516).

2092. MONETE 4 VARIE. ARG. C[2] e C[3]

CARLO E GIOVANNA. (1516–1555).

2093. TESTONE. CAROLVS ET IOHANNA REGES. Stemma. ℟ + HISPANIARVM ET INDIARVM. Due colonne coronate sorgenti dai flutti. PLV — SVL — TR. ARG. C[1]

FILIPPO II. (1556–1598).

2094. MEZZO COLONNATO. ARG. C[3]

FILIPPO IV. (1621–1665).

2095. UN REALE. Anno 1628. ARG. C[1]
2096. UN QUARTO. Anno 1664. *N. 2 esempl.* BR. C[1] e C[2]
2097. UN OCHAVO (un ottavo). BR. C[2]

FILIPPO V. (1700-1724 e 1724-1746) (seconda volta).

2098. DUE REALI ✱ PHILIPPUS ✱ V ✱ D ✱ G ✱ Stemma. coronato. ℞ ✱ HISPANIARUM ✱ REX ✱ 1725. Stemma. ARG. C¹

2099. UN REAL. ✱ PHILIPPVS ✱ V ✱ D ✱ G ✱ Stemma. ℞ ✱ HISPANIARUM ✱ REX ✱ 1718. ARG. C¹

2100. UN QUARTO. Anno 1718. BR. C¹

2101. UN OCHAVO (ottavo). BR. C¹

2102. UN MARAVEDIS. Anno 1720. BR. C¹

FERDINANDO VI, IL SAGGIO. (1746-1759).

2103. QUARTO DI COLONNATO. Anno 1752. ARG. C²

2104. MARAVEDIS. BR. C¹

CARLO III. (1759-1788).

2105. PEZZETTA. CAROL. III. D. G. HISP. R. 1688. Busto a d. ℞ Stemma coronato fiancheggiato dalle lettere S. C. e circondato dal Toson d'oro. ORO. C¹

2106. PEZZETTA. Simile al precedente. ℞ Lo stemma è fiancheggiato da M coronata e da DV. ORO. C¹

2107. COLONNATO. ✱ CAROLUS. III. D. G. HISPAN. ET. IND. REX. Stemma coronato. ℞ ✱ VTRAQVE VNUM —✱ 1768 ✱ ai lati LM —— LM. Due globi cui è sovrapposta la corona imperiale fra le due colonne. ARG. C¹

2108. COLONNATO. Simile al precedente. Anno 1770. ARG. C¹

2109. UN REALE E DUE REALI. Anni 1759-1762-1785; *n. 3 esempl. vari* ARG. C¹

2110. MEZZO REALE. ARG. C¹

CARLO IV. (1788-1808).

2111. COLONNATO con una contromarca portoghese. . CAROLVS. IIII. DEI. GRATIA. 1804. Busto laureato a d. ℞ . HISPAN. ET IND. REX. 8 R. P. I. Stemma coronato. ARG. C¹

2112. Simile al precedente. ARG. C^1
2113. UN REALE. Anno 1801. ARG. C^1
2114. DUE QUARTOS. Anno 1796. BR. C^1

OSSIDIONALE (Ferdinando VII). (1808).

2115. MONETA OTTANGOLARE. 30. S. — FER. VII. — 1808. ℟ Scudo rettangolare cogli angoli smussati, contiene due M sormontate da una pianticella. ARG. C^1

FERDINANDO VII. (1808) - (1813-1833).

2116. COLONNATO. FERDIN. VII. DEI. GRATIA. Busto laureato a d. 1820. ℟ HISPAN. ET. IND. REX. Z.ª 8 R. R. G. Stemma coronato fra due colonne col motto: PLUS. ULTRA.
2117. COLONNATO. Simile al precedente. Anno 1821. ARG. C^1
2118. DA VENTI REALI O COLONNATO. Anno 1823. ARG. F. D. C.
2119. RESELLADO (10 reali). Anno 1821. ARG. C^1
2120. DA 10 REALI. Anno 1816. ARG. C^2
2121. UN REALE. ARG. C^1
2122. DUE QUARTOS. BR. C^2

GIUSEPPE NAPOLEONE BONAPARTE. (1808-1813).

2123. OTTANTA REALI. IOSEPH. NAP. D. G. HISP. ET IND. R. Testa a s. 1811. ℟ AVSPICE. DEO. IN UTROQ. FELIX. Stemma sormontato da corona e circondato dall'insegna del Toson d'oro. Nell'esergo M coronata. A. I. ORO. F. D. C.

ISABELLA II. (1833-1868-1870).

2124. DA 20 REALI. Anno 1855. ARG. F. D. C.
2125. DA 20 REALI. Simile al precedente ma di conio differente. 1864. ARG. C^1
2126. QUARANTA CENTESIMI DI SCUDO. 1865-1866. *N. 2 esempl.* ARG. C^1
2127. QUATTRO REALI. ARG. C^1
2128. DUE REALI. ARG. F. D. C.
2129. DUE REALI, UN REALE. ARG. C^2

2130. CINQUE CENTESIMI DI SCUDO. *N. 2 esempl. vari.* BR. C[1]

2131. DUE CENTESIMI E MEZZO DI SCUDO. BR. C[1]

2132. MEZZO REALE E CINQUE DECIMI dell'anno 1850. RR. C[1]

2133. CENTESIMI 25 DI REALE. BR. C[1]

2134. UN CENTESIMO DI SCUDO, 5 CENTESIMI DI REALE, MEZZO CENTESIMO DI REALE. *N. 3 esempl.* BR. C[1]

2135. DA 8 MILESIMAS di differenti anni. *N. 4 esempl.* BR. C[1]

2136. DUE MILESIMAS. *N. 2 esempl.* BR. C[1]

GOVERNO PROVVISORIO. (1869).

2137. UNA PESETA. ARG. F. D. C.

INSURREZIONE. (1870).

2138. CINQUE PESETAS. ESPAÑA. Figura simbolica della Spagna con corona murale, seduta a terra, volta a s. tiene nella destra un ramo d'ulivo. 1870. ℞ Solita leggenda. Nel campo lo stemma con corona murale. ARG. C[1]

2139. DUE PESETAS, UNA PESETA. Tipo simile alla precedente; *n. 2 esempl.* ARG. F. D. C.

2140. DIECI CENTESIMI, CINQUE CENTESIMI. *N. 3 esempl.* BR C[1]

AMEDEO DI SAVOIA, DUCA D'AOSTA. (1870–73).

2141. CINQUE PESETAS. AMADEO I REY DE ESPAÑA. 1871. Testa nuda a s. ℞ LEY 900. MILESIMAS 40. PIEZAS EN KILOG. Stemma coronato, fiancheggiato da due colonne portanti il motto: PLUS ULTRA. ARG. F. D. C.

ALFONSO XII, RE.

2142. DUE PESETAS del 1881. *N. 2 esempl.* ARG. F. D. C.

2143. UNA PESETA del 1883. ARG. F. D. C.

2144. CINQUANTA CENTESIMI del 1881. ARG. F. D. C.

2145. DA DIECI E DA CINQUE CENTESIMI degli anni 1877 e 1879. BR. C[1]

SPAGNA - CITTÀ E PROVINCIE.

BARCELLONA.

PIETRO IV D'ARAGONA. (1336–1387).

2146. MEZZO TESTONE. + PETRVS DEI GRACIA REX. Busto coronato a s. ℞ BARCINONA. CIVITAS. Croce che interseca la leggenda accantonata da due anelli e da sei globetti. ARG. C^1

2147. Simile al precedente. ARG. C^1

FILIPPO IV. (1621-1665).

2148. MEZZO REALE. Anno 1627. ARG. C^1

2149. MEZZO REALE. Simile al precedente. Anno 1630. ARG. C^1

2150. CINQUE REIS. Anno 1641. ARG. C^2

2151. UN MARAVEDIS. BR. C^3

2152. DA 5 PESETAS. EN ● BARCELONA. 1810. ℞ Un rettangolo entro ghirlanda. R. ARG. C^1

2153. QUATTRO QUARTI (4 quartos). . EN . BARCELONA . . 1810. ℞ Stemma. MIST. C^1

2154. 4 QUARTOS dell'anno 1809. BR. C^1

CARTAGENA.

RIVOLUZIONE DEL SETTEMBRE 1873.

ASSEDIO DI CARTAGENA (Ossidionale).

2155. CINQUE PESETAS. REVOLUCION — CINCO PESETAS. Nel campo: CANTONAL. ℞ CARTAGENA SITIADA POR LOS CENTRALISTAS. — Nel campo: SETIEMBRE — 1873. ARG. C[1]

PRINCIPATO DI CATALOGNA.

ISABELLA II.

2156. UNA PESETA. ARG. C[1]
2157. SEI QUARTOS. BR. C[1]

SEGOVIA.

CARLO II. (1665–1700).

2158. BRONZO. + CAR. II. HISP. REX. ANO. 1686. Testa coronata a d. ℞ + MAGNI VNIVERITI SEBVSIE. Stemma coronato. BR. C[1]

FERDINANDO VII. (Moneta d'inaugurazione a Lima).

2159. PIASTRA. FERDINANDUS VII D. G. HISP. ET IND. REX. Busto a d. ℞ PUBLICAE. FIDELITATIS. JURAM. LIMAE. Aquila a due teste coronata, fra due colonne col motto: PLUS — ULTRA ABASCAL — 13 OCTOB. — 1808. R. ARG. C[1]

SIVIGLIA.

ISABELLA II.

2160. MEDAGLIA. ISABEL 2.ª REYNA CONST.ᴸ DE LAS ESPAÑAS. Testa nuda a d. ℞ SEVILLA EN LA PROC.ᴺ Y JURA DE SU REYNA. Nel campo un nodo sotto una corona d'alloro. NO—DO 1843. ARG. C¹

PORTOGALLO.

GIOVANNI II. (1481–1495).

2161. QUARANTA REIS. + IOANNES: II. R: P: ET: A: D: C. Stemma coronato. ℞ + IOANNES: II: R: P: ET: A: D: C. Nel campo V coronato. R³ ARG. C¹

EMANUELE. (1495–1521).

2162. QUARANTA REIS. + EMANVEL. R. P. ET. A. D. G. Stemma coronato. ℞ + EMANVEL. R. P. ET. A. DG. Nel campo M coronato. R² ARG. C¹

2163. TERZO DI PIASTRA. + EMMANVEL. R. P. ET. A. D. GVIN. Stemma coronato. ℞ IN. HOC. SIGNO. VINCES. Croce. R³ ARG. C¹

GIOVANNI III. (1521–1557).

2164. DUCATO. + IO: A: III: POR: ET: AL: Stemma coronato. ℞ + IN. HOC. SIGNO. VINC. Croce impiantata sopra una rupe. R. ORO. C¹

PIETRO II. (1683–1706).

2165. CRUSADO. PETRVS. II. D. G. PORT. ET. ALG. REX. 1740. Stemma coronato. ℞ ✱ IN ✱ HOC ✱ SIGNO ✱ VINCES ✱ Croce. R. ARG. C¹

2166. QUARTO DI CRUSADO. PETRVS: D: G. REX: II. Stemma coronato. ℞ + SIT. NOMEN. DOMINI. BENEDICTVM. Croce accantonata da quattro corone. R. ARG. C[1]

GIOVANNI V. (1706-1750).

2167. CROSADO D'ORO. *N. 4 esempl. degli anni 1720, 26, 28 e 31.* ORO. C[1]
2168. MEZZO SCUDO D'ORO del 1722. ORO. C[1]

MARIA I E PIETRO III. (1777-1786).

2169. DA VENTI REIS 1785, con una contromarca. BR. C[1]

MARIA I. (1777-1816).

2170. UN SESTO DI PIASTRA del 1790. ARG. C[1]
2171. DA 10 REIS del 1795. BR. C[1]

GIOVANNI VI, REGGENTE. (1799-1808).

2172. DIECI REIS del 1803. R. BR. C[1]
2173. DA 10 REIS, con una contromarca. BR. C[1]

GIOVANNI VI, RE. (1816-1826).

2174. CRUSADO. IOANNES. VI. D. G. PORTUG. BRASIL. ET. ALGARB. REX. Stemma coronato sovrapposto alla sfera armillare. ℞ IN. HOC. SIGNO., ecc. Croce accantonata da quattro rose. ARG. F. D. C.
2175. PIASTRA del 1817. ARG. C[1]
2176. QUARANTA REIS. ARG. C[1]
2177. DA 40 REIS. *N. 2 esempl. degli anni 1820 e 21.* BR. C[1]
2178. DIECI E VENTI REIS del 1819; *n. 2 esempl.* BR. C[1]

MARIA II DA GLORIA. (1826-1853).

2179. DA VENTI REIS. *N. 2 esempl. degli anni 1848 e 52.* BR. C[1]

2180. CINQUE REIS del 1843. BR. F. D. C.

LUIGI I. (1880).

2181. CENTO REIS. ARG. F. D. C.
2182. CINQUE REIS del 1875. BR. C[1]

COLONIE

AFRICA PORTOGHESE.

MARIA I. (1777-1816).

2183. UN MACUTA. MARIA. I. D. G. REGINA. PORT. ET. D. GUINEAE. Stemma. ℞ AFRICA. PORTUGUEZA. 1789. Nel mezzo MACU — ✱ TA ✱ — ✱ I ✱ R. BR. C[1]
2184. UN MACUTA. Simile al precedente, con una contromarca. R. BR. C[1]

MADERA.

MARIA II DA GLORIA.

2185. DA VENTI REIS del 1842. BR. C[1]

GRECIA.

KAPODISTRIA (Presidente del Governo di Grecia). (1827-1831).

2186. DIECI LEPTA del 1831. R. BR. C[1]

OTTONE I. (1833-1862).

2187. MEZZA DRAMMA del 1833. ARG. C[1]
2188. DIECI, CINQUE, DUE ED UN LEPTON. *N. 5 esempl. degli anni 1833, 38, 45 e 57.* BR. C[1]

POLONIA.

SIGISMONDO I. (1506-1548).

2189. GROSSO. + SIGISMVNDVS: DVX: GLOCOVIC. Aquila ad una testa colle ali spiegate. ℟ + KAZIMIRI: R: POLONIE: NATVS: Il duca a cavallo a s.; nell'esergo 1505. R[3] ARG. C[1]
2190. GROSSO. SIGIS. D. G. REX. PMD. Stemma. ℟ + MONE. NO. REG. POL. Entro piccola ghirlanda 24. R[2] ARG. C[2]

SIGISMONDO III. (1587-1632).

2191. VENTI GROSSI. SIGIS. III. D. G. REX. POL. M. D. L. RVS. PRV. M. Busto coronato a d. collo scettro ed il globo crocigero. ℟ SAM. LIV. NECN. SVZ. GOT. VAN. HRI. R. Stemma fiancheggiato dall'anno 16-27. R[3] ARG. C[1]
2192. VENTI GROSSI. SIGIS. III. D. G. REX. POL. M. D. L. R. PRVS. Busto coronato a d. ℟ MONETA. CIVIT. GEDANENSIS. 1617. Stemma. R[3] ARG. C[1]
2193. TRIPLO GROSSO del 1624. R[2] ARG. C[1]

GIOVANNI SOBIESKI. (1674–1696).

2194. DUCATO D'ORO. IOAN. III. D. G. REX. POL. M. D. L. R. P. Busto coronato a d. ℞ MON. AUREA CIVITAT. GEDAN. 1683. Stemma. R4 ORO. C1

AUGUSTO III. (1733-1763).

2195. TRENTA GROSSI. D. G. AVGVST. III. R. POL. M. D. L. RP. D. S. ET. EL. Busto coronato a d. ℞ MON. ARGENT. CIVIT. GEDANENS. Stemma; in alto 30 GR.; nell'esergo 1762. R. ARG. C1

2196. DICIOTTO GROSSI del 1754. ARG. F. D. C.

2197. GROSSO TRIPLO del 1754. ARG. C1

STANISLAO PONIATOWSKI. (1764–1795).

2197 *bis*. GROSSO TRIPLO del 1790. R. BR. C1

2198. MONETINA DI RAME del 1753. BR. C1

RIGA.

SIGISMONDO III. (1587–1632).

2199. TRIPLO GROSSO. SIG: III. D: G: REX. PO: D: LI. Testa coronata a d. ℞ III — 1589 — GROS — AR: TRII — CIV: RI — GE in sei righe; l'iscrizione è inframmezzata da due torri sormontate da due chiavi decussate. *Bucato*. R3 ARG. C1

POLONIA RUSSA.

2200. DUE ZLOTE O TRE DECIMI DI RUBLO del 1831. (30 kopeck). MIST. C1

SASSONIA.

SAVERIO, RE DI POLONIA, PRINCIPE ELETTORE. (1763–1768).

2201. TALLERO. XAVERIVS D: G: REG. PR. POL: ET. LITH. DVX. SAX. Busto a d. ℞ ELECTORATVS SAXONIAE ADMINISTRATOR. 1767. Stemma. R. ARG. C[1]

SVEZIA.

CARLO XII ed ULRICA-ELEONORA. (1718–1720).

2202. UN DALER. *N. 8 esempl. svariati, con otto diverse divinità del paganesimo.* R. BR. C[1]

ADOLFO FEDERICO. (1719–1751).

2203. DUE ÖRE. BR. C[1]
2204. UN ÖR. *N. 3 esempl. degli anni 1830, 32 e 48.* BR. C[1]

GUSTAVO IV ADOLFO. (1792–1809).

2205. MEZZO SKILLING. *N. 2 esempl. degli anni 1803, 07.* BR. C[1]

SVEZIA E NORVEGIA.

CARLO XIV. (1818–1844).

2206. SKILLING del 1828. BR. C[2]
2207. MEZZO SKILLING. *N. 2 esempl. degli anni 1821, 22.* BR. C[1]

OSCAR. (1844-1859).

2208. DUE ÖRE. *N. 3 esempl. degli anni 1857, 58.* BR. C[1]
2209. UN SEDICESIMO DI RISDALLERO del 1855. ARG. C[1]
2210. UN SKILLING del 1849. BR. C[1]
2211. DUE TERZI E UN QUARTO SKILLING. *N. 2 esempl. degli auni 1833, 40.* BR. F. D. C. e C[1]

DANIMARCA.

CRISTIANO VII. (1766-1808).

2212. UN SKILLING del 1771. BR. C[1]

CRISTIANO VIII. (1839-1848).

2213. TALLERO O PEZZO DA 30 SKILLING. ARG. C[1]

FEDERICO VII. (1848-1863).

2214. UN SKILLING. *N. 2 esempl. del 1853, 56.* BR. C[1]

TURCHIA

COSTANTINOPOLI.

MAHMUD II, MEHEMET ALÌ. (1829-39).

2215. PEZZO DA 100 PIASTRE. ORO. F. D. C.
2216. PATACCA DA 100 PARÀ (vale franchi 4,75). ARG. C^1
2217. DA 40 PARÀ. ARG. C^2
2218. DA 20 PARÀ. *N. 4 esempl. diversi.* ARG. C.
2219. DA 10 E DA 5 PARÀ. *N. 7 esempl. diversi.* ARG. C^1
2220. PIASTRA. *N. 4 esempl. diversi.* MIST. C^1
2221. DA 5 PARÀ. *N. 12 esempl. diversi.* MIST.
2222. PARÀ E DOPPIO PARÀ. *N. 14 esempl. diversi.* MIST. C^1 e C^2
2223. MONETE di rame di modulo diverso; *n. 10 esempl. diversi.* RAME. C^1
2224. MONETE di rame di modulo diverso per la Tunisia; *n. 14 esempl.* RAME. C^1

RUMENIA.

CARLO I, SIGNORE, PRINCIPE DI HOHENZOLLERN. (1866).

2225. CINQUE LEI. Anno 1880. ARG. C^1
2226. DUE LEI. Anno 1873. ARG. C^1
2227. UN LEU. *N. 3 esempl.* ARG. C^1
2228. DA 50 BANI. *N. 2 esempl.* ARG. C^1
2229. DA 10, DA 5 E DA 2 BANI degli anni 1867-1880; *n. 4 esempl.* BR. C^1

RUSSIA

PIETRO IL GRANDE. (1682-1725).

2230. RUBLO. Iscrizione russa all'ingiro. Busto laureato a d. ℞ Iscrizione russa. Croce coronata alle quattro braccia, divide in quattro parti la leggenda. 17—23. ARG. C[1]

ELISABETTA (1741-1762).

2231. DA 5 KOPEK del 1757, con contromarca. ARG. C[1]
2232. MONETE di differente modulo. *N. 2 esempl.* BR. C[2]

CATERINA II. (1762-1796).

2233. MONETE di gran modulo degli anni 1791-92-93 e 96; *n. 7 esempl.* BR. C[1]
2234. MONETA di gran modulo dell'anno 1775. BR. C[1]
2235. MONETA di bronzo dell'anno 1765, col S. Giorgio a cavallo. BR. C[4]
2236. MONETE di gran modulo. *N. 3 esempl.* BR. C[1] e C[2]

PAOLO I. (1796-1801).

2237. DA 2 KOPEK dell'anno 1797. BR. C[1]
2238. DA 1 KOPEK degli anni 1797-1800; *n. 2 esempl.* BR. C[1]

ALESSANDRO I. (1801-25).

2239. RUBLO del 1811. ARG. C[1]
2240. MEZZO RUBLO del 1823. ARG. C[1]
2241. DA 5 KOPEK degli anni 1802-03. *N. 2 esempl.* BR. C[1]
2242. DA 2 KOPEK degli anni 1813-15. BR. C[1]

NICOLÒ I. (1825-55).

2243. RUBLO del 1831. ARG. C[1]
2244. RUBLO del 1834. ARG. C[1]
2245. MEZZO RUBLO del 1855. ARG. C[1]
2246. DA 30 KOPEK O TRE DECIMI DI RUBLO del 1833. ARG. C[1]
2247. DA 25. DA 10 E DA 5 KOPEK degli anni 1847-48-49 e 50; *n. 4 esempl.* ARG. C[1]
2248. DA 20 E DA 5 KOPEK degli anni 1830-33-45; *n. 4 esempl.* ARG. C[1]
2249. DA 10 GROSZY. *N. 2 esempl.* MIST. C[1]
2250. DA 10, DA 5 E DA 3 KOPEK degli anni 1831-38-44 e 52; *n. 6 esempl.* BR. C[1]
2251. DA 2 KOPEK, DA 1, DA MEZZO E DA UN QUARTO DI KOPEK degli anni 1828-33-40-41-42-43-53 e 54. *n. 8 esempl.* BR. C[1]
2252. MONETE di modulo differente; *n. 3 esempl.* BR. C[1]
2253. MONETE varie di rame degli anni 1851-53-59; *n. 5 esempl.* BR. C[1]

ALESSANDRO II. (1855-1880).

2254. RUBLO dell'inaugurazione del monumento a Nicolò I, dell'anno 1859. ARG. F. D. C.
2255. DA 20 KOPEK degli anni 1868-73-79; *n. 3 esempl.* ARG. C[1]
2256. DA 20 E DA 15 KOPEK degli anni 1851-54; *n. 2 esempl.* ARG. C[1]
2257. DA 15 E DA 5 KOPEK degli anni 1867-76-77-79; *n. 4 esempl.* ARG. C[1]
2258. DA 5 E DA 3 KOPEK degli anni 1857-65-67-71; *n. 5 esempl.* BR. C[1]

2259. DA 5 E DA 1 KOPEK degli anni 1857-58 e 69; *n. 3 esempl.* BR. C[1]
2260. DA 2 E DA 1 KOPEK degli anni 1856-62-65-72 e 76; *n. 5 esempl.* BR. C[1]
2261. MONETE di bronzo varie; *n. 2 esempl.* BR. C[1] e C[2]

GRANDUCATO DI FINLANDIA.

ALESSANDRO II, CZAR DI RUSSIA.

2262. DA 60 E DA 25 PENNIÄ. *N. 4 esempl. degli anni 1865-66-72 e 73.* R. ARG. C[1]
2263. DA 5 E DA 10 PENNIÄ degli anni 1866-67; *n. 2 esempl.* BR. C[1]

GEORGIA.

2264. QUINTO DI SCUDO. *N. 2 esempl. diversi.* ARG. C[1]

SERBIA.

MICHELE III OBRENOWITSCH. (1860).

2265. DA 10 PARÀ del 1868. BR. C[1]
2266. DA 5 PARÀ del 1868. BR. C[1]

MILANO OBRENOWITSCH. (1868).

2267. UN DENAR del 1875; *n. 2 esempl.* ARG. F. D. C.

PRINCIPATI DANUBIANI.

2268. UNA MARKKA del 1864. ARG. C[1]

AMERICA SETTENTRIONALE

STATI UNITI.

2269. UN DOLLARO del 1853. ORO. F. D. C.
2270. UN QUARTO DI DOLLARO del 1876. ORO. C[1]
2271. DOLLARO dell'anno 1880. ARG. C[1]
2272. MEZZO DOLLARO degli anni 1827-40-69. *N. 3 esempl. vari.* ARG. C[1]
2273. 25 CENTESIMI DI DOLLARO del 1835. ARG. C[1]
2274. VENTI CENTESIMI DI DOLLARO del 1875. ARG. C[1]
2275. UN DECIMO DI DOLLARO. ARG. C[1]
2276. DA UN DECIMO E MEZZO DECIMO DI DOLLARO. Anni 1854-76. 1833-35-39-45-69; *n.* 8 *esempl. vari.* ARG. C[1]
2277. DA 5 E DA 3 CENTESIMI DI DOLLARO degli anni 1854-70 e 71. *N.* 3 *esempl. vari.* MIST. C[1]
2278. DA DUE E DA UN CENTESIMO DI DOLLARO degli anni 1866 — 1858-60-63-66 e 76; *n. 7 esempl. vari.* BR. C[1]
2279. CENTESIMO DI DOLLARO. *N. 5 esempl. degli anni 1816-20-38-45 e 46.* BR. C[1]

NUOVA SCOZIA.

2280. MEZZO PENNY del 1832. BR. C[1]

REPUBBLICA DI HAITI.

A. PETION, PRESIDENTE.

2281. PICCOLA MONETA. ARG. C[t]

PRESIDENTE GEFFARD. (1863).

2282. VENTI CENTESIMI. BR. C[t]
2283. UN CENTESIMO E DUE CENTESIMI. *N. 4 esempl. dell'anno 1846.* BR. C[t]

GUATEMALA.

RAFFAELE CARRERA, PRESIDENTE.

2283 *bis.* QUATTRO REALI del 1860. ORO. F. D. C.
2284. UN PESO del 1864. ARG. C[t]

CANADÀ.

2285. DUE SOLDI del 1837. BR. C[t]

REGINA VITTORIA. (1837).

2286. CENTESIMO DI DOLLARO dell'anno 1859; *n. 2 esempl.* BR. C[t]
2287. UN PENNY. *N. 2 esempl. degli anni 1854, 57.* BR. F. D. C.

MONREALE.

2288. UN PENNY del 1842. BR. C[t]
2289. MEZZO PENNY del 1844. R. BR. C[t]

REPUBBLICA MESSICANA.

2290. UN QUARTO. *N. 3 esempl. degli anni 1830, 34 e 36.* BR. C[1]
2291. VENTI CENTESIMI del 1840. ARG. F. D. C.
2292. UN SEDICESIMO DI DOPPIA del 1846. ORO. F. D. C.

IMPERO DEL MESSICO.

MASSIMILIANO I. (1866).

2293. UN PESO. MAXIMILIANO EMPERADOR. Testa nuda a d. ℞ IMPERIO MEXICANO. Stemma; *n. 2 esempl.* ARG. C[1]
2294. MEZZO PESO. Simile al precedente. ARG. C[1]

REPUBBLICA MESSICANA.

2295. UN PESO del 1868. ARG. C[1]

REPUBBLICA DEL CENTRO.

COSTA RICA. (1846).

2296. MONETA DI NECESSITÀ. REPUBLICA. DEL. CENT. DE. AMER. 1846. Il sole sopra una catena di montagne. ℞ HABILITADA EN COSTA-RICA. Albero fiancheggiato da 2-R. Pezzo antico spagnuolo, quasi quadrato, con una contromarca. Con appicagnolo. - WEGL. *Cat.* FONROBERT, n. 7306. - MAILLIET, n. 305. (25 m m.). ARG. C[2]
2297. QUARTO DI REALE. *N. 2 esempl. del 1882, 84.* ARG. F. D. C.

AMERICA MERIDIONALE

REPUBBLICA ARGENTINA.

(Provincia di Cordoba).

2298. DOLLARO del 1852. ARG. C[t]
2299. UN PESO del 1882. ARG. C[t]
2300. QUINTO DI PESO, O 20 CENTESIMI del 1883. ARG. C[t]

BUENOS-AYRES.

2301. UN DECIMO, 5, 20 DECIMI, UN REALE. *N. 7 esempl. degli anni 1823, 27, 28, 30 e 40.* BR. C[t]

REPUBBLICA BOLIVIANA.

2302. MEZZA PIASTRA del 1830. ARG. C[t]
2303. UN BOLIVIANO O PIASTRA col busto di Bolivar; *n. 2 esempl. degli anni 1840 e 49.* ARG. C[t]
2304. UN BOLIVIANO O PIASTRA. Altro tipo del 1870. ARG. C[t]
2305. QUINTO DI PIASTRA del 1877. ARG. C[t]

IMPERO DEL BRASILE.

PIETRO I. (1822-1840).

2306. PEZZI DA 40 E DA 80 REIS. *N. 3 esempl. degli anni 1829, 30 e 32.* BR. C[a]
2307. QUARANTA REIS del 1828. BR. C[1]

PIETRO II. (1840).

2308. PEZZO DA 2000 REIS del 1855. ARG. C[1]
2309. PEZZO DA 1200 REIS del 1857. ARG. C[1]
2310. PEZZI DA 1000, 500 e 200 REIS. *N. 3 esempl. degli anni 1860, 66 e 67.* ARG. F. D. C.
2311. PEZZI DA 500 E DA 200 REIS col ritratto; *n. 2 esempl. degli anni 1860 e 70.* ARG. F. D. C.
2312. PROVA DI ZECCA DEL PEZZO DA 40 REIS del 1863. MIST. F. D. C.
2313. PEZZI DA 20 REIS. *N. 4 esempl. degli anni 1868, 69 e 70.* BR. C[1]
2314. PEZZI DA 10 REIS. *N. 3 esempl. degli anni 1868 e 69.* BR. C[1]

REPUBBLICA DEL CHILÌ.

2315. UN QUINTO DI PESO del 1866. ARG. C[1]
2316. UN DECIMO del 1851. ARG. C[1]
2317. UN PESO del 1861. ORO. C[1]
2318. MEZZO DECIMO del 1861. ARG. C[1]
2319. UN PESO del 1877. ARG. F. D. C.
2320. MEZZO CENTAVO del 1851. BR. C[1]
2321. UN CENTAVO. *N. 3 esempl. degli anni 1871 e 82.* MIST. C[1]

REPUBBLICA DEL PARAGUAY.

2322. DUE CENTESIMI E UN DODICESIMO degli anni 1845 e 70; *n. 2 esempl.* BR. C[1]
2323. UN CENTESIMO del 1870. BR. C[1]

REPUBBLICA PERUVIANA

CURCO.

2324. DOLLARO del 1833. ARG. C[t]

LIMA.

2325. DOLLARO del 1868. ARG. C[t]
2326. QUARTO DI DOLLARO del 1857. ARG. F. D. C.
2327. UNA PESETA del 1880. ARG. F. D. C.
2328. UN QUINTO DI SOL. *N. 3 esempl. degli anni 1866, 67 e 75.* ARG. F. D. C.
2329. UN DENARO del 1868. ARG. C[t]
2330. UN CENTAVO del 1864. MIST. C[t]

URUGUAY.

(Assedio di Montevideo).

2331. UN PESO del 1844. R. ARG. C[t]
2332. CINQUE CENTESIMI. *N. 4 esempl. degli anni 1854, 57.* BR. C[t]
2333. VENTI CENTESIMI. *N. 3 esempl. degli anni 1855 e 57.* BR. C[t]
2334. QUATTRO CENTESIMI. *N. 2 esempl. dell'anno 1859.* BR. C[t]
2335. DUE CENTESIMI E CENTESIMO. *N. 4 esempl. dell'anno 1869.* BR. C[t]
2336. DIECI CENTESIMI. *N. 2 esempl. del 1877.* ARG. F. D. C.

REPUBBLICA DI VENEZUELA.

2337. MEZZO CENTAVO del 1852. BR. C[1]

OSSIDIONALE. (1811).

2338. MONETA RIBATTUTA. VARGAS 1811. ARG. C[3]
2339. QUATTRO, DUE ED UN CENTAVO. *N. 5 esempl. dell'anno 1854.* BR. C[1]

PERSIA.

2340. MONETE DIVERSE. *N. 6 esempl.* ARG. C[1] e C[2]
2341. BRONZO. REX. BENK. Due personaggi seduti di prospetto collo scettro nella d. e col globo crocigero nella s. ℞ SANCTA MARIA. Santo nimbato seduto di prospetto con una verga nella destra ed un libro nella sinistra. BR. C[1]

INDIA.

COMPAGNIA INGLESE.

2342. VENTI CASH E DIECI CASH. *N. 3 esempl. degli anni 1803-04-08.* BR. C[1]
2343. UN QUARTO DI ANNA E UN DODICESIMO DI ANNA. *N. 3 esempl. del 1835.* BR. C[1]

REGINA VITTORIA. (1837).

2344. UN FIORINO del 1853. ARG. C[1]
2345. MEZZA RUPIA del 1840. ARG. C[1]
2346. DUE ANNAS del 1862. ARG. C[1]

2347. UN QUARTO DI ANNA del 1862. BR. F. D. C.
2348. UN CENT. del 1862. BR. C[1]

GIAVA.

2349. MEZZO STUBER del 1810. BR. C[1]

CHINA.

2350. MONETE antiche di forma rettangolare. (Dorate); *n. 2 esempl.* ARG. C[1]
2351. MONETE di forma rettangolare; *n. 4 esempl.* ARG. F. D. C.
2352. MONETE piccole di forma rettangolare; *n 6 esempl.* ARG. C[1]
2353. MONETE chinesi di piccolo modulo; *n. 2 esempl.* BR. C[1]
2354. MONETE di modulo medio; *n. 20 esempl.* BR. C[1]
2355. MONETE di modulo maggiore; *n. 7 esempl.* BR. C[1]
2356. MONETA di gran modulo. BR. C[1]

HONG-KONG.

REGINA VITTORIA.

2357. DOLLARO del 1867. ARG. F. D. C.
2358. DIECI CENTESIMI del 1868. ARG. C[1]

GIAPPONE.

2359. DOLLARO con iscrizione chinese; da un lato un gruppo di mostri e dall' altro un sole raggiante in mezzo ad una ghirlanda di fiori. ARG. F. D. C.
2360. MEZZO DOLLARO. Simile al precedente. ARG. F. D. C.
2361. QUINTO DI DOLLARO E VENTESIMO DI DOLLARO. Simili al precedente; *n. 3 esempl.* ARG. F. D. C.
2362. DIECI SEN E CINQUE SEN. *N. 2 esempl.* ARG. F. D. C.
2363. MONETE di forma ellittica; *n. 2 esempl..* BR. F. D. C.

APPENDICE ALLE MONETE STRANIERE

FRANCIA.

GIOVANNI II IL BUONO. (1350–1364).

2364. AGNELLO D'ORO. + AGN. DEI. QVI. TOLL. PECCA. MVNDI. MISERERE. NOB. Agnello pasquale e dietro a lui un vessillo sormontato dalla croce; sotto: IOH. REX. Il tutto entro cornice formata da tredici archi di cerchio. ℞ + XPS: VINCIT: XPS: REGNAT: XPS: IMPERAT: Croce gigliata ad ornata, accantonata da quattro gigli, entro una cornice formata da quattro archi e quattro angoli. R⁴ ORO. C¹

NANCY.

CARLO IV. (1663).

2365. QUARTO DI SCUDO. CAROL. D. G. CALLOTH. B. GEL. DVX. Testa nuda a d. ℞ ✱ MONETA. NOVA. NANCE IICVSA. Stemma coronato. R³ ARG. C¹

SPAGNA.

(Principato di Catalogna).

FERDINANDO VII. (1808-1833).

2366. TRE QUARTOS del 1811. BR. C¹

BARCELLONA.

2367. UN QUARTO del 1810. BR. C¹

TIROLO.

LEOPOLDO I. (1655-1705).

2368. DOPPIO TALLERO. LEOPOLDVS : D: G : ROM : IMP : SE : A : G : H : B : REX. Busto laureato a d. ℞ ARCHIDVX : AVST : DVX : BV : COM : TIROLIS. Aquila coronata colle ali aperte. ARG. C¹

UNGHERIA.

2369. UN SOLDO DI FIORINO del 1878. BR. C¹

COSTANZA.

2370. DODICI KREUZER. + MONETA. CIVITATIS. CONSTANC. Stemma della città entro cornice formata da piccoli archi di cerchio. ℞ + TIBI. SOLI. GLORIA. ET. HONOR. Aquila ad una testa colle ali spiegate. ARG. C¹

FERDINANDO II, IMPERATORE. (1619-1637).

2371. DIECI KREUZER. ● MON: NOVA : CIVI : CONSTANTIENSIS. Lo stemma della città in cornice ornata. ℟ FERD: II: D: G: R: IN: SEM: AVG. L'aquila imperiale; all'esergo 10.
ARG. C[1]

LEOPOLDO II, IMPERATORE. (1790-1792).

2372. QUINDICI KREUZER. S: CONSTANS. S : PELAGIVS. Stemma della città sormontato dal busto dei due santi. ℟ LEOPOLDVS. II. D. G. R. I. SEM. AVG. Aquila imperiale. Una contromarca.
ARG. C[1]

C. DE RODT, VESCOVO.

2373. UN VENTIQUATTRESIMO DI TALLERO (4 k. 1/6). *N. 2 esempl. del 1792.* ARG. C[1] e C[2]

DUCATO DI PRUSSIA.

MASSIMILIANO, GRAN MAESTRO DELL'ORDINE TEUTONICO. (1508-1532).

2374. DOPPIO TALLERO. MAX: DG: AR. AV: D: B: MA. PRVSS: ADMI. Il gran Maestro in piedi di prospetto col manto e la corona, appoggia la destra sulla spada pnntata in terra. Ai lati due scudi, sormontati ciascuno da un cimiero. ℟ Il gran maestro a cavallo a d. armato di tutto punto, con lancia, vessillo e spada e col cavallo coperto da ricca gualdrappa; il tutto circondato da una corona di 14 scudetti gentilizi; nell'esergo uno scudo più grande. R. ARG. C[1]

STRASBURGO.

DOMINAZIONE FRANCESE.

2375. TRENTA SOLDI. MONETA. NOVA. ARGENTINENSIS. Giglio. ℟ GLORIA. IN. EXCELSIS. DEO. Nel campo: . XXX. — . SOLS. — 1689 in tre righe. - ENGEL, *Monnaies d'Alsace.*
R[3] ARG. C[1]

2376. ASSE DOPPIO. ASSIS ✳ REIP ✳ ARGENT ✳ DUPLEX. Giglio; in alto XII. ℞ + GLORIA ✳ IN ✳ EXCELSIS ✳ DEO. Croce gigliata. R² ARG. C¹

AMBURGO.

(*Città libera*).

2377. UN DREILING del 1855. MIST. C¹

GUERNSEY.

(*Gran Bretagna*). (1830).

2378. DA 4 DOUBLES. BR. C¹

SVEZIA E NORVEGIA.

OSCAR I. (1844-59).

2379. UN ÖRE del 1858. BR. C¹

LOTTI.

2380. MONETE DIVERSE. *N. 5 esempl.* BR. C¹
2381. Lotto di n. 35 monete turche ed orientali. BR. C¹
2382. Lotto di Bracteate estere; *n. 47 esempl.* ARG. e MIST. C² e C³
2383. Lotto di monete; *n. 92 esempl.* ARG. e BR. C² e C³
2384. Lotto di monete; *n. 104 esempl.* ARG. MIST. e BR.
2385. Lotto di monete; *n. 146 esempl.* ARG. MIST. e BR.
2386. Lotto di monete; *n. 289 esempl.* ARG. BR. e MIST. C² e C³
2387. Lotto di monete; *n. 40 esempl.* BR. C¹ e C²
2388. Lotto di Madonnine e Sampietrini; *n. 50 esempl.* BR. C¹ e C²
2389. Lotto di Madonnine e Sampietrini; *n. 50 esempl.* BR. C²
2390. Lotto di Madonnine e Sampietrini; *n. 50 esempl.* BR. C²

MONETE CONSOLARI ROMANE

MONETE CONSOLARI ROMANE

ABURIA.

2391. DENARO. GEM. Testa di Minerva galeata a d.; dinanzi X. ℞ M. ABVRI. Il sole radiato in quadriga veloce a d.; nell'esergo ROMA. - FABRETTI, 613; *n. 2 esempl.* ARG. F. D. C.

ACILIA.

2392. DENARO. BALBVS. Testa di Minerva galeata a d.; dinanzi X. e sotto ROMA; intorno corona d'alloro. ℞ MV. ACILI. Giove col fulmine e l'asta in quadriga veloce a d. guidata dalla Vittoria; sotto uno scudo rotondo. - FABRETTI, 652. ARG. C¹

2393. DENARO. M. ACILIVS. M. F. Testa di Minerva galeata a d.; dietro X. ℞ Ercole in quadriga a d.; nell'esergo ROMA. - FABRETTI, 659. ARG. C¹

2394. DENARO. SALVTIS. Testa laureata della salute a d. ℞ MV. ACILIVS. III. VIR. VALEV̄ (Valetudo). Igia in piedi a s. appoggiata ad una colonna dà a mangiare ad un serpe. - FABRETTI, 661; *n. 2 esempl.* ARG. C¹

AELIA vel ALLIA.

2395. DENARO. Testa di Minerva galeata a d.; dietro x. ℞ P. PAETVS. I Dioscuri a cavallo a d.; nell'esergo ROMA. - FABRETTI, 667; *n. 2 esempl.* ARG. C¹

2396. DENARO. BALA. Testa di Giunone Lucina diademata a d. ℞ C. ALLI. Diana con due faci, in biga di cervi correnti a d. - FABRETTI. 670; *n. 2 esempl.* ARG. C¹

AEMILIA.

2397. DENARO. M. SCAVR. AED. CVR.; nell'esergo REX ARETAS, nel campo EX SC. Il re Areta inginocchiato tiene pel freno un camello e presenta un ramo di olivo. ℞. P. HYPSAE. AED. CVR.; nell'esergo C. HYPSAE COS. PREIVE. CAPTV. Giove fulminante in biga veloce a s. - FABRETTI, 712. ARG. C¹

2398. DENARO. ROMA. Testa di Venere laureata e diademata; dietro ✳. ℞ MV. AEMILIO. LEP. Statua equestre a d. appoggiata all'asta, sur un ponte a tre archi. - FABRETTI. 716. ARG. C¹

2399. DENARO. PAVLLVS. LEPIDVS. CONCORDIA. Testa della concordia velata e diademata a d. ℞ PAVLLVS. TER. Paolo Emilio a s. appende il gladio ad un trofeo militare, presso al quale sta Perseo con le mani legate al dorso, insieme ai suoi due figli. - FABRETTI, 725. ARG. C¹

AFRANIA.

2400. ASSE. - FABRETTI, 739. BR. C²

ANNIA.

2401. BRONZO. - FABRETTI, 769. BR. C¹ e C²

ANTESTIA.

2402. DENARO. C. ANTESTI. Testa di Minerva galeata a d.; dinanzi x. ℞ I Dioscuri a cavallo a d.; sotto cane corrente a d. - FABRETTI, 771. ARG. C¹

2403. DENARO. Testa di Minerva galeata a d. ℞ C. ANTESTI. I Dioscuri a cavallo correnti a d. ROMA. - FABRETTI, 772. ARG. C¹

2404. DENARO. GRAG. Testa di Minerva galeata a d.; dinanzi X. ℞ L. ANTEST. Giove fulminatore in quadriga a d. - FABRETTI, 778; *n. 2 esempl.* ARG. C¹

ANTIA.

2405. DENARO. DEI. PENATES. Teste congiunte degli Dei Penati. ℞ C. ANTIVS. C. F. Ercole in piedi a d. con clava alzata nella destra, con trofeo e la spoglia del leone nella sinistra. - FABRETTI, 786. ARG. C¹

ANTONIA.

2406. DENARO. Testa di Giove barbato a d., dietro S. C. ℞ Q. ANT. BALB. PR. La Vittoria con palma e corona in quadriga veloce a d. - FABRETTI, 788. *Moneta dentellata.* ARG. C¹

2407. DENARO. Testa di Giove barbato a d., dietro S. C. ℞ Q. ANTO. BALB. PR. La Vittoria in quadriga veloce a d. - FABRETTI, 788. *Dentellato*; *n. 5 esempl.* ARG. C¹

2408. DENARO. - FABRETTI, 858. ARG. C²

2409. DENARO. ANT. AVG. IIIVIR. Galera pretoriana. ℞ LEG. II. Aquila legionaria fra due insegne militari. - FABRETTI, 863; *n. 10 esempl. di differenti legioni.* ARG. C¹

2410. DENARO. Simile al precedente; *n. 9 esempl. di varie legioni.* ARG. C¹

2411. DENARO. ANT. AVG. III. VIR. R. P. C. Galera pretoriana. ℞ CHORTIVM. PRAETORIARVM. Aquila legionaria fra due insegne militari. - FABRETTI, 927. ARG. C¹

2412. QUINARIO. III. VIR. R. P. C. Testa della Concordia velata e diademata. ℞ M. ANTON C. CAESAR. Due mani congiunte col caduceo. - FABRETTI, 835. ARG. C¹

2413. QUINARIO. III. VIR. R. P. C. Testa della Concordia velata e diademata. ℞ M. ANTON. C. CAESAR. Due mani congiunte col caduceo. - FABRETTI, 835.

2414. QUINARIO. M. ANT. IMP. Lituo, preferïcolo e corvo. ℞ LEP. IMP. Simpulo, aspergillo, secespita e apice sacerdotale. - FABRETTI, 840. ARG. C[1]

2415. QUINARIO. M. ANTONI. IMP. A. X. L. I. Leone a d. ℞ III. VIR. R. P. C. Busto alato della Vittoria a d. - FABRETTI, 846; *n. 2 esempl.* ARG. C[1]

APPULEIA.

2416. DENARO. Testa di Minerva galeata a s. ℞ L. SATVRN. Saturno con la falce in quadriga veloce a d. - FABRETTI. 934; *n. 4 esempl.* ARG. C[1]

2417. DENARO. Simile al precedente; *n. 4 esempl.* ARG. C[1]

APRONIA.

2418. BRONZO. SISENNA. CALVS. III. VIR. Incudine. ℞ MESSALLA. APRONIVS. A. A. A. F. F. nel campo S. C. - FABRETTI, 1053. BR. C[1]

ASINIA.

2419. BRONZO. - FABRETTI, 1069; *n. 3 esempl.* BR. C[2]

ATIA.

2420. BRONZO. - FABRETTI, 1080; *n. 2 esempl.* BR. C[2]

ATILIA.

2421. DENARO. SARAN. Testa di Minerva galeata a d. ℞ M. ATIL. I. I Dioscuri a cavallo; sotto ROMA. - FABRETTI, 1089. ARG. C[1]

2422. ASSE. - FABRETTI, 1081. BR. C[2]

AURELIA.

2423. DENARO. Testa di Minerva galeata a d., dietro X. ℞ AV. RVF. Giove con la folgore e lo scettro in quadriga veloce a d. ROMA. - FABRETTI, 1109. ARG. C[1]

2424. DENARO. M. AVRELI. Testa di Minerva galeata a d.; dietro roma ✱. ℞ SCARI. L. LIC. CN. DOM. Marte armato in biga veloce a d. - FABRETTI, 1111. *Moneta dentellata.* ARG. C[1]

AXIA.

2425. ASSE. - FABRETTI, 1141. BR. C[1]

BAEBIA.

2426. DENARO. Testa di Minerva galeata a d.; dietro X. ℞ TAMP. (Tampilus). I Dioscuri a cavallo correnti a d. Sotto ROMA. - FABRETTI, 1143. ARG. C[2]

2427. DENARO. TAMPIL. Testa di Minerva galeata a s. ℞ M. BAEBI. Q. F. Apollo con l'arco in quadriga veloce a d. - FABRETTI, 1147. ARG. C[1]

CAECILIA.

2428. DENARO. Testa di Minerva galeata a d. Dietro, ROMA; sotto ✱. ℞ M. CAL. D. Q. MET. CNFL. La Vittoria in biga veloce a d. - FABRETTI, 1168. ARG. C[1]

2429. DENARO. L. METEL. A. ALB. S. F. Testa laureata di Apollo a d. ℞ C. MAL. La Vittoria a d. che corona una figura seduta su tre scudi. ROMA. - FABRETTI. 1170. ARG. C[1]

2430. DENARO. Testa di Minerva galeata a d.; dietro ROMA., dinanzi ✱ ℞ M. METELLVS. Q. F. Scudo macedonico con testa di elefante in una corona d'alloro. - FABRETTI, 1174; *n. 2 esempl.* ARG. C[1]

2431. DENARO. Testa di Minerva galeata a d. ROMA; sotto ✱ ℞ C. METELLVS. Caio Metello in biga di elefanti a s. coronato dalla Vittoria. - FABRETTI, 1180. ARG. C[1]

2432. DENARO. Testa della Pietà a d. dinanzi una cicogna. ℞ IMPER. Preferícolo e lituo entro corona d'alloro. - FABRETTI, 1184. ARG. C[1]

2433. QUADRANTE. - FABRETTI, 1156. BR. C[1]

CAECINA.

2434. ASSE. - FABRETTI, 1188; *n. 2 esempl.* BR. C[1] e C[2]

2435. QUADRANTE. - FABRETTI, 1194. BR. C[2]

CAESIA.

2436. DENARO. Busto di Apollo che lancia un giavellotto a s. ℞ L. CAESI. Due Lari astati e sedenti a d. in mezzo a loro un cane. In alto: testa di Vulcano e tanaglie. - FABRETTI, 1196. ARG. C[1]

CALPURNIA.

2437. QUINARIO. Testa di Apollo a d., dietro S. ℞ L. PI-SO. La Vittoria con corona e palma gradiente a d. - FABRETTI, 1224. ARG. C[1]

2438. DENARO. PISO. CAEPIO. Q. Testa di Saturno barbata e laureata a d. colla falce. ℞ AD. FRV. EMV. EX. S. C. I questori Pisone e Cepio seduti a s. tra due spiche. - FABRETTI, 1551. ARG. C[1]

2439. DENARO. Testa di Apollo laureata a d. ℞ PISO. FRVGI. Cavallo in corsa a d. ARG. C[1]

2440. SEMISSE. - FABRETTI, 1456; *n. 3 esempl.* BR. C[3]

2441. BRONZO. - FABRETTI, 1560. BR. C[1]

CANINIA.

2442. DENARO. AVGVSTVS. Testa nuda di Augusto a d. ℞ L. CANINIVS. GALLVS. III. VIR. Un Parto inginocchiato a d. che presenta un'insegna. - FABRETTI, 1564. FODERATO C[2]

CARISIA.

2443. DENARO. Busto alato della Vittoria a d.; dietro: S. C. ℞ T. CARISI. La Vittoria con una corona in mano in quadriga veloce a d. - FABRETTI, 1566; *n. 2 esempl.* ARG. C[1]

2444. DENARO. Testa di Minerva galeata a d., dietro ROMA. ℞ T. CARISIVS. Tanaglie, conio, incudine e martello in una corona d'alloro. - FABRETTI, 1570. ARG. C[1]

2445. DENARO. IMP. CAESAR. AVGVST. Testa nuda di Augusto a s. ℞ P. CARISIVS. LEG. PROPR. Trofeo inalzato sopra scudi ammonticchiati e misti ad armi spagnuole. - FABRETTI, 1578. ARG. C[2]

CASSIA.

2446. DENARO. Testa di Minerva galeata a d., dietro ✳ e un vaso. ℟ C. CASSI. La Libertà col berretto e lo scettro, in quadriga veloce a d. ROMA. - FABRETTI, 1589; *n. 2 esempl.* ARG. C[1]

2447. DENARO. CAECIAV. Testa di Cerere a s.; dietro X. ℟ L. CASSI. Due buoi aggiogati a s.; in alto M. - FABRETTI, 1609. ARG. C[1]

2448. DENARO. Testa di Vesta velata a s. ℟ LONGIN. III. V. Uomo togato in piedi a s. con tavoletta da deporre nell'urna. - FABRETTI, 1619. ARG. C[1]

2449. DENARO. Q. CASSIVS. VEST. Testa di Vesta velata a d. ℟ Tempio di Vesta con una sedia curule nell'interno; a s. un'urna con A. C. (absolvo, condemno). - FABRETTI, 1624. ARG. C[1]

CESTIA.

2450. AUREO. Busto dell'Africa a d. col capo coperto da una testa d'elefante. ℟ L. CESTIVS. in alto; C. NORBA all'esergo; sedia curule sulla quale è posato un elmo. Ai lati S. C. — P. R. - BABELON, *pag.* 140, n. 1. R[3] ORO. C[1]

CIPIA.

2451. DENARO. M. CIPI. M. F. Testa di Minerva galeata a d.; dietro X. ℟ La Vittoria in biga veloce a d. tiene una palma; sotto un timone e nell'esergo ROMA. - FABRETTI, 1640. ARG. C[1]

CLAUDIA vel CLODIA.

2452. DENARO. Testa di Diana a d. con arco e faretra, dinanzi S. C. ℟ TI. CLAVD. TI. F. AP. N. La Vittoria in biga veloce a d. con corona e palma.. - FABRETTI, 1649; *n. 2 esempl., uno foderato. Moneta dentellata.* ARG. C[1] e C[2]

2453. DENARO. C. CLODIVS. C. F. Testa di Flora a d.; dietro un fiore. ℟ VESTALIS. Vestale assisa a s. col simpulo nella destra. - FABRETTI, 1700. ARG. C[1]

2454. DENARO. Testa di Apollo laureata a d., dietro: lira. ℞ F. CLODIVS. M. F. Diana in piedi a d.; tiene una torcia in ciascuna mano. - FABRETTI, 1703; *n. 2 esempl.* ARG. C¹

CLOVIA.

2455. BRONZO. CAESAR. DIC. TER. Busto alato della Vittoria. ℞ C. CLOVI. PRAEF. Minerva a s. con un trofeo; ha lo scudo colla testa di Medusa; a' suoi piedi un serpe. - FABRETTI, 1723; *n. 3 esempl.* BR. C³

CLOULIA.

2456. DENARO. Testa di Minerva galeata a d.; dietro, una corona — ROMA. ℞ T. CLOVLI. La Vittoria in biga veloce a d.; sotto, una spica. - FABRETTI, 1724. ARG. C¹

2457. QUINARIO. Testa di Giove barbato e laureato a d. ℞ T. CLOVLI. La Vittoria a d. che corona un trofeo; sotto, Q. - FABRETTI, 1726; *n. 2 esempl.* ARG. C²

COCCEIA.

2458. DENARO. M. ANT. IMP. AVG. IIIVIR. R. P. C. M. NERVA. PROQ. P. Testa di M. Antonio a d. ℞ L. ANTONIVS. COS. Testa di L. Antonio a d. - FABRETTI, 1777. R² ARG. C¹

COELIA.

2459. DENARO. Testa di Minerva galeata a s. ℞ CALD. La Vittoria in biga veloce a s. Sotto, : A : - FABRETTI, 1825. ARG. C¹

CONSIDIA.

2460. DENARO. PAETI. Testa muliebre laureata e diademata a d. ℞ C. CONSIDI. La Vittoria con corona e palma in quadriga veloce a s. - FABRETTI, 1884. ARG. C¹

2461. DENARO. Testa muliebre diademata a d.; dietro A. ℞ C. CONSIDI. PAETI. Sedia curule. - FABRETTI, 1890. ARG. C¹

2462. DENARO. Testa muliebre laureata a d. ℞ C. CONSIDIVS. PAETVS. Sedia curule. - FABRETTI, 1892. ARG. C²

CORDIA.

2463. DENARO. RVFVS. III. VIR. Teste congiunte dei Dioscuri a d.; sopra, due astri. ℞ MV. CORDIVS. Venere in piedi a s., tiene la bilancia e l'asta trasversale. Sulle sue spalle la figura di Cupido. - FABRETTI, 1897; *n. 2 esempl.* ARG. C¹

2464. DENARO. RVFVS. Civetta sopra un elmo a d. ℞ MV. CORDIVS. Egida con la testa di Medusa. - FABRETTI, 1903. ARG. C¹

2465. SESTERZIO. MV. CORDI. Testa di Venere diademata a d. ℞ RVFVS. Cupido danzante a d. con palma e corona. - FABRETTI, 1907. ARG. C¹

2466. SESTERZIO. ARG. C²

CORNELIA.

2467. DENARO. Testa di Giove barbato e laureato a s. ℞ L. SCIP. ASIAC. Giove col fulmine e lo scettro in quadriga veloce a d. - FABRETTI. 1911; *n. 3 esempl. Moneta dentellata.* ARG. C¹

2468. DENARO. Busto di Ercole a d. con la clava e la pelle del leone; dietro, uno scudo ovale — ROMA. Dinanzi A. ℞ LENT. MAR. F. Milite in piedi coronato dal Genio del popolo romano, tiene il corno dell'abbondanza ed una corona di lauro. — S. - FABRETTI, 2007. ARG. C¹

2469. DENARO. Busto di Marte galeato con l'asta a d. ℞ CN. LENTV. La Vittoria con corona in mano, in biga veloce a d. - FABRETTI, 2042; *n. 2 esempl.* ARG. C¹

2470. DENARO. C. P. R. Testa del Genio del popolo romano diademata a d. dietro lo scettro. ℞ LENT. CVR. ✳ FL. EX. S. C. Corona, scettro, globo e timone. - FABRETTI, 2053; *n. 3 esempl.* ARG. C¹

2471. DENARO. Triquetra con la testa di Medusa nel mezzo; tra le gambe una spica. ℞ LENT. MAR. COS. Giove in piedi a d. tiene il fulmine nella d. e l'aquila nella s. - FABRETTI, 2056. ARG. C¹

2472. DENARO. Testa di Minerva galeata a d. ℞ P. SVLA. La Vittoria in biga veloce a d. — ROMA. - FABRETTI, 2060. ARG. C¹

2473. DENARO. L. SVLLA. Testa di Venere diademata a d.; dinanzi: Cupido con una lunga palma. ℞ IMPER. ITERVM. Prefericolo e lituo fra due trofei. - FABRETTI, 2070. ARG. C²

2474. DENARO. SVLLA. COS. Testa di Silla a d. ℞ RVFVS. COS. Q. POM. RVFI. Testa di Pompeo Rufo a d. - FABRETTI, 2078. ARG. C[1]

2475. DENARO. FEELIX. Testa di Bocco (?) diademata a d. ℞ FAVSTVS. Diana in biga veloce a d. - FABRETTI, 2089. ARG. C[1]

2476. QUINARIO. Testa di Giove barbato e laureato a d. ℞ CN. LENT. La Vittoria a d. che corona un trofeo. - FABRETTI, 2046. ARG. C[1]

2477. ASSE. - FABRETTI, 1978. BR. C[2]

2478. ASSE. - FABRETTI, 2063. BR. C[2]

COSSUTIA.

2479. DENARO. SABVLA. Testa di Medusa a s. ℞ L. COSSVTI. C. F. Bellerofonte sul Pegaso volante a d. Nel campo a sinistra IIII. - FABRETTI, 2106. ARG. C[1]

CREPUSIA.

2480. DENARO. Testa giovanile di Giove laureata e volta a d. dietro lo scettro. ℞ P. CREPVSI. Cavaliere corrente a d. con l'asta. - FABRETTI, 2123; *n. 5 esempl. vari.* ARG. C[1]

2481. DENARO. L. CENSORIN. Testa di Giunone velata e diademata a d. ℞ C. LIMEAT. P. CREPVSI. Giunone in biga veloce a d. In alto una nota numerale. - FABRETTI, 2220; *n. 4 esempl.* ARG. C[1]

CRITONIA.

2482. DENARO. AED. PL. Testa di Cerere a d. coronata di spighe. ℞ M. FAN. L. CR. + Due uomini legati seduti a d.; dinanzi una spica e nel campo a s. P. A. - FABRETTI, 2221. ARG. C[1]

CURIATIA.

2483. DENARO. TRIGE. Testa di Minerva galeata a d. ℞ C. CVR. Donna con lo scettro in quadriga veloce a d. coronata dalla Vittoria. - FABRETTI, 2226. ARG. C[1]

DECIMIA.

2484. DENARO. Testa di Minerva galeata a d.; dietro X. ℟ FLAVS. Diana in biga veloce a d. Sotto: ROMA. - FABRETTI. 2246. ARG. C[1]

DOMITIA.

2485. DENARO. Testa di Minerva galeata a d.; dietro X. ℟ CN. DO. I Dioscuri a cavallo a d. — ROMA. - FABRETTI, 2251. ARG. C[1]

2486. DENARO. Testa di Minerva galeata a d. ℟ La Vittoria in biga veloce a d.; sotto, un uomo che combatte contro un leone. ROMA. - FABRETTI. 2253. ARG. C[1]

2487. DENARO. Simile al precedente. ARG. C[1]

2488. DENARO. Testa di Minerva galeata a d.; dinanzi ROMA. dietro X. ℟ CN. DOMI. Giove in quadriga lenta a d., tiene il fulmine e un ramoscello. - FABRETTI, 2255. ARG. C[1]

2489. DENARO. L. PO ✱ ꝟ ONI. CAE. Testa galeata di Minerva a d.; dietro: X. ℟ L. LIC. CN. DOM. Marte nudo ed armato in biga veloce a d. - FABRETTI, 2262. ARG. C[1]

2490. DENARO. L. PORCI. LICI. Testa di Minerva galeata a d.; dietro ✱. ℟ L. LIC. CN. DOM. Marte nudo ed armato in biga veloce a d. - FABRETTI, 2263. *Moneta dentellata.* ARG. C[1]

DURMIA.

2491. DENARO. CAESAR. AVGVSTVS. Testa nuda di Augusto a d. ℟ M. DVRMIVS. III. VIR. Cinghiale a d. colpito da una freccia. - FABRETTI, 2280. ARG. C[1]

2492. DENARO. CAESAR. AVGVSTVS. Testa nuda di Augusto. ℟ M. DVRMIVS. III. VIR. Leone a s. che divora un cervo. - FABRETTI. 2281. R[3] ARG. C[2]

EGNATIA.

2493. DENARO. MAXSVMVS. Busto di Venere diademato a d.; dietro un amorino. ℟ C. EGNATIVS. CN. F. CN. N. Donna in biga veloce a s. coronata dalla Vittoria; dietro il berretto della Libertà. - FABRETTI, 2282. *Moneta dentellata.* ARG. C[2]

2494. DENARO. MAXSVMVS. Testa della Libertà diademata a d.; dietro il beretto della Libertà. ℞ C. EGNATIVS. CN. F. CN. N. Roma e Venere astate in piedi di prospetto. Da ambo i lati un remo sopra una prora di nave. - FABRETTI, 2285; *n. 2 esempl.* ARG. C[1]

EGNATULEIA.

2495. QUINARIO. C. EGNATVLEI. C. F. Testa laureata di Apollo a d. Sotto Q. ℞ La Vittoria a s. che scrive nello scudo appeso ad un trofeo; Q e ROMA. - FABRETTI, 2306; *n. 3 esempl.* ARG. C[1] e C[2]

EPPIA.

2496. DENARO. SCIPIO. IMP. Q. METELL. Testa dell'Africa a d. coperta della pelle d'elefante; dinanzi una spica, sotto l'aratro. ℞ EPPIVS. LEG. F. C. Ercole in piedi appoggiato alla clava, con la pelle del leone. - FABRETTI, 2309. ARG. C[1]

FABIA.

2497. DENARO. LABEO. Testa di Minerva galeata a d. dietro ROMA e sotto X. ℞ Q. FABI. Giove in quadriga veloce a d. col fulmine e lo scettro. - FABRETTI, 2319; *n. 4 esempl.* ARG. C[1]

2498. DENARO. Q. MAX. Testa di Minerva galeata a d.; dietro ROMA. Sotto X. ℞ Cornucopia, fulmine entro corona di spighe. - FABRETTI, 2324. ARG. C[2]

2499. DENARO. Testa di Minerva galeata a d., dietro ✶ ℞ N. FABI. PICTOR. Figura virile galeata e barbata a s.; tiene l'asta, l'*apex* dietro uno scudo con QVIRIN. Sotto ROMA. - FABRETTI, 2333. ARG. C[1]

FARSULEIA.

2500. DENARO. MENSOR. Busto della Libertà diademato a d.; dietro S. C. e il berretto della libertà. ℞ L. FARSVLEI. Un milite astato su biga veloce a d. il quale dà la mano ad una figura togata; sotto i cavalli LXXV. - FABRETTI, 2428. ARG. C[1]

FLAMINIA.

2501. DENARO. Testa di Minerva galeata a d.; dietro ROMA. ℞ L. FLAMINI. CILO. La Vittoria in biga veloce a d. tiene la corona. - FABRETTI, 2433; *n. 4 esempl.* ARG. C[1]

FONTEIA.

2502. DENARO. Doppia testa giovanile di Fonto; a d. ✱. ℞ C. FONT. Nave con remiganti e nocchiero; sotto: ROMA. - FABRETTI, 2437. ARG. C[1]

2503. DENARO. Teste congiunte dei Dioscuri a d. ℞ MV. FONTEI. Galera governata da un nocchiero. - FABRETTI, 2483; *n. 2 esempl. vari. Uno bucato.* ARG. C[1]

2504. DENARO. MV. FONTEIC. F. Testa di Giove laureata a d.; sotto il fulmine. ℞ Il Genio di Giove sulla capra Amaltea; in alto i due berretti dei Dioscuri; sotto, un tirso, il tutto in una corona di mirto. - FABRETTI, 2502. ARG. C[1]

2505. DENARO. MV. FONTEI C. F. Testa di Giove a d. ℞ Il Genio di Giove sulla capra Amaltea a d.; in alto i berretti dei Dioscuri, il tutto in una corona di mirto. - FABRETTI, 2502. ARG. C[1]

2506. DENARO. P. FONTEIVS. P. F. CAPITO. III. VIR. Busto di Marte galeata a d. col trofeo dietro la spalla sinistra. ℞ MV. FONT. TR. MIL. Cavaliere corrente a d. che ha rovesciato due nemici, l'uno de' quali ha perduto l'elmo e lo scudo che sono sparsi nel campo. - FABRETTI, 2508. ARG. C[1]

2507. DENARO. P. FONTEIVS. CAPITO. III. VIR. CONCORDIA. Testa della Concordia diademata e velata a d. ℞ T. DIDI. IMP. VIL. PVB. Portico di quattro arcate, cui si sovrappone altro portico di cinque colonne. - FABRETTI, 2512. ARG. C[1]

FUNDANIA.

2508. QUINARIO. Testa di Giove barbato e laureato a d. ℞ C. FVNDA. La Vittoria a d. che corona un trofeo sostenuto da un prigioniero inginocchiato. - FABRETTI, 2535; *n. 2 esempl.* ARG. C[1]

FURIA.

2509. DENARO. M. FOVRI. L. F. Testa di Giano bifronte. ℞ PHILI. Roma galeata ed astata a s. che corona un trofeo. Nel campo a d. ROMA. - FABRETTI, 2557; *n. 2 esempl.* ARG. C[1]

2510. DENARO. BROCCHI. III. VIR. Testa di Cerere a d. coronata di spighe, dietro spiga, e dinanzi grano d'orzo. ℞ L. FVRI. C. N. F. Sedia curule fra due fasci consolari. - FABRETTI, 2562. ARG. C[1]

2511. ASSE. - FABRETTI, 2550. BR. C[2]

GALLIA.

2512. BRONZO. CAESAR. AVGVSTVS. TRIBVNIC. POTEST. Testa nuda di Augusto. ℞ C. GALLIVS. LVPERCVS. III. VIR. A· A· A· F. F. Nel campo S. C. - FABRETTI, 2570. BR. C[1]

GARCILIA.

2513. DENARO. Testa laureata di Giove imberbe a d.; sotto, il fulmine. ℞ Giove col fulmine in quadriga veloce a d. - FABRETTI, 2574; *n. 4 esempl.* ARG. C[1]

HERENNIA.

2514. DENARO. PIETAS. Testa diademata della Pietà a d. ℞ M. HERENNI. Uno dei fratelli catanesi che trasporta il padre nelle sue braccia. - FABRETTI, 2585; *n. 4 esempl.* ARG. C[1]

HOSTILIA.

2515. DENARO. Testa del Pallore a d. con capelli irti; dietro, uno scudo oblungo. ℞ L. HOSTILIVS. SASERN A. Uomo armato condotto su biga veloce a d. - FABRETTI, 2664. ARG. C[1]

2516. DENARO. Testa del Pallore a d. coi capelli cadenti; dietro *lituo* militare. ℞ L. HOSTILIVS. SASERNA. Diana Efesina. di faccia, tiene colla destra un cervo e colla sinistra un'asta. - FABRETTI, 2665. ARG. C[1]

ITIA.

2517. DENARO. Testa di Minerva galeata a d.; dietro X. ℟ L. ITI. I Dioscuri a cavallo correnti a d. ROMA. - FABRETTI, 2668. ARG. C[1]

IULIA.

2518. DENARO. CAESAR. Testa di Minerva galeata a s. ℟ L. IVLI. L. F. Venere in biga tirata da due amorini; sotto una lira. - FABRETTI, 2673. ARG. C[1]

2519. DENARO. Testa di Minerva galeata a d.; dietro spiga. ℟. IVLI. La Vittoria in biga veloce a d. - FABRETTI, 2671. ARG. C[1]

2520. DENARO. Testa giovanile laureata e alata, col tridente nell'omero. ℟ L. IVLI. BVRSIO. La Vittoria in biga veloce a d. - FABRETTI, 2706; *n. 3 esempl.* ARG. C[1]

2521. DENARO. Testa di Venere diademata a d. ℟ CAESAR. Enea gradiente a s. che porta in salvo Anchise sulle spalle ed il Palladio. - FABRETTI, 2868. ARG. C[1]

2522. DENARO. CAESAR. Elefante a d.; a' suoi piedi un serpe. ℟. Simpulo, aspersorio, scure e berretto sacerdotale. - FABRETTI. 2870; *n. 2 esempl.* ARG. C[1]

2523. DENARO. Testa di Venere diademata a d.; dietro busto di Cupido. ℟ CAESAR. Trofeo militare, formato di armi galliche, tra un prigioniero a s. e una donna seduta e piangente a d. - FABRETTI, 2872. ARG. C[1]

2524. DENARO. Testa di Vesta velata a d.; dietro simpulo e la nota IIT. ℟ CAESAR. Trofeo militare, corona e scudo oblungo a s., un gladio e scudo rotondo a d. - FABRETTI, 2874. ARG. C[1]

2525. DENARO. COS. TERT. DICT. ITER. Testa di Cerere coronata di spiche a d. ℟ AVGVR. PONT. MAX. Simpulo, aspergillo, prefericolo e lituo. - FABRETTI, 2879; *n. 3 esempl.* ARG. C[1]

2526. DENARO. Testa di Venere diademata a d. ℟ CAESAR. DIVI. F. Ottaviano gradiente a s. con l'asta trasversale e il braccio destro disteso. - FABRETTI, 2918; *n. 2 esempl.* ARG. C[1]

2527. DENARO. Testa nuda di Ottaviano a d. ℟ Arco trionfale con una quadriga guidata da Ottaviano e nell'epistilio IMP. CAESAR. - FABRETTI, 2936. ARG. C[1]

2528. QUINARIO. CAESAR. IMP. VII. Testa nuda di Ottaviano a d. ℞ ASIA. RECEPTA. La Vittoria a s. sopra la cista mistica tiene una corona e la palma. - FABRETTI, 2921. ARG. C[1]

2529. GRANDI E PICCOLI BRONZI. *N. 4 esempl.* BR. C[2]

IUNIA.

2530. DENARO. Testa di Minerva galeata a d. ℞ C. IVNI. C. F. I Dioscuri a cavallo a d. Nell'esergo ROMA. - FABRETTI, 2944. ARG. C[1]

2531. DENARO. Testa di Minerva galeata a d.; dietro una testa di asino. ℞ M. IVNI. I Dioscuri a cavallo a d. Sotto ROMA. - FABRETTI, 2951. ARG. C[1]

2532; DENARO. Testa di Minerva galeata a d. ℞ D. SILANVS. L. F. La Vittoria in biga veloce a d. Nell'esergo ROMA. - FABRETTI, 2954; *n. 4 esempl.* ARG. C[1]

2533. DENARO. Simile al precedente; *n. 5 esempl.* ARG. C[1] e C[2]

2534. DENARO. BRVTVS. Testa di Giunio Bruto a d. ℞ AHALA. Testa di Servilio Ahala a d. - FABRETTI, 3086; *n. 2 esempl.* ARG. C[1]

2535. DENARO. LIBERTAS. Testa della Libertà diademata a d. ℞ BRVTVS. Bruto che incede a s. fra due littori preceduti da un *accensus*. - FABRETTI, 3088; *n. 2 esempl.* ARG. C[1]

2536. DENARO. PIETAS. Testa della Pietà a d. ℞ ALBINVS. BRVTI. F. Due mani congiunte che stringono un caduceo. - FABRETTI, 3090. ARG. C[1]

2537. ASSE. - FABRETTI, 2946. BR. C[2]

LICINIA.

2538. DENARO. Busto di Giove imberbe a s. in atto di scagliare il fulmine trisulce. ℞ C. LICINIVS. L. F. MACER. Minerva o Bellona, armata di scudo e di asta, in quadriga veloce a d. - FABRETTI, 3120. ARG. C[1]

2539. DENARO. NERVA. Testa della Fede laureata a d.; dinanzi FIDES. ℞ A. LICINI III VIR. Cavaliere corrente a d. che trascina un barbaro pe' capelli. - FABRETTI, 3127. ARG. C[1]

2540. ASSE. - FABRETTI, 3118. BR. C[1]

LIVINEIA.

2541. DENARO. REGVLVS. PR. Testa di Livineio Regolo a d. ℟ L. LIVINEIVS. REGVLVS. Sedia curule tra sei fasci. - FABRETTI, 3142. ARG. C1

LUCILIA.

2542. DENARO. Testa galeata di Minerva a d.; dietro PV in corona di lauro. ℟ M. LVCILI. RVF. La Vittoria in biga veloce a d. - FABRETTI, 3152. ARG. C1

LUCRETIA.

2543. DENARO. TRIO. Testa di Minerva galeata a d. ℟ CN. LVCR. I Dioscuri a cavallo correnti a d. ROMA. - FABRETTI, 3156. ARG. C1

2544. DENARO. Testa radiata del Sole a d. ℟ L. LVCRETI TRIO. Luna crescente con sette stelle. - FABRETTI, 3158. ARG. C1

2545. DENARO. Testa di Nettuno laureata. a d. col tridente ℟ L. LVCRETI. TRIO. Cupido sul delfino a d. - FABRETTI, 3162. ARG. C1

LUTATIA.

2546. DENARO. CERCO. Testa di Minerva galeata a d.; sopra ROMA. ℟ Q. LVTATI. Q. Galera con la prora terminata nella testa di Minerva e con una testa e l'acrostolio nella poppa; entro corona di lauro. - FABRETTI, 3193; *n. 2 esempl.* ARG. C1

MAIANIA.

2547. DENARO. Testa di Minerva galeata a d. ℟ C. MAIANI. La Vittoria in biga veloce a d. Nell'esergo ROMA. - FABRETTI, 3204. ARG. C1

2548. ASSE. - FABRETTI, 3206. BR. C3

MANLIA.

2549. DENARO. L. MANLI. PRO. Q. Testa di Minerva galeata a d. ℞ L. SVLLA. IM. Silla in quadriga lenta a d. coronato dalla Vittoria. - FABRETTI, 3230; *n. 2 esempl.* ARG. C[1]

MARCIA.

2550. DENARO. LIBO. Testa di Minerva galeata a d. ℞ Q. MARC. I Dioscuri a cavallo correnti a d. Nell'esergo ROMA. - FABRETTI, 3236; *n. 2 esempl.* ARG. C.
2551. DENARO. Testa di Minerva a d.; dietro il *modio* e sotto il mento ✱. ℞ M. MARC. La Vittoria con corona in mano, in biga veloce a d.; sotto una spiga, e nell'esergo ROMA. - FABRETTI, 3249. ARG. C[1]
2552. DENARO. Teste di Numa Pompilio e di Anco Marcio diademate a d. ℞ C. CENSO. Cavaliere pileato che guida due cavalli correnti a d. - FABRETTI, 3587. ARG. C[2]
2553. DENARO. ANCVS. Testa di Anco Marcio, diademata a d., dietro il lituo. ℞ PHILIPPVS. Statua equestre a d. sopra un acquedotto, tra gli archi del quale si legge AQVA MAR. (Aqua marcia). - FABRETTI, 3329; *n. 2 esempl.* ARG. C[1]
2554. DENARO. Testa laureata di Apollo a d. ℞ L. CENSOR. Satiro in piedi a s. con l'otre; dietro una statua sopra una colonna. - FABRETTI, 3333. ARG. C[1]
2555. ASSE. - FABRETTI, 3237. BR. C[2]
2556. BRONZO. - FABRETTI, 3327. BR. C[2]

MATIA.

2557. VITTORIATO. Testa di Giove barbato e laureato a d. ℞ MAT. La Vittoria a d. che corona un trofeo; nell'esergo ROMA. - FABRETTI, 3428; *n. 2 esempl.* ARG. C[1]

MESCINIA.

2558. DENARO. Testa laureata di Augusto a d. - ℞ L. MESCINIVS. RVFVS. Marte armato dell'asta e del parazonio, sur un cippo sul quale si legge S. P. Q. R — V. PR. RE. — CAES. - FABRETTI, 3514. R[3] ARG. C[1]

MINUCIA.

2559. DENARO. RVF. Testa di Minerva galeata a d. ℞ Q. MINV. I Dioscuri a cavallo corrente a d.; nell'esergo ROMA. - FABRETTI, 3533. ARG. C[1]

2560. DENARO. Testa di Minerva galeata a s. ℞. Q. THERM. MF. Due soldati che combattono, ed in mezzo un altro giacente in terra. - FABRETTI, 3547; *n. 2 esempl.* ARG. C[1]

2561. DENARO. Testa di Minerva galeata a d.; dietro ✳ ℞ TI. MINVCI. C. F. AVGVRINI. Due personaggi togati, l'uno de' quali in piedi tiene due pani e l'altro a s. col lituo, in mezzo ad essi una colonna, con sopra una statua — ROMA, in alto. - FABRETTI, 3544. ARG. C[1]

MUSSIDIA.

2562. DENARO. CONCORDIA. Testa della Concordia diademata e velata a d. ℞ L. MVSSIDIVS. LONGVS. Due figure in piedi nel recinto dei comizii, nella cui base si legge CLOACIN. - FABRETTI, 3556. ARG. C[1]

2563. DENARO. Testa radiata del sole, di faccia. ℞ L. MVSSIDIVS. LONGVS. Due figure in piedi nel recinto dei comizii nella cui base leggesi CLOACIN. - FABRETTI, 3560. ARG. C[1]

NAEVIA.

2564. DENARO. Testa di Venere diademata a d. S. C. ℞ C. NAE. BALB. La Vittoria in triga veloce a d. - FABRETTI, 3565; *n. 4 esempl.* ARG. C[1]

NERIA.

2565. DENARO. NERI. Q. VRB. Testa di Saturno a d.; dietro *harpe.* ℞ L. LENT. C. MARC. COS. Aquila legionaria tra due insegne militari, in una delle quali H. e nell'altra P. - FABRETTI, 3675. ARG. C[1]

NORBANA.

2566. AUREO. C. NORBANVS. L. CESTIVS. PR. Busto di Venere a d. ℞ Cibele in biga di leoni a s.; in alto S. C. - FABRETTI, 3681. R[4] ORO. C[1]

2567. DENARO. C. NORBANVS. Testa di Venere diademata a d.; dietro la nota numerale CVII. ℞ Spiga, scure coi fasci e caduceo. - FABRETTI, 3689; *n. 4 esempl. vari nella nota numerale.* ARG. C[1] e C[2]

OGULNIA.

2568. ASSE. Testa di Giano bifronte; sopra L ℞ OGVL. VER. GAR. Prora di nave a s.; in alto T. - FABRETTI, 3732. BR. C[2]

OPEIMIA.

2569. DENARO. Testa di Minerva galeata a d.; dietro *tripode,* sotto ✳. ℞ M. OPEIMI. Apollo con arco e saetta, in biga veloce a d.; nell'esergo ROMA. - FABRETTI, 3743. ARG. C[1]

PAPIRIA.

2570. DENARO. Testa di Minerva galeata a d. ℞ M. CARBO. Giove col fulmine e lo scettro in quadriga veloce a d. Sotto, ROMA. - FABRETTI, 4006; *n. 2 esempl.* ARG. C[1]

PEDANIA.

2571. DENARO. COSTA LEG. Testa della Libertà laureata a d. ℞ BRVTVS. IMP. Trofeo con uno scudo a s. e due dardi a d. - FABRETTI, 4009. ARG. C[1]

PETILLIA.

2572. DENARO. PETILLIVS CAPITOLINVS. Aquila ad ali spiegate col fulmine negli artigli. ℞ Tempio esastilo. - FABRETTI. 4013. ARG. C[1]

PETRONIA.

2573. DENARO. TVRPILIANVS. III. VIR. Testa di Bacco a d. coronata di edera. ℞ CAESAR. AVGVSTVS. SIGN. RECE. Un Parto, inginocchiato a d. presenta un'insegna militare. - FABRETTI, 4017. ARG. C[1]

2574. DENARO. CAESAR AVGVSTVS. Testa nuda di Augusto. ℟ P. PETRON TVRPILIAN. III. VIR. Pegaso a d. - FABRETTI. 4020. R³ ARG. C¹

2575. DENARO. CAESAR. AVGVSTVS. Testa nuda di Augusto. ℟ TVRPILIANUS III. VIR. Tarpeia schiacciata dagli scudi e con le braccia alzate. - FABRETTI, 4021.

2576. DENARO. CAESAR. AVGVSTVS. Testa nuda di Augusto. ℟ TVRPILIANVS III. VIR. Luna crescente ed astro. - FABRETTI, 4022. R³ ARG. C¹

PINARIA.

2577. DENARO. Testa di Minerva a d. ℟ NATAT. La Vittoria in biga veloce a d.; sotto, ROMA. - FABRETTI, 4023. ARG. C¹

2578. ASSE. - FABRETTI, 4028. BR. C²

PLANCIA.

2579. DENARO. CN. PLANCIVS. AED. CVR. S. C. Testa di Diana a d. coperta del pileo venatorio. ℟ Capra a d. con arco e faretra. - FABRETTI, 4114. ARG. C¹

PLAUTIA vel PLOTIA.

2580. DENARO. Testa di Minerva galeata a d. ℟ C. PLVTI. I Dioscuri a cavallo correnti a d. Nell'esergo ROMA. - FABRETTI, 4120. ARG. C¹

2581. DENARO. Testa di Medusa (?) di prospetto. ℟ PLANCVS. l'Aurora che conduce i cavalli del Sole. - FABRETTI, 4134. ARG. C¹

2582. DENARO. Testa di Medusa. Senza rovescio. ARG. C¹

2583. BRONZO. - FABRETTI, 4137. BR. C²

POBLICIA.

2584. DENARO. Testa di Minerva galeata a d.; sopra martello, sotto ✱. ℟ C. MAL. Uomo nudo a s. armato di lancia e col piede sopra alcune armi; nel campo a s. un trofeo, a d. una prora di nave. - FABRETTI, 4143. ARG. C.

POMPEIA.

2585. DENARO. Testa di Minerva galeata a d. dietro, un vaso, sotto il mento ✱. ℞ SEX. PO. La lupa a d. allattante i gemelli; a s. il pastore Faustolo pileato ed appoggiato al suo baculo; in fondo, il fico ruminale, su cui veggonsi tre uccelli, ROMA. - FABRETTI, 4179; *n. 2 esempl.* ARG. C¹

2586. DENARO. Q. POMPEI. Q. F. RVFVS. COS. Sedia curule tra un dardo e un ramoscello di alloro. ℞ SVLLA COS. Q. POMPEI. RVF. Sedia curule tra un lituo e una corona. - FABRETTI, 4185; *n. 2 esempl.* ARG. C¹ e C²

2587. DENARO. MAG. PIVS. IMP. ITER. Testa nuda di Pompeo Magno a d.; dinanzi, il lituo e dietro vaso per sacrificii. ℞ PRAEF. CLAS. ET. ORAE. MARIT. EX. S. C. Anapo ed Anfinomo che salvano il padre dall'incendio di Catania; in mezzo ad essi, Nettuno a s. col piede sopra la prora di nave. - FABRETTI, 4200. R² ARG. C²

POMPONIA.

2588. DENARO. Q. POMPONI MVSA. Testa di Apollo diademata a d. ℞ HERCVLES MVSARVM. Ercole Musagete in piedi a d. che suona la lira; ai suoi piedi, la clava. - FABRETTI, 4207. ARG. C¹

2589. DENARO. Testa laureata di una Musa a d.; dietro due flauti incrocicchiati. ℞ Q. POMPONI MVSA. Euterpe in piedi a d. appoggiata ad una colonna, tiene due flauti. - FABRETTI, 4212. ARG. C¹

2590. DENARO. Testa laureata di una Musa a. d.; dietro uno scettro. ℞ Q. POMPONI MVSA. Melpomene in piedi a s. col parazonio, tiene la clava e una maschera tragica. - FABRETTI, 4213. ARG. C¹

2591. DENARO. Testa laureata di un Musa a d. - ℞ Q. POMPONI MVSA. Tersicore in piedi a d. col plettro e la lira. - FABRETTI. 4216. ARG. C¹

PORCIA.

2592. DENARO. LAECA. Testa di Minerva galeata a d. ℞ M. PORC. La Libertà col berretto coronato dalla Vittoria, in quadriga veloce a d. - FABRETTI, 4223; *n. 2 esempl.* ARG. C[1]

2593. DENARO. P. LAECA. Testa di Minerva galeata a d. ℞ Figura virile paludata, a s. seguita da un littore, posa la d. sul capo di un cittadino togato, PROVOCO. - FABRETTI, 4226. ARG. C[1]

2594. DENARO. P. LAECA. Testa di Minerva galeata a d. ℞ Figura virile paludata seguita da un littore, pone la d. sul capo di un cittadino togato; nell'esergo PROVOCO. - FABRETTI, 4226. ARG. C[1]

2595. DENARO. Testa di Minerva galeata a d. ℞ C. CATO. La Vittoria in biga veloce a d. — ROMA. - FABRETTI, 4228. ARG. C[1]

2596. DENARO. M. CATO. Testa della Libertà a d.; dietro ROMA. ℞ VICTRIX. La Vittoria seduta a d. tiene una patera e una palma. - FABRETTI, 4265; *n. 2 esempl.* ARG. C[1]

2597. QUINARIO. M. CATO. PRO. PR. Testa di Bacco a d. coronata d'edera. ℞ VICTRIX. La Vittoria, seduta a d. tiene una patera e la palma. - FABRETTI, 4268. ARG. C[1]

POSTUMIA.

2598. DENARO. Testa di Minerva galeata a d.; dietro, berretto sacerdotale; e sotto ✳. ℞ L. POST. ALB. Marte, armato di scudo e di asta, in quadriga veloce a d. portando un trofeo, — ROMA. - FABRETTI, 4270. ARG. C[1]

2599. DENARO. Testa di Diana a d. con l'arco e la faretra. ℞ A. ABINVS. S. F. Tre cavalieri armati di scudo inseguono un fuggitivo a s. - FABRETTI, 4272. ARG. C[2]

2600. DENARO. Testa laureata di Apollo a d.; dietro un astro, sotto ROMA. e dinanzi X. ℞ A. ALBINVS. S. F. I Dioscuri in piedi a s. che fanno abbeverare i cavalli alla fontana, a s. luna crescente. - FABRETTI, 4274. ARG. C[1]

2601. DENARO. HISPAN. Testa della Spagna a d. velata. ℞ A. POST. A. F. S. N. ALBIN. Figura virile togata in piedi a s. che alza la mano sopra un'aquila legionaria; dietro, il fascio consolare. - FABRETTI, 4279. ARG. C[1]

PROCILIA.

2602. DENARO. Testa laureata di Giove a d.; dietro S. C. ℞ L. PROCILI. F. Giunone Sospita a d. armata di asta e scudo, dinanzi a lei un serpe. - FABRETTI, 4288. ARG. C[1]

2603. DENARO. Testa di Giunone Sospita a d., dietro S. C. ℞ L. PROCILI. F. Giunone Sospita armata di lancia e scudo in biga veloce a d.; sotto i cavalli una serpe. - FABRETTI, 4291. *Moneta dentellata.* ARG. C[1]

PROCULEIA.

2604. BRONZO. Testa diademata e barbata a d.; dietro Ⓘ ℞ C. PROCVLEI. L. F. Raggia. - FABRETTI, 4293. R[4] ARG. C[2]

RENIA.

2605. DENARO. Testa di Minerva galeata a d. ℞ C. RENI. Donna (Giunone Moneta?) collo scettro in biga di caproni a d. ROMA. - FABRETTI, 4339; *n. 2 esempl.* ARG. C[1]

ROSCIA.

2606. DENARO. L. ROSCI. Testa di Giunone Sospita a d. dietro ara. ℞ FABATI. Una giovane in piedi che dà da mangiare a un serpente. - FABRETTI, 4346. *Moneta dentellata.* ARG. C[1]

2607. DENARO. L. ROSCI. Testa di Giunone Sospita a d.; dietro ara. ℞ FABATI. Una giovane in piedi a d. che dà da mangiare ad un serpente. - FABRETTI, 4346. *Moneta dentellata.* ARG. C[1]

RUBRIA.

2608. DENARO. DOSSEN. Testa laureata di Giove a d.; dietro, lo scettro. ℞ L. RVBRI. Carro ornato del fulmine e tirato da quattro cavalli a d.; in alto Vittoria volante. - FABRETTI, 4462. ARG. C[1]

2609. QUINARIO. DOSSEN. Testa laureata di Nettuno a d. col tridente. ℟ L. RVBRI. La Vittoria a d. con corona e palma, dinanzi ad un altare con serpe. - FABRETTI, 4467; *n. 2 esempl.* ARG. C[1]

2610. QUINARIO. DOSSEN. Testa laureata di Nettuno a d. L. RVBRI. La Vittoria a d. con corona e palma dinanzi ad un altare con serpe. - FABRETTI, 4467. ARG. C[1]

2611. ASSE. Testa di Giano bifronte con l'altare circondato da un serpe. ℟ L. RVBRI. DOSSEN. Prora di nave a d. con la nota dell'asse. - FABRETTI, 4469; *n. 2 esempl.* BR. C[2]

RUSTIA.

2612. DENARO. Testa di Marte galeata a d.; dietro S. C. sotto ✳. ℟ L. RVSTI. Montone a d. - FABRETTI, 4473; *n. 2 esempl.* ARG. C[1]

2613. DENARO. Q. RVSTIVS. FORTVNAE. ANTIAT. Due busti di donna congiunti a d. posti sopra una base, che, ai due capi, termina con una testa d'Ariete. ℟ CAESARI. AVGVSTO. EX. S. C. Altare con la leggenda FOR. RE. - FABRETTI, 4474. ARG. C[1]

SAUFEIA.

2614. ASSE. - FABRETTI, 4544; *n. 2 esempl.* BR. C[2]

SCRIBONIA.

2615. DENARO. Testa di Minerva galeata a d. ℟ C. SCR. I Dioscuri a cavallo correnti a d. — ROMA. - FABRETTI, 4551; *n. 3 esempl.* ARG. C[1]

2616. DENARO. LIBO. Testa del Buono Evento, diademata a d. con la leggenda BON. EVENT. ℟ PVTEAL. SCRIBON. Parapetto di un pozzo, ornato di due lire, tra le quali due rami di alloro e sotto un martello. - FABRETTI, 4560. ARG. C.

SENTIA.

2617. DENARO. Testa di Minerva galeata a d.: dietro ARG. PVB. ℟ L. SENTI. C. F. Giove col fulmine e lo scettro, in quadriga veloce a d. - FABRETTI, 4578. ARG. C[1]

SEPULLIA.

2618. DENARO. CAESAR. IMP. Testa laureata di Giulio Cesare a d.; dietro un astro. ℞ P. SEPVLLIVS. MACER. Venere in piedi, a s. tiene la Vittoria e l'asta, alla cui estremità inferiore un astro. - FABRETTI, 4603; *n. 2 esempl.* ARG. C[1]

2619. DENARO. CAESAR. DICT. PERPETVO. Testa laureata di Giulio Cesare. ℞ P. SEPVLLIVS. MACER. Venere in piedi a s. tiene la Vittoria e l'asta, alla cui estremità inferiore un astro. - FABRETTI, 4604. ARG. C[1]

SERGIA.

2620. DENARO. Testa di Minerva galeata a d.; dietro ROMA e ✳ ; dinanzi EX. S. C. ℞ M. SERGI. SILVS. Cavaliere galeato corrente a s., tiene pei capelli una testa recisa: Q. - FABRETTI, 4609; *n. 2 esempl.* ARG. C[1]

SERVILIA.

2621. AUREO. M. SERVILIVS. Testa laureata della Libertà a d. davanti LEG. ℞ Q. CEPIO. BRVTVS. IMP. Trofeo. COHEN, *Consolari*, XXXVIII, n. 9. R[5] ORO. C[1]

2622. DENARO. Testa di Minerva galeata a d.; sotto ROMA; dietro una corona e la nota. ✳ ℞ C. SERVEILI. M. F. I Dioscuri a cavallo, correnti l' una a d. l'altro a s. - FABRETTI, 4616. ARG. C[1]

2623. DENARO. FLORA. PRIMVS. Testa di Flora a d. coronata di fiori. ℞ C. SERVEIL. C. F. Due soldati in piedi armati di gladio e di scudo, l'uno di fronte all'altro. - FABRETTI, 4638; *n. 2 esempl.* ARG. C[1]

SESTIA.

2624. DENARO. L. SESTI. PRO. Q. Testa della Libertà velata a d. ℞ Q. CARPIO BRVTVS PRO COS. Tripode tra la seuspita e il simpulo. - FABRETTI, 4649. ARG. C[1]

SILIA.

2625. DENARO. Busto di Minerva a s. armata d'asta e di scudo, in cui è scolpito un cavaliere in corsa; sopra mezzaluna, dietro ROMA e dinanzi *. ℞ P. NERVA. Recinto dei comizi, nel quale una persona porge una tavoletta ad un'altra, mentre una terza colloca la tavoletta nell'urna. - FABRETTI, 4656. ARG. C[1]

TERENTIA.

2626. DENARO. VARRO. PRO. Q. Busto terminale di Numa Pompilio a forma di erma. ℞ MAGN. PRO. COS. Scettro tra un delfino a s. e un'aquila a d. - FABRETTI, 4710. ARG. C[1]

2627. ASSE. - FABRETTI, 4700. BR. C[2]

2628. ASSE. - FABRETTI, 4704; *n. 2 esempl.* BR. C[2]

THORIA.

2629. DENARO. I. S. M. R. Testa di Giunone Sospita a d. ℞ L. THORIVS. BALBVS. Toro infuriato a d.; sotto la lettera B, F, I, M, P. - FABRETTI. 4713; *n. 5 esempl.* ARG. C[1]

TITIA.

2630. DENARO. Testa barbata a d. con diadema alato. (Bacco indiano?) ℞ Q. TITI. Pegaso volante a d. - FABRETTI, 4737; *n. 2 esempl.* ARG. C[1]

2631. QUINARIO. Busto alato della Vittoria a d. ℞ Q. TITI. Pegaso volante a d. - FABRETTI, 4743. ARG. C[1]

2632. ASSE. - FABRETTI, 4745. BR. C[1]

TITINIA.

2633. DENARO. Testa di Minerva galeata a d.; dietro XVI. ℞ C. TITINI. La Vittoria in biga veloce a d.; nell'esergo ROMA. - FABRETTI, 4753. ARG. C[1]

TITURIA.

2634. DENARO. SABIN. Testa di Tito Tazio a d. ℞ L. TITVRI. La Vittoria con corona in biga veloce a d. - FABRETTI, 4754. ARG. C[1]

2635. DENARO. SABIN. Testa di Tito Tazio a d., dinanzi AT. ℞ L. TITVRI. Due soldati romani che rapiscono due donne sabine. - FABRETTI, 4808; *n. 2 esempl.* ARG. C[1]

2636. DENARO. SABIN. Testa di Tito Tazio a d.; dinanzi una palma. ℞ L. TITVRI. Tarpeia in ginocchio tra due soldati che si accingono a schiacciarla sotto gli scudi; in alto, luna crescente ed astro. - FABRETTI, 4812; *n. 2 esempl.* ARG. C[1]

2637. ASSE. - FABRETTI, 4815; *n. 2 esempl.* BR. C[2]

TREBANIA.

2638. DENARO. Testa di Minerva galeata a d.; dietro X. ℞ L. TREBANI. Giove in quadriga veloce a d. con la folgore e lo scettro; nell'esergo, ROMA. - FABRETTI, 4822. ARG. C[1]

VALERIA.

2639. DENARO. Testa di Minerva galeata a d.; dietro X. ℞ C. VAL. C. F. FLAC. La Vittoria in biga veloce a d. — ROMA. - FABRETTI, 4834; *n. 2 esempl.* ARG. C[1]

2640. DENARO. Busto alato della Vittoria a. d. ℞ L. VALERI. FLACCI. Marte in piedi a s. col gladio e un trofeo; a s. un berretto sacerdotale, a d. una spiga. - FABRETTI, 4837; *n. 2 esempl.* ARG. C[1]

2641. DENARO. Busto alato della Vittoria a d. ℞ C: VAL. FLA. IMPERAT. Aquila legionaria fra due imprese militari, in una delle quali H e nell'altra P; in basso EX. S. C. - FABRETTI, 4840. ARG. C[1]

2642. DENARO. Busto alato della Vittoria a d. ℞ C. VAL. FLA. IMPERAT. Aquila legionaria tra due insegne militari. in una delle quali H e nell' altra P; in basso EX. S. C. - FABRETTI, 4840. ARG. C[1]

VETURIA.

2643. DENARO. TI. VET. Busto galeato di Marte a d. ℞ Due soldati appoggiati all'asta toccano col gladio una porca sostenuta da un uomo inginocchiato in mezzo a loro. — ROMA. - FABRETTI, 4917. ARG. C[2]

VIBIA.

2644. AUREO. Testa laureata della Libertà a d. ℞ C. VIBIVS. VARVS. Venere Callipige. - COHEN, *Consolari*, XLII, n. 21. ORO. C[4]

2645. AUREO. Simile al precedente. ORO. C[4]

2646. DENARO. PANSA. Testa di Apollo laureata a d. ℞ C. VIBIVS. C. F. Minerva galeata ed astata, coronata da una Vittoria volante in quadriga veloce a s. - FABRETTI, 5001; *n. 2 esempl.* ARG. C[1]

2647. DENARO. Testa di una Baccante a d. coronata di edera. ℞ C. VIBIVS. C. F. C. N. Cerere gradiente a d. con due faci, dinanzi un aratro. - FABRETTI, 5016. ARG. C[1]

2648. DENARO. Testa di Baccante coronata di edera a d. ℞ C. VIBIVS. C. F. C. N. Cerere in biga di serpenti a d. con una face. - FABRETTI, 5018. ARG. C[1]

2649. DENARO. PANSA. Testa o maschera di Pane; dietro il *pedo*. ℞ C. VIBIVS. C. F. C. N. Giove imberbe con la testa radiata, seduto a s. tiene la patera e lo scettro, colla leggenda: IOVIS. AXVR. - FABRETTI, 5020. ARG. C[1]

2650. DENARO. Testa laureata di Ercole a d. ℞ C. VIBIVS. VARVS. Minerva galeata ed astata in piedi a d. con una Vittoria nella mano sinistra; a' suoi piedi lo scudo. - FABRETTI, 5025. ARG. C[2]

2651. VITTORIATO. Testa di Giove laureata a d. ℞ VB. La Vittoria a d. che corona un trofeo; nell'esergo ROMA. - FABRETTI, 4920. ARG. C[1]

2652. ASSE. Testa di Giano bifronte. ℞ C. PANSA. Tre prore di nave a d. coi berretti dei Dioscuri; a s. un ramoscello di lauro e in alto ROMA. - FABRETTI, 5008. BR. C[1]

VINICIA.

2653. DENARO. AVGVSTVS. TR. POT. VIII. Testa nuda di Augusto. ℞ L. VINICIVS. L. F. III. VIR. Cippo con la leggenda. S. P. Q. R. — IMP CAE — QVOD V — MS. EX — EA P Q IS — AD A. DE. - FABRETTI, 5035. R³ ARG. C¹

VIPSANIA.

2654. DENARO. IMP. CAESAR. DIVI. IVLI. F. Testa nuda di Augusto a d. ℞ M. AGRIPPA. COS. DESIG. nel campo. - FABRETTI, 5038. ARG. C¹

5655. BRONZO. - FABRETTI, 5040. BR. C¹

VOCONIA.

2656. DENARO. Testa laureata di Giulio Cesare a d. ℞ Q. VOCONIVS VITVLVS Q. DESIGN. Vitello a s. e nel campo S. C. - FABRETTI, 5042. R⁴ ARG. C¹

VOLTEIA.

2657. DENARO. Testa di Bacco a d. coronara di edera. ℞ M. VOLTEI. M. F. Cerere con due torcie nelle mani in biga di serpenti a d.; dietro una ruota. - FABRETTI, 5087. ARG. C¹

2658. DOPPIO DENARO (denarius duplex). Testa bifronte laureata ed imberbe. ℞ Giove in quadriga veloce a d. con la folgore e lo scettro; dietro vittoriola: sotto ROMA. (Lettere incuse). - FABRETTI, 211. ARG. C¹

2659. VITTORIATO. Testa di Giove barbato e laureato a d. ℞ La Vittoria a d. che corona un trofeo; nell'esergo ROMA. - FABRETTI, 216. ARG. C³

2660. Testa di Giove barbato e laureato a d. ℞ La Vittoria a d. che corona un trofeo; nell'esergo ROMA. - FABRETTI, 226. ARG. C¹

2661. SEMI VITTORIATO. Testa laureata di Apollo a d. ℞ La Vittoria a d. che corona un trofeo; nell' esergo ROMA. Un punto e la nota III. - FABRETTI, 251. ARG. C¹

2662. Testa di Minerva galeata a d.; dietro x. ℞ Diana (con luna bicorne sopra la testa) in biga veloce a d.; nell'esergo ROMA. - FABRETTI, 255. ARG. C[1]

2663. Testa di Minerva galeata a d. ℞ La Vittoria in biga veloce a d.; nell'esergo ROMA. - FABRETTI, 257. ARG. C[1]

2664. DENARO. Testa di Minerva galeata a d. ℞ I Dioscuri a cavallo correnti a d.; nell'esergo ROMA. (Leggenda incusa). - FABRETTI, 262. R. ARG. C[1]

2665. DENARO, Simile al precedente. R. ARG. C[1]

2666. DENARO. Simile al precedente. R. ARG. C[1]

2667. DENARO. Testa di Minerva galeata a d.; dietro x. ℞ I Dioscuri a cavallo correnti a d.; sotto cane a d. — ROMA. - FABRETTI, 398. ARG. C[1]

2668. QUINARIO. Testa di Minerva galeata a d.; dietro v. ℞ I Dioscuri a cavallo correnti a d.; nell' esergo: ROMA. - FABRETTI, 274. ARG. C[1]

2669. SESTERZIO Testa di Minerva galeata a d.; dietro IIS. ℞ I Dioscuri a cavallo a d., nell'esergo ROMA. - FABRETTI, 278; *n. 2 esempl.* ARG. C[1]

2670. ASSE. *N. 4 esempl.* BR. C[2]

2671. TRIENTE. *N. 2 esempl.* BR. C[1] e C[2]

2672. QUADRANTE. *N. 4 esempl.* BR. C[2]

2673. SESTANTE. *N. 3 esempl.* BR. C[1] e C[2]

2674. UNCIA- *N. 5 esempl.* BR. C[2]

2675. MONETE DIVERSE. *N. 4 esempl.* BR. C[2]

2676. Lotto di n. 40 bronzi consolari. BR.

2677. Lotto di n. 50 bronzi consolari. BR.

2678. Lotto di n. 30 bronzi consolari. BR.

MONETE IMPERIALI

POMPEO.

2679. DENARO. MAĠ. PIVS. IMP. ITER. Testa nuda di Pompeo a d. tra un vaso da sagrifici e il bastone d'augure. ℞ PRAEF. CLAS. ET. ORAE. MARIT. EX. S. C. Anafo e Amfinomo che portano i genitori sulle loro spalle; tra essi Nettuno col piede posato sopro una prora. - COHEN, 17. R² ARG. C¹

CLEOPATRA E MARCANTONIO.

2680. DENARO. - COHEN, 1. R² ARG. C²

AUGUSTO.

2681. AUREO. CAESAR AVGVSTVS. DIVI F. PATER PATRIAE. Testa laureata a d. ℞ C. L. CAESARES AVGVSTI F. COS. DESIG. PRINC. IVVENT. Cajo e Lucio in piedi con asta e scudo; nel campo, simpulo e bastone d'augure. - COHEN. 42. R. ORO. C¹

2682. MEDAGLIONE. IMP. CAESAR. Testa a d. ℞ AVGVSTVS. Capricorno a d. col cornucopia sul dorso. - COHEN. 16. R. ARG. C²

2683. MEDAGLIONE. IMP. IX. TR. PO. V. Testa nuda a d. ℞ MART. VLTO. Tempio rotondo tetrastilo; nel mezzo un'insegna militare. - COHEN, 202. R. ARG. C[2]

2684. DENARO. Simile al n. 2681. - COHEN, 43; *n. 2 esempl.* ARG. C[1]

2685. DENARO. AVGVSTVS. Testa nuda a d. ℞ ARMENIA CAPTA. Tiara, due turcassi ed un arco. COHEN, 11. R[3] ARG. C[2]

2686. DENARO. Testa nuda d'Augusto a d. ℞ AVGVSTVS. Capricorno a d. col timone, il globo ed il cornucopia. - COHEN, 21; *n. 2 esempl.* R. ARG. C[1]

2687. DENARO. AGVSTVS DIVI F. Testa laureata a d. ℞ C. CAES. AVGVS. F. Cajo Cesare galoppante a d.; dietro a lui tre insegne militari e un'aquila legionaria. - COHEN, 40; *n. 2 esempl.* ARG. C[1]

2688. DENARO. Testa d'Augusto laureata a d. ℞ CAESAR AVGVSTVS sopra e sotto due rami di alloro. - COHEN, 47; *n. 2 esempl.* ARG. C[1]

2689. DENARO. Simile al precedente. ARG. C[1]

2690. DENARO. Testa d'Augusto laureata a d. ℞ CAESAR AVGVSTVS S. P. Q. R. Due rami d'alloro, e nel mezzo uno scudo con CL. V. - COHEN, 51. ARG. C[2]

2691. DENARO. Simile colla testa a s. - COHEN, 53. *Bucata.* ARG. C[2]

2692. DENARO. CAESAR AVGVSTVS. Testa laureata a d. ℞ DIVS IVLIVS. Cometa. - COHEN, 98. ARG. C[1]

2693. DENARO. Simile, colla testa a s. COHEN, 97. ARG. C[1]

2694. DENARO. Testa nuda d'Ottavio a d. ℞ IMP. CAESAR. Trofeo. navale. COHEN, 119. R. ARG. C[1]

2695. DENARO. Testa nuda d'Ottavio a d. ℞ IMP. CAESAR sul cornicione d'un edificio. COHEN, 122. R. ARG. C[1]

2696. DENARO. AVGVSTVS DIVI F. Testa a d. ℞ IMP. X. Due soldati presentano dei rami d'olivo ad Augusto seduto sopra un palco. COHEN, 133. R. ARG. C[1]

2697. DENARO. AVGVSTVS DIVI F. Testa a d. ℞ IMP. X. Toro cornupeta a d. - COHEN, 137; *n. 4 esempl.* ARG. C[1]

2698. DENARO. AVGVSTVS DIVI F. Testa a d. ℞ IMP. X. ACT. Apollo in vesta femminile colla lira e il plettro. - COHEN, 144. ARG. C[1]

2699. DENARO. AVGVSTVS DIVI F. Testa a d. ℞ IMP. XI. Capricorno a d. con un globo. - COHEN. 147. *Foderata.* ARG. C[1]

2700. DENARO. AVGVSTVS DIVI F. Testa laureata a d. ℞ IMP. XII. ACT. Apollo Aziaco in piedi a d. - COHEN, 163. ARG. C[1]

2701. DENARO. AVGVSTVS DIVI F. Testa laureata a d. ℞ IMP. XII. SICIL. Diana turrita gradiente a d. con arco e frecce. - COHEN, 172. R. ARG. C[2]

2702. DENARO. CAESAR AVGVSTVS. Testa a d. ℞ IOV. TON. Giove nudo con folgore e scettro in piedi entro tempio esastilo. - COHEN, 179. ARG. C[1]

2703. DENARO. CAESAR AVGVSTVS. Testa a d. ℞ MAR VLT. Marte in piedi entro un tempietto tetrastilo. ARG. C[2]

2704. DENARO. CAESARI AVGVSTO. Testa laureata a d. ℞ MAR. VLT. Tempio rotondo esastilo, ed entro due insegne ed un'aquila legionaria. - COHEN, 190. ARG. C[1]

2705. DENARO. Simile al precedente, colla testa laureata a s. - COHEN, 192. ARG. C[1]

2706. DENARO. CAESAR AVGVSTVS. Testa a d. ℞ OB CIVIS SERVATOS. Corona di quercia. - COHEN, 210. ARG. C[1]

2707. DENARO. C. CAESAR. III. VIR. R. P. C. Testa nuda a d. ℞ POPVL. IVSSV. Statua equestre di Ottavio a s. - COHEN, 227. R. ARG. C[2]

2708. DENARO. S. P. Q. R. CAESAR. AVGVSTO. Testa a d. ℞ QVOD VIAE MVN. SVNT. Augusto in quadriga a d. sopra un arco trionfale. - COHEN, 233; *n. 2 esempl.* ARG. C[1]

2709. DENARO. CAESARI AVGVSTO. Testa laureata a s. ℞ S. P. Q. R. Tempio rotondo tetrastilo con entro un carro con un'aquila romana ed una biga. - COHEN, 280. R. ARG. C[1]

2710. DENARO. CAESAR AVGVSTVS. Testa a d. ℞ SIGNIS RECEPTIS S. P. Q. R. Scudo tra un'aquila romana ed un'insegna militare. - COHEN, 265; *n. 2 esempl.* ARG. C[1]

2711. DENARO. CAESARI AVGVSTO. Testa laureata a d. ℞ S. P. Q. R. Quadriga a d. con due Vittorie. - COHEN, 277. R. ARG. C[1]

2712. DENARO. CAESAR AVGVSTVS DIVI F. PATER PATRIAE. Testa laureata a d. ℞ TI. CAESAR AVG. F. TR. POT. XV. Tiberio in quadriga a d. con un ramo d'alloro e lo scettro. - COHEN, 301. R. ARG. C[1]

2713. QUINARIO. AVGVSTVS. Testa nuda a d. ℞ Senza leggenda. Vittoria in piedi a s. sopra una prora di nave, con una corona ed una palma. - COHEN, 328. ARG. C[2]

2714. QUINARIO. AVGVST. Testa a s. ℞ P. CARISI, LEG. - COHEN, 386. ARG. C[2]

2715. QUINARIO. CAESAR. IMP. VII. Testa a d. ℞ ASIA RECEPTA. Vittoria sopra la cista mistica. - COHEN, 14; *n. 2 esempl.* R. ARG. C[1]

2716. GRAN BRONZO. DIVO AVGVSTO S. P. Q. R. Augusto con un ramo d'alloro ed uno scettro sopra un carro tirato da quattro elefanti a s. ℞ TI. CAESAR. DIVI AVG. F. AVGVST. P. M. TR. POT. XXXVII. S. C. - COHEN. 307. R. BR. C^2

2717. GRAN BRONZO. Simile al precedente; *n. 2 esempl.* R. BR. C^1 e C^2

2718. MEDIO BRONZO. DIVVS AVGVSTVS PATER. Testa radiata a s. ℞ S. C. Fulmine alato. - COHEN, 249. BR. C^1

2719. MEDIO BRONZO. DIVVS AVGVSTVS PATER. Testa radiata a s. ℞ S. C. Aquila colle ali aperte sopra un globo. COHEN, 247. BR. C^1

2720. MEDIO BRONZO. IMP. CAESAR DIVI F. AVGVSTVS IMP. XX. Testa a s. ℞ PONTIF. MAXIM. TRIBVN. POT. XXXIIII. S. C. - COHEN, 226; *n. 2 esempl.* BR. C^1 e C^2

2721. MEDIO BRONZO. DIVVS AVGVSTVS S. C. Testa radiata a s. ℞ CONSENSV SENAT. ET EQ. ORDIN. P. Q. R. Augusto seduto a s. con una patera e un ramo d'alloro. - COHEN, 87. BR. C^1

2722. MEDIO BRONZO (Restituzione di Tito). DIVVS AVGVSTVS PATER. Testa radiata a s. ℞ IMP. T. VESP. AVG. REST. S. C. Aquila colle ali aperte sopra un globo. - COHEN, 551. R. BR. C^1

2723. MEDIO BRONZO (Restituzione di Tito). DIVVS AVGVSTVS PATER. Testa c. s. ℞ IMP. T. VESP. AVG. REST. S. C. Altare; all'esergo PROVIDENT. - COHEN, 559; *n. 3 esempl.* R. BR. C^1 e C^2

LIVIA.

2724. GRAN BRONZO. S. P. Q. R. IVLIAE AVGVST. Carpento a d. tirato da due mule. ℞ TI. CAESAR. DIVI AVG. F. AVGVST. P. M. TR. POT. XXIII. S. C. - COHEN, 6. R. BR. C^1

2725. MEDIO BRONZO. PIETAS. Busto velato e diademato a d. ℞ DRVSVS. CAESAR TI. AVGVSTI F. TR. POT. ITER. Nel campo S. C. COHEN, 1. R. BR. C^2

2726. MEDIO BRONZO. IVSTITIA. Busto diademato a d. ℞ TI. CAESAR DIVI AVG. P. M. TR. POT. XXIIII. Nel campo S. C. - COHEN, 4. R. BR. C^1

2727. MEDIO BRONZO. SALVS AVGVSTA. Busto a d. ℞ Simile al precedente. - COHEN, 5; *n. 2 esempl.* R. BR. C^1

AGRIPPA.

2728. MEDIO BRONZO. M. AGRIPPA. L. F. COS III. Testa a s. colla corona rostrale. ℞ S. C. Nettuno in piedi nudo con mantello sulle spalle, un delfino ed un tridente. - COHEN, 3; *n. 2 esempl.* BR. C[1]

CAJO E LUCIO CESARI.

2729. MEDIO BRONZO. BR. C[3]

TIBERIO.

2730. AUREO. TI CAESAR DIVI AVG. F. AVGVSTVS. Testa laureata a s. ℞ PONTIF. MAXIM. Livia seduta a d. collo scettro ed un fiore. - COHEN, 15. R. ORO. C[1]

2731. DENARO. La stessa. - COHEN, 15; *n. 3 esempl.* ARG. C.

2732. GRAN BRONZO. TI. CAESAR DIVI AVG. F. AVGVST. P. M. TR. POT. XXXIIX. Nel mezzo S. C. ℞ Carro tirato da quattro cavalli a d. R. BR. C[1]

2733. MEDIO BRONZO. TI CAESAR DIVI AVG. F. AVGVST. IMP. VIII. Testa a s. ℞ PONTIF. MAXIM. TRIBVN. POTEST. XXVI. S. C. Caduceo alato. - COHEN, 21. BR. C[1]

2734. MEDIO BRONZO. Simile al precedente. - COHEN, 23. BR. C[1]

2735. MEDIO BRONZO. TI. CAESAR DIVI AVG. F. AVGVST. IMP. VIII. Testa a d. ℞ PONTIF. MAXIM. TRIBVN. POTEST. XXIV. Nel mezzo S. C. - COHEN, 19; *n. 4 esempl.* BR. C[1]

2736. MEDIO BRONZO. TI. CAESAR DIVI AVG. F. AVGVST. IMP. VII. Testa a d. ℞ PONTIF. MAXIM. TRIBVN. POTEST. XVII. S. C. Livia velata seduta a d. con una patera ed uno scettro. - COHEN, 17; *n. 2 esempl.* BR. C[1]

DRUSO.

2737. GRAN BRONZO. Testa dei due figli di Druso sopra due cornucopie; nel mezzo caduceo alato. ℞ DRVSVS CAESAR TI. AVG. F. DIVI AVG. N. PONT. TR. POT. II. Nel campo S. C. - COHEN, 1. BR. C[2]

2738. MEDIO BRONZO. DRVSVS CAESAR TI. AVG. F. DIVI. AVG. N. Testa a s. ℞ PONTIF. TRIBVN. POTEST. ITER. S. C. - COHEN, 2; *n. 3 esempl.* BR. C[1]

NERONE DRUSO.

2739. GRAN BRONZO. NERO CLAVDIVS DRVSVS GERMANICVS IMP. Testa a s. ℞ TI. CLAVDIVS CAESAR AVG. P. M. TR. P. IMP. S. C. Claudio seduto a s. con un ramo; a' suoi piedi due scudi, elmo, ecc. - COHEN, 8; *n. 2 esempl.* R. BR. C[1]

ANTONIA.

2740. MEDIO BRONZO. ANTONIA AVGVSTA. Busto a d. ℞ TI. CLAVDIVS CAESAR AVG. P. M. TR. P. IMP. S. C. Antonia velata in piedi a s. col simpulo. R. BR. C[2]

GERMANICO.

2741. MEDIO BRONZO. GERMANICVS CAESAR TI. AVGVST. F. DIVI AVG. N. Testa a s. ℞ C. CAESAR AVG. GERMANICVS. PON. M. TR. POT. Nel campo S. C. - COHEN, 1; *n. 3 esempl.* BR. C[1]

2742. MEDIO BRONZO. GERMANICVS CAESAR. Germanico in quadriga a d. con uno scettro. ℞ SIGNIS RECEPT. DEVICTIS GERM. S. C. Germanico in piedi col braccio alzato e con uno scettro. - COHEN, 7. BR. C[1] e C[2]

AGRIPPINA MADRE.

2743. GRAN BRONZO. AGRIPPINA M. F. MAT. C. CAESARIS AVGVSTI. Busto a d. ℞ S. P. Q. R. MEMORIAE AGRIPPINAE. Carpento a s. tirato da due mule. - COHEN, 1. BR. C[2]

2744. GRAN BRONZO. Simile al precedente, ma senza inscrizione nel rovescio. BR. C[2]

2745. GRAN BRONZO. AGRIPPINA M. F. GERMANICI CAESARIS. Busto a d. ℞ TI. CLAVDIVS. CAESAR. AVG. GERM. P. M. TR. P. IMP. P. P. Nel campo S. C. - COHEN, 3. BR. C[1]

2746. GRAN BRONZO. Simile al precedente con NCATR in contromarca. BR. C[1]

2747. MEDIO BRONZO. NERO ET DRVSVS CAESARES. Nerone e Druso a cavallo galoppanti a d. ℞ C. CAESAR DIVI AVG. PRON. AVG. P. M. TR. P. IIII. P. P. Nel campo S. C. - COHEN, 2.
R. BR. C1

NERONE E DRUSO.

2748. MEDIO BRONZO. Simile al precedente. - COHEN, 1.
BR. C2

CALIGOLA.

2749. DENARO. C. CAESAR. AVG. PON. M: TR. POT. III. COS. III. Testa laureata a d. ℞ S. P. Q. R. P. P. OB. C. S. entro corona di quercia. - COHEN. 21. *Foderata.* R3 ARG. C1
2750. GRAN BRONZO. OB CIBES SERVATOS. - COHEN, 24; *n. 3 esempl.* BR. C1
2751 GRAN BRONZO. PIETAS. - COHEN, 9; *n. 2 esempl.*
R. BR. C2
2752. GRAN BRONZO. ADLOCVT COH. - COHEN, 1; *n. 2 esempl.*
R. BR. C2 e C3
2753. MEDIO BRONZO. VESTA. - COHEN, 27; *n. 3 esempl.*
BR. C1

CALIGOLA ED AUGUSTO.

2754. DENARO. C. CAESAR. AVG. GERM. P. M. TR. POT. Testa di Caligola laureata a d. ℞ DIVVS AVG. PATER PATRIAE. Testa radiata di Augusto a d. - COHEN, 1. R2 ARG. C1

CLAUDIO I.

2755. DENARO. - COHEN, 6, 51; *n. 2 esempl., uno foderato e l'altro bucato.* ARG. C2
2756. GRAN BRONZO. TI. CLAVDIVS CAESAR AVG. PM. TR. P. IMP. P. P. Testa laureata a d. ℞ EX S. C. P. P. OB CIVES SERVATOS in corona di quercia. - COHEN, 38; *n. 2 esempl.*
BR. C1
2757. GRAN BRONZO. - COHEN, 48 con NPAPR in contromarca.
BR. C2

2758. GRAN BRONZO con SPES AVGVSTA S. C. - COHEN, 85; *n. 3 esempl.* BR. C[1] e C[2]

2759. GRAN BRONZO. Simile al precedente, con una contromarca; *n. 2 esempl.* BR. C[2]

2760. MEDIO BRONZO. LIBERTAS AVGVSTA. Simile al precedente. - COHEN, 47. BR. C[1]

2761. MEDIO BRONZO. Con LIBERTAS AVGVSTA. S. C. - COHEN, 47; *n. 2 esempl.* BR. C[1]

2762. MEDIO BRONZO. (Con Pallade in piedi). - COHEN, 24; BR. C[2]

AGRIPPINA E CLAUDIO.

2763 DENARO. - COHEN, 4. *Foderato.* R[2] ARG. C[1]

NERONE.

2764. DENARO. NERO CAESAR AVGVSTVS. Testa laureata a d. ℞ AVGVSTVS AVGVSTA. Augusto radiato con uno scettro e una patera e Livia velata con una patera e un cornucopia. - COHEN, 43. R. ARG. C[1]

2765. DENARO. NERO CAESAR AVGVSTVS. Testa laureata a d. ℞ IVPPITER CVSTOS. Giove seduto a s. con un fulmine e lo scettro. - COHEN, 119. ARG. C[1]

2766. DENARO. NERO CAESAR AVGVSTVS. Testa laureata a d. ℞ ROMA. Roma seduta a s. sopra una corazza. - COHEN, 258. ARG. C[1]

2767. DENARO. NERO CAESAR AVGVSTVS. Testa laureata a d. ℞ SALVS (all'esergo). La Salute seduta a s. - COHEN. 314; *n. 2 esempl.* ARG. C[1]

2768. DENARO. Simile al precedente, con SALVS nel campo. ARG. C[1]

2769. DENARO. VESTA e il tempietto esastilo. - COHEN, 335. R. ARG. C[1]

2770. DENARO. IMP. NERO CAESAR AVG. P. P. Testa laureata a d. ℞ Aquila romana tra due insegne militari. - COHEN, 356; *n. 2 esempl.* R. ARG. C[1]

2771. DENARO. NERO CAESAR. AVG. IMP. Testa a d. ℞ Iscrizione illeggibile. Marte coll'asta e col parazonio, appoggia il piede sopra un mucchio di armi. - COHEN. 233; *n. 2 esempl.* ARG. C[2]

2772. MEDAGLIONE CONTORNATO. NERO CLAVDIVS CAESAR AVG. GER. P. M...... Testa laureata a d. ℞ Pesci e granchi di mare. R. BR. C[1]

2773. GRAN BRONZO. NERO CLAVD. CAESAR AVG. GER. P. M. TR. P. IMP. P. P. Busto laureato a d. ℞ PACE. P. R. TERRA MARIQ. PARTA IANVM CLAVSIT S. C. Tempio di Giano. - COHEN, 144. BR. C[1]

2774. GRAN BRONZO. Simile al precedente. BR. C[1]

2775. GRAN BRONZO. NERO CLAVDIVS CAESAR AVG. GER. P. M. TR. P. IMP. P. P. Busto laureato a s. ℞ ADLOCVT. COH. S. C. Nerone in piedi a s. sopra un palco col prefetto del pretorio, arringa tre soldati. - COHEN, 9. Bella patina. R[2] BR. C[1]

2776. GRAN BRONZO. NERO CLAVD. CAESAR AVG. GER. P. M. TR. P. IMP. P. P. Testa laureata a d. ℞ ANNONA AVGVSTI CERES. Cerere seduta a s.; dinanzi a lei l'Abbondanza ed in mezzo a loro un altare. - COHEN, 14; *n. 2 esempl., uno bucato.* BR. C[1] e C[2]

2777. GRAN BRONZO. ℞ DECVRSIO S. C. - COHEN, 83; *n. 2 esempl.* BR. C[2]

2778. GRAN BRONZO. ℞ DECVRSIO. - COHEN, 95. BR. C[1]

2779. GRAN BRONZO. NERO CLAVD. CAESAR AVG. GER. P. M. TR. P. IMP. P. P. Testa laureata a s. ℞ ROMA. S. C. Roma seduta a s. - COHEN, 273; *n. 2 esempl.* BR. C[1]

2780. GRAN BRONZO. Simile al precedente, colla testa a d. BR. C[1]

2781. GRAN BRONZO. NERO CLAVD. CAESAR AVG. GER. P. M. TR. P. IMP. P. P. Testa laureata a s. ℞ S. C. Arco trionfale sormontato da quadriga con Nerone. - COHEN, 306; *n. 2 esempl.* BR. C[1]

2782. GRAN BRONZO. Simile al precedente, colla testa a d. BR. C[1]

2783. MEDIO BRONZO. NERO CAESAR. AVG. GERM. IMP. Testa laureata a d. ℞ PACE P. R. VBIQ. PARTA IANVM CLAVSIT. S. C. Tempio di Giano. - COHEN, 163; *bell'esemplare.* BR. C[1]

2784. MEDIO BRONZO. Simile al precedente; *n. 2 esempl.* BR. C[1]

2785. MEDIO BRONZO. ℞ ROMA. S. C. - COHEN, 282. BR. C[1]

2786. MEDIO BRONZO. ℞ S. C. Vittoria sospesa nello spazio con uno scudo colle lettere S. P. Q. R. - COHEN, 288; *n. 3 esempl.* BR. C[1]

2787. MEDIO BRONZO. Simile al precedente; *n. 4 esempl.* BR. C[1] e C[2]

2788. MEDIO BRONZO. ℞ SECVRITAS AVGVSTI S. C. - COHEN, 321; *n. 2 esempl.* BR. C1

2789. MEDIO BRONZO. ℞ VICTORIA AVGVSTI e nell'esergo II. - COHEN, 350. BR. C1

NERONE E CLAUDIO.

2790. DENARO. NERO CLAVD. CAES. DRVSVS GERM. PRINC. IVVENT. Busto giovanile a s. ℞ TI. CLAVD. CAESAR. AVG. GERM. P. M. TRIB. POT. P. P. Testa laureata a d. - COHEN, 5. R4 ARG. C2

GALBA.

2791. DENARO. IMP. SER. GALBA CAESAR AVG. Testa laureata a d. ℞ ROMA RENASCES. Roma in piedi a d. - COHEN, 203. R. ARG. C2

2792. DENARO. IMP. SER. GALBA AVG. Testa a d. ℞ S. P. Q. R. OB. C. S. entro una corona. - COHEN, 285; *n. 3 esempl.* ARG. C1

2793. DENARO. IMP. SER. GALBA CAESAR AVG. P. M. Testa laureata a d. ℞ SALVS GENE. HVMANI. Donna in piedi a s. col piede posato sopra un globo, con un timone in atto di fare un sagrificio sopra un'ara accesa. - COHEN. 236. R. ARG. C1

2794. DENARO. Con SALVS AVGVSTA. ARG. C2

2795. DENARO. Con VICTORIA. P. R. ARG. C2

2796. DENARI. *N. 2 esempl. diversi.* - ARG. C2

2797. QUINARIO. SER. GALBA IMP. CAESAR AVG. P. M. T. P. Testa laureata a d. ℞ VICTORIA GALBAE AVG. Vittoria in piedi a d. sopra un globo con una corona ed una palma. - COHEN, 317. R2 ARG. C1

2798. GRAN BRONZO. SER. GALBA IMP. CAESAR AVG. TR. P. Testa laureata a d. ℞ LIBERTAS PVBLICA. S. C. La Libertà in piedi a s. col berretto e lo scettro. - COHEN, 107; *n. 3 esempl.* BR. C1 e C2

2799. GRAN BRONZO. Simile al precedente, colla testa a s. BR. C2

2800. GRAN BRONZO. SER. GALBA IMP. CAES. AVG. TR. P. Testa laureata a d. ℞ ROMA S. C. Roma seduta a s. - COHEN, 178; *n. 3 esempl.* R. BR. C1 e C2

2801. GRAN BRONZO. SER. GALBA IMP. CAESAR AVG. TR. P. Testa laureata a s. ℞ S. P. Q. R. OB CIVES SERVAT. in una corona di quercia. - COHEN, 305. BR. C[1]

2802. GRAN BRONZO. Col rovescio della Vittoria; *n. 2 esempl.* BR. C[2]

2803. MEDIO BRONZO. SER. GALBA IMP. CAES. AVG. TR. P. Testa laureata a d. ℞ VESTA S. C. Vesta seduta a s. - COHEN, 312. R. BR. C[1]

2804. MEDIO BRONZO. SER. GALBA. IMP. CAESAR AVG. P. M. TR. P. P. P. Testa laureata a d. ℞ DIVA AVGVSTA. S. C. Livia in piedi a s. con una patera ed uno scettro. - COHEN, 50. R[2] BR. C[2]

2805. MEDIO BRONZO. Simile al precedente, con Vesta seduta col palladio ed uno scettro. - COHEN, 309; *n. 2 esempl.* R. BR. C[2]

2806. MEDIO BRONZO. IMP. SER. GALBA AVG. TR. P. Testa laureata a d. ℞ S. P. Q. R. OB. CIV. SER. entro corona di quercia. - COHEN, 298. BR. C[1]

2807. MEDIO BRONZO. SER. GALBA IMP. CAESAR AVG. PONT. MAX. TR. P. Testa laureata a d. ℞ SALVS AVGVSTI S. C. La Salute in piedi a d. appoggiata ad una colonna. - COHEN, 230. BR. C[2]

2808. MEDIO BRONZO. SER. GALBA IMP. CAES. AVG. TR. P. Busto laureato a d. ℞ PAX AVGVST. S. C. La Pace in piedi a s. con un ramo d'olivo ed un caduceo. - COHEN, 150; *n. 2 esempl.* BR. C[1]

2809. MEDIO BRONZO. Simile al precedente, colla Pace avente un ramo d'olivo ed un corno d'abbondanza. - COHEN, 152; *n. 2 esempl.* BR. C[1]

2810. MEDIO BRONZO. Simile al precedente, colla testa laureata a d. - COHEN, 109; *n. 5 esempl.* BR. C[1] e C[2]

OTTONE.

2811. AUREO. IMP. M. OTHO CAESAR AVG. TR. P. Testa a d. ℞ SECVRITAS P. R. La Sicurezza in piedi a s. con una corona ed uno scettro. - COHEN, 16. R[5] ORO. C[2]

2812. DENARO. IMP. OTHO CAESAR. AVG. TR. P. Testa a d. ℞ PONT MAX. Ottone galoppante a d. - COHEN, 12. R[4] ARG. C[1]

2813. DENARO. IMP. OTHO. CAESAR AVG. TR. P. Testa a d. ℞ SECVRITAS P. R. La Sicurezza in piedi a s. con una corona ed uno scettro. - COHEN, 19; *n. 2 esempl.*
R² ARG. C¹ e C²

VITELLIO.

2814. DENARO. A. VITELLIVS. GERMANICVS IMP. Testa a d. ℞ CONCORDIA P. R. La Concordia assisa a s. con patera e doppio cornucopia. - COHEN, 21. ARG. C¹

2815. DENARO. A. VITELLIVS GERMANICVS IMP. Testa a d. ℞ FIDES EXERCITVVM. Due mani congiunte. - COHEN, 30; *n. 2 esempl.*
R. ARG. C¹ e C²

2816. DENARO. A. VITELLIVS GERM. IMP. AVG. TR. P. Testa laureata a d. ℞ PONT. MAX. Vesta seduta a d. con patera e scettro. - COHEN, 72; *n. 2 esempl.* ARG. C¹

2817. DENARO. A. VITELLIVS GERMAN. IMP. TR. P. Testa laureata a d. ℞ S. P. Q. R. OB. C. S. entro corona di quercia. - COHEN, 86.
ARG. C¹

2818. DENARO. A. VITELLIVS GERM. IMP. AVG. TR. P. Testa laureata a d. ℞ XV. VIR. SACR. FAC. Tripode con delfino ed un corvo. - COHEN, 111; *n. 3 esempl.* ARG. C¹

2819. DENARO. A. VITELLIVS GERMAN. IMP. TR. P. Testa laureata a d. ℞ Senza leggenda. Vittoria seduta a s. con patera e palma. - COHEN, 119. R² ARG. C¹

2820. DENARO. A. VITELLIVS GERMANICVS IMP. Testa a d. ℞ Senza leggenda. Vittoria seduta a s. con patera e palma. - COHEN, 121.
R² ARG. C¹

2821. GRAN BRONZO. A. VITELLIVS GERMANICVS. IMP. AVG. TR. P. Testa laureata a d. ℞ S. C. Marte nudo a s.? - COHEN, 80. *Abbastanza conservato il diritto, scomparso il rovescio.*
R³ BR. C²

2822. MEDIO BRONZO. A. VITELLIVS GERMAN. IMP. AVG. P. Testa laureata a d. ℞ VICTOR. AVGVSTI. S. C. Vittoria in piedi a s. che colloca un trofeo sopra un prigioniero seduto. - COHEN, 92.
BR. C²

2823. MEDIO BRONZO. A. VITELLIVS IMP. GERMAN. Testa laureata a s. ℞ LIBERTAS RESTITVTA. La Libertà in piedi a d. col berretto e lo scettro. - COHEN, 49. R. BR. C¹

VESPASIANO.

2824. DENARO. CAESAR VESPASIANVS AVG. Testa laureata a s. ℞ ANNONA AVG. Donna seduta a s. - COHEN, 28. ARG. C¹

2825. DENARO. IMP. CAES. VESP. AVG. P. M. COS. IIII. Testa laureata a d. ℞ AVGVR TR. POT. Simpulo, aspersorio, vaso da sagrifici e bastone d'augure. - COHEN, 45. ARG. C¹

2826. DENARO. CAESAR VESPASIANVS AVG. Testa laureata a d. ℞ CERES AVGVST. Cerere in piedi a s. con tre spiche e una fiaccola. - COHEN, 55. ARG. C¹

2827. DENARO. IMP. CAESAR. VESPASIANVS AVG. Testa laureata a d. ℞ COS. ITER. FORT. RED. La Fortuna in piedi a s. - COHEN, 82. ARG. C¹

2828. DENARO. IMP. CAESAR. VESPASIAN. AVG. Testa laureata a d. ℞ COS. ITER. TR. PORT. Marte gradiente a d. - COHEN, 87. ARG. C¹

2829. DENARO. IMP. CAES. VESPASIAN. AVG.... Testa laureata a d. ℞ CONCORDIA AVGVSTI. La Concordia seduta a s. con patera e cornucopia. - COHEN, 74. R. ARG. C¹

2830. DENARO. Simile al precedente; nell'esergo del rovescio EPHE. - COHEN. 66. R. ARG. C¹

2831. DENARO. IMP. CAESAR VESP. AVG. Testa laureata a d. ℞ Due lauri e nel mezzo COS. V. - COHEN, 110. ARG. C¹

2832. DENARO. DIVVS AVGVSTVS VESPASIANVS. Testa laureata a d. ℞ EX S. C. Vittoria in piedi a s. che erge un trofeo; ai piedi di questo la Giudea seduta. - COHEN, 144. ARG. C¹

2833. DENARO. DIVVS AVGVSTVS VESPASIANVS. Testa laureata a d. ℞ EX S. C. Scudo collocato sopra una colonna funeraria sormontata da un vaso; ai lati due rami di lauro. - COHEN, 149. R. ARG. C¹

2834. DENARO. IMP. CAES. VESP. AVG. P. M. COS. IIII. CEN. Testa laureata a d. ℞ FIDES PVBL. Due mani congiunte con due spiche e un caduceo. - COHEN, 164. ARG. C²

2835. DENARO. Con IMP. XIX. Modio con sette spiche. - COHEN, 215. ARG. C¹

2836. DENARO. IMP. CAESAR VESPASIANVS. AVG. Testa laureata a d. ℞ IMP. XIX. Pastore seduto a s. che mugne una capra. COHEN, 220. R³ ARG. C¹

2837. DENARO. IMP. CAESAR. VESPASIANVS AVG. Testa laureata a d. ℞ IOVIS CVSTOS. Giove in piedi di prospetto. - COHEN, 222; *n. 3 esempl.* ARG. C¹

2838. DENARO. IMP. CAESAR VESPASIANVS AVG. Testa laureata a d. ℞ IVDAEA. La Giudea piangente ai piedi di un trofeo. - COHEN, 222. ARG. C[1]

2839. DENARO. IMP. CAESAR. VESPASIANVS AVG. Testa laureata a d. ℞ IVDAEA. La Giudea seduta a d. ai piedi d'un trofeo. - COHEN, 226. ARG. C[1]

2840. DENARO. Con PON. MAX. TR. P. COS. VI. - COHEN, 365. ARG. C[2]

2841. DENARO. IMP. CAESAR VESPASIANVS. Testa laureata a d. ℞ PON. MAX. TR. P. COS. VI. Vittoria sopra un altare circondata da due serpi. - COHEN,. 369. ARG. C[1]

2842. DENARO. IMP. CAESAR VESPASIAN. AVG. Testa laureata a d. ℞ PON. MAX. TR. P. COS. V. Caduceo alato. - COHEN, 375. ARG. C[1]

2843. DENARO. IMP. CAES. VESP. AVG. GENS. Testa laureata a d. ℞ PONTIF. MAXIM. Vespasiano seduto a d. collo scettro e con un ramo. - COHEN, 386. ARG. C[1]

2844. DENARO. Simile con PON. MAX. TR. P. COS. V. Vespasiano seduto a d. c. s. ARG. C[1]

2845. DENARO. IMP. CAESAR. VESPASIANVS AVG. Testa laureata a d. ℞ TITVS ET DOMITIAN. CAES. PRIN. IV. Tito e Domiziano seduti a s. - COHEN, 541. R. ARG. C[3]

2846. DENARO. IMP. CAES. VESP. AVG. GEN. Testa laureata a d. ℞ S. P. Q. R. in una corona di quercia. - COHEN, 516. ARG. C[1]

2847. DENARO. IMP. CAESAR VESPASIANVS AVG. Testa laureata a d. ℞ TR. POT. X. COS. VIIII. Vittoria a s. che erige un trofeo, a' piedi del quale è seduta una donna. - COHEN, 552. ARG. C[1]

2848. DENARO. Col rovescio del capricorno. - COHEN, 554. ARG. C[2]

2849. DENARO. IMP. CAES. VESP. AVG. P. M. Testa laureata a d. ℞ VESTA. La dea in piedi a s. col simpulo e collo scettro. - COHEN, 572; *n. 2 esempl.* ARG. C[1]

2850. DENARO. IMP. CAES. VESP. AVG. P. M. Testa laureata a d. ℞ PON. MAX. Donna seduta a s. ARG. C[1]

2851. DENARO. IMP. CAESAR. VESPASIANVS AVG. Testa laureata a d. ℞ COS. II.... TR. POT. Donna seduta a s. ARG. C[1]

2852. DENARO. DIVVS AVGVSTVS VESPASIANVS. Testa laureata a d. ℞ Senza leggenda. Due capricorni con uno scudo ed un globo. ARG. C[1]

2853. DENARO. IMP. CAESAR. VESPASIANVS AVG. Testa laureata a d. ℞ COS. ITER. TR. POT. Donna seduta a s. con un ramo. ARG. C¹

2854. GRAN BRONZO. IMP. CAES. VESPASIAN. AVG. TR. P. COS. III. Testa laureata a s. ℞ ANNONA AVGVST. S. C. Donna seduta a s. - COHEN, 33. BR. C¹

2855. GRAN BRONZO. Nel rovescio FORTVNAE REDVCI. - COHEN, 185; *n. 2 esempl.* BR. C¹

2856. GRAN BRONZO. IMP. CAES. VESPASIAN. AVG. P. M. TR. P. P. P. COS. III. Testa laureata a d. ℞ IVDAEA CAPTA. S. C. Palma; a d. un ebreo in pianto; a s. Vespasiano in piedi con un'asta e il piede posato sopra un elmo. - COHEN, 239. R. BR. C¹

2857. GRAN BRONZO. Con LIBERTAS PVBLICA nel rovescio. - COHEN, 252. BR. C¹

2858. GRAN BRONZO. Con Marte gradiente a d. - COHEN, 441. BR. C¹

2859. GRAN BRONZO. Colla Speranza gradiente a s. - COHEN, 454. BR. C¹

2860. GRAN BRONZO. Con ROMA nel rovescio. - COHEN, 416; *n. 4 esempl.* R. BR. C¹ e C²

2861. GRAN BRONZO. Con SALVS AVGVSTA nel rovescio. - COHEN, 433. BR. C²

2862. GRAN BRONZO. Con VICTORIA AVGVSTI nel rovescio. BR. C²

2863. GRAN BRONZO. Con Marte gradiente a d. BR. C¹

2864. GRAN BRONZO. DIVVS AVGVSTVS VESPASIANVS. Testa laureata a d. ℞ S. C. La Pace in piedi a s. con un ramo ed il cornucopia. BR. C²

2865. GRAN BRONZO. DIVO AVG. VESP. S. P. Q. R. Vespasiano collo scettro ed una Vittoria seduta sopra un carro tirato da quattro elefanti a d. ℞ IMP. T. CAES. DIVI VESP. F. AVG. P. M. TR. P. P. P. COS. VIII. S. C. R. BR. C¹

2866. MEDIO BRONZO. Con AEQVITAS AVGVSTI. - COHEN, 12; *n. 3 esempl.* BR. C¹ e C²

2867. MEDIO BRONZO. Con FELICITAS PVBLICA. - COHEN, 152. BR. C¹

2868. MEDIO BRONZO. Con PAX AVGVST. - COHEN, 308. BR. C²

2869. MEDIO BRONZO. Colla speranza gradiente a s. - COHEN, 449. BR. C¹

2870. MEDIO BRONZO. Con ROMA S. C. - COHEN, 411. BR. C¹

2871. MEDIO BRONZO. Con VICTORIA NAVALIS nel rovescio. - COHEN, 632; *n. 3 esempl.* BR. C[1]
2872. MEDIO BRONZO. *N. 2 esempl. vari.* BR. C[2]

VESPASIANO, TITO E DOMIZIANO.

2873. DENARO. IMP. CAESAR VESPASIANVS AVG. Testa laureata a d. ℞ CAESAR AVG. F. COS. CAESAR AVG. F. PR. Testa affrontata di Tito e di Domiziano. - COHEN, 5. R[2] ARG. C[1]

TITO.

2874. DENARO. T. CAESAR VESPASIANVS. Testa laureata a d. ℞ ANNONA AVG. L'Abbondanza seduta a s. - COHEN, 17. ARG. C[1]
2875. DENARO. IMP. TITV CAES. VESPASIAN AVG. P. M. Testa laureata a d. ℞ AVGVR. TRI. POT. Istrumenti da sacrificio. - COHEN, 25. ARG. C[1]
2876. DENARO. Col COS. VII e l'aquila colle ali aperte posate sopra un cippo. - COHEN, 61. ARG. C[1]
2877. DENARO. T. CAESAR. IMP. VESP. Testa laureata a d. ℞ PONTIF. TR. POT. Caduceo alato. - COHEN, 167. ARG. C[1]
2878. DENARO. T. CAES. IMP. VESP. CENS. Testa laureata a d. ℞ PONTIF. TRI. POT. Tito seduto a d. con uno scettro ed un ramo. - COHEN, 169. ARG. C[1]
2879. DENARO. T. CAESAR IMP. VESPASIANVS. Busto laureato a d. ℞ TR. POT. VIII. COS. VII. Giudeo inginocchiato sotto un trofeo. - COHEN, 331; *n. 2 esempl.* R. ARG. C[1]
2880. DENARO. IMP. TITVS CAES. VESPASIAN. AVG. P. M. Testa laureata a d. ℞ TR. P. VIIII IMP. XV. COS. VII. P. P. Quadriga a s., sopra un fiore. - COHEN. 292. R. ARG. C[1]
2881. DENARO. T. CAESAR IMP. VESPASIANVS. Testa laureata a d. ℞ TR. POT. VIII. COS. VII. Venere in piedi a s. appoggiata ad una colonna con un elmo ed uno scettro. - COHEN. 332. R. ARG. C[1]
2882. GRAN BRONZO. Con PAX AVGVSTI. - COHEN, 139; *n. 2 esempl.* BR. C[1] e C[2]
2883. GRAN BRONZO. IMP. T. CAES. VESP. AVG. P. M. TR. P. P. P. COS. VIII. Testa laureata a s. ℞ PROVIDENT. AVGVST. Tito in piedi a d. presenta un globo a Vespasiano, che tiene un timone. - COHEN, 179. R. BR. C[1]

2884. MEDIO BRONZO. Con CONCORDIA AVGVST. S. C. - COHEN, 45. BR. C[1]

2885. MEDIO BRONZO. Con CERES AVGVSTVS S. C. - COHEN, 32. BR. C[1]

2886. MEDIO BRONZO. Con AEQUITAS AVGVST. S. C. - COHEN, 1; *n. 3 esempl.* BR. C[1]

2887. MEDIO BRONZO. Con FELICITAS PVBLICA. S. C. - COHEN, 77. BR. C[2]

2888. MEDIO BRONZO. T. CAESAR VESPASIAN IMP. P. TR. P. COS. II. Testa laureata a d. ℞ VICTORIA AVGVSTI. Vittoria in piedi a d. che incorona un'insegna militare. - COHEN, 381. R. BR C[1]

2889. MEDIO BRONZO. Testa laureata a s. Con PAX. AVGVST. S. C. BR. C[1]

GIULIA DI TITO.

2890. DENARO. IVLIA AVGVSTA T. AVG. F. Busto diademato a d. ℞ VENVS AVG. Venere in piedi seminuda appoggiata ad una colonna con un elmo ed uno scettro. - COHEN, 12. R[3] ARG. C[1]

2891. MEDIO BRONZO. IVLIA IMP. T. AVG. F. AVGVSTA. Busto a d. ℞ VESTA S. C. Vesta velata seduta a s. col palladio ed uno scettro. - COHEN, 18. R. BR. C[3]

DOMIZIANO.

2892. DENARO. CAESAR AVG. F. DOMITIANVS. Testa laureata a d. ℞ CERES AVGVST. Cerere in piedi a s. con due spiche ed una fiaccola. - COHEN, 30. ARG. C[1]

2893. DENARO. CAESAR AVG. F. DOMITIANVS. Testa laureata a d. ℞ COS. IIII. Pegaso gradiente a d. - COHEN, 47; *n. 2 esempl.* ARG. C[1]

2894. DENARO. IMP. CAES. DOMIT. AVG. GERM. P. M. TR. P. VIII. Testa laureata a d. ℞ COS. XIIII. Cippo sul quale si legge: LVD. SAEC. FEC., il tutto entro una corona d'alloro. - COHEN, 70. R[2] ARG. C[1]

2895. DENARO. IMP. CAES. DOMIT. AVG. GERM. P. M. TR. P. VIII Testa coronata a d. ℞ COS. XIIII. LVD. SAEC. FEC. sopra un cippo. A d. un sacerdote salio con uno scudo, sul quale è impressa la testa di Marte; in mezzo un candelabro. - COHEN, 73. R[3] ARG. C[1]

2896. DENARO. Simile al precedente. R3 ARG. C1
2897. DENARO. IMP. CAES. DOMIT. AVG. GERM. P. M. TR. P. VIII. ℞ COS. XIIII. LVD. SAEC. FEC. Sacerdote salio danzante con uno scudo ed una face. - COHEN, 76. R3 ARG. C1
2898. DENARO. Con IMP. XIII. Pallade astata in piedi a s. - COHEN, 213. ARG. C2
2899. DENARO. Con IMP. XIIII. COS. XIIII. CENS. P. P. P. - COHEN, 234. ARG. C2
2900. DENARO. IMP. CAES. DOMIT. AVG. GERM. P. M. TR. P. VIII. Testa laureata a d. ℞ IMP. XIX. COS. XIIII. CENS. P. P. P. Pallade belligera. - COHEN, 252. ARG. C1
2901. DENARO. IMP. CAESAR. VESPAS. AVG. COS. III. TR. P. P. P. Testa laureata a d. ℞ PACI AVGVSTAE. La Pace alata gradiente a d. con una corona ed una palma; nel campo EPE. - COHEN, 281. R3 ARG. C1
2902. DENARO. Con IMP. XXII. COS. XVII. CENS. P. P. P. Pallade alata gradiente a s. con asta e scudo. - COHEN, 294. ARG. C1
2903. DENARO. CAESAR. AVG. F. DOMITIANVS COS. VI. Testa laureata a d. ℞ PRINCEPS IVVENTVTIS. Due mani stringenti un'aquila legionaria posta sopra una prora. - COHEN, 393. ARG. C1
2904. DENARO. Simile al precedente. ℞ PRINCEPS IVVENTVTIS. Altare acceso. - COHEN, 397. ARG. C1
2905. DENARO. CAESAR DIVI F. DOMITIANVS COS. VII. Testa laureata a d. ℞ PRINCEPS IVVENTVTIS. Trono con sopra un elmo. - COHEN, 399. R. ARG. C1
2906. DENARO. Simile al precedente. R. ARG. C1
2907. DENARO. CAES. AVG. F. DOMIT. COS. II. Testa laureata a d. ℞ Senza leggenda. Domiziano a cavallo a s. - COHEN, 664. R. ARG. C1
2908. DENARO. ℞ IM. XIIII. COS. XIIII. CENS. P. P. Minerva combattente; a d. la civetta. ARG. C1
2909. DENARO. Rovescio malconcio. ARG. C2
2910. GRAN BRONZO. IMP. CAES. DOMIT. AVG. GERM. COS. XI. CENS. POT. P. P. P. Busto laureato a d. con l'egida. ℞ IOVI VICTORI S. C. Giove assiso a s. tiene una Vittoria ed uno scettro. - COHEN. 307; *n. 3 esempl.* BR. C1
2911. GRAN BRONZO. Simile al precedente; *n. 2 esempl.* BR. C1
2912. GRAN BRONZO. IMP. CAES. DOMITIAN. AVG. GERM. COS. XI. Busto laureato a d. con l'egida. ℞ S. C. Domiziano in

piedi a s. velato, tiene una patera e sacrifica davanti un altare posto all'ingresso di un tempio nel quale vi è la statua di Pallade in piedi che tiene un'asta. - COHEN. 491. BR. C[1]

2913 GRAN BRONZO. CAES. DIVI VESP. F. DOMITIANVS COS. VII. Testa laureata a d. ℞ S. C. Pallade in piedi a d. lancia un giavellotto e tiene uno scudo. - COHEN, 434; *n. 2 esempl.* BR. C[1]

2914. GRAN BRONZO. IMP. CAES. DOMIT. AVG. GERM. COS. XI. CENS. PER. P. P. Testa laureata a d. ℞ S. C. Domiziano in piedi a d. in abito militare, tiene un' asta e un fulmine, è coronato dalla Vittoria che porta una palma. - COHEN, 509; *n. 2 esempl.* BR. C[1] e C[2]

2915. GRAN BRONZO. IMP. CAES. DIVI VESP F. DOMITIAN. AVG. P. M. Testa laureata a d. ℞ TR. P. COS. VIII. DES. VIIII. P. P. S. C. Pallade ecc., come il precedente. - COHEN, 586; *n. 2 esempl.* BR. C[1]

2916. MEDIO BRONZO. CAES. DIVI VESP. F. DOMITIANVS COS. VII. Testa laureata a d. ℞ AEQVITAS AVG. S. C. L'Equità in piedi a s. con una bilancia e uno scettro. - COHEN, 4. BR. C[1]

2917. MEDIO BRONZO. Con l'egida. ℞ AETERNITATI AVGVSTI. S. C. L'Eternità in piedi a s. tiene le teste del Sole e della Luna. - COHEN, 7. BR. C[1]

2918. MEDIO BRONZO. CAES. DIVI AVG. VESP. DOMITIAN COS. VII. Testa laureata a d. ℞ Cerere in piedi a s. - COHEN, 32. BR. C[1]

2919. MEDIO BRONZO. Solita leggenda. Busto laureato a d. ℞ COS. XIIII. LVD. SAEC. FEC. S. C. Domiziano in piedi a s. che sacrifica davanti un' ara. Nel fondo un tempio a sei colonne, - COHEN, 85. BR. C[1]

2920. MEDIO BRONZO. Simile al precedente. BR. C[2]

2921. MEDIO BRONZO. IMP. CAES. DOMIT. AVG. GERM. COS. XI. CENS. PCT. P. P. Busto radiato a d. con l'egida. ℞ FIDEI PVBLICAE. La Fede in piedi a s. - COHEN, 108. BR. C[1]

2922. MEDIO BRONZO. IMP. CAES. DOMIT. AVG. GERM. COS. XII. CENS. PER. P. P. Busto laureato a d. con l' egida. ℞ FORTVNAE AVGVSTI S. C. La Fortuna in piedi con un timone e un cornucopia. - COHEN, 122. BR. C[1]

2923. MEDIO BRONZO. IMP. CAES. DOMIT. AVG. GERM. COS. XIIII. CENS. PER. P. P. Testa laureata a d. ℞ FORTVNAE AVGVSTI S. C. ℞ La Fortuna in piedi a s. con un timone e un cornucopia. - COHEN, 128; *n. 2 esempl.* BR. C[1] e C[2]

2924. MEDIO BRONZO. IMP. CAES. DOMIT. AVG. GERM. COS. XIII. CENS. PER. P. P. Testa laureata a d. ℞ MONETA AVG. S. C. La Moneta in piedi a s. tiene una bilancia e un cornucopia. - COHEN, 329. BR. C^1

2925. MEDIO BRONZO. IMP. CAES. DOMITIAN. AVG. GERM. COS. X. Busto laureato a d. con l'egida. ℞ SALVTI AVGVSTI in due righe, S. C. Grande altare. - COHEN, 415. BR. C^1

2926. MEDIO BRONZO. CAES. DIVI VESP. F. DOMITIANVS COS. VII. Testa laureata a d. ℞ S. C. Pallade in piedi a s. con la egida sul petto, tiene un fulmine e un' asta; a' suoi piedi uno scudo. - COHEN, 441. BR. C^1

2927. MEDIO BRONZO. IMP. CAES. DIVI VESP. F. DOMITIAN. AVG. GER. COS. X. Busto a d. coll' egida. ℞ S. C. Vittoria gradiente a s. ha uno scudo con S. P. Q. R. - COHEN, 467. BR. C^2

2928. MEDIO BRONZO. IMP. CAES. DOMITIAN. AVG. GERM. COS. XI. Testa laureata a d. ℞ S. C. Due scudi germanici decussati, due trombe e due trombette. - COHEN, 536. BR. C^1

2929. MEDIO BRONZO. IMP. CAES. DIVI VESP. F. DOMITIAN. AVG. P. M. Testa laureata a s. ℞ TR. P. COS. VIII. DES. VIIII. P. P. S. C. Pallade in piedi a d. lancia un giavellotto e tiene uno scudo. - COHEN, 587. BR. C^1

2930. MEDIO BRONZO. CAESAR. AVG. F. DONITIANVS COS. VI. Testa laureata a s. ℞ VICTORIA AVGVST. S. C. Vittoria gradiente a d. ha la corona e una palma, - COHEN. 625; *n. 2 esempl.* BR. C^1 e C^2

2931. MEDIO BRONZO. IMP. CAES. DOMITIAN. AVG. GERM. COS. XI. Testa radiata a d. ℞ VICTORIAE AVGVSTI. S. C. Vittoria a d. tiene la palma e si accinge a scrivere su uno scudo germanico attaccato ad un trofeo. - COHEN, 639. BR. C^1

2932. MEDIO BRONZO. IMP. CAES. DOMIT. AVG. GERM. COS. XII. CENS. PER. P. P. Testa radiata a d. ℞ Il Valore in piedi a d. col piede su un elmo, ha un'asta e un parazonio, - COHEN, 653; *n. 4 esempl.* BR. C^1

2933. MEDIO BRONZO. Simile al precedente; *n. 4 esempl.* BR. C^2

NERVA.

2934. DENARO. IMP. NERVA CAES. AVG. P. M. TR. P. COS. II. P. P. Testa laureata a d. ℞ AEQVITAS AVGVST. L'Equità in piedi a d. tiene una bilancia e un cornucopia. - COHEN, 3. ARG. C^1

2935. DENARO. IMP. NERVA CAES. AVG. P. M. TR. P. COS. II. DESIGN. III. P. P. Testa laureata a d. ℞ CONCORDIA EXERCITVVM. Due mani giunte. - COHEN, 18; *n. 3 esempl.* ARG. C¹

2936. DENARO. IMP. NERVA CAES. AVG. P. M. TR. P. COS. II. P. P. Testa laureata a d. ℞ CONCORDIA EXERCITVVM. Due mani giunte con aquila legionaria sur una prora di nave. - COHEN, 25. ARG. C¹

2937. DENARO. Solito tipo. ℞ FORTVNA AVGVST. La Fortuna in piedi a d. con un timone e un cornucopia. - COHEN, 59; *n. 2 esempl.* ARG. C¹ e C²

2938. DENARO. IMP. NERVA CAES. AVG. P. M. TR. COS. II. P. P. Testa laureata a d. ℞ FORTVNA P. R. La Fortuna seduta a s. con due spighe (?) e uno scettro. - COHEN, 76. ARG. C¹

2939. GRAN BRONZO. IMP. NERVA CAES. AVG. P. M. TR. P. COS. III. P. P. Testa laureata a d. ℞ FISCI IVDAICI CALVMNIA SVBLATA. S. C. Palma. - COHEN, 57. R. BR. C²

2940. GRAN BRONZO. IMP. NERVA CAES. AVG. P. M. TR. P. II. Testa laureata a d. ℞ LIBERTAS PVBLICA S. C. La Libertà in piedi a s. col berretto ed uno scettro. - COHEN, 107. BR. C¹

2941. MEDIO BRONZO. IMP. NERVA CAES. AVG. P. M. TR. P. COS. II. DESIGN. III. P P. Testa laureata a d. ℞ Con la Fortuna. - COHEN, 64; *n. 4 esempl.* BR. C¹ e C²

TRAJANO.

2942. DENARO. IMP. TRAIANO AVG. GER. DAC. P. M. TR. P. Testa laureata a d. ℞ AET. AVG. COS. V. P. P. S. P. Q. R. OPTIMO PRINC. L'Eternità velata in piedi colla testa del sole e della luna. - COHEN, 3. ARG. C¹

2943. DENARO. ℞ ALIM. ITAL. S. P. Q. R. OPTIMO PRINCIPI. L'Abbondanza in piedi a s. con delle spiche ed un cornucopia; a' suoi piedi un fanciullo. - COHEN, 9. ARG. C¹

2944. DENARO. ℞ COS. V. P. P. S. P. Q. R. OPTIMO PRINC. Marte gradiente a s. col palladio ed un trofeo. - COHEN, 63. ARG. C¹

2945. DENARO. ℞ COS. V. P. P. S. P. Q. R. OPTIMO PRINC. La Pace appoggiata ad una colonna, con un ramo d'olivo. - COHEN, 83. ARG. C¹

2946. DENARO. ℞ COS. V. P. P. S. P. Q. R. OPTIMO PRINC. La Speranza gradiente a s. con un fiore, ed alzandosi la veste. COHEN, 84. ARG. C¹

2947. DENARO. ℞ COS. V. P. P. S. P. Q. R. OPTIMO PRINC. La Fortuna in piedi a s. con un timone ed un cornucopia. - COHEN, 87; *n. 2 esempl.* ARG. C[1]

2948. DENARO. ℞ COS. V. P. P. S. P. Q. R. OPTIMO PRINC. L'Arabia in piedi a s. a' suoi piedi un camello. - COHEN, 89; *n. 3 esempl.* ARG. C[1]

2949. DENARO. Simile al precedente. *N. 2 esempl.* ARG. C[1]

2950. DENARO. COS. V. P. P. S. P. Q. R. OPTIMO PRINC. La Equità seduta a s. colla bilancia ed un cornucopia. - COHEN, 86. ARG. C[1]

2951. DENARO. Simile al precedente, coll'Equità in piedi a s.; *n. 2 esempl.* ARG. C[1]

2952. DENARO. ℞ COS. V. P. P. S. P. Q. R. OPTIMO PRINC. Trofeo; abbasso due falci, due giavellotti e due scudi. - COHEN, 98, *n. 2 esempl.* ARG. C[1]

2953. DENARO. IMP. TRAIANO AVG. GER. DAC. P. M. TR. P. Testa laureata a d. ℞ DAC. CAP. COS. V. P. P. S. P. Q. R. OPTIMO PRINC. Daco seduto a s. sopra un mucchio di armi. - COHEN, 121. ARG. C[1]

2954. DENARO. IMP. TRAIANVS AVG. GER. DAC. P. M. TR. P. COS. VI. P. P. Testa laureata a d. ℞ DIVVS PATER TRAIAN. Trajano padre seduto a s. sopra una sedia curule, con patera e scettro. - COHEN, 140. R[2] ARG. C[1]

2955. DENARO. Simile al precedente. R[2] ARG. C[1]

2956. DENARO. ℞ FORT. RED. P. M. TR. P. COS. VI. P. P. S. P. Q. R. La Fortuna seduta a s. con un timone ed un cornucopia. - COHEN, 152; *n. 3 esempl.* ARG. C[1]

2957. DENARO. IMP. CAES. NER. TRAIAN. OPTIM. AVG. GER. DAC. Testa laureata a d. ℞ PARTHICO P. M. TR. P. COS. VI. P. P. S. P. Q. R. Busto radiato del sole a d. - COHEN, 188. R. ARG. C[1]

2958. DENARO. IMP. TRAIANO AVG. GER. DAC. P. M. TR. P. Testa laureata a d. ℞ PAX. COS. V. P. P. S. P. Q. R. OPTIMO PRINC. La Pace in piedi a s. con un cornucopia, dà fuoco ad un mucchio d'armi. - COHEN, 196. ARG. C[1]

2959. DENARO. IMP. TRAIANO AVG. GER. DAC. P. M. TR. P. COS. V. DES. VI. Testa laureata a d. ℞ S. P. Q. R. OPTIMO PRINCIPI La Pietà velata in piedi a s. presso un altare acceso, con asta e patera. - COHEN. 200. ARG. C[1]

2960. DENARO. ℞ P. M. TR. P. COS. II. P. P. Vesta seduta a s. con una patera ed una fiaccola. - COHEN, 203. ARG. C[2]

2961. DENARO. P. M. TR. P. COS. II. P. P. L'Abbondanza con scettro seduta a s. sopra una sedia coi piedi formati da cornucopia. - COHEN, 206. ARG. C[1]

2962. DENARO. ℞ La stessa leggenda. La Pace in piedi a s. con un ramo ed un cornucopia. - COHEN, 209. ARG. C[1]

2963. DENARO. Simile al precedente con COS. III. Una Vittoria seduta a s. con corona e palma. - COHEN, 213. ARG. C[1]

2964. DENARO. ℞ Simile, con COS. IIII. Ercole nudo sopra un altare colla clava e la pelle di leone. - COHEN, 216. ARG. C[1]

2965. DENARO. ℞ La stessa leggenda, con COS. IIII. Marte gradiente a d. con asta ed un trofeo. - COHEN, 228; *n. 2 esempl.* ARG. C[1]

2966. DENARO. Simile al precedente, con COS. VI. ARG. C[1]

2967. DENARO. ℞ La stessa leggenda, con COS. IIII. La Vittoria con un piede posa:o sopra nn elmo sta scrivendo sopra uno scudo appoggiato su di un cippo. - COHEN, 247. ARG. C[1]

2968. DENARO. ℞ P. M. TR. P. COS. V. P. P. Daco seduto a d. - COHEN, 259. ARG. C[1]

2969. DENARO. ℞ La stessa leggenda, con COS. VI. Il Valore galeato in piedi a d.; col piè sopra un elmo, con asta e parazonio. - COHEN, 272; *n. 3 esempl.* ARG. C[1]

2970. DENARO. CAES. NER. TRAIANO OPTIMO AVG. GER. DAC. Testa laureata a d. ℞ P. M. TR. P. COS. VI. P. P. S. P. Q. R. La Pace in piedi a s. - COHEN, 278; *n. 2 esempl.* ARG. C[1]

2971. DENARO. ℞ PONT. MAX. TR. POT. COS. II. Vesta velata seduta a s. con una patera ed una fiaccola. - COHEN. 288. ARG. C[1]

2972. DENARO. ℞ Genio in piedi a s. con patera e delle spiche. - COHEN, 396. ARG. C[1]

2973. DENARO. ℞ S. P. Q. R. OPTIMO PRINCIPI. Il Valore in abito militare in piedi a d. col piè sopra un elmo, con asta e parazonio. - COHEN, 402; *n. 2 esempl.* ARG. C[1]

2974. DENARO. ℞ S. P. Q. R. OPTIMO PRINCIPI. La Pace in piedi a s. con caduceo e cornucopia, a' suoi piedi un altare acceso. - COHEN, 412. ARG. C[1]

2975. DENARO. ℞ S. P. Q. R. OPTIMO PRINCIPI. La Pace seduta a s. con un ramo d'olivo e lo scettro; a' suoi piedi un Daco supplichevole. - COHEN, 417. ARG. C[1]

2976. DENARO. S. P. Q. R. OPTIMO PRINCIPI. L'Abbondanza in piedi a s. con delle spiche, il cornucopia; a' suoi piedi il modio e la prora d'una nave. - COHEN, 467. ARG. C[1]

2977. DENARO. ℞ S. P. Q. R. OPTIMO PRINCIPI. Statua equestre di Trajano a s., armato d'asta. - COHEN, 497; *n. 3 esempl.* R. ARG. C¹

2978. DENARO. ℞ S. P. Q. R. OPTIMO PRINCIPI. Trajano coronato dalla Vittoria. - COHEN, 154; *n. 2 esempl.* R. ARG. C¹

2979. DENARO. ℞ S. P. Q. R. OPTIMO PRINCIPI. Un Dace seduto a s. - COHEN, 529; *n. 2 esempl.* ARG. C¹

2980. DENARO. Un Dace seduto a d. a' piè d'un trofeo. - COHEN, 537. ARG. C¹

2981. DENARO. ℞ Trofeo, a piè del quale due aste, una falce, uno scudo rotondo ed uno ovale. - COHEN, 571. ARG. C¹

2982. DENARO. ℞ Tre insegne militari. - COHEN, 574; *n. 2 esempl.* ARG. C¹

2983. DENARO. IMP. TRAIANO AVG. GER. DAC. P. M. TR. P. COS. V. DES. VI. Testa laureata a d. ℞ S. P. Q. R. OPTIMO PRINCIPI. VESTA. Vesta velata seduta a s. col palladio ed uno scettro. - COHEN, 645. ARG. C¹

2984. DENARO. Simile al precedente. ℞ COS. V. P. P. S. P. Q. R. OPTIMO PRINC. Vesta c. s. - COHEN, 644. ARG. C¹

2985. DENARO. IMP. TRAIANO AVG. GER. DAC. P. M. TR. P. COS. VI. P. P. Testa laureata a d. ℞ VIA. TRAIANA S. P. Q. R. OPTIMO PRINCIPI. Donna coricata a terra con una ruota. - COHEN, 648; *n. 2 esempl.* R. ARG. C¹

2986. DENARO. ℞ COS. V. P. P. S. P. Q. R. OPTIMO PRINC. Marte astato colla Vittoria. ARG. C¹

2987. DENARO. ℞ La stessa leggenda. Roma seduta a s. astata con una Vittoria. ARG. C¹

2988. DENARO. ℞ La stessa iscrizione. L'Abbondanza in piedi a s. col caduceo e la cornucopia. ARG. C¹

2989. DENARO. ℞ P. M. TR. P. COS. IIII. P. P. L'Abbondanza in piedi a s. con un ramo ed una cornucopia. ARG. C¹

2990. DENARO. COS. V. P. P. S. P. Q. R. OPTIMO PRINC. La Vittoria in piedi a s. con una corona ed una palma; *n. 4 esempl.* ARG. C¹

2991. DENARO. ℞ P. M. TR. P. COS. IIII. P. P. Vittoria gradiente a s. con palma e corona; *n. 4 esempl.* ARG. C¹

2992. DENARO. Simile al precedente colla Vittoria gradiente a d. ARG. C¹

2993. DENARO. ℞ COS. V. P. P. S. P. Q. R. OPTIMO PRINC. Vittoria gradiente a s. con palma e corona. ARG. C¹

2994. QUINARIO. ℞ Colla Vittoria seduta a s. *Bucato.* ARG. C²

2995. GRAN BRONZO. ℞ ALIM. ITAL S. P. Q. R. OPTIMO PRINCIPI. L'Abbondanza in piedi a s. con delle spiche ed una cornucopia; a' suoi piedi un fanciullo. - COHEN, 7; *n. 2 esempl.* R. BR. C[1]

2996. GRAN BRONZO. Simile al precedente. R. BR. C[1]

2997. GRAN BRONZO. IMP. CAES. NERVAE TRAIANO AVG. GER. DAC. P. M. TR. P. COS. VI. P. P. Busto laureato a d. ℞ FORTVNAE REDVCI. La Fortuna seduta a s. con un timone ed una cornucopia. - COHEN, 164. BR. C[1]

2998. GRAN BRONZO. ℞ PROVIDENTIA AVGVSTI. La Provvidenza in piedi. - COHEN, 320. BR. C[2]

2999. GRAN BRONZO. ℞ SENATVS POPVLVS QUE ROMANVS S. C. La Pace in piedi a s. - COHEN, 351. BR. C[1]

3000. GRAN BRONZO. ℞ S. P. Q. R. OPTIMO PRINCIPI. Roma in piedi a s. con asta ed una Vittoria; a' suoi piedi un Dace inginocchiato. - COHEN, 386. BR. C[1]

3001. GRAN BRONZO. ℞ La stessa leggenda. La Pace in piedi a s. con un ramo d'olivo ed una cornucopia; posa il piede sopra un Dace. - COHEN, 406. BR. C[1]

3002. GRAN BRONZO. ℞ La stessa leggenda. La Pace seduta a s. con un ramo d'olivo; a' suoi piedi un Dace. - COHEN, 419. BR. C[1]

3003. GRAN BRONZO. ℞ L'Abbondanza in piedi a s. con spiche e cornucopia; a piedi il modio con spiche e la prora d'una nave. - COHEN, 469. BR. C[1]

3004. GRAN BRONZO. ℞ La Salute seduta a s. nutre un serpente attorcigliato ad un altare. - COHEN, 485. BR. C[1]

3005. GRAN BRONZO. ℞ Colla statua equestre di Trajano a s. con uno scettro. - COHEN, 499. R. BR. C[2]

3006. GRAN BRONZO. IMP. CAES. NERVAE TRAIANO AVG. GER. DAC. P. M. TR. P. COS. V. P. P. Testa laureata a d. ℞ S. P. Q. R. OPTIMO PRINCIPI. S. C. Trajano galoppante a d. atterra un nemico. - COHEN, 503. BR. C[1]

3007. GRAN BRONZO. ℞ Simile. - COHEN, 508. BR. C[1]

3008. GRAN BRONZO. ℞ Il Tevere in furore in piedi a s. con una canna, abbattendo la Dacia. - COHEN, 522. R[2] BR. C[1]

3009. GRAN BRONZO. ℞ Dace nell' attitudine della tristezza, seduto a s. sopra degli scudi; dinanzi a lui un trofeo. - COHEN, 531. BR. C[1]

3010. GRAN BRONZO. Simile al precedente. BR. C[1]

3011. GRAN BRONZO. ℞ Il ponte del Danubio ornato alle due estremità da una torre con tre statue; sotto il ponte un battello. - COHEN, 542. BR. C[1]

3012. GRAN BRONZO. Testa laureata a d. ℟ S. P. Q. R. OPTIMO PRINCIPI. S. C. Tempio con otto colonne; il frontone è sormontato da statue; nel mezzo un nume, la Pace? - COHEN, 552. R^3 BR. C^2

3013. GRAN BRONZO. IMP. CAES. NERVA TRAIAN AVG. GERM. DACICVS P. M. Testa laureata a d. ℟ TR. P. VII. IMP. III. COS. V. P. P. Roma seduta a d. sopra una corazza e alcuni scudi, riceve una Vittoria dalle mani di Trajano. - COHEN, 599. R^3 BR. C^1

3014. GRAN BRONZO. ℟ VIA TRAIANA. S. P. Q. R. OPTIMO PRINCIPI. S. C. Donna seduta per terra a s. con una ruota sopra le ginocchia. - COHEN, 649. R. BR. C^1

3015. GRAN BRONZO. ℟ S. P. Q. R. OPTIMO PRINCIPI. S. C. Marte astato e galeato in piedi a s. con una Vittoria. BR. C^1

3016. GRAN BRONZO. La stessa leggenda. L'Abbondanza in piedi a s. con un caduceo ed una cornucopia. BR. C^2

3017. GRAN BRONZO. ℟ TR. POT. COS. II. P. P. La Concordia seduta a s. con patera e cornucopia. BR. C^1

3018. GRAN BRONZO. Simile al precedente, con COS. III. BR. C^1

3019. GRAN BRONZO. IMP. NERVA CAES. TRAIAN. AVG. GERM. P. M. ℟ COS. II. S. C. Donna seduta a s. BR. C^2

3020. GRAN BRONZO. ℟ L'Abbondanza in piedi a s. con un ramo ed una cornucopia. BR. C^1

3021. MEDIO BRONZO. IMP. CAES. NERVAE TRAIANO AVG. GER. DAC. P. M. TR. P. Busto laureato a d. ℟ ALIM. ITAL. (nell'esergo) S. P. Q. R. OPTIMO PRINCIPI (in giro). L'Abbondanza in piedi a s. con spighe e una cornucopia. - COHEN, 8. R. BR. C^1

3022. MEDIO BRONZO. IMP. CAES. NERVAE TRAIANO AVG. GER. DAC. P. M. TR. P. COS. V. P. P. Testa laureata a d. ℟ Simile al diritto. - COHEN, 170. R^2 BR. C^1

3023. MEDIO BRONZO. ℟ La Pace seduta a s. con a' suoi piedi un Dace inginocchiato. - COHEN, 420. BR. C^1

3024. MEDIO BRONZO. ℟ Vittoria gradiente a s. con palma e corona. - COHEN, 436. BR. C^1

3025. MEDIO BRONZO. ℟ La Speranza gradiente a s. con un fiore; si solleva la veste colla s. - COHEN, 460 BR. C^2

3026. MEDIO BRONZO. ℟ Tre insegne militari. - COHEN, 579. BR. C^2

3027. MEDIO BRONZO. IMP. CAES. NERVA TRIAN. AVG. GER. P. M. Testa radiata a d. ℞ TR. POT. COS. III. P. P. L'Abbondanza seduta a s. sopra una sedia, due piedi della quale son formati da due cornucopie. - COHEN, 595. BR. C[1]

3028. MEDIO BRONZO. ℞ COS. II, COS. III, COS. IIII. Vittoria alata a s. con uno scudo sul quale è scritto S. P. Q. R.; *n. 4 esempl.* BR.

3029. MEDIO BRONZO. ℞ Colla Speranza in piedi a s. e con spiche e scettro; un globo a' suoi piedi. BR. C[1]

3030. MEDIO BRONZO. ℞ SENATVS POPVLVS QVE ROMANVS. S. C. Due trofei. R. BR. C[1]

MARCIANA.

3031. DENARO. DIVA AVGVSTA MARCIANA. Busto diademato a d. ℞ CONSECRATIO. Aquila colle ali aperte gradiente a s. sopra uno scettro. - COHEN, 4. R[5] ARG. C[1]

ADRIANO.

3032. DENARO. IMP. CAES. TRAIAN. HADRIANO AVG. GERM. DAC. Busto laureato a d. ℞ ADOPTIO PARTHIC. DIVI TRAIAN AVG. F. P. M. TR. P. COS. P. P. Trajano dà la mano ad Adriano. - COHEN, 4. R[2] ARG. C[1]

3033. DENARO. HADRIANVS AVG. COS. III. P. P. Testa a d. ℞ AEGYPTVS. L'Egitto coricato a s. col sistro; dinanzi un' ibi. - COHEN, 99; *n. 3 esempl.* R. ARG. C[1]

3034. DENARO. Simile al precedente, colla testa laureata a d. - COHEN, 100; *n. 4 esempl.* R. ARG. C[1]

3035. DENARO. ℞ AFRICA. L'Africa coricata a s. collo scorpione ed una cornucopia; ha il capo coperto colla proboscide di elefante; dinanzi una cesta con spiche. - COHEN, 137; *n. 3 esempl.* ARG. C[1]

3036. DENARO. ℞ ALEXANDRIA. Alessandria in piedi a s. col sistro e con un paniere col serpente. - COHEN, 154. ARG. C[1]

3037. DENARO. ℞ ASIA. L'Asia in piedi a s. col piede sopra una prora, l'acrostolio ed un remo. - COHEN, 189. ARG. C[1]

3038. DENARO. IMP. CAES. TRAIAN. HADRIAN. OPT. AVG. GER. DAC. Busto laureato a d. ℞ CONCORD all'esergo, PARTHIC. DIVI TRAIAN. AVG. F. P. M. TR. P. COS. P. P. La Concordia seduta a s. - COHEN, 250; *n. 2 esempl.* ARG. C[1]

3039. DENARO. Simile al precedente. ARG. C¹
3040. DENARO. ℞ cos. III. La Libertà in piedi a s. col berretto e collo scettro. - COHEN, 374. *Bucata.* ARG. C¹
3041. DENARO. ℞ cos. III. La Speranza gradiente a s. con un fiore ed alzandosi la veste. - COHEN, 390. ARG. C¹
3042. DENARO. ℞ cos. III. Una Vittoria seduta a s. con corona e palma. ARG. C¹
3043. DENARO. ℞ cos. III. Luna falcata circondata di stelle. ARG. C¹
3044. DENARO. ℞ cos. III. Vaso da sacrifici, simpulo, bastone augurale. ARG. C¹
3045. DENARO. ℞ FELICITAS. AVG. La Felicità in piedi a s. con un caduceo ed un ramo d'olivo. - COHEN, 615; *n. 2 esempl.* ARG. C¹
3046. DENARO. ℞ FIDES PVBLICA. La Buona Fede in piedi a d. con due spiche ed un cestello di frutta. - COHEN, 716. ARG. C¹
3047. DENARO. Simile al precedente. ARG. C¹
3048. DENARO. FORT. RED all'esergo, P. M. TR. P. COS. III. La Fortuna seduta a s. con un timone ed una cornucopia. - COHEN, 747; *n. 2 esempl.* ARG. C¹
3049. DENARO. ℞ FORTVNAE REDVCI. Adriano in piedi a d. dà la mano alla Fortuna che tiene una cornucopia e s'appoggia ad un timone. - COHEN, 789. R. ARG. C¹
3050. DENARO. ℞ HILA. P. R. P. M. TR. P. COS. II. L'Allegrezza in piedi di prospetto, solleva colle due mani il velo che le copre il viso. - COHEN, 815. ARG. C¹
3051. DENARO. Testa nuda. ℞ HISPANIA. La Spagna coricata a s. con un ramo d'olivo; dinanzi un coniglio. - COHEN, 822. ARG. C¹
3052. DENARO. Testa laureata a d. ℞ Simile al precedente. - COHEN, 830. ARG. C¹
3053. DENARO. ℞ INDVLGENTIA AVG. P. P. COS. III. L'Indulgenza seduta a s. - COHEN, 846. ARG. C¹
3054. DENARO. ℞ FELICITATI AVGVSTI. Nave con rematori e pilota. R. ARG. C¹
3055. DENARO. Testa nuda a d. ℞ ITALIA. L'Italia in piedi a s. con scettro e cornucopia. - COHEN, 867; *n. 2 esempl.* ARG. C¹
3056. DENARO. Simile al precedente, colla testa laureata a d. - COHEN, 869. *Bucata.* ARG. C¹

3057. DENARO. ℞ LIBERAL. AVG. III. P. M. TR. P. COS. III. Adriano seduto a s. sopra un palco; dinanzi due cittadini togati. - COHEN, 912. R. ARG. C[1]

3058. DENARO. Testa nuda a d. ℞ MONETA AVG. La dea Moneta in piedi a s. colla bilancia e colla cornucopia. - COHEN, 963. ARG. C[1]

3059. DENARO. Testa nuda a d. ℞ NILVS. Il Nilo sdraiato a d. colla cornucopia e con una canna; dinanzi un ippopotamo. - COHEN, 987. ARG. C[1]

3060. DENARO. ℞ PATHIC. DIVI TRAIAN. AVG. F. P. M. TR. P. COS. P. P. Traiano ed Adriano in piedi sostenenti un globo. - COHEN, 1009. R. ARG. C[1]

3061. DENARO. ℞ PIETAS. P. M. TR. P. COS. II. La Pietà in piedi a s. - COHEN, 1027. ARG. C[1]

3062. DENARO. ℞ P. M. TR. P. COS. III. Marte nudo gradiente a d. con un'asta ed un trofeo. - COHEN, 1072. ARG. C[1]

3063. DENARO. P. M. TR. P. COS. III. La Pietà in piedi a d. colle mani alzate. - COHEN, 1116; *n. 2 esempl.* ARG. C[1]

3064. DENARO. ℞ P. M. TR. P. COS. III. L'Equità in piedi a s. colla bilancia ed una cornucopia. - COHEN, 1118. ARG. C[1]

3065. DENARO. P. M. TR. P. COS. III. La Giustizia in piedi a s. collo scettro ed un ramo d'olivo. - COHEN, 1223. ARG. C[1]

3066. DENARO. ℞ PIETAS AVG. La Pietà in piedi a d. lavando le mani dinanzi ad un altare. - COHEN, 1030; *n. 2 esempl.* ARG. C[1]

3067. DENARO. ℞ P. M. TR. P. COS. II. Nell'esergo CONCORD. La Concordia seduta a s. con una patera. ARG. C[1]

3068. DENARO. ℞ P. M. TR. P. COS. III. Vittoria a d. solleva in aria un trofeo. - COHEN, 1131. ARG. C[1]

3069. DENARO. ℞ P. M. TR. P. COS. III. Donna seduta a s. con un ramo ed una vittoria. - COHEN, 1147. ARG. C[1]

3070. DENARO. ℞ La stessa leggenda. Adriano in piedi a s. in abito militare, tiene un'asta ed un timone posato sopra un globo. - COHEN, 1162; *n. 2 esempl.* ARG. C[1]

3071. DENARO. ℞ P. M. TR. P. COS. III. Nave a s. ARG. C[1]

3072. DENARO. Testa laureata a d. ℞ RESTITVTORI AFRICAE. Adriano in piedi a d. rialza l'Africa inginocchiata. - COHEN, 1229. R. ARG. C[1]

3073. DENARO. Testa laureata a d. ℞ Simile al precedente, con Adriano in piedi a s. R. ARG. C[1]

3074. DENARO. Testa laureata a d. ℞ RESTITVTORI HISPANIAE. Adriano in piedi a s. solleva la Spagna inginocchiata. - COHEN, 1260; *n. 2 esempl.* R. ARG. C[1]

3075. DENARO. Simile al precedente, colla testa nuda a d. R. ARG. C[1]

3076. DENARO. Testa laureata a d. ℞ ROMVLO CONDITORI. Romolo gradiente a d. con asta e trofeo. - COHEN, 1316; *n. 3 esempl.* R. ARG. C[1]

3077. DENARO. Testa nuda a d. Simile al precedente. R. ARG. C[1]

3078. DENARO. ℞ SALVS AVG. La Salute in piedi a d. dà il cibo ad un serpe attorcigliato ad un altare. - COHEN, 1331. ARG. C[1]

3079. DENARO. ℞ SALVS AVG. all'esergo, P. M. TR. P. COS. III. La Salute seduta a s. dà il cibo ad un serpe attorcigliato intorno ad un altare. - COHEN, 1353; *n. 2 esempl.* ARG. C[1]

3080. DENARO. ℞ SPES. P. R. La Speranza in piedi a s. con un fiore. - COHEN, 1411. ARG. C[1]

3081. DENARO. Testa nuda a d. ℞ TELLVS STABIL. Donna in piedi a s. coll'aratro e col rastrello. - COHEN, 1425; *n. 3 esempl.* R[2] ARG. C[1]

3082. DENARO. Testa laureata a d. ℞ Simile al precedente. - COHEN, 1427. R[2] ARG. C[1]

3083. DENARO. ℞ VICTORIA AVG. La Vittoria in piedi a d. ARG. C[1]

3084. DENARO. ℞ VOT. PVII. nel campo; P. M. TR. P. COS. III. La Pietà velata in piedi a d. che alza le due mani. - COHEN, 1475; *n. 2 esempl.* ARG. C[1]

3085. DENARO. Testa nuda a d. ℞ VOTA PVBLICA. Adriano in piedi a s. in atto di sacrificare sopra un tripode. - COHEN, 1481; *n. 3 esempl.* ARG. C[1]

3086. DENARO. Testa laureata a d. ℞ Simile al precedente. - COHEN, 1484. ARG. C[1]

3087. GRAN BRONZO. IMP. CAESAR TRAIANVS HADRIANVS AVG. Busto laureato a d. ℞ ADVENTVS AVG. all'esergo PONT. MAX. TR. POT. COS. II. S. C. Roma seduta a d. sopra una corazza, dà la mano ad Adriano in piedi. - COHEN, 91. R[2] BR. C[1]

3088. GRAN BRONZO. HADRIANVS AVG. COS. III. P. P. Busto laureato a d. ℞ CAPPADOCIA S. C. La Cappadocia turrita in piedi a s. con una rappresentazione del monte Argeo ed uno stendardo. - COHEN, 206. BR. C[1]

3089. GRAN BRONZO. IMP. CAESAR TRAIANVS HADRIANVS AVG. P. M. TR. P. COS. III. Testa laureata a d. ℞ CONCORDIA EXERCITVVM S. C. La Concordia in piedi a s. tiene in ciascuna mano un'insegna militare. - COHEN, 268. BR. C[1]

3090. GRAN BRONZO. Simile al precedente. BR. C[1]

3091. GRAN BRONZO. HADRIANVS AVGVSTVS. Testa laureata a d. ℞ COS. III. S. C. Nettuno in piedi a s. col piede destro sopra una prora con un acrostolio, ed un tridente. - COHEN, 312. BR. C[1]

3092. GRAN BRONZO. HADRIANVS AVGVSTVS. Testa laureata a d. ℞ COS. III. S. C. Diana in piedi a d. con freccia ed arco. - COHEN, 315; *n. 2 esempl.* BR. C[1]

3093. GRAN BRONZO. Simile al precedente. BR. C[1]

3094. GRAN BRONZO. Simile ai precedenti. BR. C[1]

3095. GRAN BRONZO. ADRIANVS AVGVSTVS. Testa laureata a d. ℞ COS. III. S. C. Roma seduta a s. sopra una corazza con una Vittoriale ed una cornucopia. - COHEN, 342; *n. 2 esempl.* BR. C[1]

3096. GRAN BRONZO. HADRIANVS AVG. COS. III. P. P. Testa laureata a d. ℞ AEQVITAS AVG. S. C. L'Equità in piedi a s. colle bilancie ed uno scettro. - COHEN, 123. BR. C[1]

3097. GRAN BRONZO. Simile al precedente. L'Equità in piedi a s. colle bilancie ed una cornucopia. BR. C[1]

3098. GRAN BRONZO. HADRIANVS AVGVSTVS. Busto laureato a d. ℞ EXPED. AVG. S. C. all'esergo, COS. III. Adriano a cavallo galoppante a s. - COHEN, 589. R. BR. C[1]

3099. GRAN BRONZO. HADRIANVS AVG. COS. III. P. P. Busto nudo a d. ℞ FELICITAS AVG. S. C. Adriano in piedi a d. dà la mano alla Felicità in piedi a s. col caduceo - COHEN, 633. R. BR. C[1]

3100. GRAN BRONZO. IMP. CAESAR TRAIANVS HADRIANVS AVG. Busto laureato a d. ℞ FORT. RED. all'esergo PONT. MAX. TR. POT. COS. II. La Fortuna seduta a s. con un timone ed una cornucopia. - COHEN, 756. BR. C[1]

3101. GRAN BRONZO. ℞ FORTVNA AVG. S. C. La Fortuna in piedi a s. - COHEN, 772. BR. C[1]

3102. GRAN BRONZO. HADRIANVS AVGVSTVS. Testa laureata a d. ℞ HILARITAS P. R. COS. III. L'Allegrezza in piedi a s. dà una palma ad un giovinetto a s. e tiene una cornucopia; a s. una giovinetta. - COHEN, 817; *n. 2 esempl.* BR. C[1]

3103. GRAN BRONZO. IVSTITIA AVG. COS. III. P. P. S. C. La Giustizia seduta a s. con patera e scettro. - COHEN, 889. BR. C[1]

3104. GRAN BRONZO. IMP. CAESAR TRAIANVS HADRIANVS AVG. Busto laureato a d. ℞ LIBERTAS RESTITVTA all'esergo PONT. MAX. TR. POT. COS. III. S. C. Adriano seduto a s. sopra un palco, tende la mano ad una donna a' piè della scala che gli presenta un bambino che tiene sulle braccia ed un altro che le sta dietro. - COHEN, 949. R³ BR. C¹

3105. GRAN BRONZO. Simile al precedente. R³ BR. C²

3106. GRAN BRONZO. Simile ai precedenti. R³ BR. C²

3107. GRAN BRONZO. HADRIANVS AVG. COS. III. P: P. Busto nudo a d. ℞ MAVRETANIA S. C. La Mauritania gradiente a d. conducente pel morso il suo cavallo a d. portando due giavellotti. - COHEN, 955. BR. C¹

3108. GRAN BRONZO. HADRIANVS AVGVSTVS. Busto laureato a d. ℞ NEP. RED. COS. III. S. C. Nettuno in piedi a d. col piede sopra una prora di nave, col tridente e l'acrostolio. - COHEN, 980. BR. C¹

3109. GRAN BRONZO. HADRIANVS AVG. COS. III. P. P. Testa laureata a d. ℞ PROVIDENTIA AVG. S. C. La Provvidenza in piedi a s. collo scettro appoggiata ad una colonna, indica con una verga un globo che le sta a' piedi. - COHEN, 1205. BR. C¹

3110. GRAN BRONZO. HADRIANVS AVG. COS. III. P. P. Busto laureato a d. ℞ RESTITVTORI ACHAIAE S. C. Adriano in piedi a s. rialzando l'Acaja inginocchiata; in mezzo a loro un vaso da cui sporge una palma. - COHEN, 1216. R. BR. C¹

3111. GRAN BRONZO. HADRIANVS AVG. COS. III. P. P. Busto laureato a d. ℞ RESTITVTORI HISPANIAE S. C. Adriano in piedi a s. solleva la Spagna inginocchiata e che porta un ramo d'olivo; in mezzo a loro, un coniglio. - COHEN, 1263. R² BR. C¹

3112. GRAN BRONZO. IMP. CAESAR TRAIANVS HADRIANVS. AVG. P. M. TR. P. COS. III. Testa laureata a d. ℞ RESTITVTORI ORBIS TERRARVM S. C. Adriano in piedi a s. solleva una donna turrita che tiene il globo terrestre. - COHEN, 1285. R. BR. C¹

3113. GRAN BRONZO. Testa laureata a d. ℞ SECVR. AVG. all'esergo PONT. MAX. TR. POT. COS. III. La Sicurezza seduta a s. con uno scettro sostiene il capo colla d. - COHEN, 1397. BR. C¹

3114. MEDIO BRONZO. IMP. CAESAR TRAIANVS HADRIANVS AVG. Busto radiato a d. ℞ ADVENTVS AVG. all'esergo PONT. MAX.

TR. POT. COS. III. S. C. Roma seduta a d. sopra una corazza ed uno scudo, dà la mano ad Adriano in piedi. - COHEN, 92.
R. BR. C^1

3115. MEDIO BRONZO. Testa nuda a d. ℞ AEQVITAS AVG. S. C. L'Equità in piedi a s. colle bilancie ed uno scettro. - COHEN, 124.
BR. C^1

3116. MEDIO BRONZO. ℞ ANNONA AVG. S. C. Modio con quattro spiche e due papaveri. - COHEN, 174. BR. C^1

3117. MEDIO BRONZO. Testa nuda a d. ℞ CLEMENTIA AVG. COS. III. P. P. S. C. La Clemenza in piedi a s. con patera e scettro. - COHEN, 225. BR. C^1

3118. MEDIO BRONZO. ADRIANVS AVGVSTVS. Testa laureata a d. ℞ COS. III. La Salute in piedi a d. dà da mangiare a un serpente che tiene fra le braccia. - COHEN. 369. BR. C^3

3119. MEDIO BRONZO. HADRIANVS AVGVSTVS. Testa laureata a d. ℞ COS. III. S. C. Nave con rematori e piloto. - COHEN, 446.
BR. C^1

3120. MEDIO BRONZO. HADRIANVS AVGVSTVS. Busto nudo e paludato a d. ℞ COS. III. P. P. Adriano a cavallo galoppante a d. - COHEN, 494. BR. C^1

3121. MEDIO BRONZO. Busto laureato e paludato a d. ℞ COS. III. P. P. Adriano a cavallo galoppante a d. - COHEN, 495.
BR. C^2

3122. MEDIO BRONZO. ℞ COS. III. P. P. CLEMENTIA AVG. S. C. La Clemenza in piedi a s. con patera e scettro. - COHEN, 510.
BR. C^2

3123. MEDIO BRONZO. HADRIANVS AVG. COS. III. P. P. Testa nuda a d. ℞ DACIA. S. C. Un Dace seduto a s. sopra un sasso con un'insegna militare ed una falce. - COHEN, 527.
R. BR. C^1

3124. MEDIO BRONZO. HADRIANVS. AVG. COS. III. P. P. Testa nuda a d. ℞ FELICITAS AVG. S. C. Adriano in piedi a d. dà la mano alla Felicità che tiene un caduceo. - COHEN, 631.
B. RR. C^1

3125. MEDIO BRONZO. ℞ FORTVNA AVG. S. C. La Fortuna in piedi a s. con patera e cornucopia. - COHEN, 771. BR. C^1

3126. MEDIO BRONZO. HADRIANVS AVGVSTVS. Testa laureata a d. ℞ SALVS AVGVSTI COS. III. S. C. La Salute in piedi a s. con una patera dà il cibo ad un serpe che si rizza da un altare. - COHEN, 1357. BR. C^1

3127. MEDIO BRONZO. ℞ COS. III. S. C. Una lira. BR. C^2

3128. MEDIO BRONZO. HADRIANVS AVGVSTVS. Testa nuda a d. ℞ COS. III. S. C. La Fortuna in piedi collo scettro e la cornucopia. BR. C[1]

3129. MEDIO BRONZO. Testa laureata a d. ℞ CLEMENTIA AVG. COS. III. P. P. S. C. La Clemenza c. s. ma d'altro conio. BR. C[1]

3130. MEDIO BRONZO. Testa laureata a d. ℞ P. M. TR. P. COS. II. S. C. La Pace in piedi a s. con un ramo e la cornucopia. BR. C[1]

3131. MEDIO BRONZO. HADRIANVS AVGVSTVS. Testa laureata a d. ℞ S. C. Nave a d. BR. C[1]

3132. MEDIO BRONZO. ℞ Pallade combattente. BR. C[1]

3133. MEDIO BRONZO. ℞ COS. III. P. P. nell'esergo. Nave con doppia fila di rematori. - COHEN, 676. BR. C[2]

SABINA.

3134. DENARO. SABINA AVGVSTA. HADRIANI AVG. P. P. Busto diademato a d. ℞ CONCORDIA AVG. La Concordia seduta a s. tiene una patera, è appoggiata ad una statuetta della Speranza posta su un piedestallo; sotto una cornucopia - COHEN, 12. ARG. C[1]

3135. DENARO. SABINA AVGVSTA. Busto diademato colla coda. ℞ VENERI GENITRICI. Venere in piedi a d. rialza la veste sulla spalla colla s. e tiene un pomo. - COHEN, 73. ARG. C[1]

3136. GRAN BRONZO. SABINA AVGVSTA HADRIANI AVG. P. P. Busto diademato a d. colla coda. ℞ PVDICITIA. Il Pudore assiso a sinistra, tiene la destra alla bocca. - COHEN, 59. BR. C[1]

3137. GRAN BRONZO. SABINA AVGVSTA AVG. P. P. Busto diademato a d. colla coda. ℞ S. C. Vesta assisa a s., tiene il palladio ed uno scettro. - COHEN, 64. BR. C[4]

3138. GRAN BRONZO. Simile al precedente. BR. C[3]

3139. GRAN BRONZO. ℞ Cerere velata seduta su un paniere, tiene due spighe o due papaveri e una face. - COHEN, 69; *n. 2 esempl.* BR. C[1] e C[3]

3140. MEDIO BRONZO. SABINA AVGVSTA HADRIANI AVG. P. P. Busto diademato a d. ℞ IVNONI REGINAE. Giunone velata in piedi a s. tiene una patera e uno scettro. - COHEN, 39. BR. C[1]

3141. MEDIO BRONZO. SABINA AVGVSTA HADRIANI AVG. P. P. Busto diademato con alta acconciatura. ℞ Cerere seduta a s. con face. - COHEN, 70. BR. C3

ELIO.

3142. DENARO. L. AELIVS CAESAR. Testa nuda a d. ℞ CONCORD. nell'esergo TR. POT. COS. II. La Concordia assisa a s. tiene una patera, il gomito sinistro poggiato su una cornucopia. - COHEN, 1. ARG. C1

3143. DENARO. Simile al precedente. ℞ TR. POT. COS. II. La Pietà in piedi a s. presso un'ara accesa ed ornata, la mano destra levata, tiene sul petto la sinistra. - COHEN, 53. ARG. C1

3144. DENARO. Simile ai precedenti. ℞ TR. POT. COS. II. La Speranza gradiente a s. tiene un fiore e si rialza la veste. - COHEN, 55. ARG. C1

3145. GRAN BRONZO. L. AELIVS CAESAR. Testa nuda a d. ℞ Simile al precedente con S. C. - COHEN, 56. BR. C2

3146. MEDIO BRONZO. ℞ PANNONIA nel campo TR. POT. COS. II. — S. C. La Pannonia turrita di prospetto, guarda a d., tiene un vessillo nella destra. - COHEN, 32. BR. C1

3147. GRANDI E PICCOLI BRONZI. *N. 4 esempl.* BR. C2 e C3

ANTONINO.

3148. DENARO. ANTONINVS AVG. PIVS. P. P. TR. P. COS. III. Testa laureata a d. ℞ ANNONA AVG. Modio con quattro spiche e un papavero nel mezzo. - COHEN, 33. ARG. C2

3149. DENARO. ANTONINVS AVG. PIVS P. P. TR. P. COS. III. Testa laureata a d. ℞ APOLLINI AVGVSTO. Apollo in piedi di prospetto guarda a s., tiene una patera e la lira. - COHEN, 60. ARG. C1

3150. DENARO. IMP. T. AEL. CAES. HADRI. ANTONINVS. Testa laureata a d. ℞ AVG. PIVS P. M. TR. P. COS. DES. II. Pallade in piedi a s. con una Vittoria, pone la mano sinistra su uno scudo; sul braccio sinistro è appoggiata un'asta. - COHEN, 66; *n. 2 esempl.* ARG. C1 e C2

3151. DENARO. ℞ AVG. PIVS P. M. TR. P. COS. DES. II. La Pace e la Felicità in piedi a s. con un caduceo e una cornucopia. - COHEN, 76. ARG. C¹

3152. DENARO. ℞ Tempio a otto colonne, nel mezzo le statue di Augusto e di Livia sedute; sul frontone le tre Divinità capitoline fra due figure coricate? - COHEN, 108. ARG. C¹

3153. DENARO. DIVVS ANTONINVS. Testa nuda a d. ℞ CONSECRATIO. Aquila su un'ara ornata di fiori, guarda a s. - COHEN, 155. ARG. C¹

3154. DENARO. DIVVS ANTONINVS. Testa nuda a d. ℞ CONSECRATIO. Aquila che guarda a d. in piedi su un altare elevato ornato di palme e di ghirlande. - COHEN, 156. ARG. C¹

3155. DENARO. DIVVS ANTONINVS. Testa nuda a d. ℞ CONSECRATIO. Rogo piramidale a quattro piani ornato da ghirlande e da statue separate da colonne; nel mezzo una porta. - COHEN, 164; *n. 3 esempl.* ARG. C¹

3156. DENARO. Simile al precedente, *n. 3 esempl.* ARG. C¹

3157. DENARO. ANTONINVS AVG. PIVS P. P. Testa laureata a d. ℞ COS. IIII. Vesta in piedi a s. con una patera ed uno scettro. - COHEN, 203. ARG. C¹

3158. DENARO. ANTONINVS AVG. PIVS P. P. TR. P. XII. Testa laureata a d. ℞ COS. IIII. La Felicità o la Pace in piedi a s. con un caduceo ed una cornucopia. - COHEN, 252. ARG. C¹

3159. DENARO. Solita leggenda con TR. P. XIII e testa laureata a d. ℞ COS. IIII. La Fortuna in piedi a d. con timone appoggiato su un globo e una cornucopia. - COHEN, 264. ARG. C¹

3160. DENARO. Tipo solito con TR. P. XII. ℞ COS. IIII. La Salute in piedi a s. dà da mangiare ad un serpente attorcigliato intorno ad un'ara; appoggia un timone su un globo. - COHEN, 281. ARG. C¹

3161. DENARO. ANTONINVS AVG. PIVS P. P. TR. P. XXII. Testa laureata a d. ℞ COS. IIII. Il Genio del Senato (o Antonino?) in piedi su un cippo in un tempio a quattro colonne con cupola, tiene un ramo d'alloro e un'insegna militare. - COHEN, 331. ARG. C¹

3162. DENARO. ANTONINVS AUG. PIVS P. P. Testa laureata a d. ℞ COS. IIII. Due mani congiunte che stringono un caduceo in mezzo a due spiche. - COHEN, 344; *n. 2 esempl.* ARG. C¹

3163. DENARO. Solita leggenda e testa laureata a d. ℞ COS. IIII. Trono sormontato da un folgore. - COHEN, 345. ARG. C[1]

3164. DENARO. DIVVS ANTONINVS. Testa nuda a d. ℞ DIVO PIO. Colonna posta su una base e sormontata dalla statua di Antonino in piedi che tiene un globo e uno scettro. - COHEN, 353. ARG. C[1]

3165. DENARO. DIVVS ANTONINVS. Testa nuda a d. ℞ DIVO PIO. Altare ornato da due palmette (coniata dopo la sua morte). - COHEN, 357; *n. 2 esempl.* ARG. C[1]

3166. DENARO. ANTONINVS AVG. PIVS P. P. TR. P. COS. III. Testa nuda a d. ℞ GENIVS. POP. ROMANI. Il Genio del popolo romano, guarda a d., tiene uno scettro e una cornucopia. - COHEN, 405. ARG. C[1]

3167. DENARO. Solita leggenda. Testa laureata a d. ℞ IMPERATOR II. Vittoria a s. con palma e corona. - COHEN, 437. ARG. C[1]

3168. DENARO. ℞ IMPERATOR II. Caduceo alato fra due cornucopie. - COHEN, 451. ARG. C[1]

3169. DENARO. ℞ ITALIA (nell'esergo). TR. POT. COS. III. L'Italia turrita assisa a s. su un globo stellato con una cornucopia e uno scettro. - COHEN, 466. ARG. C[1]

3170. DENARO. Solita leggenda. Testa laureata a d. ℞ PROVIDENTIA DEORVM. Folgore alato. - COHEN, 481. ARG. C[1]

3171. DENARO. ℞ PACI AVG. COS. IIII. La Pace in piedi a d. con ramo d'ulivo e uno scettro. - COHEN, 573; *n. 2 esempl.*

3172. DENARO. ℞ PIETAS (nell'esergo) TR. POT. XV. COS. IIII. La Pietà in piedi a d. con una capra e un paniere di frutta; a' suoi piedi un'ara. - COHEN, 617. ARG. C[1]

3173. DENARO. Simile al precedente. ARG. C[1]

3174. DENARO. IMP. T. AEL. CAES. ANTONINVS AVG. Testa nuda a d. ℞ PONT. MAX. TR. POT. COS. La Buona Fede in piedi a d. con spighe e un paniere di frutta. - COHEN, 663. ARG. C[1]

3175. DENARO. ANTONINVS AVG. PIVS P. P. TR. P. XI. Testa nuda a d. ℞ PRIMI — DECEN — COS. IIII. Entro ghirlanda. - COHEN, 667. ARG. C[1]

3176. DENARO. ANTONINVS AVG. PIVS P. P. TR. P. XXIII. Testa laureata a d. ℞ ROMA COS. IIII. Roma seduta a s. su una corazza, con una Vittoria e un'asta. - COHEN, 696. ARG. C[1]

3177. DENARO. Simile al precedente. ARG. C[2]

3178. DENARO. ANTONINVS AVG. PIVS P. P. TR. P. XXIII. Testa laureata a d. ℞ SALVTI AVG. COS. IIII. La Salute in piedi a s.

nutre un serpente attorcigliato ad un'ara e tiene uno scettro. - COHEN, 740. ARG. C^1

3179. DENARO. Simile al precedente; *n. 2 esempl.* ARG. C^1

3180. DENARO. IMP. CAES. T. AEL. HADR. ANTONINVS AVG. P. P. Testa laureata a d. ℞ TRANQ. (nell' esergo) TR. POT. XIIII. COS. IIII. La Tranquillità in piedi a d. con un timone e due spighe. - COHEN, 825. ARG. C^1

3181. DENARO. Simile al precedente. ARG. C^2

3182. DENARO. ℞ TRANQUILLITAS AVG. La Tranquillità in piedi a d. con un timone e due spighe. - COHEN, 827. ARG. C^1

3183. DENARO. ℞ TR. POT. COS. III. Vesta (o la Clemenza?) seduta a s. con una patera ed uno scettro. - COHEN, 888. ARG. C^3

3184. DENARO. ANTONINVS AVG. PIVS P. P. Testa laureata a d. ℞ TR. POT. COS. III. La lupa in una grotta allattante Romolo e Remo. - COHEN, 915; *n 2 esempl.* ARG. C^1

3185. DENARO. ℞ TR. POT. XX. COS. IIII. L'Abbondanza seduta a d. tiene con ambe le mani il corno d'Amaltea, a' suoi piedi il modio. - COHEN, 1021. ARG. C^1

3186. DENARO. Solita leggenda e testa laureata a d. ℞ VIRTVS AVG. Il Valore in piedi a s. con l' asta e il parazonio. - COHEN, 1088. ARG. C^1

3187. DENARO. ℞ CONCORD. AVG. TR. P. XVIII. La Concordia seduta a s. con una patera; *n. 3 esempl.* ARG. C^1

3188. DENARO. *N. 4 esempl. diversi.* ARG. C^1 e C^2

3189. DENARO. *N. 5 esempl. diversi.* ARG. C^1 e C^2

3190. MEDAGLIONE. ANTONINVS AVG. PIVS P. P. TR. P. XIX. COS. IIII. Testa laureata a d. ℞ Liscio. BR. C^2

3191. GRAN BRONZO. ANTONINVS AVG. PIVS P. P. TR. P. COS. IIII. Testa laureata a d. ℞ ANNONA AVG. S. C. L'Abbondanza in piedi a s. con due spighe e un'ancora; a' suoi piedi a s. il modio colmo di spighe e di papaveri. - COHEN, 38. BR. C^1

3192. GRAN BRONZO. ANTONINVS DIVVS. Testa nuda a d. - CONSECRATIO. Rogo piramidale a quattro piani, ornato di ghirlande, in cima Antonino in quadriga. S. C. nell' esergo. - COHEN, 165. BR. C^1

3193. GRAN BRONZO. Simile al precedente. ℞ S. C. nel campo; *n. 3 esempl.* BR. C^2

3194. GRAN BRONZO. DIVVS ANTONINVS. Testa nuda a d. ℞ DIVO PIO. Colonna posta su una base sormontata dalla statua di Antonino in piedi con un globo e lo scettro. s. c. nel campo. (Coniato dopo la sua morte). - COHEN, 354; *n. 3 esempl.* BR. C¹ e C²

3195. GRAN BRONZO. ℞ DIVO PIO. Ara ornata da due palmette. s. c. - COHEN. 358. BR. C¹

3196. GRAN BRONZO. ℞ IMPERATOR II. s. c. La Buona Fede in piedi a d. con due spighe e un paniere di frutta. - COHEN, 426. BR. C¹

3197. GRAN BRONZO. ANTONINVS AVG. PIVS P. P. TR. P. COS. IIII. Testa laureata a d. ℞ LIBERALITAS AVG. V. S. C. La Liberalità in piedi a s. con stendardo e una cornucopia. - COHEN, 508. BR. C¹

3198. GRAN BRONZO. ANTONINVS AVG. PIVS P. P. TR. P. XVIII. Testa laureata a d. ℞ La Libertà in piedi a d. tiene un berretto nella d. e tende la mano sinistra. - COHEN, 543. BR. C¹

3199. GRAN BRONZO. ANTONINVS AVG. PIVS P. P. TR. P. XXIII. Testa laureata a d. ℞ PIETATI AVG. COS. IIII. S. C. La Pietà in piedi a d. fra due fanciulli, tiene un globo nella mano destra e un bambino nella sinistra. - COHEN, 620. BR. C¹

3200. GRAN BRONZO. IMP. CAES. T. AEL. HADR. ANTONINVS. AVG. PIVS. P. P. Busto laureato a d. ℞ ROMA, nell' esergo, TR. POT. XIIII. COS. IIII. S. C. Roma seduta a s. con un'asta e il gomito appoggiato su uno scudo, tiene una Vittoria e un parazonio, dietro di lei uno scudo ed una prora di nave. - COHEN, 690. R² BR. C¹

3201. GRAN BRONZO. ANTONINVS AVG. PIVS P. P. TR. P. COS. III. Testa laureata a d. ℞ S. C. Pallade in piedi a d. lancia un giavellotto e tiene uno scudo. - COHEN, 745. BR. C²

3202. GRAN BRONZO. ℞ S. C. Roma seduta a d. ha una Vittoria e un'asta, appoggia il gomito sinistro su uno scudo posto su una prora di nave. - COHEN, 753; *n. 2 esempl.* BR. C¹

3203. GRAN BRONZO. ANTONINVS AVG. PIVS P. P. TR. P. COS. IIII. Testa laureata a d. ℞ S. C. Antonino seduto a s. su un palco; dietro a lui Marco Aurelio seduto; appiè del palco, ai lati, due soldati in piedi. - COHEN. 763. R³ BR. C²

3204. GRAN BRONZO. ℞ S. C. Scrofa a d. allattante sette porcellini; davanti a lei un altro, di dietro, un querciuolo. - COHEN, 775. BR. C²

3205. GRAN BRONZO. ℞ TR. POT. COS. III. S. C. La lupa a d. allattante Romolo e Remo. - COHEN, 917; *n. 2 esempl.* BR. C¹

3206. GRAN BRONZO. ANTONINVS AVG. PIVS P. P. IMP. II. Testa laureata a d. ℞ TR. POT. XIIII. COS. IIII. S. C. L'Abbondanza in piedi a d. tiene un piede su una prora di nave, ha un timone posto su un globo ed il modio sul ginocchio sinistro. - COHEN, 950. BR. C[2]

3207. GRAN BRONZO. ℞ TR. POT. XX. COS. IIII. S. C. (nell'esergo). La Sicurezza o la Concordia seduta a s. con uno scettro, appoggia il gomito sinistro su una delle due cornucopie che formano la sedia curule sulla quale è seduta. - COHEN, 1008. BR. C[1]

3208. GRAN BRONZO. ANTONINVS AVG. PIVS. P. P. TR. P. COS. III. Testa laureata a d. ℞ CONCORDIA EXERCITVVM. S. C. La Concordia in piedi a s. con una Vittoria ed un'insegna militare. - COHEN, 139. BR. C[1]

3209. GRAN BRONZO. DIVVS ANTONINVS. Testa a d. ℞ CONSECRATIO S. C. Rogo a quattro piani; alla sommità Antonino in una quadriga. - COHEN, 165. BR. C[1]

3210. GRAN BRONZO. ℞ COS. IIII. S. C. L'Equità in piedi a s. colle bilancie ed un cornucopia. - COHEN, 231; *n. 3 esempl.* BR. C[1]

3211. GRAN BRONZO. ℞ COS. IIII. S. C. La Salute in piedi a s. dà il cibo ad un serpente attortigliato ad un altare. - COHEN, 278. BR. C[1]

3212. GRAN BRONZO. ANTONINVS AVG. PIVS. P. P. TR. P. Testa laureata a d. ℞ COS. IIII. S. C. Antonino in quadriga al passo a d. con uno scettro. - COHEN, 319; *n. 2 esempl.* R. BR. C[1] e C[2]

3213. GRAN BRONZO. ℞ DIVO PIO. Colonna sormontata dalla statua d'Antonino. - COHEN, 353. BR. C[2]

3214. GRAN BRONZO. ℞ FELICITAS AVG. S. C. La Felicità in piedi a s. con un capricorno ed un caduceo alato. - COHEN, 363.

3215. GRAN BRONZO. ℞ GENIO SENATVS S. C. Il Genio del Senato in piedi a s. con un ramo ed uno scettro sormontato da un'aquila. - COHEN, 400. BR. C[1]

3216. GRAN BRONZO. ℞ IMPERATOR II. Vittoria in piedi a d. con un trofeo. - COHEN. 434. BR. C[1]

3217. GRAN BRONZO. Testa laureata a d. ℞ ITALIA all'esergo TR. POT. COS. III. S. C. L'Italia turrita seduta a s. sopra un globo seminato di stelle, con scettro e cornucopia. - COHEN, 470. R. BR. C[2]

3218. GRAN BRONZO. ℞ LIBERALITAS AVG. V. La liberalità in piedi a s. con una tessera ed un cornucopia. - COHEN, 508. BR. C[1]

3219. GRAN BRONZO. ANTONINVS AVG. PIVS. P. P. TR. P. COS. IIII. Testa laureata a d. ℞ LIBERALITAS AVG. V. S. C. Antonino seduto a s. sopra un palco; dinanzi la Liberalità in piedi con una tessera ed una cornucopia; abbasso un uomo in piedi tende le mani. - COHEN. BR. C[2]

3220. GRAN BRONZO. ℞ PIETATI AVG. COS. IIII. S. C. La Pietà in piedi a s. tra due fanciulli, e con un altro in braccio. - COHEN, 626; *n. 2 esempl.* BR. C[1] e C[2]

3221. GRAN BRONZO. ℞ PROVIDENTIAE DEORVM S. C. Fulmine alato. - COHEN, 684. BR. C[1]

3222. GRAN BRONZO. ℞ S. C. Marte nudo gradiente a d. con un'asta ed un trofeo. - COHEN, 751. BR. C[1]

3223. GRAN BRONZO. ANTONINVS AVG. PIVS. P. P. TR. P. COS. III. Testa laureata a d. ℞ TIBERIS S. C. Il Tevere coricato a s. - COHEN, 818. R. BR. C[1]

3224. GRAN BRONZO. ℞ VOTA SVSCEPTA DEC. III. COS. IIII. S. C. Antonino in piedi a s. con una patera presso un tripode acceso. - COHEN, 1120. BR. C[1]

3225. GRAN BRONZO. Testa laureata a d. ℞ TR. P. XXI. COS. IIII. La Fortuna in piedi a s. con un timone posato sopra una prora di nave e con una cornucopia. BR. C[1]

3226. GRAN BRONZO. *N. 2 esempl. diversi.* BR. C[1]

3227. MEDIO BRONZO. ℞ ANCILIA all'esergo, IMPERATOR II. S. C. Due ancili. - COHEN, 30. BR. C[2]

3228. MEDIO BRONZO. ℞ ANNONA AVG. COS. IIII. L'Abbondanza in piedi a d. col modio sopra un cippo e a d. un paniere di frutta. - COHEN, 44. R. BR. C[1]

3229. MEDIO BRONZO. ℞ ANNONA AVG. all'esergo TR. POT. XIIII. COS. IIII. L'Abbondanza seduta a s. con due spiche e cornucopia; dinanzi il modio pieno di papaveri. - COHEN, 49. BR. C[1]

3230. MEDIO BRONZO. ℞ CONCORDIA EXERCITVVM S. C. La Concordia in piedi a s. con una Vittoria ed un'insegna militare. - COHEN, 140; *n. 2 esempl.* BR. C[1] e C[2]

3231. MEDIO BRONZO. ℞ COS. IIII. S. C. Il Genio del Senato in un tempio. - COHEN, 333. BR. C[1]

3232. MEDIO BRONZO. ℞ TR. POT. XIX. COS. IIII. S. C. Donna in piedi a s. col globo ed un caduceo. BR. C[1]

3233. MEDIO BRONZO. ℟ TR. POT. COS. II. S. C. La Pace in piedi a s. con un caduceo ed una cornucopia. - COHEN, 853. BR. C[1]

3234. MEDIO BRONZO. ℟ FORTVNA OBSEQVENS COS. IIII. S. C. La Fortuna in piedi a s. BR. C[1]

3235. MEDIO BRONZO. ℟ MVNIFICENTIA AVG. COS. IIII. S. C. Elefante a d. BR. C[1]

3236. MEDIO BRONZO. ℟ VOTA SVSCEPTA DEC. III. COS. IIII. S. C. Antonino in piedi a s. con patera presso un tripode acceso. COHEN, 1121. BR. C[1]

ANTONINO e MARCO AURELIO.

3237. DENARO. ANTONINVS AVG. PIVS P. P. TR. P. COS. III. Testa laureata a d. ℟ AVRELIVS CAESAR AVG. PII. F. COS. Testa nuda a d. - COHEN, 15; *n. 3 esempl.* R. ARG. C[1]

3238. DENARO. Simile al precedente; *n. 3 esempl.* R. ARG. C[1]

FAUSTINA SENIORE.

3239. DENARO. DIVA FAVSTINA. Busto a d. ℟ AED. DIV. FAVSTINAE. Tempio esastilo colla statua di Faustina seduta. - COHEN, 1; *n. 2 esempl.* R² ARG. C[1]

3240. DENARO. ℟ AETERNITAS. L'Eternità in piedi a s. con una fenice e sollevandosi la veste. - COHEN, 11. R. ARG. C[1]

3241. DENARO. ℟ AVGVSTA. Cerere velata in piedi a s. con due spiche ed una torcia. - COHEN, 78; *n. 2 esempl.* ARG. C[1]

3242. DENARO. ℟ AVGVSTA. Cerere velata in piedi a d. colle spiche e la face. - COHEN, 84; *n. 2 esempl.* ARG. C[1]

3243. DENARO. ℟ AVGVSTA. Vesta in piedi a s. con una patera e il palladio; a' suoi piedi un altare - COHEN, 116. ARG. C[1]

3244. DENARO. ℟ CERES. Cerere in piedi a s. con una face ed una spica. - COHEN, 141. ARG. C[1]

3245. DENARO. ℟ CONCORDIAE. Antonino in piedi a d. dà la mano a Faustina velata e con uno scettro. - COHEN, 158. R² ARG. C[1]

3246. DENARO. Simile al precedente. R² ARG. C[1]

3247. DENARO. ℟ CONSECRATIO. Pavone gradiente a destra - COHEN, 175. R. ARG. C[1]

3248. DENARO. ℟ PIETAS AVG. La Pietà velata in piedi a s. getta un grano d'incenso sopra un altare acceso. - COHEN, 234. ARG. C¹

3249. DENARO. ℟ VESTA. Vesta in piedi a s. col palladio ed uno scettro. - COHEN, 291. ARG. C¹

3250. GRAN BRONZO. ℟........Donna velata in piedi a s. con una patera ed uno scettro dinanzi ad un altare acceso. BR. C²

3251. GRAN BRONZO. ℟ AETERNITAS S. C. L'Eternità velata in piedi a s. - COHEN, 28. BR. C¹

3252. GRAN BRONZO. ℟ AETERNITAS. S. C. L'Eternità seduta a s. BR. C¹

3253. GRAN BRONZO. ℟ AVGVSTA S. C. Cerere velata in piedi a s. con due spiche ed una face. - COHEN, 79. BR. C¹

3254. GRAN BRONZO. ℟ AVGVSTA S. C. Vesta velata in piedi a s. col palladio ed uno scettro. - COHEN, 110. BR. C²

3255. GRAN BRONZO. ℟ CERES. S. C. Cerere in piedi a s. con due spiche ed una face. - COHEN, 137; *n. 2 esempl.* BR. C¹

3256. GRAN BRONZO. ℟ IVNO S. C. Giunone in piedi a s. con patera e scettro. - COHEN, 210; *n. 2 esempl.* BR. C¹

3257. GRAN BRONZO. ℟ MATRI DEVM SALVTARI S. C. Cibele turrita seduta a d. tra due leoni. - COHEN, 229. R² BR. C¹

3258. GRAN BRONZO. ℟ PIETAS AVG. S. C. La Pietà velata in piedi a s. getta un grano d'incenso sopra un candelabro acceso. - COHEN. 240; *n. 2 esempl.* BR. C¹

3259. MEDIO BRONZO. ℟ AVGVSTA S. C. Cerere in piedi a d. con una face e due spiche. BR. C¹

3260. MEDIO BRONZO. ℟ AVGVSTA S. C. Cerere in piedi a s. con due spiche ed uno scettro. BR. C¹

3261. MEDIO BRONZO. DIVA FAVSTINA. Busto a d. ℟ AVGVSTA Cerere velata in piedi a d.- COHEN, 99. BR. C¹

3262. MEDIO BRONZO. DIVA FAVSTINA. Busto a d. ℟ AVGVSTA. Cerere seduta a s. con due spighe ed una face. - COHEN, 107. BR. C¹

3263. MEDIO BRONZO. ℟ AVGVSTA S. C. Vesta velata in piedi a s. col palladio ed uno scettro. - COHEN, 114; *n. 2 esempl.* BR. C¹

3264. MEDIO BRONZO. ℟ AETERNITAS S. C. L'Eternità in piedi a s. con uno scettro. BR. C¹

3265. MEDIO BRONZO. FAVSTINA AVG. ANTONINI AVG. P. P. ℟ CONCORDIA AVG. La Concordia in piedi a s. con una patera e doppio cornucopia. - COHEN, 152. BR. C¹

3266. MEDIO BRONZO. DIVA FAVSTINA. Busto a d. ℞ CONSECRATIO S. C. Vesta in piedi a s. presso un'ara con una patera ed una face. - COHEN, 163; *n. 2 esempl.* BR. C^1

3267. MEDIO BRONZO. DIVA FAVSTINA. Busto a d. ℞ IVNO S. C. Giunone diademata e velata a s. con una patera e uno scettro. - COHEN, 211. BR. C^1

3268. MEDIO BRONZO. Busto a d. ℞ PIET. AVG. S. C. Altare acceso con due palmette, adorno di ghirlande. - COHEN, 256; *n. 2 esempl.* BR. C^1

3269. MEDIO BRONZO. FAVSTINA AVG. ANTONINI. AVG. PII P. P. Busto a d. ℞ SALVTI AVG. S. C. La Salute in piedi a s. con una patera dà da mangiare ad un serpente attorcigliato ad un'ara. - COHEN, 265. BR. C^1

3270. MEDIO BRONZO. DIVA AVGVSTA FAVSTINA. Busto a d. ℞ S. C. Luna falcata con sette stelle. - COHEN, 275. BR. C^1

3271. MEDIO BRONZO. FAVSTINA AVG. ANTONINI AVG. P. P. Busto a d. ℞ VENERI AVGVSTAE — S. C. Venere in piedi a d. sollevando sulle spalle il lembo della veste, tiene nella sinistra un pomo. - COHEN, 283. BR. C^1

3272. MEDIO BRONZO. *N. 3 esempl. diversi.* BR. C^1 e C^2

MARCO AURELIO.

3273. DENARO. ℞ ARMEN all'esergo, P. M. TR. P. XVIII. COS. III. L'Armenia seduta a terra a s. in attitudine di tristezza. - COHEN, 7; *n. 2 esempl.* ARG. C^1

3274. DENARO. ℞ CONSECRATIO. Aquila su un'ara ornata di ghirlande a s. - COHEN, 84. ARG. C^1

3275. DENARO. ℞ Rogo a quattro piani, piramidale ornato di ghirlande, di statue separate da colonne, nel mezzo una porta, in cima Marco Aurelio in quadriga. - COHEN, 97. ARG. C^2

3276. DENARO. M. ANTONINVS AVG. GERM. SARM. Testa laureata a d. ℞ DE GERM. (nell'esergo) TR. P. XXXI. IMP. VIII. COS. III. P. P. Mucchio d'armi. - COHEN, 156. ARG. C^1

3277. DENARO. Testa nuda a d. ℞ HONOS. L'Onore a s. togato con ramo e cornucopia. - COHEN, 236. ARG. C^1

3278. DENARO. M. ANTONINVS AVG. TR. P. XXIII. Testa laureata a d. ℞ LIBERAL. AVG. V. COS. III. La Liberalità in piedi a s. con una tessera e una cornucopia. - COHEN, 412. ARG. C^1

3279. DENARO. Testa giovanile a d. ℞ PIETAS AVG. Coltello, vasi da sacrifizi, bastone da augure e simpulo. - COHEN, 451; *n. 2 esempl.* ARG. C[1]

3280. DENARO. ℞ P. M. TR. P. XIX. IMP. III. COS. III. Roma seduta a s. su uno scudo con una Vittoria e un'asta; vicino a lei uno scudo. - COHEN, 481. ARG. C[1]

3281. DENARO. IMP. M. AVREL. ANTONINVS AVG. Testa laureata a d. ℞ PROV. DEOR. TR. P. XV. COS. III. La Provvidenza in piedi a s. con un globo e una cornucopia. - COHEN, 508. ARG. C[1]

3282. DENARO. ℞ TR. POT. II. COS. II. Pallade in piedi a d. con un'asta s'appoggia allo scudo. - COHEN, 608. ARG. C[1]

3283. DENARO. ℞ TR. POT. VI. COS. II. Il Genio dell'esercito in piedi a s. con una patera ed un' aquila legionaria; a' suoi piedi un altare acceso. - COHEN, 645. R. ARG. C[1]

3284. DENARO. ℞ TR. POT. VIII. COS. Pallade in piedi a s. con una civetta ed uno scudo; un'asta riposa sul suo braccio s. - COHEN, 663. ARG. C[1]

3285. DENARO. ℞ TR. POT. XI. COS. La Pace in piedi a s. con un caduceo ed uno scettro. ARG. C[2]

3286. DENARO. TR. POT. XIIII. COS. II. Pallade gradiente a d. in atto di lanciare il giavellotto e tenendo lo scudo; il suo petto è coperto dall'egida. - COHEN, 762. ARG. C[1]

3287. DENARO. ℞ TR. P. XX. IMP. IIII. COS. III. La Pace in piedi a s. con un ramo d'olivo e cornucopia. - COHEN, 880; *n. 2 esempl.* ARG. C[1]

3288. DENARO. ℞ TR. P. XXII. IMP. IIII. COS. III. La Provvidenza in piedi con uno scettro a s., mostra con una verga un globo che le sta a' piedi. - COHEN, 890. ARG. C[1]

3289. DENARO. ℞ TR. P. XXII. IMP. V. COS. III. L'Equità in piedi a s. colla bilancia e cornucopia. - COHEN, 901. ARG. C[1]

3290. DENARO. ℞ TR. P. XXXI. IMP. VIII. COS. III. P. P. L'Allegrezza in piedi a s. con lunga palma ed un corno d'abbondanza. - COHEN, 946. ARG. C[1]

3291. DENARO. ℞ TR. P. XXXII. IMP. VIIII. COS. III. P. P. La Salute seduta a s. offre un papavero ad un serpente che si erge sopra lo stesso. - COHEN, 954. R. ARG. C[1]

3292. DENARO. ℞ TR. POT. XX. IMP. IIII. COS. III. Vittoria in piedi a d. attacca ad una palma uno scudo sul quale leggesi VIC. PAR. ARG. C[1]

3293. DENARO. ℞ VOTA. SVSCEP. DECENN. II. COS. III. Marco Aurelio velato, sacrificante su un tripode. - COHEN, 1036.
ARG. C[1]

3294. DENARO. ℞ .....II. IMP. V. e all'esergo COS. III. L'Abbondanza seduta a s. con un timone ed un cornucopia.
ARG. C[1]

3295. GRAN BRONZO. Busto nudo a d. ℞ CONCORD. AVGVSTOR. TR. P. XV. COS. III. S. C. Marco Aurelio e Lucio Vero in piedi che si danno la mano. - COHEN, 45. BR. C[1]

3296. GRAN BRONZO. Simile al precedente. BR. C[1]

3297. GRAN BRONZO. ℞ CONCORD. AVGVSTOR. TR. P. XVI. COS. III. S. C. Marco Aurelio e Lucio Vero che si danno la mano. - COHEN, 51. BR. C[1]

3298. GRAN BRONZO. DIVVS. M. ANTONINVS PIVS. Testa nuda a d. ℞ CONSECRATIO S. C. M. Aurelio con una *Victoriola* seduto in una quadriga d'elefante a d. - COHEN, 95.
R[2] BR. C[1]

3299. GRAN BRONZO. Simile al precedente. ℞ CONSECRATIO S. C. Rogo a quattro piani ornato di ghirlanda e di statua. - COHEN, 98. R[2] BR. C[1]

3300. GRAN BRONZO. ℞ DE SARMATIS. IMP. VIII. COS. III. P. P. S. C. Mucchio d'armi. - COHEN, 174. R. BR. C[2]

3301. GRAN BRONZO. ℞ FELICITAS AVG. IMP. X. COS. III. P. P. S. C. La Felicità in piedi a s. con un caduceo ed uno scettro. - COHEN, 186. BR. C[1]

3302. GRAN BRONZO. ℞ HONOS TR. POT. IV. COS. II. S. C. L'Onore in piedi a s., con un ramo ed cornucopia. - COHEN, 244. R. BR. C[1]

3303. GRAN BRONZO. IMP. VI. COS. III. S. C. Roma seduta a s. sopra una corazza con uno scettro, e col gomito appoggiato sopra uno scudo rotondo. - COHEN, 284. BR. C[1]

3304. GRAN BRONZO. ℞ IMP. VIIII. COS. III. P. P. S. C. L'Equità in piedi a s. colle bilancie e cornucopia. - COHEN, 375.
BR. C[1]

3305. GRAN BRONZO. ℞ PROFECTIO AVG. S. C. all'esergo COS. III. in alto. Marco Aurelio in vesta militare a cavallo a d. con un'asta è preceduto e seguito da un soldato. - COHEN, 500.
BR. C[2]

3306. GRAN BRONZO. ℞ PROFECTIO AVG. all'esergo, COS. III in alto S. C. Marco Aurelio a cavallo a d. preceduto da un soldato, e seguito da altri tre. - COHEN, 500; *n. 2 esempl.*
BR. C[1] e C[2]

3307. GRAN BRONZO. SALVTI AVG. COS. III. S. C. La Salute in piedi a s. che nutre un serpe attortigliato ad un altare. - COHEN, 543. BR. C¹

3308. GRAN BRONZO. ℞ SALVTI AVG. COS. III. S. C. La Salute in piedi a s. che dà il cibo ad un serpe attortigliato ad un altare. - COHEN, 543; *n. 4 esempl.* BR. C¹

3309. GRAN BRONZO. ℞ TR. POT. COS. II. S. C. Pallade in piedi a d. con un'asta, s'appoggia ad uno scudo. - COHEN, 596. BR. C¹

3310. GRAN BRONZO. ℞ TR. POT. II. COS. II. S. C. La Buona Fede in piedi a d. con due spiche ed un canestro di frutta. - COHEN, 614; *n. 2 esempl.* BR. C¹

3311. GRAN BRONZO. ℞ TR. POT. XIII. COS. II. S. C. La Speranza gradiente a s. con un fiore e sollevandosi la veste. - COHEN, 741; *n. 2 esempl.* BR. C¹

3312. GRAN BRONZO. ℞ TR. POT. XIIII. COS. II. S. C. Marte gradiente a d. con un'asta ed un trofeo. - COHEN, 755. BR. C¹

3313. GRAN BRONZO. ℞ TR. POT. XIII. COS. II. S. C. Il Valore galeato in piedi a d. che posa il piede sopra un elmo, con asta e parazonio. - COHEN, 748. BR. C¹

3314. GRAN BRONZO. ℞ TR. POT. XV. COS. II. S. C. La Pietà in piedi a s. con due bambini in braccio e due ai piedi. - COHEN, 775. BR. C¹

3315. GRAN BRONZO. M. AVREL. ANTONINVS AVG. ARM. PARTH. MAX. Testa laureata a d. ℞ TR. POT. XX. IMP. IIII. COS. III. S. C. Vittoria in piedi a d. che attaccca ad una palma uno scudo sul quale sta scritto VIC. PAR. - COHEN, 810. R. BR. C¹

3316. GRAN BRONZO. Simile al precedente. R. BR. C¹

3317. GRAN BRONZO. ℞ TR. POT. XXI. IMP. IIII. COS. III. S. C. Vittoria gradiente a s. con corona e palma. - COHEN, 815. BR. C¹

3318. GRAN BRONZO. ℞ TR. P. XXIX. IMP. VIII. COS. III. L'Abbondanza in piedi a s. con due spiche e il corno d'Amaltea; a' suoi piedi il modio. - COHEN, 921. BR. C¹

3319. GRAN BRONZO. ℞ TR. POT. XIII. COS. II. Soldato galeato a d. con asta e parazonio, col piede posato sopra un elmo; *n. 2 esempl.* BR. C¹

3320. GRAN BRONZO. ℞ VICT. AVG. TR. P. XVIII. IMP. II. COS. III. S. C. Vittoria in piedi a d. con un trofeo; a' suoi piedi l'Armenia seduta. - COHEN, 984. BR. C¹

3321. GRAN BRONZO. M. ANTONINVS AVG. TR. P. XXVII. Testa laureata a d. ℞ VICT - GERM - IMP. VI - COS. III. S. C. in una corona di alloro. - COHEN. 995. R. BR. C[1]

3322. GRAN BRONZO. ℞ VIRTVS AVG. IMP. X. COS. III. P. P. S. C. Il Valore seduto a d. con asta e parazonio. - COHEN, 1002. BR. C[1]

3323. GRAN BRONZO. VIRTVS S. C. TR. POT. IIII. COS. II. Il Valore in piedi a s. che posa il piede sopra un elmo. - COHEN, 1018. BR. C[2]

3324. GRAN BRONZO. ℞ TR. POT. XIX. IMP. II. COS. III. S. C. Soldato galeato a s. con asta e scudo; *n. 3 esempl.* BR. C[1]

3325. GRAN BRONZO. *N. 4 esempl. diversi.* BR. C[1] e C[2]

3326. GRAN BRONZO. *N. 5 esempl. diversi.* BR. C[1] e C[2]

3327. MEDIO BRONZO. CONCORD: AVGVSTOR. TR. P. XV. COS. III. S. C. Marco Aurelio e Lucio Vero che si danno la mano. - COHEN, 46; *n. 2 esempl.* BR. C[1]

3328. MEDIO BRONZO. ℞ CONSECRATIO S. C. Aquila sopra un altare. - COHEN, 86. BR. C[1]

3329. MEDIO BRONZO. ℞ COS. III. Roma seduta a s. sopra una corazza, con una *Victoriola* ed un'asta. - COHEN, 135. BR. C[1]

3330. MEDIO BRONZO. ℞ DE GERM. all'esergo IMP. VII. COS. III. P. P. S. C. Trofeo alla cui base stanno seduti la Germania in pianto e un Germano colle mani legate dietro il dorso. - COHEN, 158. R. BR. C[1]

3331. MEDIO BRONZO. ℞ IMP. VI. COS. III. S. C. Vittoria in piedi a d. attacca ad un albero uno scudo, sul quale leggesi VIC. GER. - COHEN, 268. BR. C[1]

3332. MEDIO BRONZO. PIETAS AVG. S. C. Coltello, aspersorio, vaso da sagrifici, bastone d'augure e simpulo. - COHEN, 455. BR. C[1]

3333. MEDIO BRONZO. ℞ PRIMI DECENNALES COS. III entro una corona. - COHEN, 496. BR. C[1]

3334. MEDIO BRONZO. ℞ SALVTI AVG. COS. III. S. C. La Salute in piedi a s. con uno scettro, dà il cibo ad un serpe attortigliato ad un altare. - COHEN, 545. BR. C[1]

3335. MEDIO BRONZO. ℞ SECVRIT. PVB. TR. P. XXIX. IMP. VIII. COS. III. S. C. La Sicurezza seduta a s. - COHEN, 589. BR. C[1]

3336. MEDIO BRONZO. TR. P. XVIII. IMP. II. COS. III. S. C. Vittoria a s. con palma e corona. BR. C[1]

FAUSTINA JUNIORE.

3337. DENARO. ℟ FECVND. AVGVSTAE. La Fecondità in piedi a s. tra due fanciulle ed altre due sulle braccia. - COHEN, 95. ARG. C[1]

3338. DENARO. ℟ FECVNDITAS. La Fecondità in piedi a d. - COHEN, 99. ARG. C[1]

3339. DENARO. HILARITAS. L'Allegrezza in piedi a s. con una lunga palma e cornucopia. - COHEN, 111. ARG. C[1]

3340. DENARO. ℟ IVNO. Giunone velata in piedi a s. con patera e scettro; a' suoi piedi un pavone. - COHEN, 120. ARG. C[1]

3341. DENARO. FAVSTINA AVGVSTA. Testa a d. ℟ MATRI MAGNAE. Cibele seduta a s. tra due leoni. - COHEN, 171. R. ARG. C[1]

3342. DENARO. ℟ PVDICITIA. La Pudicizia in piedi a s. - COHEN, 185. ARG. C[1]

3343. DENARO. ℟ SAECVLI FELICIT. Trono sul quale giuocano Commodo fanciullo ed il fratello suo gemello Antonino. - COHEN, 191. ARG. C[2]

3344. DENARO. Busto a d. ℟ VENVS FELIX. Venere seduta a s. con una *Victoriola* ed uno scettro. - COHEN, 274. ARG. C[1]

3345. DENARO. ℟ LAETITIAE PVBLICAE. La Gioja in piedi a s. con una corona ed uno scettro. - COHEN, 155. ARG. C[1]

3346. GRAN BRONZO. AETERNITAS S. C. L'Eternità seduta a s. con globo sormontato da una fenice e con uno scettro. - COHEN, 7. BR. C[1]

3347. GRAN BRONZO. ℟ FECVNDITAS S. C. La Fecondità in piedi a d. con un bambino ed uno scettro. - COHEN, 102. BR. C[1]

3348. GRAN BRONZO. ℟ HILARITAS S. C. L'Allegrezza in piedi a s. con una lunga palma e cornucopia. - COHEN, 112; *n. 3 esempl.* BR. C[1]

3349. GRAN BRONZO. IVNO S. C. Giunone velata in piedi a s. con una patera ed uno scettro; a' suoi piedi un pavone. - COHEN, 122. R. BR. C[1]

3350. GRAN BRONZO. ℟ LAETITIA S. C. La Gioja in piedi a s. con una corona ed uno scettro. - COHEN, 149; *n. 2 esempl.* BR. C[1]

3351. GRAN BRONZO. ℟ MATRI MAGNAE S. C. Cibele col timpano seduto a d. tra due leoni. - COHEN, 169. R. BR. C[1]

3352. GRAN BRONZO. Simile al precedente. R. BR. C[2]

3353. GRAN BRONZO. ℞ IVNONI REGINAE. Giunone in piedi a s. con patera e scettro; a s. un pavone. - COHEN, 142; *n. 2 esempl.* BR. C[1]

3354. GRAN BRONZO. ℞ SAECVLI FELICIT. S. C. Trono sul quale giuocano Antonino e Commodo gemelli. - COHEN, 193. R. BR. C[1]

3355. GRAN BRONZO. ℞ S. C. Diana in piedi a s. con un dardo, s'appoggia all'arco. - COHEN, 206. BR. C[1]

3356. GRAN BRONZO. DIVA FAVSTINA. Testa a d. ℞ SIDERIBVS RECEPTA S. C. Diana in piedi a d. con luna falcata dietro la testa e con una fiaccola. - COHEN, 215. R. BR. C[1]

3357. GRAN BRONZO. Simile al precedente; *n. 3 esempl.* R. BR. C[1]

3358. GRAN BRONZO. ℞ TEMPOR. FELIC. S. C. Faustina in piedi a s. con due fanciulli in braccio, ed altri due a' piedi. - COHEN, 224. BR. C[1]

3359. GRAN BRONZO. FAVSTINA AVG. ANTONINI AVG. PII FIL. Busto a d. ℞ VENVS. S. C. Venere in piedi a s. con un pomo ed uno scettro. - COHEN, 250. BR. C[1]

3360. GRAN BRONZO. *N. 6 esempl. svariati.* BR. C[1] e C[2]

3361. MEDIO BRONZO. ℞ AVGVSTI PII FIL. La Concordia in piedi a s. con patera e corno d'abbondanza. - COHEN, 23. BR. C[1]

3362. MEDIO BRONZO. HILARITAS. S. C. L'Allegrezza in piedi a s. con lunga palma e cornucopia. - COHEN. 113. BR. C[1]

3363. MEDIO BRONZO. ℞ HILARITAS S. C. L'Allegrezza in piedi a d. che s'acconcia il velo e tiene una lunga palma. - COHEN, 115. BR. C[1]

3364. MEDIO BRONZO. ℞ IVNONI LVCINAE S. C. Giunone in piedi a s. tra due fanciulle e tenendone una terza in braccio. - COHEN, 137. BR. C[1]

3365. MEDIO BRONZO. ℞ PVDICITIA S. C. La Pudicizia in piedi a s. - COHEN, 179. BR. C[1]

3366. MEDIO BRONZO. ℞ VENERI GENITRICI S. C. Venere seminuda in piedi a d. trattiene Marte ignudo a s. con uno scudo. - COHEN, 241. R[2] BR. C[1]

3367. MEDIO BRONZO. ℞. VENVS. Venere in piedi a s. con un pomo ed uno scettro. - COHEN, 251. BR. C[1]

LUCIO VERO.

3368. DENARO. IMP. L. AVREL. VERVS. AVG. Testa nuda a d. ℞ PROV. DEOR. TR. P. COS. II. La Provvidenza in piedi a s. con un globo e una cornucopia. - COHEN, 144; *n. 2 esempl.* ARG. C[1]

3369. DENARO. L. VERVS AVG. ARMENIACVS. Busto armato e corazzato a d. ℞ TR. P. IIII. IMP. II. COS. II. Marte in piedi a d. con asta e scudo. - COHEN, 228. ARG. C[1]

3370. DENARO. Simile al precedente; *n. 2 esempl.* ARG. C[1]

3371. DENARO. L. VERVS AVG. ARM. PARTH. MAX. Testa laureata a d. ℞ TR. P. V. IMP. III. COS. II. Parto o Armeno seduto a terra colle mani legate al dorso, a' suoi piedi un turcasso, un arco e delle armi. - COHEN, 273. ARG. C[1]

3372. GRAN BRONZO. ℞ CONSECRATIO S. C. Aquila in piedi su un globo a s. - COHEN, 56. BR. C[1]

3373. GRAN BRONZO. Testa laureata a d. ℞ TR. POT. V. IMP. III. COS. II. S. C. Un Armeno o Parto seduto a d. appiè d'un trofeo, colle mani legate al dorso, davanti a lui uno scudo, dietro un arco e una freccia. - COHEN, 194. BR. C[1]

3374. MEDIO BRONZO. ℞ CONCORD. AVGVSTOR. COS, II. Lucio Vero e Marco Aurelio in piedi dandosi la mano. - COHEN, 31. BR. C[1]

3375. MEDIO BRONZO. ℞ TR. P. IIII. IMP. II. COS. II. S. C. Vittoria gradiente a s. con palma e corona, - COHEN, 242; *n. 2 esempl.* BR. C[1]

3376. MEDIO BRONZO. *N. 4 esempl. diversi.* BR. C[2]

LUCILLA.

3377. DENARO. LVCILLA AVGVSTA. Busto a d. ℞ VENVS VICTRIX. Venere in piedi a s. con una *Victoriola* ed appoggiata ad uno scudo. - COHEN, 89. R. ARG. C[1]

3378. DENARO. LVCILLAE AVG. ANTONINI AVG. FIL. Busto a d. ℞ VOTA PVBLICA entro una corona d'alloro. - COHEN, 98. R[2] ARG. C[1]

3379. DENARO. Simile al precedente. R[2] ARG. C[1]

3380. MEDAGLIONE. ......AVG...... Busto a s. ℞ Guasto. BR. C[3]

3381. GRAN BRONZO. ℞ CERES. S. C. Cerere con due spiche ed una fiaccola seduta a d. sopra la cista mistica. - COHEN, 2. BR. C[1]

3382. GRAN BRONZO. ℞ IVNONI LVCINAE S. C. Giunone seduta a s. con un fiore ed un bambino in fascia. - COHEN, 37. R. BR. C[1]

3383. GRAN BRONZO. ℞ PIETAS S. C. La Pietà velata in piedi a s. presso un altare acceso, sollevando la mano destra e tenendo una scatola di profumi. - COHEN, 54; *n. 2 esempl.* BR. C[1] e C[2]

3384. GRAN BRONZO. ℞ VENVS S. C. Venere in piedi a s. con un pomo. - COHEN, 77; *n. 2 esempl.* BR. C[1] e C[2]

3385. GRAN BRONZO. *n. 2 esempl. diversi.* BR. C[1]

3386. MEDIO BRONZO. ℞ HILARITAS. L'Allegrezza in piedi a s, con lunga palma ed un corno d'abbondanza. - COHEN, 30. BR. C[1]

COMMODO.

3387. DENARO. M. COMM. ANT. P. FEL. AVG. BRIT. Testa laureata a d. ℞ AVG. PIET. P. M. TR. P. XII. IMP. VIII. COS. V. P. P. La Pietà in piedi a s. presso un altare acceso. - COHEN, 34. R. ARG. C[1]

3388. DENARO. Testa laureata a d. ℞ CON. COM. P. M. TR. P. XVI. COS. VI. La Concordia in piedi a s. con patera e scettro. - COHEN, 45. R[4] ARG. C[1]

3389. DENARO. ℞ FOR. FEL. P. M. TR. P. XIIII. COS. V. DES. VI. La Fortuna in piedi a s. col piede sopra una prora di nave e colla cornucopia. - COHEN, 146. ARG. C[1]

3390. DENARO. ℞ ERCVLI ROMANO AVG. Clava. Il tutto entro corona d'alloro. - COHEN, 191; *n. 2 esempl.* R. ARG. C[1]

3391. DENARO. ℞ HERCVLI ROMANO AVG. Ercole nudo in piedi colla pelle di leone e la clava posa un elmo sopra un trofeo. - COHEN, 202.

3392. DENARO. ℞ HILARITAS. L'allegrezza in piedi a s. con lunga palma e cornucopia. - COHEN, 216. R. ARG. C[1]

3393. DENARO. LIB. AVG. P. M. TR. P. XVII. COS. VII. P. P. La Libertà in piedi a s. - COHEN, 288. ARG. C[1]

3394. DENARO. ℞ PI M. TR. P. X. IMP. VII. COS. IIII. P. P. Roma in piedi a s. con una Vittoria e lo scettro. - COHEN, 476. ARG. C[1]

3395. DENARO. L. AEL. AVREL. COMM. AVG. P. FEL. Testa laureata a d. ℞ PROVIDENTIAE AVG. Ercole in piedi a s. col piede destro sopra una prora di nave, appoggiando la clava sopra un masso, dà la mano all'Africa che tiene un sistro e delle spiche; a' piedi dell'Africa un leone. - COHEN, 643.
R[2] ARG. C[1]

3396. DENARO. Simile al precedente. R[3] ARG. C[2]

3397. DENARO. ℞ SEC. ORB. P. M. TR. P. XIIII. COS. V. DES. VI. La Sicurezza seduta a s. con un globo. - COHEN, 695.
ARG. C[1]

3398. DENARO. ℞ SERAPIDI CONSERV. AVG. Serapide in piedi, stende la mano e tiene uno scettro. - COHEN, 703.
R. ARG. C[1]

3399. DENARO. ℞ TR. P. IIII. IMP. II. COS. P. P. La Salute seduta a s. presenta un papavero ad un serpe che sporge da un altare. - COHEN, 767. ARG. C[1]

3400. DENARO. ℞ TR. P. VIII. IMP. VI. COS. IIII. P. P. La Pace in piedi a s. con un caduceo ed una cornucopia. - COHEN, 906.
ARG. C[1]

3401. DENARO. IOVI EXVPER. P. M. TR. P. XII. IMP. VIII. COS. V, P. P. Giove seduto a s. con fulmine e scettro. R. ARG. C[1]

3402. DENARO. *N. 4 esempl. diversi.* ARG. C[1]

3403. MEDAGLIONE. .... COMMODVS ANTONI ..... Busto laureato a d. ℞ FIDES EXERCIT. all'esergo. Commodo in piedi a s. sopra un palco, con un'asta, sta arringando sei soldati armati di scudi e d'insegne militari; dietro Commodo un soldato in piedi. - COHEN, 133. *Varietà.* R[8] BR. C[3]

3404. GRAN BRONZO. ℞ IOVI VICTORI IMP. III. COS. III. P. P. S. C. Giove assiso a s. con una Vittoria e uno scettro. - COHEN, 265. BR. C[1]

3405. GRAN BRONZO. ℞ ITALIA (nell'esergo) P. M. TR. P. VIIII. IMP. VII. COS. IIII. P. P. L'Italia turrita seduta a s. su un globo, con una cornucopia ed uno scettro. - COHEN, 266.
BR. C[1]

3406. GRAN BRONZO. - COHEN, 335; *n. 3 esempl.* BR. C[1]

3407. GRAN BRONZO. ℞ MART. PAC. P. M. TR. P. XIIII. IMP. VIII. COS. V. P. P. S. C. Marte astato in piedi a s. - COHEN, 352.
BR. C[1]

3408. GRAN BRONZO. - COHEN, 452. BR. C[1]

3409. GRAN BRONZO. - COHEN, 620. BR. C[1]

3410. GRAN BRONZO. COMMODVS ANT. P. FELIX. AVG. BRIT. Testa laureata a d. ℞ ROMAE AETERNAE COS. V. P. P. S. C. Roma seduta a s. con una Vittoria e un'asta, davanti uno scudo. - COHEN, 648. BR. C[1]

3411. GRAN BRONZO. - COHEN, 689. BR. C[1]

3412. GRAN BRONZO. - COHEN, 698. BR. C[1]

3413. GRAN BRONZO. M. COMMOD. ANT. P. FELIX AVG. BRIT. P. P. Testa laureata a d. ℞ TEMPOR. FELIC. P. M. TR. P. XV. IMP. VIII. COS. VI. S. C. Due cornucopie colme di frutta; nel mezzo un caduceo. - COHEN, 722. BR. C[1]

3414. GRAN BRONZO. - COHEN, 829. BR. C[1]

3415. GRAN BRONZO. - COHEN, 916. BR. C[1]

3416. GRAN BRONZO. M. COMMODVS ANTON. AVG. PIVS BRIT. Testa laureata a d. ℞ VOTA SVSCEPT. DECEN. P. M. TR. P. VIIII. IMP. VII. COS. IIII. P. P. S. C. Commodo velato in piedi a d., ecc. - COHEN, 988; *n. 2 esempl.* BR. C[1]

3417. GRAN BRONZO. Testa giovanile a d. BR. C[2]

3418. MEDIO BRONZO. L. AELIVS AVRELIVS COMMODVS AVG. PIVS. FELIX. Busto a d. coperto dalla pelle di leone. ℞ Simile al medaglione. - COHEN, 208. R[8] BR. C[2]

3419. MEDIO BRONZO. - COHEN, 504; *n. 2 esempl.* BR. C[1]

3420. MEDIO BRONZO. - COHEN, 710. BR. C[2]

3421. MEDIO BRONZO. ℞ VICT. BRICT. (nell'esergo) P. M. TR. P. VIIII. IMP. VII. COS. IIII. P. P. S. C. Vittoria seminuda, seduta a d. su degli scudi, con una palma, appoggia uno scudo sul ginocchio s. - COHEN, 945. R. BR. C[1]

3422. MEDIO BRONZO. ℞ HERCVL. ROMAN. AVGV. S. C. Clava. Il tutto entro corona d'alloro. - COHEN, 193. BR. C[1]

3423. MEDIO BRONZO. ℞ PIETAS AVG. S. C. Vaso da sacrifici, coltello vittimario, aspersorio, bastone d'augure e simpulo. - COHEN, 404. BR. C[1]

3424. MEDIO BRONZO. ℞ SPES PVBLICA S. C. La Speranza gradiente a s. con un fiore ed alzandosi la veste. - COHEN, 710. BR. C[1]

3425. MEDIO BRONZO. TR. P. VII. IMP. IIII. COS. III. P. P. S. C. La Pace con un ramo ed uno scettro. BR. C[1]

3426. MEDIO BRONZO. ℞ TR. P. .... IIII. COS. .... Commodo in quadriga al passo a s. con uno scettro. R[2] BR. C[2]

3427. MEDIO BRONZO. ℞ .... COS. III. S. C. Pallade in piedi a s. dinanzi ad un altare. BR. C[1]

3428. MEDIO BRONZO. ℞ TR. P. V. IMP. III. COS. II. P. P. S. C. Marte gradiente a d. con asta e trofeo. BR. C[1]

3429. MEDIO BRONZO. *N. 4 esempl. diversi.* BR. C[2]

CRISPINA.

3430. DENARO. CRISPINA AVGVSTA. Busto a d. ℞ CERES. Cerere velata in piedi a s. con due spiche ed una face - COHEN, 1. ARG. C[1]

3431. DENARO. ℞. CONCORDIA. Due mani congiunte. - COHEN, 8. R. ARG. C[1]

3432. GRAN BRONZO. ℞ HILARITAS S. C. L'Allegrezza in piedi a s. con lunga palma ed una cornucopia. - COHEN, 18. BR. C[2]

3433. MEDIO BRONZO. ℞ CONCORDIA. La Concordia seduta a s. con patera e doppia cornucopia. BR. C[2]

3434. MEDIO BRONZO. ℞ IVNO LVCINA S. C. Giunone in piedi a s. con patera e scettro. - COHEN, 24. BR. C[3]

3435. MEDIO BRONZO. ℞ IVNO S. C. Giunone in piedi a s. con patera ed uno scettro. BR. C[2]

PERTINACE.

3436. DENARO. IMP. CAES. P. HELV. PERTIN. AVG. Testa laureata a d. ℞ LAETITIA TEMPOR. COS. II. La Gioia in piedi a s. con scettro e corona. - COHEN. 20. R[1] ARG. C[1]

3437. GRAN BRONZO. IMP. CAES. P. HELV. PERTINAX AVG. Testa laureata a d. ℞ LAETITIA TEMPORVM COS. II S. C. Simile al precedente. - COHEN, 21. R[7] BR. C[2]

ALBINO.

3438. DENARO. D. CLOD. SEPT. ALBIN. CAES. Testa nuda a d. ℞ COS. II. Esculapio in piedi a s. con un bastone d'augure, cui è attorcigliato un serpe. - COHEN, 9. R. ARG. C[1]

3439. DENARO. IMP. CAES. D. CLO. ALBIN. AVG. Testa laureata a d. ℞ MIN. PAC. COS. II. Minerva in piedi a s. con un ramo d'ulivo e uno scudo, il braccio sinistro sostiene un' asta. - COHEN, 51. ARG. C[1]

3440. GRAN BRONZO. D. CLOD. SEPT. ALBIN. CAES. Testa nuda a d. ℞ CONCORDIA S. C. La Concordia seduta a s. con patera e cornucopia. - COHEN, 7. R[4] BR. C[1]

3441. GRAN BRONZO. D. CLOD. SEPT. ALBIN CAES. Testa nuda a d. ℞ Iscrizione illeggibile. La Felicità in piedi a s. con caduceo e scettro. S. C. - COHEN, 16? R[2] BR. C[2]

SETTIMIO SEVERO.

3442. DENARO. Testa laureata a d. ℞ ADVENTVS AVG. Severo a cavallo a d. leva la destra mano. - COHEN, 14. ARG. C[1]

3443. DENARO. SEVERVS PIVS AVG. Testa laureata a d. ℞ INDVLGENTIA AVG. IN CARTH. La dea Celeste di Cartagine seduta di prospetto su un leone che corre a d. col timpano e lo scettro; sotto, acque sorgenti da una roccia. - COHEN, 219. ARG. C[1]

3444. DENARO. L. SEPT. SEV. PERET (sic) AVG. IMP. I. Testa laureata. ℞ LIBER AVG. La Liberalità in piedi a s. con tessera e cornucopia. - COHEN, 279. ARG. C[1]

3445. DENARO. Testa laureata a d. ℞ LIBERALITAS AVGG. La Liberalità in piedi a s. con una tessera e cornucopia. - COHEN. 296. ARG. C[1]

3446. DENARO. ℞ MONET. AVG. La Moneta in piedi a s. con bilancia e cornucopia. - COHEN, 329. ARG. C[1]

3447. DENARO. SEVERVS PIVS AVG. Testa laureata a d. ℞ PART. MAX. P. M. TR. P. X. Trofeo ai cui piedi stanno due prigionieri. - COHEN, 372. ARG. C[1]

3448. DENARO. ℞ P. M. TR. P. II. COS. II. P. P. Pallade in piedi a s., ha un'asta trasversale e uno scudo. - COHEN, 381. ARG. C[1]

3449. DENARO. Simile al precedente. - COHEN, 381. ARG. C[1]

3450. DENARO. ℞ F. M. TR. P. VIII. COS. II. P. P. Vittoria volante a s., ha nelle mani un diadema, davanti a lei uno scudo su un cippo. - COHEN, 454. ARG. C[1]

3451. DENARO. ℞ P. M. TR. P. XIII. COS. III. P. P. Giove nudo a s. con fulmine e scettro; a' suoi piedi un'aquila. - COHEN, 469. ARG. C[1]

3452. DENARO. ℞ P. M. TR. P. XIIII. COS. III. P. P. Genio nudo in piedi a s. sacrifica presso un'ara accesa, tiene delle spiche. - COHEN, 475. ARG. C[1]

3453. DENARO. Testa laureata a d. ℞ RESTITVTOR VRBIS. Settimio Severo laureato, in abito militare, a s. sagrifica su un tripode acceso, è astato. - COHEN, 599. ARG. C[1]

3454. DENARO. Testa laureata a d. ℞ RESTITVTOR VRBIS. Roma assisa a s. col palladio e uno scettro; dietro di lei uno scudo. - COHEN, 606. ARG. C[1]

3455. DENARO. SEVERVS PIVS AVG. Testa laureata a d. ℞ VICT. AVGG. Vittoria gradiente a s. con corona e palma. - COHEN, 692; *n. 2 esempl.* ARG. C[1]

3456. DENARO. ℞ Tre insegne militari; *n. 3 esempl.* ARG. C[1] e C[2]

3457. GRAN BRONZO. L. SEPT. SEV. PERT. AVG. IMP. V. Busto laureato e corazzato a d. ℞ PART. ARAB. PART. ADIAB. COS. II. P. P. S. C. Trofeo fra un Parto e un Arabo seduti su due scudi, colle mani legate al dorso. - COHEN, 366. BR. C[1]

3458. GRAN BRONZO e MEDIO BRONZO. *N. 5 esempl.* BR. C[1] e C[2]

3459. MEDIO BRONZO. L. SEPT. SEV. PERT. AVG. IMP. VIII. Busto laureato e corazzato a d. ℞ ADVENTI AVG. FELICISSIMO S. C. Severo in abito militare a cavallo a d. preceduto da un soldato con stendardo che tiene il cavallo per il freno. - COHEN, 9. BR. C[1]

GIULIA DOMNA.

3460. DENARO. IVLIA AVGVSTA. Busto a d. ℞ FORTUNAE FELICI. La Fortuna in piedi a s. colla cornucopia si appoggia ad un timone. - COHEN, 55. ARG. C[1]

3461. DENARO. ℞ PIETAS AVGG. La Pietà in piedi a s. mette un grano d'incenso su un'ara accesa, ha una scatola da profumi. - COHEN, 150. ARG. C[1]

3462. DENARO. ℞ PIETAS PVBLICA. La Pietà velata in piedi a s. presso un'ara adorna e accesa, leva ambe le mani. - COHEN, 156; *n. 2 esempl.* ARG. C[1]

3463. DENARO. ℞ PVDICITIA. La Pudicizia velata seduta a s. porta la mano destra al seno ed appoggia la sinistra al sedile. - COHEN, 168. ARG. C[1]

3464. DENARO. ℞ VENVS FELIX. Venere in piedi di prospetto astata, tiene un pomo nella d. - COHEN, 198. ARG. C[1]

3465. DENARO. IVLIA PIA FELIX AVG. Busto a d. ℞ VESTA. Vesta seduta a s. con simpulo e scettro. - COHEN, 226. ARG. C[2]

3466. GRAN BRONZO. IVLIA PIA FELIX AVG. Busto a d. ℞ VESTA. Vesta seduta a s. con simpulo e scettro. - COHEN, 228. BR. C[1]

3467. GRAN BRONZO. ℞ MATER DEVM. Cibele turrita seduta a s. fra due leoni con scettro e un ramo, il gomito sinistro è appoggiato sul timpano. S. C. (nell'esergo). - COHEN, 124. BR. C[1]

3468. GRAN BRONZO. ℞ VENERI VICTR. Venere seminuda in piedi a d. con un pomo e una palma si appoggia ad una colonna. - COHEN, 195. BR. C[2]

3469. GRAN BRONZO. *N. 2 esempl.* BR. C[3]

3470. MEDIO BRONZO. ℞ MATER DEVM. Cibele seduta fra due leoni, ecc., senza scettro. - COHEN, 127. BR. C[2]

GIULIA, CARACALLA E GETA.

3471. DENARO. ARG. C[3]

CARACALLA.

3472. DOPPIO DENARO. ℞ P. M. TR. P. XVIII. COS. IIII. P. P. Giove nudo in piedi a d. con folgore e scettro. - COHEN, 279. ARG. C[1]

3473. DOPPIO DENARO. Busto radiato a d. ℞ P. M. TR. P. XVIII. COS. IIII. P. P. Il Sole radiato in piedi di prospetto, guarda a s., alza la mano destra e ha un globo. - COHEN, 287. ARG. C[1]

3474. DOPPIO DENARO. Testa radiata a d. ℞ P. M. TR. P. XX. COS. IIII. P. P. Il Sole radiato in piedi a s., leva una mano e tiene uno staffile. - COHEN, 389. ARG. C[1]

3475. DOPPIO DENARO. ℞ VENVS VICTRIX. Venere in piedi a s. con una Vittoria e scettro, si appoggia ad uno scudo posto sopra un elmo. - COHEN, 608. ARG. C[1]

3476. DENARO. ℞ LIBERAL AVG. VIIII. La Liberalità in piedi a s. con una tessera e una cornucopia. - COHEN, 139. ARG. C[1]

3477. DENARO. ℞ LIBERTAS AVG. La Libertà in piedi a s. con un berretto e uno scettro. - COHEN, 143. ARG. C[1]

3478. DENARO. ℞ MARTI PROPVGNATORI. Marte in corsa a s. con asta e trofeo. - COHEN. 150. ARG. C[1]

3479. DENARO. ℞ P. M. TR. P. XVI. COS. IIII. P. P. Serapide in piedi a s. con scettro. - COHEN, 211. ARG. C[1]

3480. DENARO. ANTONINVS. PIVS AVG. GERM. Testa laureata a d. P. M. TR. P. XVII. COS. IIII. P. P. Apollo seminudo seduto a s. con un ramo d'alloro, appoggia il gomito sinistro su una lira posta su un tripode. - COHEN, 242. ARG. C[1]

3481. DENARO. ANTONINVS PIVS AVG. BRIT. Testa laureata a d. ℞ PROFECTIO AVG. Caracalla in abito militare in piedi a d. con asta; dietro a lui due insegne. - COHEN, 508. ARG. C[1]

3482. DENARO. Simile al precedente. ARG. C[1]

3483. DENARO. ℞ INVICTA SACERDOS.... Caracalla in piedi a s. con patera dinanzi ad un altare; nel campo a s. una stella. ARG. C[1]

3484. GRAN BRONZO. M. AVREL. ANTONINVS PIVS AVG. Testa laureata a d. ℞ PONTIF. TR. P. XIII. COS. III S. C. Caracalla e Geta in piedi di contro, sacrificano su un'ara accesa; dietro, Severo velato in piedi di prospetto. - COHEN, 489. R[2] BR. C[1]

3485. GRAN BRONZO. - COHEN, 536; *n. 2 esempl.* BR. C[1]

3486. GRAN BRONZO. ℞ SECVRITATI PERPETVAE. La Sicurezza seduta a d. davanti un'ara adorna e accesa, sostiene il capo colla destra mano, regge uno scettro. - COHEN, 576; *n. 2 esempl.* BR. C[1]

3487. GRAN BRONZO. Simile ai precedenti. BR. C[2]

3488. GRAN BRONZO. ℞ P. M. TR. P. XVII. IMP. III. COS..... Caracalla seduto a s. sopra un palco con due personaggi in piedi; abbasso della scala altro personaggio. BR. C[2]

3489. MEDIO BRONZO. ℞ Un tempio. BR. C[3]

PLAUTILLA.

3490. DENARO. PLAVTILLA AVGVSTA. Busto a d. ℞ CONCORDIA AVGG. La Concordia in piedi a s. con patera e scettro. - COHEN, 1. ARG. C[1]

3491. DENARO. PLAVTILLAE AVGVSTAE. Busto a d. ℞ CONCORDIAE. La Concordia seduta a sinistra con patera e doppia cornucopia. - COHEN, 7. ARG. C[1]

3492. DENARO. ℞ PIETAS AVGG. Plautilla in piedi a d. con scettro e un bambino sul braccio sinistro. - COHEN, 16; *n. 2 esempl.* ARG. C[1]

3493. DENARO. PLAVTILLAE AVGVSTAE. Busto a d. con mazzocchio (chignon). ℞ PROPAGO IMPERI. Plautilla in piedi a d. dà la mano a Caracalla stante a s. - COHEN, 21. ARG. C[1]

GETA.

3494. DENARO. P. SEPT. GETA CAES. PONT. Testa laureata a d. ℞ MINER. VICTRIX. Minerva in piedi a s. con una Vittoria e un'asta; a' suoi piedi uno scudo, dietro di lei un trofeo. ARG. C[2]

3495. DENARO. GETA CAES. PONT. COS. Busto giovanile nudo e panneggiato a d. ℞ FELICITAS AVGG. La Felicità in piedi a s. con caduceo e cornucopia. - COHEN, 35. ARG. C[1]

3496. DENARO. ℞ NOBILITAS. Donna in piedi a d. col palladio e lo scettro. - COHEN, 90. ARG. C[1]

3497. DENARO. ℞ MINERVAE VICTRICI Minerva gradiente a s.; lancia un giavellotto, ha uno scudo; a' suoi piedi, un serpente che si rizza. - COHEN, 86, ARG. C[1]

3498. DENARO. ℞ PROVID. DEORVM. La Provvidenza in piedi a s. - COHEN, 170. ARG. C[1]

3499. DENARO. ℞ SECVRIT IMPERII. La Sicurezza con un globo assisa a s. - COHEN, 183. ARG. C[1]

3500. GRAN BRONZO. IMP. CAES. P. SEPT. GETA PIVS AVG. Testa laureata a d. ℞ PONTIF. TR. P. II. COS. S. C. Caracalla e Geta in piedi davanti un tripode ove sagrificano; dietro il tripode un suonatore di flauto stante di prospetto e un toro morto. - COHEN, 145. BR. C[1]

3501. GRAN BRONZO. Simile al precedente. BR. C[1]

MACRINO.

3502. DOPPIO DENARO. IMP. C. M. OPEL. SEV. MACRINVS AVG. Busto radiato e panneggiato a d. ℞ SALVS PVBLICA. La Salute seduta a s. nutrente un serpe attorcigliato ad un' ara, colla sinistra mano tiene uno scettro. ARG. C[1]

3503. DENARO. IMP. C. M. OPEL. SEV. MACRINV AVG. Busto laureato, panneggiato e corazzato a d. ℞ FELICITAS TEMPORVM. - COHEN, 15. ARG. C[1]

3504. DENARO. IMP. C. M. OPEL. SEV. MACRINVS AVG. Testa laureata a d. ℞ P. M. TR. P. II. COS. P. P. Macrino seduto a s. su sedia curule con globo e corto scettro. - COHEN, 51. ARG. C[1]

3505. DENARO. Simile al precedente. ARG. C[1]

3506. DENARO. ℞ VOTA PVBL. P. M. TR. P. La Felicità in piedi a d. con caduceo e scettro. - COHEN, 147. ARG. C[2]

3507. GRAN BRONZO. IMP. CAES. M. OPEL. SEV. MACRINVS AVG. Busto laureato a d. ℞ P. M. TR. P. II. COS. P. P. L'Abbondanza in piedi a s. con spighe ed il corno d'Amaltea; a' suoi piedi il modio colmo di spiche. - COHEN, 49. R. BR. C[1]

3508. GRAN BRONZO. ℞ P. M. TR. P. II. COS. P. P. Macrino seduto a s. sur una sedia curule, ha un globo ed uno scettro corto. S. C. (nell'esergo). - COHEN, 52. BR. C[3]

3509. MEDIO BRONZO. Testa laureata a d. ℞ PONTIF. MAX. TR. P. COS. P. P. La Sicurezza in piedi a s. con uno scettro, appoggiata ad una colonna. BR. C[1]

3510. MEDIO BRONZO. Busto laureato a d. ℞ Iscrizione illeggibile. Macrino in quadriga a s. coronato dalla Vittoria in piedi dietro a lui; *n. 2 esempl.* BR. C[2]

3511. MEDIO BRONZO. BR. C[2]

DIADUMENIANO.

3512. DENARO. M. OPEL. DIADVMENIANVS CAES. Busto nudo e panneggiato a d. ℞ PRINC. IVVENTVTIS. Diadumeniano in piedi di prospetto, con un' insegna militare e uno scettro; a destra due insegne. - COHEN, 6. ARG. C[1]

3513. DENARO. Simile al precedente. ARG. C[1]

ELAGABALO.

3514. DENARO. IMP. ANTONIVS AVG. Busto laureato, panneggiato e corazzato a d. ℞ FIDES MILITVM. La Fedeltà in piedi di prospetto volta a d. con stendardo ed insegna. - COHEN, 38. ARG. C[1]

3515. DOPPIO DENARO. IMP. CAES. ANTONINVS AVG. Busto radiato, panneggiato, corazzato a d. ℞ MARS. VICTOR. Marte nudo con mantello svolazzante, gradiente a d. con asta e trofeo. - COHEN, 111. ARG. C[1]

3516. DENARO. ℞ P. M. TR. P. II. COS. II. P. P. La Provvidenza in piedi a s. con bacchetta, cornucopia; si appoggia a una colonna, a' suoi piedi un globo. - COHEN, 144. ARG. C[1]

3517. GRAN BRONZO. Busto laureato a d. ℞ SPES PVBLICA. S. C. La Speranza in piedi a s. con un fiore, si rialza la veste. BR. C2

3518. GRAN BRONZO. *N. 3 esempl.* BR. C1 e C2

GIULIA PAOLA.

3519. DENARO. IVLIA PAVLA. Busto a d. ℞ CONCORDIA. La Concordia seduta a s. con patera. - COHEN, 6. ARG. C1

3520. DENARO. ℞ CONCORDIA AVGG. La Concordia seduta a s. con patera e doppio cornucopia. - COHEN, 16. ARG. C1

3521. DENARO. ℞ VENVS GENETRIX (sic). Venere seduta a s. con globo e scettro. - COHEN, 21. ARG. C1

3522. GRAN BRONZO. IVLIA PAVLA AVG. Busto diademato a d. ℞ CONCORDIA S. C. La Concordia seduta a s. con patera e doppio cornucopia; nel campo una stella. - COHEN, 8. R5 BR. C2

2523. MEDIO BRONZO. ℞ CONCORDIA AETERNA. Elagabalo e Giulia Paola in piedi dandosi la mano; fra loro la Concordia in piedi di prospetto. - COHEN, 15. R. BR. C1

3524. MEDIO BRONZO. Simile al precedente. R. BR. C2

GIULIA SOEMIA.

3525. DENARO. ℞ VENVS CAELESTIS. Venere diademata in piedi con pomo e scettro; nel campo una stella. - COHEN, 8. ARG. C1

3526. DENARO. ℞ VENVS CAELESTIS. Venere seduta con pomo e scettro; a' suoi piedi un fanciullo. - COHEN, 14. ARG. C1

GIULIA MAESA.

3527. DENARO. IVLIA MAESA AVG. Busto a d. ℞ IVNO. Giunone velata in piedi a s. con patera e scettro. - COHEN, 16. ARG. C1

3528. DENARO. ℞ PVDICITIA. La Pudicizia seduta a s. si rialza il velo colla destra e tiene uno scettro. - COHEN, 36. ARG. C1

3529. GRAN BRONZO. - COHEN, 31; *n. 3 esempl.* BR. C2

3530. GRAN BRONZO. - COHEN, 40. BR. C2

ALESSANDRO SEVERO.

3531. DENARO. PAX AVG. La Pace in corsa a d. con ramo di ulivo e scettro. - COHEN, 187. ARG. C[1]

3532. DENARO. ℞ P. M. TR. COS. P. P. Giove nudo con folgore e scettro. - COHEN, 204. ARG. C[1]

3533. DENARO. ℞ P. M. TR. P. II. COS. P. P. Marte gradiente a s. con ramo di lauro e asta rovesciata. - COHEN, 231. ARG. C[1]

3534. DENARO. ℞ P. M. TR. P. II. COS. P. P. Alessandro armato in piedi a s. con globo ed asta capovolta. - COHEN, 256. ARG. C[1]

3535. DENARO. Tipo solito. ℞ Marte in piedi a s. - COHEN, 336. ARG. C[1]

3536. DENARO. ℞ SPES PVBLICA. La Speranza in piedi a s. - COHEN, 543. ARG. C[1]

3537. GRAN BRONZO. Testa laureata a d. ℞ SPES PVBLICA. La Speranza in piedi a s. con un fiore e rialzandosi la veste. - COHEN, 547. BR. C[1]

3538. GRAN BRONZO. Simile al precedente. BR. C[1]

3539. GRAN BRONZO. ℞ ANNONA AVGVSTI S. C. L'Abbondanza in piedi a s. presso un modio colmo di spiche, ha alcune spighe e un'ancora. - COHEN, 36. BR. C[1]

3540. GRAN BRONZO. ℞ IOVI CONSERVATORI. Giove nudo in piedi a s. col fulmine e lo scettro. - COHEN, 74. BR. C[1]

3541. GRAN BRONZO. ℞ IOVI STATORI. Giove nudo in piedi di prospetto. - COHEN. 92. BR. C[1]

3542. GRAN BRONZO. ℞ IVSTITIA AVGVSTI S. C. La Giustizia seduta a s. con patera e scettro. - COHEN, 106. BR. C[1]

3543. GRAN BRONZO. Simile al precedente. BR. C[1]

3544. GRAN BRONZO. ℞ LIBERALITAS AVGVSTI. IIII. S. C. Alessandro seduto a s. su un palco, dietro di lui il prefetto del pretorio e un soldato con asta; davanti al palco la Liberalità con tessera e cornucopia. - COHEN, 139. BR. C[1]

3545. GRAN BRONZO. ℞ Marte in corsa a d. - COHEN, 168. BR. C[1]

3546. GRAN BRONZO. ℞ Alessandro in piedi presso un'ara. - COHEN, 358. BR. C[1]

3547. GRAN BRONZO. - COHEN, 509; *n. 2 esempl.* BR. C[1]

3548. GRAN BRONZO. *N. 2 esempl.* BR. C[1]

3549. GRAN BRONZO. ℞ Marte in corsa a s. BR. C[1]

3550. GRAN BRONZO. *N. 2 esempl.* BR. C[3]
3551. MEDIO BRONZO. ℞ Alessandro in quadriga a d. con scettro sormontato da un'aquila. - COHEN, 378. BR. C[1]
3552. MEDIO BRONZO. Simile al precedente. BR. C[1]
3553. MEDIO BRONZO. ℞ PROFECTIO AVG. S. C. Alessandro in abito militare a cavallo a s.; leva la mano destra e colla sinistra tiene un'asta. - COHEN, 489. BR. C[1]
3554. MEDIO BRONZO. ℞ FIDES MILITVM. Medaglia ibrida. BR. C[1]

ORBIANA.

3555. GRAN BRONZO. SALL. BARBIA ORBIANA AVG. Busto diademato a d. ℞ CONCORDIA AVGVSTORVM S. C. La Concordia seduta a d. con patera e con doppia cornucopia. - COHEN, 4. BR. C[1]
3556. GRAN BRONZO. Simile al precedente. BR. C[1]
3557. MEDIO BRONZO. ℞ CONCORDIA AVGVSTORVM S. C. Simile al precedente. - COHEN, 5. BR. C[2]

GIULIA MAMAEA.

3558. DENARO. ℞ IVNO CONSERVATRIX. Giunone diademata e velata con patera e scettro, a' suoi piedi, un pavone. - COHEN, 35. ARG. C[1]
3559. DENARO. ℞ VESTA. Vesta velata, in piedi col palladio e lo scettro. - COHEN, 81. ARG. C[1]
3560. GRAN BRONZO. IVLIA MAMAEA AVGVSTA. Busto diademato a d. ℞ IVNO AVGVSTAE. Giunone seduta a s. con un fiore e un fanciullo in fasce. - COHEN, 33. BR. C[1]
3561. GRAN BRONZO. - COHEN, 66. BR. C[1]
3562. MEDIO BRONZO. BR. C[1]

MASSIMINO I.

3563. DENARO. IMP. MAXIMINVS PIVS AVG. Testa laureata a d. ℞ FIDES MILITVM. La Fedeltà militare in piedi a s. con due insegne. - COHEN, 7. ARG. C[1]
3564. DENARO. ℞ PAX AVGVSTI. La Pace in piedi a s. con ramo d'ulivo e asta. - COHEN, 31. ARG. C[1]

3565. DENARO. ℞ P. M. TR. P. II. COS. P. P. Massimino in abito militare in piedi a d. fra due insegne. - COHEN, 55. ARG. C[1]

3566. DENARO. ℞ PROVIDENTIA AVG. La Provvidenza in piedi a s. con bacchetta e cornucopia, a' suoi piedi un globo. - COHEN, 75; *n. 2 esempl.* ARG. C[1]

3567. DENARO. ℞ VICTORIA AVG. Vittoria in corsa a d. con palma e corona. - COHEN, 99. ARG. C[1]

3568. GRAN BRONZO. - COHEN, 10; *n. 2 esempl.* BR. C[1]

3569. GRAN BRONZO. - COHEN, 34; *n. 3 esempl.* BR. C[1] e C[2]

3570. GRAN BRONZO. - COHEN, 58. BR. C[1]

3571. GRAN BRONZO. - COHEN, 71. BR. C[2]

3572. GRAN BRONZO. ℞ PROVIDENTIA AVG. La Provvidenza in piedi a s. con bacchetta e cornucopia, a' suoi piedi un globo S. C. - COHEN, 76. BR. C[1]

3573. GRAN BRONZO. Simile al precedente. BR. C[1]

3574. GRAN BRONZO. - COHEN, 88. BR. C[1]

3575. GRAN BRONZO. ℞ VICTORIA GERMANICA S. C. La Vittoria in piedi a s. con palma e corona, a' suoi piedi un Germano seduto colle mani legate al dorso. - COHEN, 109. BR. C[1]

MASSIMO.

3576. DENARO. IVL VERVS. MAXIMVS CAES. Busto nudo e panneggiato a d. ℞ PIETAS AVG. Bastone d'augure, coltello, vaso da sagrificio, simpulo ed aspersorio. - COHEN, 1. ARG. C[1]

3577. DENARO. Simile al precedente. ARG. C[1]

3578. GRAN BRONZO. MAXIMVS CAES. GERM. Busto nudo e panneggiato a d. ℞ PRINCIPI IVVENTVTIS S. C. Massimo in piedi a s. con bacchetta ed asta trasversale, dietro a lui due insegne militari. - COHEN, 14. *Bell'esemplare.* BR.

3579. GRAN BRONZO. Simile al precedente. BR. C[1]

GORDIANO AFRICANO (Figlio).

3580. GRAN BRONZO. IMP. CAES. M. ANT. GORDIANVS AFR. AVG. Busto laureato a d. ℞ VICTORIA AVGG. S. C. Vittoria gradiente a s. con una corona ed una palma. - COHEN, 13. R[5] BR. C[2]

BALBINO.

3581. DENARO DOPPIO. IMP. CAES. D. CAEL. BALBINVS AVG. Busto radiato a d. ℟. CONCORDIA AVGG. Due mani congiunte. - COHEN, 3. R. ARG. C[1]

3582. GRAN BRONZO. ℟ LIBERALITAS AVGVSTORVM, La Liberalità in piedi a s. con una tessera e una cornucopia. - COHEN, 11. BR. C[3]

3583. GRAN BRONZO. IMP. CAES. D. CAEL. BALBINVS AVG. Testa laureata a d. ℟ VICTORIA AVGG. S. C. Vittoria in piedi con corona e palma. - COHEN, 29. R. BR. C[1]

PUPIENO.

3584. GRAN BRONZO. IMP. CAES. M. CLOD. PVPIENVS AVG. Busto laureato a d. ℟ PAX PVBLICA S. C. La Pace seduta a s. con un ramo d'olivo ed uno scettro trasversale. - COHEN, 23. R. BR. C[1]

3585. GRAN BRONZO. Simile al precedente. ℟ VICTORIA AVGG. Vittoria in piedi a s. con corona e palma. - COHEN, 44. R. BR. C[2]

3586. MEDIO BRONZO. IMP. CAES. PVPIEN. MAXIMVS AVG. Busto radiato a d. ℟ PATRES SENATVS. Due mani congiunte. BR. C[3]

GORDIANO PIO.

3587. DENARO. IMP. GORDIANVS PIVS FEL. AVG. Busto radiato a d. ℟ AETERNITATI AVG. Il Sole in piedi a s. con un globo. - COHEN, 41; *n. 3 esempl.* ARG. C[1]

3588. DENARO. ℟ CONCORDIA AVG. La Concordia seduta a s. con patera e doppio cornucopia. - COHEN, 50. ARG. C[1]

3589. DENARO. ℟ CONCORDIA MILIT. La Concordia seduta a s. con patera e doppia cornucopia. - COHEN, 61; *n. 2 esempl.* ARG. C[1]

3590. DENARO. ℟ FORTVNA REDVX. La Fortuna seduta a s. con un timone e una cornucopia. - COHEN, 97. ARG. C[1]

3591. DENARO. ℟ IOVI STATORI. Giove in piedi con scettro e fulmine. - COHEN, 109; *n. 2 esempl.* ARG. C[1]

3592. DENARO. ℞ LAETITIA AVG. N. La Gioja in piedi a s. con una corona ed un'ancora. - COHEN, 118; *n. 2 esempl.* ARG. C¹

3593. DENARO. ℞ LIBERALITA AVG. II. La Liberalità in piedi a s. con tessera e cornucopia. - COHEN, 130; *n. 2 esempl.* ARG. C¹

3594. DENARO. ℞ LIBERALITAS. AVG. III. La Liberalità in piedi con tessera e cornucopia. - COHEN, 142. ARG. C¹

3595. DENARO. ℞ MARS PROPVG. Marte gradiente. - COHEN, 155. ARG. C¹

3596. DENARO. ℞ ORIENS AVG. Il Sole in piedi a s. - COHEN, 167; *n. 2 esempl.* ARG. C¹

3597. DENARO. ℞ PAX AVGVSTI. La Pace in piedi a s. - COHEN, 173. ARG. C¹

3598. DENARO. ℞ P. M. TR. P. II. COS. P. P. La Provvidenza in piedi a s. con un globo ed uno scettro trasversale. - COHEN, 196. R² ARG. C¹

3599. DENARO. ℞ P. M. TR. P. III. COS. P. P. Gordiano in piedi a s. in atto di sacrificare sopra un tripode acceso. - COHEN, 226. ARG. C¹

3600. DENARO. ℞ P. M. TR. P. IIII. COS. II. P. P. Gordiano in piedi a d. con lancia e globo. - COHEN, 253. ARG. C¹

3601. DENARO. ℞ P. M. TR. P. V. COS. II. P. P. Gordiano in piedi a d. con lancia e globo. - COHEN, 265. ARG. C¹

3602. DENARO. ℞ ROMAE AETERNAE. Roma seduta a s. - COHEN, 312. ARG. C¹

3603. DENARO. ℞ SAECVLI FELICITAS. Gordiano in piedi a d. con asta e globo. - COHEN, 319. ARG. C¹

3604. DENARO. ℞ SALVS AVGVSTI. La Salute in piedi a d. - COHEN, 325. ARG. C¹

3605. DENARO. ℞ SECVRIT. PERP. La Sicurezza in piedi a s. - COHEN, 328. ARG. C¹

3606. DENARO. ℞ VIRTVTI AVGVSTI. Ercole nudo in piedi a d. - COHEN, 403; *n. 2 esempl.* ARG. C¹

3607. DENARO. ℞ PROVID. AVG. La Provvidenza in piedi a s. ARG. C¹

3608. DENARO. ℞ P. M. TR. P. III. COS. P. P. II. La Pace seduta a s.; *n. 2 esempl.* ARG. C¹

3609. GRAN BRONZO. ℞ AEQVITAS AVG. S. C. L'Equità in piedi a s. - COHEN, 19. BR. C¹

3610. GRAN BRONZO. ℞ IOVI CONSERVATORI S. C. Giove in piedi a s. con fulmine e scettro; a s. Gordiano. - COHEN, 106. BR. C¹

3611. GRAN BRONZO. ℞ LAETITIA AVG. N. S. C. La Gioja in piedi a s. - COHEN, 122; *n. 2 esempl.* BR. C^1
3612. GRAN BRONZO. ℞ P. M. TR. P. II. COS. P. P. S. C. Gordiano in piedi a s. in atto di sacrificare sopra un tripode acceso. - COHEN, 211. BR. C^1
3613. GRAN BRONZO. ℞ P. M. TR. P. III. COS. P. P. S. C. Gordiano seduto a s. con globo e scettro. - COHEN, 231. BR. C^1
3614. GRAN BRONZO. ℞ P. M. TR. P. V. COS. III. P. P. S. C. Apollo seminudo seduto a s. con un ramo d'alloro. - COHEN, 262. BR. C^1
3615. GRAN BRONZO. ℞ SALVS AVG. S. C. La Salute in piedi a d. - COHEN, 325. BR. C^1
3616. GRAN BRONZO. ℞ SECVRITAS AVG. S. C. La Sicurezza seduta a s. - COHEN, 332; *n. 2 esempl.* BR. C^1
3617. GRAN BRONZO. ℞ SECVRITAS PERPETVA. La Sicurezza in piedi a s. - COHEN, 337. BR. C^1
3618. GRAN BRONZO. ℞ VICTORIA AETERN. S. C. Vittoria in piedi a s. - COHEN, 351; *n. 4 esempl.* BR. C^1 e C^2
3619. GRAN BRONZO. ℞ VICTORIA AVG. S. C. Vittoria gradiente a s. con corona e palma. - COHEN, 358. BR. C^1
3620. GRAN BRONZO. ℞ SECVRITAS AVG. S. C. La Sicurezza seduta a s. BR. C^1
3621. GRAN BRONZO. ℞ P. M. TR. P. IIII. COS. III. P. P. Apollo seminudo seduto a s. con un ramo d'alloro e col gomito appoggiato sopra una lira. BR. C^1
3622. GRAN BRONZO. ℞ SECVRITAS PERPET. S. C. La Sicurezza in piedi a s. BR. C^1
3623. GRAN BRONZO. ℞ P. M. TR. P. VII. COS. II. P. P. S. C. Marte in corsa a d. BR. C^1
3624. GRAN BRONZO. ℞ PAX AVGVSTI S. C. La Pace in piedi a s. BR. C^1
3625. GRAN BRONZO. *N. 3 esempl. diversi.* BR. C^2
3626. MEDIO BRONZO. ℞ LAETITIA AVG. N. S. C. L'Allegrezza in piedi a s. - COHEN, 123. BR. C^1
2627. MEDIO BRONZO. ℞ VIRTVTI AVGVSTI S. C. Ercole nudo in piedi a d. - COHEN, 406. R^2 BR. C^1

FILIPPO PADRE.

3628. DENARO. IMP. M. IVL. PHILIPPVS AVG. Busto radiato a d. ℞ ADVENTVS AVGG. Filippo a cavallo a s. - COHEN, 3. ARG. C^1

3629. DENARO. ℞ AEQVITAS AVGG. L'Equità in piedi a s. - COHEN, 12; *n. 2 esempl.* ARG. C[1]

3630. DENARO. ℞ ANNONA AVGG. L'Abbondanza in piedi a s. - COHEN, 25. ARG. C[1]

3631. DENARO. ℞ FELICITAS TEMP. La Felicità in piedi a s. - COHEN, 43. ARG. C[1]

3632. DENARO. ℞ FIDES EXERCITVS. Quattro insegne militari. - COHEN, 49. ARG. C[1]

3633. DENARO. ℞ FORTVNA REDVX. La Fortuna seduta a s. - COHEN, 65. ARG. C

3634. DENARO. ℞ LAETIT. FVNDAT. La Gioja in piedi a s. - COHEN, 80. ARG. C[1]

3635. DENARO. ℞ LIBERALITAS AVGG. II. La Liberalità in piedi a s. - COHEN, 87. ARG. C[1]

3636. DENARO. ℞ P. M. TR. P. II. COS. P. P. Filippo seduto a s. con globo e scettro. - COHEN, 120; *n. 2 esempl.* ARG. C[1]

3637. DENARO. P. M. TR. P. IIII. COS. II. P. P. La Pace in piedi a s. con caduceo e cornucopia. - COHEN, 136; *n. 4 esempl.* ARG. C[1]

3638. DENARO. ℞ ROMAE AETERNAE. Roma seduta a s. - COHEN, 165; *n. 3 esempl.* ARG. C[1]

3639. DENARO. ℞ SALVS AVG. La Salute in piedi a s. - COHEN, 205. ARG. C[1]

3640. DENARO. ℞ SALVS AVG. La Salute in piedi a d. - COHEN, 209. ARG. C[1]

3641. DENARO. ℞ P. M. TR. P. IIII. COS. II P. P. L'Abbondanza in piedi a s. ARG. C[1]

3642. DENARO. ℞ VICTORIA AVG. La Vittoria in corsa a d. ARG. C[2]

3643. DENARO. ℞ VIRTVS AVG. Pallade in piedi a s. col piede sopra un elmo. - COHEN, 239. ARG. C[1]

3644. DENARO. VIRTVS AVGG. Filippo e suo figlio galoppanti a d. - COHEN, 241. R. ARG. C[1]

3645. GRAN BRONZO. ℞ AEQVITAS AVGG. S. C. L'Equità in piedi a s. - COHEN, 10. BR. C[1]

3646. GRAN BRONZO. ℞ FELICITAS TEMP. S. C. La Felicità in piedi a s. - COHEN, 44. BR. C[1]

3647. GRAN BRONZO. ℞ FIDES EXERCITVS S. C. Tre insegne militari. - COHEN, 51. R. BR. C[1]

3648. GRAN BRONZO. ℞ FIDES MILITVM S. C. La Fedeltà in piedi a s. - COHEN, 62. BR. C[1]

3649. GRAN BRONZO. ℞ P. M. TR. P. III. COS. P. P. P. S. La Felicità. c. s. in piedi a s. BR. C^1

3650. GRAN BRONZO. ℞ SALVS AVG. S. C. La Salute in piedi a s. BR. C^1

3651. GRAN BRONZO. ℞ SAECVLARES AVGG. S. C. Cervo a d. - COHEN, 183. R. BR. C^1

3652. GRAN BRONZO. - *N. 2 esempl. diversi* BR. C^3

3653. GRAN BRONZO. ℞ P. M. TR. P. III. COS. P. P. S. C. La Felicità in piedi a s. - COHEN, 125; *n. 2 esempl.* BR. C^1

3654. MEDIO BRONZO. Simile al precedente. BR. C^1

3655. MEDIO BRONZO. - COHEN, 74. BR. C^1

OTACILIA.

3656. DENARO. M. OTACIL. SEVERA AVG. Busto diademato a d. e luna falcata. ℞ CONCORDIA AVGG. La Concordia seduta a s. con patera e doppia cornucopia. - COHEN, 4. ARG. C^1

3657. DENARO. ℞ CONCORDIA. La Concordia seduta a s. con cornucopia. - COHEN, 14; *n. 2 esempl.* ARG. C^1

3658. DENARO. ℞ PIETAS. La Pietà in piedi. - COHEN, 37. ARG. C^1

3658 *bis*. GRAN BRONZO. - COHEN, 46; *n. 2 esempl.* BR. C^1

3659. GRAN BRONZO. - COHEN, 10. BR. C^1

3660. GRAN BRONZO. MARCIA OTACIL. SEVERA AVG. Busto diademato a d. ℞ SAECVLARES AVGG. Ippopotamo a d. S. C. - COHEN, 65. BR. C^1

FILIPPO FIGLIO.

3661. DENARO. ℞ PIETAS AVGVSTOR. Vaso da sagrifici fra un aspersorio e un simpulo a s. - COHEN, 32. ARG. C^1

3662. DENARO. ℞ PRINCIPI IVVENT. Filippo in abito militare a s. con globo ed asta. - COHEN, 48; *n. 2 esempl.* ARG. C^1

3663. DENARO. Busto radiato a d. ℞ SAECVLARES AVGG. Nell'esergo III. Capra a s. - COHEN, 72. ARG. C^1

3664. DENARO. ℞ Marte gradiente a d. con trofeo. ARG. C^1

3665. MEDAGLIONE. BR. C^3

3666. GRAN BRONZO. *N. 2 esempl.* BR. C^1

3667. GRAN BRONZO. ℞ LIBERALITAS AVGG. III. S. C. Filippo padre e suo figlio, assisi a s. tendono la mano ed hanno uno scettro. - COHEN, 18. BR. C^1

TRAJANO DECIO.

3668\. DENARO. ℞ DACIA. La Dacia in piedi a s. - COHEN, 13. ARG. C[1]

3669\. DENARO. IMP. C. M. Q. TRAIANVS DECIVS AVG. Busto radiato e panneggiato a d. ℞ GENIVS ESERCITVS ILLYRICIANI. Genio seminudo con patera e cornucopia a s. - COHEN, 64. ARG. C[1]

3670\. DENARO. ℞ PANNONIAE. Le due Pannonie velate in piedi con insegne militari. - COHEN, 86. ARG. C.

3671\. DENARO. ℞ VBERITAS AVG. La Fertilità in piedi a s. con borsa e cornucopia. - COHEN, 105. ARG. C[1]

3672\. MEDAGLIONE. IMP. C. M. Q. TRAIANVS DECIVS AVG. Busto radiato e corazzato a d. ℞ FELICITAS SAECVLI S. C. La Felicità in piedi a s. con caduceo e cornucopia. - COHEN, 40. BR. C[2]

3673\. GRAN BRONZO. *N. 4 esempl.* BR. C[1] e C[2]

3674\. MEDIO BRONZO. ℞ LIBERALITAS AVG. La Liberalità in piedi a s. con tessera e cornucopia. - COHEN, 71. BR. C[1]

3675\. MEDIO BRONZO. Simile al precedente ma col busto radiato e corazzato. - COHEN, 72. BR. C[1]

3676\. MEDIO BRONZO. ℞ PIETAS AVG. S. C. La Pietà velata di prospetto alza le mani. - COHEN, 97.

ETRUSCILLA.

3677\. DENARO. ℞ PVDICITIA AVG. La Pudicizia seduta a s. raccoglie il velo sul viso e tiene uno scettro trasversale. - COHEN, 19; *n. 2 esempl.* ARG. C[1]

ERENNIO ETRUSCO.

3678\. DENARO. Q. HER. ETR. MES. DECIVS. NOB. C. Busto radiato a d. ℞ PIETAS AVGVSTORVM. Aspersorio, simpulo, vaso da sagrifici, patera e bastone d'augure. - COHEN, 14. ARG. C[1]

3679\. DENARO. ℞ SPES PVBLICA. La Speranza a s. - COHEN, 38. ARG. C[1]

OSTILIANO.

3680. GRAN BRONZO. ℞ PRINCIPI IVVENTVTIS S. C. Ostiliano in piedi a s. con un' insegna militare ed uno scettro; *n. 2 esempl.* R. BR. C²

TREBONIANO GALLO.

3681. DENARO. ℞ APOLL. SALVTARI. Apollo in piedi a s. - COHEN, 20. ARG. C¹
3682. DENARO. ℞ SALVS AVG. La Salute in piedi a d. ARG. C¹
3683. DENARO. ℞ LIBERTAS PVBLICA. La Libertà in piedi a s.; *n. 2 esempl.* ARG. C¹
3684. DENARO. ℞ LIBERTAS AVG. La Libertà a s.; *n. 2 esempl.* ARG. C¹
3685. DENARO. ℞ FELICITAS PVBLICA. La Felicità in piedi a s. *n. 2 esempl.* ARG. C¹
3686. DENARO. ℞ PIETAS AVGG. La Pietà in piedi a s. ARG. C¹
3687. DENARO. ℞ PAX AETERNA. La Pace in piedi a s. ARG. C¹
3688. GRAN BRONZO. ℞ VIRTVS AVG. S. C. Il Valore in piedi a s. BR. C²

VOLUSIANO.

3689. DENARO. ℞ PAX AVGG. La Pace in piedi a s. - COHEN, 70. ARG. C¹
3690. DENARO. ℞ PIETAS AVGG. La Pietà in piedi a s. - COHEN, 85. ARG. C¹
3691. DENARO. ℞ SALVS AVGG. La Salute in piedi a s. - COHEN, 118. ARG. C¹
3692. DENARO. ℞ VIRTVS AVGG. Il Valore in piedi a d.; *n. 2 esempl. diversi.* ARG. C¹
3693. GRAN BRONZO. *N. 4 esempl. diversi.* BR. C¹ e C²

EMILIANO.

3694. DENARO. ℞ APOL. CONSERVAT. Apollo in piedi a s. ARG. C¹

3695. DENARO. ℞ ROMAE AETERNAE. Roma in piedi a s. ARG. C[1]

3696. DENARO. ℞ VIRTVS AVG. Il Valore in piedi a s; *n. 2 esempl. diversi.* ARG. C[1] e C[2]

VALERIANO PADRE.

3697. DENARO. ℞ APOLINI CONSERVA. Apollo in piedi a s. ARG. C[1]

3698. DENARO. ℞ CONSECRATIO. Apollo a s. ARG. C[1]

3699. DENARO. ℞ DEO VOLCANO. Tempietto tetrastilo con Vulcano in piedi. ARG. C[1]

3700. DENARO. ℞ FIDES MILITVM. La Fede in piedi a s. ARG. C[1]

3701. DENARO. ℞ ORIENS. AVG. Il Sole in piedi a s.; *n. 4 esempl.* ARG. C[1]

3702. DENARO. ℞ PRINC. IVVENT. Soldato in piedi a s. con una insegna militare. ARG. C[1]

3703. DENARO. ℞ SECVRIT. PERPET. La Sicurezza in piedi a s. ARG. C[1]

3704. DENARO. ℞ VICTORIA AVG. La Vittoria in piedi a s.; *n. 2 esempl. diversi.* ARG. C[1] e C[2]

3705 GRAN BRONZO. *N. 5 esempl. diversi.* BR. C[1] e C[2]

3706. MEDIO BRONZO. ℞ SALVS AVG. La Salute in piedi a s. BR. C[2]

MARINIANA.

3707. DENARO. DIVAE MARINIANAE. Busto velato a d. con luna falcata. ℞ CONSECRATIO. Pavone; *n. 2 esempl. diversi.* R. ARG. C[3]

3708. GRAN BRONZO. *N 2 esempl. diversi.* R. BR. C[1]

GALLIENO.

3709. DENARO. ℞ APOLLINI CONS. AVG. Grifone a s. ARG. C[1]

3710. DENARO. ℞ SOLI CONSERV. Pegaso a d. ARG. C[1]

3711. DENARO. ℞ APOLLIN. CONS. AVG. Centauro a s. ARG. C[1]

3712. DENARO. ℞ PROVIDENTIA AVGG. La Provvidenza in piedi a s. ARG. C[1]

3713. DENARO. ℞ SALVS AVG. La Salute in piedi a s. ARG. C^1

3714. DENARO. ℞ VICTORIA AVGG. La Vittoria in piedi a s.; *n. 14 esempl. diversi.* ARG. C^1

3715. DENARO. ℞ VIRTVS AVG; *n. 17 esempl. diversi.* ARG. C^1 e C^2

3716. DENARO. ℞ DIANA FELIX. Diana in corsa col cane a d.; *n. 4 esempl.* ARG. C^1

3717. DENARO. ℞ DIANAE CONS. AVG. Cervo a d.; *n. 4 esempl.* ARG. C^1

3718 DENARO. ℞ AEQVITAS AVG. L'Equità in piedi a s. ARG. C^1

3719. DENARO. ℞ SECVRITAS PERPET. La Sicurezza in piedi a s.; *n. 2 esempl.* ARG. C^1

3720. DENARO. SECVRIT AVG. L'Abbondanza in piedi a s. ARG. C^1

3721. DENARO. SECVRIT ORBIS. La Sicurezza seduta a s. ARG. C^1

3722. DENARO. ℞ RESTITVTOR ORIENTIS. Figura di donna in piedi che presenta una corona a Gallieno astato. R. ARG. C^1

3723. DENARO. ℞ VIRT. GALLIENI AVG. Gallieno combattente a d. ARG. C^1

3724. DENARO. ℞ IOVI VLTORI. BR. C^1

3725. DENARO. ℞ IOVI CONSERVAT. ARG. C^1

3726. DENARO. ℞ IOVI CONS. AVG. ARG. C^1

3727. DENARO. ℞ ORIENS. AVG. Il Sole in piedi a d. col globo. ARG. C^1

3728. DENARO. ℞ FELICIT PVBL. La Felicità seduta a s. ARG. C^1

3729. DENARO. ℞ FIDES EXERCIT. ARG. C^1

3730. DENARO. ℞ FORTVNA DEOR. ARG. C^1

3731. DENARO. ℞ SPES PVBLICA. ARG. C^1

3732. DENARO. ℞ PIETAS AVGG. ARG. C^1

3733. DENARO. ℞ LIBERALITAS AVGG. ARG. C^1

3734. DENARO. ℞ LIBERALITAS. AVG. III. ARG. C^2

3735. DENARO. *N. 2 esempl. diversi.* ARG. C^1

3736. DENARO. ℞ FELICIT AVG. La Felicità in piedi a s.; *n. 2 esempl.* ARG. C^1

3737. DENARO. ℞ ORIENS AVG. Il Sole in corsa a s.; *n. 2 esempl.* ARG. C^1

3738. DENARO. ℞ LIBERO P. CONS. AVG. Leonessa a s.; n. 2 esempl. ARG. C¹

3739. DENARO. ℞ DEO MARTI. Tempietto col nume astato; n. 2 esempl. ARG. C²

3740. DENARO. ℞ VBERITAS AVG. L'Abbondanza in piedi a s.; n. 2 esempl. ARG. C¹

3741. DENARO. ℞ PAX AVGG. La Pace in piedi a s.; n. 2 esempl. diversi. ARG. C¹

3742. DENARO. ℞ LAETITIA AVG.; n. 3 esempl. ARG. C¹

3743. DENARO. ℞ APOLLO CONSER. Apollo in piedi a s.; n. 3 esempl. ARG. C¹

3744. DENARO. ℞ GERMANICVS MAXV. Trofeo con due prigionieri seduti al piede; n. 9 esempl. ARG. C¹ e C²

3745. DENARO. N. 14 esempl. diversi. ARG. C² e C³

3746. GRAN BRONZO. N. 9 esempl. diversi. BR. C² e C³

3747. MEDIO BRONZO. N. 13 esempl. diversi. BR. C² e C³

SALONINA.

3748. QUINARIO. SALONINA AVG. Busto a d. ℞ FECVNDITAS AVG. La Fecondità in piedi a d. che dà la mano ad un fanciullo e ne tiene un altro sul braccio sinistro. R⁷ ORO C²

3749. DENARO. ℞ VESTA. ARG. C¹

3750. DENARO. ℞ FELICITAS PVBLICA. ARG. C¹

3751. DENARO. ℞ AEQVITAS. AVG. ARG. C¹

3752. DENARO. ℞ VENVS VICTRIX; n. 2 esempl. ARG. C¹

3753. DENARO. ℞ VENVS FELIX; n. 4 esempl. ARG. C¹ e C²

3754. DENARO. ℞ FECVNDITAS AVG.; n. 3 esempl. ARG. C¹ e C²

3755. DENARO. ℞ DEAE SEGETIAE; n. 3 esempl. ARG. C¹

3756. DENARO. N. 6 esempl. diversi. ARG. C²

3757. MEDIO BRONZO. N. 2 esempl. diversi. BR. C² e C³

SALONINO.

3758. DENARO. N. 3 esempl. diversi. ARG. C²

3759. DENARO. ℞ ORIENS AVGG.; n. 2 esempl.. ARG. C¹

3760. DENARO. ℞ PIETAS AVG.; n. 4 esempl. ARG. C²

3761. DENARO. ℞ CONSECRATIO; n 6 esempl. ARG. C¹ e C²

3762. DENARO. ℞ IOVI CRESCENTI; n. 7 esempl. ARG. C¹ e C²

POSTUMO.

3763. DENARO. *N. 30 esempl.* ARG. C^2 e C^3

3764. DENARO. *N. 5 esempl. diversi.* ARG. C^1

3765. DENARO. ℞ VIRTVS AVG. Il Valore in piedi a s.; *n. 2 esempl.* ARG. C^2

3766. DENARO. ℞ SALVS AVG. La Salute in piedi a s.; *n. 2 esempl.* ARG. C^1

3767. DENARO. ℞ HERC. PACIFERO. Ercole in piedi a s.; *n. 4 esempl.* ARG. C^1

3768. DENARO. ℞ MONETA AVG. La Moneta in piedi a s. con bilancia e cornucopia; *n. 5 esempl.* ARG. C^1 e C^2

3769. DENARO. ℞ FIDES MILITVM. La Fede in piedi a s. tra due insegne militari; *n. 11 esempl.* ARG. C^1 e C^2

3770. DENARO. ℞ VICTORIA AVG. La Vittoria in corsa a s.; *n. 21 esempl.* ARG. C^1 e C^2

3771. DENARO. ℞ LAETITIA AVG. Nave; *n. 13 esempl* ARG. C^1 e C^2

VITTORINO.

3772. PICCOLO BRONZO. *N. 2 esempl. diversi.* BR. C^3

TETRICO PADRE.

3773. PICCOLO BRONZO. ℞ HILARITAS; *n. 2 esempl. diversi.* BR. C^1

TETRICO FIGLIO.

3774. PICCOLO BRONZO. ℞ SALVS PVBLICA. BR. C^2

CLAUDIO II.

3775. DENARO. ℞ FORTVNA RED. La Fortuna in piedi a s. ARG. C^1

3776. DENARO. ℞ MARS VLTOR. Marte in piedi a s. con asta e trofeo. ARG. C^1

3777. DENARO. ℞ IOVI VICTORI. Giove in piedi a s. coll'asta e col fulmine. ARG. C^1

3778. DENARO. ℞ FIDES EXERCIT. La Fede in piedi a s. con un'insegna militare. ARG. C[1]

3779. DENARO. ℞ CONSECRATIO. Ara accesa. ARG. C[1]

3780. DENARO. ℞ LAETITIA AVG. L'Allegrezza in piedi a s. *n. 2 esempl.* ARG. C[1]

3781. DENARO. *N. 14 esempl. diversi* ARG. C[2] e C[3]

QUINTILLO.

3782. DENARO. *N. 9 esempl. diversi.* ARG. C[1] e C[2]

AURELIANO.

3783. MEDIO BRONZO. ℞ CONCORDIA AVG.; *n. 5 esempl.* BR. C[1] e C[2]

3784. DENARO. *N. 10 esempl. diversi.* ARG. C[2] e C[3]

3785. DENARO. ℞ RESTITVTOR ORBIS; *n. 2 esempl.* ARG. C[1] e C[2]

3786. DENARO. ℞ FELIC SAECVLI. ARG. C[1]

3787. DENARO. ℞ ORIENS AVG.; *n. 4 esempl.* ARG. C[2]

3788. DENARO. ℞ CONCORDIA MILITVM; *n. 8 esempl.* ARG. C[2]

3789. DENARO. ℞ IOVI CONSERVATORI. Giove coll'asta e col globo in piedi dinanzi ad Aureliano; *n. 13 esempl.* ARG. C[1]

SEVERINA.

3790. DENARO. *N. 5 esempl. diversi.* ARG. C[1] e C[2]

3791. MEDIO BRONZO. *N. 3 esempl. diversi.* BR. C[2] e C[3]

TACITO.

3792. DENARO. ℞ SECVRIT. PERP. ARG. C[1]

3793. DENARO. ℞ SALVS PVBLI. ARG. C[1]

3794. DENARO. ℞ SALVS AVG. ARG. C[1]

3795. DENARO. ℞ PROVIDENTIA AVG.; *n. 2 esempl. diversi.* ARG. C[1]

3796. DENARO. ℞ TEMPORVM FELICITAS. ARG. C[2]

3797. DENARO. *N. 3 esempl. diversi.* ARG. C[2]

FLORIANO.

3798. DENARO. ℞ SALVS AVG. La Salute in piedi a s. ARG. C[1]

PROBO.

3799. DENARO. *N. 16 esempl. diversi* ARG. C[1] e C[2]

CARO.

3800. DENARO. ℞ ABVNDANTIA AVG. ARG. C[1]
3801. DENARO. ℞ AETERNIT. IMPERI. ARG. C[1]
3802. DENARO. ℞ PAX EXERCITI. ARG. C[1]
3803. DENARO. ℞ VIRTVS AVG.; *n. 3 esempl. diversi* ARG. C[1]

NUMERIANO.

3804. DENARO. ℞ VNDIQVE VICTORES. ARG. C[1]
3805. DENARO. ℞ PRINCIP. IVVENTVT.; *n. 3 esempl.* ARG. C[1] e C[2]
3806. DENARO. ℞ PIETAS AVGG. ARG. C[1]
3807. DENARO. ℞ IOVI VICTORI; *n. 2 esempl.* ARG. C[1]

CARINO.

3808. DENARO. ℞ VOTA PVBLICA. ARG. C[1]
3809. DENARO. ℞ SAECVLI FELICITAS. ARG. C[1]
3810. DENARO. ℞ FELICIT PVBLICA. ARG. C[1]

MAGNIA URBICA.

3811. PICCOLO BRONZO. ℞ VENVS VICTRIX. Venere in piedi a s. con elmo e scettro trasversale; dietro a' suoi piedi uno scudo. - COHEN, 12. BR. C[1]

DIOCLEZIANO.

3812. DENARO. DIOCLETIANVS AVG. Testa laureata a d. ℞ VIRTVS MILITVM. Quattro soldati sacrificanti davanti la porta di un campo. - COHEN, 90. ARG. C¹

3813. PICCOLO BRONZO. - COHEN, 140; *n. 2 esempl.* BR. C¹

3814. PICCOLO BRONZO. - COHEN, 197. BR. C¹

3815. PICCOLO BRONZO. ℞ IOVI CONSERVAT. AVGG. Giove nudo in piedi a s. con folgore e scettro, a' suoi piedi Diocleziano. BR. C¹

3816. PICCOLO BRONZO. ℞ VOT - XX - B entro una corona di lauro. BR. C¹

3817. MEDIO BRONZO. ℞ SACRA MONET. AVGG. ET. CAESS. NOSTR. La Moneta in piedi a s. - COHEN, 319; *n. 3 esempl.* BR. C¹

3818. MEDIO BRONZO. ℞ Il Genio del popolo Romano. - COHEN, 165 e seguenti. BR. C¹

3819. MEDIO BRONZO. - COHEN, 322. BR. C²

MASSIMIANO ERCOLE.

3820. DENARO. MAXIMIANVS Testa laureata a d. ℞ X. C. VI entro corona di lauro. ARG. C¹

3821. DENARO. ℞ VIRTVS MILITVM. Soldati che sagrificano dinanzi la porta di un campo. - COHEN, 2. R² ARG. C¹

3822. MEDIO BRONZO. ℞ PROVIDENTIA DEORVM QVIES. AVGG. La Provvidenza ed il Riposo in piedi con un ramoscello ed uno scettro. BR. C¹

3823. MEDIO BRONZO. COHEN, 189. BR. C¹

3824. MEDIO BRONZO. - COHEN, 179. BR. C¹

3825. MEDIO BRONZO. - COHEN, 203 e 205; *n. 4 esempl. diversi.* BR. C¹

3826. MEDIO BRONZO. - COHEN, 380. BR. C¹

3827. MEDIO BRONZO. BR. C¹

3828. PICCOLO BRONZO. - COHEN, 164; *n. 6 esempl.* BR. C¹

3829. PICCOLO BRONZO. - COHEN, 325. BR. C¹

3830. PICCOLO BRONZO. *N. 5 esempl. diversi.* BR. C¹ e C²

ALLETTO.

3831. PICCOLO BRONZO. IMP. C. ALLECTVS P. F. I. AVG. Busto radiato a d. ℞ PAX AVG. La Pace in piedi a s. con un ramoscello e uno scettro trasversale. R. BR. C[1]

COSTANZO CLORO.

3832. MEDIO BRONZO. ℞ SALVIS AVGG. ET CAESS. FEL. KART. BR. C[1]

3833. MEDIO BRONZO. ℞ FIDES MILITVM. BR. C[1]

3834. MEDIO BRONZO. ℞ Il genio del popolo romano. - COHEN, 152 e seg. BR. C[1]

3835. MEDIO BRONZO. ℞ SACRA MONET. AVGG. ET. CAESS. NOSTR. La Moneta in piedi a s. - COHEN, 229. BR. C[1]

3836. MEDIO E PICCOLO BRONZO. *N. 5 esempl.* BR. C[1] e C[2]

GALERIA VALERIA.

3837. MEDIO BRONZO. GAL. VALERIA AVG. Busto diademato a d. ℞ VENERI VICTRICI. Venere in piedi a s. col pomo; solleva il velo. BR. C[1]

SEVERO II.

3838. MEDIO BRONZO. SEVERVS NOBILIS C. Busto laureato a d. paludato. ℞ GENIO POPVLI ROMANI. Genio nudo in piedi a s. BR. C[1]

MASSENZIO.

3839. MEDIO BRONZO. *N. 7 esempl. diversi.* BR. C[1] e C[2]

ROMOLO.

3840. MEDIO BRONZO. *N. 2 esempl. diversi.* BR. C[1]

LICINIO PADRE.

3841. DENARO. ℞ IOVI CONSERVATORI AVG. Giove con folgore e scettro, seduto su un'aquila. ARG. C[1]

3842. PICCOLO BRONZO. *N. 4 esempl.* BR. C[1] e C[2]

LICINIO FIGLIO.

3843. PICCOLO BRONZO. ℞ IOVI CONSERVATORI. Giove Niceforo nudo in piedi a s.; *n. 2 esempl.* BR. C[1]

COSTANTINO MAGNO.

3844. MEDIO BRONZO. *N. 8 esempl. diversi.* BR. C[1] e C[2]

3845. PICCOLO BRONZO. *N. 13 esempl. diversi.* BR. C[1] e C[2]

CRISPO.

3846. PICCOLO BRONZO. *N. 3 esempl. diversi.* BR. C[1]

DELMAZIO.

3847. PICCOLO BRONZO. *N. 2 esempl.* BR. C[1]

COSTANTINO II.

3848. PICCOLO BRONZO. *N. 1 esempl.* BR. C[1]

COSTANTE I.

3849. PICCOLO BRONZO. *N. 7 esempl. diversi.* BR. C[2] e C[3]

COSTANZO II.

3850. SOLDO D'ORO. FL. IVL. CONSTANTIVS PERP. AVG. Busto galeato e corazzato di prospetto, con asta e scudo. ℞ GLORIA

REIPVBLICAE. Roma galeata e Costantinopoli turrita sedute, sostenendo uno scudo sul quale si legge: VOT. XXX. MVLT. XXXX. Nell'esergo S. MANS. *Bucato.* R3 ORO. C1

3851. QUINARIO. CONSTANTIVS P. P. AVG. Busto diademato a d. ℞ Figura muliebre (Costantinopoli?) seduta a s. tiene nella destra una Vittoria. R3 ARG. C1

3852. QUINARIO. Simile al precedente, con qualche varietà nel rovescio. R3 ARG. C1

MAGNENZIO.

3853. MEDIO BRONZO. *N. 3 esempl. diversi.* BR. C1

DECENZIO.

3854. MEDIO BRONZO. BR. C1

COSTANZO GALLO.

3855. MEDIO BRONZO. *N. 6 esempl.* BR. C1

3856. PICCOLO BRONZO. *N. 2 esempl.* BR. C1

GIULIANO IL FILOSOFO.

3857. GRAN BRONZO. ℞ SECVRITAS REIPVB. Il bue Api a d. sopra due stelle; nell'esergo CONSPD. BR. C1

3858. PICCOLO BRONZO. *N. 2 esempl.* BR. C1

GIOVIANO.

3859. PICCOLO BRONZO. *N. 2 esempl.* BR. C1 e C2

VALENTINIANO I.

3860. SOLDO D'ORO. D. N. VALENTINIANVS P. F. AVG. Busto diademato e paludato a d. ℞ RESTITVTOR REIPVBLICAE. Valentiniano in piedi a d. col labaro ed una victoriola; nell'esergo ANTE. - COHEN, 26. R4 ORO C1

3861. SOLDO D'ORO. Simile al precedente, ma di modulo più piccolo; nell'esergo * ANTE * R⁴ ORO. C¹

3862. QUINARIO. DN. VALENTINIANVS P. F. AVG. Busto diademato a d. ℞ VIRTVS ROMANORVM. Roma seduta a s. con una Vittoria e un'asta. ARG. C¹

3863. PICCOLO BRONZO. ℞ SECVRITAS REIPVBLICAE. BR. C¹

3864. PICCOLO BRONZO. BR. C¹

VALENTE.

3865. SOLDO D'ORO. DN. VALENS PERP. AVG. Busto diademato e paludato a d. ℞ RESTITVTOR REPVBLICAE. Valente in piedi a d. con labaro e victoriola; nell'esergo ANTA. R⁴ ORO. C¹

3866. SOLDO D'ORO. Simile al precedente; nell'esergo ANTI. R⁴ ORO. C¹

3867. QUINARIO. ℞ VOT - V in corona d'alloro; nell'esergo C. A. ARG. C¹

3868. QUINARIO. D. N. VALENS. P. F. AVG. Busto diademato a d. ℞ VRBS ROMA. Roma Nicefora seduta a s. - COHEN, 62. ARG. C¹

3869. PICCOLO BRONZO. BR. C¹

GRAZIANO.

3870. MEDIO e PICCOLO BRONZO. *N. 2 esempl.* BR. C¹ e C³

VALENTINIANO II.

3871. SOLDO D'ORO. DN. P. F. VALENTINIANVS P. F. AVG. Busto diademato a d. ℞ VICTORIA AVGGG. Valentiniano seduto di prospetto con asta crocigera globo sostenente una Vittoria; nell'esergo CONOB; nel campo M. D. R⁶ ORO. C¹

3872. MEDIO BRONZO. BR. C¹

3873. MEDIO BRONZO. ℞ Valentiniano e la Vittoria in piedi su una nave. BR. C¹

TEODOSIO I.

3874. SOLDO D'ORO. D N. THEODOSIVS P. F. AVG. Busto diademato a d. ℞ VICTORIA AVGG. Due figure sedute di prospetto tenenti un globo al disopra; semibusto alato della Vittoria, al disotto una palma; nell'esergo COM. ORO. F. D. C.

3875. PICCOLO BRONZO. ℞ VOT. X. MVLT. XX in una corona d'alloro. - COHEN, 59. BR. C[1]

FLACCILLA.

3876. MEDIO BRONZO. Busto diademato a d. ℞ SALVS REIPVBLICAE. Flaccilla in piedi di prospetto, incrocicchiantesi le mani sul petto; nell'esergo ANTE. R. BR. C[1]

MASSIMO (MAGNO).

3877. QUINARIO. ℞ VIRTVS ROMANORVM. Roma seduta a s. con globo e scettro. R[4] ARG. C[1]

FLAVIO VITTORE.

3878. DENARO. DN. FLAVIVS VICTOR P. F. AVG. Busto diademato a d. ℞ VIRTVS ROMANORVM. La Fede FIDES. ARG. C[2]

ONORIO.

3879. SOLDO D'ORO. DN. HONORIVS P. F. AVG. Busto diademato a d. ℞ VICTORIA AVGGG. Onorio in piedi a d. con uno stendardo e una Vittoria pone un piede su un prigioniero; nel campo R. V., nell'esergo CONOB. R[4] ORO. C[1]

COSTANTE II.

3880. TERZO DI SOLDO. ORO. C[1]

SEVERO III.

3881. QUINARIO D'ORO. DN. LIB. SEVERVS P. F. AVG. Busto diademato e paludato a d. ℞ Croce in corona d'alloro; nell'esergo COMOD. R[2] ORO. C[1]

3882. PICCOLO BRONZO. Lotto di 17 esemplari diversi. BR. C[1] e C[2]

Le citazioni dell'opera di *Cohen* sono fatte sulla seconda edizione fino a VALERIANO FIGLIO, V volume.

IMPERO BIZANTINO

ARCADIO.

3883. SOLDO D'ORO. DN. ARCADIVS P. F. AVG. Busto diademato a d. ℞ VICTORIA AVGGG. Arcadio in piedi a s. con labaro ed il globo niceforo, col piede sinistro su un prigioniero; nell'esergo CONOB. - SABATIER, IV, n. 2. ORO. C[1]

3884. QUINARIO. ℞ VOT. X. MVLT. XX. entro corona d'alloro; nell'esergo CONS. - SABATIER, IV, n. 20. R[2] ARG. C[1]

3885. QUINARIO. Simile al precedente con qualche variante e di modulo minore. R[2] ARG. C[1]

3886. PICCOLI BRONZI. *N. 5 esempl.* BR. C[2]

LEONE I.

3887. SOLDO D'ORO. DN. LEO. PERPET. AVG. Busto galeato di Leone in abito militare di prospetto con scudo e lancia. ℞ VICTORIA AVGGG. Vittoria a d. con lunga croce; nell'esergo CONOB, nel campo una stella. - SABATIER. VI, 22. ORO. C[1]

ZENONE.

3888. TERZO DI SOLDO. DN. ZENO PERP. AVG. Busto diademato e paludato a d. ℞ VICTORIA AVGVSTORVM. Vittoria gradiente a s. - SABATIER, VII, n. 22. ORO. C[1]

ANASTASIO.

3889. TERZO DI SOLDO. DN. ANASTASIVS P. F. AVG. Busto diademato a d. ℞ VICTORIA AVGVSTORVM; nell'esergo CONOB. - SABATIER, VIII, n. 27. ORO. C[1]

GIUSTINO E SOFIA.

3890. MEDIO BRONZO. BR. C[1]

GIUSTINO.

3891. TERZO DI SOLDO. DN. IVSTINVS P. P. AVG. Busto diademato a d. ℞ VICTORIA AVGVSTORVM. Vittoria a s. con globo crucigero e corona. - SABATIER, IX, n. 22. ORO. C[1]
3892. BRONZO E MEDIO BRONZO. *N. 2 esempl.* BR. C[2] e C[3]

GIUSTINIANO I.

3893. SOLDO D'ORO. DN. IVSTINIANVS P. P. AVG. Busto galeato di prospetto. ℞ VICTORIA AVGGG. B. Vittoria di prospetto con asta e globo crucigero. CONOB. - SABATIER, XII, n. 3. ORO. C[1]
3894. TERZO DI SOLDO. ℞ VICTORIA AVGVSTORVM. Vittoria di prospetto con globo crucigero e corona. - SABATIER, XII, n. 5; *n. 2 esempl.* ORO. C[1]

MAURIZIO TIBERIO.

3895. SOLDO D'ORO. DM. MAVRC. TIB. P. P. AVG. Busto galeato di prospetto con globo crucigero. ℞ VICTORIA AVGG. Vittoria di prospetto con asta e globo crucigero. - SABATIER, XXIV, n. 10. ORO. C[1]
3896. TERZO DI SOLDO D'ORO. - SABATIER, XXIV, n. 13. ORO. C[1]

GIUSTINIANO II RHINOTMETE.

3897. PICCOLO BRONZO. BR. C[1]

COSTANTINO V COPRONIMO e LEONE III.

3898. MEZZO SOLDO. - SABATIER, XXXIX, n. 28. ORO. C[1]

TEOFILO.

3899. MEZZO SOLDO D'ORO (massiccio). ✳ ΘEOFILOS. bA. Busto di prospetto, diademato con globo crucigero. ℞ ΘEOFILOS. bA. Tipo simile; Teofilo con veste a quadretti. - SABATIER. XLIII, n. 9. R. ORO. C[1]

3900. TERZO DI SOLDO D'ORO. Simile al precedente. R. ORO. C[1]

3901. TERZO DI SOLDO D'ORO. R. ORO. C[1]

TEOFILO MICHELE III E COSTANTINO VIII.

3902. SOLDO D'ORO. ✳ ΘEOFILOS. bASIL. Busto di prospetto diademato di Teofilo; tiene il *volume* nella sinistra e la croce greca nella destra. ℞ + MIXAHL. S. COhSʐAhʐIn. Busti di Michele e di Costantino di prospetto. - SABATIER, XLIII, R. ORO. C[1]

COSTANTINO X E ROMANO II.

3903. SOLDO D'ORO. CONSTANT. CE. ROMAN. AVGG. Busti di prospetto dei due augusti tenenti in mezzo una lunga croce. ℞ + IHS. XPS. REX. REGNANTIVM. Busto di prospetto del Salvatore. - SABATIER, XLVI, 18. R. ORO. C[1]

3904. SOLDO D'ORO. Simile al precedente. *Bucato.* R. ORO. C[1]

GIOVANNI I ZIMISCE.

3905. ARGENTO (mm. 24). + IωAHN — EH. Xω. AVTOCRAT. EVSEB., ecc. ℞ IHSVS XRISTVS NICA. Croce ornata sopra due gradini con al centro un medaglione col busto di prospetto di Giovanni Zimisce. - SABATIER, XLVII, 19. R[a] ARG. C[1]

BASILIO II E COSTANTINO XI PORFIROGENITO.

3906. ARGENTO (mm. 21). ℞ BASIL. C. CONSTAN. PORFVROS, ecc. SABATIER, XLVIII, 20. R² ARG. C¹

3907. ARGENTO. Simile al precedente. *Bucato.* R² ARG. C¹

MICHELE VII, DUCAS.

3908. SOLDO D'ORO CONCAVO (mm. 26). + MIXAHA BACIA..... Busto di prospetto col labaro ed il globo crocigero. ℞ IC — XC. Busto del Salvatore di prospetto. (Oro pallido). - SABATIER, LI, 4. *Bucata.* R. ORO. C¹

COMNENI.

3909. ARGENTO. ARG. C²

3910. BRONZO. *N. 2 esempl. diversi.* BR. C¹

3911. BRONZI DIVERSI. *N. 7 esempl.* BR. C² e C³

GOTI.

ATALARICO CON GIUSTINO GIUSTINIANO I.

3912. MONETA D'ARGENTO DI PICCOLO MODULO. DN. IVSTINVS P. F. AVG. Busto diademato a d. ℞ Il monogramma in una corona d'alloro, oppure DN - ATHAL - ARICVS RIX in ghirlanda di lauro. - SABATIER, XVIII, n. 5 e 20; *n. 3 esempl.* R. ARG. C¹

ANONIME.

3913. BRONZO (25 mm.). INVICTA ROMA. Busto di Roma galeata a d. ℞ Aquila a s. coll'indice XL. - SABATIER, XIX, 25; *n. 4 esempl.* BR. C¹

3914. BRONZO (mm. 30). Simile al precedente. ℞ La Lupa a s. che allatta Romolo e Remo; al disopra XL. - SABATIER, XIX, 26.

CUFICHE.

3915. TARÌ. *N. 2 esempl., uno bucato.* ORO. C¹

3916. DENARO D'ORO. ORO. C¹

MONETE GRECHE

ETRURIA.

3917. SESTANTE. Ruota a quattro raggi formati da due lune falcate. ℞ Simile. - SAMBON, IV, 17. BR. C[2]

SUTRIUM.

3918. QUADRANTE. Cane a s.; nell'esergo la nota del quadrante. ℞ Ruota a sei raggi colla stessa nota. - GARRUCCI, XL, 3. BR. C[1]

UMBRIA.

TUDER.

3919. UNCIA. Vaso a due manichi e sopra un globetto. ℞ Ferro di lancia e un globetto. - GARRUCCI, LV, 6. BR. C[1]

LAZIO.

LANUVIUM.

3920. TRIENTE. Testa diademata di Giunone a d. . . . . ℞ ROMA. Ercole a d. combattendo il Centauro Nesso . . . . - SAMBON, pag. 123, n. 1. R[2] BR. C[1]

3921. QUADRANTE. Testa di Giunone Sospita a d. . . . ℞ ROMA. Toro in corsa a d.; sotto serpente . . . - SAMBON, IX, 10. R[2] BR. C[1]

3922. SESTANTE. La Lupa che allatta Romolo e Remo. ℞ ROMA. Corvo che tiene nel becco un fiore; segno del sestante. - SAMBON, IX, 11; *n. 3 esempl.* BR. C[1]

3923. SESTANTE. La Lupa che allatta Romolo e Remo. ℞ ROMA. Corvo a d. con in bocca un fiore . . . - SAMBON, IX, 11. R. BR. C[2]

3924. ONCIA. Testa radiata di prospetto. ℞ ROMA. Luna falcata e due stelle. . - SAMBON, pag. 123, n. 7. R. BR. C[1]

ROMA.

3925. MEZZO AUREO. Bifronte imberbe. ℞ Giove in quadriga a d. R[3] ORO C[1]

3926. DENARO DOPPIO. Bifronte imberbe. ℞ Giove in quadriga corrente a d.; dietro di lui un genio. ROMA incuso. - GARRUCCI, LXXVIII, 19. R. ARG. C[1]

3927. DENARO DOPPIO. Simile al precedente. R. ARG. C[1]

3928. DENARO DOPPIO. Simile al precedente. - GARRUCCI, LXXVIII, 20; *n. 3 esempl.* R. ARG. C[1]

3929. DENARO. Simile al precedente. - GARRUCCI, LXXVIII, 22. R. ARG. C[1]

3930. DENARO. Testa galeata a d.; dietro x e nell'esergo ROMA. ℞ Faustolo colla Lupa che allatta i gemelli. ARG. C[1]

3931. ASSE, SEMISSE, QUADRANTE, SESTANTE, UNCIA. *N. 9 esempl.* BR. C[1] e C[2]

3932. SEMISSE. BR. C[1]

3933. SESTANTE. - GARRUCCI, XXII, 8. BR. C[1]

3934. BRONZO. Testa giovanile a s. ℞ ROMANO. Leone a s. - GARRUCCI, LXXVII, 23. R. BR. C[2]

MONETE INCERTE.

3935. DIDRAMMA. Testa imberbe galeata a d. ℞ ROMA. Busto di cavallo a d. colla briglia. - SAMBON, IX, 9; *n. 2 esempl.* R. ARG. C1

3936. DIDRAMMA. Testa galeata a s. ℞ Busto di cavallo a d. ARG. C2

3937. DIDRAMMA. Testa giovanile laureata a d. ℞ ROMA. Cavallo in corsa a s.; *n. 2 esempl.* R. ARG. C1

3938. DIDRAMMA. Testa galeata a d.; dietro una clava. ℞ ROMA. Cavallo in corsa a d.; al disopra una clava. - SAMBON, IX, 7. R. ARG. C1

3939. DIDRAMMA. ROMANO. Testa laureata a s. ℞ Cavallo in corsa a d.; al disopra una stella. R. ARG. C1

3940. DIDRAMMA. Testa barbata e galeata a s. ℞ Busto di cavallo a d.; dietro una spica. R. ARG. C1

3941. DIDRAMMA. Testa imberbe e diademata di Ercole a d. ℞ ROMANO. La Lupa che allatta Romolo e Remo. - SAMBON, IX, 8; *n. 2 esempl.* R. ARG. C1

3942. DIDRAMMA. Testa giovanile imberbe col berretto frigio a d. ℞ ROMANO. Vittoria in piedi a d. che attacca una ghirlanda ed una palma. - SAMBON, pag. 125, n. 5; *n. 2 esempl.* R. ARG. C1

3943. OBOLO. Testa laureata a d. ℞ Cavallo in corsa a s. ROMA; *n. 4 esempl.* BR. C1 e C2

3944. OBOLO. Testa imberbe con berretto frigio a d. ℞ ROMA. Cane in corsa a d. - SAMBON, IX, 13; *n. 4 esempl.* BR. C1

3945. OBOLO. Testa galeata a s. ℞ Busto di cavallo a d. ROMA. *n. 6 esempl. vari.* BR. C1 e C2

SABINI.

3946. SESTANTE. Conchiglia e nota del sestante. ℞ Caduceo. - GARRUCCI, XXXVII, 5. BR. C1

3947. SEMUNCIA. Ghianda nel suo calice. ℞ Campo liscio colla nota della Semuncia. - GARRUCCI, XXXVII, 7. BR. C1

MONETE CONIATE DAI SANNITI DURANTE LA GUERRA SOCIALE.

3948. DENARO. Testa laureata di donna a d.; dinanzi x. ℞ ITALIA. Figura sedente a s. sopra un mucchio di scudi e coronata dalla Vittoria. - SAMBON, pag. 191, n. 19; *n. 2 esempl.* R. ARG. C[1]

3949. DENARO. ITALIA. Testa laureata di Apollo a s. ℞ Otto guerrieri colla daga sguainata prestano giuramento presso un uomo inginocchiato che sostiene una porchetta. - SAMBON, XIII, 13. ARG. C[1]

FRENTANI.

LARINUM.

3950. SEMONCIA. Testa di Diana a d. ℞ LADINOD. Cane corrente a d. - SAMBON, pag. 189, n. 11; *n. 2 esempl.* R. BR. C[2]

CAMPANIA.

CALENO (Calvi).

3951. OBOLO. Testa galeata di Pallade a s. ℞ CALENO. Gallo a d.; nel campo stella. - SAMBON, p. 179, n. 8; *n. 2 esempl.* R. BR. C[1]

3952. OBOLO. CALENO. Testa laureata di Apollo a s. ℞ Toro campano a d.; sopra Lira. - SAMBON, pag. 178, 5. R. BR. C[2]

CUMA.

3953. DIDRAMMA. Testa d'Apollo a d. ℞ KV. Conchiglia e grano d'orzo. - SAMBON, X, 4. R[2] ARG. C[1]

HYRINA.

3954. DIDRAMMA. Testa di Pallade a s. ℟ ΑΝΙΟΥ. Toro dal volto umano a d. - SAMBON, p. 157, n. 2; *n. 2 esempl.* R. ARG. C[1]

3955. DIDRAMMA. Simile al precedente, colla testa di Pallade a d. *Bucata.* R. ARG. C[1]

3956. DIDRAMMA. Simile al precedente, col toro volto a s. R. ARG. C[1]

3957. DIDRAMMA. Testa di Giunone di prospetto ℟ ΑΝΙΟΥ. Toro dal volto umano a d. - SAMBON, XI, 27. R[2] ARG. C[1]

NEAPOLIS.

3958. DIDRAMMA. Testa muliebre a d. con diadema e pendenti. ℟ ΝΕΑΠΟΛΙΤΩΝ. Toro a volto umano a d. coronato dalla Vittoria. - SAMBON, pag. 144; *n. 5 esempl.* ARG. C[1]

3959. DIDRAMMA. Simile al precedente, colla testa e col toro volti a s. *n. 4 esempl.* ARG. C[1]

3960. DIDRAMMA. Testa di donna diademata a d. con pendenti; in giro quattro delfini. ℟ Toro a volto umano coronato dalla Vittoria; all'esergo ΝΕΟΠΟΛΙΤΩΝ e sigle diverse. - GARRUCCI, LXXXV., 5. ARG. C[1]

3961. DIDRAMMA. Testa di donna di prospetto. ℟ Toro a volto umano; al disopra ΝΕΟΠΟΛ; all'esergo ΖΞΤΙ. - GARRUCCI, LXXXV, 23. R. ARG. C[1]

3962. DIDRAMMA. Testa muliebre a s. con diadema e pendenti; dietro la testa simboli diversi. ℟ ΝΕΑΠΟΛΙΤΩΝ. Toro dal volto umano a d. coronato dalla Vittoria; sotto al toro ΙΣ.; *n. 7 esempl.* ARG. C[1]

3963. DIDRAMMA. Simile al precedente; sotto al toro ΕΠΙ.; *n. 2 esempl.* ARG. C[1]

3964. DIDRAMMA. Simile al precedente; sotto al toro Ε. ARG. C[1]

3965. DIDRAMMA. Simile al precedente; sotto al toro un globetto; *n. 2 esempl.* ARG. C[2]

3966. DIDRAMMA. Simile al precedente; sotto al toro ΕΥΞ. ARG. C[2]

3967. DIDRAMMA. Simile al precedente; sotto al toro Π., *n. 2 esempl.* ARG. C[1]

3968. DIDRAMMA. Simile al precedente; sotto al toro ΘΕ. ARG. C[1]

3969. DIDRAMMA. Simile al precedente; sotto al toro ΛΟΥ. ARG. C[1]

3970. DIDRAMMA. Simile al precedente; sotto al toro ΔΙ.; *n. 4 esempl.* ARG. C[1]

3971. DIDRAMMA. Simile al precedente, con sigle diverse; *n. 3 esempl.* ARG. C[1]

3972. DIDRAMMA. Testa di Minerva galeata a d. coll'elmo circondato da alloro. ℞ Toro dal volto umano a d.; al disopra in caratteri retrogradi ΝΕΟΠΟΛΙΤΩΝ. - GARRUCCI, LXXXC, 21. R. ARG. C[1]

3973. TRIOBOLO. Testa laureata di Apollo a d. ℞ Gallo. - SAMBON, X, 17. R[3] ARG. C[1]

3974. OBOLO. Testa galeata di Pallade a d. ℞ ΝΕΟΠΟΛΙΤ. Parte anteriore del toro col volto umano a s. - SAMBON, pag. 142, n. 18. R[2] ARG. C[1]

3975. BRONZO. *N. 6 esempl. di moduli diversi* BR. C[1]

NOLA.

3976. DIDRAMMA. Testa di donna a d. con pendenti e diadema. ℞ ΝΩΛΑΙΩΝ. Toro a d. con volto umano coronato dalla Vittoria. - SAMBON, 155, n. 4; *n. 4 esempl. diversi.* R[2] ARG. C[1]

NUCERIA (Nocera dei Pagani).

3977. DIDRAMMA. Leggenda scomparsa. Testa giovanile a s. con lunga capigliatura e corno d'ariete. ℞ Figura virile nuda in piedi, tiene un cavallo per la briglia e un'asta nella mano. - SAMBON, XI, 27. R[2] ARG. C[1]

PHISTELIA (Pozzuoli).

3978. OBOLO. Testa di donna di prospetto coi capelli sciolti e adorna di collane. ℞ Leone in corsa a s. - SAMBON, pag. 159, n. 5; *n. 3 esempl.* ARG. C[1]

3979. OBOLO. Simile al precedente, col leone in corsa a s. ARG. C[1]

3980. OBOLO. Testa virile giovane di prospetto. ℞ ꟼ IΛTZI8. Conchiglia, grano d'orzo e delfino. - SAMBON. pag. 159, n. 7; *n. 10 esempl.* ARG. C[1]

SABATINI.

3981. SESTANTE. Conchiglia e sotto la clava. - GARRUCCI, XXXV, 5. BR. C[1]

SUESSA.

3982. OBOLO. Testa galeata di Pallade a s. ℞ SVESANO. Gallo a d. - SAMBON, pag. 179, n. 7; *n. 3 esempl.* R. BR. C[1] e C[3]

APULIA.

3983. DIDRAMMA. Testa di Minerva galeata a d.; dietro un astro. ℞ ROMANO. Vittoria in piedi a d. sospende dalla corona ad una palma. R. ARG. C[1]

ARPI.

3984. OBOLO. APΠANOΥ. Cavallo sfrenato a d. ℞ ΠΥΛΛΙ. Toro procumbente a d. - SAMBON, XV, 16; *n. 3 esempl.* BR. C[1]
3985. OBOLO. Testa laureata di Giove a s. ℞ APΠANOV. Cignale corrente a d.; sopra ferro di lancia. - SAMBON, p. 197, n. 19. R. BR. C[1]

CANUSIUM (Canosa).

3986. TRIENTE. BR. C[1]
3987. SEMONCIA. Testa laureata di Giove a d. ℞ K — A. Clava. Il tutto entro una ghirlanda. - SAMBON, pag. 204, n. 9. R. BR. C[2]
3988. OBOLO. K — A Lira. ℞ Diota posto fra un prefericolo ed un asta. - SAMBON, pag. 204. R. ARG. C[1]

LUCERIA.

3989. QUADRANTE. *N. 2 esempl. diversi.* BR. C[2]

RYBA (Ruvo).

3990. OBOLO. Bucranio ornato di bende. ℟ Fulmine alato PY. - SAMBON, pag. 214, n. 7. R³ ARG. C¹

TEANUM APULUM.

3991. QUADRANTE. Testa galeata di Palla a d. ℟ TIATI. Civetta di prospetto e... BR. C²

VENUSIA (Venosa).

3992. QUINCONCE. Testa laureata di Giove a s. e.... ℟ Aquila a s. poggiata sopra un fulmine. - SAMBON, p. 222, n. 7. R. BR. C¹

3993. UNCIA. Luna crescente. ℟ Il medesimo tipo senza nota del valore. - GARRUCCI, LXV, 8. BR. C¹

CALABRIA.

TARENTUM (Taranto).

3994. SESTO DI STATERO. ΤΑΡΑΣ. Testa laureata di Apollo a s. ℟ Ercole che combatte contro il leone. R² ORO C¹

3995. SESTO DI STATERO. Testa d'Ercole a d. coperta colla pelle del leone. ℟ ΤΑΡΑΣ. Uomo a cavallo d'un delfino. R² ORO C¹

3996. SESTO DI STATERO. Diota con un globetto, un delfino ed una stella. ℟ Diota fra tre globetti. R² ORO C¹

3997. DIDRAMMA. ΤΑΡΑΣ. Figura nuda a cavallo d'un delfino a d., in atto di scagliare il tridente; nel campo a d. una civetta. ℟ Figura nuda a cavallo a s. R. ARG. C¹

3998. DIDRAMMA. Simile al precedente, colla figura sedente sul delfino con una diota, ed il cavaliere con grande scudo e frecce. R. ARG. F. D. C.

3999. DIDRAMMA. Simile ai precedenti; Taras col tridente; nel campo altro piccolo delfino. R. ARG. C¹

4000. DIDRAMMA. Simile al precedente; Taras col tridente; nel campo una piccola testa. R. ARG. C[1]

4001. DIDRAMMA. Taras col tridente e con una Vittoria. R. ARG. C[1]

4002. DIDRAMMA. Taras con lancia e scudo. R. ARG. C[1]

4003. DIDRAMMA. Taras con un piccolo scudo rotondo; *n. 5 esempl.* ARG. C[1]

4004. DIDRAMMA. Taras nudo a cavallo del delfino a s. con variati simboli. ℞ Vario; *n. 20 esempl. diversi.* ARG. C[1]

4005. DIDRAMMA. Taras a cavallo del delfino a s. con grappolo nella mano destra. ℞ Vario; *n. 5 esempl. diversi.* ARG. C[1]

4006. DIDRAMMA. Taras con tridente e vario simbolo. ℞ Vario; *n. 4 esempl. diversi.* ARG. C[1]

4007. DIDRAMMA. Taras a cavallo del delfino con tripode. ℞ Vario; *n. 5 esempl. diversi.* ARG. C[1]

4008. DIDRAMMA. Taras a cavallo del delfino a s. colla coppa nella d. ℞ Vario; *n. 3 esempl. diversi.* ARG. C[1]

4009. DIDRAMMA. Taras a cavallo del delfino a s. con lancia e scudo. ℞ Guerriero armato a cavallo in corsa a d.; *n. 4 esempl.* ARG. C[1]

4010. DIDRAMMA. Simile al precedente. ℞ Due guerrieri armati a cavallo in corsa a s. ARG. C[1]

4011. DIDRAMMA. Taras a cavallo del delfino con elmo nella sinistra. Di dietro e davanti una stella. ARG. C[1]

4012. DIDRAMMA. Taras a cavallo del delfino con verga cui è attorcigliato un serpe nella sinistra; nella destra simboli diversi; *n. 5 esempl. vari.* ARG. C[1]

4013. DIDRAMMA. Figura muliebre nuda a cavallo del delfino a d. ARG. C[1]

4014. DIDRAMMA. Taras a cavallo del delfino a s. ARG. C[1]

4015. DIDRAMMA. Figura muliebre a cavallo del delfino a s. ARG. C[1]

4016. DIDRAMMA. Taras a cavallo del delfino a s. con asta e coppa. ARG. C[1]

4017. DIDRAMMA. Taras a cavallo a d. con bastone nella destra e piccolo delfino nella sinistra; sotto al delfino piccolo elefante. ARG. C[1]

4018. DIDRAMMA. Testa muliebre con diadema a s. ℞ ΤΑΡΑΣ. Cavaliere a d.; *n. 2 esempl. con simboli diversi.* ARG. C[1]

4019. DIDRAMMA. Taras a cavallo del delfino a s. con cornucopia. ℞ Vario; *n. 2 esempl.* ARG. C[1]

4020. DIDRAMMA. Cavaliere con lancia e scudo a s. ℟ ΤΑΡΑΣ. Taras a cavallo del delfino con tridente in ispalla; sotto le onde del mare. (Stile arcaico) R. ARG. C²

4021. DIDRAMMA. Caval marino a d.; sotto una conchiglia. ℟ ΤΑΡΑΣ. Taras a cavallo del delfino a d. (stile arcaico). R. ARG. C¹

4022. DIDRAMMA. Simile al precedente, ma di modulo minore; *n. 3 esempl. con simboli diversi.* (Stile arcaico). R. ARG. C¹ e C²

4023. DIDRAMMA. Cavaliere con lancia e scudo a d. ℟ Taras a cavallo del delfino con giavellotto, nel campo un' aquila; nell'esergo le onde marine. ARG. C¹

4024. DIDRAMMA. Taras a cavallo del delfino a d. ℟ Ruota a quattro raggi. (Stile arcaico). R² ARG. C²

4025. DIDRAMMA. Cavaliere collo scudo in corsa a s. ℟ Taras a cavallo del delfino con elmo nella destra; sotto le onde marine. ARG. C¹

4026. DIDRAMMA. ℟ Taras a cavallo del delfino a d. con cornucopia nella destra. ARG. C¹

4027. DIDRAMMA. La Vittoria incorona un cavaliere in corsa a s. ℟ Taras a cavallo del delfino a s.; il braccio destro è levato, il sinistro sostiene uno scudo. ARG. C¹

4028. DIDRAMMA. Cavaliere in corsa a s. collo scudo. ℟ Taras con arco a cavallo del delfino a s. ARG. C¹

4029. DIDRAMMA. Taras astato a cavallo sul delfino a s. ARG. C¹

4030. DIDRAMMA. Cavaliere con asta e scudo in corsa a d. ℟ Taras con cornucopia e Victoriola a cavallo del delfino a s. ARG. C¹

4031. DIDRAMMA. ℟ Taras a cavallo del delfino a s.; *n. 7 esempl. diversi.* ARG. C¹

4032. DRAMMA. Testa di Pallade a d. con elmo ornato del mostro Scilla. ℟ ΤΑΡΑΣ. Civetta; nel campo a d. una clava; *n. 4 esempl.* ARG. C¹

4033. DRAMMA. Testa galeata di Pallade a d. ℟ ΤΑΡ. Civetta sopra un ramo; *n. 6 esempl.* ARG. C¹

4034. DIOBOLO. Testa galeata di Pallade a d. ℟ ΤΑΡΑΣ. Ercole che combatte col leone a d. - SAMBON, p. 241, n. 58; *n. 12 esempl.* ARG. C¹ e C²

4035. DIOBOLO. Testa galeata a s. ℟ Ercole che combatte col leone. ARG. C¹

4036. DIOBOLO. Testa di Pallade di prospetto. ℞ TAPENTINΩN. Ercole che combatte col leone. R. ARG. C[1]

4037. OBOLO. Testa giovanile a s. ℞ Conchiglia; *n. 2 esempl.* R. ARG. C[1]

4038. OBOLO. Testa galeata di Pallade a s. ℞ Ercole che strozza i serpenti. ARG. C[2]

4039. OBOLO. Testa giovanile galeata a s. ℞ Clava e freccie decussate entro una ghirlanda. ARG. C[2]

4040. OBOLO. Conchiglia. ℞ Delfino e simboli diversi; *n. 11 esempl.* ARG. C[1]

4041. OBOLO. Diota. ℞ Diota; *n. 5 esempl.* ARG. C[1]

4042. EMIOBOLO. Conchiglia. ℞ Ruota a quattro raggi. ARG. C[1]

4043. EMIOBOLO. Due lune falcate. ℞ Due lune falcate con punti e stellette; *n. 4 esempl.* ARG. C[1]

4044. EMIOBOLO. Conchiglia ℞ Delfino; *n. 2 esempl. diversi.* ARG. C[1]

4045. EMIOBOLO. Busto di cavallo. ℞ Busto di cavallo. ARG. C[1]

4046. EMIOBOLO. Delfino. ℞ Conchiglia; *n. 2 esempl.* ARG. C[1]

4047. TERZO DI OBOLO. Taras figura nuda sul delfino a s. con diota e cornucopia. ℞ Conchiglia. - SAMBON, p. 248, n. 155; *n. 4 esempl.* BR. C[1]

4048. TERZO DI OBOLO. Taras diota. ℞ Diota e due stelle. BR. C[1]

4049. SESTO DI OBOLO. Conchiglia. ℞ TA. Due delfini. - SAMBON, p. 248, n. 159. R. BR. C[1]

4050. QUARTO DI OBOLO. ·T· (tra due punti). ℞ ·T· (tra due punti). R. ARG. C[1]

4051. PICCOLO BRONZO. Teste accollate dei Dioscuri a d. ℞ Delfino a s. R. BR. C[1]

LUCANIA.

4052. DIOBOLO. Testa imberbe di Ercole a d. con la pelle del leone. ℞ AYKIANΩN. Pallade galeata armata di lancia e scudo gradiente a d. Nel campo testa di lupo. - SAMBON, p. 258, n. 4. R[3] BR. C[1]

HERACLEA.

4053. DIDRAMMA. Testa di Pallade a d. ΕΡΑΚΛΕΙΩΝ. ℞ Ercole colla clava nella destra, tiene colla sinistra la pelle di leone. ARG. C¹

4054. DIDRAMMA. Testa di Pallade galeata a d. ΑΡΙΚΤ. ℞ Ercole in piedi colla clava, la pelle di leone e una cornucopia. ARG. C¹

4055. DIDRAMMA. Testa di Pallade galeata a d. ℞ Ercole che strozza il leone. ARG. C¹

4056. DIOBOLO. Testa di Pallade galeata a d. ℞ Ercole che strozza il leone; *n. 5 esempl.* ARG. C¹

4057. DIOBOLO. Simile al precedente, la testa di Pallade a s.; *n. 3 esempl.* ARG. C¹

4058. DIOBOLO. Testa di Ercole coperta dalla pelle di leone. ℞ Simili ai precedenti. ARG. C¹

4059. DIOBOLO. Testa di Pallade galeata a d. ℞ Ercole in piedi colla clava e la pelle del leone. ARG. C¹

4060. DIOBOLO. Testa di Ercole coperta della pelle del leone. ℞ Leone in corsa a d. HE; *n. 2 esempl.* ARG. C¹

METAPONTO (Torre di Mare).

4061. DIDRAMMA. Testa giovanile laureata a d. ℞ Spica. ARG. C¹

4062. DIDRAMMA. META. Spica di grano in alto rilievo. ℞ La stessa in incavo. - SAMBON, p. 294, n. 1. ARG. C¹

4063. DIDRAMMA. Simile al precedente; *n. 2 esempl.* ARG. C¹

4064. DIDRAMMA. Simile ai precedenti, di modulo minore. ARG. C¹

4065. DIDRAMMA. Testa imberbe laureata a s.; dietro, ciato. ℞ META. Spiga. R² ARG. C¹

4066. DIDRAMMA. Testa muliebre giovanile a s. ℞ ΜΕΤΑΠΟ. Spica. ARG. C¹

4067. DIDRAMMA. Simile al precedente, con qualche varietà; *n. 2 esempl.* ARG. C¹

4068. DIDRAMMA. Testa giovanile di Bacco a d. col capo cinto di ellera. ℞ ΜΕΤΑΠΟ. Spica. R² ARG. C¹

4069. DIDRAMMA. Testa di Cerere a s. con pendenti alle orecchie. ℞ META. Spica con un simbolo indefinibile. R. ARG. C[1]

4070. DIDRAMMA. Simile al precedente, colla testa di Cerere a d.; nel campo del rovescio un aratro. R. ARG. C[1]

4071. DIDRAMMA. Testa muliebre a s. con bella acconciatura della chioma. ℞ META. Spica. ARG. C[1]

4072. DIDRAMMA. Testa muliebre giovanile a d. ℞ META. Spica; *n. 3 esempl. diversi.* ARG. C[1]

4073. DIDRAMMA. Testa virile galeata e barbata a d.; ℞ META. Spica; *n. 3 esempl. con simboli diversi.* R. ARG. C[1]

4074. DIOBOLO. Testa giovanile galeata a d. ℞ META. Spica. R. ARG. C[1]

POSIDONIA.

4075. DIDRAMMA. ΠΟΚΕΙΔ. Toro a s. ℞ Nettuno in piedi a s. in atto di scagliare il tridente. R. ARG. C[2]

4076. OBOLO E EMIOBOLO. *N. 4 esempl. diversi.* ARG. C[1] e C[2]

4077. OBOLO e PICCOLO BRONZO. *N. 14 esempl. diversi.* BR. C[1]

SYBARIS.

4078. DIDRAMMA (di modulo largo). Toro a s. che volge la testa indietro poggiato sopra una base ornata di globetti; il tutto in largo cerchio ornato pure di globetti. ℞ Tipo simile in incavo. - SAMBON, pag. 293, n. 2. ARG. C[1]

MONETE CONIATE A THURIUM.

4079. TETROBOLO. Testa galeata di Pallade a d. ℞ ΣΥΒΑΡΙ. Toro procumbente a d.; sotto delfino. - SAMBON, 294, n. 20. R. ARG. C[1]

4080. DIOBOLO. Toro a d. che volge la testa a s. ℞ Ripetuto il tipo medesimo in incavo. R. ARG. C[1]

4081. OBOLO. *N. 2 esempl. diversi.* ARG. C[2]

THURIUM.

4082. DIDRAMMA. Testa di Pallade a d. con elmo adorno del mostro Scilla. ℞ ΘΟΥΡΙΩΝ. Toro a s. ARG. C[1]

4083. DIDRAMMA. Testa di Pallade a d. con elmo adorno di ghirlanda d'alloro. ℞ Toro a s.; *n. 3 esempl.* ARG. C^1

4084. DIDRAMMA. Testa di Minerva coll'elmo adorno della civetta. ℞ Toro a s. ARG. C^2

4085. DIDRAMMA. Testa di Pallade a d. coll'elmo adorno del mostro Scilla. ℞ Toro procumbente a d.; *n. 8 esempl. con simboli e sigle diverse.* ARG. C^1

4086. DIDRAMMA. Testa di Pallade a d. coll'elmo adorno con ghirlanda d'alloro. ℞ Toro procumbente a d.; *n. 2 esempl.* ARG. C^1

4087. DIOBOLO. Testa di Pallade galeata a d. ℞ Toro procumbente a s.; *n. 9 esempl. diversi.* ARG. C^1 e C^2

4088. DIOBOLO. Simile al precedente. ℞ Toro a s. *n. 3 esempl.* ARG. C^1

VELIA.

4089. DIDRAMMA. Testa di Pallade galeata a s. ℞ Un leone che divora un cervo; *n. 4 esempl. vari.* R. ARG. C^1

4090. DIDRAMMA. ΥΕΛΗΤΩΝ. Testa virile a d. ℞ Leone a s. col muso abbassato al suolo; nell'esergo civetta. *Stile arcaico.* R. ARG. C^1

4091. DIDRAMMA. Testa virile a d. ℞ Leone c. s.; in alto aquila volante; nell'esergo ΥΛΗΤΕΩΝ. *Stile arcaico.* ARG. C^1

4092. DIDRAMMA. Testa galeata di Pallade a d. ℞ Leone a s.; all'esergo ΥΕΛΗΤΩΝ; *n. 2 esempl. vari.* R. ARG. C^1

4093. DIDRAMMA. Simile al precedente. ℞ Leone a d.; sopra ΥΕΛΗΤΩΝ; nell'esergo un grappolo. R. ARG. C^1

4094. DIDRAMMA. Testa galeata di Pallade a s. ℞ Simile al precedente; all'esergo ΥΕΛΗΤΩΝ; . *n. 7 esempl. con simboli diversi.* R. ARG. C^1

4095. DIDRAMMA. Testa di Pallade a s. coll'elmo ornato con una ghirlanda d'alloro. ℞ Simile al precedente. R. ARG. C^1

4096. DIDRAMMA. Testa galeata di Pallade a s. ℞ Leone a s. col muso a terra che divora gli avanzi della preda; *n. 2 esempl.* R. ARG. C^1

4097. DIDRAMMA. Testa di Pallade a s. con elmo assai ornato. ℞ Leone a d. in atto di divorare c. s.; *n. 2 esempl.* R. ARG. C^1

4098. DIDRAMMA. Testa di Pallade di prospetto. ℞ Simile al precedente, col leone a s. *Bucata.* R^3 ARG. C^1

4099. BRONZO. *N. 3 esempl. diversi.* BR. C^2

BRUTTIUM (in genere).

4100. DRAMMA. Busto della Vittoria a d. ℟ BPETTIΩN. Il Dio Pane nudo in piedi coronandosi e tenendo un'asta; nel campo a d. ΠΑΝ in monogramma. - SAMBON, pag. 314, n. 1.
R. ARG. C[1]

4101. Simile al precedente, con un monogramma diverso.
R. ARG. C[1]

4102. DIOBOLO. Testa barbuta di Marte a s. ℟ BPETTIΩN. Pallade con lancia e scudo gradiente a d. BR. C[1]

4103. DIOBOLO. Testa di Ercole a d. coperta dal vello di leone. ℟ Simile al precedente. BR. C[2]

4104. TRIEMIOBOLO. Testa di Giove a d. ℟ BPETTIΩN. Aquila a s.; nel campo cornucopia. BR. C[1]

4105. OBOLO, EMIOBOLO, CHALK. *N. 9 esempl. diversi.*
BR. C[1] e C[2]

CAULONIA (Castelvetere).

4106. DIDRAMMA (di modulo largo). KAVL. Figura virile nuda in piedi a d. che tiene sul braccio sinistro disteso un'altra figurina egualmente nuda e col braccio alzato. ℟ Lo stesso tipo in incavo. R. ARG. C[1]

4107. DIDRAMMA. Simile al precedente; nel campo a d. un cervo; *n. 2 esempl.* R. ARG. C[1]

4108. DIDRAMMA (di modulo minore del precedente). Figura virile in piedi a d. col braccio destro alzato con un ramo ed il sinistro disteso. ℟ KAVΛONIAT. Cervo a d. ARG. C[1]

4109. DIDRAMMA. Simile al precedente; con un arco ed un dardo? nel campo del diritto, e bende pendenti dal braccio.
ARG. C[1]

4110. DIDRAMMA. Simile al precedente, con simboli diversi e senza iscrizione. ARG. C[1]

4111. DIDRAMMA. Simile al precedente, coll'iscrizione VAΣ nel campo del diritto; e simboli diversi; *n. 2 esempl.* ARG. C[1] e C[2]

4112. OBOLO. *N. 2 esempl. diversi.* ARG. C[2]

CROTON.

4113. DIDRAMMA. Testa di Giunone Lacinia di fronte. ℞ ΚΡΟΤΩΝΑΤΑΣ. Ercole sdraiato sopra una pelle di leone tiene colla d. una coppa. Nel campo arco e clava; R^2 ARG. C^1

4114. DIDRAMMA (di modulo largo). ϘΡΟΤ. Tripode in rilievo. ℞ Tripode in incavo. ARG. C^1

4115. DIDRAMMA (di modulo minore). Simile al precedente; *n. 2 esempl.* ARG. C^1

4116. DIDRAMMA. Simile al precedente. ℞ Aquila in incavo. R. ARG. C^1

4117. DIDRAMMA. ΚΡΟ. Tripode. ℞ Aquila a s. colle ali aperte poggiata sopra un ramo. ARG. C^1

4118. DIDRAMMA. ϘΡΟ. Tripode; con un simbolo incerto. ℞ Aquila a s. colle ali aperte, poggiata sopra un ramo. ARG. C^1

4119. DIDRAMMA. Simile al precedente, con simboli diversi. ℞ Aquila a s. colle ali chiuse, guardante a d., poggiata sopra un ramo. ARG. C^1

4120. DIDRAMMA. Simile al precedente, ma d'altro conio. ARG. C^2

4121. DIDRAMMA. Simile al precedente. ℞ Aquila a d. colle ali chiuse poggiata sopra un ramo. ARG. C^1

4122. TETROBOLO. Tripode in rilievo. ℞ Tripode in incavo. ARG. C^1

4123. DIOBOLO. ϘΡΟ. Tripode. ℞ Pegaso a s.; *n. 2 esempl.* R. ARG. C^1

4124. DIOBOLO. ΚΡΟΤΩ. Testa di Pallade a d. ℞ Ercole in piedi a d. appoggiato alla clava. R. ARG. C^1

4125. EMIOBOLO. Testa di Ercole a d. coperta colla spoglia del leone. ℞ Leggenda illeggibile. Aquila a d. sopra un ramo. BR. C^1

HIPPONIUM (Monteleone).

4126. OBOLO E EMIOBOLO. *N. 6 esempl. diversi.* BR. C^2

LOCRI.

4127. DIDRAMMA. ΛΟΚΡΩΜ. Testa di Pallade galeata a s. ℞ Pegaso volante a s.; sotto un fulmine. R^3 ARG. C^1

4128. DIDRAMMA. Simile al precedente, colla testa laureata di Giove a d. ARG. C^1

4129. DIDRAMMA. Testa di Giove laureata a s. ℞ ΛΟΚΡΩΝ. Aquila divorante una lepre. ARG. C^1

RHEGIUM (Reggio).

4130. TETRADRAMMA. Testa di leone di prospetto. ℞ RECINON. Personaggio seminudo seduto che tiene colla mano destra un'asta; il tutto entro corona di lauro. - SAMBON, XXII, 9. *Stile arcaico.* R^3 ARG. C^1

4131. TETRADRAMMA. Testa di leone di prospetto. ℞ RECINON. Personaggio seminudo seduto a s. con una coppa nella destra ed un'asta nella sinistra; nel campo vari simboli. R^3 ARG. C^1

4132. QUADRUNX. Colla testa dei Dioscuri accollata a d. BR. C^1

4133. DIOBOLO. Testa di leone di prospetto. ℞ Leggenda scomparsa. Testa muliebre laureata a s.; *n. 2 esempl.* BR. C^1

4134. DIOBOLO. Testa giovanile laureata a d. ΡΗΓΙ. ℞ Testa di leone di prospetto. BR. C^1

4135. DIOBOLO? Testa di Diana a d. ℞ ΡΗΓΙΝΩΝ. Lira; *n. 3 esempl.* R. BR. C^1

4136. DIOBOLO. Testa muliebre a d. ℞ ΡΗΓΙΝΩΝ. Lira. R. BR. F. D. C.

4137. OBOLO. Testa galeata di Minerva a s. ℞ ΡΗΓΙΝΩΝ. Pallade in piedi a s. con *victoriola* nella destra, lancia e scudo nella sinistra. R. BR. C^1

4138. OBOLO. REC entro un circolo. ℞ Lepre fuggente a d. R. ARG. C^1

4139. BRONZO. *N. 3 esempl. diversi.* BR. C^2 e C^3

TERINA.

4140. DIDRAMMA. ΤΕΡΙΝΑΙΩΝ. Testa muliebre a d. ℞ Ligea alata seduta a s. con uccello poggiato sulla d. R^3 ARG. C^1

4141. DIDRAMMA. Simile al precedente, colla testa a s. R^2 ARG. C^1

4142. DIDRAMMA. Simile al precedente; Ligea tiene una corona. R^3 ARG. C^1

4143. DIDRAMMA. Simile al precedente, colla testa volta a d. Ligea tiene nella mano una piccola sfera. R3 ARG. C1

4144. DIDRAMMA. ΤΕΡΙΝΑΙΩΝ. Testa di donna a d. ℞ Ligea alata seduta a s. R3 ARG. C1

4145. DIOBOLO. Testa di donna a d. ℞ Ligea alata seduta a s.; *n. 2 esempl. diversi.* R2 ARG. C1

4146. DIOBOLO. Testa di donna a d. ℞ Ligea alata seduta a s. R2 ARG. C1

4147. OBOLO. Testa di donna a d. ℞ ΤΕΡΙ. Vittoria volante a s. R2 ARG. C2

4148. OBOLO. Col granchio. R. BR. C1

4149. EMIOBOLO. Testa accollata dei Dioscuri a d. ℞ Mercurio col caduceo in piedi a s. R. BR. C1

4150. EMIOBOLO. Testa muliebre a d. ℞ Ligea seduta a s. R. BR. C1

SICILIA.

AGRIGENTUM (Girgenti).

4151. PARTE DI STATERE. ΑΚΡΑ. Aquila a d. che divora un serpente; sotto due globetti. ℞ ΣΙΛΑΣΟΝ. Granchio. R5 ORO. C1

4152. TETRADRAMMA. ΑΣΡΓΑΝΤΟΣ. Aquila a s. ℞ Granchio. R. ARG. C1

4153. TETRADRAMMA. Simile al precedente. R. ARG. C1

4154. TETRADRAMMA. Simile al precedente ma di modulo minore. R. ARG. C1

4155. DIDRAMMA. Simile al precedente; coll'aquila a s.; *n. 6 esempl. vari.* R. ARG. C1

4156. DIDRAMMA. Simile al precedente; *n. 4 esempl. diversi.* R. ARG. C2

4157. DIDRAMMA. Simile al precedente, coll'aquila a d.; *n. 3 esempl. diversi.* R. ARG. C1

4158. TETROBOLO. Aquila che divora una lepre. ℞ Granchio, e sotto un pesce. ARG. C2

4159. BRONZO. Triobolo, diobolo, ecc.; *n. 4 esempl. diversi.* BR. C1 e C2

CATANIA.

4160. TETRADRAMMA. ΚΑΤΑΝΑΙΟΝ. Testa laureata di Apollo a d. ℞ Figura in biga lenta a d. *Conio di bello stile.* R³ ARG. C¹

4161. TETRADRAMMA. Testa laureata di Apollo a d. ℞ Figura in biga lenta a d.; sopra una Vittoria volante a d. R³ ARG. C¹

4162. DIOBOLO. Testa di Sileno a d. ℞ ΚΑΤΑΝΕ. Fulmine. R. ARG. C¹

GELAS (Terranova).

4163. TETRADRAMMA. ΓΕΛΑΣ. Parte anteriore del Toro col volto umano a d. ℞ Figura in biga lenta a d.; sopra una Vittoria volante a d.; *n. 3 esempl.* R. ARG. C¹

4164. TETRADRAMMA. Simile al precedente; *n. 2 esempl.* R. ARG. C¹

4165. TETRADRAMMA. Simile al precedente; in alto del rovescio una ghirlanda. *Bell'esemplare.* R. ARG. C¹

4166. TETRADRAMMA. Simile al precedente; *n. 2 esempl.* R. ARG. C²

4167. TETRADRAMMA. Simile ai precedenti; *n. 2 esempl.* R. ARG. C²

4168. TETRADRAMMA. Simile ai precedenti; ma la biga passa dinanzi ad una colonna; *n. 2 esempl.* R. ARG. C¹

4169. TETRADRAMMA. Simile ai precedenti, ma di modulo minore; *n. 2 esempl.* R. ARG. C¹ e C²

4170. TETRADRAMMA. ΓΕΛΑΣ. Parte anteriore del Toro col volto umano a s. ℞ Figura in biga lenta a s. R. ARG. C¹

4171. DIDRAMMA. ΓΕΛΑΣ. Parte anteriore del Toro col volto umano a d. ℞ Cavaliere galoppante a d.; *n. 2 esempl.* R. ARG. C¹

HERACLEA (Capo Bianco).

4172. TETRADRAMMA. Testa di donna a d. con pendenti e collana. Nel campo due delfini. ℞ Figura in quadriga veloce a d. coronata dalla Vittoria; nell'esergo iscrizione punica. *Bell'esemplare.* R⁵ ARG. C¹

HIMERA (Termini).

4173. DIDRAMMA. Gallo a s. ℞ Granchio; *n. 2 esempl.* R. ARG. C^1 e C^2

LEONTINI (Lentini).

4174. TETRADRAMMA. ΛΕΟΝΤΙΝΟΝ. Testa di leone a d. fra quattro grani d'orzo. ℞ Donna in biga lenta a d.; sopra Vittoria volante. R^3 ARG. C^1
4175. TETRADRAMMA. Testa laureata di Apollo a d. ℞ ΛΕΟΝΤΙΝΟΝ. Testa di leone a d. fra quattro grani d'orzo. *Bell'esemplare.* R^2 ARG. C^1
4176. TETRADRAMMA. Simile al precedente di conio diverso; *n. 2 esempl.* R^2 ARG. C^1
4177. TETRADRAMMA. Simile al precedente di diverso conio; *n. 2 esempl.* R^2 ARG. C^1
4178. TETRADRAMMA. Simili ai precedenti, ma colla testa di Apollo e del Leone a s.; *n. 2 esempl.* R^2 ARG. C^1
4179. DIOBOLO. Testa laureata di Apollo a s. ℞ Testa del leone a s. BR. C^1
4180. DIOBOLO. ΛΕΟΝΤΙ. Testa di Leone a d. ℞ Figura virile nuda in piedi a s.; dietro grano d'orzo. R. ARG. C^2

MAMERTINI.

4181. TRIOBOLO. Testa laureata di Apollo a s. ΜΑΜΕΡΤΙΝΩΝ. Figura virile nuda in piedi con lancia nella sinistra, appoggia la destra sopra la testa del suo cavallo. R. BR. C^1

MESSANA (Messina),

4182. TETRADRAMMA. ΜΕΣΣΑΝΙΩΝ. Lepre fuggente a d. ℞ Figura in biga lenta a d.; nell'esergo una foglia. R. ARG. C^1
4183. TETRADRAMMA. Simile alla precedente; una Vittoria volante in alto del rovescio. R. ARG. C^1
4184. TETRADRAMMA. Simile al precedente, senza la Vittoria e con un delfino sotto al lepre; *n. 2 esempl.* R. ARG. C^1

4185. TETRADRAMMA. Simile al precedente, senza la Vittoria e senza il delfino; *n. 2 esempl.* R. ARG. C[1] e C[2]
4186. TETRADRAMMA. Simile al precedente con un ramo sotto al lepre. R. ARG. C[1]
4187. TETRADRAMMA. ΜΕΣΣΑΝΙΟΝ. Lepre in fuga a d. ℞ ΜΕΣΣΑΝΙΟΝ. Figura virile in biga lenta a d.; sotto due delfini. *Bell'esemplare.* R[3] ARG. C[1]
4188. TETRADRAMMA. Simili ai precedenti; *n. 3 esempl. diversi.* R. ARG. C[2]

PANORMUS (Palermo).

4189. DOPPIO STATERE. Testa di Proserpina a s. con pendenti, collana e ghirlanda di spiche. ℞ Cavallo a d.; sopra un disco raggiante e ornato di due teste d'uccello sormontate da un globetto. R[3] ELETTRO ORO. C[1]
4190. STATERE. Testa di Proserpina a s. con pendenti, collana e ghirlanda di spiche. ℞ Cavallo stante a d. R[3] ORO. C[1]
4191. STATERE. Simile al precedente. R[2] ORO. C[1]
4192. FRAZIONE MINIMA DALLO STATERE. Busto di cavallo a d. ℞ Un palmizio. R. ORO. C[1]
4193. TETRADRAMMA. Testa di Proserpina a s. con ghirlanda di foglie di canna, monile e pendenti; nel campo a d. un papavero, a s. due delfini. ℞ Busto di cavallo a s. e nel campo a d. un palmizio; nell'esergo lettere fenicie. *Bell'esemplare.* R[2] ARG. C[1]
4194. TETRADRAMMA. Simile al precedente, senza l'iscrizione fenicia. R[2] ARG. C[1]
4195. TETRADRAMMA. Testa d'Ercole a d. coperta colla pelle leonina. ℞ Busto di cavallo a s.; nel campo a d. un palmizio; *n. 2 esempl. assai belli.* R[2] ARG. C[1]
4196. TETRADRAMMA. Simile al precedente con caratteri fenici nell'esergo del rovescio; *n. 3 esempl.* R[3] ARG. C[1]
4197. MEZZA DRAMMA. Testa di Proserpina a s. ℞ Cavallo stante a d.; dietro un palmizio; *n. 2 esempl.* BR. C[1]
4198. TETROBOLO. Testa di Proserpina a s. ℞ Cavallo stante a d. che volge la testa a s. BR. C[2]
4199. TETROBOLO. Simile al precedente. ℞ Testa di cavallo a d.; *n. 2 esempl.* BR. C[1]
4200. DIOBOLO. Simile al precedente. BR. C[2]
4201. DIOBOLO. Testa di proserpina a s. ℞ Cavallo stante a d. *Bucata.* BR. C[1]

4202. DIOBOLO. Testa di Proserpina a s. ℞ Cavallo a d. che volge la testa a s.: *n. 7 esempl. diversi.* BR. C[1]

4203. DIOBOLO. Testa di Proserpina a s. ℞ Cavallo a d.; dietro un palmizio. BR. C[1]

4204. OBOLO. Simile al precedente. ℞ Testa di cavallo a d. BR. C[1]

4205. OBOLO. Palmizio. ℞ Testa di cavallo a d.; *n. 2 esempl. diversi.* BR. C[1]

4206. OBOLO. Testa di Proserpina a s. ℞ Tre fiori di papavero? BR. C[2]

4207. EMIOBOLO. Testa di Proserpina a s. ℞ Cavallo a d.; dietro palmizio; *n. 5 esempl. diversi.* BR. C[1]

4208. EMIOBOLO. Simile al precedente. ℞ Cavallo a d. che volge la testa a s. BR. C[1]

SEGESTA.

4209. DIDRAMMA. Testa di donna a d. di stile arcaico. ℞ ΣΕΓΕΣΤΑΞΒ iscrizione retrograda. Cane col muso a terra; dietro una pianta di spiche. *Mancante d'un pezzetto.* R. ARG. C[2]

SELINUS (Selinunte).

4210. TETRADRAMMA. ΣΕΛΙΝΟΝΤΙΩΝ. Apollo nudo in piedi con un ramo di lauro e con una patera in atto di fare un sacrificio dinanzi ad un'ara; sul davanti un gallo; nel campo un toro ed una foglia. ℞ Due personaggi in biga lenta a s.; ripetuta l'iscrizione ΣΕΛΙΝΟΝΤΙΩΝ. R[3] ARG. C[1]

4211. DIDRAMMA. Foglia di sedano. ℞ Quadrato incuso. R[3] ARG. C[1]

4212. OBOLO. Foglia di sedano. ℞ Simile. R. ARG. C[2]

SIRACUSA.

4213. MEZZO STATERE. Testa di Apollo laureata a s. ℞ ΣΥΡΑΚΟΣΙΩΝ. Lira. R. ELETTRO. ORO. C[1]

4214. FRAZIONE DI STATERE. ΣΥΡΑ. Testa giovanile di Ercole a s. coperta dal vello di leone. ℞ Quadrato incuso c. s. R. ORO C[1]

4215. FRAZIONE DI STATERE. Testa giovanile di Ercole a s. coperta del vello leonino. ℞ Quadrato incuso diviso in quattro parti; nel centro in un disco testina muliebre ed ai quattro angoli le lettere Σ - Υ - Ρ - Α. R. ORO C[1]

4216. OTTODRAMMA. ΣΥΡΑΚΟΣΙΩΝ. Testa di Proserpina a s. con chioma inanellata adorna di una ghirlanda formata di foglie di canna, monile di perle al collo e pendenti; nel campo all'intorno quattro delfini. ℞ Figura in quadriga veloce a s. coronata da Vittoria volante; all'esergo corazza, gambiera, elmo e scudo. *Magnifico esempl. di bellissimo stile.* R[7] ARG. F. D. C.

4217. OTTODRAMMA. Simile al precedente; dietro la testa di Proserpina una conchiglia. *Bellissimo il diritto; meno conservato il rovescio.* R[7] ARG. C[1]

4218. TETRADRAMMA. Testa di Proserpina a s. cinta da ghirlanda di foglie palustri, con monile ed orecchini. ℞ Figura in quadriga veloce a s.; nell'esergo ΣΥΡΑΚΟΣΙΩΝ; in alto la triquetra; *n. 2 esempl. bellissimi.* R. ARG. C[1]

4219. TETRADRAMMA. Simile al precedente. R. ARG. C[2]

4220. TETRADRAMMA. ΣΥΡΑΚΟΣΙΩΝ. Testa di donna a d. con capelli cinti da diadema e col *reticulum*, con vezzo di perle ed orecchini; in giro quattro delfini. ℞ Figura in quadriga a s. coronata da una Vittoria volante; nell'esergo, spica. *Bell'esemplare.* R. ARG. C[1]

4221. TETRADRAMMA. Simile al precedente, colla testa volta a s. R. ARG. C[1]

4222. TETRADRAMMA. Simile al precedente, colla testa volta a d. e senza *reticulum.* ℞ Figura in biga lenta a s.; in alto Vittoria volante a s. R. ARG. C[1]

4223. TETRADRAMMA. Simile al precedente, colla Vittoria a d. R. ARG. C[1]

4224. TETRADRAMMA. SYRA. Figura in biga lenta a d. ℞ Quadrato incuso nel mezzo, in un tondo; testa muliebre a s. R. ARG. C[1]

4225. TETRADRAMMA. Testa di donna a d. cinto di diadema; in giro quattro delfini. ℞ Figura in biga lenta a d.; in alto Vittoria volante a d. (*Di modulo grande*). R. ARG. C[1]

4226. TETRADRAMMA. ΣΥΡΑΚΟΣΙΩΝ. Testa di donna a d. colla chioma stretta da un nastro; in giro quattro delfini. ℞ Figura in biga lenta a d.; in alto Vittoria volante a d.; *n. 2 esempl.* R. ARG. C[1]

4227. TETRADRAMMA. Simile al precedente, ma la testa è acconciata colla benda e col mazzocchio. ℞ Simile al precedente, colla Vittoria volante a s. R. ARG. C[1]

4228. TETRADRAMMA. ΣΥΡΑΚΟΣΙΩΝ. Testa femminile a d. con acconciatura a fascie; in giro quattro delfini. ℞ Figure in biga lenta a d.; alto Vittoria volante a d.; *n. 2 esempl.* R. ARG. C[1] e C[2]

4229. TETRADRAMMA. Simile al precedente; *n. 2 esempl.* R. ARG. C[1] e C[2]

4230. TETRADRAMMA. Simili ai precedenti; *n. 5 esempl. diversi.* R. ARG. C[1]

4231. TETRADRAMMA. ΣΥΡΑΚΟΣΙΩΝ. Testa muliebre a d. con largo diadema; intorno quattro delfini. ℞ Figura in triga lenta a d.; in alto Vittoria volante a d. R. ARG. C[1]

4232. TETRADRAMMA. ΣΥΡΑΚΟΣΙΩΝ. Testa di donna a d. cinta di perle; in giro quattro delfini. ℞ Figura in triga lenta a d.; in alto Vittoria volante a s.; nell'esergo un serpe. R. ARG. C[1]

4233. TETRADRAMMA. Simile al precedente, colla Vittoria volante a d. e senza il serpe nell'esergo; *n. 3 esempl.* R. ARG. C[1]

4234. TETRADRAMMA. Simile al precedente; *n. 3 esempl.* R. ARG. C[1]

4235. TETRADRAMMA. Simile al precedente; *n. 7 esempl.* R. ARG. C[1] e C[2]

4236. TETRADRAMMA. ΣΥΡΑΚΟΣΙΩΝ. Testa di donna a d. colla chioma cinta di perle; in giro quattro delfini. ℞ Figura in quadriga lenta a d.; in alto Vittoria a d.; *n. 3 esempl.* R. ARG. C[1]

4237. TETRADRAMMA. Simile al precedente; *n. 2 esempl.* R. ARG. C[1] e C[2]

4238. DIDRAMMA. ΣΥΡΑΚΟΣΙΟΝ. Testa galeata di Pallade a d. ℞ Pegaso volante a s. R. ARG. C[1]

4239. DIDRAMMA. ΣΥΡΑΚΟΣΙΟΝ. Testa di donna a d.; in giro tre delfini. ℞ Figura a cavallo a d. R. ARG. C[2]

4240. MEZZA DRAMMA. Testa di donna a d. ℞ Pegaso volante a s.; *n. 3 esempl.* R. ARG. C[1]

4241. MEZZA DRAMMA. Testa di donna a s. ℞ Pegaso volante a s.; *n. 4 esempl. diversi.* R. ARG. C[1]

4242. MEZZA DRAMMA. Simile alla precedente; *n. 5 esempl.* R. ARG. C[1]

4243. MEZZA DRAMMA. Testa di Pallade di prospetto. ℞ Figura in quadriga lenta a s.; in alto Vittoria volante a d.; nell'esergo due delfini. R. ARG. C^1

4244. MEZZA DRAMMA. Simile al precedente. ℞ Figura a cavallo a d. R. ARG. C^2

4245. MEZZA DRAMMA. Testa di donna a s. ℞ Parte anteriore del Pegaso alato a s.; *n. 2 esempl.* R. ARG. C^1

4246. MEZZA DRAMMA. Testa di Ercole a d. coperta dalla pelle di leone. ℞ Pegaso volante a s. R. ARG. C^2

4247. MEZZA DRAMMA. Testa di donna a s.; in giro tre delfini. ℞ Parte anteriore del Pegaso volante a s.; *n. 2 esempl.* R. ARG. C^1

4248. MEZZA DRAMMA. Testa di donna a s. ℞ ΣΥΡΑΚΟΣΙΩΝ. Civetta a d.; nel campo Α. R. ARG. C^1

4249. MEZZA DRAMMA. ΣΥΡΑ. Testa di donna a d. ℞ Polipo; *n. 2 esempl.* R. ARG. C^1

4250. MEZZA DRAMMA. ΣΥΡΑΚΟΣΙΩΝ. Testa di donna a s. ℞ Polipo. R. ARG. C^1

4251. BRONZO. ΣΥΡΑ. Testa galeata di Pallade a s. ℞ Due delfini e nel mezzo un astro; *n. 2 esempl.* BR. C^1 e C^2

4252. DIOBOLO. Testa di Giove a d. ℞ ΣΥΡΑΚΟΣΙΟΝ. Fulmine. BR. C^2

4253. DIOBOLO. Testa giovanile a s. ℞ Fulmine. BR. C^2

4254. DIOBOLO. Testa d' Ercole a s. coperta colla pelle del leone. ℞ Pallade combattente in piedi a d. BR. C^1

4255. DIOBOLO. Testa imberbe laureata di Giove a s. ℞ Aquila in piedi a s. colle ali aperte. ΣΥΡΑ....; *n. 3 esempl.* BR. C^1

4256. OBOLO. Testa di donna a s. ℞ Cavallo in corsa a d. BR. C^1

4257. OBOLO. Testa di donna a d.; in giro tre delfini. ℞ Polipo. BR. C^2

RE DI SICILIA.

GERONE I.

4258. BRONZO (modulo 7). Testa diademata a s. ℞ ΙΕΡΩΝΟΣ. Cavaliere con elmo e lancia in resta galoppante a d.; *n. 2 esempl.* BR. C^1

4259. BRONZO. Simile al precedente; *n. 2 esempl.* BR. C^2

AGATOCLE.

4260. TETRADRAMMA. ΚΟΡΑΣ. Testa di Cerere a d. ℞ ΑΓΑ-ΘΟΚΛΕΙΟΣ. La Vittoria a d. che erige un trofeo. R² ARG. C¹

4261. TETRADRAMMA. Simile al precedente; *n. 2 esempl.* R² ARG. C¹ e C²

GERONE II.

4262. OBOLO. Testa laureata di Giove a s. ℞ Tridente e due delfini posti lateralmente; *n. 2 esempl.* BR. C¹

FILISTIDE.

4263. TETRADRAMMA. Testa velata e diademata a s.; dietro una conchiglia. ℞ ΒΑΣΙΛΙΣΣΑΣ ΦΙΛΙΣΤΙΔΟΣ. Vittoria in quadriga veloce a d.; sotto i cavalli E. R² ARG. C¹

4264. TETRADRAMMA. Simile al precedente; dietro la testa un ramo. R² ARG. C¹

4265. TETRADRAMMA. Simile al precedente; dietro la testa un cornucopia; e nel campo del rovescio la lettera K. R² ARG. C¹

HISPANIA CELTIBERICA.

CAPI SPAGNUOLI.

4266. DENARO. Testa virile a d.; dietro luna falcata. ℞ Guerriero a cavallo in corsa a d. colla lancia in resta; sotto iscrizione in caratteri celtiberici. ARG. C¹

4267. GRAN BRONZO, MEDIO E PICCOLO BRONZO. *N. 7 esempl.* BR. C¹ e C²

GALLIA NARBONENSIS.

MASSILIA.

4268. DENARO. Busto di Diana a d. con diadema e pendenti. ΜΑΣΣΑ. Leone a d. (*stile barbaro*), *n. 3 esempl.* ARG. C[1]

4269. DENARO. Simile al precedente; *n. 4 esempl.* (*di stile meno rozzo*). ARG. C[1]

4270. DENARO. Simile al precedente (*di bello stile*). ARG. C[1]

4271. QUINARI. Testa d'Apollo a s. ℞ MA tra i raggi d'una ruota; *n. 2 esempl.* ARG. C[1]

GALLIA.

4272. MONETE GALLICHE. *N. 5 esempl. diversi.* ARG. e BR. C[1]

MOESIA SUPERIOR.

VIMINACIUM (Gordiano III).

4273. GRAN BRONZO. IMP. GORDIANVS PIVS FEL. AVG. Testa laureata a d. ℞ P. M. S. COL. VIM. Donna in piedi tra un leone e un toro. BR. C[1]

INSULÆ THRACIÆ.

THASUS.

4274. TETRADRAMMA. Testa di Bacco a d. coronato di ellera. ℞ ΗΡΑΚΛΕΟΥΣ ΣΟΤΗΡΟΣ. Ercole in piedi a s. colla pelle di leone e la clava; nell'esergo ΘΑΣΙΩΝ. R. ARG. C[1]

4275. TETRADRAMMA. Simile al precedente, ma d'altro conio. R. ARG. C[1]

4276. TETRADRAMMA. Simile al precedente; *n. 2 esempl.* R. ARG. C[1]

4277. TETRADRAMMA. Simile al precedente; *n. 2 esempl., uno dei quali bucato.* ARG. C[1]

4278. DIOBOLO. ΤΑΣ. Diota. ℞ Sileno in ginocchio a s. *Bucata.* R. ARG. C[1]

TRACIA.

LISIMACO. (324–282 a. C.)

4279. TETRADRAMMA. Testa del re a d. con diadema ornato dal corno d'ariete. ℞ ΒΑΣΙΛΕΩΣ ΛΥΣΙΜΑΧΟΥ. Pallade nicefora seduta a s.; nel campo a s. una testina. R. ARG. C[1]

4280. TETRADRAMMA. Simile al precedente; nel campo del rovescio un monogramma. R. ARG. C[1]

4281. TETRADRAMMA. Simile al precedente, con monogramma diverso. R. ARG. C[1]

4282. OBOLO ED OMIOBOLO. *N. 2 esempl. diversi.* BR. C[2]

ILLYRICUM (Schiavonia).

DYRRHACHIUM (Durazzo).

4283. DIDRAMMA. Vacca che allatta un vitello. ℞ Giardino di Alcinoo. R. ARG. C[2]

4284. DRAMMA. ΞΕΝΟΚΑ... Vacca che allatta un vitello. ℞ ΑΙΡΝΟΣ. I giardini d'Alcinoo. R. ARG. C[1]

4285. DRAMMA. Simile al precedente. ℞ ΑΥΡΡΑ... ΩΝΟΣ. I giardini c. s. ARG. C[1]

PAEONIA.

AUDOLEON RE (340–330 av. C.)

4286. DIDRAMMA. Testa di Minerva galeata di prospetto. ℞ ΑΥΔΩΛΕΟΝΤΟΣ. Cavallo gradiente a d. *Bucata.* R[4] ARG. C[2]

MACEDONIA.

4287. TETRADRAMMA. Testa di Diana a d.; dietro arco e turcasso. ℞ ΜΑΚΕΔΟΝΩΝ ΠΡΩΣΗΣ. Clava entro una ghirlanda di quercia; sotto un fulmine. R. ARG. C¹
4288. TETRADRAMMA. Simile al precedente. R. ARG. C¹
4289. TETRADRAMMA. Simile al precedente; *n. 2 esempl., uno bucato.* R. ARG. C¹ e C²
4290. OBOLO E EMIOBOLO. *n. 2 esempl. diversi.* BR. C¹ e C²

RE LETŒ DI HERACLEA.

4291. DIDRAMMA. Centauro inginocchiato con una donna tra le braccia. ℞ Quadrato incuso. *Tipo arcaico.* R. ARG. C¹
4292. DRAMMA. Simile al precedente. Con *appicagnolo.* R. ARG. C¹

THESSALONICA (Saloniki).

4293. OBOLO. Testa galeata a d.; sopra ΝΥΣ. ΘΕΣΣΑΛΟ.... Cavallo in corsa a d. BR. C¹

MACEDONIA ROMANA.

4294. TETRADRAMMA. Testa virile a d. e sotto ΜΑΚΕΔΟΝΩΝ. ℞. AESILLAS. Un vaso, una clava, ecc. entro una ghirlanda d'alloro. R. ARG. C¹

RE DI MACEDONIA, FILIPPO II. (359-336 av. C.)

4295. STATERE. Testa giovanile laureata a d. ℞ ΦΙΛΙΠΠΟΥ. Figura virile in biga veloce a d.; sotto ai cavalli un tridente. R. ORO. C¹
4296. STATERE. Simile al precedente; nell'esergo un ferro di lancia. R. ORO. C¹

4297. TETRADRAMMA. Testa di Ercole a d. coperta colla spoglia leonina. ℞ ΒΑΣΙΛΕΩ ΦΙΛΙΠΠΟΥ. Giove seduto a s. collo scettro ed un'aquila sulla d.; sotto la sedia ΑΥ. R. ARG. C^1

4298. TETRADRAMMA. Testa di Giove barbato a d. ℞ ΦΙΛΙΠΠ. Figura virile a cavallo a d. con una palma; sotto al cavallo una stella. R. ARG. C^1

4299. TETRADRAMMA. Testa di Giove barbato a d. ℞ Simile al precedente; sotto al cavallo una ghirlanda e la sigla Π. R. ARG. C^2

4300. DIDRAMMA? Testa di Giove barbato e laureato a d. ℞ Figura virile a cavallo a d. *Conio barbaro.* R. ARG. C^1

4301. OBOLO. *N. 2 esempl.* BR. C^1 e C^2

ALESSANDRO MAGNO.

4302. MEZZO STATERE. Testa d'Ercole imberbe a d. coperta dal volto leonino. ℞ Giove seduto a s. collo scettro nella sinistra e con un'aquila sulla destra distesa. R. ORO. C^2

4303. TETRADRAMMA. Testa d'Ercole imberbe a d. coperta colla pelle del leone. ℞ ΒΑΣΙΛΕΩΣ ΑΛΕΞΑΝΔΡΟΥ in giro Giove seduto a s. con uno scettro nella sinistra ed un'aquila sulla destra. R. ARG. C^1

4304. TETRADRAMMA. ℞ Simile al precedente con ΒΑΣΙΛΕΩΣ all'esergo ed una ghirlanda nel campo a s.; *n. 2 esempl.* R. ARG. C^1

4305. TETRADRAMMA. ℞ Simile al precedente, con un monogramma sotto la sedia. R. ARG. C^1

4306. TETRADRAMMA. Simile al precedente. ℞ ΑΛΕΞΑΝΔΡΟΥ. Giove seduto c. s.; nel campo a s. un gallo. R. ARG. C^1

4307. TETRADRAMMA. ℞ Simile al precedente; nel campo a s. un cavallo marino. R. ARG. C^1

4308. TETRADRAMMA. ℞ Simile al precedente; nel campo a s. una face; *n. 2 esempl.* R. ARG. C^1

4309. TETRADRAMMA. Simile al precedente; *n. 2 esempl. diversi.* R. ARG. C^1

4310. DRAMMA. Testa giovanile imberbe di Ercole a d. coperta dal vello leonino. ℞ ΑΛΕΞΑΝΔΡΟΥ. Giove seduto a s. collo scettro e coll'aquila; *n. 3 esempl. con sigle diverse.* R. ARG. C^1

THESSALIA.

LARISSA.

4311. DIDRAMMA. Testa di donna di prospetto coi capelli sparsi. ℞ ΛΑΡΙΣΑΙΩΝ. Giumenta a d.; *n. 2 esempl.*
R[2] ARG. C[1]

BŒOTIA.

4312. DIDRAMMA. Scudo. ℞ Diota. *Foderata.* R. ARG. C[2]
4313. MEZZA DRAMMA. Scudo. ℞ Diota e sotto: ΒΟΙΩ.
R. ARG. C[1]

ACARNANIA.

4314. OBOLO. Scudo beotico. ℞ Parte di una capra a d.
R. ARG. C[1]

ATTICA.

ATHENÆ (Atene).

4315. TETRADRAMMA. Testa di Minerva galeata a d. ℞ ΑΘΕ. Civetta a d.; nel campo a s. un ramo. R. ARG. C[1]
4316. TETRADRAMMA. Simile al precedente; nel campo del rovescio un ramo e luna falcata; *n. 2 esempl.* R. ARG. C[1]
4317. DRAMMA. Simile ai precedenti. R. ARG. C[1]
4318. OBOLO, EMIOBOLO, ecc. *N. 6 esempl.* R. BR. C[2]

PELOPONNESUS.

ACHAIA.

4319. MEZZA DRAMMA. Testa barbata e laureata di Giove a d. ℞ Monogramma entro una corona d'alloro; *n. 2 esempl. diversi.* R. ARG. C[1]

CORINTHUS.

4320. DIDRAMMA. Pegaso volante a s. ℞ Quadrato incuso. *Tipo arcaico.* R^3 ARG. C^1

4321. DIDRAMMA. Testa galeata di Pallade a d.; nel campo a s. A. ℞ Pegaso volante a d.; sotto al cavallo A. R. ARG. C^1

4322. DIDRAMMA. Testa di Pallade galeata a s.; nel campo a s. una Vittoria volante. ℞ Pegaso volante a s.; sotto Ω. R. ARG. C^1

4323. DIDRAMMA. Simile al precedente; nel campo a d. del diritto, un leoncino a s. R. ARG. C^1

4324. DIDRAMMA. Simile al precedente; nel campo a d. una sferza? R. ARG. C^1

4325. DIDRAMMA. Simile al precedente; nel campo a s. una ghirlanda; *n. 3 esempl. diversi.* R. ARG. C^1

PYLUS.

4326. DRAMMA. ΠΥ. Bue a s.; sotto un delfino. ℞ Quadrato incuso. R. ARG. C^2

SICYON.

4327. DRAMMA. Colomba a s. colle ali aperte. ℞ Un grande Σ e nel campo ΠΟΛΥΚΡΑ. R. ARG. C^1

4328. OBOLO. Colomba volante a d.; in alto ΣΙ. ℞ Tripode entro corona di lauro. BR. C^1

4329. EMIOBOLO. Colomba volante a d. ℞ ΣΙ entro corona di lauro. R. BR. C^1

EUBŒA INSULA.

HISTIÆ (Orio).

4330. DRAMMA. Testa di baccante a d. ℞ ΙΣΤΙΑΙΕΩΝ. Donna seduta a d. sopra una prora di nave con un velo teso. *Alquanto tosato in giro.* R. ARG. C^1

PAPHLAGONIA.

SINOPE.

4331. DRAMMA. Testa muliebte a s. ℞ ΣΙΝΟ. Aquila volante a s. che divora un pesce. R. ARG. C[1]

AEOLIS.

MYRHINA.

4332. OBOLO. Testa galeata imberbe a d. ℞ ΜΥΡΙ. Diota. R. BR. C[2]

AEOLIS.

IN GENERE.

4333. OBOLO E QUARTO DI OBOLO. R[4] BR. C[2]

JONIA.

EPHESUS.

4334. TETRADRAMMA. Cista semiaperta da cui guizza un serpe, il tutto entro una corona di edera e di corimbi. ℞ Due serpenti colle code intrecciate ed altri simboli; *n. 3 esempl.* R. ARG. C[1]

4335. OBOLO E SEMIOBOLO. ΕΦ. Ape. ℞ ΑΠΟΛΛΟ ..... Cervo a d.; *n. 3 esempl.* R. BR. C[1]

EPHESUS ET MITYLENE.

4336. DRAMMA. Testa di Diana a d. ℞ ΜΥΤ. Parte anteriore d'un cervo a d. R. ARG. C[1]

RHODUS INSULA (Rodi).

4337. MEZZA DRAMMA E DIOBOLO. *N. 3 esempl.* ARG. e BR. C[2] e C[3]

LYCIA.

CRAGUS.

4338. MEZZA DRAMMA. Testa d'Apollo laureata a d. ℞ ΚΡΑΓ. Lira. R[4] ARG. C[2]

PAMPHYLIA.

SIDE.

4339. TETRADRAMMA. Testa di donna galeata a d. ℞ ΚΛΕVΧ. Vittoria gradiente a s. con una corona; nel campo a s. una melagrana. R. ARG. C[1]

CAPPADOCIA.

(Re di)

ARIARATES VI PHILOPATOR.

4340. DRAMMA. Testa imberbe a d. ℞ ΒΑΣΙΛΕΩΣ ΑΡΙΑΡΑΘΟΥ ΕΥΣΕΒΟΥΣ. Pallade in piedi a s.; *n. 3 esempl.* R. ARG. C[1]

ARIARATHES VIII EPIPHANES.

4341. DRAMMA. *N. 2 esempl., uno bucato.* R. ARG. C[2]

SIRIA.

(Re di)

ANTIOCHUS I SOTER.

4342. TETRADRAMMA. Testa diademata del re a d. ℞ ΒΑΣΙΛΕΩΥ. Apollo ignudo seduto a s. con arco e freccia; nel campo a s. un monogramma e a d. una ruota. R. ARG. C[1]

4343. TETRADRAMMA. Simile al precedente; *n. 2 esempl. con monogrammi diversi.* R. ARG. C[1]

4344. OBOLO. *N. 2 esempl.* BR. C[2]

DEMETRIUS I SOTER.

4345. TETRADRAMMA. Testa diademata a d. entro una corona di lauro. ℞ ΒΑΣΙΛΕΩΣ ΔΗΜΗΤΡΙΟΥ. Donna seduta a s. con una cornucopia. R. ARG. C[1]

ANTIOCHUS VI EPIPHANES DIONYSIUS.

4346. DIOBOLO. Testa radiata a d. ℞ ΒΑΣΙΛΕΩΣ ΑΝΤΙΟΧΟΥ ΕΠΙΦΑΝΟΥ ΔΥΟΝΙΣΟΥ. Figura in piedi a s. colla lancia. R. BR. C[1]

ANTIOCHUS VII.

4347. Testa imberbe diademata a d. ℞ ΒΑΣΥΛΩΣ ΑΝΤΙΟΧΟΥ ΕΥΕΡΓΕΤΟΥ. Pallade coll'asta e colla Vittoria in piedi a s. *Bucata.* R. ARG. C[1]

PHŒNICE.

ARADUS.

4348. DRAMMA. Ape e nel campo Ε. Σ. ℞ Cervo in piedi a d. dinanzi ad un albero; nel campo a d. ΑΡΑΔΙΩΝ. R. ARG. C[1]

NUMIDIA ET MAURITANIA.

JUBA I.

4349. DENARO. REX. IVBA. Testa barbuta a d. collo scettro. ℞ Tempio esastilo. *Bellissimo esemplare.* R. ARG. C[1]

JUDÆA.

4350. EMIOBOLO. BR. C[3]

DOMINAZIONE ROMANA.

4351. PICCOLO BRONZO. *N. 4 esempl. diversi.* BR. C[2] e C[3]

PARTHIA.

(Re di)

ARSACE.

4352. DIDRAMMA. *Bucata e mancante d'un pezzetto.* R. ARG. C[1]

PHRAATES I.

4353. TETRADRAMMA. R. ARG. C[2]
4354. DRAMMA. *Mancante d'un pezzetto.* ARG. C[2]
4355. OBOLO. *N. 2 esempl.* BR. C[2]

PHRAATES II.

4356. DIDRAMMA E SEMIOBOLO. *N. 2 esempl.* ARG. e BR. C[1] e C[3]

ARSACE XV, PHRAATE IV.

4357. BRONZO. *N. 2 esempl.* BR. C[1] e C[3]

PHRAATACE (?)

4358. BRONZO. BR. C[3]

VOLOGESE II.

4359. TETRADRAMMA. MIST. C[2]

VOLOGESE III.

4360. DIDRAMMA. ARG. C[1]

PERSIA.

4361. DARICO. *Foderata.* ARG. C[3]
4362. Testa barbuta e laureata a d. ℞ Nave. ARG. C[2]

AFRICA.

AEGYPTUS (Re d'Egitto), TOLOMEO I SOTERE.

4363. TETRADRAMMA. Testa diademata a d. ΒΑΣΙΛΕΩΣ ΠΤΟΛΕΜΑΙΟΥ. Aquila in piedi a s. sopra un fulmine; nel campo LKH a s. e KI a d. R. ARG. C[1]
4364. TETRADRAMMA. Simile al precedente; nel campo del rovescio a s. LΘ, a d. ΠΑ. R. ARG. C[1]

TOLOMEO II FILADELFO.

4365. TETRADRAMMA. Testa del re col diadema a d. ℞ Simile al precedente; nel campo a s. LNA, a d. ΠΑ.
4366. TETRADRAMMA. Simile al precedente, con sigle ed anni diversi; *n. 2 esempl.* R. ARG. C[1]

ARSINOE DI FILADELFO.

4367. GRAN BRONZO, MEDIO E PICCOLO BRONZO. Testa della regina a d. con diadema e chioma inanellata; *n. 4 esempl.* BR. C[1]

CLEOPATRA SECONDA MOGLIE DI TOLOMEO VII.

4368. MEDIO BRONZO. Testa muliebre coperta colla spoglia di elefante. ℞ ΒΑΣΙΛΕΩΣ ΠΤΟΛΕΜΑΙΟΥ. Aquila a s. sopra un fulmine. R. BR. C[1]

TOLOMEO VIII.

4369. MEDIO BRONZO. Testa di Giove Ammone a d. ℞ Due aquile a s. sopra un fulmine. R. BR. C1

TOLOMEI.

4370. MEDAGLIONI. Testa di Giove barbato, diademato a d.; *n. 7 esempl.* BR. C1 e C2

4371. GRAN BRONZO. Simile ai precedenti; *n. 3 esempl.* BR. C1 e C2

4372. MEDIO BRONZO. Simile ai precedenti. BR. C1

4373. PICCOLO BRONZO. *N. 4 esempl. diversi.* BR. C2

EGITTO.

Monete romane alessandrine.

TIBERIO.

4374. MEDIO BRONZO. ℞ ΘΕΟΣ ΣΕΒΑΣΤΟΣ. - Zoega, n. 9. POTIN. C1

NERONE.

4375. MEDIO BRONZO. ℞ ΝΕΟ ΑΓΑΘ..... Serpente che si rizza in mezzo a spiche. - Zoega, 11. POTIN. C1

4376. MEDIO BRONZO. ΝΕΡΩ ΚΛΑΥ.... Testa radiata di Nerone a s. ℞ ΤΙΒΕΡΙΟΣ ΚΑΙΣΑΡ. Testa laureata a d. - Zoega, II, 11. POTIN. C1

4377. MEDIO BRONZO. - Zoega, II, 10. POTIN. C1

4378. MEDIO BRONZO. ℞ ΑΥΤΟΚΡΑ. *N. 3 esempl. di anni diversi.* POTIN. C1

POPPEA.

4379. MEDIO BRONZO. - Zoega, III, 1. POTIN. C1

VESPASIANO.

4380. TETRADRAMMA. ΑΥΤΟΚΡΑΤ. ΚΑΙΣΑΡ ΟΥΕΣΠΑΣΙΑΝΟΥ. Testa laureata a d. ℞ ΕΤΟΣ Γ̄.... Aquila in piedi a s. sopra un fulmine; nel campo a s. un ramo. ARG. C[1]

TRAJANO.

4381. GRAN BRONZO. *N. 2 esempl. diversi.* BR. C[2]

ANTONINO.

4382. MEDIO BRONZO. ℞ Giove seduto a d. collo scettro e con un'aquila presso i piedi a s. POTIN. C[1]

4383. MEDIO BRONZO. *N. 10 esempl. di vari imperatori.* BR. C[2]

4384. MEDIO BRONZO. *N. 10 esempl. di vari imperatori.* BR. C[4]

GOTI.

RAVENNA.

4385. FELIX RAVENNA. Busto turrito della città a d. ℞ Monogramma di Ravenna entro Corona di alloro. - SABATIER, 8. R. BR. C[2]

4386. Simile al precedente. ℞ Monogramma c. s. con una croce al disopra. - SABATIER, 9. R. BR. C[1]

TICINUM.

4387. PICCOLO BRONZO. FELIX TICINVS. Busto turrito di donna a d. ℞ Entro una corona DN - BADV - ILA - REX. - SABATIER, 6. R[4] BR. C[1]

LOTTI VARII.

4388. Lotto di monete 7.
4389. Lotto di n. 40 monete greche. ARG. C^{3} e C^{2}
4390. Lotto di n. 126 monete greche. BR. C^{2} e C^{3}

4391. Lotto di 40 monete imperiali romane. BR. C^{2}
4391 *bis*. Lotto di N. 6 monete. ARG. C^{2}
4392. Lotto di 40 monete imperiali. BR. C^{2}
4392 *bis*. Lotto di N. 9 monete. BR. C^{1} e C^{2}
4393. Lotto di 40 monete imperiali. BR. C^{2}
4394. Lotto di 40 monete imperiali. BR. C^{2}
4395. Lotto di 40 monete imperiali. BR. C^{2}
4396. Lotto di 80 monete imperiali. BR. C^{2}
4397. Lotto di 40 monete imperiali. BR. C^{2}
4398. Lotto di 40 monete imperiali. BR. C^{2}
4399. Lotto di 40 monete imperiali. BR. C^{2}
4400. Lotto di 50 monete imperiali. BR. C^{2}
4401. Lotto di 102 monete. BIG. e RAME.
4402. Lotto di 40 monete imperiali. BR. C^{2}
4403. Lotto di 60 monete Postumo, Gallieno, Salonina. BIG. C^{2}
4404. Lotto di 40 monete imperiali. BR. C^{2}

MEDAGLIE

MEDAGLIE

PAPI, CARDINALI, ECC.

PAOLO II (Pietro Barbo). (1464–1471).

4405. PAVLVS II VENETVS. PONT. MAX. Effigie del Pontefice col capo nudo a s. ℟ AVDIENTIA PVBLICA – PONT. MAX. Udienza pubblica. – VENUTI, XIII; mm. 37. BR. C[1]

4406. Iscrizione e busto simile alla precedente. ℟ Nell'esergo PABVLVM SALVTIS. I santi apostoli Pietro e Paolo appiè d'una rupe da cui scaturisce una fonte alla quale vanno a dissetarsi molte pecore; disopra un agnello nimbato, ai lati due palme. – VENUTI, XIV, mm. 35. *Bucata.* BR. C[1]

4407. Iscrizione e busto, simile alle precedenti. ℟ ANNO – CHRISTI – MCCCCLXX – HAS – HAEDES – CONDIDIT in una corona di quercia; allude all'edificazione del gran palazzo presso S. Marco. – MAZIO, 18, mm. 35. *Dorata.* BR. C[1]

4408. Iscrizione e busto simile alle precedenti. ℟ HANC. ARCEM. CONDIDIT. ANNO. CHRISTI. MCCCCLXV. Stemma Barbo senza chiavi. – VENUTI, VIII, mm. 30. BR. C[1]

4409. PAVLO. VENETO. PAPE. II. ITALICE. PACIS. FVNDATORI – ROME. Busto nudo a d. ℟ Stemma – VENUTI, III, di forma ovale mm. 45 X 35. BR. C[1]

4410. PAVLVS. SECVNDVS. PONT. MAX. Busto a s. ℟ HILARITAS. PVBLICA. L'Allegrezza stante con cornucopia nella sinistra, una palma nella destra e due fanciulli che giuocano. – VENUTI, X, mm. 30. BR. C[1]

4411. PAVLVS. VENETVS. PAPA. II. Busto nudo a s. ℞ ANNO CHRISTI. MCCCCLXV. HAS. AEDES. CONDIDIT. Prospetto di un edificio. - VENUTI, VI, mm. 31. BR. C¹

4412. Simile al precedente, mm. 31. *Bucata.* BR. C¹

PIO III (Piccolomini). (1503).

4413. PIVS. III. PONT ✱ MAX ✱ Busto a d. ℞ Stemma colle chiavi decussate e tiara; mm. 40. *Dorata.* BR. C¹

PAOLO III. (1534-49).

4414. ✱ PAVLVS ✱ III ✱ PONT ✱ MAX ✱ AN. XVI. Busto nudo a d. con piviale. Iscrizione greca. ℞ Ganimede sparge con la destra l'Ambrosia sopra i gigli Farnesiani, mentre appoggia la sinistra sull'aquila ch'è in atto di spiegare il volo. - MAZIO, V. BR. C¹

PIO IV. (1559-65).

4415. PIVS. IIII. PON. MAX. O. P. Busto nudo a d. ℞ PORTVS. CENTVM. CELL. INSTAVR VRBE Q VALLO AVXIT +. Restaurazione del Porto di Civitavecchia. BR. C¹

GIULIO III (Gianmaria de Medici). (1550-55).

4416. IVLIVS. III ✱ PONT ✱ MAX ✱ A. III. Busto con piviale e tiara a d. ℞ ANNONA PONT. Figura stante dell'Annona con Palladio nella destra e cornucopia nella sinistra ha dinanzi un canestro con spiche, dietro una nave ornata di bassorilievi. - MAZIO, X. BR. C¹

CLEMENTE VIII (Ippolito Aldobrandini). (1592-1605).

4417. CLEMENS. VIII. PONT. MAX. A. XII. Busto nudo con piviale a s. ℞ PAX ET SALVS A DOMINO. Nell'esergo * M. DCI. La Pace colla croce nella destra; colla face nella sinistra arde le armi. Allude alla pace fatta fra Enrico IV Re di Francia e il duca di Savoia con la mediazione del Pontefice. BR. C¹

PIO V. (1566-1572).

4418. PIVS. V. PONT. OPT. MAX. ANNO VI. Busto a s. con camauro e mozzetta. ℟ DEXTERA. TVA. DOM. PERCVSSIT INIMICVM. 1571. L'Armata navale cristiana, giudicata dall'Angelo con croce e calice, disperde la flotta turca. - MAZIO, III. mm. 35. BR. C[1]

4419. Simile al precedente, mm. 35. BR. C[1]

PIO V (Ghislieri). (1566-1572).

4420. PIVS. V. GHISLERIVS. BOSCHEN. PONT. M. Busto con tiara e piviale a s. ℟ COLLEG. GHISLERIVM. A. B. PIO V. PAPIAE ERECTVM AN. 1569. Nell'esergo. Prospetto del collegio Ghislieri in Pavia, irradiato dallo Spirito Santo. - VENUTI, XXXI, mm. 35. BR. C[1]

4421. SIXTVS V. PONTIFEX. MAX. Busto a d. con camauro e stola. ℟ NATVS - AN. M. D. XXI. - MONTALTAE - IN MARCHIA ANCONITA - OBIIT - AN. M. D. XC. SERIES NUMISMATICA, ECC. MDCCCXXIII, mm. 40. BR. C[1]

GREGORIO XIII (Buoncompagni) (1572-1585).

4422. GREGORIVS. XIII. PONT. MAX. ANNO. IVBILEI. Busto nudo col piviale a s. ℟ Il Sommo Pontefice apre al popolo la Porta Santa. MAZIO, VI. mm. 35. BR. C[1]

4423. Simile al precedente. BR. C[1]

PAOLO V (Camillo Borghese). (1605-1621).

4424. PAVLVS. ROM. PONT. MAX. A. D. M. DCIX. PONT. Busto con piviale a s. ℟ SECVRITAS POPVLI - FERRARIA. Panorama della fortezza di Ferrara. - VENUTI, XLIV, mm. 55. BR. C[1]

4425. PAVLVS. V. BVRGHESIVS. ROMANVS. PONT. MAX. A. S. M. DC. V. PONTI ✱ Busto con piviale a d. ℟ BEATISS. MARIAE. SEMP. VIRGINI. A. FVNDAMENTIS. EREXIT. Cappella Borghese a S. Maria Maggiore. - VENUTI, III, mm. 55. BR. C[1]

4426. Busto nudo del Pontefice a d. ℟ PRO. TVI. NOMINIS. GLORIA. La colonna tratta dal tempio della Pace, e collocata davanti la basilica Liberiana. - MAZIO, IV, mm. 39. BR. C[1]

4427. Busto nudo con piviale a d. ℞ ✱ AD. AEDIVM. PONTIFICVM. SECVRITATEM. Il palazzo del Quirinale; mm. 45. BR. C[1]

4428. SEDENTE. PAVLO. V. P. M. ET. FAVENTE. AN. MDCXII. Busto nudo con piviale a d. ℞ DEI. AEDIFICATIO. EST. Prospetto della chiesa di S. Carlo al Corso. S. Carlo fra le nubi; mm. 40. *Bucata.* BR. C[1]

LEONE XI. (1605).

4429. LEO. XI. PONT. MAX. ANNO I. Busto del Pontefice con camauro e mozzetta. ℞ DE. FORTI. DVLCEDO. MDCV. Leone morto dalla cui bocca escono delle api che vi hanno formato alveare. - VENUTI, I, mm. 35. *Bucata.* BR. C[1]

GREGORIO XV (Ludovisi). (1621-1623).

4430. GREGORIVS. XV. PONT. MAX. A. III. 1623. Busto nudo con piviale a d. ℞ PACIS. ET. RELIGIONIS. AMOR. La Religione sedente con piviale ha il triregno nella destra, la croce nella sinistra; la Pace pure sedente con ramo d'ulivo e cornucopia. - MAZIO, III, mm. 35. BR. C[1]

4431. Iscrizione e busto simile al precedente. ℞ QVINQVE. BEATIS. COELESTES. HONORES. DECERNIT 1622. Il Papa sedente in trono celebra la canonizzazione di quattro santi. Lo Spirito Santo illumina la sacra cerimonia. - MAZIO, IV, mm. 35. BR. C[1]

URBANO VIII (Maffeo Barberini). (1623-1644).

4432. VRBANVS. VIII. PONT. MAX. ANNO. IIII. Busto nudo con piviale a d. ℞ SECVRITAS PVBLICA. Pianta del forte Urbano, sopra la quale S. Urbano vescovo con mitra e piviale, ha la città nella destra, il pastorale nella sinistra. Una corona di alloro cinge il santo fra le nubi. - MAZIO, VII, mm. 38; *n. 2 esempl.* BR. C[1]

4433. VRBANVS. VIII. PONT. MAX. A. XVII. Nell'esergo MDCXXXX. Busto nudo con piviale, entro ghirlanda. ℞ AD. AEDIVM. PONTIFICVM. SECVRITATEM. Il baluardo del Quirinale. - MAZIO, XXXI, mm. 42. BR. C[1]

4434. VRBANVS. VIII. PON. MAX. A. XIX. Busto con camauro e piviale a d. ℞ VBERIORI. ANNONAE. COMMODO. Granai di Termini ampliati dal Pontefice. - MAZIO, XXXVI, mm. 42. *Bucata.* BR. C[1]

4435. VRBANVS. VIII. PONT. MAX. A. III. Busto nudo con piviale a d. ℞ PONAT. FINES. SVOS. PACEM. Il Pontefice chiude la Porta Santa. - VENUTI, VIII, mm. 38. BR. C[1]

4436. Busto nudo con piviale a d. ℞ ORNATO. SS. PETRI. ET. PAVLI. SEPVLCHRO. - MDCXXXIII. Prospetto della confessione Vaticana. - MAZIO, IX, mm. 35. BR. C[1]

4437. VRBANVS. VIII. PONT. MAX. A. III. Busto a d. con camauro e piviale. ℞ TE. MANE. TE. VESPERE. Il Pontefice genuflesso prega S. Michele. - MAZIO, XVI, mm. 35. BR. C[1]

INNOCENZO X. (1644-1653).

4438. INNOCEN. X. PON. MAX. A. VI. Busto a d. con tiara. ℞ VT THESAVROS ANNI SANCTIORIS TECVM APERIAM. San Pietro in gloria colle chiavi ed il libro. *Con appiccagnolo;* mm. 37. ARG. C[1]

4439. INNOCEN. X. PONT. MAX. A. IIII. Busto a d. col camauro. ℞ VATICANIS. SACELLIS. INSIGNITIS. Interno di S. Pietro in Vaticano cogli ornamenti fatti fare dal Pontefice alle cappelle laterali; mm. 34. BR. C[1]

ALESSANDRO VII (Chigi). (1655-1667).

4440. ALEX. VII. PONT. MAX. A. VII. Busto colla tiara ed il piviale. ℞ ✳ BENE. FVNDATA. DOMVS. DOMINI ✳.. VIRGINI. ARICINORVM. PATRONAE. Prospetto di una chiesa; mm. 60. *Bucata.* BR. C[1]

4441. ALEXANDER. VII. PONT. MAX. Busto a s. con tiara e piviale. ℞ PRIMA. SEDES. FIDEI. REGVLA. ECCLESIAE. FVNDAMENTVM. Prospetto della Cattedra di S. Pietro in Vaticano; mm. 40. BR. C[1]

4442. ALEXANDER. VII. PONT. MAX. A. I. Busto a s. con camauro. ℞ OMNIA. AD. VNVM. OMNIA. AB. VNO. Nel campo triangolo; mm. 35. BR. C[1]

4443. ALEXAN. VII. PONT. MAX. A. II. Busto a d. con camauro. ℞ FEL. FAVS. Q. INGRES. Prospetto interno della Porta del Popolo in Roma della Regina Cristina di Svezia; mm. 33. BR. C[1]

4444. Simile al precedente A. I. ℞ IVSTITIA. ET. PAX. OSCVLATAE. SVNT. La Giustizia e la Pace che si baciano; mm. 28. BR. C[1]

CLEMENTE IX. (1667-1670).

4445. CLEMENS. IX. PONT. MAX. AN. III. Busto con camauro a d. ℞ ÆLIO. PONTE. EXORNATO. Il ponte S. Angelo; mm. 40. BR. C[1]

INNOCENZO XI. (1676-1689).

4446. INNOCENTIVS. XI. ODESCALCHVS. PONT. Busto a d. con camauro. ℞ DOMVS. B. M. V. LAVRETAN. Prospetto della chiesa; mm. 32. BR. C[1]

4447. INNOCENTIVS. XI. PONT. MAX. A. I. Busto con camauro e piviale a d. ℞ FIAT PAX IN VIRTVTE TVA. Lo Spirito Santo; mm. 30. ARG. C[1]

4448. INNOCEN. XI. PONT. MAXIM. Busto con tiara e piviale a d. ℞ SVB TVVM PRAESIDIVM. In alto. La Vergine di Loreto sedente col divin Figlio, sotto il vessillo turco e la battaglia. Nell'esergo TVRCIS. AD. PARKAN. CAESIS. A. IOANNE. III. POL. REGE. A. 1684; mm. 38. *Dorata.* BR. C[1]

4449. Simile al precedente. ℞ VENITE. ED. VIDETE. OPERA. MEA. Il Pontefice in trono riceve un missionario gesuita, che presenta tre ambasciatori del Tonkino; mm. 35. BR. C[1]

4450. Simile alla precedente. BR. C[1]

4451. Simile ai precedenti. ℞ TV DOM ET MAGIST. Nostro Signore lava i piedi agli Apostoli; mm. 35. *Con appiccagnolo.* BR. C[1]

4452. Simile ai precedenti. ℞ IN. SAECVLVM. STABIT. La Religione sulle nubi in piedi a s.; mm. 32. BR. C[1]

4453. Simile ai precedenti. ℞ DE CÆLO PROSPEXIT. La Giustizia con spada e bilancia; mm. 35. *Con appiccagnolo.* BR. C[1]

ALESSANDRO VIII. (1689-1691).

4454. ALEXANDER. VIII. PONT. OTI. MAX. Busto a d. col triregno. ℞ AMORE. ED. CORDE. I Re Magi offrono doni al divino Infante seduto in grembo a Maria. Di sopra la stella; mm. 35. BR. C[1]

INNOCENZO XII. (1691-1700).

4455. INNOCEN. XII. PONT. MAX. Busto a d. con mozzetta. ℞ SED. MAIOR. CHARITAS. Fanciullo nudo, alato con tre vasi ardenti; mm. 42. *Bucata.* BR. C[1]

CLEMENTE XI. (1704).

4456. CLEMENS * XI * PONT * OPT * MAX. Busto a d. con tiara e piviale. ℟ ADDITO. ANNONÆ. PRÆSIDIO. Nell'esergo 1704. I granili di Termini colla nuova fabbrica di S. Bernardo; mm. 48. *Bucata*. BR. C¹

4457. CLEMENS. XI. PONT. MAX. A. II. Busto con camauro, stola e mozzetta a d. ℟ LVCET. IN. VVLTV. EIVS. La Religione raggiante; mm. 48. BR. C¹

4458. CLEMENS * XI * P * M * AN * X. Busto a s. con camauro, stola e mozzetta. ℟ IN * ONOREM * S * FABIANI * PP * ET M. Cappella gentilizia della famiglia Albani, nella Basilica di S. Sebastiano; mm. 35. BR. F. D. C.

4459. Simile al precedente. ℟ INTER. SANCTOS — SORS ILLOR. MDCCXII. I quattro Santi canonizzati dal Pontefice; S. Pio V, S. Andrea d'Avellino, S. Felice da Cantalice e S. Caterina di Bologna, irradiati dallo S. S.; mm. 35. BR. C¹

4460. CLEMENS. XI. PONT. OPT. M. Busto colla tiara, alza la mano in atto di benedire. ℟ CVNCTIS CLEMENS. Sole raggiante; mm. 45. BR. C¹

4461. CLEM. XI. PONT. M. AN. I. Busto a d. con camauro, stola e mozzetta. ℟ INFVNDE LVMEN. — VT SINT ASPERA. IN. VIAS. PLANAS. Lo Spirito Santo che irradia la terra con monti e piani; mm. 28. BR. C¹

4462. Simile al precedente. BR. C¹

4463. CLEMENS. XI. P. M. AN. VIIII. Busto a d. con tiara e piviale. ℟ PORTAVERVNT. TABERNACVLVM. FOEDERIS; nell'esergo MDCCIX; mm. 38. BR. C.

4464. CLEMENS. XI. P. M. AN. III. Busto con camauro e mozzetta a d. ℟ HAVRIETIS. IN. GAVDIO. Il porto di Civitavecchia; mm. 30. BR. C¹

4465. CLEMENS * XI * PONT * M. AN. XX. Busto a d. colla tiara. ℟ BONARVM. ARTIVM. CVLTVI. ET. INCREMENTO. Nell'esergo INSTIT. SCIENT. BONON. Facciata del celebre istituto di Bologna; mm. 38. BR. C¹

4466. CLEM. XI. P. M. CREA. XXIII. NOV. MDCC. Busto con tiara e piviale a d. ℟ BENEDIXIT. FILVS IN TE. Il Pontefice chiude la Porta Santa; mm. 35. BR. C¹

INNOCENZO XIII. (1721-1724).

4467. INNOCENT. XIII. P. M. A. III. Busto con camauro, stola e mozzetta a d. ℞ FRANCISCAN. COMITIIS. SVMMO. PONTIFICE. PRAESIDENTE nell'esergo. Il Pontefice assiso in trono, assiste ai comizii generali dei Minori Osservanti; mm. 35. BR. C[1]

BENEDETTO XIII. (1724-1730).

4468. BENEDICT. XIII. P. M. A. I. sotto H. Busto a s. con camauro. ℞ DE. RORE COELI. La rosa dello stemma della famiglia Orsini; mm. 25. ARG. C[1]

4469. Simile al precedente; mm. 25; *n. 2 esempl.* BR. C[1]

4470. BENED. XIII. P. M. A. IV. Busto con camauro a s., leva la destra in atto di benedire. ℞ COR. NOSTRVM. DILATATVM. EST nell'esergo S. MARIÆ. ET. S. GALLICANI. NOSOCOMIVM. 1727. Prospetto della Chiesa ed Ospedale di S. Gallicano; mm. 35. BR. C[1]

4471. BENEDICIA. XIII. P. M. AN. II. Busto a d. col triregno e piviale. ℞ PER. ME. SI. QVIS. INTROIERIT. SALVABITVR. Porta Santa; mm. 32. BR. C[1]

CLEMENTE XII. (1730-1740).

4472. CLEMENS. XII. P: M: A: VIII. Busto a d. con tiara e piviale leva la mano in atto di benedire. ℞ ILLOS. ET. GLORIFICAVIT. Nell'esergo MDCCXXXVIII. O. H. La canonizzazione di quattro Santi; mm. 35. BR. C[1]

BENEDETTO XIV. (1750-1758).

4473. BENED. XIV. PONT. MAX. AN. XII. Busto con camauro e stola a d. ℞ SECVRITAS. PVBLICA. La Sicurezza sedente appoggiata ad una colonna su cui è scritto 1752 dinanzi le mura di Roma e la lupa allattante i gemelli; mm. 37. BR. C[1]

4474. Simile al precedente. A. XIV. ℞ NOVO ECCLASIARVM. FOEDERE. Nell'esergo TRANQVILLITAS. RESTITVTA. Due vescovi con gli abiti pontificali si uniscono in concordia: mm. 38. BR. C[1]

4475. Simile ai precedenti A. IX. ℟ AMPLIORI. BONAR. ARTIVM. INCREMENTO. Nell'esergo. CAPITOLIO. PICTVRIS. DECORATO. Il Genio delle Arti, portante la Fama ed una cornucopia; mm. 35. BR. C[1]

4476. BENEDICTVS. XIV. PONT. MAX. Busto a d. con camauro, stola e mozzetta. ℟ IVDICABIT. IN. ÆQVITATE. nell'esergo la lupa coi gemelli. Figura della chiesa con triregno e bilancia nella destra; nella sinistra ha una doppia Croce col monogramma di Cristo, calpesta un serpente; mm. 38. BR. C[1]

4477. Tipo simile ai precedenti A. XIIII. ℟ TV. DOMINVS. ET. MAGISTER.; nell'esergo EXEMPL. DEDI. VOBIS. Nostro Signore lava i piedi a S. Pietro; mm. 28. BR. C[1]

CLEMENTE XIII. (1758-1769).

4478. CLEMENS. XIII. PONT. MAX. Busto a d. con camauro. ℟ SANCTISSIMVM. SACERDOTIVM. Figura allegorica del sacerdozio tiene una mano sulla fiamma di un'ara; mm. 42. BR. C[1]

4479. CLEMENS. XIII. PONT. M. A. VIII. Busto con camauro e stola a d. ℟ PALATIVM. QVIRINALE. NOVO. LATERE. AMPLIFICAT. La fabbrica del Quirinale per la Famiglia pontificia; mm. 38. BR. C[1]

CLEMENTE XIV. (1769-1775).

4480. CLEMENS. XIV. PONTIF. MAX. Busto a d. con camauro e stola; leva la d. in atto di benedire. ℟ NVNQVAM NOVI VOS DISCEDITE A ME OMNES. Nell'esergo EX. AVG. SOC. IESV MEMOR. MDCCLXXIII; mm. 45. BR. C[1]

4481. CLEMENS. XIV. PONT. M. A. I. Busto a d. con camauro e stola. ℟ DEDIT. GLORIAM. IN. LOCO. ISTO; nell'esergo AN. MDCCLXIX. Facciata della Basilica de' Dodici Apostoli; mm. 30. BR. C[1]

4482. CLEMENS. XIV. PONT. M. A. III. Busto a d. colla tiara. ℟ LIBERALITATE SVA. Nell'esergo NOVVM. VATICANI. DECVS. 1771. La Liberalità pontificia versa danari dalla cornucopia e addita al Vaticano il Museo Clementino; mm. 33. BR. C[1]

PIO VI. (1775-1800).

4483. PIVS SEXTVS. PONT. MAX ∘ ∘ Busto a d. col camauro. ℟ SCHOLA. PICTORVM. CAPITOLINA; 48. ARG. C[1]

4484. Simile alla precedente. BR. C[1]

4485. Iscrizione e busto simile ai precedenti. ℞ PORTV. INSTAVRATO. VRBE. MVNITA. Nell'esergo CENTVMCELLAE. La città di Civitavecchia turrita ha nella destra l'asta, nella sinistra la cornucopia d'intorno attrezzi militari, prora di nave ed ancora; mm. 38. *Bucata.* ARG. C[1]

4486. Simile alla precedente. BR. F. D. C.

4487. Simile alle precedenti. BR. C[1]

4488. Leggenda e tipo simile alle precedenti. ℞ ANIENE. NAVICLARIIS. PATERE. IVSSO — MDCCXCII. Il fiume; mm. 38. BR. F. D. C.

4489. Simile alla precedente. BR. F. D. C.

4490. Simile alle precedenti. ℞ ANNONÆ P. R. LIBERTATE RESTITVTA. Nell'esergo MDCCXC. Figura stante dell'Annona che versa grano dalla cornucopia; mm. 38. BR. F. D. C.

4491. Simile alle precedenti. ℞ MORIB. CASTIGAND. IVVANDIS. ARTIB. TREJENSES; nell'esergo EX. AVCTORIT. O. P. Facciata delle Carceri ed Accademia di Treja; mm. 40. BR. F. D. C.

4492. Simile alle precedenti. ℞ CLERO. GALLIA. PVLSO. HOSPIT. ET. ALIM. PRÆBITA. Il Pontefice accoglie gli ecclesiastici francesi emigrati; mm. 38. BR. F. D. C.

4493. Simile alle precedenti. ℞ OFFICINÆ. PISTORIÆ. CENTVMCELLARVM; nell'esergo MDCCLXXX. I forni fabbricati di Civitavecchia; mm. 38. BR. F. D. C.

4494. Simile alle precedenti. ℞ RELIGIONI AC BONIS ARTIBVS. Nell'esergo COLL. ROM. e cappello cardinalizio. Prospetto del Collegio Romano. Sul davanti la Religione in piedi fra due fanciulli, uno dei quali porta la croce; mm. 35. BR. F. D. C.

4495. Simile alle precedenti. ℞ OPPIDANIS. SERVATIS; nell'esergo OPP. S. LAVR. IN. SAL. LOCVM. TRANSL. 1777. Pianta di S. Lorenzo nuovo alle Grotte con le mura intorno alla chiesa del Castello; mm. 35. BR. F. D. C.

4496. Simile alle precedenti. ℞ TREIENSES. RESTITVTORI. MVNICIPII. Il Pontefice colla tiara, in abito da cerimonia in piedi a s. dinanzi a lui la città di Treja, turrita, con cornucopia, è genuflessa e gli tende una mano; mm. 30. BR. C[1]

4497. PIVS. VI. PONT. MAX. AN. I. Busto con camauro a s. ℞ Il Pontefice chiude la Porta Santa. Nell'esergo MDCCLXXV; mm. 28. BR. C[1]

4497 *bis*. PIVS ✱ VI ✱ PONT ✱ MAX ✱ AN ✱ II ✱ Busto a d. con tiara e piviale. ℟ TVETVR. ET. ORNAT. Il gran quartiere di Civitavecchia CENTVMCELLIS. MDCCLXXVI; mm. 30. BR. C[1]

PIO VII. (1800-1823).

4498. PIVS. VII. P. M. AN. IV. Busto a s. con camauro, stola e mozzetta. ℟ MONETA RESTITVTA. Figura galeata di Roma seduta a s. con bilancia e cornucopia; mm. 35. ARG. C[1]

4499. Simile alla precedente. BR. C[1]

4500. Simile al precedente A. I. ℟ ADVENTVI. OPT. PRINCIPIS. V. NON. QVINCT. Nell'esergo MDCCC. Arco trionfale alla Piazza del Popolo; mm. 39. BR. C[1]

4501. Simile alle precedenti A. VII. ℟ SALINÆ. TARQVIN. INSTITVTÆ. Figura stante con cornucopia, ha ai piedi gli utensili per la lavorazione dei sali. Allude alle Saline aperte a Corneto; mm. 38. BR. C[1]

4502. PIVS SEPTIMVS PONT MAX ANNO XXIV. Busto a s. colla tiara e il piviale. ℟ AREA FLAMINIA EXORNATA. Nell'esergo A. M. DCCCXXIII — G. GIROMETTI. F. La Piazza del Popolo circondata di nuove fabbriche; mm. 42. BR. C[1]

4503. PIVS. VII. PONT. MAX. Busto del Pontefice a d. con camauro. ℟ XIIVIRI. PAEDES, SAC. PEC. PRINC. N. — CIↃDCCV. Torre con sopra due colombi ed una porta. Sotto SAC. PRI. ADVENTVI. AVG. PERVSIA; mm. 35. BR. C[1]

4504. Simile alla precedente; mm. 35. BR. C[1]

4505. PIVS. VII. PONT. MAX. Sotto MERCANDETTI. F. R. Busto a d. con camauro e stola. ℟ REFVLSIT. SOL. nell'esergo PONTIFICAT. SOLEMNITER. INEVNTE. La Basilica Vaticana irradiata dal sole; mm. 35. BR. C[1]

4506. Simile al precedente. ℟ FVNDAMENTA. FIDEI. Teste affrontate e nimbate de' SS. Pietro e Paolo MDCCCIV; mm. 35. BR. C[1]

4507. PIVS. SEPTIMVS. PON. MAX. ANNO XXIII. Busto a d. con tiara e piviale. ℟ DE SALVT. PVB. BENEMERENTI entro corona di quercia; mm. 38. BR. C[1]

4508. Solita leggenda. Busto con tiara e piviale a s. ℟ PROMERCIOR. PRIVILEGIA. ABOLITA — MDCCCIV. Figura sedente, dinanzi, prora di nave; vicino a lei il moggio con spiche, la cornucopia rovesciata; mm. 35. BR. C¹

4509. PIVS. VII. P. M. AN. V. Busto con camauro a s. ℟ CAVSA NOSTRAE LAETITIAE. Busto della Vergine nimbato; mm. 30. BR. F. D. C.

4510. Simile alla precedente; mm. 30. BR. C¹

4511. Iscrizione solita. Busto a s. con camauro. ℟ RENOVATVM. PRODIGIVM. Nell'esergo PONTIFICIS. REDITVS. RELIGIONIS. TRIVMPHVS. A. D. MDCCCXIV. L'Angelo libera S. Pietro dal carcere; sotto si legge MERCANDETTI. F. R.; mm. 39. BR. C¹

4512. Busto con camauro a s. ℟. PONTIFICATVM. SOLEMNITER. INEVNTE ✱ Chiavi e tiara; mm. 33. BR. C¹

4513. PIVS. VII. P. M. A. IX. Il Pontefice prega dinanzi al Cristo a s. ℟ FVNDAMENTA FIDEI. Le teste affrontate e nimbate de' SS. Pietro e Paolo. Sotto ROMA. G. G. F.; mm. 33. BR. C¹

4514. Solito tipo, busto a s. ℟ EGO. DOMINVS. QVI. SANTIFICO. VOS. — ANNO CIƆIƆCCCVII. VIIII. K. Il Triangolo, simbolo dell'Augusta Triade spande raggi sopra i nuovi santi canonizzati; mm. 38. BR. C¹

LEONE XII. (1823-1829).

4515. LEO. XII. PONT. MAX. ANNO. II. G. GIRONETTI. F. Busto con triregno e piviale a s. ℟ IANVAS. COELI APERVIT. Il Pontefice apre la Porta Santa; mm. 42. ARG. C¹

4516. LEO. XII. P. M. AN. I. Busto a d. con camauro e stola. ℟ BENEMERENTI entro corona d'alloro; mm. 28. BR. C¹

GREGORIO XVI. (1831–1846).

4517. GREGORIVS. XVI. P. M. ANNO. SACRI. PRINC. X. Busto a s. con camauro e piviale. ℟ Prospetto del Vaticano. VBI .INDECORA. LOCO., ecc.; mm. 43. ARG. C¹

4518. GREGORIVS. XVI. P. M. AN. SACRI. PRINC. VIII. Busto a d. con camauro e piviale. ℟ PORTICV. ERVTIS. SOLO. VRIENTI. COLVMNIS. EXTRVCTA. Prospetto di un palazzo con porticato; mm. 42. BR. C¹

4519. Simile alla precedente. BR. C¹

4520. Leggenda simile A. IX. Busto a s. con camauro e piviale. ℞ MIRABILIS. DEVS. IN. SANCTIS. SVIS. Il Pontefice genuflesso fra quattro santi e nimbato, al disopra il Triangolo manda i suoi raggi. Sotto. VII. KAL. IVN. MDCCCXXXVIIII; mm. 42. BR. C[1]

4521. Simile alla precedente. BR. C[1]

4522. Entro corona d'alloro e di quercia GREGORIVS. XVI. PONTIFEX. MAXIMVS. ANNO. VII. Busto a d. con camauro e stola. ℞ NOVVM. AED. VATICAN. DECVS. MDCCCXXXVII. Donna galeata seduta a d. vicino a un'ara con asta nella destra; a d. uno scudo colla lupa, a s. un genietto e una statuetta rappresentante un guerriero galeato, a terra un diota; mm. 50. BR. C[1]

4523. Solita iscrizione A. I. Busto a d. con camauro. ℞ BENE-MERENTI in un cartello sostenuto da due angioli volanti con palma e bende; mm. 26. *Con appiccagnolo.* BR. C[1]

4524. Solita iscrizione A. VI. Busto a s. con camauro e piviale CERBARA. ℞ CENTVMCELL. VRBE. AMPLIFICATA. Nell'esergo PORTO. REDDITO. TVTIORE. La città di Civitavecchia assisa a d.; vista del porto fortificato; mm. 42. BR. C[1]

SEDE VACANTE. (1846).

4525. SEDE. VACANTE. MDCCCXLVI.
O. P. DEL BUFALO
A. FIORAVANTI } COSS
M. ANTEMORO
A. SARAZZA CRP.

℞ Scudo portante: ✠ S. P. Q. R. e fiancheggiato da bandiere. Al disopra corona radiata; mm. 32. ARG. C[1]

PIO IX. (1846-1878).

4526. PIVS. IX. PONT. MAX. AN. XXX. Busto a s. con camauro, stola e mozzetta. ℞ PAVPERVM. COMMODITATI. AEDES. A. SOLO. EXSTRVCTAE. Prospetto dell'Albergo dei Poveri; mm. 42. BR. C[1]

4527. Simile alla precedente. BR. C[1]

4528. PIVS. IX. PONT. MAX. AN. XXXI. Busto con camauro e stola a s. ℞ IOSEPHVS. MARIAE. V. SPONSVS. S. Giuseppe in piedi di prospetto fra la Chiesa cattolica genuflessa e la Vergine seduta col Divin Figlio; mm. 42. BR. C[1]

4529. ✶ PIO. IX. PONTIFICE. MAXIMO. SAECVLARIA. SOLEMNIA. TRIVMPHO, ecc. ecc., in otto righe A. MDCCCLXVII. ℞ ROMAE PARENTES. ARBITRIQVE. GENTIVM. I busti accollati di S. Pietro e di S. Paolo; mm. 47. BR. C[1]

4530. Solita iscrizione. A. IV. Busto a d. ℞ CASERTAE IN COENA DOMINI A. MDCCCL. Il Salvatore nimbato lava i piedi a S. Pietro pure nimbato. Nell'esergo EGO DOMINVS ET MAGISTER; mm. 30. BR. C[1]

4531. PIO IX. Busto a d. con camauro e stola. ℞ BARTOLOMEO ROMILLI ARC. DI MILANO. Busto a s. con berretta; mm. 25. BR. C[1]

LEONE XIII. (1878).

4532. LEO. XIII. PONT. MAX. AN. IV. Busto a s. con camauro e stola. ℞ IVVENTVTI. RELIGIONE. ET. BONIS. ARTIBVS. INSTITVENDE. Il Pontefice in piedi di prospetto, colla tiara ed il capo circondato da raggi, sostiene colla destra mano la Croce e la chiave, simboli della Religione; a lui daccanto quattro fanciulli. Nell'esergo PARATA. IN. VRBE. SCHOLAR. SVBSIDIA. A. MDCCCLXXXI; mm. 42. BR. C[1]

VARIE.

4533. INNOCENTIVS. XI. PONT. MAX. Busto a s. con camauro e stola. ℞ OMNIVM PATER — OMNIVM VOTIS — DATVS AN. DNI — 1676 entro un ornato; mm. 76. BR. C[1]

4534. CLEMENS IX. PONT. MAX. AN. III. Busto a d. con camauro e stola. ℞ ÆLIO PONTE EXORNATO. Il ponte S. Angelo ornato di statue; al disopra la Fama volante a d. Il fiume Tevere sdraiato a terra con cornucopia nel braccio destro a' suoi piedi la lupa romana allattante i gemelli; più lontano, una navicella; mm. 95. *Bucata.* BR. C[1]

4535. IOSEPH. S. R. E. CARD. ARCHINTVS. ARCH. MED. Busto a d. con berretto sacerdotale. ℞ Stemma sormontato dal cappello cardinalizio. Sotto HAVRIETIS IN GAVDIO in un nastro sostenuto da due cherubini; mm. 85. *Bucata*. BR. C[1]

4536. DECIVS ✱ S ✱ R ✱ DIAC ✱ CARD ✱ AZZOLINVS. Busto a d. con berretta. ℞ IMPERIVM A ✱ SOLE. Un'aquila che affissa il sole; mm. 60. *Bucata* BR. C[1]

4537. ✱ GREGORIO. XVI. P. M. AN. S. P. VIII. ℞ Nel campo, scudo coronato ✠ S. P. Q. R. in corona di quercia. ℞ ● A. SAVORELLI — F. DE CINQVE QVINTILI — S. MALATESTA - COSS — F. GIRAVD. C. R. P. Nel campo OB — MVSEVM CAPITOL — S. P. Q. R. — COMMENDATVM — A. V. — MMDLXXXVII in sei righe entro contorno; mm. 60. BR. C[1]

4538. CLEMENTIS ✱ XIII ✱ P ✱ M ✱ PATRVI ✱ ANNO ✱ VIII ✱ Figura muliebre a d. galeata, con asta, assisa su un piedestallo adorno e circondato da insegne e da due arboscelli. ℞ ABVNDIVS ✱ REZZONICO ✱ SENATOR. VRBIS. Busto a d. con lunghi capelli inanellati; mm. 62. BR. C[1]

4539. FLAVIVS. S. R. E. CARD. CHISIVS. Busto con berretta a d. ℞ IVSTITIÆ. ET. VERITATI. La Giustizia galeata col destro braccio brandisce la spada, poggia la mano sinistra sulla spalla alla Verità nuda, che sostiene il sole nella mano sinistra e appoggia un piede su un globo; mm. 55. BR. C[1]

4540. IACOBVS. S. R. E. PRESB. CARD. SABELLVS. Busto nudo a d. ℞ AGOR. NON. OBRVOR. Nave che va a d. a gonfie vele; mm. 44. BR. C[1]

4541. D. M. ANT. ZVCCHIVS. ABBAS. VERON. VISIT. GEN. CONGR. OLIVET. Busto a d. con berretta. ℞ EGO. IN. ORE. TVO. L'Abate a d. piega un ginocchio dinanzi l'Onnipotente. Nell'esergo PLAVDENTIBVS FLORENTINIS A. F. GORIVS. DEDIC. AN. M. CIↃ. IↃ. CCL.; mm. 85. BR. C[1]

4542. D. O. M. CLEM. XII. P. M — SOS. CARD. ACCOROMBONO — EPISC. IMOL. — MONIAL. S. S. ROSARII CŒNOBIUM — A. FUND. EREC. Nel campo in sette righe entro un contorno in rilievo. ℞ PROCUR. — OCTAV. TODESCHI — TROIL. BAGNARI — CAROL. FOSCHINI JAC. BASOLI — MASSÆ LONGOBARDOR. — ANNO DOMINI — MDCCXXXV. In sette righe entro un contorno in rilievo; mm. 120. BR. C[1]

4543. HIERON: PRINCEPS. CARD. COLVMNA BON: ARCHIEP. ETC. MDCXXXXII. Busto nudo a s. ℞ SOL. ET. LVNA. STETERVNT IN

HABITACVLO SVO HARAC. III. Nel campo IHS. M. R. A. sotto i tre chiodi della S. Croce entro una corona di raggi; mm. 59. *Bucata.* BR. C[1]

4544. IVLIVS. CARD. SACCHETTVS. BON. LEGATVS DE LATERE. Busto con berretto sacerdotale a s. ℞ TEMPLVM BONI. IESVS A FVND REED. I. F. N. N. Nel campo entro un ornato VRBANO VIII. REGNANTE. ANNO SAL. - M. D. C. - XXXIX in cinque righe, mm. 55. BR. C[1]

4545. HEN. IX. MAG. BRIT. FR. ET. HIB. REX. FID. DEF. CARD. EP. TVSC. Busto con calotta a d. ℞ NON. DESIDERIIS. HOMINVM. SED. VOLVNTATE DEI. La Religione in piedi di prospetto. Accanto a lei un leone in riposo. Nell'esergo AN. MDCCLXXXVIII; mm. 52. BR. C[1]

4546. FRIDERICVS. S. R. E. DIAC. CARD. LANDGRAVIVS. HASSIAE. Busto con berretta a d. ℞ PRO. DEO. ET. ECCLESIA. La Religione in piedi di prospetto, col calice nella destra, la Croce nella sinistra; mm. 48. BR. C[1]

4547. ANG. M. S. R. E. BIBL. CARD. QVIRINVS. EP. BRIX. Busto con berretta a s. ℞ PRIMVM. QVAEVIS. SIBI. POSCIT. HONOREM. La Religione in piedi di prospetto fra due figure allegoriche muliebri; mm. 47. BR. C[1]

4548. LVDOV. CARD. PORTOCARRERO. PROT. HISP., ecc. ecc. Busto con berretto sacerdotale a s. ℞ Piedestallo su cui sta scritto HAC - DVCE - CVNCTA - PLA - CENT in cinque righe. Al disopra la Fama circondata da cherubini portanti la croce, il cappello cardinalizio, ecc. Veduta di un porto di Mare; mm. 45. *Piccolo foro.* BR. C[1]

4549. NICOLAVS. S: R: E: PR: CARD: COSCIA. ARCH: BEN: COAD: Busto con berretta a d. ℞ FILIVS. TVVS. IPSE. ÆDIFICABIT. DOMVM. NOMINI. MEO. L'Onnipotente sulle nubi a s. che addita ad una figura muliebre, una chiesa edificata sulla cima di una rupe. ECCL. COLLEG. PETRÆ FVS. MDCCXXVIII; mm. 43. BR. C[1]

4550. Simile alla precedente. BR. C[1]

4551. FRANC. TESTA. NICOSIEN. ARCH. AB. ET. DOM. MONREG. Busto a d. con berrettino, tiene nella destra un libro. ℞ ALTARE. ORACVLI. TEXIT. AVRO. ANNO. Altare con Crocifisso nel mezzo fiancheggiato da sei candelabri. Nell'esergo MONREG. CAP. CAN. ORD. S. BEN. CON. CAS. MDCCLXXI; mm. 45. BR. C[1]

4552. IOANNES. CARDINALIS. MORONVS. Busto con berretto cardinalizio a d. ℞ ET TENEBRE EVM NON COMPREHENDERVNT. In alto VOX DE COELO. Dal cielo scendono raggi; mm. 47. *Due piccoli fori.* BR. C[1]

4553. FRID. S. R. E. CARD. DIAC. P. LAND. HASSIAE. EPIS. VRATISLAVIEN. Busto con berretta a d. ℞ ✳ PRO ✳ DEO ✳ ET ✳ ECCLESIA. La Religione con calice ed ostia nella d. la croce nella sinistra assisa su un leone gradiente a s.; mm. 35. BR. C[1]

4554. Simile alla precedente. BR. C[1]

4555. ANDREAS. ZALVSKI. EPISC. CRAC. DVX. SEVERIAE. Busto con berrettina a s. ℞ PVBLICO. REGNI. BONO. BIBLIOTH. VARSAVIAE. INSTITVIT. MDCCLIX. Prospetto della biblioteca di Varsavia; mm. 45. BR. C[1]

4556. HER. T. S. A. GATH. ADSVB. CAR. CONSALVI. Busto con berrettina a s. ℞ PRVDENTIA - ET - ALACRITATE - IN REP GVBERNANDA - SPECTABILIS - PII VII P MASECRETIS - TRACTANDISQ NEGOTIIS - AN MDCCCXVII in sette righe entro corona d'alloro; mm. 37. BR. C[1]

4557. NORMA CLERI SPES GREGIS. Busto a s. dell'arcivescovo di Milano, Bartolomeo Romilli. Nell'esergo corona. ℞ BARTOLOMAEO CAROLO ROMILLIO ARCHIEPISCOPO — ΤΙΜΗ — ΕΚ ΔΙΟΣ - ΕΣΤΙ in tre righe entro corona di lauro; mm. 38. *Con appiccagnolo.* ARG. C[1]

4558. ✳ ALOYSIUS NAZARI A CALABIANA ✳ ARCHIEP. MEDIOL. Busto con berrettino a s. ℞ A. MDCCCLXXXI - CLERO. POPULOQ. MED. FELICEM, ecc. ecc.; mm. 38. PL. C[1]

4559. FRIDERICI - REGIS - CLEMENTIÆ - MONVMENTVM - S. HEDVVIGI - SACRVM - ANG. MAR. QVIRINVS - S. R. E. CARDIN - SVO AERE-PERFECET in dieci linee entro un ornato. ℞ ECCLES. CATHOLICOR. BEROLIN. Prospetto della chiesa di S. Edvige in Berlino; mm. 45. BR. C[1]

4560. Simile alla precedente. BR. C[1]

SOVRANI ED UOMINI POLITICI

4561. FR. SFORTIA. VICECOMES. MLI. DVX. BELLI. PATER. ET. PACIS. AVTOR. MCCCCLVI. Busto nudo a d. fiancheggiato dalle lettere ∘V∘ — ∘F∘ ℟ IO. FR. ENZOLE. PARMENSIS. OPVS. Cane legato ad un albero; mm. 40. BR. C[1]

4562. PHILIPPE LE BON NÉ EN 1396. MORT EN 1467. Busto a d. ℟ VÉRITABLE FONDATEVR DE LA NATIONALITÉ BELGE, ecc., ecc.; BR. C[1]

4563. HENRICVS. II. GALLIARVM. REX. INVICTISS. P. P. Busto laureato e corazzato a d. ℟ OBRES IN ITAL. GERM. ET. GAL. FORTITER AC FOELIC. GESTAS. L'Abbondanza e la Fortezza in quadriga veloce a d. guidata dalla Fama. EX VOTO PVB. 1552; mm. 55. *Dorata.* BR. C[1]

4563 *bis.* Simile alla precedente. BR. C[2]

4564. LVDDOVICVS. VI. C. P. RH. BAV. D. S. R. I. A. D. & EL. Busto corazzato a testa nuda a d. ℟ 18 — FRID. III. FIL. NAT: 1539 — PALATINATVI — BONIS LEGIBVS — ACADEMIAE — HEIDELBERCENSI — NOVIS REDITIBVS — PROSPECXIT — † 1583; mm. 35. BR. C[1]

4565. COSMVS. I. MAGN. DVX. ETR. Busto paludato e testa nuda a d. ℟ S. P. Q. F. OPTIMO. PRINCIPI. Piedestallo con statua equestre; mm. 47. BR. C[1]

4566. ELEONORA. TOLETANA. COS. M. I. M. D. ETR. VXOR. Busto con ricca acconciatura a d. ℟ SPLENDET. VSV. TEMPERATO. Tavola carica di monete. I. VEBER; mm. 48. BR. C[1]

4567. PETRVS GYRON OS DVX ET VRANIAE COM X. Busto nudo a d. ℞ PRIMVS ET IRE VIAM. Cavallo galoppante a s. 1618; mm. 44. *Bucata.* BR. C¹

4568. COSMVS. MED. II. REIP. FLOR. DVX. Busto in armatura a d. ℞ ANIMI: CONSCIENTIA: ET: FIDVCIA: FATI: Capricorno; mm. 33. *Bucata.* BR. C¹

4569. COSMVS. MED. II. REIP. FLOR. DVX. Busto in armatura a d. ℞ SALVS ✶ PVBLICA. La Salute in piedi a s. dà il cibo ad un serpente; mm. 33. *Bucata.* BR. C¹

4570. LUDOVICUS XIII. FR. ET. NAV. REX. Testa nuda a d. ℞ COELI MUNUS. Un angelo porge un bambino al Re inginocchiato. Nell' esergo: LUDOVICUS DELPHINUS. V. SEPT., M.DC. XXXVIII; mm. 40. BR. C¹

4571. HENR. IIII. R. CHRIST. MARIA. AVGVSTA. Busti accollati a d. ℞ PROPAGO IMPERI. Enrico IV dà la mano a Pallade; un genio nudo gli porge l'elmo, un'aquila dall'alto scende colla corona. 1663; mm. 55. BR. C¹

4572. HENRI LE GRAND ROI DE FRANCE ET DE NAV. Busto laureato e corazzato a d. ℞ JE VEUX ÊTRE HENRI QUATRE SECOND. Busto giovanile in abito militare a d.; mm. 45. BR. C¹

4573. LVDOVICVS XIIII. REX CHRISTIANISSIMO. Testa nuda a d. ℞ TRANATVS RHENVS. Il Re seguito dalla vittoria passa il Reno. HOSTE RIPAM ADVERSAM - OBTINENTE. M.D.C. LXXIII; mm. 40. BR. C¹

4574. CAROLVS VI. D. G. ROM. IMP. S. A. GERM. HISP. HVNG. &. BOH. REX. Busto corazzato e laureato a d. ℞ A IOVE ET IMPERIO FATIS VOTISQVE PETITVS. Aquila bicipite con folgore e scettro, circondata da sette stemmi. MDCCXI; mm. 48. ARG. C¹

4575. CAROLVS VI D. G. ROM. IMP. SEMP. AVG. Busto nudo laureato a d. ℞ PACI GERMANIAE. La Pace in piedi a s. con ramoscello d'ulivo e face accesa rivolta a terra; dietro a lei, statuetta della Giustizia su una base quadrangolare. Sparsi sul terreno scudo con folgore e varî attrezzi militari; mm. 43. ARG. C¹

4576. PETRVS ALEXIEWITZ. TZAR. MAG. RUSS. IMP. Testa laureata a d. ℞ NATUS — MOSCAE — IN MOSCOVIA AN. M. DC. LXXII. — OBIIT — PETROPOLI — AN. M. DCC.XXV. SERIES NUMISMATICA, ecc.; mm. 40. BR. C¹

4577. Pietro il Grande. Iscrizione russa e busto corazzato a d. ℞ Prospetto del mare colla flotta; mm. 58. *Bucata.* FERRO C¹

4578. CAROLVS. VII. D. G. ROM. IMP. SEMP. AVG. Busto corazzato a d. ℞ FELICITAS. IMPERII. RENASCENS. Figura muliebre allegorica appoggiata ad una palma con fiori e cornucopia, accanto lo scudo collo stemma austriaco ed un leone coronato; il sole illumina la campagna; mm. 45. BR. C[1]

4579. LVD. XV. REX. CHRISTIANISS. Busto diademato a d. ℞ COMMVNE PERENNITATIS VOTVM. Ara accesa cui sta presso una figura muliebre ed un genio; al disopra altro genio con scudo sul quale è scolpita la testa di Medusa; mm. 66. BR. C[1]

4580. LUD. XV. REX. CHRISTIANISS. Busto corazzato a d. ℞ UNDIQUE SERENAT. Il globo sostenuto da un genio galeato con cornucopia e irradiato dal sole; mm. 55. BR. C[1]

4581. LVDOVICVS. XV. D. G. FR. ET. NAV. REX. Testa infantile laureata a d. ℞ PHILIPPVS. DVX. AVRELIANENSIS. PROREX. GAL. Testa nuda a d.; mm. 44. BR. C[1]

4582. LVDOVICVS XV. REX CHRISTIANISS. Busto nudo a d. ℞ MARIA REGIS. STANISL. FIL. FR. ET NAV. REGINA. V. SEPT. M. DCCCXXV. Busto diademato a s.; mm. 40. BR. C[1]

4583. FREDERIC. D. G. BORVS. REX. ET. PROTESTANTI. M. DEFENSOR. Il re a cavallo colla spada sguainata galoppa a s. Nell'esergo · LISSA · DEC · 5. ℞ QUO. NIHIL. MAJUS. MELIUSVE. Campo di battaglia. Nell'esergo ROSBACH. NOV. 1757; mm. 45. BR. C[1]

4584. TERESIA ET FRANCISCUS. I due busti accollati. Nell'esergo SPONSI. ℞ CONNUBIUM ILLUSTRAT FATUM. Un' ara sulla quale ardono due cuori cinti da corona d'alloro; appiè dell'ara due sfingi, ai lati fiaccole accese. A. CH. MDCCXXXVI; mm. 43. *Bucata.* ARG. C[1]

4585. MAR. THERESIA. D: G: REG. HUNG: BOH: Busto diademato a S. ℞ ET MENTE ET ARMIS. Figura muliebre allegorica, astata, assisa sulle nubi, appoggia il braccio sinistro su uno scudo, sul quale è scolpita la testa di Medusa. 1745; mm. 55. BR. C[1]

4586. MARIA THERESIA. D. CAR. CAES. FIL. HUNG. & BOH. REX. ARCH. AVST. Busto diademato a d. IUSTITIA ET CLEMENTIA. Stemma d'Ungheria; mm. 58 × 68. *Di forma ovale.* BR. C[1]

4587. FRANC. D. G. R. I. S. A. GE. IER. R: ET. M. THER. D. G. R. I. GE. HU. BO. REG. Busti accollati di Francesco e di Maria Teresa; l'uno corazzato e laureato, l'altro diademato. ℞ PRAEMIO VIRTVTI BELLICAE CONSTITVTO. Vittoria alata gradiente a s. con palma e croce cavalleresca, a' suoi piedi attrezzi militari. — MDCCLVII; mm. 48. BR. C[1]

4588. POST. FATA RESURGENS. Maria Teresa in atto di scendere i gradini del trono si avanza verso le arti; alla sua destra Giuseppe II fanciullo e una figura astata e galeata che rappresenta la guerra. ℞ MAGNANIMO RESTITUTORI. Piedestallo ornato da un cavallo e da simboli militari, con statua equestre; mm. 45. BR. C[1]

4589. CAROLVS VII. D. G. ROM. IMP. SEMP. AVG. Busto corazzato a d. ℞ O LVX TEUTONIAE SPES O FIDISSIMA. Sepolcro sormontato da corona. Abbasso un leone in riposo. MORTALITATI EREPTVS. D. XX IAN. MDCCXXXXV; mm. 45. BR. C[1]

4590. CAROLVS VII. D. G. ROM. IMP. SEMP. AVG. Busto a d. ℞ CAESAREVM ACCEDIT REGIS DIADEMA CORONAE. Stemma; mm. 45. BR. C[1]

4591. IOSEPH. A. A. ELISAB. BOVRB. PHILIP. HISP. INF. FILIA. I due busti accollati a d. ℞ FELIX CONNVBIVM. Un genio con due corone accende la face ad un'ara. 1760; mm. 38. ARG. C[1]

4592. WILH. V. D. G. PR. AR. ET. NASS. TOT. BELG. FOED. GVB. HAER, ecc. Busto a d. ℞ VT PATRIAE PATER SIT. Tre genietti circondano lo stemma. INAVG. VIII. MART. MDCCLXVI; mm. 45. ARG. C[1]

4593. CAROLVS HISPAN. ET FERDINAND SICILIAE REGES. I due busti volti a d. ℞ Ospizio dei poveri in Palermo. MDCCLXXII; mm. 55. BR. C[1]

4594. CAROLVS LOTHAR ING. DVX. BELG. GVBERNAT. Busto corazzato a d. ℞ PRINCIPI OPTIMO, ecc.; iscrizione in sei righe. 17 JAN. 1776; mm. 45. BR. C[1]

4595. PETRVS. ALEXII. FIL. D. G. RVSS. IMP. M. DVX. MOSCOVIAE. Busto di Pietro il Grande corazzato a d. ℞ TERRA SISTERE PETITA. Ercole e Nettuno scendono da una barchetta; mm. 48. BR. C[1]

4596. Simile alla precedente. ℞ RIGA REDIT RVSSIS APTO CERTAMINE CASTRIS. Prospetto di Riga; mm. 45. BR. C[1]

4597. PETRVS MAGN. IMP. UTRIUSQ. RUSS. Busto corazzato di Pietro il Grande. ℞ EX UTROQUE MAGNUS. Nettuno e Marte seduti su un masso additano l'uno il mare e le navi; l'altro la fortezza; mm. 35. BR. C[1]

4598. Elisabetta di Russia. Busto coronato a d. ℞ La Vergine sulle nubi coronata da stelle raggianti; un altare sul quale è collocato uno scudo sormontato da corona ed un pugnale; mm. 40. ARG. C[1]

4599. FERDINANDVS. IV. SICILIARVM REX. Busto corazzato a d. ℟ COGNATI REGES. Veduta del porto con ricevimento regale. Nell'esergo FAVSTO. IN. HETR. ADVENTV. 1785; mm. 45. BR. C1

4600. RÉPUBLIQUE UNE ET INDIVISIBLE. La repubblica galeata col berretto frigio nella sinistra, col fascio nella destra, seduta a s. ℟ Libro aperto: DROITS DE L'HOMME. CONSTITUTION FRANÇAISE, irradiato dai raggi del sole; sotto iscrizione in sette righe, LE 10 AOUST 1793; mm. 43. BR. C1

4601. MAR. ANTON. AUSTR. FRANCIAE ET NAVARR. REGINA. Busto diademato a d. ℟ LUDOVICUS XVI. FRANC. ET NAV. REX. Busto nudo a d.; mm. 73. BR. C1

4602. MARIA ANTON. AUSTR. FR. ET NAV. REGINA. Busto diademato a s. ℟ ALTERA VENIT VICTIMA. Piazza della Rivoluzione. Nel mezzo il patibolo, sul dinanzi Maria Antonietta su un carro ad un cavallo è condotta al supplizio. XVI. OCT. MDCCXCIII; mm. 45. BR. C1

4603. MARIE THER. CHAR. DUCHESSE D'ANGOULÊME. Busto a d. con ricca acconciatura di piume, velo e diadema a d. ℟ FILLE DU ROI MARTYR. † NÉE — À VERSAILLES LE 19 X^BRE 1778. MORTE EN EXIL À FROHSDORFF — LE 19 8BRE 1851. nel campo in cinque righe con tre gigli di Francia; mm. 50. BR. C1

4604. CAROLO. IV ✳ HISP ✳ ET ✳ IND ✳ REG ✳ MEX ✳ PROCL ✳ AN. 1789. Busto laureato a d. ℟ ✳ LVDOV ✳ REG ✳ ✳ AVSPICE. Busto laureato della regina a s. Nell' esergo ALP ✳ ARCH ✳ MEX ✳; mm. 42. BR. C1

4605. CATHARINA II. IMP. RUSSIAE. Busto diademato a s. ℟ NATA STETINI — AN. M.DCC.XXIX OBIIT AN. MDCCLXXXXVI; mm. 42. BR. C1

4606. NICOLAUS I. TOTIUS RUSSIAE IMPERATOR. Testa nuda a d. ℟ ACCINGE FEMOR GLADIUM TUUM - HEROS. PS. 45. 4. L'Imperatore riceve dalla Religione la croce e la spada; mm. 35 BR. C1

4607. LEOPOLDUS II. D. G. R. IMP. S. A. G. H. B. REX. A. A. B. L. D. Busto nudo a s. ℟ Leopoldo II in trono a s. appoggia il braccio su uno scudo portante l'aquila bicipite; davanti a lui una donna raffigurante l'Ungheria e sorretta da un guerriero, piega un ginocchio a terra e gli presenta scettro e corona; al disopra il mistico triangolo raggiante fra le nubi DIGNISSIMO — Nell' esergo IN. M. OCTOB. 1790; mm. 45. STAGNO DORATO.

4608. REGINA CHRISTINA. Busto a d. ℟ LIBERO I NACQVI E VISSI E MORRÒ SCIOLTO. Pavone volante a s.; mm. 65. BR. C[1]

4609. REGINA CHRISTINA. Busto a d. ℟ NEC FALSO NEC ALIENO. Sole raggiante; mm. 59. *Bucata.* BR. C[1]

4610. REGINA CHRISTINA. Testa nuda a d. ℟ Una Vittoria scrive su uno scudo affisso ad una palma: G. D. MAXIMA; mm. 35. BR. C[1]

4611. BONAPARTE. REIP. ITAL. PRAESES ANNO III. Testa nuda a d. ℟ DVX. TVTVS. AB. INSIDIIS. Tre figure muliebri allegoriche a s. alate con simboli diversi; a d. figura virile seduta, tiene un'urna sulla quale appoggia le mani; mm. 58. BR. C[1]

4612. Simile alla precedente. BR. C[1]

4613. NAPOLEO. I. GALL. IMP. ITAL. REX. GERMANICVS. Testa galeata e laureata a s., una serpe dietro al capo, leva la testa. ℟ VINDOBONA. CAPTA. ANNO. MCCMV. — Figura allegorica di Vienna piangente seduta a s., davanti a lei trofeo collo scudo portante l'aquila bicipite. Nell'esergo MEDIOLANI; mm. 40. *Dorata.* BR. C[1]

4614. Testa di Napoleone I a d. ℟ Testa diademata dell' imperatrice Giuseppina a s.; mm. 43. BR. C[1]

4615. EUGÈNE NAPOLÉON VICE ROI D'ITALIE. Testa nuda di Eugenio Beauharnais a s. ℟ ANNIVERSAIRE DE MARENGO ET DE FRIEDLAND. La Vittoria seduta a d. rivolta a s.; mm. 40. BR. C[1]

4616. NAPOLEONE RE D' ITALIA. Nell' esergo LA ZECCA DI MILANO MAGGIO MDCCCV. Testa cinta dalla Corona Ferrea a s. ℟ DIVENUTE COMPAGNE NELL' ORDINE NELLA FEDE NELLA PROSPERITÀ. Nel campo gli stemmi di Milano-Roma (sede vacante), Venezia, ecc., ecc.; mm. 38. BR. C[1]

4617. NAPOLEO. MAGNVS GAL. IMP. IT. REX. P. F. AVG. INVICTVS. MANFREDINI F. Testa a s. cinta dalla Corona Ferrea. ℟ HOSTIBVS VBIQVE FVSIS CAESIS CAPTIS MDCCCIX. Un genio alato con palma nella sinistra, è in atto di scagliare il fulmine colla destra; mm. 42. BR. C[1]

4618. NAPOLEO GALLORUM IMPERATOR ITALIAE REX. Testa laureata a s. ℟ VLTRO. Figura muliebre turrita a s., colla destra tiene una cornucopia, colla sinistra porge la Corona Ferrea a Napoleone I, che le sta dinanzi rivestito del manto e con lo scettro. D. XX III. MAII. A. MDCCCV; mm. 40. BR. C[1]

4619. NAPOLEO M. I. ET. R. AUG. MARIA ALOUSIA I. ET R. AUG. I due busti accollati di Napoleone cinto della Corona Ferrea, e di Maria Lùigia diademata. ℟ SAEVUM PROCVL MARTEM FELIX TEDA RELEGAT. Nell'esergo MDCCCX; mm. 40. BR. C[1]

4620. IOSEPH NAPOLÉON PRINCE FRANÇAIS. Busto in abito militare a s. ℞ NÉ À CORTE 1768, ecc. Iscrizione in 12 righe entro corona d'alloro; mm. 48. STAGNO BRONZATO.

4621. GEORG. AVGVSTVS. ELLIOTT. GIBRALTARIAE. IMP. Busto corazzato a s. ℞ NON MILLE CARINAE. Veduta del porto fortificato e della flotta; mm. 52. *Dorata.* BR. C[1]

4622. M. CAROLINA A. AVSTR. SICIL. REGINA. Busto nudo a d. ℞ Arrivo in Etruria 1785; mm. 45. BR. C[1]

4623. CAROLINE. FERDINANDE. DUCH DE BERRY. Busto nudo a d. ℞ CONNEXA LILIA CRESCUNT. Due gigli annodati da un nastro. Nell'esergo CAR. FERD. NEAPOLITAN. CAR. FERD. DUCI BITURI. 1816; mm. 35. BR. C[1]

4624. LEOPOLDVS. I. D. G. DVX. LOT. BAR. REX. IEROSOL. Busto nudo a d. ℞ ELIZ. CAR. AVRELIAM. REGIA. LOT. BAR. DVCISSA. Busto diademato a d.; mm. 45. BR. C[1]

4625. LOUIS ALEXANDRE DE BOURBON COMTE DE TOULOUSE AMIRAL DE FRANCE. Testa nuda a d. ℞ BRITANNIS BATAVIS QUE DEVICTIS. Vittoria stante su una nave, poggia un piede su un globo e scrive su un cartello VELE.. MALAGA è circondata da attrezzi militari; mm. 68. BR. C[1]

4626. VICTORIVS AMEDEVS III REX SARDIÑIAE. Busto corazzato a d. ℞ VERITAS. ET. VTILITAS. Le due figure allegoriche; mm. 48. BR. C[1]

4627. LVDOVICVS. XVIII. LAPIDEM. AVSPICALEM. POSVIT. D. XVIII. M. OCT. ANN. MDCCCXVII. REGNI. XXIII. Testa nuda a d. ℞ HENRICO MAGNO. Statua equestre di Enrico IV. CIVIVM. PIETAS. RESTITVIT. MDCCCXVII; mm. 49. BR. C[1]

4628. LVDOVICVS XVIII. FRANC. ET. NAV. REX. Testa a d. ℞ REGNIS. EVROPAE. CONCORDIA. STABILIENDIS. Due figure muliebri galeate raffiguranti la Francia e l' Austria uniscono le rispettive insegne; allude all' alleanza fra la Francia, l'Austria, la Prussia, l'Inghilterra e la Russia. ACCESSIT. GALLIA. NOVEMB. MDCCCXV; mm. 50. BR. C[1]

4629. LUDOVIC. XVIII — HENRIC IV. Teste accollate a d. ℞ AD. SACROS. BAPTISMI. FONTES. La Religione in piedi a s. leva le braccia invocando la benedizione del Cielo sul duca di Bordeaux bambino, che sta per battezzare e che è tenuto al sacro fonte da una figura muliebre galeata raffigurante la Francia. DUX. BURDICANENSIS. AN. MDCCCXXI. DIE. MAII. I.; mm. 50. BR. C[1]

4630. LOUIS XVIII ROI DE FRANCE. Testa nuda a d. ℞ EGLISE DE NOTRE DAME DE LORETTE. Chiesa di N. S. di Loreto. BENE-

DICTION ET POSE — DE LA PREMIÈRE PIERRE — LE XXV AOUT MDCCCXXIII. — DOMARD F.; mm. 56. BR. C[1]

4631. LOUIS XVIII ROI DE FRANCE ET DE NAVARRE. Testa nuda a d. ℞ Minerva galeata assisa a s. con palme e corone; mm. 67. BR. C[1]

4632. LVDOVICVS XVIII. FRANC. ET NAV. REX. Testa nuda a d. ℞ ILLIC. FAS. REGNA. RESVRGERE. Figura muliebre turrita che rappresenta Parigi che presenta al Re la chiave della città. Dietro la statua equestre di Enrico IV; mm. 67. BR. C[1]

4633. M.[IE] CAROL.[NE] FER.[DE] L.[SE] DUCHESSE. DE. BERRI. Testa diademata a destra. ℞ LOUISE MARIE THERESE. MADEMOISELLE. MDCCCXXVII. Testa infantile a d.; mm. 50. BR. C[1]

4634. L. M. T. C. I. D'ORLÉANS. REINE. DES. BELGES. Testa nuda a s. ℞ SA MAJESTÉ — L. M. T. C. D'ORLÉANS — REINE DES BELGES — NÉE A PALERME LE 3 AVRIL 1812 — DÉCÉDÉE À OSTENDE — LE 11 OCTOBRE 1850. Urna fra due palme; mm. 43.

4635. L. ANT. GÉNÉRALISSIME DES ARMÉES FRANÇAISES. Busto laureato a d. ℞ CIVILIVM DISCORDIARVM IBERIAE PACIFICATOR. Il generalissimo con palma passa a cavallo il fiume su un ponte di barche. 1.[r] OCTOBRE 1823; mm. 50. BR. C[1]

4636. CAROLUS. X. REX. CHRISTIANISSIMUS. Busto coronato e rivestito delle insegne reali. ℞ REX. CAROLUS. COELESTI. OLEO. UNCTUS. Incoronazione di Carlo X. — MDCCCXXV; mm. 58. BR. C[1]

4637. CHARLES X ROI DE FRANCE ET DE NAV. Testa nuda a d. ℞ UT REGAT HINC REGITUR. Prospetto del mare. CHAMBRE DE COMMERCE DE LA VILLE DE LILLE; mm. 29. *Di forma ottangolare.* ARG. C[1]

4638. VICTORIA DEI GRATIA REGINA. Testa coronata a s. ℞ WELCOME, ecc., in memoria della visita fatta da S. M. il 9 novembre alla città di Londra. 1837 — IN COMMEMORATION OF HER MAJESTIS' VISIT — TO THE CITY OF LONDON. NOV.[r] 9-1837; mm. 66. BR. C[1]

4639. VICTORIA QUEEN OF ENGLAND. Busto coronato colle insegne reali e lo scettro a s. ℞ La regina gradiente a s. sotto ricco baldacchino, medaglia dell' incoronazione. CROUND JUNE 28 - 1838; mm. 60. BR. C[1]

RIVOLUZIONE (1830).

4640. Due ricche corone d'alloro intrecciate. Nell'esergo AUX PARISIENS. ℞ 27. 28. 29. JUILLET. 1830. Pietra quadrangolare su cui sta un gallo a d. Appiè un leone in soldo a s. Ai lati un pugnale — una penna; mm. 40. BR. C^1

4641. FERDINAND PHILIPPE LOUIS C. H. DUC. D'ORLÉANS. Testa nuda a d. ℞ CHAPELLE SAINT FERDINAND. SOUS L'INVOCATION DE NOTRE DAME DE LA COMPASSION. Cappella. — ÉLEVÉE À LA MÉMOIRE DE S. A. R. L. F. P. DUC D'ORLÉANS PRINCE ROYAL INAUGURÉE LE 11 JUILLET 1845; mm. 52. *Dorata.* BR. C^1

4642. LOUIS PHILIPPE I RÉGNANT
LOI DU 10 JUIN
1840
ORDONNANT LA TRANSLATION
DES RESTES MORTELS
DE L'EMPEREUR NAPOLÉON
DE L'ILE Ste HÉLÈNE À PARIS
ET L'ERECTION À PARIS, ECC., ECC.

Commemorativa del trasporto delle ceneri di Napoleone I da S. Elena a Parigi, comandante della spedizione il principe di Joinville. ℞ L'EXIL ABRÉGEA SES JOURS. Prospetto dell'isola di S. Elena. Nell'esergo PRISONNIER À S.^{TE} HÉLÈNE LE 18 OCTOBRE 1815. IL MOURUT LE 5 MAI 1821; mm. 50. BR. C^1

4643. LOUIS PHILIPPE I ROI DES FRANÇAIS. Busto laureato a s. ℞ ARC DE L'ETOILE. Nell'esergo FONDÉ PAR NAPOLÉON EN 1800. TERMINÉ PAR LOUIS PHILIPPE EN 1836. Di fianco all'Arco AUX ARMÉES — FRANÇAISE (sic). Arco della Stella in Parigi; mm. 52. BRONZO DORATO. C^1

4644. Francesco I d'Austria. Testa a s. ℞ Gli stemmi di Milano e di Venezia sormontati dalla corona ferrea e dalla corona imperiale; mm. 42. BR. C^1

4645. FERDINANDVS. I. D. G. AVSTRIAE IMPERATOR. LONGOB. ET VENET REX. Testa nuda a d. ℞ Incoronazione; mm. 50; *n. 2 esempl.* BR. C^1

4646. GRAF RADETZKY. La battaglia di Novara, 1849. ℞ Trofeo e bandiere sormontati dall'aquila bicipite; mm. 45. *Dorata.* BR. C^1

4647. Simile alla precedente. METALLO BIANCO.

4648. Maresciallo Radetzky; mm. 27; *n. 2 esempl.* METALLO BIANCO.

4649. Busto di Radetzky in abito militare. ℞ Corona d'alloro raggiante nel cui mezzo è scritto: UNSTERBLICHKEIT — DEM SIEGREICHEN — FELDHERRN — OSTREICHS — DEM GELIEBTEN VATER-SEINES — HEERES. (Immortalità al vittorioso maresciallo austriaco, all'amato padre della sua armata; mm. 50.
METALLO BIANCO.

4650. IOSEPHUS. COMES. RADETZKY. SUMMUS AUSTRIADUM DUX. Busto nudo a d. ℞ DE ITALIS — 1848 ✳ 1849. Figura alata della Vittoria con tromba e corona; mm. 57.
Inargentata. BR. C[1]

4651. EUGÉNIE IMPÉRATRICE NAPOLÉON III EMPEREUR. Busti accollati a s. ℞ PALAIS DE L'INDUSTRIE; mm. 65. BR. C[1]

4652. NAPOLÉON III EMPEREUR. Testa laureata a s. ℞ Simile al precedente; mm. 65. BR. C[1]

4653. NAPOLÉON III EMPEREUR. Testa laureata a s. ℞ ✳ AUX ARMÉES FRANÇAISE ET PIÉMONTAISE — ✳ AFFRANCHISSEMENT DE L'ITALIE — Nel campo GUERRE — CONTRE L'AUTRICHE — COMBAT — DE — MARIGNAN — 8 JUIN 1859; mm. 40. BR. C[1]

4654. FRANCISCVS. IOSEPHVS. I. D. G. AVSTRIAE. IMPERATOR. Busto nudo a s. in un contorno d'alloro. ℞ VIRIBVS VNITIS. Stemma austriaco sormontato da corona e fiancheggiato da due grifoni rampanti; mm. 62. BR. C[1]

4655. L'Imperatore Alessandro II di Russia e l'Imperatrice raffigurati in due medaglioni sui quali s'erge una Vittoria alata con corona; al disotto varî attrezzi rurali. ℞ Alveare; mm. 45.
BR. C[1]

4656. MEHEMET ALÌ. Busto col fez a d. ℞ IL SAIT DÉFENDRE AVEC NOBLESSE L'HONNEUR DE SON PAYS. Scimitarra; mm. 51.
BR. C[1]

UOMINI CELEBRI

4657. CICVS III. ORDELAFHVS. FORLIVII. P. P. AC. PRINCEPS. — V. — F. — MCCCLVII. Busto a s. corazzato e col capo scoperto. ℞ SIC. MEA. VITALI. PATRIA. EST. MICHI. CARIOR. AVRA. — IO. FR. PARMENSIS. Cavaliere armato a s.; dinanzi a lui escono delle fiamme da una voragine. - ARMAND, pag. 43, n. 2; mm. 48. PL.

4658. ✳ CREDO ✳ VNAM. ESSE. ECCLESIAM. SANCTAM. CATHOLICAM ✳ Busto con berretto IOĀ — HVS. ℞ Rogo sul quale fu abbruciato Giovanni Hus. 1415. Iscrizione analoga; mm. 42. ARG. C[t]

4659. SIMON STEVIN NÉ À BRUGES VERS 1548. MORT. EN 1620. Busto a d. ℞ SES OUVRAGES ET SES DÉCOUVERTES DANS LES SCIENCES MATHÉMATIQUES, ecc. ecc., in 19 righe; mm. 35. BR. C[t]

4660. PAVL. IORD. II. VRSINVS. BRACC. DVX. Busto o testa. ℞ Figura allegorica. 1621 e 1635; mm. 30; *n. 3 esempl. vari.* BR. C[t]

4661. IOANNES ✳ BAPTISTA ✳ PRINC ✳ BVRGHESIVS ✳ Stemma con padiglione e chiavi decussate, circondato dall'insegna del Toson d'oro e sormontato da corona. ℞ S ✳ P ✳ GREG ✳ VIGILA ✳ TVTELÆ ✳ NOSTRÆ. Prospetto della chiesa. MDCLXVI; mm. 60. BR. C[t]

4662. ALEXANDRO MARMONT SVPREMO GALLORVM DVCI IN DALMATIA — ANNO MDCCVII. La Fortuna seduta a s. con ruota e cornucopia. ℟ VIA. PVB. ERECTA, ecc. Prospetto delle fortificazioni di Spalato; mm. 45. BR. C¹

4663. CLOELIA. GRILLA. E. DVCIBVS. MONTIS. DRACONIS. COMES. BORROMEA MATRONA. Ritratto laureato a s. ℟ GLORIA GENVENSIS. Giunone a s. col pavone, Minerva le porge una corona, a lei daccanto la civetta. CIↃ. IↃ. CC. LIII; mm. 90. *Dorata*. BR. C¹

4664. S. SILVAIN BAILLY NÉ À PARIS LE XV. SEPT. MDCCXXXVI. Busto a d. ℟ MERITE RECONNV. ed iscrizione in nove righe 1789; mm. 40. BR. C¹

4665. LIVIA. AB. AVRIA. KARAPHA. S. R. I. ET. AMPHISSIENSIVM. PRINC. Busto a d. ℟ DILEXIT. La principessa seduta lascia cadere delle monete che sono raccolte da tre bambini; un altro sta fra le sue ginocchia, accanto a lei a d. una donna velata le addita un'aquila che affisa tre stelle CONIVGALIS MONVMENTVM AMORIS; mm. 75. BR. C¹

4666. PROSPER ● SANCTA CRVCIVS ● S ● R ● E ● CARD. Busto nudo a d. ℟ GEROCOMIO. Prospetto di un Seminario; mm. 52. BR. C¹

4667. PH. T. HOWARD. S. R. E. CARD. D. NORFOLKE. TIT. S. M. S. M. Busto a d. ℟ NE VICTA RESVRGANT. Ercole che uccide le serpi; mm. 65. BR. C¹

4668. ✱ FR. VINC. M. ORD. PRAED. CARD. VRSINO. EP. PORT. ARCHIEP. B. S. P. Q. B. Busto con berretto a d. ℟ SECVLI. QVINTI. FELICITAS. Il Pontefice colla tiara e la croce sulle nubi; dinanzi a lui il cardinale Orsino inginocchiato; mm. 58. BR. C¹

4669. P. LAURENTIUS. RICCI FLORENT. P. P. GEN. XVIII. SOC. IESU. Busto con berretto sacerdotale a d. ℟ Mare in burrasca; mm. 74. BR. C¹

4670. LOUIS JEHOTTE. Testa nuda a d. ℟ LE CERCLE ARTISTIQUE ET LITT DE LIÈGE. Statua di Ercole nudo a d. colla pelle di leone, la clava è a' suoi piedi; mm. 68. BR. C¹

4671. L'ABBÉ SUGER. Testa col cappuccio a s. ℟ NÉ A SAINT OMER EN M. LXXXII. MORT EN M. C. LII. GALERIE MÉTALLIQUE DES GRANDS HOMMES FRANÇAIS; mm. 40. BR. C¹

4672. P. MARCVS. A. S. FRANC. VENET. CARM. EXSC. ORAT. SAC. EXIM. ÆT. XXXV. Busto con berretta, tonaca e cappuccio. ℟ DOCTRINA ET ELOQVIO. DE FVNTIBVS SALVATORIS. A. CIↃ. IↃ. CCXLVIII FLORENTIAE. Rupe dalla quale sgorgano parecchi rivi, al disopra l'Agnello pasquale colla croce; mm. 83. BR. C¹

4673. XAVERIUS MANETTI. MED. ET. BOT. FLOR ÆT LIV. Busto nudo a d. ℞ Un'ammalata a s., davanti a lei Ippocrate, dietro a questi Mercurio; mm. 75. *Dorata*. BR. C¹

4674. IOANNES BARBADICVS CRETENSIS DEDVCTÆ COLONIÆ PRÆFECTVS. Busto nudo con corazza e bandiera a d. ℞ ADVECTA REGNO SECVRITAS. Prospetto del mare con navi, un'aquila volante a s. col fulmine fra gli artigli; mm. 55. BR. C¹

4675. LAWRENCE. Testa nuda a d. ℞ La medesima a s.; mm. 40. BR. C¹

4676. MERCVRINVS ARBOREVS DE CATTINARIA CARD. CAROLI V MAGNVS CANCELLARIVS. Busto con berretto sacerdotale di prospetto. ℞ SOLA FIDES TERRIS, ecc. La Fenice sulle fiamme. MDCCCXLV; mm. 65. BR. C¹

4677. CAR. FERDINANDVS. EX. ATREBATE DVX BITVRIGVM. LVDOVICI XVIII. P. P. NEP. Testa nuda a d. ℞ AVVLSA TVTELA. Cippo funerario, un genio alato abbraccia l'urna sovrapposta. Alla base una lira, una tavolozza, pennelli, ecc.; nel campo a s. un fiore ed un pugnale; mm. 51. BR. C¹

4678. MARTINVS FOLKES. Testa nuda a d. ℞ SVA SIDERA NORVNT. Piramide, sfinge ed il sole che irradia il tutto; mm. 35; *n. 2 esempl.* BR. C¹

4679. PETR. ANDREAS. ANDREINVS. NOB. FLORENT. ÆT. SVÆ LXXVII. Busto di prospetto. ℞ MOTOS. PRAESTAT. COMPONERE. Mercurio in piedi a s. colla verga cui si attorcigliano le serpi; mm. 62. BR. C¹

4680. Ritratto a d. ℞ Nel campo entro un ornato FRIDERICVS — THIERSCH — PHILOLOGVS — NATVS DIE. XIV. JVNII. MDCCLXXXIV — OBIIT D. XXV. M. FEBRVARII MDCCCLX; mm. 47. BR. C¹

4681. LIVIVS. I. ODESCALCVS. Ritratto a d. ℞ D: G: SIRM. ET. BRAC. DVX. Genietto con tromba e cornucopia; mm. 35. *Inargentata.* BR. C¹

4682. ANTONIVS MARIA VASSALLI LANDI. Ritratto a d. ℞ EXPERIMENTIS PHYSICAM AVXIT - REM AGRARIAM - ILLVSTRAVIT in cinque righe entro corona d'alloro; mm. 43. BR. C¹

4683. IOSEPHVS SALVTIVS. Testa nuda a s. ℞ CHMIAM INVENTIS AVXIT, ecc., entro corona d'alloro; mm. 43. BR. C¹

4684. PETRVS. VANNVCCI. Busto a s. coperto col berretto. ℞ PICTORI E CVIVS EGREGIA DISCIPLINA, ecc., entro corona d'alloro; mm. 42. BR. C¹

4685. PHILIPP. L. BARO. DE. STOSCH. GERMANVS. Testa nuda a d. ℞ CERTA RATIONE MODOQVE in tre righe; mm. 42. BR. C¹

4686. LIVIVS. ODESC. D. G. SIRM. BRAC. D. Busto a d. col capo scoperto. ℟ TVETVR. ET. ARCET. Veduta di un porto fortificato; mm. 60. *Piccolo foro all'orlo.* BR. C¹

4687. HIERONYMVS FRACASTORVS. Busto a s. col berretto. ℟ POEMATE ÆGRIS ANIMIS PHAMACO CORPORIB. SCIENTISSIME PROPINATO entro ghirlanda d'alloro con due serpi attortigliati; mm. 42. BR. F. D. C.

4688. LEO X PONTIF. MAX. Busto a s. col camauro. ℟ NATUS FLORENTIAE, ecc.; mm. 42. BR. C¹

4689. IACOB. BARTOLOM. BECARIVS. BONON. PHIL. MED. INSTITVTI PRÆSES. Busto a d. ℟ VNVS. INSTAR. OMNIVM. Vecchio con un bastone ed un libro seduto sopra un masso in atto di contemplare il sole; a s. un gallo. Nell'esergo GAETANO PIGNONI. F. 1766; mm. 72. BR. F. D. C.

4690. IOH. ANSANVS. ROM. FAMA. ET. INVIDIA. MAIOR. Busto a d. ℟ VIRTVTI LIBVRNI CIVITAS 1792 entro una corona d'alloro; mm. 56. BR. C¹

4691. HIERON. BONCOMPAGNVS. SANCT. ROM. ECCLE. CARD. ANNO. 1672. DIE. 12. MARTII. Nell'area: ✳ PV - BLICAE - TRANQV - ILLITAT - ✳ I ✳ ℟ Stemma cardinalizio; mm. 59. BR. C¹

4692. PETRVS ALOIS. PALESTRINA. Busto a s. ℟ MVSICA HOMINVM ANIMIS IN DEI AMOREM SVAVITER ERECTIS, ecc. entro corona d'alloro; all'esergo una lira; mm. 42. BR. F. D. C.

4693. LIVIVS. I. ODESCALCVS. Busto a d. ℟ D: G: SIRM. ET. BRAC: DVX. Genio in piedi di prospetto con una tromba ed un corno da cui escono tiara e corona; mm. 36. *Inargentata.* BR. C¹

4694. AD CELSA MAGNI DVXIT EXEMPLI VIA. PALLADIVS. Testa a d. ℟ I. R. ACADEMIA VENETA. BON. ARTIVM. TITIANVS. Testa a s. 1819; mm. 55. BR. F. D. C.

4695. PETRVS. ANTONIVS. SERASSIVS. BERGOMAS. Busto a d. ℟ PROPAGATOR. PATRIÆ. LAVDIS. La Storia assisa a s. addita il busto del Serassi (1786); mm. 46. BR. F. D. C.

4696. RAPHAEL SANCTIUS. Busto a s. col berretto. ℟ NATURA MENTE COLORIBUSQ., ecc., entro ghirlanda d'alloro; nell'esergo tavolozza, pennelli e squadra; mm. 42. BR. F. D. C.

4697. NELL'ARTE SVA COME AQVILA VOLA GIVS. MAPELLI ING. ARCHITETTO. Testa a d. ℟ PEL RICOSTRVTTO TEATRO NVOVO PADOVA MDCCCXLVII; mm. 60. BR. C¹

4698. IO RAP. MARINVS. Busto in armatura a s. col capo scoperto. ℟ HIC. NIHIL EXPECTES; mm. 34. BR. C¹

4699. PIETRVS BEMBO. Ritratto a d. ℞ ITALICI ELOQVI RESTITVTORI LATINI. ET GRAECI AEMVLATORI. Entro corona d'alloro. Cappello cardinalizio; mm. 42. BR. C[1]

4700. AXELIVS OXENTIERNA. Busto a s. ℞ NATVS HOLMIAE IN SVECIA, ecc.; mm. 42. BR. F. D. C.

4701. P. CORNEILLE. FONTENELLE. N. POUSSIN. Tre busti accollati a d. ℞ TRIA LIMINA PANDIT. Prospetto dell'Accademia di Roano; mm. 33. ARG. C[1]

4702. I. B. MORGAGNVS ANATOMICVS AET. XC. Busto a d. ℞ PROXIMOS OCCVPAVIT HONORES. Ippocrate in piedi fra un teschio sormontato da un gufo e una figura d'uomo coperta con mantello e cappuccio; mm. 51. *Con appiccagnolo.* BR. C[1]

4703. ANT. VICECOMITI. AIMO. MED. — ALEX. BOTTAE. ADVRNO. TIC. — ALEX. CAVTIO. CREMON. AD LEOPOLDVM. II. AVG. LEGATIS. ℞ PROV. RESTITVTA. RESCRIPTO. OPT. PRINCIPIS. La Storia in piedi con un volume nella sinistra e tre corone nella destra. Il fiume Ticino sdraiato a s.; nell'esergo CONVENTVS. INSVBR. A. MDCCXCI; mm. 62. BR. F. D. C.

4704. HENR. CARD. NORIS. VERON. S. R. E. BIBLIOTH. Busto a s. ℞ HISTORIA. VINDICATA. Due figure allegoriche rappresentanti l'antichità sacra e profana, nel mezzo una colonna sormontata dal monogramma di Cristo; mm. 33. BR. F. D. C.

4705. NICOLAVS. S. R. E. PR. CARD. COSCIA. ARCH. BEN. COAD. Busto a d. ℞ FILIVS. TVVS. IPSE. ÆDIFICABIT. DOMVM. NOMINI MEO. Il Padre eterno sulle nubi indica al cardinale un tempio sorgente sopra un'altura; mm. 45. BR. F. D. C.

4706. PIVS. II. PONT. MAX. Busto a s. col camauro. ℞ D. C. PICCOLOMINI. GLORIA. SENENSI. Stemma sormontato dalla tiara e dalle chiavi; mm. 43. BR. C[1]

4707. MARTINVS LVTHERVS THEOLOGVS DOCT. Busto a d. ℞ FOLIVM EIVS NEC DEFLVET. Palma che sorge solitaria in vasta pianura. Nell'esergo IN MEMORIAM IVBILEI, ecc.; mm. 32. ARG. C[1]

4708. HIER. PAPP. I. V. D. ET. ÆQ. PIS. MAI ECC. ÆDIT. AET. A. LX. Busto a d. ℞ AESTVM. SVPERABIT. VIRTVS. Nell'esergo PISIS. Un genio nudo sulle onde poggia un piede su un delfino, tiene nella sinistra un violino, nella destra l'arco; mm. 65.

4709. FERD. BVBNA. COM. V. C. PRO. PR. LAGOBARD. Busto a s. ℞ STRENVVS IN BELLO MAGNANMVSQ. DOMI; mm. 44. BR. C[1]

4710. I. E. F. C. B. L. Busto colla corona imperiale a s.; nel campo MCCC XVIIII; all'esergo l'aquila imperiale. ℞ Aquila imperiale sormontata dalla tiara pontificia; mm. 47. *Medaglia satirica.* BR. C[a]

4711. CLAVDIVS DE LA SENGLE, ecc. Busto a s. ℞ Stemma; mm. 52. BR. C[a]

4712. RVDOLPHVS II. ROM. IMP. SEM. AVG. Busto in armatura a d. col capo scoperto. ℞ Stella formata da sei stemmi intorno ad un altro stemma centrale; mm. 33. ARG. C[a]

4713. PHILIPP. L. BARO. DE. STOSCH. GERMANVS. Testa nuda a d. ℞ Alessandro in piedi a d. e Diogene nella botte, cui è sovrapposto un cane; mm. 42. BR. C[a]

4714. ALEX. M. FLORENTIAE DVX PRIMVS. Busto in armatura a d. ℞ Liscio; mm. 39. BR. C[a]

4715. ✱ ENEAS MONTECVC. CAPRARA. AVSTRIAC. AGMINTE PRAEFECT PONTIFICII. EXERCITVS. DVX. ℞ VIRES RESTITVIT. Roma galeata e astata seduta a s.; mm. 75. BR. C[a]

4716. FRAN. MAVROCENO. EQ. D. M. S. N. PROC. CONT. T. IMP. III. Busto a d. con berretto. ℞ SPARGET ET VLTRA. La Fama galeata e collo scudo dà di fiato alla tromba volando sopra il globo; mm. 39. *Bucata.* BR. C[a]

4717. CAROLVS EVGENIVS PATER ATQVE PRINCEPS. Busto a d. ℞ CAROLI FESTVM SAECVLARE VOS MODIE IVVAT. Altra iscrizione nel campo, il tutto entro corona d'alloro; mm. 40. BR. C[a]

4718. MARGARETA DE IOINVILLE COMITISSA VADE MONTANA. Busto diademato a d. ℞ FRIDER. I. COM. VAD. IOH. I. LOT. DVC. FILIVS. ET. FRATER. CAROLI. II. LOT. DVCIS. Busto nudo a d.; mm. 45. BR. C[a]

4719. FRANC. II. D. G. DVX. LOTH. MARCH. D. C. B. G. Busto nudo a d. ℞ CHRISTINA. A. SALMIS. LOTH. C. B. G. DVCISSA. Busto con ricca acconciatura a s.; mm. 45. BR. C[a]

4720. IOAN. H. ANDEG. D. G. DVX. LOTHARINGIAE. Busto con berretto a d. ℞ MARIA DE BORBONIA DVCISSA LOTHARINGIAE. Busto diademato a s.; mm. 46. BR. C[a]

4721. VINCEN. II. D. G. DVX. MAN. VII. ET. M. F. V. Busto corazzato a s. col capo nudo. ℞ ✱ FERIS ✱ TANTVM ✱ INFENSVS ✱ Cane gradiente a s.; mm. 42.

4722. Testa nuda a d. di Leopoldo granduca di Baden. ℞ ZUM – ANDENKEN – VON – LEOPOLD – GROSHERZOG – VON – BADEN entro ricca corona d'alloro; mm. 50. BR. C[a]

4723. PR. HENR. A TVRARV. VIC. TVREN. Busto laureato a d. ℞ VIRTVS. HONOS. AEQVITAS. Tre figure allegoriche astate con cornucopie e bilancie; mm. 50. BR. C[1]

4724. MARCH. MARIA. DURAZZO. MARITATA MELZI. ERIL. A. 1818. Ritratto a d. ℞ LODOVICO. DI. GIO. FR. MELZI. ERIL. E. MARIA. DURAZZO. F. NATO. A. 1820; mm. 70. *Dorata.* BR. C[1]

4725. STEPH. MELCHIONIO. EQ. MAVRICIANO. V. C. PRAEF. VIARVM. ET. OPER. PVBLICOR. Ritratto a s. ℞ CEREDANENSES - SACELLI. B. PACIFICI - EXIMIO ARCHITECTO - D. D. AN. M. DCCCXXXII entro corona d'alloro; mm. 45. BR. C[1]

4726. CAESAR ARICI BRIX. Ritratto a d. ℞ SANCTOS - AUSUS RECLUDERE - FONTES - 1834; mm. 45. BR. C[1]

4727. AL CONTE FRANCESCO CATTANEO, ecc. ℞ Il ponte di Sarzana. (1856); mm. 45. BR. F. D. C.

CARLO X.

4728. SPES OLIM NVNC SOLATIVM. Testa nuda a s. ℞ TANDEM VOTI COMPOS. Minerva galeata con bandiera seduta a s. si appoggia ad uno scudo, ai suoi piedi molti attrezzi di guerra ed arnesi rurali; nel mezzo una colonna con VENDEA. Nell'esergo CAROL. X. CHRISTIANISS. REGE, SACRO. OLEO. REMIG. INVNCTO. ANN. MDCCCXXV. MAI. XXIX.; mm. 73. BR. C[1]

4729. IOHANNES. GVBER. PER: LAD. HVNYADY. ET. PATER. EIVS. Due busti affrontati. ℞ VIRTVTE. ET ARMIS NOBILIVM. Il governatore a cavallo a s.; mm. 45. BR. C[1]

4730. P. LEOPOLDVS. D. G. P. R. H. ET. BA. A. M. D. ETR. Busto a d. ℞ ABVNDANTIA IN TVRRIBVS TVI. L'Abbondanza in piedi con due cornucopie; mm. 45. BR. C[1]

4731. KOENIG. FRIEDRICH. WILHEIM III. 1839 - KURFUERST. IOACHIM II. 1539. Busti accollati a s. ℞ Il Re riceve il SS. Sacramento. Berlin, 1839; mm. 45. BR. C[1]

4732. KARL AUGUST GROSS HERZOG VON SACHSEN WEIMAR. Testa a d. ℞ Monumento a Goethe ed a Federico Schiller a Berlino; mm. 42. BR. C[1]

4733. FRANCISCVS. III. D. G. DVX. LOT. BAR. REX. IEROS. M. DVX. ETRVRIAE. Busto corazzato a d. ℞ ADVENTVS PRINCIPIS ETRVRIAE. Arco di trionfo ed arrivo dei principi; mm. 46. *Con appiccagnolo.* METALLO BIANCO. C[1]

4734. ELISA NAPOL. AVG. SOROR. ET FELIX. I. PRINCC. LVCAE. ET. PLVMBINI. I due busti affrontati. ℟ ACAD. LVCENSIUM. NAPOLEONEA. INSTITVTA. A. MDCCC.V. FELICITER. — DIGNIORIBVS MVNERANDIS entro corona d'alloro; mm. 50. BR. C¹

4735. CAR. M. D. G. REX. SAR. CYP. ET. IER. ℟ PACE. ET. CONIVGIO. FELICITAS. PARTA. Cerimonia nuziale di Vittorio Amedeo e di Maria Antonietta di Borbone; mm. 50. BR. C¹

4736. FRANCESCO V. D'AVSTRIA. D'ESTE DVCA DI MOD. REG. MIR. MAS. E CAR. Testa nuda a s. ℟ LEVAN. DI. TERRA. IN. CIEL. NOSTRO. INTELLETTO. Le tre arti sorelle; mm. 55. BR. C¹

4737. FERDINANDUS I ET MARIA ANNA AUSTRIAE IMPERATORES PII FELICES. Teste accollate, laureata l'una, l'altra diademata. ℟ Il Duomo di Milano; mm. 42. BR. C¹

4738. EUGÈNIE IMPÉRATRICE. NAPOLÉON III EMPEREUR. Le due teste accollate. ℟ Veduta delle gallerie del *Palais de l'Industrie;* mm. 48. BR. C¹

4739. Simile alla precedente. ℟ PALAIS DE L'INDUSTRIE. Facciata del *Palais de l'Industrie;* mm. 50. BR. C¹

4740. IOSEPH. M. CARDINALIS. FERONIVS. Busto con berretto a d. ℟ PRINCIPI PROVIDENTISSIMO. Minerva in piedi a d. tiene una tavoletta su cui è scritto LIBERALITAS. Addita colla destra un'ara accesa DISCIPLINA. Davanti a lei una corona con civetta: SAPIENTIA, mm. 80. BR. C¹

4741. AP. D. G. ARCH. PRAGIEG. N. R. B. PRI. S. R. I. P. C. PRZICHOWKY. Busto a d. ℟ ARCHIPRÆSVL — ECCLÈSIÆ BOHEMIÆ, ecc. MDCCLXIV; mm. 40. BR. C¹

4742. ALOYSIVS CARD. VALENTI GONZAGA. AEMIL. LEGAT. Busto a d. ℟ IVSTITIAE ET BONIS ARTIBVS. La Giustizia seduta a s.; a' suoi piedi libri ed attrezzi per le belle arti e per le scienze; mm. 44. BR. F. D. C.

4743. IGNATIVS S. R. È. DIAC. CARD. BONCOMPAGNVS LVDOVISIVS BON. DE LAT. LÈGATVS. Busto a s. ℟ BONONIA RESVRGES (1778). Il cardinale rialza una figura simbolica rappresentante Bologna armata e col vessillo; mm. 57. BR. C¹

4744. KAR. EX. MARCH. TRIVVLTIIS. PHILOLOG. PRAESTANTISS. Testa nuda a d. ℟ MEA SOLA VOLVPTAS. Figura muliebre seduta a d. con fiaccola, davanti un leggio. OB. MDCCLXXXIX. V. A. LXXIV; mm. 45. BR. C¹

4745. A. M. CVI. MENS. DIVINIOR. ATQVE OS. MAGNA. SONATVRVM. Testa nuda a s. ℟ ALOYS MARCHESI, ecc. entro corona d'alloro; mm. 28; *n. 2 esempl.* BR. C¹

4746. ANNO MDCCXL. Tre corone d'alloro che circondano i ritratti di PIETRO METASTASIO — ENNIO QVIRINO VISCONTI — BARTOLOMEO PINELLI. In alto ROMA. ℞ POESI - DOCTRINA. ANTIQVITATIS ARTIBVSQVE. ROMANVM. NOMEN ADAVCTVM in cinque righe; mm. 51. BR. C[1]

4747. FRANC. IMP. AUG. M. THERES. HUNG. REX. I due busti affrontati e coronati. ℞ ADVENTUS AUGUSTI — MDCCLI; mm. 32. ARG. C[1]

4748. IMP. FRANC. AUG. ET. M. THERES. AUG. I due busti accollati. ℞ MUNIFICENTIA AUGUSTORUM. Palazzo dell' Accademia viennese 1756; mm. 22. ARG. C[1]

4749. M. THERES. D. G. R. IMP. HV. BO. REG. Busto a d. ℞ DEO CONSERVATORI AVGVSTAE OB REDDITAM PATRIAE MATREM 22. IULII 1767; mm. 22. ARG. C[1]

4750. A. M. CVI. MENS. DIVINIOR. ATQVE. OS. MAGNA. SONATVRVM. Testa a s. ℞ ALOYS. MARCHESI — FORMA. EGREGIVS. INGENIO, ecc., ecc.; mm. 35. METALLO BIANCO.

4751. FERDINAND. A. A. M. BEATRIX. EST SPONSI. I due busti accollati. ℞ NVMINA FAVENT. — NVPTIIS CELEBRATIS. MEDIOLA. D. XV. OCT. 1771. Mercurio col caduceo e due medaglioni sta davanti ad una figura seduta a terra rappresentante un fiume; mm. 28. ARG. C[1]

4752. A BENEDETTO TIRABOSCHI LA PATRIA RICONOSCENTE. A. VII. R. Figura stante a s.; tre cittadini stendono le mani in atto di giurare. ℞ REPVBBLICA CISALPINA — DIPARTIMENTO DELL'ALTO PO. Tre soldati a cavallo a s.; mm. 50. BR. C[1]

4753. * * *

ALOYSIO MOZZI - SENATVS - RHACVSINVS - MDCCCIII. ℞ Stemma sormontato dalla corona imperiale; mm. 52. BR. C[1]

4754. ALEXANDER I WSKRZESICIEL. KROLEST: POLSK: 1815. Testa laureata a d. ℞ Entro corona d'alloro iscrizione polacca — 1826; mm. 39. BR. C[1]

4755. SPONTINIO EQUITI CLARO PRIMO MUSICI AGONIS SUI DIRECTORI. HAL. SAXON. D. X. SEPT. MDCCCXXIX. ℞ LYRICAE TRAGOEDIAE PRINCIPI GERMANIA MERITORUM. Nel campo corona d'alloro con varie decorazioni cavalleresche. VESTALIS - CORTÈS, ecc., ecc.; mm. 52. BR. C[1]

4756. POQUELIN DE MOLIÈRE. Testa con berretto a s. ℞ NÉ À PARIS EN M.DC.LXXIII GALERIE MÉTALLIQUE, ECC., ECC.; mm. 40. BR. C[1]

4757. M. L. P. FÉLIX. ESQUIROU DE PARIEU. Testa nuda a s. ℞ MINISTRE — DE L'INSTRUCTION PUBLIQUE — ET DES CULTES, ecc. Iscrizione in dodici righe entro corona d' alloro. 1856; mm. 66. BR. C[1]

4758. IOAN. PETR. FRANK. ET IOSEPH FILIVS. Le due teste accollate a s. ℞ SCIENTIA AUXILIUM PRAESENS HUMANITATE COMITE. Serpe attorcigliata ad una clava, entro ricca corona d'alloro; mm. 50. *Dorata.* BR. C¹

4759. FIAT VOLVNTAS TVA. Cappella con monumento funerario. ℞ ERIGÉ DANS L'EGLISE MÉTROP. DE MALINES PAR EUGÈNE DE MÉAN — À LA MÉMOIRE — DE FR. ANT. MAR. CONST — DES COMTES DE MÉAN — DERNIER PRINCE ÉVÊQUE DE LIÈGE, ecc. 1831; mm. 62. BR. F. D. C.

4760. FRANKLIN. BIENFAISANCE DU GÉNIE.
MONTYON. GÉNIE DE LA BIENFAISANCE.
I due busti accollati. ℞ Leggenda in giro. Nel campo, entro corona di quercia: LES — SOUSCRIPTEURS — ASSOCIÉS POUR — PROPAGER L'HISTOIRE — DES BIENFAITEURS — DE L'HUMANITÉ, 1833; mm. 45. BR. C¹

4761. B. C. PACCA. S. C. DECANVS. Busto a d. con berretta. ℞ ADSERTORI — FELICITATIS — PVBLICAE — S. P. Q. V. MDCCCXXX; mm. 35. BR. F. D. C.

4762. CAROLVS. AMBROS. ARCH. AVST. REG. HVNG. ET. BOH. PR. D. G. ARCHIEP. STRIG. REGN. HVNG. PRIMAS. — Nell'esergo NATVS DIE II. NOVEMB. MDCCLXXXV. OBIIT DIE SEPTEMB. MDCCCIX. Busto a s. con berretto. ℞ ECCE EGO APERIAM TVMVLVS VESTROS ED INDVCAS VOS IN TERRAM ISRAEL. Due angeli scoprono l'avello dell'Arcivescovo; mm. 55. BR. C¹

4763. GIO. BAT. VICO NATO IN NAPOLI NEL MDCLXX. MORTO NEL MDCCXLIII. Busto nudo a d. ℞ AVSPICE FERDINANDO II P. F. A. VII CONGRESSO DEGLI SCIENZIATI ITALIANI — NAPOLI MDCCCXLV. Figura allegorica della Scienza con una face; mm. 62. BR. C¹

4764. MARCO POLO. Busto con berretto a d. ℞ NONA — RIUNIONE — DEGLI SCIENZIATI — ITALIANI — VENEZIA MDCCCXLVII. Prospetto di un palazzo; mm. 57. BR. C¹

4765. Teste accollate di Napoleone e di Maria Luigia. ℞ I suddetti in piedi accanto ad un'ara accesa. NAPOLÉON IMP. ET ROI. M. LOUISE D'AUTRICHE; mm. 15. ARG. C¹

4766. EMANVEL DE SCHIMONSKI. PRINC. EPISC. VRATISLAVIENSIS. Busto con berretta a s. ℞ ANTISTITI CELSISSIMO, ecc., ecc. D. III. M. APRIL. A. MDCCCXXV; mm. 43.

VARIE.

4767. AVSPICE — IL RE CARLO ALBERTO — CONGRESSO — DEGLI SCIENZIATI ITALIANI — IN TORINO — NEL SETTEMBRE — MDCCCXL. ℞ MINERVA FAVTRICE. Minerva seduta a d.; mm. 72. BR. C¹

4768. VITTORIO EMANUELE II RE DI SARDEGNA. ℞ ESPOSIZIONE NAZIONALE DI PRODOTTI, ecc. — PREMIO AGLI OPERAI; mm. 55. BR. C¹

4769. VITTORIO EMANUELE II RE D'ITALIA. ℞ MINISTERO D'AGRICOLTURA, ecc. Medaglia di premio, mm. 55. BR. C¹

4770. SPES PROXIMA FRUGUM, ecc. Genietto nudo con arco e ramo; dietro due alberi. ℞ SOLI SIT SINE LABE FIDES. Cupido su carro tirato da due colombe; mm. 55. BR. C¹

4771. MDCCXXXV. Tre stemmi. PFEILE DES HEILS WIEDER DIE SYRER 2 KON. XIII. V. 17. Fulmine. ℞ Battaglia; mm. 38. BR. C¹

4772. PETRVS. D. G. IN LIVONIA CVRLANDIÆ ET SEMIG. DVX. Busto a d. ℞ IN — MEMORIAM. ecc. in corona d'alloro; mm. 32. BR. C¹

4773. PETRO D. G. IN. LIVONIA. CVRLANDIA ET SEMIG DVCI. Busto a d. ℞ ANNVIS — PRAEMIIS — AD — INCREMENTVM — BONARVM ARTIVM, ecc., in nove righe. MDCCLXXXVI; mm. 65. BR. C¹

4774. PROVIDENTIA AUGUSTAE. Ospizio degli Invalidi. ℞ Aquila bicipite con duplice corona imperiale; mm. 59. *Con appiccagnolo.* BR. C¹

4775. SECVRITAS VNGARIAE. L'Ungheria assisa a s. circondata da una gloria d'angeli. ℞ SIC VOLVET DEVS — Prospetto di una città. — ALBA GRAECA RECVP MDCLXXXVIII; mm. 41; *n. 2 esempl.* BR. C¹

4776. Medaglia della SESTA RIUNIONE DEGLI SCIENZIATI ITALIANI in Milano; mm. 56. BR. C¹

4777. Medaglia con iscrizione tedesca e raffigurante il Battesimo di N. S. ℞ Leggenda e nel campo iscrizione tedesca che incomincia: GOTT VATER DVRCH DIE TAVFF, ecc., ecc.; mm. 51. ARG. C¹

4778. Figura muliebre turrita che raffigura la città di Mantova; porge le chiavi ad un guerriero galeato. Nell' esergo: REDDITION DE MANTOUE. ℟ Corona d'alloro. À L'ARMÉE D'ITALIE VICTORIEUSE. — Folgore. LOI DU 24 PLUVIOSE. AN. 5ME R.; mm. 42. BR. C¹

4779. INAUGURATION DE CHEMIN DE FER DE BRUXELLES À PARIS. Le due città sedute colle mani intrecciate si appoggiano ai loro stemmi. ℟ Il Genio della Pace con palma e corona, si appoggia a due scudi sui quali sono scolpiti Luigi Filippo e Leopoldo I. L'UNION FAIT LA FORCE; mm. 72. BR. C¹

4780. FRANCISCVS. IV. ATESTIVS. A. A. P. R. H. ET. B. DVX. MVT. REG. MIR. ℟ INGENVIS. ARTIBVS. — Aquila che tiene nel rostro una corona d' alloro, varî strumenti per arti e scienze. — PRAEMIA. CONSTITVTA A. MDCCXXX; mm. 55. BR. C¹

4781. INSTITUT HISTORIQUE — JETON DE PRÉSENCE. ℟ Minerva seduta accanto ad un'ara distribuisce corone e palme; mm. 35. BR. C¹

4782. DICASTERO CENTRALE REPUBBLICA CISALPINA. — E. L. Un occhio nel triangolo raggiante in corona d'alloro. ℟ RISPETTO ALLA LEGGE entro corona di quercia; mm. 66. *Con appiccagnolo.* BR. C¹

4783. CLERICI. REGVLARES. S. P. TEMPLVM. FVND. D. PAVLO. GENTIVM. APOSTOLO. Busto nimbato di prospetto di San Paolo colla destra sulla spada e con un libro nella sinistra. Sotto al busto EX. TESTAMENTO. VINCENTII. BERARDI. PATRITII. MAC. ℟ STIGMATA. DOMINI. IESV. IN. CORPORE. MEO. PORTO. AD. GAL. VI. Vaso colla croce, una sferza ed altri attrezzi di martirio; in alto un nastro con scrittovi AD OMNIA. Sotto al vaso VRGET. NOS. KARITAS e più sotto il monogramma di Cristo; mm. 72. BR. C¹

4784. ILLE ANIMAM SUAM PRO NOBIS POSUIT. Mezza figura di N. S. Gesù Cristo; dietro la croce, la canna colla spugna e una lancia. ℟ ET NOS DEBEMUS PRO FRATRIBUS ANIMAS PONERE. Un santo col capo raggiante sostiene un moribondo; mm. 40. BR. C¹

4785. PRISE DE LA BASTILLE. La Bastiglia presa dal popolo. 14 JUILLET 1789. ℟ LE DONJON DE VINCENNE. ROGAT 1844.; mm. 45. BR. C¹

4786. GALLIA. VICTRICE. AEGYPTVS. REDIVIVA. MDCCXVIII. La Francia armata in piedi a s., colla palma ed un vessillo solleva il velo che copriva l' Egitto, sotto la figura di una donna seminuda sdraiata a d. appoggiata col gomito sulla testa di un coccodrillo e tenendo colla sinistra un sistro. In distanza le mura d'un tempio, una palma e più lontano le piramidi. ℟ S. M. LOUIS XVIII ORDONNE QUE LES ÉDITIONS DE LA DESCRIPT.* DE L'ÉGYPTE SOIENT MULTIPLIÉES. Ed inciso col bulino COMTE CAISSOTTI DI CHIUSANO (COM. e una croce); mm. 70. ARG. DORATO. F. D. C.

4787. MERITOS INDICIT HONORES — LYCAEUM IADERENSE in corona d'alloro. ℟ NAPOLEONE MAGNO IMPERANTE. Caduceo; mm. 58. BR. C[t]

4788. AGRICOLIS — INDVSTRIORIBVS — PRAEMIVM — CONSTITVTVM. ℟ COLLEGIVM CAES. REG. ARVALIVM GORITIANORVM. Figura allegorica dell'agricoltura seduta a s. con vanga e cornucopia; nel fondo il sole che tramonta; mm. 50. BR. C[t]

4789. ORDO BRIX CIVITATE COSTITVTA. La Giustizia seduta colla bilancia e colla spada abbraccia col braccio sinistro l' aquila di Giove. In lontananza grotta con due minatori che lavorano il ferro. Nell'esergo AN. MDCCIC. ℟ V. C. COCASTELLO, ecc.; mm. 51. BR. F. D. C.

4790. SCAVI IN BRESCIA. ℟ Prospetto degli scavi; mm. 48. BR. C[t]

4791. La Vittoria in quadriga a s. corre sul globo dispensando corone d'alloro. ℟ Allude alle vittorie francesi dal 1792 al 1815; mm. 50. BR. F. D. C.

4792. MIRATVR. ITERQVE VERTIT ERIDANVS. Figura allegorica del Po gradiente a d. ℟ CVM MINITARETVR ERIDANVS, ecc. ANNO MDCCCXXV; mm. 52. BR. F. D. C.

4793. O FORTUNATUS NIMUM SUA SI BONA NORINT AGRICOLAS. Scena campestre con due cavalli e due buoi liberi e sciolti ed un villico che li osserva con un giogo tra le mani. ℟ SOLERTÆ PRÆMIUM. ARBITRIO SENATUS HEILBRONN. Fontana monumentale ornata di spighe, di pampini e di grappoli d'uva; mm. 55. ARG. F. D. C.

4794. * CONCIONI. XV. NATUR. SCRUT. ET MEDIC. GERMANIAE. MDCCCXXXVII. — PRAGA - CONSORTI - MEMOR in un contorno formato da una serpe che si morde la coda. ℟ Prospetto di una chiesa. CURIA; mm. 48. BR. F. D. C.

4795. VINDOBONA PHYSIOLOGIS. Figura rappresentante il Danubio che incorona la città di Vienna. Nell'esergo MENSE SEPTEMBRI MDCCCXXXII. ℟ ΧΑΙΡΕΙΝ entro una ghirlanda di fiori; mm. 41. BR. F. D. C.

4796. · ✳ ·
VIRGINI – DEI PARÆ – S. P. Q. B. M. D. CCXXIII. – VII. KALEN. – AVGVSTI. ℞ COMPLEAT – GLORIA – MARIÆ. DOMVM – ISTAM; mm. 68. BR. C[1]

4797. Medaglia ebraica; mm. 50. BR. C[1]

4798. A – CAMILLO CAVOUR – GLI ITALIANI – IN TORINO SUA PATRIA – NEL NOV. – MDCCCLXXIII – UN MONUMENTO – POSERO in sette righe. ℞ Un genio alato posa una corona d'alloro sul medaglione rappresentante Cavour; mm. 70. PL.

4799. S. BENEDICTO. COENOBITAR PER. OCCID. PARENTI. Il busto del Santo nimbato. ℞ S. MAVRO. ABB. GREGORIVS. XVI. ANTE A. MAVRVS. ABB. CAMALD. Prospetto di un convento, nel fondo a s. un santo nimbato; sul dinanzi S. Mauro di Camaldoli pone la mano sinistra sul capo di S. Mauro abate; mm. 68. BR. C[1]

4800. Chiesa del Salvatore a Bruges. ℞ Interno della stessa; mm. 52. BR. C[1]

4801. AD ONORE ED INCREMENTO DELLE INDUSTRIE PATRIE. Un genio alato tiene nelle mani due corone d'alloro. ℞ PREMIO, ecc.; mm. 50. BR. C[1]

4802. NON PER TUTTI IO SCRIVO. Un genio alato scrive i nomi di illustri italiani. ℞ L'Arena di Verona, in alto il Pegaso; mm. 52. BR. C[1]

4803. NON DISSILUIT: NON: (SIC) RUIT EX EQVO REPENTE – MUNIFICA ILLA MACEDICI PALINODIA. Alcuni vescovi a s. davanti a loro un guerriero inginocchiato, dietro a questi altri guerrieri a cavallo. ℞ ✳ IOSEPH. HIST. ANTIQU. IUDAICÆ LIB. II, ecc. Nel campo mitra su un cuscino; mm. 65. BR. C[1]

4804. NON ALITER STABILIS. Prospetto di una piazza di Ginevra, due figure muliebri allegoriche, l'una colla bilancia, l'altra col berretto frigio in cima ad un'asta 1738. ℞ POST TENEBRAS LVX. Lo stemma della città cui sono appoggiate due figure allegoriche; in alto un astro raggiante col monogramma di Cristo; mm. 65. BR. C[1]

4805. ✳ UN POR TOUS ✳ TOUS POUR UN ✳ 12 SEPTEMBRE 1814. Due figure rappresentanti una donna turrita colla spada sguainata, l'altra con lunga capigliatura stringe l'elsa di una spada nel fodero. ℞ Commemorativa dell'unione di Ginevra alla Svizzera 12 settembre 1864; mm. 30. BR. C[1]

4806. DIVO ANTONIO PATAVINO SACRVM. La chiesa di S. Antonio di Padova in Trieste. ℞ LAPIDE – AVSPICALI – RITE – POSITO – AN – M. DCCC. XXVIII. – TERGESTE; mm. 60. BR. C[1]

4807. La *Vaccine* MDCCCIV. Esculapio stante a sinistra con un bastone cui è attorcigliato un serpe, appoggia la sinistra sulla spalla di una donna nuda. Nel campo a d. utensili per l'innesto, a s. una piccola vacca. ℞ Liscio e corona d'alloro; mm. 42. BR. C[1]

4808. REPVBLICA RAGVSINA. Stemma. ℞ PVBLICVS LVCTVS. Nel mezzo ad una ghirlanda di semprevivi EX S. C.; all'esergo MDCCLXXXXVIII e più sotto G. A.; mm. 44. BR. C[1]

4809. MAX: GAND: EX COMIT: DE KÜENBURG. ARCHIEP: ET PR: SALISB., ecc. ℞ Il triangolo mistico circondato dall'iscrizione FVNDATORI AVCTORI CONSERVATORI e nel mezzo DEO. Sotto stemma cardinalizio accostato da 16 - 82; mm. 28 ARG. F. D. C.

4810. Corona d'Ungheria e sotto FRANCISCUS HIER. REX. LOTH. E. AR. ET. M. HETR. DUX ELECTUS, ecc. 1744. ℞ DEO ET IMPERIO. In alto il triangolo mistico, sopra un'ara sulla quale son collocati la corona, la spada e lo scettro; mm. 21. ARG. C[1]

4811. ZUR BELOHNUNG AUSGEZEICHNETER FORTSCHRITTE VON DEM PRAESES DER Ö. K. ACADEMIE DER BILD. KÜNSTE entro una ghirlanda d'alloro e di quercia. ℞ Discobolo in piedi a s., riproduzione di capolavoro greco; mm. 46. BR. F. D. C.

4812. Minerva seduta a s. in attitudine di distribuire corone d'alloro e palme. ℞ Ghirlanda d'alloro, senza iscrizione; mm. 36. BR. F. D. C.

4813. Sesto Giubileo del Corpus Domini in Liegi. Nel mezzo lo stemma di Papa Pio IX e del Vescovo di Liegi Van Bommel; ed in giro gli stemmi di 18 vescovi de' Paesi Bassi. ℞ L'interno della cattedrale di S. Martino di Liegi nel Belgio; mm. 76. BR. F. D. C.

4814. HAMBURG GESELLSCHAFT Z. BEFÖRD. D. KÜNSTE U. NÜTZL. GEWERBE 1765. Fama volante con una corona ed una palma. ℞ Corona d'alloro con due stemmi, uno della società di Belle arti e l'altro della città di Amburgo; mm. 34. BR. F. D. C.

4815. ✳ ERÖFFNUNG DER K. K. WIENER NORD STAATS EISENBAHN NACH PRAG. (1845). Figura seduta con uno scudo rappresentante la città di Praga. ℞ Tunnel della ferrovia sormontato da quattro stemmi e da un obelisco con un'aquila bicipite al vertice; mm. 45. BR. F. D. C.

4816. DESIGMED BY. SIR JOSEPH PAXTON (1854). Il palazzo di cristallo. ℞ Il genio dell'umanità che apre le porte dell'industria e della scienza; mm. 41. BR. F. D. C.

4817. + ECCLESIA D. BLASII PROT. REIP., ecc. (1707). ℞ + PROTECTOR REIPVBLICÆ RHAGVSINÆ. Il Santo in piedi accostato dalle lettere S - B. (Sanctus Blasius); mm. 36. BR. C[1]
4818. + FVNDAMENTVM NOSTRVM IN CAELO EST AD CAELVM AEDIFICEMVR. Nell'area QVOS TIBI SERVOS THERESIA, ecc. ℞ IN CIVITATE SANCTIFICATA REQVIEVI. Cristo deposto dalla croce e l'Addolorata; mm. 93. BR. C[1]
4819. D. O. M. CLEM. XI. PONT.[X] IO. CORNEL. VEND. IO. FR. BEMBO. ANTIST.[X] IO. AND. PASCHALICO P. P. Q. EX S. C. ET BELLVNEN. VOTO LOIOLÆI TEMPLI IN FLAVIA PRIMO LAP. POSIT. PP. S. I. CVM. FAM. CAMPELLI H. MET. M. F. CC. AN. MDCCXIV. ℞ Stendardo di S. Ignazio sormontato dalle lettere IHS in circolo raggiante; in giro cinque stemmi; mm. 83. *Con appiccagnolo.* BR. C[1]
4820. CAROLI ARCHIEP. LABIA EPISC. ADRIEN: PIE LARGITATI, ecc. ℞ TEMPLVM. S. STEPHANI P. M. RHODIGII RENOVATVR. AN. 1696. Prospetto del tempio, mm. 44. BR. C[1]
4821. EXHIBITION OF ART TREASURES. Veduta prospettica della grandiosa galleria; nell'esergo OPENED AT MANCHESTER, ecc. 1857. ℞ Figure simboliche raffiguranti le tre arti sorelle, musica, pittura e scultura; mm. 42. BR. F. D. C.
4822. ACCADEMIA FISIO-MEDICO-STATISTICA DI MILANO. A suo figlio Teodorico Ferrario; il fondatore dell'Accademia entro corona d'alloro; mm. 55. BR. C[1]
4823. POST FATA RESURGENS. Maria Teresa scende dal trono per ricevere gli scienziati e gli artisti. ℞ Monumento equestre; mm. 50. *Dorata.* BR. C[1]
4824. PREMIO DI VENEZIA entro corona d'alloro. ℞ IMPERIALE REGIA ACCADEMIA DELLE BELLE ARTI. Minerva seduta a s. tiene nella destra le tre Grazie; mm. 65. BR. C[1]
4825. FESTA DATA SOLODOR MARCH.[X] PAULMY. REGIS AP. HELVETIOS. LEG. LÆTANTUR AMICI in corona di ventidue stemmi. ℞ GALLIA FIT PARTU FELIX. Figura muliebre coronata, tiene un bambino su un'ara; dall'alto piovono raggi; mm. 48. *Con due fregi ed appiccagnolo.* *Dorata.* ARG. C[1]
4826. *Den Grund zum Strasburgilchen*, ecc. Commemorativa della fondazione della Cattedrale di Strasburgo incominciata 1015 dal vescovo Wernher, terminata 1275. Nel 1277 fu aggiunta la torre da Erwin di Steinbach, terminata nel 1439. Altezza 436 piedi. ℞ La Cattedrale di Strasburgo; mm. 58. BR. C[1]
4827. Arco di trionfo a tre porte, le laterali più basse; sotto SIEGE UND FRIEDENS MÜNZE ZUM WIENER CONGRESS OCTOBER

1814. In giro iscrizione in sei righe. ℞ La Vittoria in un globo con palma e corona. In giro le quattordici teste rappresentanti i personaggi che presero parte al congresso; all'orlo iscrizione analoga; mm. 88. BR. C¹

4828. 27. 28. ET 29. JUILLET 1830. Monumento funebre ai caduti nella rivoluzione. ℞ FRANCE. DIS. MOI LEURS NOMS, ecc. di Casimir Delavigne; mm. 55. BR. C¹

4829. AMMINISTRAZIONE CENTRALE DEL DIPARTIMENTO DEL VERBANO. Statua della Repubblica, poggia su una mensola; mm. 62 × 50. *Di forma ovale.* BR. C¹

4830. LE TRAITÉ D'AMIENS ROMPU PAR L'ANGLETERRE EN MAI DE L'AN 1803. Un mastino (bull-dog) lacera coi denti un foglio. ℞ L'HANOVRE OCCUPÉ PAR L'ARMÉE FRANÇAISE, ecc. La Vittoria alata con palma e corona, a cavallo a d.; mm. 42. BR. C¹

4831. ORDO BRIX CIVITATE COSTITVT. La Giustizia con aquila, bilancia e spada. ℞ Nel campo entro corona d'alloro OB MERITA; mm. 52. BR. C¹

4832. BRIXIA CHOLERA MORBO TENTATA PRISTINAE SANITATI MDCCCXXXVI. Doppia croce. ℞ DEO PRAESTITI SOSPITATORI. La Religione in piedi a d. conforta un infermo; mm. 52. BR. C¹

4833. Lotto di 30 medaglie papali. BR. C² e C³

4834. Lotto di 30 medaglie papali. BR. C² e C³

4835. Lotto di 30 medaglie papali. BR. C² e C³

4836. Lotto di 32 medaglie papali. BR. C² e C³

4837. Lotto di 35 medaglie papali. BR. C² e C³

4838. Lotto di 40 medaglie papali. BR. C² e C³

4839. Lotto di 40 medaglie papali. BR. C² e C³

4840. Lotto di 60 medaglie papali. BR. C² e C³

4841. Lotto di 64 medaglie papali. BR. C² e C³

4842. Lotto di 84 medaglie papali. BR. C² e C³

4843. Lotto di 106 medagliette sacre antiche e moderne. ARG. e BR. C¹ e C²

4844. Lotto di 100 medaglie sacre, tessere, marche, monete, ecc.

4845. Lotto di 64 misti. ARG. BR., ecc.

4846. Lotto di 10 riproduzioni. BR. C¹ e C²

PARTE SECONDA

MONETE ROMANE
CONSOLARI E IMPERIALI

IMPERIALI ROMANE

Nota. Le citazioni dell'opera di Cohen sono fatte sulla prima edizione.

POMPEO GNEO MAGNO.

4847. DENARO. MAG. PIVS. IMP. ITER. Testa nuda fra il lituo e il prefericolo. ℞ PRAEF. CLAS. ET. ORÆ. MRIT. EX. S. C. Anapio ed Anfinomo. - COHEN, 12. R² ARG. C¹

4848. MEDIO BRONZO. MAGN. Doppia testa di Pompeo. ℞ PIVS. IMP. Prora di nave. - COHEN, 18. BR. C³

CESARE C. GIULIO.

4849. DENARO. CAESAR. DIC. Testa laureata a d.; dietro un prefericolo. ℞ M. ANTON. IMP. R. P. C. Testa di M. Antonio a d.; dietro un lituo. - COHEN, 3. ARG. C⁴

4850. DENARO. COS. TERT. DICT. ITER. Testa di Cerere coronata di spiche a d. ℞ AVGVR. PONT. MAX. Simpulo, aspersorio, vaso da sagrifici e bastone d'augure. Nel campo a d. D. - COHEN, 4. ARG. C⁴

4851. DENARO. Testa diademata di Venere a d. ℞ CAESAR. Enea che porta Anchise ed il Palladio. - COHEN, 5. ARG. C⁴

4852. DENARO. Testa di Venere diademata a d.; dietro, Cupido. ℞ CAESAR. Trofeo con due scudi e due trombe galliche, a s. una donna seduta che piange; a d. un prigioniero nudo in ginocchio colle mani legate al dorso. - COHEN, 6. ARG. C¹

4853. DENARO. III. Testa della Pietà coronata di quercia a d. ℞ CAESAR. Trofeo con scudo e tromba gallica, a d. uno scudo. - COHEN, 10. ARG. C¹

4854. DENARO. CAESAR. Elefante a' d. calpesta un serpe. ℞ Simpulo, aspersorio, scure e berretto da flamine. - COHEN, 19; *n. 2 esempl.* ARG. C¹

4855. DENARO. Testa a d. fra un ramo d'alloro e un caduceo. ℞ L. LIVINEIVS. REGVLVS. Toro corrente a d. - COHEN, 29. ARG. C¹

4856. DENARO. CAES. DIC. PERPETVO Testa a d. ℞ P. SEPVLLIVS. MACER. Venere in piedi a s. con *vittoriola* ed uno scettro, sotto uno scudo. - COHEN, 38. ARG. C¹

CESARE ED AUGUSTO.

4857. MEDIO BRONZO. DIVOS. IVLIVS. Testa laureata di Cesare a d. ℞ CAESAR. DIVI. F. Testa nuda d'Augusto a d. - COHEN, 6. BR. C²

SESTO POMPEO.

4858. DENARO. Testa galeata di Minerva a d. dietro un vaso. ℞ SEX. POMP. MAGN. PIVS. IMP. La lupa che allatta i gemelli, a s. un uomo, nel fondo una palma. - MIONNET, I, pag. 87. R. ARG. C¹

ANTONIO (Marco).

4859. DENARO. ANT. AVG. IIIVIR. R. P. C. Galera pretoriana a d. ℞ LEG. II. Aquila fra due insegne militari.
LEG. III.
LEG. V.
LEG. XI.
LEG. XXIII.
COHEN, nn. 9, 10, 14, 21 e 40; *n. 5 esempl.* ARG. C¹

4860. DENARO. M. ANTONI. IMP. Testa a d. ℞ III. VIR. R. P. C. Testa del sole in un tempio. - COHEN, 57. ARG. C¹

4861. DENARO. Testa a d.; dietro il simpulo. ℞ M. ANTONIVS. III. VIR. R. P. C. Testa radiata del sole a d. - COHEN, 66. ARG. C[1]

4862. DENARO. IMP. Testa nuda a d., dietro il simpulo. ℞ M. ANTONIVS. III. VIR. R. P. C. Testa radiata del sole a d. - COHEN, 68. ARG. C[2]

4863. QUINARIO. III. VIR. R. P. C. Testa della Vittoria a d. ℞ ANTONI. IMP. A. XLI. Leone a d. - COHEN, 1. R. ARG. C[1]

M. ANTONIO E OTTAVIO.

4864. DENARO. M. ANTON. IMP. III. VIR. R. P. C. Testa nuda a d. ℞ CAESAR. IMP. PONT. III. R. P. C. Testa di Ottavio nuda a d. - COHEN, 2. ARG. C[1]

4865. DENARO. M. ANT. IMP. AVG. III. VIR. R. P. G. M. BARBATVS. Testa a d. ℞ CAESAR. IMP. PONT. III. VIR. R. P. C. Testa nuda di Ottavio a d. - COHEN, 7. ARG. C[1]

ANTONIO LUCIO.

4866. DENARO. L. ANTONIVS. COS. Testa nuda a d. ℞ M. ANT. IMP. AVG. III. VIR. R. P. C. M. NERVA. PROQ. P. Testa nuda di M. Antonio. - COHEN, 1. *Foderata.* R[4] ARG. C[1]

AUGUSTO.

4867. AUREO. CAESAR AVGVSTVS. DIVI. F. PATER. PATRIAE. Testa a d. ℞ AVGVSTI. F. COS. DESIG. PRIN. IVVENT. Nell'esergo C. L. CAESARES. Cajo e Lucio in piedi; due scudi e strumenti pontificali. - COHEN, 86. ORO. C[1]

4868. AUREO. AVGVSTVS. DIVI F. Testa a d. ℞ IMP. X. Toro col capo abbassato a d. - COHEN, 118. ORO. C[1].

4869. MEDAGLIONE D'ARGENTO. IMP. CAESAR. Testa nuda a d. ℞. AVGVSTVS. Capricorno e cornucopia entro corona d'alloro. - COHEN, 28. ARG. C[1]

4870. DENARO. Simile all'aureo 4867. - COHEN, 87. ARG. C[1]
4871. DENARO. Simile al n. 4868 in oro, la testa di Augusto a s. - COHEN, 121. ARG. C[1]
4872. DENARO. Busto alato della Vittoria a d. ℟ CAESAR. DIVI. F. Nettuno nudo in piedi a s. con *acrostolio* e tridente, poggia il piede destro su un globo. - COHEN, 9. ARG. C[1]
4873. DENARO. CAESAR. III. VIR. R. P. C. Testa nuda a d. ℟ CAES. DIC. PERP. Corona sopra una sedia curule. - COHEN, 67. ARG. C[1]
4874. DENARO. Testa nuda a d. ℟ CAESAR. DIVI. F. La Vittoria su di un globo. - COHEN, 75. *Spezzata.* ARG. C[1]
4875. DENARO. AVGVSTVS. DIVI. F. Testa a d. ℟ C. CAES — AVGVS. F. Cajo a cavallo a d.; dietro tre insegne militari. - COHEN, 83. ARG. C[1]
4876. DENARO. IMP. CAESAR. DIVI. F. III. VIR. ITER. R. P. C. Testa a d. ℟ COS. ITER. ET. TER. DESIG. Simpulo, aspersorio, vaso da sagrifici e lituo. - COHEN, 89. ARG. C[1]
4877. DENARO. IMP. CAESAR. DIVI. F. III. VIR. ITER. R. P. C. Testa nuda a d. ℟ Incusa. - COHEN, 89 e 91. ARG. C[1]
4878. DENARO. CAESAR. AVGVSTVS. Testa nuda a s. ℟ DIVVS IVLIVS. Cometa. - COHEN, 95. ARG. C[1]
4879. DENARO. Testa nuda a d. ℟ IMP. CAESAR sul frontone di un tempio. - COHEN, 109. ARG. C[1]
4880. DENARO. Testa nuda a d. ℟ IMP. CAESAR. sul frontone di un arco di trionfo; al disopra quadriga. - COHEN, 110. ARG. C[1]
4881. DENARO. Testa a d. ℟ IMP. CAESAR. Colonna rostrata con al disopra la statua di Augusto. - COHEN, 111. ARG. C[1]
4882. DENARO. AVGVSTVS. DIVI. F. Testa nuda a d. ℟ IMP. X. Apollo in vesti femminili in piedi; nell'esergo ACT. - COHEN, 128. ARG. C[1]
4883. DENARO. AVGVSTVS. DIVI. F. Testa nuda a d. ℟ IMP. X. SICIL. Diana cacciatrice con un cane. - COHEN, 131. ARG. C[1]
4884. DENARO. CAESARI AVGVSTO. Testa a d. ℟ MAR. VLT. Insegne militari in un tempietto rotondo. - COHEN, 166. ARG. C[1]
4885. DENARO. CAESAR AVGVSTVS. Testa a d. ℟ OB CIVISSERVTOS. entro corona d'alloro. - COHEN, 177. ARG. C[1]
4886. DENARO. CAESAR AVGVSTVS. Testa a d. ℟ OB. CIVIS. SERVATOS. Corona di quercia. - COHEN, 178. ARG. C[1]

4887. DENARO. CAESAR AVGVSTVS. Testa nuda a d. ℟ OB CIVIS. SERVATOS. — S. P. Q. R. CL. V. in uno scudo, entro corona d'alloro. - COHEN, 180. ARG. C¹

4888. DENARO. CAESAR AVGVSTVS. Testa nuda a d. ℟ S. P. Q. R. SIGNIS. RECEPTIS. Scudo fra due insegne, su quello le lettere CL. V. - COHEN, 205. ARG. C¹

4889. DENARO. CAESAR AVGVSTVS. Testa nuda a d. ℟ S. P. Q. R. CL. V. sopra uno scudo circolare. - COHEN, 225. ARG. C¹

4890. DENARO. CAESAR. AVGVSTVS. DIVI. F. P. P. Testa laureata a d. ℟ TI. CAESAR. AVG. F. TR. POT. XV. Quadriga a d. guidata da Tiberio con scettro. - COHEN, 232. ARG. C¹

4891. DENARO. S. P. Q. R. CAESARI. AVGVSTO. Testa nuda a s. ℟ VOT. P. SVGG. PRO. SAL. ET. RED. LO. M. SACR. Marte in piedi a s. coll'elmo, uno stendardo e un parazonio. - COHEN, 248. ARG. C¹

4892. QUINARIO. CAESAR. IMP. VII. Testa di Augusto a d. ℟ ASIA RECEPTA. Vittoria su una *cista mistica*, ai lati due serpenti. - COHEN, 50. ARG. C¹

4893. GRAN BRONZO. DIVO. AVGVSTO. S. P. Q. R. Augusto con ramo d'alloro e scettro seduto su un carro tirato da quattro elefanti montati dalle loro guide. ℟ TI. CAESAR. DIVI. AVG. F. AVGVST. P. M. TR. POT. XXXVII. S. C. nel campo. - COHEN, 24. BR. C¹

4894. MEDIO BRONZO. DIVVS. AVGVSTVS. S. C. Testa radiata a s. ℟ CONSENSV. SENAT. ET. EQ. ORDIN. P. Q. R. Augusto seduto a s. - COHEN, 263. BR. C¹

4895. MEDIO BRONZO. DIVI. F. Testa nuda a d. ℟ DIVOS. IVLIVS. entro corona d'alloro. - COHEN, 265. BR. C²

4896. MEDIO BRONZO. DIVVS. AVGVSTVS. PATER. Testa radiata a s. ℟ PROVIDENT S. C. Altare. - COHEN, 272; *n. 2 esempl.* BR. C¹

4897. MEDIO BRONZO. DIVVS. AVGVSTVS. PATER. Testa radiata a s., al disopra una stella, nel campo un folgore. ℟ S. C. Livia velata a d. con patera ed asta. - COHEN, 279. BR. C¹

4898. MEDIO BRONZO. DIVVS. AVGVSTVS. PATER. Testa radiata a s. ℟ S. C. Folgore alata. - COHEN, 281. BR. C¹

4899. MEDIO BRONZO. DIVVS. AVGVSTVS. PATER. Testa radiata a s. ℟ S. C. Aquila con ali spiegate su di un globo a d. - COHEN, 282. BR. C¹

4900. MEDIO BRONZO. AVGVSTVS. TRIBVNIC. POTEST. in una corona di quercia. ℟ Q. AELIVS. LAMIA. III. VIR. A. A. A. R. F. S. C. nel campo. - COHEN, 396. BR. C¹

4901. MEDIO BRONZO. CAESAR. AVGVSTVS. TRIBVNIC. POTEST. Testa nuda a d. ℞ CN. PISO. CN. F. HI. VIR. A. A. A. F. F. nel campo S. C. - COHEN, 413. BR. C[1]

4902. MEDIO BRONZO. CAESAR. AVGVST. PONT. MAX. TRIBVNIC. POT. ℞ P. LVRIVS. AGRIPPA. III. VIR. A. A. A. F. F. - COHEN, 434. *Bella patina.* BR. C[1]

4903. MEDIO BRONZO. CAESAR. AVGVST. PONT. MAX. TRIBVNIC. POT. Testa nuda a d. ℞ M. MAECILIVS. TVLLVS. III. VIR. A. A. A. F. F. Nel campo S. C. COHEN, 437. BR. C[1]

4904. MEDIO BRONZO. CAESAR. AVGVST. PONT. MAX. TRIBVNIC. POT. Testa nuda a d. ℞ M. SALVIVS. OTHO. III. VIR. A. A. A. F. F. Nel campo S. C. - COHEN, 461. BR. C[1]

4905. MEDIO BRONZO. DIVVS. AVGVSTVS. PATER. Testa radiata a s. ℞ IMP. T. VESP. AVG. REST. Aquila colle ali spiegate, su un globo, a d. S. C. - COHEN, 484. *Restituzione di Tito.* BR. C[1]

4906. PICCOLO BRONZO. IMP. CAESAR. Testa laureata a d. ℞ AVGVSTVS. Aquila con ali spiegate a s. - COHEN, 261. BR. C[1]

LIVIA DRUSILLA.

4907. MEDIO BRONZO. PIETAS. Busto velato e diademato a d. ℞ DRVSVS. CAESAR. TI. AVGVSTI. F. TR. POT. ITER. Nel campo S. C. - COHEN, 1. BR. C[1]

4908. MEDIO BRONZO. IVSTITIA. Testa diademata a d. ℞ TI. CAESAR. DIVI. AVG. F. AVG. P. M. TR. POT. XXIIII. Nel mezzo S. C. - COHEN, 2. BR. C[1]

4909. MEDIO BRONZO. SALVS. AVGVSTA. Testa a d. ℞ TI. CAESAR. DIVI. AVG. F. AVG. P. M. TR. POT. XXIIII. — S. C. nel campo. - COHEN, 3; *n. 2 esempl.* BR. C[2]

4910. MEDIO BRONZO. PIETAS. Busto diademato e velato a d. ℞ IMP. T. CAES. DIVI. VESP. F. AVG. RESTIT. Nel campo S. C. - COHEN, 8. *Restituzione di Tito.* BR. C[1]

AGRIPPA (Marco Vipsianus).

4911. MEDIO BRONZO. M. AGRIPPA. L. F. COS. III. Testa a s. ℞ Nettuno col tridente. - COHEN, 3. BR. C[1]

4912. MEDIO BRONZO. M. AGRIPPA. L. F. COS. III. Testa a s. ℞ IMP. T. VESP. AVG. REST. S. C. Nettuno in piedi con tridente. - COHEN, 5; *n. 2 esempl. Restituzione di Tito.* BR. C[1]

AUGUSTO ED AGRIPPA.

4913. MEDIO BRONZO. IMP. DIVI. F. P. P. Teste di Augusto e di Agrippa opposte. ℞ COL. NEM. Un coccodrillo, una corona ed una palma. *Nemaus in Gallia.* BR. C[1]

4914. MEDIO BRONZO. IMP. DIVI. F. Teste opposte. ℞ Prora di nave a d. *Coloniale di Vienna, Gallia Narbonensis.* BR. C[1]

TIBERIO.

4915. AUREO. TI. CAESAR. DIVI. AVG. F. AVGVSTVS. Testa laureata a d. ℞ PONTIF. MAXIM. Donna seduta a d. con asta ed un ramo d'alloro. - COHEN, 1. ORO. C[1]

4916. DENARO. TI. CAESAR. DIVI. AVG. F. AVGVSTVS. Testa laureata a d. ℞ PONTIF. MAXIM. Figura muliebre seduta a d. con asta e ramo d'alloro. - COHEN, 2. ARG. C[1]

4917. GRAN BRONZO. CIVITATIBVS. ASIAE. RESTITVTIS. Nel campo Tiberio laureato seduto a s. con patera e scettro. ℞ TI. CAESAR. DIVI. AVG. F. AVGVST. P. M. TR. POT. XXIIII. Nel campo S. C. - COHEN, 51. BR. C[1]

4918. MEDIO BRONZO. TI. CAESAR DIVI AVG. F. AVGVSTVS. COS. III. Testa nuda a s. ℞ PONTIF. MAXIM. TRIBVN. POTEST. XXIII. S. C. - COHEN, 30. R. BR. C[1]

4919. MEDIO BRONZO. TI. CAESAR. DIVI. AVG. F. AVGVSTVS. IMP. VII. Testa nuda a d. ℞ PONTIF. MAXIM. TRIBVN. POTEST. XVII. S. C. Livia velata seduta a d. con una patera ed uno scettro. - COHEN, 34. BR. C[1]

4920. MEDIO BRONZO. TI. CAESAR. AVGVST. F. IMPERAT. V. Testa a s. ℞ ROM. ET. AVG. Altare di Lione. - COHEN, 41. BR. C[1]

4921. PICCOLO BRONZO. TI. CAESAR. AVGVST. F. IMPERAT. VII. Testa laureata a d. ℞ ROM. ET. AVG. Altare di Lione. - COHEN, 45. BR. C[1]

DRUSO.

4922. MEDIO BRONZO. DRVSVS. CAESAR. TI. AVG. F. DIVI. AVG. N. Testa nuda a s. ℞ PONTIF. TRIBVN. POTEST. ITER. Nel campo S. C. - COHEN, 2. BR. C[1]

NERONE DRUSO.

4923. DENARO. NERONI CLAVDIO DRVSO GERM. COS. DESIG. Busto nudo giovanile a d. ℟ EQVESTER ORDO PRINCIPI IVVENT. sopra uno scudo, dietro al quale una lancia. - COHEN, 10.
ARG. C^2

DRUSO NERONE CLAUDIO.

4924. GRAN BRONZO. NERO. CLAVDIVS. DRVSVS. GERMANICVS. IMP. Testa nuda a s. ℟ TI. CLAVDIVS. CAESAR. AVG. P. M. TR. P. IMP. S. C. Claudio seduto su una sedia curule con arme in mano; sotto la sedia varie specie di armi. - COHEN, 7.
BR. C^3

ANTONIA.

4925. MEDIO BRONZO. ANTONIA AVGVSTA. Testa a d. ℟ TI. CLAVDIVS CAESAR. AVG. P. M. TR. P. IMP. S. C. Antonia velata in piedi a s. tiene nella destra il simpulo. - COHEN, 6.
BR. C^1

GERMANICO.

4926. DENARO. GERMANICVS. CAES. P. C. CAES. AVG. GERM. Testa laureata a d. ℟ C. CAESAR. AVG. GERM. P. M. TR. POT. Testa di Caligola a d. - COHEN, 2. ARG. C^1

4927. MEDIO BRONZO. GERMAMICVS. CAES. TI. AVGVST. F. DIVI. AVG. N. Testa a s. ℟ C. CAESAR. AVG. GERMANICVS. PON. M. TR. POT. Nel campo S. C. - COHEN, 2. BR. C^1

4928. MEDIO BRONZO. GERMANICVS. CAESAR. TI. AVG. F. DIVI. AVG. N. Testa nuda a s. ℟ C. CAESAR. DIVI. AVG. PRON. AVG. P. M. TR. P. IIII. P. P. Nel campo S. C. - COHEN, 4. (*Bella patina*). BR. C^1

4929. MEDIO BRONZO. GERMANICVS CAESAR. L'imperatore su un carro tirato da quattro cavalli a d. ℟ SIGNIS. RECEPTIS. DE VICTIS. GERM. S. C. Germanico in piedi con scettro. - COHEN, 5. BR. C^1

4930. MEDIO BRONZO. GERMANICVS. CAESAR. TI. AVG. F. DIVI. AVG. N. Testa nuda a d. ℟ TI. CLAVDIVS. CAESAR. AVG. GERM. P. M. TR. P. IMP. P. P. — Nel campo S. C. - COHEN. 6.
BR. C^2

NERONE E DRUSO.

4931. MEDIO BRONZO. NERO ET DRVSVS CAESARES. Nerone e Druso a cavallo a d. ℞ C. CAESAR. AVG. GERMANICVS. PON. M. TR. POT. e nel campo S. C. - COHEN, 1. R. BR. C²

CALIGOLA.

4931 *bis*. QUINARIO. C. CAESAR. AVG. GERM. P. M. TR. POT. Testa laureata a d. ℞ S. P. Q. R. P. P. OB. C. S. entro laurea. *Dubbia*. R⁴ ARG. C¹

4932. GRAN BRONZO. C. CAESAR. DIVI. AVG. PRON. AVG. P. M. III. P. P. Testa a s. ℞ ADLOCVT COH. L'imperatore a d. su di un seggio fa un'allocuzione a cinque soldati con tre insegne. - COHEN, 11. BR. C¹

4933. GRAN BRONZO. C. CAESAR AVG. GERMANICVS PON. M. TR. POT. Testa laureata a S. ℞ AGRIPPINA DRVSILLA IVLIA S. C. Le tre sorelle di Caligola in piedi. - COHEN, 13. BR. C¹

4934. MEDIO BRONZO. C. CAESAR. AVG. GERMANICVS. PON. M. TR. POT. Testa a S. ℞ VESTA S. C. Vesta seduta a s. con patera ed asta. - COHEN, 25. BR. C¹

4935. Simile al precedente. BR. C¹

4936. MEDIO BRONZO. C. CAESAR. DNI. AVG. PRON. AVG. TR. P. IIII. P. P. Testa nuda a s. ℞ VESTA S. C. Vesta seduta a s. con uno scettro e una patera. - COHEN, 27. BR. C¹

4937. PICCOLO BRONZO. C. CAESAR. DIVI. AVG. PRON. AVG. Berretto S. C. ℞ R. C. C. — PON. M. TR. P. IIII. P. P. COS. TERT. - COHEN, 16. BR. C¹

CLAUDIO.

4938. AUREO. TI. CLAVD. CAESAR. AVG. P. M. TR. $\overline{\text{VI}}$. IMP. XI. Testa laureata a d. ℞ DE BRITANN sul frontone di un arco di trionfo con trofei e statua equestre. - COHEN, 14. R. ORO. C¹

4939. AUREO. TI. CLAVD. CAESAR. AVG. P. M. TR. P. Testa laureata a d. ℞ PACI AVGVSTAE. Igea col caduceo in mano; a' suoi piedi un serpente. - COHEN, supp. 5. ORO. C¹

4940. GRAN BRONZO. TI. CLAVDIVS. CAESAR. AVG. P. M. TR. P. IMP. Testa laureata a d. ℞ NERO CLAVDIVS. DRVSVS. GERMAN. IMP. S. C. Arco trionfale con due trofei e statua equestre a d. - COHEN, 80. BR. C[1]

4941. GRAN BRONZO. TI. CLAVDIVS CAESAR AVG. P. M. TR. P. IMP. P. P. Testa laureata a d. ℞ SPES AVGVSTA S. C. La Speranza gradiente a s. con un fiore e sollevandosi la veste. - COHEN, 88. BR. C[1]

4942. GRAN BRONZO. Simile al precedente senza P. P. e con NCAPA in contromarca sul rovescio. BR. C[1]

4943. GRAN BRONZO. Simile al precedente, senza S. C. nel rovescio. *Bella patina.* BR. C[1]

4944. MEDIO BRONZO. TI. CLAVDIVS. CAESAR. AVG. P. M. TR. P. IMP. Testa a s. ℞ S. C. Guerriero con scudo in piedi a d. - COHEN, 87. BR. C[1]

4945. MEDIO BRONZO. TI. CLAVDIVS. CAESAR. AVG. P. M. TR. P. IMP. P. P. Testa a s. ℞ CONSTANTIAE. AVGVSTI. S. C. Guerriero in piedi appoggiato ad un'asta a d. - COHEN, 73. BR. C[1]

4946. MEDIO BRONZO. TI. CLAVDIVS. CAESAR. AVG. P. M. TR. P. IMP. P. P. Testa a s. ℞ LIBERTAS AVGVSTA. S. C. La Libertà in piedi a d. - COHEN, 79. BR. C[1]

4947. PICCOLO BRONZO. TI. CLAVDIVS. CAESAR. AVG. Modio. ℞ COS. DES. IT. PON. M. TR. P. IMP. Nel campo S. C. - COHEN, 74; *n. 2 esempl.* BR. C[1]

4948. PICCOLO BRONZO. TI. CLAVDIVS. CAESAR. AVG. Mano che sostiene una bilancia. P. N. R. ℞ S. C. — PON. M. TR. P. IMP. COS. DESIT. - COHEN, 75. BR. C[1]

NERONE.

4949. AUREO. NERO. CAESAR. AVGVSTVS. Testa laureata a d. ℞ IVPPITER CVSTOS. Giove seduto a s. - COHEN, 12. ORO. C[1]

4950. AUREO. IMP. NERO. CAESAR. AVGVSTVS. Testa laureata a d. ℞ SALVS. La Salute seduta a s. - COHEN, 61. ORO. C[1]

4951. AUREO. NERO. CAESAR. AVGVSTVS. Testa laureata a d. ℞ VESTA. Tempio circolare di Vesta. - COHEN, 64. ORO. C[1]

4952. DENARO. NERO CAESAR AVGVSTVS. Testa laureata a d. ℞ IVPPITER CUSTOS. Giove seduto a s. R. ARG. C[1]

4953. DENARO. NERO. CAESAR. AVGVSTVS. Testa laureata a d. ℞ SALVS. La Salute seduta a s. con patera. - COHEN, 59. ARG. C[1]

4954. GRAN BRONZO. NERO CLAVD. CAESAR. AVG. GERP. M. TR. P. IMP. P. P. ℞ ANNONA. AVGVSTI. CERES. S. C. Cerere seduta a s. con fiaccola e spiche; dinanzi l'Abbondanza in piedi con cornucopia; in mezzo il modio su di un altare inghirlandato; in lontananza prora di nave. - COHEN, 80. BR. C[1]

4954 *bis*. GRAN BRONZO. NERO. CLAVD. CAES. AVG. GER. P. M. TR. P. IMP. P. P. Testa laureata a d. coll'egida. ℞ S. P. Q. R. OST. Il porto d'Ostia. *Bucata*. R[2] BR. C[1]

4955. GRAN BRONZO. NERO. CLAVDIVS. CAESAR. AVG. GER. P. M. TR. P. IMP. P. P. Testa laureata a d. ℞ S. C. DECVRSIO. Due cavalieri galoppanti a d. - COHEN, 122. BR. C[1]

4956. GRAN BRONZO. NERO. CLAVD. CAESAR. AVG. GERM. P. M. TR. P. IMP. P. P. Testa laureata a d. ℞ S. C. Nell'esergo ROMA. Roma seduta su un mucchio d'armi a s. tiene una Vittoria nella mano destra. - COHEN, 228. BR. C[1]

4957. GRAN BRONZO. NERO. CLAVD. CAESAR. AVG. GER. P. M. TR. P. IMP. P. P. Testa laureata a d. ℞ S. C. Arco trionfale di profilo con quadriga, statue e bassorilievi. - COHEN, 243. BR. C[1]

4958. GRAN BRONZO. NERO. CLAVDIVS. CAESAR. AVG. GERM. P. M. TR. P. IMP. P. P. Testa laureata a d. coll'egida. ℞ S. C. Arco trionfale di profilo ornato di quadriga, statue e bassorilievi. - COHEN, 244. BR. C[1]

4959. MEDIO BRONZO. ΝΕΡΩ ΚΛΑΥ. ΚΑΙΣ. ΣΕΒ. ΓΕΡ. Testa radiata a d. con Egida. ℞ ΑΥΤΟΚΡΑΤΩ. Aquila stante con palma fra le ali. - ZOËGA, n. 12 e 39. *Battuta in Egitto*. POTIN. C[1]

4960. MEDIO BRONZO. NERO. CLAVD. CAESAR. AVG. GER. P. M. TR. P. IMP. P. P. Testa radiata a s. ℞ PACE. P. R. TERRA. MARI. Q. PARTA. IANVM. CLVSIT. S. C. Tempio di Giano chiuso colla porta a d. - COHEN, 167. BR. C[1]

4961. MEDIO BRONZO. IMP. NERO. CAESAR. AVG. GERM. Testa laureata a d. ℞ PACE. P. R. VBIQ. PARTA. JANVM. CLVSIT. Tempio di Giano chiuso colla porta a d. - COHEN, 188. BR. C[1]

4962. MEDIO BRONZO. IMP. NERO. CAESAR. AVG. GERMANIC. Testa laureata a d. ℞ S. P. Q. R. Vittoria con uno scudo; nel campo S. C. - COHEN, 251. BR. C[1]

4963, MEDIO BRONZO. IMP. NERO CAESAR. AVG. P. MAX. TR. P. P. P. Testa laureata a s. ℞ SECVRITAS AVGVSTI S. C. La Sicurezza seduta a d. davanti un'ara accesa. - COHEN, 257. BR. C[1]

4964. MEDIO BRONZO. NERO. CLAVD. CAESAR. AVG. GER. P. M. TR. P. IMP. P. P. Testa radiata a d. ℞ S. C. VICTORIA AVGVSTI II. Vittoria alata con corona e palma. - COHEN, 274. BR. C[1]

4965. MEDIO BRONZO. Simile al precedente. BR. C[2]

4966. MEDIO BRONZO. IMP. NERO. CAESAR. AVG. GER. P. M. TR. P. P. P. Testa laureata a d. ℞ SECVRITAS. AVGVSTI. S. C. La Sicurezza seduta a d. - COHEN, 358. BR. C[1]

4967. PICCOLO BRONZO. NERO. CLAV. CAE. AVG. GER. Civetta sopra un altare. ℞ P. PATR. P. IMP. P. P. Ramo d'ulivo. - COHEN, 196. BR. C[1]

GALBA.

4968. DENARO. IMP. SER. GALBA. CAESAR. AVG. Busto laureato e paludato a d. ℞ DIVA AVGVSTA. Livia in piedi a s. con patera e scettro. - COHEN, 25. ARG. C[1]

4969. DENARO. IMP. SER. GALBA. AVG. Testa a d. ℞ S. P. Q. R. OB. C. S. entro corona civica. - COHEN, 81. ARG. C[1]

4970. GRAN BRONZO. SER. GALBA. IMP. CAES. AVG. Testa laureata a d. ℞ ROMA. S. C. Roma seduta a s. su un mucchio d'armi. - COHEN, 182. BR. C[1]

OTTONE.

4971. DENARO. IMP. M. OTHO. CAESAR. AVG. TR. P. Testa a d. ℞ SECURITAS. R. R. La Sicurezza in piedi a s. con asta e corona. - COHEN, 14. ARG. C[1]

VITELLIO.

4972. DENARO. A. VITELLIVS. IMP. GERMAN. Testa laureata a d. ℞ FIDES. EXERCITVVM. Due mani congiunte. - COHEN, 14. ARG. C[1]

4973. DENARO. A. VITELLIVS. GERMAN. IMP. AVG. TR. P. Testa laureata a d. ℞ XV. VIR. SACR. FAC. Tripode con delfino. - COHEN, 46; *n. 2 esempl.* ARG. C[1]

VESPASIANO.

4974. AUREO. IMP. CAESAR. VESPASIANVS. AVG. Testa laureata a s. ℞. COS. VII. Giovenca gradiente a d. - COHEN. 58. R. ORO. C[1]

4975. DENARO. IMP. CAES. VESPAS. P. M. COS. IIII. Testa laureata a d. ℞ AVGVR — TR. POT. Lituo, simpulo e vaso. - COHEN, 14. ARG. C[1]

4976. DENARO. CAESAR. VESPASIANVS. AVG. Testa laureata a d. ℞ CERES. AVGVST. Cerere in piedi astata a s. tiene nella d. delle spiche. - COHEN, 16. ARG. C[1]

4977. DENARO. IMP. CAES. VESP. AVG. P. M. TR. P. COS. IIII. Testa laureata a d. ℞ CONCORDIA AVGVST. La Concordia seduta a s. con patera e cornucopia. - COHEN, 24. ARG. C[1]

4978. DENARO. IMP. CAESAR, VESPASIANVS. AVG. Testa laureata a s. ℞ COS. VI. Aquila a s. su un cippo. - COHEN, 55; *n. 2 esempl.* ARG. C[1]

4979. DENARO. IMP. CAESAR. VESPASIANVS. AVG. Testa laureata a s. ℞ COS. VIII. Marte nudo in piedi a s. con asta e trofeo. - COHEN, 67. ARG. C[1]

4980. DENARO. DIVVS. AVGVSTVS. VESPASIANVS. Testa laureata a d. ℞ EX. S. C. Vittoria che erige un trofeo. - COHEN, 78. ARG. C[1]

4981. DENARO. DIVVS AVGVSTVS. VESPASIANVS. Testa laureata a d. ℞ EX. S. C. Carro tirato da quattro cavalli a s. - COHEN, 80. ARG. C[1]

4982. DENARO. CAESAR. VESPASIANVS. AVG. Testa laureata a s. ℞ IMP. XIX. Scrofa a s. con tre porcellini. - COHEN, 99. ARG. C[1]

4983. DENARO. CAESAR VESPASIANVS, AVG. Testa laureata a d. ℞ IMP. XIX. Modio ripieno di spiche. - COHEN, 101; *n. 2 esempl. diversi.* ARG. C[1]

4984. DENARO. IMP. CAESAR. VESPASIANVS. AVG. Testa laureata a d. ℞ IVDAEA. La Giudea seduta a d. piangente ai piedi di un trofeo. COHEN, 108. ARG. C[1]

4985. DENARO. IMP. CAES. VESP. AVG. P. M. COS. IIII. Testa laureata a d. ℞ NEP. RED. Nettuno col tridente a s. - COHEN, 122. ARG. C[1]

4986. DENARO. IMP. CAESAR. VESPASIANVS. AVG. Testa laureata a d. ℟ PON. MAX. TR. P. COS. V̄. Caduceo alato. - COHEN, 151. ARG. C¹

4987. DENARO. IMP. CAESAR. VESPASIANVS. AVG. Testa laureata a d. ℟ PON. MAX. TR. P. COS. VI. Figura muliebre assisa a s.; tiene un ramo d'alloro. - COHEN, 154. ARG. C¹

4988. DENARO. IMP. CAESAR. VESP. AVG. Testa laureata a d. ℟ PONTIF. MAXIM. Figura muliebre assisa a d. COHEN, 165. ARG. C¹

4989. DENARO. IMP. CAESAR. VESPASIANVS. AVG. Testa laureata a d. ℟ TITVS. ET. DOMITIANVS. CAES. PRIN. IVVEN. Tito e Domiziano seduti a s. con rami d'alloro. - COHEN, 179. ARG. C¹

4990. DENARO. IMP. CAESAR. VESPASIANVS. AVG. Testa laureata a d. ℟ TR. POT. X. COS. VIIII. Capricorno a s. - COHEN, 204. ARG. C¹

4991. GRAN BRONZO. IMP. CAES. VESPASIAN. AVG. P. M. TR. P. P. COS. III. Testa laureata a d. ℟ IVDAEA. CAPTA. S. C. Palma, a s. Vespasiano in piedi con abito militare; a d. la Giudea piangente seduta su una corazza. - COHEN, 307. BR. C¹

4992. GRAN BRONZO. IMP. CAES. VESPASIAN. AVG. P. M. TR. P. P. COS. III. Testa laureata a d. ℟ IVDAEA CAPTA. S. C. Palma; a s. Vespasiano in piedi con asta e parazonio ed il piede sopra un elmo; a d. la Giudea in pianto seduta a terra. - COHEN, 307. BR. C¹

4993. GRAN BRONZO. IMP. CAES. VESPASIAN. AVG. P. M. TR. P. P. COS. VIII. Testa laureata a d. ℟ ROMA...... S. C. Il Valore in piedi a s. con asta ed una *Victoriola*. - COHEN, 390. BR. C²

4994. MEDIO BRONZO. IMP. CAESAR. VESP. AVG. COS. V̄. CENS. Testa laureata a d. ℟ AEQVITAS. AVGVST. S. C. L'Equità in piedi a s. con asta. - COHEN, 240; *n. 2 esempl. diversi, uno bucato.* BR. C¹

4995. MEDIO BRONZO. IMP. CAES. VESP. AVG. P. M. TR. P. COS. V̄. Testa radiata a d. ℟ FELICITAS. PVBLICA. S. C. La Felicità in piedi a s. - COHEN, 269. BR. C¹

4996. MEDIO BRONZO. ℟ PON. MAX. TR. POT. P. P. COS. V. CENS. Caduceo alato fra due cornucopie. - COHEN, 365. R. BR. C²

4997. MEDIO BRONZO. IMP. CAES. VESPASIAN. COS. VIII. Testa laureata a s. ℟ S. C. La Speranza in piedi a s. - COHEN, 431. BR. C¹

4998. MEDIO BRONZO. IMP. CAES. VESPASIAN. AVG. COS. III. Testa radiata a d. ℞ ROMA. S. C. Roma seduta a s. con corona e *Parazonio*. BR. C[1]

4999. MEDIO BRONZO. IMP. CAES. VESPASIANVS. AVG. COS. III. Testa laureata a d. ℞ FORTVNAE. REDVCI. S. C. La Fortuna in piedi a s. con ramo, timone e cornucopia. - COHEN, supp. 65. BR. C[1]

TITO.

5000. AUREO. T. CAESAR. IMP. VESP. Testa laureata a d. ℞ PONTIF. TR. POT. Figura muliebre su un'ara con timone e cornucopia. - COHEN, 60. ORO. C[1]

5001. DENARO. T. CAES. IMP. VESP. CENS. Testa laureata a d. ℞ COS. V. Aquila colle ali aperte sopra un cippo. - COHEN, 24. ARG. C[1]

5002. DENARO. IMP. TITVS — CAES. VESPASIAN. AVG. P. M. Testa laureata a d. ℞ TR. P. VIIII. IMP. XIIII. COS. VII. P. P. Quadriga a s., sopra, un fiore. COHEN, 78. ARG. C[1]

5003. DENARO. IMP. TITVS. CAES. VESPASIAN. AVG. P. M. Testa laureata a s. ℞ TR. IX. IMP. XV. COS. VIII. P. P. Delfino avvolto intorno ad un'ancora. COHEN, 91. ARG. C[1]

5004. DENARO. IMP. TITVS. CAES. VESPASIAN. AVG. Testa laureata a d. ℞ TR. P. IX. IMP. XV. COS. VIII. P. P. Trono. - COHEN, 94. ARG. C[1]

5005. IMP. TITVS. CAES. VESPASIAN. AVG. P. M. Testa laureata a d. ℞ TR. P. IX. IMP. XV. COS. VIII. P. P. Due sedie curuli sormontate da corona. - COHEN, 100. ARG. C[2]

5006. GRAN BRONZO. IMP. T. CAES. VESP. AVG. P. M. TR. P. P. P. COS. VIII. Testa laureata a s. ℞ ANNONA AVG. L'abbondanza in piedi a s. con una cornucopia e la statuetta dell'Equità in piedi dinanzi ad un canestro ripieno di spiche. - COHEN, 150. BR. C[1]

5007. GRAN BRONZO. ℞ S. C. La Speranza in piedi a s. con un fiore e sollevandosi la veste. - COHEN, 255. BR. C[2]

5008. MEDIO BRONZO. IMP. T. CAES. VESP. AVG. P. M. TR. P. COS. VIII. Testa laureata a s. ℞ AEQVITAS AVGVST. S. C. L'Equità in piedi a s. collo scettro e le bilancie. - COHEN, 143. BR. C[1]

GIULIA (figlia di Tito).

5009. MEDIO BRONZO. IVLIA. IMP. T. AVG. F. AVGVSTA, Testa a d. ℟ S. C. Vesta seduta a s. col palladio e lo scettro. - COHEN, 16. R. BR. C¹

DOMIZIANO.

5010. AUREO. CAESAR AVG. F. DOMITIANVS. Testa laureata a d. ℟ COS. V. Uomo inginocchiato a d. con un'insegna in mano. COHEN, 26. R. ORO. C¹

5011. AUREO. DOMITIANVS. AVG. Testa laureata a d. ℟ GERMANICVS. COS. XV. Domiziano in quadriga a s. - COHEN, 56. ORO. C¹

5012. AUREO. CAES. AVG. F. DOMIT. COS. II. Testa laureata a d. ℟ L'Imperatore a cavallo a s. - COHEN, 274. R. ORO. C¹

5013. DENARO. CAESAR AVG. F. DOMITIANVS. Testa laureata a d. ℟ COS. IIII. Cavallo alato a d. - COHEN, 23. ARG. C¹

5014. DENARO. CAESAR. AVG. DOMITIANVS. Testa laureata a d. ℟ COS. V. La lupa che allatta i gemelli. - COHEN, 25. ARG. C¹

5015. DENARO. IMP. CAES. DOMIT. AVG. GERM. P. M. TR. P. VII. Testa laureata a d. ℟ IMP. XIIII. COS. XIII. CENS. P. P. P. Pallade astata e galeata in piedi a s. - COHEN, 89. ARG. C¹

5016. DENARO. ℟ IMP. XXI. COS. XVII. CENS. P. P. P. Donna galeata in piedi a s. con asta ed un fulmine; a' suoi piedi uno scudo. - COHEN, 114, 116 e 122. - *n. 3 esempl.* ARG. C¹

5017. DENARO. IMP. CAES. DOMIT. AVG. GERM. P. M. TR. P. XII. Testa laureata a d. ℟ IMP. XXII. COS. XVI. CENS. P. P. P. Pallade in piedi a d. sopra una prora di nave, lancia un giavellotto, a' suoi piedi una civetta. - COHEN, 165. ARG. C¹

5018. DENARO. Simile al precedente con TR. P. XV. ℟ IMP. XXII. COS. XVII. CENS. P. P. Minerva con lancia e scudo in piedi a d. - COHEN, 142. ARG. C¹

5019. DENARO. CAESAR. DIVI F. DOMITIANVS COS. VII. Testa laureata a d. ℟ PRINCEPS IVVENTVTIS. Ara accesa. - COHEN, 215. ARG. C¹

5020. DENARO. CAESAR. DIVI F. DOMITIANVS COS. VII. Testa laureata a d. ℟ PRINCEPS IVVENTVTIS. Elmo sopra un trono. - COHEN, 217. R. ARG. C[1]

5021. DENARO. IMP. CAES. DOMITIANVS AVG. P. M. Testa laureata a d. ℟ TR. POT...... COS. VIII. P. P. Sedia curule. - COHEN, 246. ARG. C[1]

5022. DENARO. CAESAR. AVG. F. DOMITIANVS. COS. VI. Testa laureata a d. ℟ PRINCEPS IVVENTVTIS. Due mani stringenti un'insegna militare. ARG. C[2]

5023. GRAN BRONZO. IMP. CAES. DOMIT. AVG. COS. XII. CEN. PER. P. P. Testa laureata a d. ℟ ANNONA AVGVST. S. C. Cerere seduta e l'Abbondanza in piedi con cornucopia. - COHEN, 283. *Bella patina.* BR.

5024. GRAN BRONZO. CAES. DOMIT. AVG. GERM. COS. XV. CENS. PER. P. P. Testa laureata a d. ℟ IOVI VICTORI. S. C. Giove seduto a s. con la Vittoria nella destra. - COHEN, 369. *Bella patina.* BR.

5025. GRAN BRONZO. IMP. CAES. DOMIT. AVG. GERM. COS. XVI. CENS. PER. P. P. Testa laureata a d. ℟ IOVI VICTORI. S. C. Giove seduto a s. con una Vittoria ed uno scettro. - COHEN, 370. *Bella patina.* BR. C[1]

5026. GRAN BRONZO. IMP. CAES. DOMITIAN. AVG. GERM. COS. XI. Testa laureata a d. ℟ S. C. Domiziano in piedi davanti un'ara ove sagrifica. - COHEN, 478. BR. C[1]

5027. GRAN BRONZO. IMP. CAES. DOMIT. AVG. GERM. COS. XI. Testa laureata a d. coll'egida. ℟ S. C. Domiziano a cavallo a d. che atterra un nemico. - COHEN, 471. *Bella patina.* BR. C[1]

5028. MEDIO BRONZO. IMP. CAES. DOMIT. AVG. GERM. P. M. TR. P. VIII. CENS. PER. P. P. Testa laureata a s. ℟ COS. XIIII, LVD. SAEC. FEC. S. C. Domiziano che sagrifica davanti un'ara; un suonatore di flauto, uno di lira; dietro tempio a sei colonne. - COHEN. 310. BR. C[1]

5029. MEDIO BRONZO. IMP. CAES. DOMIT. AVG. GERM. COS. XVI. CENS. PER P. P. Testa laureata a d. ℟ MONETA. AVGVSTI. S. C. La Moneta in piedi a s. con bilancia e cornucopia. - COHEN, 383. BR. C[1]

5030. MEDIO BRONZO. IMP. CAES. DOMITIAN. AVG. GERM. COS. XI. Testa laureata a d. ℟ SALVTI. AVGVSTI. S. C. Altare. - COHEN, 409. BR. C[1]

5031. MEDIO BRONZO. CAESAR. AVG. DOMITIAN. COS. II. Testa laureata a s. ℞ VICTORIA AVGVST. S. C. Vittoria in piedi a d. con corona. - COHEN, 543. BR. C[1]

5032. MEDIO BRONZO. IMP. CAES. DOMIT. AVG. GERM. COS. XI, CENS. POT. P. P. Testa laureata a d. con l'Egida. ℞ VICTORIAE. AVGVSTI. Vittoria in piedi a s. che incorona un trofeo. - COHEN, 548. BR. C[1]

5033. MEDIO BRONZO. IMP. CAES. DOMITIAN. AVG. GERM. COS. XI. Busto radiato a d. ℞ VIRTVS AVGVSTI S. C. Il Valore in piedi a d. - COHEN, 553. INEDITA. BR. C[1]

NERVA.

5034. DENARO. IMP. NERVA CAES. AVG. P. M. TR. P. COS. III. P. P. Testa laureata a d. ℞ AEQVITAS AVGVST. L'Equità in piedi a s. colle bilancie ed una cornucopia. - COHEN, 7. ARG. C[1]

5035. DENARO. IMP. NERVA CAES. AVG. P. M. TR. P. COS. III. P. P. Testa laureata a d. ℞ CONCORDIA. EXERCITVVM. Due mani unite. - COHEN, 12. ARG. C[1]

5036. DENARO. IMP. NERVA CAES. AVG. P. M. TR. P. COS. III. P. P. Testa laureata a d. ℞ CONCORDIA EXERCITVVM. Due mani congiunte stringono un'insegna. - COHEN, 16. ARG. C[1]

5037. DENARO. IMP. NERVA CAES. AVG. P. M. TR. P. COS. III. P. P. Testa laureata a d. ℞ SALVS. PVBLICA. La Salute seduta a s. - COHEN, 59. ARG. C[1]

5038. GRAN BRONZO. IMP. NERVA CAES. AVG. P. M. TR. P. COS. IIII. Testa laureata a d. ℞ FORTVNA AVGVST. S. C. La Fortuna in piedi a s. - COHEN, 91. BR. C[1]

5039. MEDIO BRONZO. IMP. NERVA CAES. AVG. P. M. TR. P. COS. III. P. P. Testa laureata a d. ℞ LIBERTAS. PVBLICA. S. C. La Libertà in piedi. - COHEN, 108. *Bella patina.* BR.

TRAIANO.

5040. AUREO. IMP. CAES. NER. TRAIAN. OPTIM. AVG. GERM. DAC. Testa laureata a d. ℞ PARTHICO. P. M. TR. P. COS. VI. P. P. S. P. Q. R. Testa radiata del sole. - COHEN, 99. ORO. C[1]

5041. AUREO. IMP. CAES. NER. TRAIANO OPTIMO AVG. GER. DAC. Busto laureato a d. ℞ P. M. TR. P. COS. VI. P. P. S. P. Q. R. Giove collo scettro, copre col suo manto un fanciullo. - COHEN, 167. R. ORO. C[1]

5042. DENARO. IMP. TRAIANO. AVG. GER. DAC. P. M. TR. P. Testa laureata a d. ℞ P. M. TR. P. COS. DES. II — nell' esergo FORT. RED. La Fortuna seduta a s. con timone e cornucopia. (*Inedita foderata*). ARG. C[1]

5043. DENARO. IMP. TRAIANO. AVG. GER. DAC. P. M. TR. P. Testa laureata a d. ℞ COS. V. P. P. S. P. Q. R. OPTIMO PRINCIPI. Vittoria in piedi a s. sopra scudi con palma e corona. - COHEN, 34. ARG. C[1]

5044. DENARO. IMP. P. TRAIANO. AVG. GER. DAC. P. M. TR. P. Testa laureata a d. ℞ COS. V. P. P. S. P. Q. R. OPTIMO PRINC. La Speranza in piedi a s. con fiore. - COHEN, 42. ARG. C[1]

5045. DENARO. IMP. TRAIANO. AVG. GER. DAC. P. M. TR. P. Testa laureata a d. ℞ COS. V. P. P. S. P. Q. R. OPTIMO PRINCIPI. L' Equità in piedi a s. con bilancia e cornucopia. - COHEN, 43. *Bucata.* ARG. C.

5046. DENARO. IMP. TRAIANO. AVG. GER. DAC. P. M. TR. P. Testa laureata a d. ℞ COS. V. P. P. S. P. Q. R. OPTIMO. PRINC. L'Equità in piedi a s. con bilancia e cornucopia. - COHEN, 43. ARG. C[1]

5047. DENARO. IMP. TRAIANO. AVG. GER. DAC. P. M. TR. P. Busto laureato a d. ℞ COS. V. P. P. S. P. Q. R. OPTIMO PRINCIPI; nell' esergo DANVVIVS. Il Danubio coricato a d. - COHEN, 87. ARG. C[1]

5048. DENARO. IMP. TRAIANVS. AVG. GER. DAC. P. M. TR. P. COS. VI. PP. Busto laureato a d. ℞ DIVVS. PATER. TRAIAN. Traiano padre assiso a s. su sedia curule con patera e scettro. - COHEN, 88. R[2] ARG. C[1]

5049. DENARO. IMP. TRAIANO. AVG. GER. DAC. P. TR. P. Testa laureata a d. ℞ COS. V. P. P. S. P. Q. R. OPTIMO PRINC. Nell' esergo PAX. La Pace in piedi a s. con cornucopia. - COHEN, 106. ARG. C[1]

5050. DENARO. IMP. CAES. NERVA. TRAIAN. AVG. GERM. Testa laureata a d. ℞ P. M. TR. P. COS. II. P. P. La Pace in piedi a s. con ramo d'ulivo e cornucopia. - COHEN, 118. ARG. C[1]

5051. DENARO. IMP. CAES. NERVA. TRAIAN. AVG. GER. Testa laureata a d. ℞ P. M. TR. P. COS. II. P. P. Figura muliebre seduta a s. con patera e cornucopia. - COHEN, 121. ARG. C[1]

5052. DENARO. IMP. NERVA. TRAIAN. AVG. GERM. Testa laureata a d. ℞ P. M. TR. COS. III. P. P. Figura muliebre seduta a s. - COHEN, 127. ARG. C[1]

5053. DENARO. IMP. CAES. NERVA. TRAIANVS. AVG. GERM. Testa laureata a d. ℞ P. M. TR. P. COS. IIII. P. P. Marte in piedi a d. - COHEN, 136. ARG. C[1]

5054. DENARO. IMP. CAES. NERVA. TRAIAN. AVG. GERM. Testa laureata a d. ℞ P. M. TR. P. COS. IIII. P. P. Vittoria in piedi con patera e palma. - COHEN, 144. ARG. C[1]

5055. DENARO. IMP. NERVA. TRAIANVS. AVG. GER. DACICVS. Testa laureata a d. ℞ P. M. TR. P. COS. V. P. P. Traiano in piedi in abito militare con asta e *parazonio*, incoronato dalla Vittoria con palma. - COHEN, 161. ARG. C[1]

5056. DENARO. IMP. CAES. NER. TRAIANO. OPTIMO. AVG. GERM. DAC. Testa laureata a d. ℞ P. M. TR. P. COS. VI. P. P. S. P. Q. Q. Figura nuda in piedi a s. - COHEN, 173. ARG. C[1]

5057. DENARO. IMP. CAES. NERVA. TRAIAN. AVG. GERM. Testa laureata a d. ℞ PONT. MAX. TR. POT. COS. II. Donna seduta a s. con patera. - COHEN, 182. ARG. C[1]

5058. DENARO. IMP. CAES. NERVA. TRAIAN. AVG. GERM. Testa laureata a d. ℞ PONT. MAX. TR. POT. COS. II. Figura muliebre a s. con fiore nella destra e cornucopia. - COHEN, 186. ARG. C[1]

5059. DENARO. IMP. TRAIANO. AVG. GER. DAC. P. M. TR. P. COS. V. P. P. Testa laureata a d. ℞ S. P. Q. R. OPTIMO PRINCIPI. Apollo in piedi vicino ad un'ara. - COHEN, 224.

5060. DENARO. IMP. TRAIANO. AVG. GER. DAC. P. M. TR. P. COS. V. P. P. Testa laureata a d. ℞ S. P. Q. R. OPTIMO. PRINCIPI. La Fortuna assisa a s. con timone e cornucopia. - COHEN, 255. ARG. C[1]

5061. DENARO. IMP. TRAIANO. AVG. GER. DAC. P. M. TR. P. COS. VI. P. P. Testa laureata a d. ℞ S. P. Q. R. OPTIMO. PRINCIPI. Statua equestre di Traiano a s. con asta. - COHEN, 260. ARG. C[1]

5062. DENARO. IMP. TRAIANO. AVG. GER. DAC. P. M. TR. P. COS. V. P. P. Testa laureata a d. ℞ S. P. Q. R. OPTIMO PRINCIPI. Prigioniero seduto a d. - COHEN, 268. ARG. C[1]

5063. DENARO. IMP. TRAIANO. AVG. GER. DAC. P. M. TR. P. COS. V. P. P. Testa laureata a d. ℞ S. P. Q. R. OPTIMO PRINCIPI. Prigioniero seduto ai piedi di un trofeo. - COHEN, 269. ARG. C[1]

5064. DENARO. IMP. TRAIANO. AVG. GER. DAC. P. M. TR. P. COS. VI. P. P. Testa laureata a d. ℞ S. P. Q. R. OPTIMO PRINCIPI. Tre insegne militari. - COHEN, 274. *Mancante di un pezzetto.* ARG. C[1]

5065. DENARO. IMP. TRAIANO. AVG. GER. DAC. P. M. TR. P. COS. V. P. P. Testa laureata a s. ℞ S. P. Q. R. OPTIMO PRINCIPI. Colonna Trajana. - COHEN, 277. ARG. C[1]

5066. DENARO. IMP. TRAIANO. AVG. GER. DAC. P. M. TR. P. Testa laureata a d. ℞ COS. V. P. P. S. P. Q. R. OPTIMO. PRINC. La dea Vesta seduta a s. Nell'esergo VESTA. - COHEN, 286. ARG. C[1]

5067. DENARO. IMP. TRAIANO. AVG. GER. DAC. P. M. TR. P. COS. VI. P. P. Testa laureata a d. ℞ VIA TRAIANA (nell'esergo). S. P. Q. R. OPTIMO PRINCIPI. Donna seduta a s., tiene una ruota appoggiata al ginocchio sinistro. - COHEN. 290. ARG. C[1]

5068. GRAN BRONZO. IMP. CAES. NER. TRAIANO. OPTIMO. AVG. GER. DAC. PARTHICO P. M. TR. P. COS. VI. P. P. Busto laureato con Egida. ℞ REX. PARTHIS. DATVS. S. C. Traiano seduto su di un palco, presenta un re alla Partia inginocchiata. - COHEN, 375. *Bella patina.* BR. C[1]

5069. GRAN BRONZO. IMP. CAES. NERVAE. TRAIANO. AVG. GER. DAC. P. M. TR. P. COS. V. P. P. Testa laureata a d. ℞ S. P. Q. R. OPTIMO. PRINCIPI. Roma galeata in piedi a s. con Vittoria ed asta; a' suoi piedi un Dace inginocchiato. - COHEN, 414. BR. C[1]

5070. GRAN BRONZO. IMP. CAES. NERVAE. TRAIANO. AVG. GER. DAC. P. M. TR. P. COS. V. P. P. Testa laureata a d. ℞ S. P. Q. R. OPTIMO. PRINCIPI. S. C. Vittoria con uno scudo su cui sta scritto: VIC. DAC. - COHEN, 443. BR. C[1]

5071. GRAN BRONZO. IMP. CAES. NERVAE. TRAIANO. AVG. GER. DAC. P. M. TR. P. COS. V. P. P. Testa laureata a d. ℞ S. P. Q. R. OPTIMO PRINCIPI. S. C. Trajano a cavallo a d. che atterra un nemico. - COHEN, 467. BR. C[1]

5072. GRAN BRONZO. IMP. CAES. NERVA. TRAIANO. AVG. GER. DAC. P. M. TR. P. COS. V. P. P. Testa laureata a d. ℞ S. P. Q. R. OPTIMO. PRINCIPI. S. C. Tempio di Giove con bassorilievi e statue. - COHEN, 498. R. BR. C[1]

5073. GRAN BRONZO. IMP. CAES. NERVA. TRAIAN. AVG. GERM. P. M. Testa laureata a d. ℞ TR. POT. COS. II. P. P. S. C. Figura muliebre seduta a s. - COHEN, 513. BR. C[1]

5074. GRAN BRONZO. IMP. CAES. NERVA. TRAIAN. AVG. GERM. P. M. Busto laureato e paludato a d. ℞ TR. POT. COS. IIII. P. P. S. C. Figura muliebre seduta a s. - COHEN, 532. BR. C[2]

5075. GRAN BRONZO. IMP. CAES. NERVA. TRAIAN. AVG. GERM. P. M. Testa laureata a d. ℞ TR. POT. COS. III. P. P. S. C. Arco di trionfo su cui sonvi due carri a sei cavalli; sul frontone sei figure. - COHEN, 538. R³ BR. C¹

5076. MEDIO BRONZO. IMP. CAES. NERVA. TRAIAN. AVG. GERM. P. M. TR. P. VII. Testa radiata a d. ℞ IMP. IIII. COS. IIII. DES. V. P. P. S. C. La Fortuna seduta a s. su una seggiola, le cui gambe sono cornucopie; uno scettro nella d. - COHEN, 354. BR. C¹

5077. MEDIO BRONZO. IMP. CAES. NERVAE. TRAIANO. AVG. GER. DAC. P. M. TR. P. COS. V. P. P. Testa laureata a d. ℞ S. P. Q. R. OPTIMO. PRINCIPI. S. C. Figura muliebre astata in piedi a s. - COHEN, 406. BR. C¹

5078. MEDIO BRONZO. IMP. CAES. NERVAE. TRAIANO. AVG. GER. DAC. P. M. TR. P. COS. VII. P. P. Testa radiata a d. ℞ S. P. Q. R. OPTIMO. PRINCIPI. Trajano in quadriga a s. - COHEN, 464. BR. C¹

5079. MEDIO BRONZO. IMP. CAESAR. NERVAE. TRAIANO. AVG. GER. DAC. P. M. TR. P. COS. V. P. P. Testa radiata a d. ℞ S. P. Q. R. OPTIMO. PRINCIPI. Prigioniero seduto su uno scudo vicino ad un trofeo. - COHEN, 486. BR. C¹

5080. MEDIO BRONZO. IMP. CAES. NERVAE. TRAIANO. AVG. GER. DAC. P. M. TR. P. COS. V. P. P. Testa laureata a d. ℞ S. P. Q. R. OPTIMO. PRINCIPI. Tempio a otto colonne col frontone ornato di statue. Nell'interno statua della Pace. - COHEN, 499. BR. C¹

5081. MEDIO BRONZO. IMP. CAES. NERVAE. TRAIANO. AVG. GER. DAC. P. M. TR. P. COS. V. P. P. Busto laureato a destra con l'Egida. ℞ S. P. Q. R. OPTIMO. PRINCIPI. Scudo ovale, dietro altro scudo, falce, lancie e stendardo. - COHEN, 504. BR. C¹

5082. MEDIO BRONZO. IMP. CAES. NERVAE. TRAIANO. AVG. GER. DAC. P. M. TR. P. COS. IIII. P. P. Testa radiata a d. ℞ S. P. Q. R. OPTIMO. PRINCIPI. S. C. Trofeo. - COHEN, 505. BR. C¹

MARCIANA.

5083. GRAN BRONZO. DIVA. AVGVSTA. MARCIANA. Testa diademata a d. ℞ CONSECRATIO. Aquila colle ali spiegate. - COHEN, 10. *Logora e forata.* BR. C³

ADRIANO.

5084. AUREO. HADRIANVS. AVG. COS. III. P. P. Busto nudo a s. ℞ ADVENTVI. AVG. ITALIAE. Adriano in piedi davanti all'Italia che tiene una cornucopia; fra loro un'ara accesa. - COHEN, 61. R. ORO. C[1]

5085. AUREO. HADRIANVS AVGVSTVS. Testa laureata a d. ℞ COS. III. La lupa che allatta i gemelli. - COHEN, 184. ORO. C[1]

5086. AUREO. IMP. CAESAR. TRAIAN. HADRIANVS. AVG. Busto laureato e paludato a d. ℞ GEN. P. R. P. M. TR. P. COS. III. Genio di Roma in piedi a s. con cornucopia e corona. - COHEN, 261. ORO. C[1]

5087. AUREO. HADRIANVS. AVGVSTVS. Busto a d. ℞ COS. III. P. P. Guerriero con lancia a cavallo a d. - COHEN, 206. ORO. C[1]

5088. DENARO. HADRIANVS. AVG. COS. III. P. P. Testa laureata a d. ℞ AFRICA. L'Africa coricata a s. - COHEN, 86. R. ARG. C[1]

5089. DENARO. HADRIANVS AVGVSTVS. Testa laureata a d. ℞ COS. III. Luna falcata con sette stelle. - COHEN, 201. ARG. C[1]

5090. DENARO. Simile al precedente. ℞ COS. III. Astro sopra una luna falcata e sotto un globetto. - COHEN, 198. ARG. C[1]

5091. DENARO. Simile al precedente. ℞ COS. III. Istrumenti da sacrificio. - COHEN, 189. ARG. C[1]

5092. DENARO. Simile al precedente. ℞ COS. III. Donna in piedi a s. con un fiore, che si solleva la veste. - COHEN, 162. ARG. C[1]

5093. DENARO. Simile al precedente. ℞ COS. III. L'Abbondanza seduta a s. con cornucopia. - COHEN, 156. ARG. C[1]

5094. DENARO. Simile al precedente. ℞ COS. III. Donna astata e galeata in piedi a d. - COHEN, 144. ARG. C[1]

5095. DENARO. HADRIANVS AVG. COS. III. P. P. Testa nuda a d. ℞ FELICITAS AVG. La Felicità in piedi a s. col caduceo e con un ramo. - COHEN, 218. ARG. C[1]

5096. DENARO. HADRIANVS AVG. COS. III. P. P. Testa nuda a d. ℞ FELICITAS AVG. Adriano e la Felicità in piedi che si danno la mano. - COHEN, 220. ARG. C[1]

5096 *bis*. DENARO. HADRIANVS AVGVSTVS. Testa laureata a d. ℞ FELICITATI AVG. COS. III. P. P. Nave a s. con rematori e pilota. - COHEN, 227. *Mancante d'un pezzetto.* ARG. C[2]

5097. DENARO. IMP. CAESAR. TRAIAN. HADRIANVS AVG. Testa laureata a d. ℞ LIBERAL. AVG. III. — P. M. TR. P. COS. III.

Adriano seduto a s. sopra un palco fa una distribuzione ad un uomo stante a pie' del palco. - COHEN, 300. R. ARG. C^1

5098. DENARO. IMP. CAESAR TRAIAN. HADRIANVS AVG. Testa laureata a d. ℞ P. M. TR. P. COS. III. L'Oceano coricato a s. con un'ancora. - COHEN, 394. R. ARG. C^1

5098 *bis*. DENARO. IMP. CAESAR TRAIAN. HADRIANVS AVG. Busto laureato a d. ℞ P. M. TR. P. COS. III. La Salute seduta a s. - COHEN, 425. ARG. C^1

5099. DENARO. HADRIANVS AVG. COS. III. P. P. Testa nuda a d. ℞ RESTITVTORI GALLIAE. Adriano in piedi a d. solleva la Gallia inginocchiata. - COHEN, 452. R. ARG. C^1

5100. DENARO. Simile al precedente, colla testa laureata a d. - COHEN, 450. ARG. C^1

5101. DENARO. Simile al precedente. ℞ RESTITVTORI AFRICAE. Adriano in piedi a s. solleva l'Africa inginocchiata. - COHEN, 448. ARG. C^1

5102. DENARO. HADRIANVS AVG. COS. III. P. P. Testa nuda a d. ℞ SALVS AVG. La Salute in piedi a d. nutre un serpe. - COHEN, 479. ARG. C^1

5103. DENARO. HADRIANVS AVG. COS. III P. P. Testa nuda a d. ℞ TELLVS STABIL. Donna in piedi a s. col vomero; a destra due spiche. - COHEN, 495. R. ARG. C^1

5104. DENARO. HADRIANVS AVG. COS. III. P. P. Testa laureata a d. ℞ VICTORIA AVG. La Vittoria in piedi a s. - COHEN, 509. ARG. C^1

5105. DENARO. IMP. CAESAR. TRAIAN. HADRIANVS. AVG. Testa laureata a d. ℞ VOT. PVB. nel campo e P. M. TR. P. COS. DES. III. in giro. La Pietà in piedi a s. - COHEN, 524. ARG. C^1

5106. GRAN BRONZO. HADRIANVS AVGVSTVS. Testa laureata a d. ℞ COS. III. S. C. Roma seduta a s. - COHEN, 718. BR. C^1

5107. GRAN BRONZO. HADRIANVS AVG. COS. III. P. P. Testa laureata a d. ℞ DACIA S. C. La Dacia seduta a s. - COHEN, 771. BR. C^1

5108. GRAN BRONZO. HADRIANVS AVGVSTVS. Testa laureata a d. ℞ HILARITAS P. R. COS. III. S. C. L'Allegrezza in piedi a s. tra due fanciulle. - COHEN, 923. BR. C^1

5109. GRAN BRONZO. HADRIANVS AVG. COS. III. P. P. ℞ Leggenda scomparsa. S. C. Adriano a s. che rialza la Bitinia inginocchiata. - COHEN, 1064. R. BR. C^2

5110. MEDIO BRONZO. HADRIANVS AVG. COS. III. P. P. Testa nuda a d. ℞ AEGYPTOS S. C. L'Egitto coricato a s. - COHEN, 639. BR. C[1]

5111. MEDIO ERONZO. HADRIANVS AVGVSTVS. Testa radiata a d. ℞ COS. III. Donna seduta a s. colla cornucopia e colla bilancia nella d. - COHEN, 727. BR. C[1]

5112. MEDIO BRONZO. ℞ HILARITAS P. R. S. C. Donna in piedi fra due fanciulli. - COHEN. 924. BR. C[3]

5113. MEDIO BRONZO. IMP. CAESAR. TRAIAN. HADRIANVS AVG. P. M. TR. P. COS. III. Testa radiata a d. ℞ PIETAS AVGVSTI. S. C. La Pietà in piedi a d. dinanzi ad un altare. - COHEN, 1006. BR. C[1]

5114. MEDIO BRONZO. IMP. CAES. DIVI TRA. PARTH. F. DIVI. NER. NEP. TRAIANO. HADRIANO AVG. Busto laureato a d. ℞ PONT. MAX. TR. POT. COS. II. S. C. Aquila legionaria fra due insegne militari. - COHEN, 1027. R. BR. C[1]

5115. MEDIO BRONZO. IMP. CAESAR TRAIANVS HADRIANVS AVG. Busto laureato a d. ℞ P. M. TR. P. COS. III. S. C. Donna in piedi a s. con cornucopia. - COHEN, 1015. BR. C[1]

5115*bis*. MEDIO BRONZO. HADRIANVS AVG. COS. III. P. P. Testa a d. ℞ RESTITVTORI ACHAIAE. Adriano in piedi a s. rialza una donna inginocchiata. - COHEN, 1051. R. BR. C[1]

5116. MEDIO BRONZO. HADRIANVS AVGVSTVS. Testa laureata a d. ℞ SALVS AVGVSTI. COS. III. S. C. Donna in piedi con uno scettro vicino ad un'ara. - COHEN, 1108. BR. C[1]

5116*bis*. MEDIO BRONZO. HADRIANVS AVG. COS. III. P. P. Testa laureata a d. ℞ S. C. Diana in piedi a s. - COHEN, 1113. *Bella patina.* BR. C[1]

SABINA.

5117. DENARO. SABINA AVGVSTA. Testa diademata a d. ℞ CONCORDIA AVG. La Concordia in piedi con doppia cornucopia. COHEN, 10. ARG. C[2]

5118. DENARO. SABINA AVGVSTA. HADRIANI AVG. P. P. Busto diademato a d. colla coda. ℞ CONCORDIA AVG. La Concordia seduta a s. - COHEN, 4. ARG. C[1]

5119. MEDIO BRONZO. SABINA AVGVSTA. HADRIANI AVG. P. P. Testa diademata a d. ℞ VESTA S. C. La Dea seduta a s. - COHEN, 84. BR. C[1]

5120. GRAN BRONZO. - COHEN, 70? BR. C[3]

ELIO.

5121. DENARO. L. AELIVS CAESAR. Testa nuda a d. ℟ CONCORD. TR. POT. V. COS. II. La Concordia seduta a s. - COHEN, 7. R. ARG. C[1]

5122. GRAN BRONZO. L. AELIVS CAESAR. Testa nuda a d. ℟ TR. POT. COS. II. S. C. La Speranza in piedi a s. con un fiore, in atto di sollevare la veste. R. BR. C[1]

5123. MEDIO BRONZO. AELIVS CAESAR. Testa a d. ℟ ANNONA. TR. P. V. COS. II. Donna in piedi a s. - COHEN, 38. R. BR. C[1]

ANTONINO PIO.

5124. AUREO. ANTONINVS AVG. PIVS. P. P. TR. P. COS. III. Testa laureata a d. ℟ LIBERALITAS. AVG. III. L'Imperatore seduto a s. su un palco, l'Abbondanza in piedi e nel piano un uomo in atto di ricevere una tessera. - COHEN, 176. R[2] ORO. C[1]

5125. AUREO. ANTONINVS AVG. PIVS. P. P. Testa nuda a d. ℟ TR. POT. COS. III. Minerva galeata seduta a s. con asta, scudo e una Vittoria. - COHEN, 299. ORO. C[1]

5126. DENARO. ℟ CONSECRATIO. Rogo. - COHEN, 45. ARG. C[1]

5127. DENARO. ℟ CONSECRATIO. Aquila. - COHEN, 46; *n. 2 esempl.* ARG. C[1]

5128. DENARO. DIVVS ANTONINVS. Testa nuda a d. ℟ CONSECRATIO. Aquila sopra un cippo. - COHEN, 47; *n. 2 esempl.* ARG. C[1]

5129. DENARO. ANTONINVS AVG. PIVS. P. P. TR. P. XVII. Testa laureata a d. ℟ COS. IIII. Donna in piedi a d. con timone e cornucopia. - COHEN, 101. ARG. C[1]

5130. DENARO. DIVVS ANTONINVS. Testa a d. ℟ DIVO PIO. Antonino seduto a s. - COHEN, 137. R. ARG. C[1]

5131. DENARO. ANTONINVS AVG. PIVS. FE. IMP. P. P. Testa laureata a d. ℟ TR. POT. XIX. COS. IIII. Donna in piedi a s. con due spiche nella destra. - COHEN, 318.

5132. DENARO. ANTONINVS AVG. PIVS. P. P. COS. III. Testa laureata a d. ℟ VIRTVS AVG. Marte in piedi a s. - COHEN, 351. ARG. C[1]

5133. DENARO. ANTONINVS AVG. PIVS. P. P. Testa laureata a d. ℞ VOTA SVSCEPTA DEC. III. COS. IIII. Antonino in piedi in atto di fare un sacrificio. - COHEN, 362. ARG. C[1]

5134. DENARO. IMP. CAES. T. AEL. HAD. ANTONINVS. Busto laureato a d. ℞ TR. POT. XV. COS...... Donna in piedi a d. con due spiche ed un timone. ARG. C[1]

5135. GRAN BRONZO. IMP. CAES. T. AEL. HADR. ANTONINVS. AVG. PIVS. P. P. Testa laureata a d. ℞ TR. POT. XV. COS. IIII. S. C. nell'esergo ANNONA AVG. Annona seduta a s. con cornucopia e spiche. - COHEN, 483. BR. C[1]

5136. GRAN BRONZO. ℞ APOLLINI AVGVSTO S. C. Apollo in piedi a s. - COHEN, 488. R. BR. C[1]

5137. GRAN BRONZO. ANTONINVS. AVG. PIVS. P. P. TR. P. Testa laureata a d. ℞ COS. IIII. S. C. La Sicurezza seduta a s. con scettro. - COHEN, 553. BR. C[1]

5138. GRAN BRONZO. ℞ GENIO SENATVS S. C. Figura in piedi a s. con uno scettro ed un ramo. - COHEN, 603. BR. C[1]

5139. GRAN BRONZO. ℞ MONETA AVG. S. C. La Moneta in piedi a s. - COHEN, 691. BR. C[1]

5140. GRAN BRONZO. ANTONINVS AVG. PIVS. P. P. TR. P. COS. III. Testa laureata a d. ℞ ROMAE AETERNAE S. C. Tempio decastilo. - COHEN, 772. R. BR. C[1]

5141. GRAN BRONZO. ANTONINVS AVG. PIVS. FE. TR. P. COS. III. Busto laureato a d. ℞ ROMVLO AVGVSTO S. C. Marte coll'asta e con un trofeo, gradiente a d. - COHEN, 774. R. BR. C[1]

5142. GRAN BRONZO. DIVVS ANTONINVS. Testa nuda a d. ℞ CONSECRATIO S. C. Rogo. - COHEN. 517. BR. C[1]

5143. MEDIO BRONZO. ANTONINVS AVG. PIVS. P. P. TR. P. COS. III. ℞ GENIVS POPVLI ROMANI S. C. Figura in piedi con cornucopia e scettro. INEDITA? BR. C[1]

5144. MEDIO BRONZO. ANTONINVS. AVG. PIVS. P. P. TR. P. COS. III. Testa laureata a d. ℞ IMPERATOR. II. Nell'esergo IOVI. VIC. Giove seduto a s. con *Vittoria* e asta. INEDITA? BR. C[1]

5145. MEDIO BRONZO. ANTONINVS. AVG. PIVS. P. P. TR. P. XVII. Testa laureata a d. ℞ ANNONA. AVG. S. C. L'Abbondanza in piedi a d. con *modio* e un ramo. - COHEN, 480. *Bella patina.* BR. C[1]

ANTONINO E MARCO AURELIO.

5146. DENARO. ANTONINVS AVG. PIVS P. P. TR. P. COS....... Testa laureata a d. ℞ AVRELIVS CAESAR AVG. PII. F. COS. Testa nuda a d. R[2] ARG.

5147. GRAN BRONZO. BR. C[2]

FAUSTINA SENIOR.

5148. DENARO. ℞ AVGVSTA. Donna in piedi a s. con una fiaccola. - COHEN, 31. ARG. C[1]
5149. DENARO. DIVA FAVSTINA. Testa a d. ℞ AVGVSTA. Figura muliebre in piedi accanto a un'ara accesa. - COHEN, 40. ARG. C[1]
5150. DENARO. DIVA. FAVSTINA. Busto a d. ℞ AVGVSTA. Donna seduta a s. con patera e scettro. - COHEN, 41. ARG. C[1]
5151. DENARO. ℞ CERES. Cerere in piedi a s. - COHEN, 57. ARG. C[1]
5152. GRAN BRONZO. DIVA FAVSTINA. Busto velato e diademato a d. ℞ AETERNITAS. S. C. Donna seduta a s. con globo e scettro. - COHEN, 146. R. BR. C[1]
5153. GRAN BRONZO. DIVA FAVSTINA. Busto a d. ℞ Tempio esastilo. - COHEN, 177. R. BR. C[2]
5154. GRAN BRONZO. DIVA FAVSTINA. Testa a d. ℞ AVGVSTA. S. C. La Pietà in piedi a s. presso un'ara. - COHEN, 203. BR. C[1]
5155. GRAN BRONZO. DIVA. FAVSTINA. Testa a d. ℞ IVNO. S. C. Giunone astata, con corona, in piedi a s. - COHEN, 236. *Bella patina.* BR. C[1]
5156. GRAN BRONZO. ℞ AVGVSTA S. C. Faustina in piedi a s. collo scettro e col palladio? nella destra. - COHEN, 201. BR. C[1]
5157. GRAN BRONZO. DIVA FAVSTINA. Testa a d. ℞ AETERNITAS S. C. L'Eternità in piedi a s. - COHEN, 141. BR. C[1]
5158. GRAN BRONZO. Simile al precedente. BR. C[1]

MARCO AURELIO.

5159. AUREO. M. ANTONINVS. AVG. TR. P. XXIII. Testa laureata a d. ℞ FELICITAS. AVG. COS. III. Figura muliebre in piedi con asta e caduceo. - COHEN, 73. ORO. C[1]
5160. AUREO. AURELIVS. CAE. ANTON. AVG. P. FE. Testa nuda a d. ℞ TR. POT. XII. COS. II. Figura muliebre con lira e patera a s. - COHEN, 248. R. ORO. C[1]

5161. DENARO. ANTONINVS. AVG. ARMENIACVS. Testa laureata a d. ℞ P. M. TR. P. XIX. IMP. II. COS. III. Nell' esergo ARMEN. L'Armenia seduta a terra a s.; davanti uno stendardo ed un arco. - COHEN, 4. ARG. C¹

5162. DENARO. DIVVS. M. ANTONINVS. PIVS. Testa a d. ℞ CONSECRATIO. Aquila a s. - COHEN, 25. ARG. C¹

5163. DENARO. DIVVS. M. ANTONINVS. PIVS. Testa a d. ℞ CONSECRATIO. Aquila con corona d'alloro nel rostro. - COHEN, 26. ARG. C¹

5164. DENARO. DIVVS. M. ANTONINVS. PIVS. Testa a d. ℞ CONSECRATIO. Rogo di quattro piani ornato di statue e panneggiato. - COHEN, 34. ARG. C¹

5165. DENARO. AVRELIVS. CAESAR. P. P. F. E. Testa a d. ℞ COS. II. Figura muliebre a s. con cornucopia. - COHEN, 40. ARG. C¹

5166. DENARO. IMP. M. AVREL. ANTONINVS. AVG. Testa a d. ℞ PROV. DEOR. TR. P. XVI. COS. III. La Provvidenza in piedi a s. con globo e cornucopia. - COHEN, 185. ARG. C¹

5167. DENARO. AVRELIVS. CAESAR. AVG. PII. F. Testa a d. ℞ TR. POT. COS. II. Figura muliebre in piedi a d. - COHEN, 206. ARG. C¹

5168. DENARO. AVRELIVS. CAES. ANTON. AVG. PII. F. Testa nuda a d. ℞ TR. POT. X. COS. II. Guerriero a s. con *parazonio* e asta - COHEN, 242. ARG. C¹

5169. DENARO. M. ANTONINVS. AVG. GERM. S. ARM. Testa laureata a d. ℞ TR. P. XXXI. IMP. VIII. COS. III. P. P. Vittoria a s. con corona e cornucopia. - COHEN, 329. ARG. C¹

5170. DENARO. IMP. M. ANTONINVS. AVG. TR. P. XXV. Testa laureata a d. ℞ VOTA. SVSCEPT. DECENN. II. - COHEN, 359. ARG. C¹

5171. DENARO. IMP. CAES. M. AVREL. ANTONINVS AVG. Testa laureata a d. ℞ CONCORD. AVG. TR. P. XI. COS. III. La Concordia seduta a s. ARG. C¹

5172. GRAN BRONZO. M. AVREL. ANTONINVS. AVG. TR. P. XXXII. Testa laureata a d. ℞ FELICITAS. AVG. IMP. VIIII. COS. III. P. P. S. C. La Felicità in piedi a s. con scettro e ramo d'ulivo. - COHEN, 468. BR. C¹

5173. GRAN BRONZO. ℞ FELICITAS AVG. IMP. X. COS. III. P. P. Donna in piedi a s. con caduceo e scettro. - COHEN, 471. BR. C¹

5174. GRAN BRONZO. M. ANTONINVS. AVG. ARM. PARTTH. MAX. Testa laureata a d. ℞ TR. POT. XXII. IMP. V. COS. III. Nell'esergo FORT. RED. La Fortuna seduta a s. con cornucopia e timone. - COHEN, 485. BR. C[1]

5175. GRAN BRONZO. M. ANTONINVS. AVG. TR. P. XXIIII. Testa laureata a d. ℞ SALVTI. AVG. COS. III. S. C. La Salute astata in piedi a d. - COHEN, 620. BR. C[1]

5176. GRAN BRONZO. M. AVREL. ANTONINVS. AVG. ARMENIACVS. P. M. Testa laureata a d. ℞ TR. POT. XIX. IMP. II. COS. III. S. C. Marco Aurelio in abito militare fra quattro insegne. - COHEN, 724. *Bella patina.* BR. C[1]

5177. GRAN BRONZO. M. AVREL. ANTONINVS. AVG. ARMENIACVS. P. M. Testa laureata a d. ℞ TR. P. XVIII. IMP. II. COS. III. S. C. Guerriero galeato ed astato a d. - COHEN, 753. BR. C[1]

5178. GRAN BRONZO. IMP. CAES. M. AVREL. ANTONINVS AVG. P. M. Testa a d. ℞ CONCORD. AVGVSTOR. TR. P. XVI. COS. III. Marco Aurelio che si danno la mano. BR. C[1]

5179. GRAN BRONZO. M. AVREL. ANTONINVS PIVS. AVG. BRIT. Testa laureata a d. ℞ SECVRITATI PERPETVAE. La Sicurezza seduta a d. R. BR. C[1]

5180. MEDIO BRONZO. M. ANTONINVS. AVG. TR. P. XXVII. Testa radiata a d. ℞ .... VI. — COS. II. Giove seduto a s. con scettro e Vittoria. - COHEN, 510. BR. C[1]

5181. MEDIO BRONZO. AVRELIVS. CAESAR. AVG. P. II. F. COS. Testa giovanile a d. ℞ S. C. nell'esergo *Anfora, lituo, simpulo.* - COHEN, 588. BR. C[1]

5182. MEDIO BRONZO. M. ANT. AVG. TR. P. COS. IIII. Testa radiata a d. ℞ SALVTI. AVGVSTAE. S. C. La Salute a s. - COHEN, 619. BR. C[1]

5183. MEDIO BRONZO. IMP. CAES. M. AVREL. ANTONINVS AVG. P. M. Testa radiata a d. ℞ SALVTI. AVGVSTOR. TR. P. XVI. COS. III. S. C. - COHEN, 627. BR. C[1]

5184. MEDIO BRONZO. M. AVREL. ANTONINVS. AVG. ARM. PARTH. MAX. Testa radiata a d. ℞ TR. POT. XX. IMP. IIII. COS. III. S. C. Vittoria seminuda in piedi a s. con palma; sullo scudo si legge VIC. DAR. - COHEN, 729. BR. C[1]

FAUSTINA (juniore).

5185. AUREO. FAVSTINA. AVGVSTA. Testa nuda a d. ℞ SALVTI. AVGVSTAE. La Salute seduta a s. dà da mangiare a un serpente. - COHEN, 73. ORO. C[1]

5186. DENARO. DIVA. FAVSTINA. PIA. Testa a d. ℞ CONSECRATIO. Pavone a d. - COHEN, 26. ARG. C[1]

5187. DENARO. ℞ SAECVLI FELICIT. Commodo e Antonino fanciulli sopra un trono. - Cohen, 69; *n. 2 esempl.*
ARG. C^1 e C^2

5188. DENARO. FAVSTINAE. AVG. PII. AVG. FIL. Busto diademato a d. ℞ PVDICITIA. La Pudicizia velata in piedi a s. - Cohen, supp. 7. ARG. C^1

5189. DENARO. ℞ CERES. Cerere seduta a s. - Cohen, 13.
ARG. C^2

5190. GRAN BRONZO. FAVSTINA AVG. PII. AVG. FIL. Busto a d. ℞ VENVS. S. C. Venere in piedi a s. BR. C^1

5191. GRAN BRONZO. ℞ CERES. S. C. Cerere seduta a s. - Cohen, 133. BR. C^2

5192. GRAN BRONZO. ℞ FECVNDITAS. AVGVSTAE. Donna in piedi a s. con due fanciulli in braccio, e due presso a' suoi piedi. - Cohen, 161. BR. C^1

5193. GRAN BRONZO. ℞ HILARITAS. S. C. L'Allegrezza in piedi a s. - Cohen, 167. BR. C^1

5194. GRAN BRONZO. ℞ SAECVLI FELICIT. S. C. Trono coi fanciulli Commodo e Antonino. - Cohen, 204. BR. C^2

5195. GRAN BRONZO. ℞ SALVTI AVGVSTAE. S. C. La Salute seduta a s. - Cohen, 206. BR. C^1

5196. GRAN BRONZO. ℞ VENVS. S. C. Venere in piedi a s. - Cohen, 229. BR. C^1

5197. MEDIO BRONZO. CONSECRATIO S. C. Donna in piedi a s. che fa un sagrificio sopra un'ara. - Cohen, 219. R. BR. C^1

LUCIO VERO.

5198. AUREO. L. VERVS. AVG. ARMENIACVS. Testa nuda a d. ℞ TR. P. IIII. IMP. II. COS. II. Vittoria che tiene uno scudo sul quale è scritto VIG. AVG. - Cohen, 56. ORO. C^1

5199. DENARO. L. VERVS AVG..... PARTH. MAX. Testa laureata a d. ℞ TR. P. V. IMP. III. COS. II. Prigioniero seduto a d.
ARG. C^1

5200. GRAN BRONZO. IMP. CAES. L. AVREL. VERVS AVG. Busto laureato a d. ℞ PROV. DEOR. TR. P. COS. II. S. C. La Providenza in piedi a s. con globo e cornucopia. - Cohen, 167.
BR. C^1

5201. GRAN BRONZO. IMP. CAES. L. AVREL. VERVS. AVG. P. M. TR. POT. COS. Testa laureata a d. ℞ RE · ARM. DAT. TR. P. IIII.

IMP. II. COS. II. Lucio Vero seduto sopra un palco con tre personaggi in piedi; più basso il re di Armenia in piedi. - COHEN. 169. R[2] BR. C[1]

5202. MEDIO BRONZO. IMP. CAES. L. AVREL. VERVS. AVG. Testa radiata a d. ℞ CONCORD. AVGVSTOR. TR. P. COS. II. S. C. Lucio Vero e Marco Aurelio che si danno la mano. - COHEN, 117. BR. C[1]

5203. MEDIO BRONZO. L. VERVS. AVG. ARMENIACVS. PARTH. P. M. TR. P. Testa radiata a d. ℞ Vittoria che scrive sopra uno scudo VIC. PAR. - S. C. - COHEN, 197. BR. C[2]

5204. MEDIO BRONZO. L. VERVS. AVG. ARMENIACVS. Testa nuda a d. ℞ TR. P. IIII. IMP. II. COS. II. S. C. Vittoria a s. - COHEN. 215. BR. C[1]

LUCILLA.

5205. DENARO. LVCILLA AVGVSTA. Testa a d. ℞ PVDICITIA. La Pudicizia seduta a s. - COHEN, 24. ARG. C[1]

5206. GRAN BRONZO. LVCILLA AVGVSTA. Busto a d. ℞ Iscrizione scomparsa S. C. Donna seduta a d. con tre fanciulli, due in piedi ed uno in braccio. - COHEN, 50. BR. C[2]

5207. GRAN BRONZO. - COHEN, 81. BR. C[2]

COMMODO.

5208. DENARO. M. COMMODVS. ANTONINVS AVG. Testa laureata a d. ℞ LIB. AVG. V. TR. P. VII. IMP. IIII. COS. III. P. P. La Libertà in piedi a s. - COHEN, 88. ARG. C[1]

5209. DENARO. M. COMMODVS. ANTON. AVG. PIVS. Testa laureata a d. ℞ P. M. TR. P. VIIII. IMP. VI. COS. IIII. P. P. Vittoria in piedi a d. con scudo e palma; sotto un prigioniero. - COHEN, 140. ARG. C[1]

5210. GRAN BRONZO. M. COMMODVS ANT. P. FELIX. AVG. BRIT. Testa laureata a d. ℞ FID. EXERCIT. all'esergo P. M. TR. P. XI. IMP. VII. COS. V. P. P. S. C. Commodo in piedi a s. sopra un palco arringa cinque soldati. - COHEN, 516. R[2] BR. C[1]

5211. GRAN BRONZO. M. COMMOD. ANT. P. FELIX. AVG. BRIT. Testa laureata a d. ℞ FORT. FELIX. P. M. TR. P. XIIII. IMP. VIII. COS. V. DESIG. VI. S. C. La Fortuna in piedi a s. colla cornucopia e col piede sopra una prora di nave. - COHEN, 521. BR. C[1]

5212. GRAN BRONZO. M. COMMODVS ANTONINVS AVG. Testa laureata a d. ℞ LIBERALITAS AVG. all'esergo TR. P. V. IMP. VI. COS. II. P. P. L'imperatore seduto a s. sopra un palco fra due persone in piedi ed un'altra a pie' della scala. - COHEN, 596. R[2] BR. C[1]

5213. GRAN BRONZO. M. COMMODVS ANT. P. FELIX AVG. BRIT. Testa laureata a d. ℞ COMMODVS AVG. P. M. TR. P. XII. IMP. VIII. COS..... S. C. Donna in piedi a d. con asta e *Victoriola*. - COHEN, 624. BR. C[2]

5214. MEDIO BRONZO. - COHEN. 453. BR. C[2]

5215. MEDIO BRONZO. COMMODO CAES. AVG. FIL. GERM. SARM. Testa nuda ed imberbe a d. ℞ EQVESTER ORDO PRINCIPI IVVENT. S. C. Sopra uno scudo. - COHEN, 498. R. BR. C[1]

CRISPINA.

5216. DENARO. CRISPINA AVGVSTA. Busto a d. ℞ DIS GENITALIBVS. Ara accesa. - COHEN, 9. R. ARG. C[1]

5217. DENARO. ℞ IVNO. Giunone in piedi a s. col pavone. ARG. C[2]

5218. GRAN BRONZO. CRISPINA AVGVSTA. Busto a d. ℞ SALVS S. C. La Salute seduta a s. R. BR. C[1]

5219. GRAN BRONZO. CRISPINA AVG. IMP. COMMODI AVG. Busto a d. ℞ La Salute seduta a s. - COHEN, 39. R. BR. C[2]

5220. MEDIO BRONZO. R. BR. C[2]

PERTINACE.

5221. DENARO. IMP. CAES. P. HELV. PERTIN. AVG. Testa laureata a d. ℞ VOT. DECEN. TR. P. COS. II. L'imperatore in atto di fare un sagrificio. COHEN, 23. R[4] ARG. C[1]

CLODIO ALBINO.

5222. DENARO. IMP. CAES. D. CLO. SEP. ALB. AVG. Testa laureata a d. ℞ FIDES LEGION. COS. II. Due mani congiunte. - COHEN, 14. R[2] ARG. C[1]

5223. DENARO. D. CL. SEPT. ALBIN. CAES. Testa nuda a d. ℞ MINER. PACIF. COS. II. Minerva galeata in piedi a s. con ramo d'ulivo, scudo e lancia. - COHEN, 26. ARG. C[1]

SETTIMIO SEVERO.

5224. DENARO. L. SEPT. SEV. FERT. AVG. IMP. VIII. Testa laureata a d. ℟ ADVENTVI. AVG. FELICISSIMI. Severo a cavallo a d. - COHEN, 10. ARG. C[1]

5225. DENARO. ℟ AEQVITATI AVGG. L'Equità in piedi a s. COHEN, 20. ARG. C-

5226. DENARO. ℟ CONSECRATIO. Rogo. - COHEN, 59. R. ARG. C[1]

5227. DENARO. ℟ IN CARTH. nell'esergo, INDVLGENTIA AVGG. in giro. Cibele sopra il leone. - COHEN, 131. ARG. C[1]

5228. DENARO. ℟ IOVI PROPVGNATORI. Giove gradiente a d. col fulmine. - COHEN, 149. ARG. C[1]

5229. DENARO. SEPT. SEV. AVG. IMP. XI. PART. MAX. Testa laureata a d. ℟ MONETA AVGG. La Moneta seduta a s. - COHEN, 222. ARG. C[1]

5230. DENARO. ℟ PART. MAX. P. M. TR. P. VIIII. Due prigionieri a' piedi di un trofeo. - COHEN, 237. ARG. C[1]

5231. DENARO. SEVERVS AVG. PART. MAX. Testa laureata a d. ℟ P. M. TR. P. VIII. COS. II. P. P. Vittoria in piedi a s. - COHEN, 280. ARG. C[1]

5232. DENARO. SEVERVS. PIVS. AVG. Testa laureata a d. ℟ P. M. TR. P. XII. COS. III. P. P. Giove nudo in piedi a s. col fulmine e lo scettro. - COHEN, 311. ARG. C[1]

5233. DENARO. ℟ P. M. TR. P. XVI. COS. III. P. P. Donna seduta a s. - COHEN, 318. ARG. C[1]

5234. DENARO. SEVERVS PIVS. AVG. Testa laureata a d. ℟ P. M. TR. P. XVIII. COS. III. P. P. Donna seduta a s. - COHEN, 383. ARG. C[1]

5235. DENARO. SEVERVS. PIVS. AVG. Testa laureata a d. ℟ VICT. PART. MAX. Vittoria alata con corona in mano. - COHEN, 428. ARG. C[1]

5236. GRAN BRONZO. ℟ P. M. TR. P. XVIII. COS. III. P. P. S. C. L'Abbondanza seduta a d.; dinanzi un amorino. - COHEN, 595. R. BR. C[1]

5237. GRAN BRONZO. ℟ SAECVLI FELICITAS. S. C. La Felicità in piedi a s. con caduceo e cornucopia. - COHEN, 623. BR. C[1]

JULIA DOMNA.

5238. DENARO. ℞ CERERI. FRVGIF. Cerere seduta a s. astata e con spiche nella mano destra. - COHEN, 11. ARG. C[1]

5239. DENARO. IVLIA. PIA. FELIX. AVG. Testa a d. ℞ DIANA. LVCIFERA. Diana in piedi a s. con fiaccola. - COHEN, 19. ARG. C[1]

5240. DENARO. IVLIA. AVGVSTA. Busto a d. ℞ LAETITIA. La Gioia in piedi a s. con timone e corona. - COHEN, 51. ARG. C[1]

5241. DENARO. IVLIA AVGVSTA. Testa a d. ℞ HILARITAS. L'Ilarità in piedi a s. con palma e cornucopia; ai piedi due fanciulli. - COHEN, 39. ARG. C[1]

5242. DENARO. IVLIA. AVGVSTA. Testa a d. ℞ MATER. DEVM. Cibele turrita a s. fra due leoni con ramo e scettro, il gomito sinistro tiene appoggiato sul *Tympanon*. - COHEN. 63. ARG. C[1]

5243. DENARO. ℞ VENVS. GENETRIX. Venere seduta a s. astata con un amorino ai piedi. - COHEN, 110. ARG. C[1]

5244. DENARO. ℞ VENVS. FELIX. Venere in piedi a s. - COHEN, 105. ARG. C[1]

5245. DENARO. ℞ VESTA. Vesta seduta a s. - COHEN, 119. ARG. C[1]

5246. DENARO. ℞ VESTAE. SANCTAE. Vesta in piedi a s. con patera e cornucopia. - COHEN, 125. ARG. C[1]

5247. GRAN BRONZO. IVLIA PIA. FELIX AVG. Testa a d. ℞ IVNONEM S. C. Giunone in piedi a s. con patera e scettro; a' suoi piedi un pavone. BR. C[1]

5248. GRAN BRONZO. IVLIA AVGVSTA. Busto a d. ℞ HILARITAS. L'Allegrezza in piedi a s. con lunga palma e cornucopia. - COHEN, 152. R. BR. C[1]

5249. GRAN BRONZO. IVLIA. PIA. FELIX. AVG. Testa a d. ℞ IVNO. S. C. Giunone in piedi a s. con patera ed asta. - COHEN, 154. BR.

CARACALLA.

5250. DENARO. ℞ MONETA. AVG. Figura in piedi della Moneta con bilancia e cornucopia. - COHEN, 110. ARG. C[1]

5251. DENARO. ANTONINVS. PIVS. AVG. Testa laureata a d. ℞ PART. MAX. PONT. TR. P. V. Prigionieri legati ai piedi di un trofeo. - COHEN, 119. ARG. C[1]
5252. DENARO. ANTONINVS. PIVS. AVG. GERM. Testa laureata a d. ℞ P. M. TR. P. XVIII. COS. IIII. P. P. Apollo in piedi a s. con ramo d'ulivo e lira. - COHEN, 174. ARG. C[1]
5253. DENARO. ANTONINVS. PIVS. AVG. GERM. Testa laureata a d. ℞ P. M. TR. P. XVIII. COS. VIII. P. P. Il sole in piedi a d. tiene un globo nella sinistra mano, e la destra è alzata. - COHEN, 179. ARG. C[1]
5254. DENARO. ANTONINVS. AVGVSTVS. Testa laureata a d. ℞ PONTIF. TR. P. III. Figura virile nuda in piedi a s. con asta. - COHEN, 243. ARG.
5255. DENARO. ANTONINVS. PIVS. AVG. Testa a d. ℞ PONTIF. TR. P. VIII. COS. II. Figura muliebre seduta a s. - COHEN, 251. ARG. C[1]
5256. DENARO. ANTONINVS. PIVS. AVG. BRIT. Testa laureata a d. ℞ PROFECTIO AVG. Caracalla in piedi a d. con asta inclinata, dietro due insegne. - COHEN, 293. ARG. C[1]
5257. DENARO. ANTONINVS. PIVS. AVG. Testa laureata a d. ℞ PONTIF. TR. P. XI. COS. III. Nell'esergo PROF, nel campo A. L'Imperatore a cavallo a d. - COHEN, 296, ARG. C[1]
5258. DENARO. ANTONINVS. PIVS. AVG. Testa laureata a d. ℞ RECTOR. ORBIS. - COHEN, 305. ARG. C[1]
5259. DENARO. ANTONINVS. AVGVSTVS. Busto laureato a d. ℞ SECVRIT. ORBIS. La Sicurezza seduta a s. - COHEN, 323. ARG. C[1]
5260. MEDIO BRONZO. ANTONINVS. PIVS. AVG. BRIT. Testa laureata a d. ℞ P. M. TR. P. XVI. COS. IIII. P. P. S. C. Marte in piedi a s. con Vittoria ed asta; a' suoi piedi un prigioniero seduto colle mani legate al dorso. - COHEN, 431. BR. C[1]

PLAUTILLA.

5261. DENARO. PLAVTILLA AVGVSTA. Testa a d. ℞ CONCORDIA FELIX. - COHEN, 9. ARG. C[1]
5262. DENARO. PLAVTILLAE. AVGVSTAE. Testa a d. ℞ CONCORDIAE. AETERNAE. Caracalla e Plautilla che si danno la mano; *n. 2 esempl.* ARG. C[1]
5263. DENARO. PLAVTILLA. AVGVSTA. Testa a d. ℞ VENVS. VICTRIX. Venere in piedi a s.; a' suoi piedi Cupido. - COHEN. 18. ARG. C[1]

GETA.

5264. DENARO. P. SEPT. GETA. CAES. PONT. Busto paludato a d. ℞ FELICITAS. AVGG. La Felicità in piedi con caduceo e cornucopia. - COHEN, 15. ARG. C[1]

5265. DENARO. P. SEPT. GETA. CAES. AVG. Testa a d. ℞ NOBILITAS. La Nobiltà in piedi colla stola e un'asta nella destra, una *Victoriola* nella sinistra. - COHEN, 48. ARG. C[1]

5266. DENARO. ℞ PONTIF. TR. P. II. COS. II. Donna in piedi a s. con cornucopia e caduceo. - COHEN, 71. ARG. C[1]

5267. DENARO. P. SEPT. GETA. CAES. PONT. Testa a d. ℞ PRINC. IVVENTVTIS. Geta vicino ad un trofeo. - COHEN, 77. ARG. C[1]

5268. DENARO. P. SEPT. GETA. CAES. PONT. Testa a d. ℞ SECVRIT. IMPERII. La Sicurezza seduta a s. con un globo nella mano d. - COHEN, 85. ARG. C[1]

5269. DENARO. P. SEPT. GETA. CAES. PONT. Busto nudo e paludato a d. ℞ VICT. AETERN. Vittoria volante a s. con palma, davanti uno scudo. - COHEN, 103. ARG. C[1]

MACRINO.

5270. DENARO. ℞ PONTIF. MAX. TR. P. COS. P. P. La Sicurezza in piedi a s. - COHEN, 31. R. ARG. C[1]

5271. MEDIO BRONZO. IMP. CAES. M. OPEL. SEV. MACRINVS. AVG. Busto laureato a d. ℞ PONTIF. MAX. TR. P. COS. II. P. P. S. C. La Felicità in piedi a s. - COHEN, 108. R. BR. C[1]

ELAGABALO.

5272. DENARO. ℞ FIDES EXERCITVS. - COHEN, 20. ARG. C[1]

5273. DENARO. ℞ LIBERTAS AVG. La Libertà in piedi a s. - COHEN, 55. ARG. C[1]

5274. DENARO. IMP. CAES. M. AVR. ANTONINVS AVG. Testa radiata a d. ℞ MARS VICTOR. Marte con asta e trofeo gradiente a d. - COHEN, 61. ARG. C[1]

5275. DENARO. ℞ P. M. TR. P. V. COS. IIII. P. P. L'Imperatore in atto di fare un sagrificio davanti ad un'ara. - COHEN, 105. R. ARG. C[2]

5276. DENARO. SALVS ANTONINI AVG. La Salute in piedi a s. ARG. C[1]

GIULIA PAOLA.

5277. DENARO. IVLIA PAVLA. AVG. Busto a d. ℞ CONCORDIA. La Concordia seduta a s. Nel campo una stella. - COHEN, 2. ARG. C¹

JULIA SOEMIA.

5278. DENARO. IVLIA SOEMIAS AVG. Testa a d. ℞ VENVS CAELESTIS. Venere in piede a s. - COHEN, 5. ARG. C¹

5279. GRAN BRONZO. IVLIA SOEMIAS AVG. Testa diademata a d. ℞ VENVS CAELESTIS. S. C. Venere seduta a s. con un pomo ed uno scettro; a' suoi piedi un fanciullo. - COHEN, 17. R² BR. C¹

JULIA MAESA.

5280. DENARO. IVLIA. MAESA. AVG. Testa a d. ℞ FECVNDITAS. AVG. La Fecondità in piedi. - COHEN, 4. ARG. C¹

5281. DENARO. IVLIA. MAESA. AVG. Busto a d. ℞ PIETAS. AVG. La Pietà in piedi a s. - COHEN, 12. ARG. C¹

5282. DENARO. IVLIA. MAESA. AVG. Busto a d. ℞ SAECVLI FELICITAS. La Felicità in piedi a s. - COHEN, 17. ARG. C¹

ALESSANDRO SEVERO.

5283. DENARO. ℞ ANNONA AVG. Donna in piedi a s. con un timone ed una cornucopia. - COHEN, 17. R. ARG. C¹

5284. DENARO. ℞ FIDES MILITVM. - COHEN, 27. ARG. C¹

5285. DENARO. ℞ IOVI PROPVGNATORI. Giove in atto di scagliare il fulmine a d. - COHEN, 42. ARG. C¹

5286. DENARO. ℞ MARTI PACIFERO. Marte in piedi a d. con asta ed un ramo d'ulivo. - COHEN, 70. ARG. C¹

5287. DENARO. ℞ P. M. TR. P. COS. P. P. La Salute seduta a s. - COHEN, 93. ARG. C¹

5288. DENARO. ℞ SPES PVBLICA. La Speranza in piedi a s. - COHEN, 199. ARG. C¹

5289. DENARO. ℞ VIRTVS AVG. Marte gradiente a d. con asta e trofeo. - COHEN, 221. R. ARG. C¹

5290. DENARO. DIVO ALEXANDRO. Testa radiata a d. ℞ CONSECRATIO. Aquila colle ali spiegate. - COHEN, 463. ARG. C[1]
5291. GRAN BRONZO. ℞ IVSTITIA AVGVSTI. S. C. La Giustizia seduta a s. - COHEN, 270. BR. C[2]
5292. GRAN BRONZO. ℞ MARS VLTOR. S. C. Marte gradiente a d. con asta e scudo. - COHEN, 293. BR. C[1]
5293. GRAN BRONZO. IMP. ALEXANDER PIVS AVG. Testa laureata a d. ℞ MARS VLTOR. Marte coll'elmo, con asta, un'insegna militare e lo scudo. - COHEN. 296. BR. C[1]
5294. GRAN BRONZO. ℞ P. M. TR. P. VIII. COS. III. P. P. S. C. Il Valore in piedi a s. - COHEN, 363. BR. C[1]
5295. GRAN BRONZO. IMP. SEV. ALEXANDER AVG. Testa laureata a d. ℞ P. M. TR. P. VIII. COS. III. P. P. S. C. Alessandro in quadriga a d. - COHEN, 368. R[2] BR. C[1]
5296. GRAN BRONZO. IMP. SEV. ALEXANDER AVG. Testa laureata a d. ℞ P. M. TR. P. VIIII. COS. III. P. P. S. C. Figura virile in piedi a s. collo scettro. - COHEN, 371. BR. C[1]
5297. GRAN BRONZO. ℞ PROFECTIO AVGVSTI. S. C. Alessandro a cavallo a d. - COHEN, 424. R. BR. C[2]
5298. GRAN BRONZO. ℞ VICTORIA AVGVSTI. S. C. Vittoria a s. - COHEN, 451. BR. C[1]
5299. GRAN BRONZO. ℞ VICTORIA AVGVSTI. S. C. Vittoria in piedi a d. scrivente sopra uno scudo VOT. X. - COHEN, 453. R. BR. C[1]
5300. GRAN BRONZO. *N. 3 esempl. diversi.* BR. C[2]
5301. MEDIO BRONZO. IMP. SEV. ALEXANDER. AVG. Testa laureata a d. ℞ P. M. TR. P. VIII. COS. III. P. P. S. C. L'imperatore in quadriga a d. - COHEN, 369. R[2] BR. C[1]
5302. MEDIO BRONZO. ℞ P. M. TR. P. VIIII. COS. III. P. P. S. C. La Giustizia seduta a s. con patera e scettro. - COHEN, 375. BR. C[1]
5303. MEDIO BRONZO. IMP. ALEXANDER PIVS AVG. Testa radiata a d. ℞ SPES PVBLICA. S. C. La Speranza in piedi a s. - COHEN, 447. BR. C[1]

JULIA MAMAEA.

5304. DENARO. IVLIA MAMAEA. AVG. ℞ FELICITAS. PVBLICA. La Felicità in piedi a s. - COHEN, 5. ARG. C[1]
5305. DENARO. IVLIA. MAMAEA. AVG. Testa a d. ℞ IVNO. CONSERVATRIX. Giunone astata in piedi a s. con un pavone. - COHEN, 11. ARG. C[1]

5306. DENARO. ℞ VESTA. - COHEN, 27. *Mancante d'un pezzetto.* ARG. C[1]

5307. GRAN BRONZO. IVLIA. MAMAEA. AVGVSTA. Testa a d. ℞ FELICITAS. PVBLICA. S. C. La Felicità in piedi a s. con caduceo e cornucopia. - COHEN, 41; *n. 2 esempl.* BR. C[1]

5308. GRAN BRONZO. ℞ FELICITAS. PVBLICA. S. C. La Felicità in piedi a s. con caduceo ed appoggiata ad una colonna. BR. C[2]

5309. GRAN BRONZO. ℞ FECVNDITAS AVGVSTAE. S. C. L'Augusta in piedi con cornucopia; a' suoi piedi un fanciullo. - COHEN, 34. BR. C[1]

5310. GRAN BRONZO. ℞ VENERI FELICI S. C. Venere in piedi con uno scettro ed una *Victoriola.* - COHEN, 61. BR. C[2]

5311. MEDIO BRONZO. ℞ FELICITAS PVBLICA. S. C. La Felicità seduta a s. - COHEN, 45. BR. C[1]

MASSIMINO I.

5312. DENARO. ℞ PAX AVGVSTI. Donna in piedi con un ramo d'ulivo a d. - COHEN, 14. ARG. C[1]

5313. DENARO. P. M. TR. P. P. P. e P. M. TR. P. II. COS. P. P. L'imperatore in piedi tra due insegne militari. - COHEN, 18 e 21; *n. 2 esempl.* ARG. C[1]

5314. DENARO. ℞ PROVIDENTIA AVG. La Provvidenza in piedi a s. - COHEN, 29. ARG. C[1]

5315. DENARO. ℞ SALVS AVGVSTI. La Salute seduta a s. - COHEN, 32. ARG. C[1]

5316. DENARO. ℞ VICTORIA AVG. La Vittoria gradiente a d. - COHEN, 37. ARG. C[1]

5317. DENARO. ℞ VICTORIA GERM. Vittoria in piedi a s. - COHEN, 40. ARG. C[1]

5318. GRAN BRONZO. IMP. MAXIMINVS PIVS AVG. Testa laureata a d. ℞ PROVIDENTIA AVG. S. C. La Provvidenza in piedi a s. - COHEN, 80. BR. C[1]

5319. GRAN BRONZO. MAXIMINVS PIVS AVG. GERM. Busto laureato a d. ℞ SALVS AVGVSTI S. C. La Salute seduta a s. - COHEN, 86. BR. C[1]

5320. GRAN BRONZO. IMP. MAXIMINVS PIVS AVX. Testa laureata a d. ℞ VICTORIA AVG. S. C. Vittoria gradiente a d. con corona. - COHEN, 90. BR. C[1]

MASSIMO.

5321. GRAN BRONZO. ℞ PRINCIPI IVVENTVTIS. S. C. L'imperatore in piedi a s.; dietro due insegne militari. BR. C¹
5322. GRAN BRONZO. ℞ PIETAS. AVG. S. C. Istrumenti da sacrificio. - COHEN, 8. R. BR. C¹
5323. GRAN BRONZO. MAXIMVS CAES. GERM. Testa nuda a d. ℞ PRINCIPI IVVENTVTIS S. C. Massimo in piedi a s.; dietro due insegne militari. - COHEN, 13. R. BR. C¹
5324. MEDIO BRONZO. PIETA AVG. S. C. Istrumenti da sacrificio. - COHEN, 9. R. BR. C¹

BALBINO.

5325. DENARO. IMP. CAES. D. CAEL. BALBINVS. AVG. Busto radiato, paludato e corazzato a d. ℞ PIETAS. MVTVA. AVGG. Due mani congiunte. - COHEN, 9. ARG. C¹

PUPIENO.

5326. DENARO. IMP. CAES. PVPIEN. MAXIMVS. AVG. Testa radiata a d. ℞ PATRES SENATVS. Due mani conserte. - COHEN, 13. R. ARG. C¹
5327. GRAN BRONZO. IMP. CAES. M. CLOD. PVPIENVS AVG. Testa laureata a d. ℞ VICTORIA AVGG. S. C. Vittoria in piedi a s. con corona. - COHEN, 41. R. BR. C¹

GORDIANO III.

5328. DENARO. ℞ IOVIS STATOR. Giove a s. - COHEN, 45. ARG. C¹
5329. DENARO. ℞ IOVI STATORI. Giove in piedi con scettro e fulmine. - COHEN, 49. ARG. C¹
5330. DENARO. ℞ LIBERALITAS AVG. III. La Liberalità in piedi a s. - COHEN, 62. ARG. C¹
5331. DENARO. ℞ VIRTVTI AVGVSTI. Ercole in piedi a d. - COHEN, 166; *n. 2 esempl.* ARG. C¹
5332. DENARO. ℞ VIRTVS AVG. Marte in piedi a s. - COHEN, 163. ARG. C¹

5333. GRAN BRONZO. LAETITIA AVG... S. C. L'Allegrezza in piedi a s. BR. C[1]

5334. GRAN BRONZO. IMP. GORDIANVS PIVS FEL. AVG. Testa laureata a d. ℞ P. M. S. COL. VIM. AN. IIII. Donna in piedi fra un leone ed un toro. (*Coloniale di Viminacium*). BR. C[1]

5335. GRAN BRONZO. ℞ AEQVITAS AVG. S. C. L'Equità in piedi a s. - COHEN, 215. BR. C[1]

5336. GRAN BRONZO. ℞ AETERNITATI AVG. S. C. Il sole radiato in piedi a d. con globo e la destra alzata. - COHEN, 220; *n. 2 esempl.* BR. C[1]

5337. GRAN BRONZO. ℞ FELICITAS TEMPOR. S. C. La Felicità in piedi a s. - COHEN, 229. BR. C[1]

5338. GRAN BRONZO. ℞ IOVI. CONSERVATORI. S. C. Giove in piedi a s. spiega il mantello sopra Gordiano. - COHEN, 236. BR. C[1]

5339. GRAN BRONZO. ℞ IOVIS STATOR. S. C. Giove in piedi collo scettro ed il fulmine. - COHEN, 238. BR. C[1]

5340. GRAN BRONZO. ℞ LAETITIA AVG. N. S. C. La Gioia in piedi a s. con una corona ed un'ancora. - COHEN, 342. BR. C[1]

5341. GRAN BRONZO. ℞ P. M. TR. P. V. COS. II. P. P. Apollo seminudo seduto a s. con un ramo d'alloro ed appoggiato ad una lira. - COHEN, 288; *n. 2 esempl. variati.* BR. C[1]

5342. GRAN BRONZO. ℞ VICTORIA AVG. S. C. La Vittoria in piedi a s. - COHEN, 329. BR. C[1]

5343. MEDIO BRONZO. ℞ P. M. TR. P. V. COS. II. P. P. L'imperatore gradiente a s. con lancia e globo. - COHEN, 298. BR. C[1]

FILIPPO I.

5344. DENARO. ℞ ANNONA AVGG. L'Abbondanza in piedi a s. - COHEN, 14. ARG. C[1]

5345. DENARO. ℞ FIDES EXERCITVS. Quattro insegne militari. - COHEN, 22. ARG. C[1]

5346. DENARO. ℞ ROMAE AETERNAE. Roma seduta a s. - COHEN, 74. ARG. C[1]

5347. DENARO. ℞ SAECVLARES AVGG. Cippo su cui sta scritto COS. III. - COHEN, 88. ARG. C[1]

5348. DENARO. ℞ SALVS AVG. La Salute in piedi a s. - COHEN, 92. ARG. C[1]

5349. GRAN BRONZO. IMP. M. IVL. PHILIPPVS AVG. Busto laureato a d. ℞ FIDES MILITVM S. C. La Fede in piedi tra due insegne militari. - COHEN, 145. BR. C[1]
5350. GRAN BRONZO. *N. 3 esempl. diversi.* BR. C[1]
5351. GRAN BRONZO. IMP. M. IVL. PHILIPPVS AVG. Testa laureata a d. ℞ MILIARIVM SAECVLVM. S. C. Un' ara sulla quale sta scritto COS. III.

OTACILIA.

5352. DENARO. ℞ CONCORDIA AVGG. La Concordia seduta a s. - COHEN 3 e 7; *n. 2 esempl.* ARG. C[1]
5353. DENARO. ℞ IVNO CONSERVAT. Giunone in piedi a s. - COHEN, 9. ARG. C[1]
5354. DENARO. ℞ PIETAS AVGG. La Pietà in piedi presso un altare; nel campo A. - COHEN, 18. ARG. C[1]
5355. DENARO. ℞ PIETAS AVGVSTAE. La Pietà in piedi a s. - COHEN, 20. ARG. C[1]
5356. DENARO. ℞ PVDICITIA AVG. La Pudicizia seduta a s. - COHEN, 25. ARG. C[1]
5357. DENARO. OTACIL. SEVERA AVG. Busto a d. con luna falcata. ℞ SAECVLARES AVG. IIII. Ippopotamo a d. - COHEN, 28. ARG. C[1]
5358. GRAN BRONZO. ℞ CONCORDIA AVG. S. C. La Concordia seduta a s. - COHEN, 40. BR. C[1]
5359. GRAN BRONZO. ℞ PVDICITIA AVG. S. C. La Pudicizia seduta a s. - COHEN, 59. BR. C[1]
5360. GRAN BRONZO. MARCIA OTACIL. SEVERA AVG. Busto a d. ℞ SAECVLARES AVG. S. C. Ippopotamo a d. - COHEN, 65. R. BR. C[1]

FILIPPO II.

5361. DENARO. ℞ PIETAS AVGVSTOR. Istrumenti da sacrificio. - COHEN, 19. ARG. C[1]
6362. DENARO. ℞ PRINCIPI IVVENT. L'imperatore in piedi a s. con asta e globo; a' suoi piedi un prigioniero. - COHEN, 64. ARG. C[1]
5363. GRAN BRONZO. ℞ LIBERALITAS AVGG. III. S. C. Filippo padre e figlio seduti sopra un palco a s. - COHEN, 56. R. BR. C[1]

5364. GRAN BRONZO. ℟ PAX AETERNA. La Pace in piedi a s. - COHEN, 59. BR. C[2]

5365. GRAN BRONZO. PRINCIPI IVVENT. S. C. L'imperatore in piedi a s. con globo ed asta. - COHEN, 64. BR. C[1]

TRAIANO DECIO.

5366. DENARO. ℟ ADVENTVS AVG. L'imperatore a cavallo a s. - COHEN, 4. ARG. C[1]

5367. GRAN BRONZO. IMP. C. M. Q. TRAIANVS DECIVS AVG. Busto radiato a d. ℟ FELICITAS SAECVLI. S. C. La Felicità in piedi a s. *Modulo da medaglione.* R. BR. C[1]

5368. MEDIO BRONZO. - COHEN, 79. BR. C[2]

ETRUSCILLA ERENNIA.

5369. DENARO. ℟ PVDICITIA. - COHEN, 10, 12; *n. 2 esempl.* ARG. C[1]

OSTILIANO.

5370. DENARO. C. VALENS HOSTIL. MES. QVINTIL. Busto radiato a d. ℟ MARTI PROPVGNATORI. Marte con lancia e scudo gradiente a d. - COHEN, 11. ARG. C[1]

TREBONIANO GALLO.

5371. DENARO. ℟ PAX AETERNA. La Pace in piedi a s. - COHEN, 41; *n. 2 esempl.* ARG. C[1]

5372. DENARO. ℟ FELICITAS AVG. e LIBERTAS AVG.; *n. 2 esempl.* ARG. C[1]

5373. DENARO. - COHEN, 27 e 37; *n. 2 esempl.* ARG. C[1]

5374. GRAN BRONZO. *N. 3 esempl. diversi.* BR. C[2]

VOLUSIANO.

5375. DENARO. IMP. CAEC. VIB. VOLVSIANO AVG. Testa radiata a d. ℟ CONCORDIA AVGG. La Concordia in piedi a s. - COHEN, 13. ARG. C[1]

5376. DENARO. ℟ FELICITAS PVBL. La Felicità in piedi a s. - COHEN, 17. ARG. C[1]

TETRICO PADRE.

5377. PICCOLO BRONZO. *N. 3 esempl. diversi.* BR. C[1]

TETRICO FIGLIO.

5378. PICCOLO BRONZO. *N. 2 esempl. diversi.* BR. C[1]

QUINTILLO.

5379. MISTURA. *N. 2 esempl.* MIST. C[1]

AURELIANO.

5380. MEDIO E PICCOLO BRONZO. *N. 10 esempl.* BR. C[1] e C[2]

PROBO.

5381. MISTURA. *N. 12 esempl. diversi.* MIST. C[1]

CARO.

5382. MISTURA. ℞ CONSECRATIO e SPES PVBLICA. - COHEN, 37 e 76; *n. 2 esempl.* BR. C[1]

CARINO.

5383. PICCOLO BRONZO. ℞ FELICIT. PVBLICA e PRINCIPI IVVENTVT. - COHEN, 59 e 104; *n. 3 esempl.*

GIULIANO L'APOSTATA.

5384. MEDIO BRONZO. D. N. F. L. CL. IVLIANVS P. F. AVG. Busto diademato a d. ℞ SECVRITAS REIPVB. Il bue Api a d. - COHEN, 74; *n. 2 esempl. diversi.* R. BR. C[1]

DIOCLEZIANO.

5385. DENARO. DIOCLETIANVS AVG. Testa laureata a d. ℞ VIRTVS MILITVM. Quattro soldati che fanno un sacrificio davanti ad un campo pretoriano. - COHEN, 90. R. ARG.

5386. MEDIO E PICCOLO BRONZO. *N. 4 esempl. diversi.* BR. C[1]

MASSIMIANO ERCULEO.

5387. DENARO. MAXIMIANVS AVG. Busto laureato a d. ℞ VIRTVS MILITVM C. Quattro soldati sacrificanti dinanzi ad un campo fortificato. - COHEN, 97. R. ARG. C[1]

5388. MEDIO E PICCOLO BRONZO. - COHEN, 155, 163, 189, 225, 367 e 433; *n. 6 esempl.* BR. C[1] e C[2]

CARAUSIO.

5389. PICCOLO BRONZO. ℞ PAX AVG. - COHEN, 177. R. BR. C[2]

COSTANZO CLORO I.

5390. DENARO. CONSTANTIVS CAES. Testa laureata a d. ℞ VIRTVS MILITVM. Quattro soldati che fanno un sacrificio davanti ad un campo pretoriano. - COHEN, 60; *n. 2 esempl.* R. ARG. C[1]

5391. MEDIO BRONZO. ℞ GENIO POPVLI ROMANI. - COHEN, 151. BR. C[1]

MASSIMIANO GALERIO.

5392. MEDIO BRONZO. - COHEN, 59, 99, 157 e 371; *n. 3 esempl.* BR. C[1]

MASSIMINO DAZA.

5393. MEDIO BRONZO. ℞ GENIO CAESARIS. IOVI CONSERVATORI. BONO GENIO. PII, ecc. - COHEN. 121; *n. 3 esempl.* BR. C[1] e C[2]

MASSENZIO.

5394. MEDIO BRONZO. - COHEN, 54. 57, 60, 62 e 91; *n. 5 esempl.* BR. C²

ROMOLO (figlio di Massenzio).

5395. MEDIO BRONZO. DIVO ROMVLO NVBIS. CONS. Testa nuda a d. ℞ AETERNAE MEMORIAE. Tempio rotondo. - COHEN, 9. R. BR. C²

VETRANIO.

5396. MEDIO BRONZO. ℞ CONCORDIA MILITVM. L'imperatore in piedi con labaro col monogramma di Cristo in ambedue le mani. - COHEN, 4. R² BR. C¹

5397. MEDIO BRONZO. D. N. VETRANIO P. F. AVG. Busto laureato a d. ℞ HOC SIGNO VICTOR ERIS. Vetranio in piedi a s. incoronato della Vittoria. - COHEN, 7. R² BR. C²

MAGNENZIO.

5398. MEDIO BRONZO. - COHEN 29 e 37; *n. 2 esempl.* BR. C¹

5399. MEDIO BRONZO. D. N. MAGNENTIO PERPETVO AVG. Busto diademato a d. ℞ FELICITAS REIPVBLICAE. Magnenzio in piedi a s. con globo sormontato da *Victoriola* e con uno stendardo. - COHEN, 32. R² BR. C¹

COSTANZO II.

5400. DENARO. D. N. CONSTANTIVS P. F. AVG. Busto diademato a d. ℞ VOTIS XXX MVLTIS XXXX in una corona d'alloro; all'esergo CON. - COHEN, 151. R. ARG. C¹

VALENTINIANO.

5401. DENARO. - COHEN, 18. ARG. C²

VALENTE FLAVIO.

5402. SOLDO D'ORO. D. N. VALENS. P. F. AVG. Busto diademato e paludato a d. ℞ RESTITVTOR REIPVBLICAE. Valente laureato in abito militare in piedi a d. col labaro e una Vittoria. - COHEN, 32. ORO. C[1]

MAGNO MASSIMO.

5403. QUINARIO. D. N. MAGN. MAXIMVS P. F. AVG. Busto diademato a d. ℞ VICTORIA AVGVSTORVM. Vittoria gradiente a s.; all'esergo A. Q. P. S. - COHEN, 11. R. ARG. C[1]

5404. VALERIANO, GALLIENO, POSTUMO, LICINIO, ecc. *N. 24 esempl.* MIST. e BR. C[1] e C[2]

5405. Lotto di 36 monete romane, medii e piccoli bronzi. BR. C[2] e C[3]

ONORIO.

5405 *bis*. QUINARIO D'ORO. D. N. HONORIVS. FE. AVG. Testa diademata a d. ℞ VICTORIA AVGVSTORVM. Nell'esergo CON. nel campo R. M. - COHEN, 24. ORO. C[1]

TEODOSIO II.

5406. SOLDO D'ORO. D. N. THEODOSIVS. P. F. AVG. Busto diademato di prospetto. ℞ IMP. XXXXII. COS. XVII. P. P. Nell'esergo CONOB. Roma galeata seduta a s. con un piede appoggiato ad una prora di nave, ha un globo nella destra. Nel campo una stella. ORO. C[1]

LEONE I.

5407. SOLDO D'ORO. D. N. LEO. PERPET. AVG. Busto diademato di prospetto. ℞ VICTORIA AVGGG. Θ. Nell'esergo CONOB. Vittoria in piedi a s. con lunga croce. ORO. C[1]

ZENONE.

5408. SOLDO D'ORO. O. N. ZENO. PERP. F. AVG. Busto diademato di prospetto. ℞ VICTORIA. AVGGG. Nell'esergo COMOB. Vittoria colla croce nella d.; dietro una stella. ORO. C[1]

ANASTASIO I.

5409. QUINARIO. D. N. ANASTASIVS. P. P. AVG. Testa diademata a d. ℞ Monogramma di Teodorico. - MIONNET, II, pag. 399. R. ARG. C[1]

5410. SOLDO D'ORO. D. N. ANASTASIVS. P. F. AVG. Busto diademato di prospetto. ℞ VICTORIA. AVGGG. A. Nell'esergo COMOB. Vittoria con lunga croce; dietro una stella. ORO. C[1]

GIUSTINO I.

5411. QUINARIO D'ORO. D. N. IVSTINVS. P. P. AV. Busto paludato e diademato a d. ℞ VICTORIA. AVGVSTORVM. Vittoria a s. Nell'esergo CONO. ORO. C[1]

GIUSTINIANO I.

5412. QUINARIO D'ORO. D. N. IVSTINIANVS. P. P. AVG. Testa diademata a d. ℞ VICTORIA. AVGVSTORVN; nell'esergo CONOᴚ. Vittoria con globo e un ramo.

5413. SOLDO D'ORO. D. N. IVSTINIANVS. P. P. AVG. Testa diademata di prospetto. ℞ VICTORIA AVGGG. Θ. Nell'esergo CONOB. ORO. C[1]

ERACLIO I.

5414. QUINARIO D'ORO. D. N. HERACLIVS. P. P. AVG. Busto diademato di profilo. ℞ VICTORIA. AVGVSTORI. Nell'esergo CONOB. Croce. ORO. C[1]

COSTANTINO X COL FIGLIO ROMANO II.

5415. SOLDO D'ORO. COHSTAHT. C. E. ROMAH. AVGG. HA. Busti diademati di prospetto; nel mezzo una doppia croce. ℞ IHS. XPS. REX. RE. GNANTIYM. Busto del Redentore nimbato di prospetto. - MIONNET, T. II, p. 497. R[4] ORO. C[1]

MONETE BIZANTINE.

5416. *N. 22 esempl. svariati.* BR. C[1] e C[2]

APPENDICE

TIBERIO.

5417. DENARO. TI. CAESAR DIVI AVG. F. AVGVSTVS. Testa laureata a d. ℞ PONTIF. MAXIM. Livia seduta a d. con un'asta ed un fiore. - COHEN, 2. ARG. C[1]

NERONE.

5418. DENARO. ℞ SALVS. La Salute seduta a s. ARG. C[2]

5419. GRAN BRONZO. NERO CLAVD. CAESAR. GER. P. M. TR. P. IMP. P. P. Testa laureata a s. ℞ PACE P. R. TERRA MARIQ. PARTA IANVM CLVSIT. S. C. Tempio di Giano chiuso. - COHEN, 161. BR. C[1]

OTTONE.

5420. PICCOLO BRONZO. IMP. OTHO CAESAR AVG. TR. P. Testa nuda a d. ℞ FOR. REDVX. La Fortuna seduta a s. R[2] BR. C[1]

TRAJANO.

5421. PICCOLO BRONZO. IMP. CAES. TRAIAN. AVG. GERM. Testa laureata a d. ℞ S. C. Cignale a d. - COHEN, 388. R[2] BR. C[1]

SABINA.

5422. DENARO. SABINA AVGVSTA HADRIANI AVG. Testa diademata a s. ℞ CONCORDIA AVG. La Concordia seduta a s. ARG. C[1]

MARCO AURELIO.

5423. DENARO. ℞ VICT. AVG. TR. P. XX. COS. III. Vittoria volante a s. ARG. C[1]

VESPASIANO.

5424. GRAN BRONZO. IMP. CAES. VESPASIAN. AVG. P. TR. P. P. P. COS. III. Testa laureata a d. ℞ CAES. AVG. F. DES. IMP. AVG. F. COS. DES. ITER. S. C. Tito e Domiziano in piedi di fronte l'uno all'altro, ciascuno con asta e parazonio. *Dubbio.* R. BR. C[1]

COMMODO.

5425. GRAN BRONZO. IMP. L. AVREL. COMMODVS. AVG. GERM. SARM. Busto giovanile laureato e paludato a d. ℞ TR. P. II. COS. P. P. Nell'esergo DE GERMANIS. Nel campo mucchio d'armi. - COHEN, 483. BR. C[1]

5426. GRANDI BRONZI, IMPERIALI ROMANI E CONTRAFFAZIONI. *N. 14 esempl. svariati.* BR. C[1] e C[2]
5427. MEDII E PICCOLI BRONZI. *N. 42 esempl.* BR. C[2] e C[3]

Collezione Cantoni

TAV. I

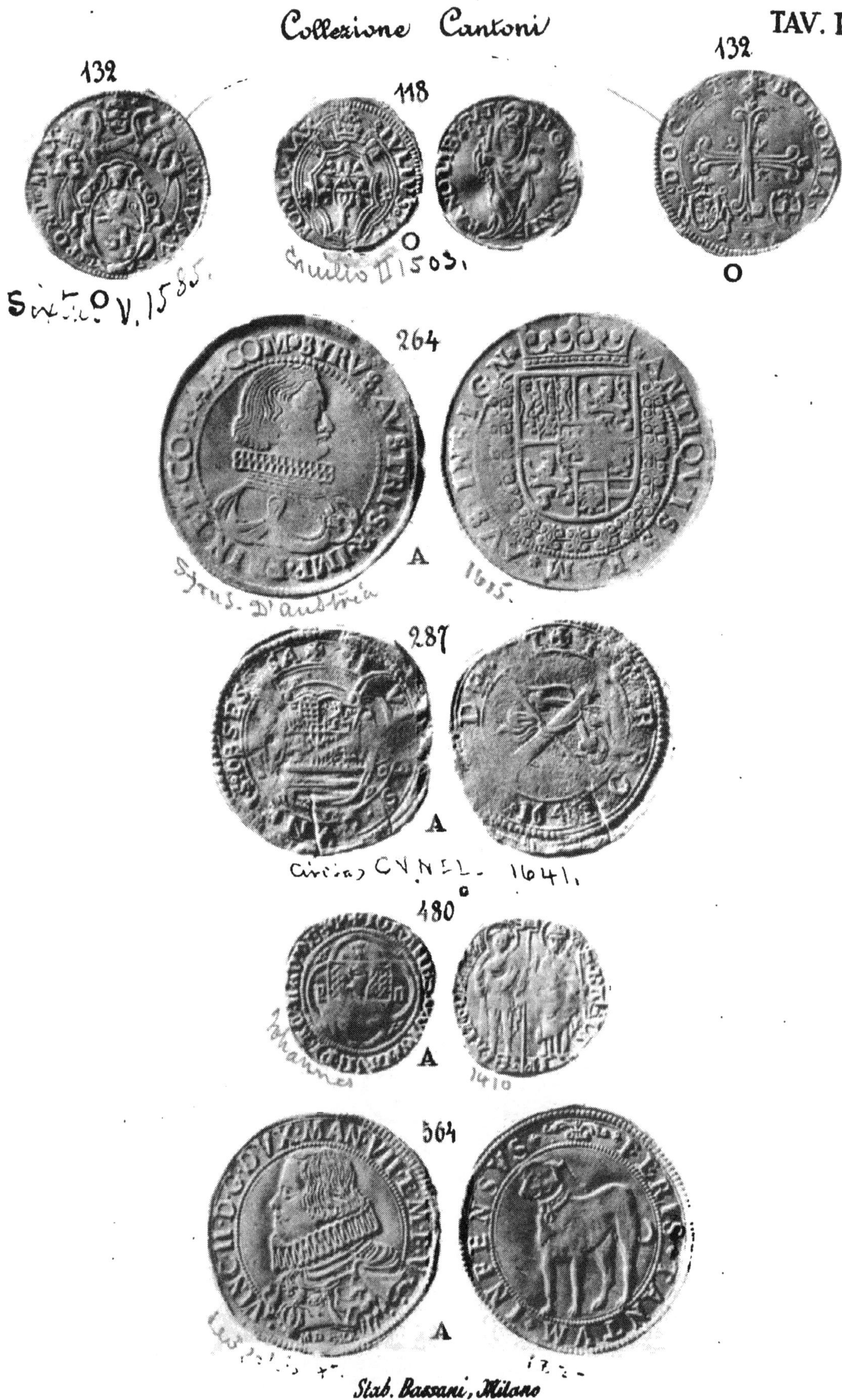

Stab. Bassani, Milano

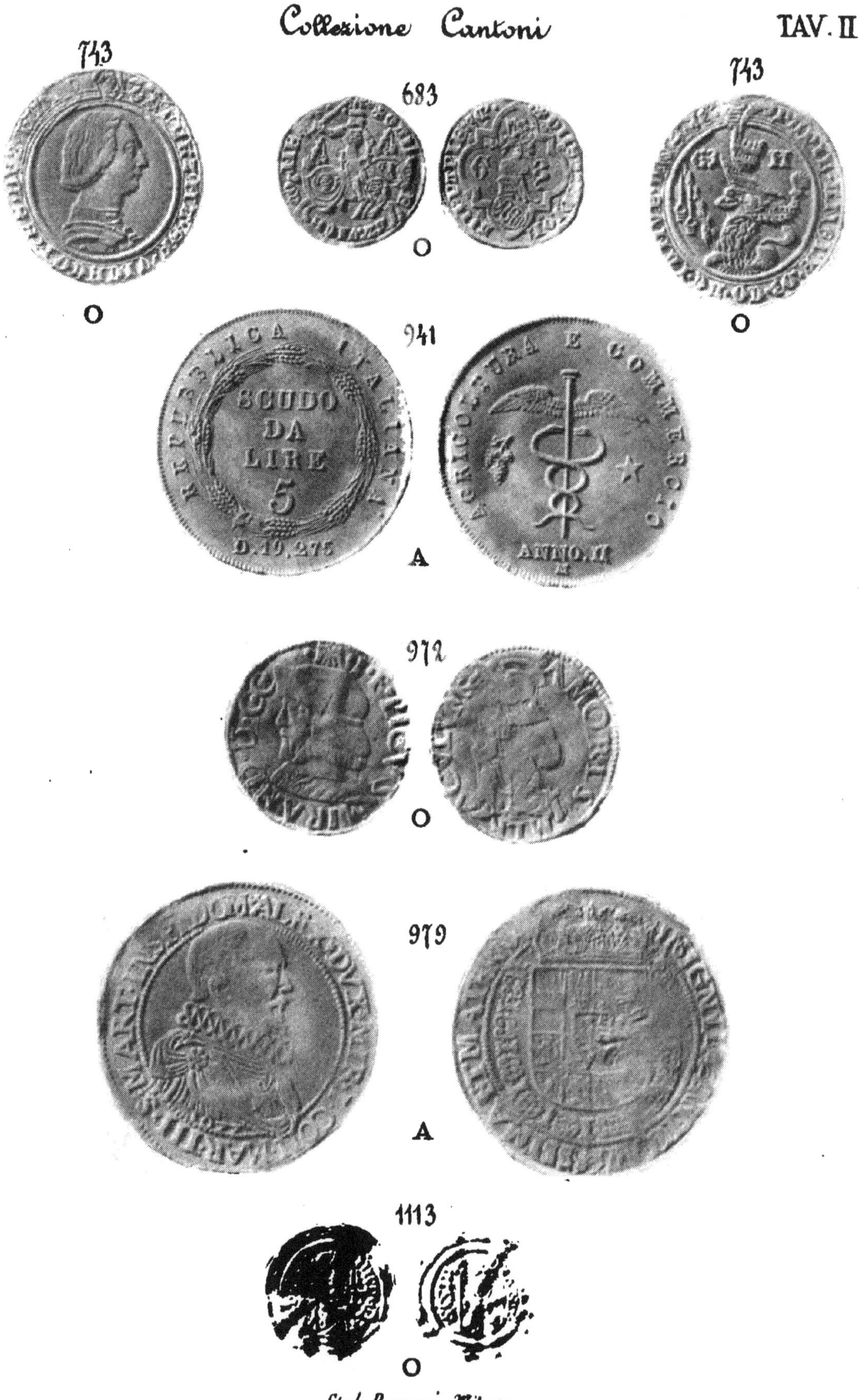

Stab. Bassani, Milano

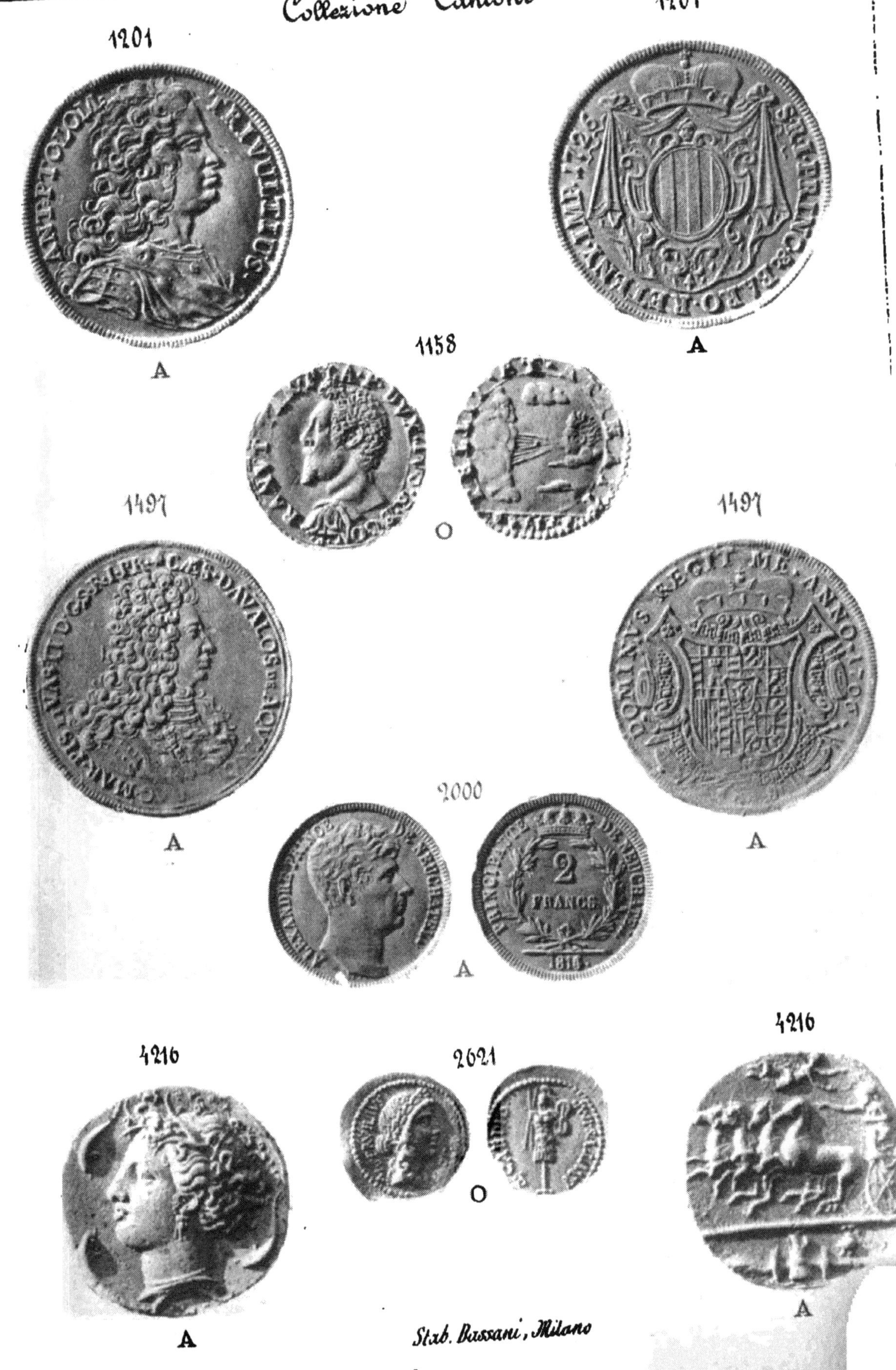

Stab. Bassani, Milano

CATALOGHI

delle principali Collezioni vendute dall'Impresa

ed in vendita presso tutte le sue Sedi

Vendite del 1879.

Catalogo della collezione FRANCHINI, monete italiane . . . L. 5
Prezzi di vendita . . . . » 5
Catalogo della collezione MYLIUS, oggetti d'arte e di curiosità. » 5
Esemplare illustrato con 12 fotografie . . . . » 30
Catalogo N.° 1 del museo B. BORGHESI, monete italiane . . » 5
Prezzi di vendita . . . . » 5

Vendite del 1880.

Catalogo N.° 2 del museo B. BORGHESI, medaglie e monete . L. 5
Catalogo della collezione POSSENTI, oggetti d'arte e avori . . » 5
Esemplare illustrato con 16 fotografie . . . . » 30
Catalogo della collezione TAFURI, monete italiane e romane }
Catalogo d'una serie di monete dei Cavalieri di Malta . . } » 5
Catalogo degli AVORI del Comune di Volterra . . . . . » 2
Esemplare illustrato con fotografie . . . . » 10
Catalogo della collezione ROSSI, monete italiane . . . . . » 5
Prezzi di vendita . . . . » 5

Vendite del 1881.

Catalogo della collezione VERTUNNI, oggetti d'arte . . . . L. 5
Esemplare illustrato con 20 fotografie . . . . » 20
Catalogo N.° 3 del museo B. BORGHESI, monete romane . . » 5
Prezzi di vendita . . . . » 5
Catalogo della collezione DELLA CHIESA, oggetti d'arte. . . » 2
Catalogo della collezione di M.r D. TAGIASCO, libri e autografi » 5
Catalogo N.° 4 del museo B. BORGHESI, monete greche . . » 5
Catalogo della collezione G. B. DI BARI, monete romane . . » 5

Vendite del 1882.

Catalogo della collezione P*** J*** di Napoli, oggetti d'arte . L. 2
Esemplare con 8 fototipie ed una cromolitografia . . . . » 10

Vendite del 1883.

Catalogo della collezione Rusca di Firenze, oggetti d'arte . L. 2
Esemplare illustrato con 22 fotografie . . . . » 20
Catalogo della collezione Toscanelli di Pisa, quadri . . . » 2
Esemplare in carta grande con album di 30 tavole fotografiche . » 20
Catalogo della collezione Rossi, medaglie artistiche . . . . » 5

Vendite del 1884.

Catalogo della collezione Genolini, maioliche italiane . . . L. 2
Catalogo della collezione Merolli, monete. . . . . » 5
Catalogo della collezione Meazza, quadri ed oggetti diversi . » 5
Esemplare illustrato con 34 fototipie . . . . » 20
Catalogo di una superba collezione di stoffe antiche . . . . » 2

Vendite del 1885.

Catalogo della collezione Remedi, monete e medaglie . . . L. 5
Prezzi di vendita . . . . » 5
Catalogo della collezione Ancona, monete . . . . » 5
Prezzi di vendita . . . . » 5
Catalogo della collezione Passalaqua, quadri, oggetti d'arte . » 5
Esemplare illustrato con 25 fototipie . . . . » 20
Catalogo della collezione Costabili di Ferrara, quadri antichi. » 5
Esemplare illustrato con 8 fototipie. . . . . » 10
Catalogo della collezione Ricci, armi antiche e moderne . . » 2
Catalogo della collezione Molinari, quadri antichi . . . . » 5
Esemplare illustrato con 32 fototipie . . . . » 15
Catalogo della collezione Agujari di Trieste, monete . . . » 5

Vendite del 1886.

Catalogo della collezione Erba, oggetti d'arte . . . . L. 2
Catalogo della collezione Alberici, antichità classiche, quadri, marmi, bronzi, ecc. . . . . » 5
Esemplare illustrato di 16 fototipie . . . . » 15
Catalogo della Biblioteca Somisiana di Torino . . . . . » 5
Catalogo della collezione Smeriglio di Torino, oggetti d'arte . » 5
Esemplare illustrato con 16 fototipie . . . . » 10

Vendite del 1887.

Catalogo della collezione di M.r D. Tagiasco di Roma, monete, medaglie, autografi, oggetti d'arte. . . . . . . L. 5
Catalogo della collezione Barberigo di Venezia, quadri . . » 5
Esemplare illustrato con 14 fototipie . . . . » 10

Lightning Source UK Ltd.
Milton Keynes UK
UKHW030637190121
377315UK00008B/740